U0532482

线装经典

白话资治通鉴

《线装经典》编委会 编

地震出版社

图书在版编目（CIP）数据

白话资治通鉴 /《线装经典》编委会编. —— 北京：
地震出版社，2024.3
ISBN 978-7-5028-5637-3

Ⅰ.①白… Ⅱ.①线… Ⅲ.①《资治通鉴》—通俗读
物 Ⅳ. K204.3-49

中国国家版本馆CIP数据核字（2024）第033166号

地震版　XM5705/K（6478）

白话资治通鉴
《线装经典》编委会 编

责任编辑：鄂真妮
责任校对：凌　樱

出版发行：地震出版社
　　　　　北京市海淀区民族大学南路9号　邮编：100081
　　　　　发行部：68423031　68467993　传真：68467991
　　　　　总编办：68462709　68423029
　　　　　http://seismologicalpress.com
　　　　　E-mail:dz_press@163.com

经销：全国各地新华书店
印刷：三河市中晟雅豪印务有限公司

版（印）次：2024年3月第一版　2024年3月第一次印刷
开本：715×975　1/16
字数：525千字
印张：24
书号：ISBN 978-7-5028-5637-3
定价：68.00元

版权所有　翻印必究
（图书出现印装问题，本社负责调换）

前　言

　　《资治通鉴》是中国历史上规模最大、成就最高的编年体通史，由北宋政治家、史学家司马光等历时19年编辑而成，成书后即被奉为皇太子"第一必读治国教材"，随后成为历代人臣竞相抄录以经世致用的权威读本。

　　司马光，字君实，号迂叟，世称涑水先生，陕州夏县（现属山西）人。他出身官宦世家，从小受到家庭环境的熏陶，对历史怀有浓厚的兴趣。据记载，司马光非常喜欢读《左传》，常常"手不释卷，至不知饥渴寒暑"。他七岁时，便能背诵《左传》，把二百多年的历史脉络叙述得明明白白。宋仁宗宝元初年（公元1038年），年仅二十岁的司马光考中进士，步入仕途。此后，他事仁宗、英宗、神宗、哲宗四朝，历任谏议大夫、翰林学士、御史中丞、尚书左仆射兼门下侍郎等职。

　　司马光生活的北宋时代，国家在经历了中唐以来的长期战乱后，实现了稳定和统一，社会经济得到恢复和发展，文化艺术逐渐繁荣。但同时，国家仍然面临着许多问题，官僚机构庞大，军队战斗力不强，边疆局势不稳。这是一个有生气的时代，又是一个很苦闷的时代；是个前进的时代，又是个软弱的时代。当时，上至居庙堂之高的帝王将相，下至处江湖之远的仁人志士，无不在思考，无不在为国家寻找新的出路。他们有人主张祖宗之法不可变，以"柔道"治天下；有人则认为"变者，天下之公理也"，主张厉行改革。面对如此复杂的现实，司马光等历史学家，希望总结历史的经验教训，从中寻找答案。

　　他因感慨历代史籍浩繁，学者难以遍览，故选取重要的历史事实按年代顺序编写，写成八卷。后来，宋英宗下令设立编书局继续编写，于是司马光在刘恕、刘攽和范祖禹的协助下，查证考据，精练语言，修改润色，最终完成定稿。书成后，宋神宗赐名为《资治通鉴》，意为"鉴于往事，有资于治道"，即吸收历代兴衰成败的经验教训，作为封建统治者治理国家的借鉴。

　　《白话资治通鉴》乃《资治通鉴》删繁就简之作，旨在将这部博大精深的历史巨著以更加通俗易懂的方式呈现给广大读者。本书虽为删节版，然其精髓不减，以时间为轴，以史实为纬，勾勒出一幅幅生动的历史画面。它上起周威烈王，下至五代后周，跨越千余载岁月，将历代帝王将相、文人墨客的风云际会、兴衰成败尽收眼底。读者通过此书，可以一窥中国历史的波澜壮阔，领略古人的智慧与勇气。

在内容上，《白话资治通鉴》保留了原著的精华，以政治、军事、民族关系为主线，同时兼及经济、文化、学术思想等领域。书中既有对重大历史事件的详细描述，也有对历史人物性格和命运的深入挖掘。通过这些内容，读者可以更加深入地了解中国历史的演进过程，以及不同历史时期的社会风貌和人文精神。

在语言风格上，《白话资治通鉴》力求简洁明了，易于理解。它避免了原著中一些过于艰涩的古文表达，转而采用更加通俗的现代汉语进行叙述。这使得广大读者能够轻松阅读，更好地理解和接受书中的内容。

总之，《白话资治通鉴》是一部集历史性与文学性于一体的佳作。它不仅为读者提供了一个了解中国历史的窗口，更是一笔能够启迪心智、陶冶情操的宝贵财富。无论是历史爱好者，还是普通读者，都能从中受益良多。

目录

战国争雄

三家分晋 ...... 二
桂陵之战 ...... 一三
连横亲秦 ...... 一四
白马非马 ...... 一六
负荆请罪 ...... 一七
田单封君 ...... 一八

天下一统

将渠议和 ...... 二二
高士仲连 ...... 二三
缩高之死 ...... 二四
韩非使秦 ...... 二六
荆轲刺秦 ...... 二七
初并天下 ...... 二九
嬴政之死 ...... 三一
斩蛇起义 ...... 三四
赵高弑主 ...... 三五

楚汉相争

约法三章 ...... 三八
项庄舞剑 ...... 三九
西楚霸王 ...... 四三
韩信拜将 ...... 四六

平定三秦 ...... 四八
半壁江山 ...... 五〇
垓下悲歌 ...... 五七
兔死狗烹 ...... 六〇
白登之围 ...... 六五

大汉天下

萧规曹随 ...... 六八
吕后乱政 ...... 六九
南越谢罪 ...... 七〇
廷尉判刑 ...... 七一
缇萦救父 ...... 七二
持节云中 ...... 七三
细柳屯兵 ...... 七五
文帝之治 ...... 七六
七国之乱 ...... 七七
武帝崇仙 ...... 八五
李广之死 ...... 八六
河西四郡 ...... 八八
出兵朝鲜 ...... 八九
武帝雄才 ...... 九一
燕王谋叛 ...... 九四
良吏黄霸 ...... 九五
宣帝中兴 ...... 九八
四海臣服 ...... 一〇〇

成帝好色 ……………… 一〇一
飞燕身轻 ……………… 一〇二
王莽篡权 ……………… 一〇六
改革币制 ……………… 一一六
光武中兴 ……………… 一一七
马援诫侄 ……………… 一三二
外戚干政 ……………… 一三三
班超归汉 ……………… 一三四
祝良平叛 ……………… 一三五
母仪天下 ……………… 一三七
党锢之乱 ……………… 一三八
卖官鬻爵 ……………… 一四四
张角起义 ……………… 一四六
汉室气衰 ……………… 一四七
董卓废帝 ……………… 一五〇

三国鼎立

四方伐卓 ……………… 一五二
官渡之战 ……………… 一五三
卧龙出世 ……………… 一六四
赤壁鏖战 ……………… 一六六
刘备入蜀 ……………… 一七〇
煮豆燃萁 ……………… 一七一
汉中称王 ……………… 一七三
水淹庞德 ……………… 一七五
吴下阿蒙 ……………… 一七六
败走麦城 ……………… 一七八
孙权降曹 ……………… 一八一
平定南中 ……………… 一八二
六出祁山 ……………… 一八三

智星陨落 ……………… 一八七
平定辽东 ……………… 一八八
假痴不癫 ……………… 一九一
假刀杀帝 ……………… 一九二
后主降魏 ……………… 一九四
吴主荒淫 ……………… 一九六
三国归晋 ……………… 一九七

南北对峙

刘曜称帝 ……………… 二〇四
王敦谋篡 ……………… 二〇六
桓温清谈 ……………… 二〇七
淝水之战 ……………… 二〇八
魏主纳谏 ……………… 二一二
尊道毁佛 ……………… 二一三
范缜无佛 ……………… 二一四
王俭风流 ……………… 二一五
孝文改革 ……………… 二一六
迁都洛阳 ……………… 二一八
玉壁之战 ……………… 二一九
高澄欺君 ……………… 二二一
侯景之乱 ……………… 二二三
高祖伐齐 ……………… 二二五
淫逸误国 ……………… 二二七
一统归隋 ……………… 二三〇

隋唐盛世

杨广夺宠 ……………… 二三八
炀帝奢靡 ……………… 二四〇

东征高丽	二四二
牛角挂书	二四八
攻克长安	二五〇
苟且偷安	二五一
深宫暗斗	二五三
玄武之变	二五五
从善如流	二六二
房谋杜断	二六四
内助之贤	二六五
文成入蕃	二六八
太宗驾崩	二六九
后宫之争	二七〇
二圣临朝	二七一
凤鸣朝阳	二七二
武氏专权	二七三
整顿吏治	二七四
国老荐才	二七六
太平公主	二七七
玄宗掌权	二七八
二相治国	二八一
贵妃受宠	二八二
玄宗塞听	二八四
禄山叛乱	二八六
颜公忠节	三〇三
刘晏理财	三〇四
讨伐淮西	三〇七
甘露之变	三一三
黄巢兵败	三一六
举国混战	三一七

五代十国

梁晋之争	三二八
后唐当立	三二九
石郎造反	三三八
死战契丹	三四九
朝中内讧	三五三
后周太祖	三六〇
王峻狂躁	三六五
北抗契丹	三六六
南征淮水	三六八
世宗归天	三七三

战国争雄

三家分晋

【原文】

威烈王二十三年（戊寅，前403年）

初命晋大夫魏斯、赵籍、韩虔为诸侯。

臣光曰：臣闻天子之职莫大于礼，礼莫大于分，分莫大于名。何谓礼？纪纲是也。何谓分？君、臣是也。何谓名？公、侯、卿、大夫是也。夫以四海之广，兆民之众，受制于一人，虽有绝伦之力，高世之智，莫敢不奔走而服役者，岂非以礼为之纪纲哉！是故天子统三公，三公率诸侯，诸侯制卿大夫，卿大夫治士庶人。贵以临贱，贱以承贵。上之使下，犹心腹之运手足，根本之制支叶；下之事上，犹手足之卫心腹，支叶之庇本根。然后能上下相保而国家治安。故曰：天子之职莫大于礼也。

文王序《易》，以乾、坤为首。孔子系之曰："天尊地卑，乾坤定矣。卑高以陈，贵贱位矣。"言君臣之位犹天地之不可易也。《春秋》抑诸侯，尊王室，王人虽微，序于诸侯之上，以是见圣人于君臣之际，未尝不惓惓也。非有桀、纣之暴，汤、武之仁，人归之，天命之，君臣之分当守节伏死而已矣。是故以微子而代纣，则成汤配天矣；以季札而君吴，则太伯血食矣。然二子宁亡国而不为者，诚以礼之大节不可乱也。故曰：礼莫大于分也。

【译文】

威烈王二十三年（戊寅，公元前403年）

周威烈王姬午正式分封晋国大夫魏斯、赵籍、韩虔为诸侯国君。

臣司马光说：我知道天子职责中最重要的是维护礼教，礼教中最重要的是区分地位，地位中最重要的是匡正名分。何为礼教？就是法纪。何为地位？就是君臣有别。何为名分？就是公、侯、卿、大夫等官爵。四海之广，亿民之众，都受制于天子一人。尽管是才能超群、智慧绝伦的人，也不敢不在天子足下为他奔走服务，这难道不是以礼作为礼纪朝纲的作用吗！所以，天子统率三公，三公督率诸侯国君，诸侯国君节制卿、大夫官员，卿、大夫官员又统治士人百姓。权贵支配贱民，贱民服从权贵。上层指挥下层，就好像人的心腹控制四肢行动，树根和树干支配枝叶；下层服侍上层，就好像人的四肢卫护心腹，枝叶遮护树根和树干。这样才能上下层互相保护，从而使国家长治久安。所以说：天子的职责没有比维护礼制更重要的了。

周文王演绎《易经》，以乾、坤为首。孔子解释说："天尊贵，地卑微，阴阳于是确定。由低至高排列有序，贵贱也就各得其位。"这是说君臣间的关系就像天地一样不能互换。《春秋》一书贬低诸侯，尊崇周王室，尽管王室权力微弱，在书中排序仍在诸侯国君之上，可见孔圣人对于君臣关系的关注是非常恳切的。如果不是夏桀、商纣那样的昏君，又遇上商汤、周武王这样的明主，使人民归心、上天赐命的话，君臣间只能是臣子恪守臣节，矢死不渝。所以如果商朝立贤明的微子为国君代替纣王，成汤创立的商朝就可以永配上天；而吴国如果以仁德的季札做君主，开国之君太伯也可以永享祭祀。然而微子、季札二人宁肯国家灭亡也不愿做君主，实在是因为礼教的大节不能破坏。所以说，礼教中最重要的就是地位高下的区分。

【原文】

夫礼，辨贵贱，序亲疏，裁群物，制庶事，非名不著，非器不形；名以命之，器以别之，然后上下粲然有伦，此礼之大经也。名器既亡，则礼安得独在哉！昔仲叔于奚有功于卫，辞邑而请繁缨，孔子以为不如多与之邑。惟名与器，不可以假人，君之所司也；政亡则国家从之。卫君待孔子而为政，孔子欲先正名，以为名不正则民无所措手足。夫繁缨，小物也，而孔子惜之；正名，细务也，而孔子先之：诚以名器既乱则上下无以相保故也。夫事未有不生于微而成于著，圣人之虑远，故能谨其微而治之；众人之识近，故必待其著而后救之。治其微，则用力寡而功多；救其著，则竭力而不能及也。《易》曰："履霜，坚冰至。"《书》曰"一日二日万几"，谓此类也。故曰：分莫大于名也。

【译文】

所谓礼教，在于分辨贵贱，排比亲疏，裁决万物，处理日常事务。没有一定的名位，就不能显扬；没有器物，就不能表现。只有用名位来分别称呼，用器物来分别标志，然后上下才能井然有序，这就是礼教的根本所在。如果名位、器物都没有了，礼教又怎么能单独存在呢！当年仲叔于奚为卫国立了大功，他谢绝了赏赐的封地，请求允许他享用贵族才有的马饰，孔子认为不如多赏赐他一些封地。只有名位和器物绝不能授予他人，这是君王的职权象征。处理政事不坚持原则，国家也会走向危亡。卫国国君期待孔子为他处理政事，孔子却先要确立名位，认为名位不正则百姓无所适从。马饰，是一种小器物，而孔子却珍惜它的价值；正名位，是一件小事情，而孔子却要先从它做起。这些就是因为名位、器物一紊乱，国家上下就无法相安互保。没有一件事情不是从微小之处产生而逐渐发展显著的，圣贤有远虑，所以能谨慎对待小的变故并及时处理；常人见识短浅，所以必等弊端闹大才挽救。矫正初起的小错，用力小而收效大；挽救已明显的大害，往往竭尽全力也不能成功。《易经》说："行于霜上，知严寒冰冻将至。"《尚书》说："先王每天要兢兢业业地处理成千上万件事。"就是指这类防微杜渐的例子。所以说：区分地位高下最重要的是匡正各级的名分。

【原文】

呜呼！幽、厉失德，周道日衰。纲纪散坏，下陵上替，诸侯专征，大夫擅政，礼之大体什丧七八矣。然文、武之祀，犹绵绵相属者，盖以周之子孙尚能守其名分故也。何以言之？昔晋文公有大功于王室，请隧于襄王，襄王不许，曰："王章也。未有代德而有二王，亦叔父之所恶也。不然，叔父有地而隧，又何请焉！"文公于是乎惧而不敢违。是故以周之地则不大于曹、滕，以周之民则不众于邾、莒，然历数百年，宗主天下，虽以晋、楚、齐、秦之强不敢加者，何哉？徒以名分尚存故也。至于季氏之于鲁，田常之于齐，白公之于楚，智伯之于晋，其势皆足以逐君而自为，然而卒不敢者，岂其力不足而心不忍哉？乃畏奸名犯分而天下共诛之也。今晋大夫暴蔑其君，剖分晋国，天子既不能讨，又宠秩之，使列于诸侯，是区区之名分复不能守而并弃之也。先王之礼于斯尽矣！

或者以为当是之时，周室微弱，三晋强盛，虽欲勿许，其可得乎？是大不然。夫三晋虽强，苟不顾天下之诛而犯义侵礼，则不请于天子而自立矣。不请于天子而自立，则为悖逆之臣，天下苟有桓、文之君，必奉礼义而征之。今请于天子而天子许之，是受天子之命而为诸侯也，谁得而讨之？故三晋之列于诸侯，非三晋之坏礼，乃天子自坏之也。呜呼！君臣之礼既坏矣，则天下以智力相雄长，遂使圣贤之后为诸侯者，社稷无不泯绝，生民之类糜灭几尽，岂不哀哉！

【译文】

呜呼！周幽王、周厉王丧失君德，周朝的气数每况愈下。礼纪朝纲土崩瓦解，下欺凌、上衰败，诸侯恣意征讨他人，士大夫擅自干预朝政，礼教已经有十之七八沦丧了。然而周文王、周武王开创的政权还能绵绵不断地延续下来，就是因为周王朝的子孙后裔尚能守定名位。为什么这样说呢？当年晋文公为周朝建立了大功，于是向周襄王请求允许他死后享用王室的随葬礼制，周襄王没有准许，说："随葬是为了彰显王者异于诸侯。没有改朝换代而有两个天子，这也是作为叔父辈的您所反对的。不然，叔父您有地，愿意随葬，又何必请示我呢？"晋文公于是感到畏惧而没有敢违反礼制。因此，周王室的地盘并不比曹国、滕国大，管辖的臣民也不比邾国、莒国多，然而经过几百年，仍然是天下的宗主，即使是晋、楚、齐、秦那样的强国也还不敢凌驾其上，为什么？只是由于周王还保有天子名分。再看看鲁国的大夫季氏、齐国的田常、楚国的白公胜、晋国的智伯，他们的势力都大得足以驱逐国君而自立，然而他们到底不敢这样做，难道是他们力量不足或于心不忍吗？只不过是害怕奸夺名位、僭犯身份而招致天下的讨伐罢了。现在晋国的三家大夫欺凌蔑视国君，瓜分了晋国，作为天子的周王不能派兵征讨，反而对他们加封赐爵，让他们列位于诸侯国君之中，这样做就使周王朝仅有的一点名分不能再守住而全部放弃了。周朝先王的礼教到此丧失干净！

有人认为当时周王室已经衰微，而晋国三家力量强盛，就算周王不想承认他们，又怎么能做得到呢？这种说法是完全错误的。晋国三家虽然强悍，但他们如果打算不顾天下的指责而公然侵犯礼义的话，就不会来请求周天子的批准，而是去自立为君了。不向天子请封而自立为君，那就是叛逆之臣，天下如果有像齐桓公、晋文公那样的贤能诸侯，一定会尊奉礼义征讨他们。现在晋国三家向天子请封，天子又批准了。他们就是奉天子命令而成为诸侯的，谁又能讨伐他们呢？所以晋国三家大夫成为诸侯，并不是晋国三家破坏了礼教，正是周天子自己破坏了礼教啊！呜呼！君臣之间的礼仪既然崩坏，于是天下便开始以智慧、武力互相争雄，使当年受周先王分封而成为诸侯国君的圣贤后裔以及江山相继沦亡，周朝先民的子孙灭亡殆尽，岂不哀伤！

【原文】

初，智宣子将以瑶为后。智果曰："不如宵也。瑶之贤于人者五，其不逮者一也。美鬓长大则贤，射御足力则贤，伎艺毕给则贤，巧文辩慧则贤，强毅果敢则贤，如是而甚不仁。夫以其五贤陵人而以不仁行之，其谁能待之？若果立瑶也，智宗必灭。"弗听，智果别族于太史，为辅氏。

赵简子之子，长曰伯鲁，幼曰无恤。将置后，不知所立，乃书训诫之辞于二简，以授二子曰："谨识之。"三年而问之，伯鲁不能举其辞；求其简，已失之矣。问无恤，诵其辞甚习；求其简，出诸袖中而奏之。于是简子以无恤为贤，立以为后。

简子使尹铎为晋阳，请曰："以为茧丝乎？抑为保障乎？"简子曰："保障哉！"尹铎损其户数。简子谓无恤曰："晋国有难，而无以尹铎为少，无以晋阳为远，必以为归。"及智宣子卒，智襄子为政，与韩康子、魏桓子宴于蓝台。智伯戏康子而侮段规。智国闻之，谏曰："主不备难，难必至矣！"智伯曰："难将由我。我不为难，谁敢兴之？"对曰："不然。《夏书》有之曰，'一人三失，怨岂在明，不见是图。'夫君子能勤小物，故无大患。今主一宴而耻人之君相，又弗备，曰'不敢兴难'，无乃不可乎！蜹、蚁、蜂、虿，皆能害人，况君相乎！"弗听。

【译文】

起初，晋国智宣子想确定智瑶为继承人。族人智果说："他不如智宵。智瑶有超越他人的五项长处，只有一项短处。美发高大是长处，精于射箭和驾车是长处，技艺精通是长处，能写善辩是长处，坚毅果敢是长处，然而却很不仁厚。如果他以五项长处来凌驾别人而做不仁义的恶事，谁能与他和睦相处？要是真的立智瑶为继承人，智氏宗族一定灭亡。"智宣子置之不理，智果便向太史请求脱离智氏家族，另立为辅氏。

晋国的另一个上卿赵简子有两个儿子，大的叫伯鲁，小的叫无恤。赵简子想确定继承人，不知立哪个好。于是把他的日常训诫言词写在两块竹简上，分别交给两个儿子，嘱咐说："好好记住！"过了三年，赵简子问起两个儿子。伯鲁说不出竹简上的话；再问他的竹简，已丢失了。又问无恤，竟然背诵竹简训词很熟练；追问竹简，他便从袖子中取出献上。于是，赵简子认为无恤十分贤能，便立他为继承人。

赵简子派尹铎去治理其属邑晋阳（今山西太原），尹铎临行前请示："您是让我去搜刮财富呢，还是作为未来的保障？"赵简子说："作为保障。"尹铎便少算居民户数，减轻赋税。赵简子又对儿子赵无恤说："一旦晋国动乱，你不要嫌尹铎地位不高，不要怕晋阳路途遥远，一定要以那里作为归宿。"等到智宣子去世，智襄子智瑶执掌晋国之政，与晋国另两位上卿韩康子、魏桓子在蓝台饮宴，席间智瑶戏弄了韩康子，又侮辱其家臣段规。智瑶的家臣智国听说后，劝道："主公您不提防灾祸，灾祸就要来了！"智瑶说："他们的生死都取决于我。我不降灾，谁敢兴风作浪！"智国又说："这话不妥。《夏书》说，'一个人屡次三番犯错误，结下的仇怨岂能在明处？应该在它没有表现时就提防。'贤德的人能谨慎处理小事，所以不会招致大祸。现在主公一次宴会就得罪了人家的君和臣，又不戒备，说'不敢兴风作浪'，恐怕不行吧！蚊子、蚂蚁、蜜蜂、蝎子，都能害人，何况国君、国相呢！"智瑶毫不在意。

【原文】

智伯请地于韩康子，康子欲弗与。段规曰："智伯好利而愎，不与，将伐我，不如与之。彼狃于得地，必请于他人；他人不与，必向之以兵，然则我得免于患而待事之变矣。"康子曰："善。"使使者致万家之邑于智伯。智伯悦。又求地于魏桓子，桓子欲弗与。任章曰："何故弗与？"桓子曰："无故索地，故弗与。"任章曰："无故索地，诸大夫必惧；吾与之地，智伯必骄。彼骄而轻敌，此惧而相亲。以相亲之兵待轻敌之人，智氏之命必不长矣。《周书》曰，'将欲败之，必姑辅之；将欲取之，必姑与之。'主不如与之，以骄智伯，然后可以择交而图智氏矣。奈何独以吾为智氏质乎！"桓子曰："善。"复与之万家之邑一。

智伯又求蔡、皋狼之地于赵襄子，襄子弗与。智伯怒，帅韩、魏之甲以攻赵氏。襄子将出，曰："吾何走乎？"从者曰："长子近，且城厚完。"襄子曰："民罢力以完之，又毙死以守之，其谁与我！"从者曰："邯郸之仓库实。"襄子曰："浚民之膏泽以实之，又因而杀之，其谁与我！其晋阳乎，先主之所属也，尹铎之所宽也，民必和矣。"乃走晋阳。

【译文】

智瑶又向韩康子索要领地，韩康子想不给他。段规进言说："智瑶贪财好利，又刚愎自用，如果不给，一定兴兵讨伐我们，不如姑且给他。他得到土地后会更加狂妄，一定又会向别人索要；别人若不给，他必定向人动武用兵。这样我们就可以免于祸患而伺机行动了。"韩康子说："好主意。"便派人去送上有万户居民的城邑，智瑶大喜。果然他又向魏桓子提出索地的要求，魏桓子想不给。家相任章问："为什么不给呢？"魏桓子说："无缘无故来要地，所以不给。"任章说："智瑶无缘无故强索他人领地，一定会引起其他大夫官员的恐惧；我们给智瑶土地，他一定会骄傲。他骄傲而轻敌，我们恐惧而互相团结。用精诚团结之兵来对付狂妄轻敌的智瑶，智家的命运一定不会长久了。《周书》说，'想要败坏他，姑且先帮他的忙；想要占有他，姑且先给他点儿甜头。'主人不如给，来造成智伯的骄傲，然后才可选择交情深厚的人士，共同设法对付智伯。我们又何必单独作为智伯攻击的对象呢！"桓子说："好极了。"就也给了智瑶一处有万家人口的城邑。

智瑶又向赵襄子索要蔡与皋狼两处土地，赵襄子不给。智瑶大怒，于是统帅韩、魏两家的军队攻打赵氏。襄子准备出外避难，说："我逃到哪里好呢？"随从的官员建议说："长子县较近，且城郭坚固完好。"襄子说："人民精疲力竭地去修固城郭，又要拼死命防守，有谁能与我同心合力呢！"随从的官员说："邯郸仓储存粮充裕，适合前往。"襄子说："所谓存粮充裕，无非由搜刮的民脂民膏而来，现在又让居民作战送死，有谁能与我同心协力呢！看来只有到晋阳去了，晋阳是先主的属地，尹铎宽厚爱民，人民必定团结和睦。"于是决定逃往晋阳。

【原文】

三家以国人围而灌之，城不浸者三版。沈灶产蛙，民无叛意。智伯行水，魏桓子御，韩康子骖乘。智伯曰："吾乃今知水可以亡人国也。"桓子肘康子，康子履桓子之跗，以汾水可以灌安邑，绛水可以灌平阳也。絺疵谓智伯曰："韩、魏必反矣。"智伯曰："子何以知之？"絺疵曰："以人事知。夫从韩、魏之兵以攻赵，赵亡，难必及韩、魏矣。今约胜赵而三分其地，城不没者三版，人马相食，城降有日，而二子无喜志，有忧色，是非反而何？"明日，智伯以絺疵之言告二子，二子曰："此夫谗人欲为赵氏游说，使主疑于二家而懈于攻赵氏也。不然，夫二家岂不利朝夕分赵氏之田，而欲为危难不可成之事乎？"二子出，絺疵入曰："主何以臣之言告二子？"智伯曰："子何以知之？"对曰："臣见其视臣端而趋疾，知臣得其情故也。"智伯不悛。絺疵请使于齐。

赵襄子使张孟谈潜出见二子，曰："臣闻唇亡则齿寒。今智伯帅韩、魏而攻赵，赵亡，则韩、魏为之次矣。"二子曰："我心知其然也；恐事未遂而谋泄，则祸立至矣。"张孟谈曰："谋出二主之口，入臣之耳，何伤也？"二子乃潜与张孟谈约，为之期日而遣之。襄子夜使人杀守堤之吏，而决水灌智伯军。智伯军救水而乱，韩、魏翼而击之，襄子将卒犯其前，大败智伯之众，遂杀智伯，尽灭智氏之族，唯辅果在。

【译文】

三家军队包围了晋阳，并引水灌城，城墙淹到只剩六尺高。锅灶沉没水里，都生出了长脚蛤蟆，而人民毫无背叛的意思。智瑶巡视水攻情形，当时魏桓子驾车居中，韩康子持矛居右。智瑶对他们说："我如今方知水可以灭亡他人的国家啊！"魏桓子用肘碰碰韩康子，韩康子轻踏魏桓子的脚，暗示他也可以利用汾河的水来灌安邑，利用绛河的水来灌平阳。絺疵对智伯说："韩、魏两家一定会叛变。"智瑶说："你怎么知道？"絺疵说："根据发生的事情可以推知。我们统率韩、魏的兵来攻打赵氏，赵氏亡，灾祸必波及韩、魏。现在约定战胜赵氏后，三家平分他们的土地，如今城墙被水淹没得还剩六尺，城中积粮用尽，拿人肉马肉维持生活，他们两人不但毫无喜悦的表情，而且面带忧戚的样子，这不是要反叛是什么呢？"第二天，智瑶把絺疵的话转告他们两位，他们解释道："这个人专门讲别人的坏话，实际上他才真是想替赵氏游说，使主人疑惑我们两家不忠，然后让你松懈攻打赵氏的斗志。要不然，我们哪里不愿意赶快平分赵氏的田产，反而去做些危险甚而毫无成功希望的事呢！"两人辞出后，絺疵进来说："主人为什么把臣子的话告诉他们两个呢？"智瑶说："你怎么知道的？"絺疵回答说："臣刚才看他们对我仔细端详，且步伐匆促，就知道他们的心情了！"智瑶不听劝告。絺疵为了避祸，请求出使齐国。

赵襄子派张孟谈暗中出城晋见韩康子、魏桓子二人，说："臣听说唇亡则齿寒。现在智伯率领韩、魏的军队进攻赵氏，赵亡以后，韩、魏就是下一个目标了。"他们两人说："我们心里早就知道这种情况，只是怕事情未成而计划泄露，那么杀身大祸便立即来到了。"张孟谈说:"计谋出于两家主人的口,入于为臣的耳,有什么害怕的呢!"两人乃暗中和张孟谈约定,并商量好起事的日期后,才把他送走。到了约定的日期,赵襄子乘夜派人杀死守堤的官员,决开河水倒灌智瑶的军队。智瑶的军队因救水淹乱成一团,韩、魏两家分别从两翼夹攻,赵襄子率领士卒作正面攻击,大败智瑶的军队。他们杀掉智瑶,完全灭绝了智氏的家族,惟有辅果得以幸免。

【原文】

臣光曰:智伯之亡也,才胜德也。夫才与德异,而世俗莫之能辨,通谓之贤,此其所以失人也。夫聪察强毅之谓才,正直中和之谓德。才者,德之资也;德者,才之帅也。云梦之竹,天下之劲也;然而不矫揉,不羽括,则不能以入坚。棠之金,天下之利也;然而不熔范,不砥砺,则不能以击强。是故才德全尽谓之"圣人",才德兼亡谓之"愚人";德胜才谓之"君子",才胜德谓之"小人"。凡取人之术,苟不得圣人、君子而与之,与其得小人,不若得愚人。何则?君子挟才以为善,小人挟才以为恶。挟才以为善者,善无不至矣;挟才以为恶者,恶亦无不至矣。愚者虽欲为不善,智不能周,力不能胜,譬如乳狗搏人,人得而制之。小人智足以遂其奸,勇足以决其暴,是虎而翼者也,其为害岂不多哉!夫德者人之所严,而才者人之所爱;爱者易亲,严者易疏,是以察者多蔽于才而遗于德。自古昔以来,国之乱臣,家之败子,才有余而德不足,以至于颠覆者多矣,岂特智伯哉!故为国为家者苟能审于才德之分而知所先后,又何失人之足患哉!

【译文】

臣司马光曰:智瑶的灭亡,在于才胜过德。才与德是不同的两回事,而世俗之人往往分不清,一概而论之曰贤明,于是就看错了人。所谓才,是指聪明、明察、坚强、果毅;所谓德,是指正直、公道、平和待人。才,是德的辅助;德,是才的统帅。云梦地方的竹子,天下都称赞刚劲,然而如果不矫正其曲,不配上羽毛,就不能作为利箭穿透坚物。棠这个地方出产的铜材,天下都称赞精利,然而如果不经熔烧铸造,不锻打出锋,就不能作为兵器击穿硬甲。所以,德才兼备称之为圣人;无德无才称之为愚人;德胜过才称之为君子;才胜过德称之为小人。挑选人才的方法,如果找不到圣人、君子而委任,与其得到小人,不如得到愚人。原因何在?因为君子把持有的才干用到善事上;而小人把持有的才干用来作恶。持有才干做善事,能处处行善;而凭借才干作恶,就无恶不作了。愚人尽管想作恶,因为智慧不济,气力不胜任,好像小狗扑人,人还能制服它。而小人既有足够的阴谋诡计来作恶,又有足够的力量来逞凶施暴,就如恶虎生翼,他的危害难道不大吗!有德的人令人尊敬,有才的人使人喜爱;对喜爱的人容易宠信专任,对尊敬的人容易疏远,所以察选人才者经常被人的才干所蒙蔽而忘记了考察他的品德。自古至今,国家的乱臣奸佞,家族的败家浪子,因为才有余而德不足,导致家国覆亡的多了,又何止智瑶呢!所以治国治家者如果能审察才与德两种不同的标准,知道选择的先后,又何必担心失去人才呢!

【原文】

　　三家分智氏之田。赵襄子漆智伯之头，以为饮器。智伯之臣豫让欲为之报仇，乃诈为刑人，挟匕首，入襄子宫中涂厕。襄子如厕心动，索之，获豫让。左右欲杀之，襄子曰："智伯死无后，而此人欲为报仇，真义士也！吾谨避之耳。"乃舍之。豫让又漆身为癞，吞炭为哑，行乞于市，其妻不识也。行见其友，其友识之，为之泣曰："以子之才，臣事赵孟，必得近幸。子乃为所欲为，顾不易邪？何乃自苦如此！求以报仇，不亦难乎？"豫让曰："不可！既已委质为臣，而又求杀之，是二心也。凡吾所为者，极难耳。然所以为此者，将以愧天下后世之为人臣怀二心者也。"襄子出，豫让伏于桥下。襄子至桥，马惊；索之，得豫让，遂杀之。

　　襄子为伯鲁之不立也，有子五人，不肯置后。封伯鲁之子于代，曰代成君，早卒；立其子浣为赵氏后。襄子卒，弟桓子逐浣而自立，一年卒。赵氏之人曰："桓子立，非襄主意。"乃共杀其子，复迎浣而立之，是为献子。献子生籍，是为烈侯。魏斯者，魏桓子之孙也，是为文侯。韩康子生武子；武子生虔，是为景侯。

【译文】

　　赵、韩、魏三家瓜分了智氏的领地。赵襄子把智瑶的头骨涂上漆，作为饮具。智瑶的家臣豫让想为主公报仇，就化装为罪人，怀揣着匕首，混到赵襄子的宫室中打扫厕所。赵襄子上厕所时，忽然心动不安，便令人搜索，抓获了豫让。左右要将豫让杀死，赵襄子说："智瑶已死无后人，而此人还要为他报仇，真是一个义士！我小心躲避他就行了。"于是释放了豫让。豫让又用漆涂身，使浑身生满癞疮，再吞下火炭，弄哑嗓音，在街市上乞讨，连结发妻子见面也认不出来。路上遇到朋友，朋友认出了他，为他垂泪道："以你的才干，如果投靠赵家，一定会成为亲信，那时你就是为所欲为，难道不容易吗？何必如此自我折磨？这样来图谋报仇，不是太难吗！"豫让说："要是已委身于赵家为臣，再去刺杀他，就是怀有二心。我现在这种做法，是极困难的。然而所以还要这样干下去，就是为了让天下与后世做人臣而怀有二心的人感到羞愧。"赵襄子乘车出行，豫让潜伏在桥下。赵襄子到了桥前，马突然受惊，进行搜索，捕获豫让，于是将他杀死。

　　赵襄子因父亲赵简子当年没有立哥哥伯鲁为继承人，自己虽然有五个儿子，也不肯立为继承人。他封伯鲁的儿子于代国，称代成君，早死；又立其子赵浣为赵家的继承人。赵襄子死后，弟弟赵桓子驱逐赵浣，自立为君，继位一年也死了。赵家的族人说："赵桓子做国君，本来就不是赵襄子的主意。"大家一起杀死了赵桓子的儿子，再迎回赵浣，拥立为国君，这就是赵献子。赵献子生子名赵籍，就是赵烈侯。魏斯是魏桓子的孙子，就是魏文侯。韩康子生子名韩武子，武子又生韩虔，就是韩景侯。

【原文】

　　魏文侯以卜子夏、田子方为师，每过段干木之庐必式。四方贤士多归之。文侯与群臣饮酒，乐，而天雨，命驾将适野。左右曰："今日饮酒乐，天又雨，君将安之？"文侯曰："吾与虞人期猎，虽乐，岂可无一会期哉！"乃往，身自罢之。

韩借师于魏以伐赵。文侯曰："寡人与赵，兄弟也，不敢闻命。"赵借师于魏以伐韩，文侯应之亦然。二国皆怒而去。已而知文侯以讲于己也，皆朝于魏。魏由是始大于三晋，诸侯莫能与之争。

使乐羊伐中山，克之，以封其子击。文侯问于群臣曰："我何如主？"皆曰："仁君。"任座曰："君得中山，不以封君之弟而以封君之子，何谓仁君！"文侯怒，任座趋出。次问翟璜，对曰："仁君也。"文侯曰："何以知之？"对曰："臣闻君仁则臣直。向者任座之言直，臣是以知之。"文侯悦，使翟璜召任座而反之，亲下堂迎之，以为上客。

【译文】

魏文侯以卜子夏、田子方为国师，他每次经过名士段干木的住宅，都要在车上俯首行礼。四方贤才德士很多前来归附他。魏文侯与群臣饮酒，奏乐，天下起了大雨，魏文侯却下令备车前往山野之中。左右侍臣问："今天饮酒正在兴头上，天又下着大雨，国君打算到哪里去呢？"魏文侯说："我与虞人约好了今天去打猎，虽然这里很快乐，怎么可以无视一个约会呢！"于是亲身前去告知停猎。

韩国邀请魏国出兵攻打赵国。魏文侯说："我与赵国是兄弟之邦，不敢从命。"赵国也来向魏国借兵讨伐韩国，魏文侯仍然用同样的理由拒绝了。两国使者都怒气冲冲地离去。后来两国得知魏文侯对自己的和睦态度，都前来朝拜魏国。魏国于是开始成为魏、赵、韩三国之首，各诸侯国都不能和它相争。

魏文侯派乐羊攻打中山国，攻克其地，封给自己的儿子魏击。魏文侯问群臣："我是什么样的君主？"大家都说："您是仁德的君主！"任座说："国君您得了中山国，不封给您的弟弟，却封给自己的儿子，这算什么仁德君主！"魏文侯大怒，任座见状，快步离开。魏文侯又问翟璜，翟璜回答说："您是仁德君主。"魏文侯问："你怎么知道？"回答说："臣下我听说国君仁德，他的臣子就敢直言。刚才任座的话很耿直，所以我知道您是仁德君主。"魏文侯听了很高兴，派翟璜速召任座回来，并亲自下堂迎接他，待以上宾之礼。

【原文】

文侯与田子方饮，文侯曰："钟声不比乎？左高。"田子方笑。文侯曰："何笑？"子方曰："臣闻之，君明乐官，不明乐音。今君审于音，臣恐其聋于官也。"文侯曰："善。"

子击出，遭田子方于道，下车伏谒。子方不为礼。子击怒，谓子方曰："富贵者骄人乎？贫贱者骄人乎？"子方曰："亦贫贱者骄人耳，富贵者安敢骄人？国君而骄人则失其国，大夫而骄人则失其家。失其国者，未闻有以国待之者也；失其家者，未闻有以家待之者也。夫士贫贱者，言不用，行不合，则纳履而去耳，安往而不得贫贱哉！"子击乃谢之。

文侯谓李克曰："先生尝有言曰，'家贫思良妻，国乱思良相。'今所置非成则璜，二子何如？"对曰："卑不谋尊，疏不谋戚。臣在阙门之外，不敢当命。"文侯曰："先生临事勿让。"克曰："君弗察故也。居视其所亲，富视其所与，达视其所举，穷视其所不为，贫视其所不取，五者足以定之矣，何待克哉！"文侯曰："先生就舍，吾之相定矣。"李克出，见翟璜。翟璜曰："今者闻君召先生而卜相，果谁为之？"克曰："魏成。"翟璜忿然作色曰："西河守吴起，臣所进也。君内以邺为忧，臣进西门豹。君欲伐中山，臣进乐羊。中山已拔，无使守之，臣进先生。君之子无傅，臣进屈侯鲋。以耳目之所睹记，臣何负于魏成？"李克曰："子之言克于子之君者，岂将比周以求大官哉？君问相于克，克之对如是。所以知君之必相魏成者，魏成食禄千钟，什九在外，什一在内，是以东得卜子夏、田子方、段干木。此三人者，君皆师之；子所进五人者，君皆臣之。子恶得与魏成比也！"翟璜逡巡再拜曰："璜，鄙人也，失对，愿卒为弟子。"

【译文】

魏文侯和田子方饮酒，文侯说："钟声不太调和吗？是否左边的挂高了。"田子方笑了笑。文侯说："为何发笑？"子方说："臣听说，国君应当了解乐官的才不才，不必了解乐音的和不和。现在君上明辨乐音的和声，恐怕会疏忽乐官的才能啊。"文侯说："你讲得对。"

子击外出，途中遇着田子方，便下车伏地谒见。子方不答礼。子击大怒，说："是富贵的人应该骄傲，还是贫贱的人应该骄傲呢？"子方说："那当然是贫贱的人才有资格对人骄傲，富贵的人怎敢对人骄傲呢？国君如果对人骄傲就会失去他的家国，大夫对人骄傲就会失去他的家邦。失去家国的，没听说还有人以国君来对待他的；失去家邦的，没听说还有人以家君来对待他的。而贫贱的士人，如果言论不被采用，行为有所不合，穿上鞋子就走了，无论到哪里，还不是过贫贱的生活吗！"子击听了，向他谢罪。

魏文侯对李克说："先生曾经讲过，'家贫就想到良妻，国乱就想到良相。'现在设置宰相，不是魏成就是翟璜，你看他们两位怎么样？"回答说："地位卑下的不应当替尊贵的打算，感情疏远的不应当替亲近的打算。臣以在野的身份，实在不敢应命。"文侯说："先生面临决定国家大事的时候，请不必客气！"李克说："国君只是疏于考察。对一个人，平常多注意和他亲近的人，有钱时注意和他交往的对象，显达时注意他保举的人士，穷困时注意他有所不为的操守，贫贱时注意他不随便谋取的态度，从以上五种角度观察，就可以判断一个人的优劣了，何必跟我商量呢！"文侯说："先生回去休息吧，我的宰相决定了。"李克辞别出来，遇见翟璜。翟璜说："刚才听说国君召见先生谈委任宰相的事，不知谁能担任？"李克说："魏成。"翟璜满脸不高兴的样子，说："防守西河的吴起，是臣推荐的；邺县民生疾苦，君上常引以为忧，臣推荐了西门豹去治邺；君上想攻打中山，臣推荐乐羊；中山攻占后无人防守，臣推荐先生；君上的儿子没有师傅教导，臣推荐屈侯鲋。从这些事情来衡量，臣哪一点儿比不上魏成！"李克说："你推荐我给君上，难道是想结党营私做大官吗？君上问我，谁可以担任宰相，我的回答和你的做法是一样的。我之所以知道君上必任魏成为宰相，是因为魏成的俸禄有千钟，其中十分之九用于社会，十分之一用于家庭，所以东得卜子夏、田子方、段干木。这三位，君上都把他们看成老师；而你所举荐的五个人，国君都任用为臣属。你怎么能和魏成比呢！"翟璜听了，徘徊不敢近前，一再行礼说："我翟璜真是个粗鄙之人，失礼了，我愿终身做您的弟子！"

【原文】

吴起者，卫人，仕于鲁。齐人伐鲁，鲁人欲以为将，起取齐女为妻，鲁人疑之。起杀妻以求将，大破齐师。或潛之鲁侯曰："起始事曾参，母死不奔丧，曾参绝之；今又杀妻以求为君将。起，残忍薄行人也！且以鲁国区区而有胜敌之名，则诸侯图鲁矣。"起恐得罪，闻魏文侯贤，乃往归之。文侯问诸李克，李克曰："起贪而好色，然用兵，司马穰苴弗能过也。"于是文侯以为将，击秦，拔五城。

起之为将，与士卒最下者同衣食，卧不设席，行不骑乘，亲裹赢粮，与士卒分劳苦。卒有病疽者，起为吮之。卒母闻而哭之。人曰："子，卒也，而将军自吮其疽，何哭为？"母曰："非然也。往年吴公吮其父疽，其父战不旋踵，遂死于敌。吴公今又吮其子，妾不知其死所矣，是以哭之。"

【译文】

吴起是卫国人，在鲁国做官。齐国来攻打鲁国，鲁国想任用吴起为将，但吴起娶的妻子是齐国人，鲁国猜疑吴起。于是，吴起杀死了自己的妻子，求得大将，率鲁国军队大破齐国军队。有人在鲁国国君面前攻击他说："吴起当初曾师事曾参，母亲死了也不回去奔丧，曾参因此和他断绝关系。现在他又杀死妻子来求得您的大将职位。吴起真是一个残忍缺德的人！况且，以我们小小的鲁国能有战胜齐国的名气，各个国家都要来算计鲁国了。"吴起恐怕鲁国治他的罪，又听说魏文侯贤明，就前去投奔。魏文侯征求李克的意见，李克说："吴起为人贪婪而好色，然而他用兵打仗，连齐国的名将司马穰苴也超不过。"于是魏文侯任命吴起为大将，派他攻打秦国，夺下了五座城池。

吴起做大将，与最低级的士兵穿同样的衣服，吃同样的饭，睡觉不铺席子，行军也不骑马，亲自背上士兵挑的粮食，与士兵们分担疾苦。有个士兵患了毒疮，吴起亲自为他吸吮毒汁。士兵的母亲听说后却痛哭。有人奇怪地问："你的儿子是个士兵，而吴起将军亲自为他吸吮毒疮，你还哭什么？"士兵的母亲答道："不是这样啊！当年吴将军为孩子的父亲吸过毒疮，孩子的父亲作战时有进无退，就战死在敌阵中了。吴将军现在又为我儿子吸毒疮，我不知道他会死在哪里了，所以我哭泣。"

桂陵之战

【原文】

周显王十六年（戊辰，前353年）

齐威王使田忌救赵。

初，孙膑与庞涓俱学兵法。庞涓仕魏为将军，自以能不及孙膑，乃召之。至，则以法断其两足而黥之，欲使终身废弃。齐使者至魏，孙膑以刑徒阴见，说齐使者。齐使者窃载与之齐。田忌善而客待之，进于威王。威王问兵法，遂以为师。于是威王谋救赵，以孙膑为将；辞以刑余之人不可。乃以田忌为将而孙子为师，居辎车中，坐为计谋。

田忌听从了孙膑的计策。十月，赵国的邯郸城投降了魏国。魏军还师援救国内，在桂陵与齐国军队激战，魏军大败。

田忌欲引兵之赵。孙子曰："夫解杂乱纷纠者不控拳，救斗者不搏撠，批亢捣虚，形格势禁，则自为解耳。今梁、赵相攻，轻兵锐卒必竭于外，老弱疲于内。子不若引兵疾走魏都，据其街路，冲其方虚，彼必释赵以自救：是我一举解赵之围而收弊于魏也。"田忌从之。十月，邯郸降魏。魏师还，与齐战于桂陵，魏师大败。

【译文】

周显王十六年（戊辰，公元前353年）

齐威王派田忌去救援赵国。

起初，孙膑与庞涓一起学习兵法。庞涓在魏国做了将军，自己估量才能不如孙膑，便召孙膑前来魏国。孙膑到了以后，庞涓又设计依法砍断孙膑的双脚，在他脸上刺字，想使他终身成为废人。齐国使者来到魏国，孙膑以受刑罪人的身份暗中求见，说服了使者。使者偷偷地把孙膑载在车中一同回到齐国。齐国大臣田忌把孙膑奉为座上客，又把孙膑推荐给齐威王。威王向孙膑请教了兵法，于是延请孙膑为老师。这时齐威王计划出兵援救赵国，任命孙膑为大将，孙膑以自己是受过刑的残疾之人辞谢，威王便以田忌为大将、孙膑为军师，让他在车帘里坐着出谋划策。

田忌准备率兵前往赵国。孙膑说："排解杂乱的纠纷，不能用拳脚去击打；平息殴斗，不能上手去拘持。只能因势利导，乘虚而入，紧张的形势受到阻禁，就自然化解了。现在赵、魏两国攻战正酣，精兵锐卒倾巢而出，国中只剩下老弱病残。您不如率军迅速奔袭魏国都城，占据交通要道，冲击他们空虚的后方，魏军一定会放弃攻赵从而回兵自救。这样我们一举两得，既解了赵国之围，又给魏国以打击。"田忌听从了孙膑的计策。十月，赵国的邯郸城投降了魏国。魏军还师援救国内，在桂陵与齐国军队激战，魏军大败。

连横亲秦

【原文】

周赧王四年（庚戌，前311年）

秦惠王使人告楚怀王，请以武关之外易黔中地。楚王曰："不愿易地，愿得张仪而献黔中地。"张仪闻之，请行。王曰："楚将甘心于子，奈何行？"张仪曰："秦强楚弱，大王在，楚不宜敢取臣。且臣善其嬖臣靳尚，靳尚得事幸姬郑袖，袖之言，王无不听者。"遂往。楚王囚，将杀之。靳尚谓郑袖曰："秦王甚爱张仪，将以上庸六县及美女赎之。王重地尊秦，秦女必贵而夫人斥矣。"于是郑袖日夜泣于楚王曰："臣各为其主耳。今杀张仪，秦必大怒。妾请子母俱迁江南，毋为秦所鱼肉也！"王乃赦张仪而厚礼之。张仪因说楚王曰："夫为从者无以异于驱群羊而攻猛虎，不格明矣。今王不事秦，秦劫韩驱梁而攻楚，则楚危矣。秦西有巴、蜀，治船积粟，浮岷江而下，一日行五百余里，不至十日而拒扞关，扞关惊则从境以东尽城守矣，黔中、巫郡非王之有。秦举甲出武关，则北地绝。秦兵之攻楚也，危难在三月之内，而楚待诸侯之救在半岁之外。夫待弱国之救，忘强秦之祸，此臣所为大王患也。大王诚能听臣，请令秦、楚长为兄弟之国，无相攻伐。"楚王已得张仪而重出黔中地，乃许之。

张仪遂之韩，说韩王曰："韩地险恶山居，五谷所生，非菽而麦，国无二岁之食，见卒不过二十万。秦被甲百余万。山东之士被甲蒙胄而会战，秦人捐甲徒裼以趋敌，左挈人头，右挟生虏。夫战孟贲、乌获之士以攻不服之弱国，无异垂千钧之重于鸟卵之上，必无幸矣。大王不事秦，秦下甲据宜阳，塞成皋，则王之国分矣。鸿台之宫，桑林之宛，非王之有也。为大王计，莫如事秦以攻楚，以转祸而悦秦，计无便于此者！"韩王许之。

【译文】

周赧王四年（庚戌，公元前311年）

秦惠王派人告知楚怀王，希望用武关之外的土地和他交换黔中。楚怀王说："我不愿意交换土地，只要得到张仪，我就献出黔中。"张仪听说此事，请求秦王派他去。秦惠王说："楚国要杀你才甘心，怎么能去呢？"张仪说："秦国强盛，楚国衰弱，只要大王在一天，楚国还不敢杀我，而且我和楚王的宠臣靳尚交好，靳尚伺候楚王的爱妾郑袖，对于郑袖的话，楚王无不听从。"于是张仪前往楚国。楚王囚禁了张仪，准备杀他解恨。靳尚对郑袖说："秦王非常宠爱张仪，将用上庸六县和美女赎回他。君王如果重视土地，尊重秦国，必定会宠爱秦国女子而疏远夫人。"于是郑袖日夜对楚王哭泣说："每一个臣子都会为他的君王打算，张仪的所作所为，也是为了他的君王罢了。现在如果杀死张仪，秦国必定非常生气。请求大王准许我母子迁往江南，以免被秦国宰割啊！"楚怀王于是赦免了张仪，还以厚礼相待。张仪劝说楚怀王道：“倡导各国联合抗秦，简直是赶着羊群去进攻猛虎，明显无法相斗。现在大王您不肯臣服秦国，秦国如果逼迫韩国、驱使魏国来联合攻楚，楚国可就危险了。秦国西部有巴、蜀两地，备船积粮，乘船沿岷江而下，一天可行五百余里，不到十天就兵临扞关。扞关受到惊扰，则由此以东的各城都要修治守备，黔中、巫郡便不再是大王您的了。秦国如果大举甲兵攻出武关，那么楚国的北部就会被秦国攻占。秦兵进攻楚国，楚国的存亡只在三个月以内，而楚国等待各国来救援要在半年以后。坐等那些弱国来救，而忽视了强秦的威胁，我可要为大王您现在的做法担心啊！大王如果真能听我的意见，我可以让楚国、秦国永结为兄弟之邦，不再互相攻杀。”楚王虽然已经得到了张仪，却又舍不得拿黔中之地来交换，于是同意了张仪的建议，让他离开。

张仪便前往韩国，对韩王说：“韩国地方险恶多山，所产五谷，不是豆子便是杂麦，国家口粮积存不够两年，现在军中的士兵不过二十万，秦国却有甲兵一百余万。崤山以东的人要披上盔甲才可以参战，而秦国人个个赤膊便上阵迎敌，左手提着人头，右手夹着俘虏。秦国用孟贲、乌获那样的勇士来进攻不肯臣服的弱国，正像在鸟蛋上压下千钧的重石，必定无可幸免。大王您不肯迎合秦国，如果秦国发兵占据宜阳，扼守成皋，大王的国家就会被分裂，鸿台宫、桑林苑，就不再是您能享有的了。为大王着想，您不如结好秦国进攻楚国，既转嫁了祸灾，又取得了秦国欢心。没有比这更好的主意了！”韩王听从了张仪的意见。

【原文】

张仪乃北之燕，说燕王曰：“今赵王已入朝，效河间以事秦。大王不事秦，秦下甲云中、九原，驱赵而攻燕，则易水、长城非大王之有也。且今时齐、赵之于秦，犹郡县也，不敢妄举师以攻伐。今王事秦，长无齐、赵之患矣。”燕王请献常山之尾五城以和。

张仪归报，未至咸阳，秦惠王薨，子武王立。武王自为太子时，不说张仪；及即位，群臣多毁短之。诸侯闻仪与秦王有隙，皆叛衡，复合从。

【译文】

这时，张仪又往北到燕国，去游说燕王说：“现在赵王已经朝见秦王，献出河间，臣事秦国。如果大王不臣事秦国，秦国出兵云中、九原，再驱使赵国攻打燕国，那么易水、长城就不再为大王所有了。况且现在齐、赵二国对秦国来说，犹如郡县，不敢轻易出兵攻打别国。大王如能臣事秦国，便永久没有齐、赵二国的忧患了。”于是燕王献上恒山尾端的五座城池来请和。

张仪回国报告秦王，还未赶到咸阳，惠王已经去世，由他的儿子武王即位。武王自做太子的时候起，就不喜欢张仪，等到即位之后，群臣又多数都说张仪的坏话。诸侯各国得知张仪和秦王之间的嫌怨，都背叛了连横，再度实行合纵。

白马非马

【原文】

周赧王十七年（癸亥，前298年）

赵王封其弟胜为平原君。平原君好士，食客常数千人。有公孙龙者，善为坚白同异之辩，平原君客之。孔穿自鲁适赵，与公孙龙论臧三耳，龙甚辩析。子高弗应，俄而辞出，明日复见平原君。平原君曰："畴昔公孙之言信辩也，先生以为何如？"对曰："然。几能令臧三耳矣。虽然，实难！仆愿得又问于君：今谓三耳甚难而实非也，谓两耳甚易而实是也，不知君将从易而是者乎，其亦从难而非者乎？"平原君无以应。明日，谓公孙龙曰："公无复与孔子高辩事也！其人理胜于辞，公辞胜于理，终必受绌。"

邹衍过赵，平原君使与公孙龙论白马非马之说。邹子曰："不可。夫辩者，别殊类使不相害，序异端使不相乱。抒意通指，明其所谓，使人与知焉，不务相迷也。故胜者不失其所守，不胜者得其所求。若是，故辩可为也。及至烦文以相假，饰辞以相悖，巧譬以相移，引人使不得及其意，如此害大道。夫缴纷争言而竞后息，不能无害君子，衍不为也。"座皆称善。公孙龙由是遂绌。

【译文】

周赧王十七年（癸亥，公元前298年）

赵王封他的弟弟为平原君。平原君喜好贤能之士，供养的食客常多达数千人。其中公孙龙擅长坚白同异之辩，平原君以客人之礼待他。孔穿从鲁国到赵国，和公孙龙辩论奴婢三耳，公孙龙分析得十分精辟。孔穿无法回答，不久便告辞出来，第二天去拜会平原君。平原君问道："公孙龙很有辩才，先生认为如何？"孔穿回答说："是的。公孙龙很有辩才，几乎能使奴婢生三耳了。虽然如此，实际却不可能！我想再请教先生：现在辩论三耳的成立十分难得，却不实际；辩论两耳的成立十分容易，但却是事实。不知道先生相信容易而实在的，还是相信难得而不实在的呢？"平原君无法回答。第二天，平原君对公孙龙说："先生不要再和孔子高辩论了。他的义理胜于言辞，先生的言辞胜于义理。凡言辞胜于义理的，最后必被别人折服。"

齐国邹衍经过赵国，平原君请他和公孙龙辩论白马非马之说。邹衍说："不可。因为辩论是在分别事物的品类，使各不相扰；列序事物不同的情况，使各不相乱。发挥意义，疏通宗旨，使人明白所说的事实和道理，而不以专门从事迷惑人为目的。因此，辩胜的不失去他的立场，辩败的也能获得所求的真知。像这样，还可以去辩论。否则，彼此以虚文互相伪辩，饰浮词去取信对方，立巧譬以转移论旨，把人引到迂远的境地，无法明了其真意，这样就违背了辩论的正确方法。纠缠纷乱，争论不休，以后停者为胜，如此是非混淆，有损于君子的行径，所以我不去做。"全座的人听后，都认为他说的很对。从此，公孙龙被贬退，不受重视了。

负荆请罪

【原文】

周赧王三十六年（壬午，前279年）

会于渑池。王与赵王饮，酒酣，秦王请赵王鼓瑟，赵王鼓之。蔺相如复请秦王击缶，秦王不肯。相如曰："五步之内，臣请得以颈血溅大王矣！"左右欲刃相如，相如张目叱之，左右皆靡。王不怿，为一击缶。罢酒，秦终不能有加于赵；赵人亦盛为之备，秦不敢动。赵王归国，以蔺相如为上卿，位在廉颇之右。

廉颇曰："我为赵将，有攻城野战之功。蔺相如素贱人，徒以口舌而位居我上，吾羞，不忍为之下！"宣言曰："我见相如，必辱之！"相如闻之，不肯与会；每朝，常称病，不欲争列。出而望见，辄引车避匿。其舍人皆以为耻。相如曰："子视廉将军孰与秦王？"曰："不若。"相如曰："夫以秦王之威而相如廷叱之，辱其群臣；相如虽驽，独畏廉将军哉！顾吾念之，强秦所以不敢加兵于赵者，徒以吾两人在也。今两虎共斗，其势不俱生。吾所以为此者，先国家之急而后私雠也！"廉颇闻之，肉袒负荆至门谢罪，遂为刎颈之交。

【译文】

周赧王三十六年（壬午，公元前279年）

秦王与赵王在渑池会面。两人饮酒饮到酣畅之时，秦王请赵王鼓瑟，赵王依言鼓瑟。蔺相如也请秦王击缶，秦王不肯。相如说："在五步之内，我可以用颈中的血溅在你身上！"秦王左右的近臣想杀蔺相如，相如瞪眼呵斥，他们都吓得畏缩不前。秦王只好不高兴地击了一下缶。直到饮酒完毕，秦国始终无法占赵国的便宜。赵人事先也大加防备，使秦国不敢轻举妄动。赵王回国后，任蔺相如为上卿，地位在廉颇之上。

廉颇不满地说："我作为赵国大将，有攻城野战之功，蔺相如原不过是下层小民，只以能说善辩而位居我之上，我实在感到羞耻，忍不下这口气！"便宣称："我遇到蔺相如，一定要羞辱他一番！"蔺相如听说后，不愿意和他遇见。每逢上朝，蔺相如常常称病，不和廉颇去争排列顺序。出门在外，远远望见廉颇的车驾，便令自己的车回避。蔺相如的门客下属都感到十分羞耻。蔺相如对他们说："你们看廉将军的威严比得上秦王吗？"回答都说："比不上。"蔺相如说："面对秦王那么大的威势，我都敢在他的朝廷上叱责他，羞辱他的群臣，我虽然无能，难道单单怕廉将军吗！我是考虑到：强暴的秦国之所以还不敢大举进犯赵国，就是因为我和廉将军在。我们两虎相争，必有一伤。我所以避让，是先考虑到国家的利益而后才去想个人的私怨啊！"廉颇听说了这番话十分惭愧，便赤裸着上身到蔺相如府上来负荆请罪，两人从此结为生死之交。

田单封君

【原文】

周赧王中三十六年（壬午，前279年）

初，燕人攻安平，临淄市掾田单在安平，使其宗人皆以铁笼傅车辖。及城溃，人争门而出，皆以辖折车败，为燕所擒；独田单宗人以铁笼得免，遂奔即墨。是时齐地皆属燕，独莒、即墨未下。乐毅及并右军、前军以围莒，左军、后军围即墨。即墨大夫出战而死。即墨人曰："安平之战，田单宗人以铁笼得全，是多智习兵。"因共立以为将以拒燕。乐毅围二邑，期年不克，及令解围，各去城九里而为垒，令曰："城中民出者勿获，困者赈之，使即旧业，以镇新民。"三年而犹未下。或谗之于燕昭王曰："乐毅智谋过人，伐齐，呼吸之间克七十余城。今不下者两城耳，非其力不能拔，所以三年不攻者，欲久仗兵威以服齐人，南面而王耳。今齐人已服，所以未发者，以其妻子在燕故也。且齐多美女，又将忘其妻子。愿王图之！"昭王于是置酒大会，引言者而让之曰："先王举国以礼贤者，非贪土地以遗子孙也。遭所传德薄，不能堪命，国人不顺。齐为无道，乘孤国之乱以害先王。寡人统位，痛之入骨，故广延群臣，外招宾客，以求报仇；其有成功者，尚欲与之同共燕国。今乐君亲为寡人破齐，夷其宗庙，报塞前仇，齐国固乐君所有，非燕之所得也。乐君若能有齐，与燕并为列国，结欢同好，以抗诸侯之难，燕国之福，寡人之愿也。汝何敢言若此！"乃斩之。赐乐毅妻以后服，赐其子以公子之服；辎车乘马，后属百两，遣国相奉而致之乐毅，立乐毅为齐王。乐毅惶恐不受，拜书，以死自誓。由是齐人服其义，诸侯畏其信，莫敢复有谋者。

【译文】

周赧王中三十六年（壬午，公元前279年）

当初，燕国军队攻打齐国安平时，临淄管理市场的小官田单正在城中，他让家族人都用铁皮包上车轴头。待到城破，人们争相涌出城门，都因为车轴互相碰撞折断，车辆损坏难行而被燕军俘虏；只有田单一族因铁皮包裹着车轴而得以幸免，逃到了即墨。当时齐国国都被燕军占领，仅有莒城、即墨没有沦陷。乐毅于是集中右军、前军包围莒城，集中左军、后军包围即墨。即墨大夫出战身亡。即墨人说："安平之战，田单一族人因铁皮包轴而得以保全，可见田单足智多谋，熟悉兵事。"于是共同拥立他为守将抵御燕军。乐毅围攻两城，一年未能攻克，便下令解除围攻，退至两城城外九里处修筑营垒，下令说："城中的百姓出来不要抓捕他们，有困饿的还要赈济，让他们各操旧业，以安抚新占领地区的人民。"过了三年，城还未攻下。有人在燕昭王面前挑拨说："乐毅智谋过人，进攻齐国，一口气攻克七十余城。现在只剩下两座城邑，不是他的兵力不能攻克，他所以三年不攻，是想倚仗兵威来收服齐国人心，自己好面南称王而已。如今齐国人心已服。他所以还不行动，是因为妻子、儿子在燕国。

况且齐国多有美女，他早晚将忘记妻子。希望大王早做准备！"燕昭王听罢，下令设置盛大酒宴，叫出说此话的人斥责道："先王倡导全国礼待贤明人才，并不是贪图多得土地留给子孙。他不幸遇到继承人缺少德行，不能承受大业，使国内人民怨愤不从。无道的齐国趁着我们国家动乱而得以残害先王。我即位以后，对此痛心疾首，才广泛延请群臣，对外招揽宾客，以求报仇。能成功的人，我还愿意和他分享燕国的大权。现在乐先生亲自为我大破齐国，毁灭齐国宗庙，报了旧仇，齐国本来就应归乐先生所有，不是燕国应该得到的。乐先生如果能拥有齐国，与燕国成为平等的国家，结成友好的邻邦，以抵御各国的侵犯，这正是燕国的福气、我的心愿。你怎么敢说这种话呢！"于是将挑拨离间的人处死。然后赏赐给乐毅的妻子以王后服饰，儿子以王子服饰；又配备车马及上百辆属车，派国相奉送给乐毅，立乐毅为齐王。乐毅十分惶恐，不敢接受，上书发誓自己并无二心。从此齐国人佩服其高义，诸侯各国畏惧其忠信，再也没有人敢谋害他了。

【原文】

顷之，昭王薨，惠王立。惠王自为太子时，尝不快于乐毅。田单闻之，乃纵反间于燕，宣言曰："齐王已死，城之不拔者二耳。乐毅与燕新王有隙，畏诛而不敢归，以伐齐为名，实欲连兵南面王齐。齐人未附，故且缓攻即墨以待其事。齐人所惧，惟恐他将之来，即墨残矣。"燕王固已疑乐毅，得齐反间，乃使骑劫代将而召乐毅。乐毅知王不善代之，遂奔赵。燕将士由是愤惋不和。

田单令城中人食，必祭其先祖于庭，飞鸟皆翔舞而下城中。燕人怪之，田单因宣言曰："当有神师下教我。"有一卒曰："臣可以为师乎？"因反走。田单起引还，坐东乡，师事之。卒曰："臣欺君。"田单曰："子勿言也！"因师之，每出约束，必称神师。乃宣言曰："吾惟惧燕军之劓所得齐卒，置之前行，即墨败矣！"燕人闻之，如其言。城中见降者尽劓，皆怒，坚守，惟恐见得。单又纵反间，言："吾惧燕人掘吾城外冢墓，可为寒心！"燕军尽掘冢墓，烧死人。齐人从城上望见，皆涕泣，共欲出战，怒自十倍。田单知士卒之可用，乃身操版、锸，与士卒分功，妻妾编于行伍之间，尽散饮食飨士。令甲卒皆伏，使老、弱、女子乘城，遣使约降于燕，燕军皆呼万岁。田单又收民金得千镒，令即墨富豪遗燕将，曰："即降，愿无虏掠吾族家！"燕将大喜，许之。燕军益懈。田单乃收城中，得牛千余，为绛缯衣，画以五彩龙文，束兵刃于其角，而灌脂束苇于其尾，烧其端，凿城数十穴，夜纵牛，壮士五千人随其后。牛尾热，怒而奔燕军。燕军大惊，视牛皆龙文，所触尽死伤。而城中鼓噪从之，老弱皆击铜器为声，声动天地。燕军大骇，败走。齐人杀骑劫，追亡逐北，所过城邑皆叛燕，复为齐。田单兵日益多，乘胜，燕日败亡，走至河上，而齐七十余城皆复焉。乃迎襄王于莒。入临淄，封田单为安平君。

【译文】

不久，燕昭王去世，他的儿子惠王即位。惠王为太子时，曾和乐毅发生不愉快的事。田单听说此事，就施行反间计，在燕国散布谣言，说："齐王已经去世，攻不下的城池只有两座罢了。乐毅和燕国新君有嫌怨，怕被杀戮而不敢回国，借着攻打齐国的名义，实际是想南面为齐王。但因齐国人不肯归附，所以暂且慢慢攻打即墨，以等待时机的成熟。齐国人只怕其他将军来攻打，那么即墨就会被攻破了。"燕惠王本已疑心乐毅，又中了齐国的反间之计，就派骑劫代替乐毅为将军，而召回乐毅。乐毅知道惠王不怀好意，又派骑劫代替他，于是投奔赵国。燕国的将士从此愤恨惋惜，群情不和。

田单命令城中的人民，吃饭时要在庭院中祭拜祖先，飞鸟都翱翔于城中。燕国人觉得很奇怪，田单于是散布谣言说："这暗示将有神师降临城中，来教导我们。"有一个士兵说："我可以当神师吗？"说完转身走开。田单起身召他回来，东向而坐，以老师之礼对待他。士兵说："我骗你的。"田单说："你不要说出来！"就以师礼待他。每次出去巡察时，必称他为神师。于是散布谣言说："我们只怕燕国军队把俘虏的齐兵割掉鼻子，置于军队最前方，那么即墨便会被攻破。"燕人听说此事，照着那些谣言去做。城中见投降的都被割去鼻子，十分生气，更坚定守城之志，只怕被燕军擒获。田单又派人施行反间计，散布谣言说："我们怕燕国人挖掘城外的坟墓，这样会使人心惊胆寒！"燕军又照样挖掘了所有的坟墓，烧毁死人的尸体。齐国人从城上看见，哭泣不已，想一起出战，比以前愤怒十倍。田单知道士兵可以上阵作战了，就亲自拿着版、锹，和士兵一同劳作，妻妾也编在劳作行列中，还把好吃的东西尽量拿出来给士兵们吃。田单命令披甲的士兵埋伏起来，派老弱妇女登城守卫，派遣使者到燕国商约投降，燕军都高呼万岁。田单又收集百姓的钱财，取得千镒黄金，命令即墨的富豪赠送给燕国将军，说："马上就要投降了，希望你们不要掳掠我们的族人。"燕将十分高兴，准许了他们的请求。燕军的斗志更加松懈。田单在城中收集一千多头牛，为它们缝制绛色缯衣，画上五彩龙纹，在牛角上绑束尖刀，牛尾巴绑上苇草，灌注油脂，然后在尾端点火，把城墙挖掘了数十个洞穴，夜晚放纵牛群从城墙洞冲出，并派五千名壮健士兵跟随牛后。牛的尾部被火燎烧，都又痛又怒地奔向燕军。燕军大惊失色，看到牛身上都是天龙花纹，碰到牛不是死就是伤，加上城中敲锣打鼓齐声呐喊，老弱居民也都敲击铜器助威，响声惊天动地。燕国军队万分恐惧，纷纷败逃。齐军杀死燕军大将骑劫，追杀逃亡的燕军，所经过的城邑都背叛燕国，再度归顺齐国。田单的军队越来越多，乘胜而进，燕军望风而逃，逃到黄河边，齐国失去的七十几座城邑都被收复。田单于是前往莒城迎接齐襄王回国都临淄，襄王封田单为安平君。

天下一统

将渠议和

【原文】

秦昭襄王五十六年（庚戌，前251年）

燕王喜使栗腹约欢于赵，以五百金为赵王酒。反而言于燕王曰："赵壮者皆死长平，其孤未壮，可伐也。"王召昌国君乐间之，对曰："赵四战之国，其民习兵，不可。"王曰："吾以五而伐一。"对曰："不可。"王怒。群臣皆以为可，乃发二千乘，栗腹将而攻，卿秦攻代。将渠曰："与人通关约交，以五百金饮人之王，使者报而攻之，不祥；师必无功。"王不听，自将偏军随之。将渠引王之绶，王以足蹴之。将渠泣曰："臣非自为，为王也！"燕师至宋子，赵廉颇为将，逆击之，败栗腹于鄗，败卿秦、乐乘于代，追北五百余里，遂围燕。燕人请和，赵人曰："必令将渠处和。"燕王使将渠为相而处和，赵师乃解去。

【译文】

秦昭襄王五十六年（庚戌，公元前251年）

燕国国君姬喜派使臣栗腹与赵王缔结友好盟约，并以五百金设置酒宴款待赵王。栗腹返回燕国后对燕王说："赵国的壮年男子都死在长平之战中了，他们的孤儿还都没有长大成人，可以去进攻赵国。"燕王召见昌国君乐，询问他的意见。乐回答说："赵国的四境都面临着强敌，需要四面抵抗，故国中百姓均已习惯于作战，不能去攻伐。"燕王说："我可以用五个人来攻打赵国的一个人。"乐答道："那也不行。"燕王大怒。群臣都认为可以出兵攻赵，燕王便调动两千辆战车，一路由栗腹率领，进攻城，一路由卿秦率领，进攻代地。大夫将渠说："刚与赵国交换文件订立友好盟约，并用五百金置备酒席请赵王饮酒，而使臣一回来就发兵进攻人家，这是不吉利的，燕军肯定无法获取战功。"燕王不听将渠的劝阻，而且还亲自率领配合主力作战的部队随大军出发。将渠一把拉住燕王腰间结系印纽的丝带，燕王气得向他猛踢一脚，将渠哭泣着说："我不是为了我自己，而是为大王您啊！"燕国的军队抵达宋子，赵王任命廉颇为将，率军迎击燕军，在鄗击败栗腹的部队，在代战胜卿秦、乐乘的部队，并乘胜追击燕军五百余里，顺势包围了燕国国都蓟城。燕王只得派人向赵国求和。赵国人说："一定得让将渠前来议和才行。"于是，燕王便任命将渠为相国，前往赵国议和，赵国的军队方才退走。

燕国的军队抵达宋子，赵王任命廉颇为将，率军迎击燕军，在鄗击败栗腹的部队，在代战胜卿秦、乐乘的部队，并乘胜追击燕军五百余里，顺势包围了燕国国都蓟城。

高士仲连

【原文】

秦孝文王元年（辛亥，前250年）

燕将攻齐聊城，拔之。或谮之燕王，燕将保聊城，不敢归。齐田单攻之，岁余不下。鲁仲连乃为书，约之矢以射城中，遗燕将，为陈利害曰："为公计者，不归燕则归齐。今独守孤城，齐兵日益而燕救不至，将何为乎？"燕将见书，泣三日，犹豫不能自决。欲归燕，已有隙；欲降齐，所杀虏于齐甚众，恐已降而后见辱。喟然叹曰："与人刃我，宁我自刃！"遂自杀。聊城乱，田单克聊城。归，言鲁仲连于齐，欲爵之。仲连逃之海上，曰："吾与富贵而诎于人，宁贫贱而轻世肆志焉！"

魏安王问天下之高士于子顺，子顺曰："世无其人也；抑可以为次，其鲁仲连乎！"王曰："鲁仲连强作之者，非体自然也。"子顺曰："人皆作之。作之不止，乃成君子；作之不变，习与体成，则自然也。"

燕将于是长叹一声说："与其让人来杀我，我宁可自杀！"便自刎身亡。

【译文】

秦孝文王元年（辛亥，公元前250年）

燕国的一位将领率军攻克了齐国的聊城。但是有人却在燕王面前说这个将领的坏话。这位将领因此而据守聊城，不敢返回燕国。齐国相国田单率军反攻聊城，为时一年多仍然攻克不下。齐人鲁仲连便写了一封信，捆在箭上射入城中给那位燕将，向他陈述利害关系说："替您打算，您不是回燕国就是归附齐国。而现在您独守孤城，齐国的军队一天天增多，燕国的援兵却迟迟不到，您将怎么办呢？"燕将见信后低声哭泣了好几天，但仍然犹豫不决。他想还归燕国，可是已与燕国有了嫌隙；想投降齐国，又因杀戮、俘获的齐国人太多，而害怕降齐后会遭受屈辱。于是长叹一声说："与其让人来杀我，我宁可自杀！"便自刎身亡。聊城城内大乱，田单趁机攻下了聊城。田单凯旋后向齐王述说鲁仲连的功绩，并要授给他爵位。鲁仲连为此逃到海边，说："我与其因获得富贵而屈从于他人，宁可忍受贫贱而能放荡不羁、随心所欲！"

魏国国君安王魏圉向孔斌询问谁是天下高士。孔斌说："世上没有这种人。如果说可以有次一等的，那么这个人就是鲁仲连了！"安厘王说："鲁仲连是强求自己这样做的，而不是他本性的自然流露。"孔斌说："人都是要强求自己去做一些事情的。假如这样不停地做下去，便会成为君子；始终不变地这样做，习惯与本性渐渐相融合，也就成为自然的了。"

缩高之死

【原文】

秦庄襄王三年（甲寅，前247年）

蒙骜帅师伐魏，取高都、汲。魏师数败，魏王患之，乃使人请信陵君于赵。信陵君畏得罪，不肯还，诫门下曰："有敢为魏使通者死！"宾客莫敢谏。毛公、薛公见信陵君曰："公子所以重于诸侯者，徒以有魏也。今魏急而公子不恤，一旦秦人克大梁，夷先王之宗庙，公子当何面目立天下乎！"语未卒，信陵君色变，趣驾还魏。魏王持信陵君而泣，以为上将军。信陵君使人求援于诸侯。诸侯闻信陵君复为魏将，皆遣兵救魏。信陵君率五国之师败蒙骜于河外，蒙骜遁走。信陵君追至函谷关，抑之而还。

【译文】

秦庄襄王三年（甲寅，公元前247年）

秦将蒙骜率军进攻魏国，占领了高都和汲邑。魏军屡战屡败，魏安厘王为此而忧虑，便派人到赵国请信陵君魏无忌回国。信陵君惧怕归国后被治罪，不肯返回，并告诫他的门客们说："有胆敢给魏国使者通报消息者处死！"于是，宾客们都不敢规劝他。毛公、薛公为此拜见信陵君说："您所以受到各国的敬重，只是因为有魏国存在。现在魏国的情势危急，而您却毫不顾惜，一旦秦国人攻陷了国都大梁，将先王的宗庙铲为平地，您当以何面目立于天下人的面前啊！"二人的话还未说完，信陵君已脸色大变，催人准备车马赶回魏国。魏王见到信陵君后，握着他的手啜泣不止，任命他为上将军。信陵君派人向各诸侯国求援。各国听说信陵君重又担任魏将，都纷纷派兵援救魏国。信陵君率领五国联军在黄河以西击败蒙骜的军队，蒙骜带残部逃走。信陵君督师追击到函谷关，将秦军压制在关内后才领兵返魏。

【原文】

安陵人缩高之子仕于秦，秦使之守管。信陵君攻之不下，使人谓安陵君曰："君其遣缩高，吾将仕之以五大夫，使为执节尉。"安陵君曰："安陵，小国也，不能必使其民。使者自往请之。"使吏导使者至缩高之所。使者致信陵君之命，缩高曰："君之幸高也，将使高攻管也。夫父攻子守，人之笑也；见臣而下，是倍主也。父教子倍，亦非君之所喜。敢再拜辞！"使者以报信陵君。信陵君大怒，遣使之安陵君所曰："安陵之地，亦犹魏也。今吾攻管而不下，则秦兵及我，社稷必危矣。愿君生束缩高而致之！若君弗致，无忌将发十万之师以造安陵之城下。"安陵君曰："吾先君成侯受诏襄王以守此城也，手授太府之宪。宪之上篇曰，'臣弑君，子弑父，有常不赦。国虽大赦，降城亡子不得与焉。'今缩高辞大位以全父子之义，而君曰'必生致之'，是使我负襄王之诏而废太府之宪也，虽死，终不敢行！"缩高闻之曰："信陵君为人，悍猛而自用，此辞必反为国祸。吾已全己，无违人臣之义矣，岂可使吾君有魏患乎！"乃之使者之舍，刎颈而死。信陵君闻之，缟素辟舍，使使者谢安陵君曰："无忌，小人也，困于思虑，失言于君，请再拜辞罪！"

【译文】

魏国安陵人缩高的儿子在秦国供职，秦人让他负责守卫管城。信陵君率军攻管城不下，便派人去见安陵君说："如果您能遣送缩高到我这里来，我将授给他五大夫的军职，并让他担任执节尉。"安陵君说："安陵是个小国，百姓不一定都服从我的命令。还是请使者您自己前去邀请他吧。"于是就委派一个小官引导魏国的使者前往缩高的住地。使者向缩高传达了信陵君的命令，缩高听后说："信陵君之所以看重我，是为了让我出面去进攻管城。而为父亲的攻城，做儿子的却守城，这是要被天下人耻笑的。况且我的儿子如果见到我就放弃了他的职守，那便是背叛他的国君；做父亲的若是教儿子背叛，也不是信陵君所喜欢的行为。我冒昧地再拜，不能接受信陵君的旨令。"使者回报给信陵君，信陵君勃然大怒，又派使者到安陵君那里说："安陵国也是魏国的领地。现在我攻取不下管城，秦国的军队就会赶到这里来攻打我，这样一来，魏国肯定就危险了。希望您能将缩高活着捆送到我这里！如果您不肯这么做，我就将调动十万大军开赴安陵城下。"安陵君说："我的先代国君成侯奉魏襄王的诏令镇守此城，并亲手把太府中所藏的国法授给了我。国法的上篇说，'臣子杀君王，子女杀父亲，常法规定绝不赦免这类罪行。即使国家实行大赦，举城投降和临阵脱逃的人也都不能被赦免。'现在缩高推辞不受您要授予他的高位，以此成全他们的父子之义，而您却说'一定要将缩高活着捆送到我这里来'，如此便是要让我违背襄王的诏令并废弃太府所藏的国法啊，我纵然去死，也终归不敢执行您的指示！"缩高闻听这件事后说："信陵君这个人，性情凶暴蛮横，且刚愎自用，那些话必将给安陵国招致祸患。我已保全了自己的名声，没有违背作为臣子应尽的道义，既然如此，我又岂可让安陵君遭到来自魏国内部的危害呀！"于是便到使者居住的客舍，拔剑刎颈，自杀而死。信陵君获悉这一消息后，身着素服避住到厢房，并派使者去对安陵君道歉说："我真是个小人啊，为要攻取管城的思虑所困扰，对您说了一些不该说的话，请让我再拜，为我的罪过向您道歉吧！"

毛公、薛公为此拜见信陵君说："您所以受到各国的敬重，只是因为有魏国存在。现在魏国的情势危急，而您却毫不顾惜，一旦秦国人攻陷了国都大梁，将先王的宗庙铲为平地，您当以何面目立于天下人的面前啊！"

韩非使秦

【原文】

秦始皇帝十四年（戊辰，前233年）

韩王纳地效玺，请为藩臣，使韩非来聘。韩非者，韩之诸公子也，善刑名法术之学，见韩之削弱，数以书干韩王，王不能用。于是韩非疾治国不务求人任贤，反举浮淫之蠹而加之功实之上。宽，则宠名誉之人；急，则用介胄之士。所养非所用，所用非所养。悲廉直不容于邪枉之臣，观往者得失之变，作《孤愤》《五蠹》《内外储》《说林》《说难》五十六篇，十余万言。

王闻其贤，欲见之。非为韩使于秦，因上书说王曰："今秦地方数千里，师名百万，号令赏罚，天下不如。臣昧死愿望见大王，言所以破天下从之计。大王诚听臣说，一举而天下之从不破，赵不举，韩不亡，荆、魏不臣，齐、燕不亲，霸王之名不成，四邻诸侯不朝，大王斩臣以徇国，以戒为王谋不忠者也。"王悦之，未任用。李斯嫉之，曰："韩非，韩之诸公子也。今欲并诸侯，非终为韩不为秦，此人情也。今王不用，久留而归之，此自遗患也。不如以法诛之。"王以为然，下吏治非。李斯使人遗非药，令早自杀。韩非欲自陈，不得见。王后悔，使赦之，非已死矣。

【译文】

秦始皇帝十四年（戊辰，公元前233年）

韩王献上领土及玉玺，自请为秦国藩臣，派韩非来晋见。韩非是韩国公子，擅长刑名法术之学，见韩国削弱，数次上书建议韩王，韩王都不采用。于是韩非憎恶治国不能求人才、任贤人，反而举用虚浮乱淫的蠹虫，安置在功臣和有真才实学之士的上头。政治平顺时，则宠信巧言善辩的人；国家危急时，就举用作战勇士。平时培养的不是战时举用的，战时举用的并非平日培养的。又悲伤廉洁正直的大臣，为邪恶小人所不容，于是观察以往历史上得失成败的事迹，写作了《孤愤》《五蠹》《内外储》《说林》《说难》等五十六篇文章，共有十余万字。

秦王听到他的贤名，想见他。正好韩非做韩国使者，出使秦国，于是上书游说秦王道："现在秦国有数千里土地，百万军队，发号施令，奖赏处罚，天下没有能比得上的。我冒死请见大王，来谈谈如何破除各国合纵的计策。大王如果真能听从微臣的话，大兵一出，而天下合纵却无法攻破，赵国无法攻下，韩国不灭亡，荆、魏二国不臣服，齐、燕二国不亲附，霸王之名无法成就，四邻的诸侯不来朝见，大王可斩我殉国，来警戒那些不能忠心为君谋划的人。"秦王很欣赏他，但未能任用。李斯因为嫉妒他，便向秦王说："韩非是韩国的公子。现在要兼并各国，韩非终究会为韩国而不为秦国打算，这是人之常情。现在君王不任用他，久留之后再遣送他回国，是自遗后患。不如想个法子杀掉他。"秦王认为有理，将韩非下狱治罪。李斯派人送药给韩非，叫他早点自杀。韩非想自己去解释明白，却无法见到秦王。后来秦王后悔，派人赦免他的时候，韩非已经死去了。

荆轲刺秦

【原文】

秦始皇帝十九年（癸酉，前228年）

太子闻卫人荆轲之贤，卑辞厚礼而请见之。谓轲曰："今秦已虏韩王，又举兵南伐楚，北临赵；赵不能支秦，则祸必至于燕。燕小弱，数困于兵，何足以当秦！诸侯服秦，莫敢合从。丹之私计愚，以为诚得天下之勇士使于秦，劫秦王，使悉反诸侯侵地，若曹沫之与齐桓公，则大善矣；不可，则因而刺杀之，彼大将擅兵于外而内有乱，则君臣相疑，以其间，诸侯得合从，其破秦必矣。唯荆卿留意焉！"荆轲许之。于是舍荆卿于上舍，太子日造门下，所以奉养荆轲，无所不至。

及王翦灭赵，太子闻之惧，欲遣荆轲行。荆轲曰："今行而无信，则秦未可亲也。诚得樊将军首与燕督亢之地图，奉献秦王，秦王必说见臣，臣乃有以报。"太子曰："樊将军穷困来归丹，丹不忍也！"荆轲乃私见樊於期曰："秦之遇将军，可谓深矣，父母宗族皆为戮没！今闻购将军首，金千斤，邑万家，将奈何？"於期太息流涕曰："计将安出？"荆卿曰："愿得将军之首以献秦王，秦王必喜而见臣，臣左手把其袖，右手揕其胸，则将军之仇报而燕见陵之愧除矣！"樊於期曰："此臣之日夜切齿腐心也！"遂自刎。太子闻之，奔往伏哭，然已无奈何，遂以函盛其首。太子豫求天下之利匕首，使工以药焠之，以试人，血濡缕，人无不立死者。乃装为遣荆轲，以燕勇士秦舞阳为之副，使入秦。

【译文】

秦始皇帝十九年（癸酉，公元前228年）

太子丹听说卫国人荆轲很贤能，便携带厚礼，以谦卑的言词求见他。太子丹对荆轲说："现在秦国已俘虏了韩王，又举兵向南进攻楚国，向北威逼赵国。赵国无力对付秦国，那么灾难就要降临到燕国头上了。燕国既小又弱，多年为战争所累，哪里还能够抵挡住秦国的攻势！各诸侯国都屈服秦国，没有哪个国家敢于再合纵抗秦了。我个人的计策颇愚鲁，认为如果真能获得一位天下最无畏的勇士，让他出使秦国，胁迫秦王嬴政，让他将兼并来的土地全部归还给各国，就像曹沫当年逼迫齐桓公归还鲁国丧失的领土一样。如此是最好的了。假若不行，便乘机刺杀掉秦王嬴政。秦国的大将拥兵在外，而国内发生动乱，于是君臣之间相互猜疑。趁此时机，各国如能够合纵抗秦，就一定可以击败秦国。希望您考虑这件事情。"荆轲答应了。太子丹于是安排荆轲住进上等客舍，并天天亲往含中探望，凡能够进送、供给荆轲的东西，没有不送到的。

等到秦将王翦灭亡了赵国，太子丹闻讯后感到惊恐，便想送荆轲出行。荆轲说："我现在前往秦国，没有令秦人信任我的理由，这就未必能够接近秦王。倘若果真得到樊将军的头颅和燕国督亢的地图奉献给秦王，秦王必定很高兴召见我，那时我才能够刺杀他以回报您。"太子丹说："樊将军穷途末路，前来投奔我，我不忍心杀他啊!"荆轲于是私下里会见樊於期说:"秦国对待您,可说是残酷至极,您的父母、宗族都被诛杀或没收为官奴了!现在听说秦国悬赏千斤黄金、万户封地购买您的头颅,您打算怎样?"樊於期叹息地流着泪说:"能想出什么办法呢?"荆轲说:"希望能得到您的头颅献给秦王,秦王必定欢喜而召见我,那时我左手拉住他的袖子,右手持匕首刺他的胸膛。这样一来,您的大仇得报,燕国遭受欺凌的耻辱也可以消除了!"樊於期说:"这正是我日日夜夜切齿痛心地渴求实现的事情啊!"随即自刎。太子丹闻讯急奔而来,伏尸痛哭,但已经无可奈何了,就用匣子盛装起樊於期的头颅。太子丹已预先求取到天下最锋利的匕首,令工匠把匕首烧红浸入毒药之中,又用这染毒的匕首试着刺人,只需渗出一丝血,人就没有不立即倒毙的。于是便准备行装送荆轲出发,又派燕国的勇士秦舞阳当他的助手,二人作为使者前往秦国。

【原文】

秦始皇帝二十年(甲戌,前227年)

荆轲至咸阳,因王宠臣蒙嘉卑辞以求见,王大喜,朝服,设九宾而见之。荆轲奉图以进于王,图穷而匕首见。因把王袖而揕之。未至身,王惊起,袖绝。荆轲逐王,王环柱而走。群臣皆愕,卒起不意,尽失其度。而秦法,群臣侍殿上者不得操尺寸之兵,左右以手共搏之,且曰:"王负剑!"负剑,王遂拔以击荆轲,断其左股。荆轲废,乃引匕首擿王,中铜柱。自知事不就,骂曰:"事所以不成者,以欲生劫之,必得约契以报太子也!"遂体解荆轲以徇。王于是大怒,益发兵诣赵,就王翦以伐燕,与燕师、代师战于易水之西,大破之。

【译文】

秦始皇帝二十年(甲戌,公元前227年)

荆轲抵达秦国都城咸阳,通过秦王嬴政的宠臣蒙嘉,以谦卑的言词求见秦王,秦王嬴政大喜,穿上君臣朝会时的礼服,召集百官安排九宾大礼迎见荆轲。荆轲手捧地图进献给秦王,图卷全部展开,匕首出现,荆轲乘势抓住秦王的袍袖,举起匕首刺向他的胸膛。但是未等荆轲近身,秦王嬴政已惊恐地一跃而起,挣断了袍袖。荆轲随即追逐秦王,秦王绕着柱子奔跑。君臣都吓呆了,事发仓猝,君臣全部都失去了常态。秦国法律规定,在殿上侍从的臣仆不得携带任何武器,因此大家只好一起徒手上前扑打荆轲,并喊道:"大王,把剑推上背!"秦王嬴政将剑推到背上,这才拔出剑来回击荆轲,砍断了他的左大腿。荆轲残废了,无法再追,便把匕首向秦王投掷过去,但却击中了铜柱。荆轲知道行刺之事已无法完成,就大骂道:"此事所以不能成功,是想让你活着被劫持,我一定要得到归还所兼并的土地的契约来回报燕太子啊!"于是,荆轲被分尸示众。秦王为此勃然大怒,增派军队到赵国,随王翦的大军攻打燕。秦军在易水以西与燕军和代王的军队会战,大败燕、代两军。

初并天下

【原文】

秦始皇帝下二十六年（庚辰，前221年）

王贲自燕南攻齐，猝入临淄，民莫敢格者。秦使人诱齐王，约封以五百里之地，齐王遂降。秦迁之共，处之松柏之间，饿而死。齐人怨王建不早与诸侯合从，听奸人宾客以亡其国，歌之曰："松耶，柏耶，住建共者客耶！"疾建用客之不详也。

王初并天下，自以为德兼三皇，功过五帝，乃更号曰"皇帝"，命为"制"，令为"诏"，自称曰"朕"。追尊庄襄王为太上皇。制曰："死而以行为谥，则是子议父，臣议君也，甚无谓。自今以来，除谥法。朕为始皇帝，后世以计数，二世、三世至于万世，传之无穷。"

初，齐威、宣之时，邹衍论著终始五德之运；及始皇并天下，齐人奏之。始皇采用其说，以为周得火德，秦代周，从所不胜，为水德。始改年，朝贺皆自十月朔；衣服、旌旄、节旗皆尚黑；数以六为纪。

【译文】

秦始皇帝下二十六年（庚辰，公元前221年）

秦将王贲率军从燕国向南进攻齐国，突然攻入都城临淄，齐国国民中没有敢于抵抗的。秦国派人诱降齐王，约定封给他五百里的土地，齐王便投降了。但是秦国却将他迁移到共城，安置在松柏之间，最终被饿死。齐国人埋怨国君田建不及早参与诸侯国的合纵联盟，却听信奸佞、宾客的意见，致使国家灭亡，所以为此编了一首歌谣说："松树啊，柏树啊，使田建住在共地饿死的，是宾客啊！"恨田建任用宾客不审慎考察。

秦国嬴政刚刚兼并六国，统一天下，自认为兼备了三皇的德行，功业超过了五帝，于是便改称号为"皇帝"，皇帝出命称"制"，下令称"诏"，皇帝自称为"朕"。追尊父亲庄襄王为太上皇。并颁布制书说："君王死后依据他生前的行为确定谥号，这是儿子议论父亲，臣子议论君王，实在不应该。从今以后，废除为帝王上谥号的制度。朕为始皇帝，后继者以序数计算，称为二世皇帝、三世皇帝，以至万世，无穷尽地传下去。"

当初，齐威王、齐宣王的时候，邹衍创立了金、木、水、火、土终而复始的"五德相运"学说；到了始皇帝合并天下时，齐国人将此说奏报给他。始皇采纳了这套学说，认为周朝是火德，秦取代周，从火不能胜水来推算，秦应是水德。于是开始更改岁历，新年朝见皇帝与庆贺典礼都从十月初一开始；衣服、旗帜、符节等都崇尚黑色；计数以六为一个单位。

【原文】

丞相绾等言："燕、齐、荆地远，不为置王，无以镇之。请立诸子。"始皇下其议。廷尉斯曰："周文武所封子弟同姓甚众，然后属疏远，相攻击如仇雠，周天子弗能禁止。今海内赖陛下神灵一统，皆为郡、县，诸子功臣以公赋税重赏赐之，甚足易制，天下无异意，则安宁之术也。置诸侯不便。"始皇曰："天下共苦战斗不休，以有侯王。赖宗庙，天下初定，又复立国，是树兵也；而求其宁息，岂不难哉！廷尉议是。"

分天下为三十六郡，郡置守、尉、监。

收天下兵聚咸阳，销以为钟鐻、金人十二，重各千石，置宫廷中。一法度、衡、石、丈尺。徙天下豪杰于咸阳十二万户。

诸庙及章台、上林皆在渭南。每破诸侯，写放其宫室，作之咸阳北阪上，南临渭，自雍门以东至泾、渭，殿屋、复道、周阁相属，所得诸侯美人、钟鼓以充入之。

> 秦始皇先后灭韩、赵、魏、楚、燕、齐六国，完成了统一大业，建立起第一个以早期汉族为主体的多民族统一的封建大帝国。他定都咸阳，并下令把全国划分为三十六个郡，每郡设置郡守、郡尉、监御史。

【译文】

丞相王绾说："燕、齐、楚三国的故地过于遥远，不在那里设置侯王，便不能镇抚。因此请分封诸位皇子为侯王。"始皇帝将这一建议交给大臣廷议。廷尉李斯说："周文王、周武王分封子弟族人非常多，然而他们的后代彼此疏远，相互攻击如同仇敌，周天子也无法加以制止。现在四海之内，仰仗陛下的神灵而获得统一，全国都划分为郡和县，对各位皇子及有功之臣，用国家征收的赋税重重给予赏赐，这样即可以非常容易地进行控制，使天下人对朝廷不怀二心，才是安定国家的方略。分封诸侯则不适宜。"始皇说："天下人都吃尽了无休止的战争之苦，是因为有诸侯王存在的缘故。今天依赖祖先在天之灵，使天下初步平定，假若又重新封侯建国，便是自己招引、培植战乱。而又想求得宁静、养息，岂不困难吗？廷尉的主张是对的。"

始皇帝于是下令把全国划分为三十六个郡，每郡设置郡守、郡尉、监御史。

又下令收缴全国民间所藏的兵器，运送汇集到咸阳，熔毁后铸成大钟和钟架，以及十二个铜人，各重千石，放置在宫廷中。并统一法制和度量衡。还将各地富豪十二万户迁徙到咸阳。

秦王朝各位先祖的祭庙和章台宫、上林苑都在渭水南岸。秦国每征服一个国家，就派人摹画、仿照该国的宫室，在咸阳城北的山坡上同样建造一座。如此南临渭水，自雍门向东至泾水、渭水相交处，宫殿屋宇、天桥、楼阁相连接，所获得的各国美女、钟鼓等乐器都安置在里边。

嬴政之死

【原文】

秦始皇帝下三十七年（辛卯，前210年）

冬，十月，癸丑，始皇出游；左丞相斯从，右丞相去疾守。始皇二十余子，少子胡亥最爱，请从，上许之。

十一月，行至云梦，望祀虞舜于九疑山。浮江下，观籍柯，渡海渚，过丹杨，至钱唐，临浙江。水波恶，乃西百二十里，从狭中渡。上会稽，祭大禹，望于南海，立石颂德。还，过吴，从江乘渡。并海上，北至琅邪、之罘。见巨鱼，射杀之。遂并海西，至平原津而病。

始皇恶言死，群臣莫敢言死事。病益甚，乃令中军府令行符玺事赵高为书赐扶苏曰："与丧，会咸阳而葬。"书已封，在赵高所，未付使者。秋，七月，丙寅，始皇崩于沙丘平台。丞相斯为上崩在外，恐诸公子及天下有变，乃秘之不发丧，棺载辒辌车中，故幸宦者骖乘。所至，上食、百官奏事如故，宦者辄从车中可其奏事。独胡亥、赵高及幸宦者五六人知之。

【译文】

秦始皇帝下三十七年（辛卯，公元前210年）

冬季，十月，癸丑，始皇帝出游，左丞相李斯陪同前往，右丞相冯去疾留守咸阳。始皇有20多个儿子，小儿子胡亥最受宠爱，他要求随同出游，始皇准许了。

十一月，始皇帝一行到达云梦，向着九疑山遥祭埋葬在那里的舜帝。然后乘船顺长江而下，观览籍柯，渡经海渚，过丹阳，抵钱塘，到达浙江边。因江水波涛汹涌，便向西行走120里，从两岸之间狭窄处渡江。始皇登上会稽山，祭祀禹帝，遥望南海，刻立巨石歌功颂德。然后起驾返回，归途中经过吴地，从江乘渡过长江，沿海北上，抵达琅邪、之罘。始皇看见大鱼，即发箭将鱼射杀。接着又沿海西行，到了平原津后便病倒了。

始皇帝很厌恶谈论死，因此群臣中没有人敢提关于死的事。等他病势更加沉重时，才命中车府令赵高写诏书给长子扶苏说："办理丧事，灵柩到咸阳后安葬。"诏书已封好，但却搁置在赵高处，没有交给使者送出。秋季，七月，丙寅（二十日），始皇在沙丘宫平台去世。丞相李斯因皇帝在都城外病逝，唯恐各位皇子及天下发生什么变故，就秘不发丧，将棺材放在有窗和帷帐、能调节冷暖的辒辌车中，由始皇生前最宠信的宦官在车里侍驾。无论到哪儿，用膳、百官朝奏都和以前一样，就由宦官在车里批准奏事。只有胡亥、赵高及受宠幸的宦官五六个人知道内情。

【原文】

初，始皇尊宠蒙氏，信任之。蒙恬任在外将，蒙毅常居中参谋议，名为忠信，故虽诸将相莫敢与之争。赵高者，生而隐宫；始皇闻其强力，通于狱法，举以为中车府令，使教胡亥决狱；胡亥幸之。赵高有罪，始皇使蒙毅治之；毅当高法应死。

始皇以高敏于事，赦之，复其官。赵高既雅得幸于胡亥，又怨蒙氏，乃说胡亥，请诈以始皇命诛扶苏而立胡亥为太子。胡亥然其计。赵高曰："不与丞相谋，恐事不能成。"乃见丞相斯曰："上赐长子书及符玺，皆在胡亥所。定太子，在君侯与高之口耳。事将何如？"斯曰："安得亡国之言！此非人臣所当议也！"高曰："君侯材能、谋虑、功高、无怨、长子信之，此五者皆孰与蒙恬？"斯曰："不及也。"高曰："然则长子即位，必用蒙恬为丞相，君侯终不怀通侯之印归乡里明矣！胡亥慈仁笃厚，可以为嗣。愿君审计而定之！"丞相斯以为然，乃相与谋，诈为受始皇诏，立胡亥为太子；更为书赐扶苏，数以不能辟地立功，士卒多耗，反数上书，直言诽谤，日夜怨望不得罢归为太子；将军恬不矫正，知其谋。皆赐死，以兵属裨将王离。

【译文】

当初，始皇帝尊重宠爱蒙氏兄弟，颇信任他们。蒙恬在外担任大将，蒙毅通常在朝中参与商议国事，号称忠信，即便是那些高级将领或丞相，也没有敢与他们一争高低的。赵高一生下来就被阉割了。始皇听说他办事能力很强，而且通晓刑法，便提拔他担任了中车府令，并让他教小儿子胡亥学习审理判决讼狱，胡亥非常宠爱他。赵高曾经犯罪，始皇帝派蒙毅惩治他。蒙毅认为赵高依法应被处死，但始皇因赵高办事灵敏而赦免了他，并恢复了他的官职。赵高既然得到胡亥的宠幸，又怨恨蒙氏兄弟，便劝说胡亥，让他诈称始皇下诏杀掉扶苏而立胡亥为太子。胡亥同意了。赵高又说："如果不与丞相合谋，恐怕这件事不能成功。"随即会见丞相李斯，说："皇上赐给扶苏的诏书及符玺都在胡亥那里。订立太子之事，只由你我之口决定而已。这件事将怎么办呢？"李斯说："怎么能够说这种亡国的话呀！此事不是我们这些为臣子的人所应当议论的！"赵高说："您的才能、谋略、功勋、人缘以及扶苏的信任，这五点全部拿来与蒙恬相比，哪一点比得上他呢？"李斯回答："都比不上他。"赵高说："既然如此，那么只要扶苏即位，就必定任用蒙恬为丞相，您最终不能怀揣通侯之印返归故乡的结局是显而易见的了！而胡亥仁慈忠厚，是可以当皇位继承人的。希望您慎重地考虑一下，做出决定！"丞相李斯听后认为赵高说得有理，便与他共同谋划，诈称接受了始皇的遗诏，立胡亥为太子。又另写了一份诏书给扶苏，指斥他不能开辟疆土、创立功业，却使士卒大量伤亡，并且数次上书，直言诽谤父皇，日夜地抱怨不能获准解除监军职务，返归咸阳当太子。将军蒙恬知道他们的计谋，没有纠正。蒙恬、扶苏都被赐死，将兵权移交给副将王离。

【原文】

扶苏发书，泣，入内舍，欲自杀。蒙恬曰："陛下居外，未立太子；使臣将三十万众守边，公子为监，此天下重任也。今一使者来，即自杀，安知其非诈！复请而后死，未暮也。"使者数趣之。扶苏谓蒙恬曰："父赐子死，尚安复请！"即自杀。蒙恬不肯死，使者以属吏，系诸阳周。更置李斯舍人为护军，还报。胡亥已闻扶苏死，即欲释蒙恬。会蒙毅为始皇出祷山川，还至。赵高言于胡亥曰："先帝欲举贤立太子久矣，而毅谏以为不可。不若诛之！"乃系诸代。

遂从井陉抵九原。会暑，辒车臭，乃诏从官令车载一石鲍鱼以乱之。从直道至咸阳，发丧。太子胡亥袭位。

九月，葬始皇于骊山，下锢三泉；奇器珍怪，徙藏满之。令匠作机弩，有穿近者辄射之。以水银为百川、江河、大海，机相灌输。上具天文，下具地理。后宫无子者，皆令从死。葬既已下，或言工匠为机藏，皆知之，藏重即泄。大事尽，闭之墓中。

二世欲诛蒙恬兄弟。二世兄子子婴谏曰："赵王迁杀李牧而用颜聚，齐王建杀其故世忠臣而用后胜，卒皆亡国。蒙氏，秦之大臣、谋士也，而陛下欲一旦弃去之。诛杀忠臣而立无节行之人，是内使群臣不相信，而外使斗士之意离也。"二世弗听，遂杀蒙毅及内史恬。恬曰："自吾先人及至子孙，积功信于秦三世矣。今臣将兵三十余万，身虽囚系，其势足以倍叛。然自知必死而守义者，不敢辱先人之教，以不忘先帝也！"乃吞药自杀。

【译文】

扶苏打开诏书看后，哭泣着进入内室，打算自杀。蒙恬说："陛下在外地，并未确立谁是太子。他派我率领三十万军队镇守边陲，令您担任监军，这是天下的重任。现在仅仅一个使者前来，我们就自杀，又怎么能知道其中不是有诈！让我们再奏请证实一下，然后去死也不晚。"使者多次催促他们自行了断。扶苏对蒙恬说："父亲赐儿子死，还再请示什么呢！"随即自杀。蒙恬不肯死，使者便将他交给官吏，囚禁在阳周。改置李斯的舍人担任护军，然后回报李斯、赵高。胡亥这时已听说扶苏死了，便想释放蒙恬。恰逢蒙毅代替始皇外出祭祷山川神灵后返回。赵高即对胡亥说："始皇帝想要举贤能而立你为太子已经很长时间了，可是蒙毅规劝他，认为不可如此。不如把蒙毅杀掉。"于是逮捕了蒙毅，将他囚禁到代郡。

皇室车队从井陉抵达九原。当时正值酷暑，装载始皇遗体的辒辌车散发出恶臭，胡亥等便指示随从官员在车上装载一石鲍鱼，借鱼的臭味掩盖腐尸的气味。从直道抵达咸阳后才发布治丧的公告。太子胡亥继承了皇位。

九月，将始皇安葬在骊山（今陕西临潼境内），把铜熔化后灌入，堵塞住地下深处的水。又运来各种奇珍异宝，藏满墓穴。还下令工匠制作带有机关的弓弩，遇到掘土靠近墓穴的人，即自动射杀。用水银做成百川、江河、大海，以机械灌注输送。墓穴顶部刻有天文图像，底部设置地理模型。后宫嫔妃凡未生子女的，令她们全部陪葬。下葬以后，有人说工匠们制造隐藏的机械装置，知道其中的秘密，如果再作第二重机关，就会将其中的秘密泄露出去。于是待送终的大事完毕后，那些工匠便被尽数封闭在墓穴中。

二世皇帝胡亥想要杀掉蒙恬兄弟二人。他哥哥的儿子子婴规劝说："赵王迁杀李牧而用颜聚，齐王田建杀他前代的忠臣而用后胜，最终都亡了国。蒙恬兄弟是秦国的重臣、谋士，陛下却打算一下子就把他们抛弃、除掉。诛杀忠臣而扶植节操品行不端的人，在内失去群臣的信任，在外则使将士们意志离散！"但二世不听，杀掉了蒙毅，并要杀内史蒙恬。蒙恬说："我们蒙家自我的先人至我，在秦国建立功业和忠信已经三代了。如今我领兵三十多万，身体虽然被囚禁，但我的势力仍然足以进行反叛。可是我知道自己必定要死却还是要奉守节义，是因为我不敢辱没祖先的教诲，不忘先帝的大恩大德啊！"于是即吞服毒药自杀身亡。

斩蛇起义

【原文】

二世皇帝上元年（壬辰，前209年）

刘邦，字季，为人隆准、龙颜，左股有七十二黑子。爱人喜施，意豁如也。常有大度，不事家人生产作业。初为泗上亭长，单父人吕公，好相人，见季状貌，奇之，以女妻之。既而季以亭长为县送徒骊山，徒多道亡。自度比至皆亡之，到丰西泽中亭，止饮，夜，乃解纵所送徒曰："公等皆去，吾亦从此逝矣！"徒中壮士愿从者十余人。刘季被酒，夜径泽中，有大蛇当径，季拔剑斩蛇。有老妪哭曰："吾子，白帝子也，化为蛇，当道；今赤帝子杀之！"因忽不见。刘季亡匿于芒、砀山泽之间，数有奇怪；沛中子弟闻之，多欲附者。

及陈涉起，沛令欲以沛应之。掾、主吏萧何、曹参曰："君为秦吏，今欲崐背之，率沛子弟，恐不听。愿君召诸亡在外者，可得数百人，因劫众，众不敢不听。"乃令樊哙召刘季。刘季之众已数十百人矣。沛令后悔，恐其有变，乃闭城城守，欲诛萧、曹。萧、曹恐，逾城保刘季。刘季乃书帛射城上，遗沛父老，为陈利害。父老乃率子弟共杀沛令，开门迎刘季，立以为沛公。萧、曹等为收沛子弟，得二三千人，以应诸侯。

【译文】

秦二世皇帝上元年（壬辰，公元前209年）

刘邦，字季，高鼻梁，眉骨突起，左大腿上有七十二颗黑痣，乐善好施，心胸开阔，素有大志，不喜欢种地耕作。起初，刘邦担任泗水亭长，单父县人吕公，爱给人相面，看见刘邦的容貌，认为很不寻常，便将女儿嫁给他。不久，刘邦以亭长身份遣送夫役到骊山，途中许多夫役逃亡。刘邦推测待到骊山时人已经跑光了，便在丰乡西面的泽中亭停下来饮酒，晚上，他释放了夫役，说："你们都走吧，我也从此逃命去了！"夫役中年轻力壮的愿意跟随他的有十余人。刘邦喝醉了，夜间从小道走进湖沼地，遇到一条大蛇挡道，他拔剑将其斩杀。一位老妇哭着说："我的儿子是白帝之子，化为蛇挡在小道上，而今却被赤帝之子杀了！"说罢就不见了。刘邦随后隐匿在芒山、砀山之间，两山于是常常出现异象。沛县的年轻人闻讯后，大都想去归附他。

及至陈胜起兵，沛县县令打算举城响应，主吏掾萧何、狱掾曹参说："您身为秦朝官吏，现在想背叛朝廷，统率沛县的青年，恐怕他们不会听从您的号令。希望您把那些逃亡在外的人召集起来，可得数百人，借此威胁大众，众人便不敢不服从了。"县令便命樊哙去找刘邦，这时刘邦的部众已有百十来人了。县令事后很懊悔，担心会有变故，就下令关闭城门，防守城池，并要诛杀萧何、曹参。萧、曹二人大为惊恐，翻过城去投奔刘邦以求自保。刘邦于是用帛写了封信，用箭射到城上，送给沛县的父老，陈说利害关系。父老们便率领年轻一辈杀掉了县令，敞开城门迎接刘邦，拥立他为"沛公"。萧何、曹参为刘邦召集沛县青年，得两三千人，以此响应诸侯抗秦。

赵高弑主

【原文】

　　二世皇帝三年（甲午，前207年）

　　初，中丞相赵高，欲专秦权，恐群臣不听，乃先设验，持鹿献于二世曰："马也。"二世笑曰："丞相误邪，谓鹿为马？"问左右，或默，或言马以阿顺赵高，或言鹿者。高因阴中诸言鹿者以法。后群臣皆畏高，莫敢言其过。

　　高前数言"关东盗无能为也"。及项羽虏王离等，而章邯等军数败，上书请益助。自关以东，大抵尽叛秦吏，应诸侯；诸侯咸率其众西乡。八月，沛公将数万攻武关，屠之。高恐二世怒，诛及其身，乃谢病，不朝见。

　　二世梦白虎啮其左骖马，杀之，心不乐，怪问占梦。卜曰："泾水为祟。"二世乃斋于望夷宫，欲祠泾水，沈四白马。使使责让高以盗贼事。高惧，乃阴与其婿咸阳令阎乐及弟赵成谋曰："上不听谏；今事急，欲归祸于吾。欲易置上，更立子婴。子婴仁俭，百姓皆载其言。"乃使郎中令为内应，诈为有大贼，令乐召吏发卒追，劫乐母置高舍。遣乐将吏卒千余人至望夷宫殿门，缚卫令仆射，曰："贼入此，何不止？"卫令曰："周庐设卒甚谨，安得贼，敢入宫！"乐遂斩卫令，直将吏入，行射郎、宦者。郎、宦者大惊，或走，或格。格者辄死，死者数十人。郎中令与乐俱入，射上幄坐帏。二世怒，召左右；左右皆惶扰不斗。旁有宦者一人侍，不敢去。二世入内，谓曰："公何不早告我，乃至于此！"宦者曰："臣不敢言，故得全；使臣早言，皆已诛，安得至今！"阎乐前即二世，数曰："足下骄恣，诛杀无道，天下共叛足下。足下其自为计！"二世曰："丞相可得见否？"乐曰："不可！"二世曰："吾愿得一郡为王。"弗许。又曰："愿为万户侯。"弗许。曰："愿与妻子为黔首，比诸公子。"阎乐曰："臣受命于丞相，为天下诛足下。足下虽多言，臣不敢报！"麾其兵进。二世自杀。阎乐归报赵高。赵高乃悉召诸大臣、公子，告以诛二世之状，曰："秦故王国，始皇君天下，故称帝。今六国复自立，秦地益小，乃以空名为帝，不可；宜如故，便。"乃立子婴为秦王。以黔首葬二世杜南宜春苑中。

【译文】

　　秦二世三年（甲午，公元前207年）

赵高想独操秦朝大权，但又担心群臣不服，于是便先进行试验，牵来一只鹿献给二世说："这是马啊。"二世笑道："你错了吧？怎么把鹿叫作马？"随即询问侍立左右的大臣们，群臣有的沉默不语，有的说是马以迎合赵高，有的则说是鹿。

当初，中丞相赵高想独操秦朝大权，但又担心群臣不服，于是便先进行试验，牵来一只鹿献给二世说："这是马啊。"二世笑道："你错了吧？怎么把鹿叫作马？"随即询问侍立左右的大臣们，群臣有的沉默不语，有的说是马以迎合赵高，有的则说是鹿。于是，赵高暗中借秦法陷害了那些说是鹿的人。此后群臣都畏惧赵高，没有人敢谈他的过错。

赵高以前曾多次说："关东的盗贼成不了大事。"到了项羽俘获王离等人，而章邯等人的军队也多次被打败，赵高才上书请求增兵援助。这时自函谷关以东，大体上全都背叛秦朝官吏，响应诸侯；诸侯也都各自统率部众向西进攻。八月，刘邦率几万人攻打武关，屠灭了全城。赵高恐怕二世为此发怒，招致杀身之祸，就托病不出，不再上朝。

二世梦见一只白虎咬他的左骖马，并把马咬死，便因此心中闷闷不乐，颇觉奇怪，便询问占梦的人。占梦人卜测说："是泾水神在作祟。"二世于是就在望夷宫实行斋戒，想祭祀泾水神，将四匹白马沉入河中，并为盗贼的事派人去责问赵高。赵高愈加害怕，即暗中与他的女婿咸阳县令阎乐、他的弟弟赵成商议说："皇上不听规劝。而今情势紧急，便想嫁祸于我。我打算更换天子，改立二世哥哥的儿子子婴为皇帝。子婴为人仁爱俭朴，百姓们都尊重他说的话。"随即命郎中令作为内应，诈称有大盗，令阎乐调兵遣将去追捕，同时劫持阎乐的母亲安置到赵高府中。又派阎乐率领官兵一千多人来到望夷宫殿门前，将卫令仆射捆绑起来，说："大盗进里面去了，为什么不进行阻拦？"卫令道："宫墙周围设置卫后，防守非常严密，怎么会有盗贼敢溜入宫中啊！"阎乐就斩杀了卫令，带兵径直闯进宫去，边走边射杀郎官和宦官。郎官、宦官惊恐万状，有的逃跑，有的抵抗。反抗者即被杀死，这样死了几十人。郎中令和阎乐于是一同入内，用箭射二世的篷帐、帷帐。二世怒不可遏，召唤侍候左右的卫士，但近侍卫士都慌乱不堪，不上前格斗。二世身旁只有一名宦官服侍着，不敢离去。二世入内对这个宦官说："你为什么不早告诉我呀，竟至于到了这个地步！"宦官道："我不敢说，所以才能保全性命。倘若我早说了，已经被杀掉了，哪里还能活到今日！"阎乐这时走到二世面前，数落他说："您骄横放纵，滥杀无辜，天下人都背叛了您。您还是自己打算一下吧！"二世："我可以见到丞相吗？"阎乐道："不行！"二世："我希望得到一个郡来称王。"阎乐不准许。二世又道："我愿意做万户侯。"阎乐仍不答应。二世于是说："那么我甘愿与妻子儿女去做平民百姓，像各位公子的结局那样。"阎乐道："我奉丞相的命令，为天下百姓诛杀您。您再多说，我也不敢禀告！"随即指挥他的兵士上前。二世就自杀了。阎乐回报赵高，赵高便召集全体大臣、公子，告诉他们诛杀二世的经过情形，并说道："秦从前本是个王国，始皇帝统治了天下，因此称帝。现在六国重又各自独立，秦朝的地盘越来越小，仍然以一个空名称帝，不可如此。应还像过去那样称王才合适。"便立子婴为秦王，并用平民百姓的礼仪把二世葬在了杜县南面的宜春苑中。

楚汉相争

约法三章

【原文】

汉高帝元年（乙未，前206年）

沛公西入咸阳，诸将皆争走金帛财物之府分之。萧何独先入收秦丞相府图籍藏之，以此沛公得具知天下厄塞、户口多少、强弱之处。沛公见秦宫室、帷帐、狗马、重宝、妇女以千数，意欲留居之。樊哙谏曰："沛公欲有天下耶，将为富家翁耶？凡此奢丽之物，皆秦所以亡也，沛公何用焉！愿急还霸上，无留宫中！"沛公不听。张良曰："秦为无道，故沛公得至此。夫为天下除残贼，宜缟素为资。今始入秦，即安其乐，此所谓'助桀所虐'。且忠言逆耳利于行，毒药苦口利于病，愿沛公听樊哙言！"沛公乃还军霸上。

十一月，沛公悉召诸县父老、豪杰，谓曰："父老苦秦苛法久矣！吾与诸侯约，先入关者王之，吾当王关中。与父老约法三章耳——杀人者死，伤人及盗抵罪。余悉除去秦法，诸吏民皆案堵如故。凡吾所以来，为父老除害，非有所侵暴，无恐。且吾所以还军霸上，待诸侯至而定约束耳。"乃使人与秦吏行县、乡、邑，告谕之。秦民大喜，争持牛、羊、酒食献飨军士。沛公又让不受，曰："仓粟多，非乏，不欲费民。"民又益喜，惟恐沛公不为秦王。

【译文】

汉高帝元年（乙未，公元前206年）

刘邦领兵向西入咸阳，众将争先恐后到秦朝贮藏金帛财物的府库瓜分财宝。唯独萧何先去将秦朝丞相府的地理图册、文书、户籍簿等档案收藏起来，刘邦因此全面了解了天下的山川要塞、户口的多少及财力物力的分布。刘邦看到秦王朝的宫室、帷帐、狗马、贵重宝器和宫女数以千计，便想留下来居住。樊哙劝谏说："您是想拥有天下，还是只想做一个富翁呢？这些奢侈华丽之物，都是招致秦朝覆灭的东西，您要它们有什么用呀！望您尽快返回霸上，不要留在宫里！"刘邦不听。张良说："秦朝不施仁政，所以您才能来到这里。而为天下人铲贼，应如同丧服在身，把抚慰人民作为根本。现在刚入秦都，就要安享其乐，这便是所谓的'助桀所虐'。况且忠言逆耳利于行，良药苦口利于病，希望您能听取樊哙的劝告！"刘邦于是率军返回霸上。

十一月，刘邦召集各县父老和有声望的人，对他们说："百姓遭受秦朝严刑苛法的苦累已经很久了！我与各路诸侯约定，先入关中的人为王，据此我应在关中称王。如今与父老们约法三章——杀人者处死，伤人者和抢劫者都要受处罚。秦朝的法律统统废除，官吏和百姓都安定不动。我之所以到这里来，是为了替父老们除害，而不是来欺凌你们的，你们不必害怕！况且我所以领兵回驻霸上，是为了等各路诸侯到来订立一个规矩。"随即派人和秦朝官吏巡行各县、乡、邑，向人们讲明道理。秦地百姓都很欢喜，争着拿牛、羊、酒来慰问刘邦的官兵。刘邦又辞让不肯接受，说道："仓中粮食很多，不缺，你们不要破费。"百姓们于是更加高兴，只怕刘邦不在秦地称王。

项庄舞剑

【原文】

汉高帝元年（乙未，前206年）

项羽既定河北，率诸侯兵欲西入关。先是，诸侯吏卒、繇使、屯戍过秦中者，秦中吏卒遇之多无状。及章邯以秦军降诸侯，诸侯吏卒乘胜多奴虏使之，轻折辱秦吏卒。秦吏卒多怨，窃言曰："章将军等诈吾属降诸侯。今能入关破秦，大善；即不能，诸侯虏吾属而东，秦又尽诛吾父母妻子，奈何？"诸将微闻其计，以告项羽。项羽召黥布、蒲将军计曰："秦吏卒尚众，其心不服；至关不听，事必危。不如击杀之，而独与章邯、长史欣、都尉翳入秦。"于是楚军夜击坑秦卒二十余万人新安城南。

或说沛公曰："秦富十倍天下，地形强。闻项羽号章邯为雍王，王关中，今则来，沛公恐不得有此。可急使兵守函谷关，无内诸侯军，稍征关中兵以自益，距之。"沛公然其计，从之。

【译文】

汉高帝元年（乙未，公元前206年）

项羽平定黄河以北后，率领各路诸侯军向西进入关中。此前，诸侯军中的官兵有的曾因服徭役或屯戍到关中，秦地的官兵多无礼地对待他们。等到章邯率秦军投降后，诸侯军的官兵便凭借胜势，把秦兵当奴隶和俘虏来使唤，随便侮辱他们。秦兵大多因此生出怨恨，暗地里议论："章将军等人骗咱们投降诸侯军。如今若能攻入关中消灭秦朝，当是大好事；倘若不能，诸侯军将咱们掠持到东方去，而秦朝又杀尽咱们的父母妻子儿女，那可怎么办啊？"诸侯军的将领们得知这些议论，便报告给项羽。项羽召集黥布、蒲将军商量说："目前军中秦朝的官兵还很多，他们内心并不顺服，如果到了函谷关不听从调遣，情势必会危急。不如将他们除掉，只和章邯、长史司马欣、都尉董翳等进入秦地。"楚军夜里便于新安城南面袭击活埋了秦兵二十余万人。

有人劝说刘邦道："关中地区比天下其他地方要富足十倍，而且地势险要。听说项羽封章邯为雍王，让他在关中称王，现在如果他来了，您恐怕就不能占据这个地方了。可以火速派兵把守函谷关，不让诸侯军进来，并逐步征召关中之兵，以此增加自己的实力，抵御他们。"刘邦认为此计可行，就照着办了。

【原文】

已而项羽至关，关门闭。闻沛公已定关中，大怒，使黥布等攻破函谷关。十二月，项羽进至戏。沛公左司马曹无伤使人言项羽曰："沛公欲王关中，令子婴为相，珍宝尽有之。"欲以求封。项羽大怒，飨士卒，期旦日击沛公军。当是时，项羽兵四十万，号百万，在新丰鸿门；沛公兵十万，号二十万，在霸上。

范增说项羽曰："沛公居山东时，贪财好色。今入关，财物无所取，妇女无所幸，此其志不在小。吾令人望其气，皆为龙虎，成五彩，此天子气也。急击勿失！"

楚左尹项伯者，项羽季父也，素善张良，乃夜驰之沛公军，私见张良，具告以事，欲呼与俱去，曰："毋俱死也！"张良曰："臣为韩王送沛公，沛公今有急，亡去不义，不可不语。"良乃入，具告沛公。沛公大惊。良曰："料公士卒足以当项羽乎？"沛公默然曰："固不如也。且为之奈何？"张良曰："请往谓项伯，言沛公之不敢叛也。"沛公曰："君安与项伯有故？"张良曰："秦时与臣游，尝杀人，臣活之。今事有急，故幸来告良。"沛公曰："孰与君少长？"良曰："长于臣。"沛公曰："君为我呼入，吾得兄事之。"张良出，固要项伯。项伯即入见沛公。沛公奉卮酒为寿，约为婚姻，曰："吾入关，秋毫不敢有所近，籍吏民，封府库而待将军。所以遣将守关者，备他盗之出入与非常也。日夜望将军至，岂敢反乎！愿伯具言臣之不敢倍德也。"项伯许诺，谓沛公曰："旦日不可不早自来谢。"沛公曰："诺。"于是项伯复夜去，至军中，具以沛公言报项羽；因言曰："沛公不先破关中，公岂敢入乎？今人有大功而击之，不义也；不如因善遇之。"项羽许诺。

【译文】

项羽很快到达函谷关，但是关门紧闭。项羽又听说刘邦已经平定了关中，勃然大怒，派黥布等攻破了函谷关。十二月，项羽进军至戏。刘邦的左司马曹无伤派人告诉他："沛公想在关中称王，任秦王子婴为相，奇珍异宝全都占有了。"想借此求得项羽的封赏。项羽闻言大怒，让士兵们饱餐一顿，打算次日攻打刘邦。这时，项羽拥兵四十万，号称百万，驻扎在新丰县的鸿门；刘邦拥兵十万，号称二十万，驻军霸上。

范增劝项羽说："刘邦住在崤山之东时，贪财而又好色。如今入关，却不搜取财物，不宠幸女色，这表明他的志向不小。我曾命人观望他那边的云气，都显示出龙虎的形状，出现五彩，这是天子之气啊！应当赶快进攻他，不要错过了时机！"

楚国的左尹项伯是项羽的叔父，向来与张良要好，他连夜驰马到刘邦军中，私会张良，告知详情，叫张良同他一起离开，说："别跟刘邦一起死啊！"张良说："我为韩王伴送沛公，而今沛公有难，我却逃走了，实在不仁义，我不能不告诉他。"于是进去将项伯的话全部告诉刘邦。刘邦大惊。张良说："您估计您的兵力能抵挡项羽吗？"刘邦沉默了一会儿道："根本不如他呀。这可怎么办呢？"张良说："请让我去告诉项伯，说您是绝不敢背叛项羽的。"刘邦道："您怎么与项伯成为故交的？"张良说："秦时，项伯与我有交往，他曾经杀过人，我救了他。现在事情紧急，幸好他前来报信。"刘邦说："您与他谁大谁小？"张良道："他比我大。"刘邦说："您替我唤他进来，我将把他当作兄长对待。"张良于是出去，坚持邀项伯入内，项伯便进去与刘邦相见。刘邦手捧酒杯向项伯敬酒，约定与他结为儿女亲家，说："我进入关中，连毫毛般微小的东西都不敢沾边，只是登记官民，封府库，等项羽将军到来。之所以派将领把守函谷关，是为了防备盗贼出入和有非常情况发生。我日夜盼望将军驾临，哪里敢谋反！希望您能把我的所作所为详尽地告知项将军。"项伯答应了，对刘邦说："你明日定要早些亲自来向项王道歉啊。"刘邦说："好。"项伯于是当夜赶回去，到达军营,将刘邦的话报告给项羽,并趁机道:"要不是刘邦先攻下关中,您怎么敢进来,如今他立了大功却还要攻打他,是不义的。不如善待他。"项羽同意了。

【原文】

沛公旦日从百余骑来见项羽鸿门,谢曰:"臣与将军戮力而攻秦,将军战河北,臣战河南;不自意能先入关破秦,得复见将军于此。今者有小人之言,令将军与臣有隙。"项羽曰:"此沛公左司马曹无伤言之;不然,籍何以至此!"项羽因留沛公与饮。范增数目项羽,举所佩玉玦以示之者三。项羽默然不应。范增起,出,召项庄,谓曰:"君王为人不忍。若入前为寿,寿毕,以剑舞,因击沛公于坐,杀之。不者,若属皆且为所虏!"庄则入为寿,寿毕,曰:"军中无以为乐,请以剑舞。"项羽曰:"诺。"项庄拔剑起舞。项伯亦拔剑起舞,常以身翼蔽沛公,庄不得击。

【译文】

第二天,刘邦带领一百多骑随从人员到鸿门来见项羽,道歉说:"我与将军合力攻秦,您在黄河以北作战,我在黄河以南战斗。没料到自己能先进入关中破秦,在这里与您重又相见。如今有小人搬弄是非,使您和我之间有了隔阂。"项羽道:"这是您的左司马曹无伤散布的流言,不是这样,我何至于如此呢?"项羽于是就留刘邦与他一起喝酒。范增频频向项羽递眼色,并三次举起他所佩戴的玉玦暗示项羽杀掉刘邦。项羽却毫无反应。范增便起身出去招呼项庄,对他说:"项王为人心慈手软,还是你上前给刘邦敬酒,敬完酒,你就请求表演舞剑,然后乘势袭击刘邦,杀了他。不然的话,你们这些人都将成为他的俘虏!"项庄即入内为刘邦祝酒,之后说:"军营中没有取乐的,就请让我为你们舞剑助兴吧。"项羽说:"好哇。"项庄于是拔剑起舞。项伯见状也起身拔剑起舞,并时时用身子遮护刘邦,使得项庄无法行刺。

【原文】

于是张良至军门见樊哙。哙曰:"今日之事何如?"良曰:"今项庄拔剑舞,其意常在沛公也。"哙曰:"此迫矣,臣请入,与之同命!"哙即带剑拥盾入。军门卫士欲止不内,樊哙侧其盾以撞,卫士仆地。遂入,披帷立,瞋目视项羽,头发上指,目眦尽裂。项羽按剑而跽曰:"客何为者?"张良曰:"沛公之参乘樊哙也。"项羽曰:"壮士!赐之卮酒!"则与斗卮酒。哙拜谢,起,立而饮之。项羽曰:"赐之彘肩!"则与一生彘肩。樊哙覆其盾于地,加彘肩其上,拔剑切而啖之。项羽曰:"壮士能复饮乎?"樊哙曰:"臣死且不避,卮酒安足辞!夫秦有虎狼之心,杀人如不能举,刑人如恐不胜,天下皆叛之。怀王与诸将约曰,'先破秦入咸阳者,王之。'今沛公先破秦入咸阳,毫毛不敢有所近,还军霸上以待将军。劳苦而功高如此,未有封爵之赏,而听细人之说,欲诛有功之人。此亡秦之续耳,窃为将军不取也!"项羽未有以应,曰:"坐!"樊哙从良坐。

坐须臾,沛公起如厕,因招樊哙出。沛公曰:"今者出,未辞也,为之奈何?"

樊哙曰："如今人方为刀俎，我方为鱼肉，何辞为！"于是遂去。鸿门去霸上四十里，沛公则置车骑，脱身独骑；樊哙、夏侯婴、靳强、纪信等四人持剑、盾步走，从骊山下道芷阳，间行趣霸上。留张良使谢项羽，以白璧献羽，玉斗与亚父。沛公谓良曰："从此道至吾军，不过二十里耳。度我至军中，公乃入。"沛公已去，间至军中，张良入谢曰："沛公不胜杯杓，不能辞，谨使臣良奉白璧一双，再拜献将军足下；玉斗一双，再拜奉亚父足下。"项羽曰："沛公安在？"良曰："闻将军有意督过之，脱身独去，已至军矣。"项羽则受璧，置之坐上。亚父受玉斗，置之地，拔剑撞而破之，曰："唉！竖子不足与谋！夺将军天下者，必沛公也。吾属今为之虏矣！"沛公至军，立诛杀曹无伤。

【译文】

　　这时张良来到军门见樊哙。樊哙说："事情怎么样了？"张良说："现在项庄拔剑起舞，目标肯定是沛公啊。"樊哙道："事情紧急，我请求进去，与他拼命！"随即带剑持盾闯入军门。卫士想要阻止他，樊哙就侧过盾牌一撞，卫士扑倒在地。樊哙于是入内，掀开帷帐站立着，怒视项羽，头发直竖，眼角都睁裂开了。项羽手按佩剑，双膝着地，上身挺直，问："来者何人？"张良说："是沛公的陪乘卫士樊哙。"项羽道："真是壮士啊！赐给他一杯酒！"侍从即给了樊哙一大杯酒。樊哙拜谢后，起身一饮而尽。项羽说："再赐给他猪腿！"侍从们便拿给他一条猪腿。樊哙将盾牌倒扣在地上，把猪腿放在上面，拔出剑来切开大口地吃。项羽说："壮士，你还能喝酒吗？"樊哙道："我死都不怕，一杯酒难道还值得我推辞吗！秦王的心肠狠如虎狼，杀人唯恐杀不完，用刑惩罚人唯恐不够，天下人都起义反他。怀王曾与各路将领约定说，'先打败秦军进入咸阳城的人，在关中为王。'现在沛公最先击溃秦军，进入咸阳，毫毛般微小的东西都不敢染指，就率军返回霸上等待您的到来。这样劳苦功高，您非但不给予封地、爵位的奖赏，还听信小人的谗言，要杀有功之人。这是重蹈秦朝灭亡的覆辙呀，我私下认为您的这种做法是不可取的！"项羽无话可答，就说："坐吧！"樊哙于是在张良的身边坐下了。

　　坐了一会儿，刘邦起身上厕所，趁机招呼樊哙出来。刘邦说："我现在出来，没有告辞，怎么办啊？"樊哙道："现在人家好比屠刀和砧板，我们则是砧板上的鱼和肉，还告什么辞呀！"于是就这么走了。鸿门与霸上相距四十里，刘邦撇下车马，独自骑马而行；樊哙、夏侯婴、靳强、纪信等四人手拿剑和盾牌，快步相随，经骊山下，取道芷阳，抄小路奔向霸上。留下张良向项羽辞谢，将白璧献给项羽，大玉杯给亚父范增。刘邦临行前对张良说："从这条路到我们的军营，只不过二十里地。您估计着我已经抵达军中时再进去。"刘邦已走，抄小道回军营，张良方才进去告罪说："沛公不胜酒力，无法来告辞，谨派臣捧上白璧一双，敬献给将军；大玉杯一双，敬呈给亚父。"项羽说："沛公现在哪里呀？"张良道："他听说您可能责备他，便独自离去，现在已经回到军中了。"项羽接过白璧，放在坐席上。亚父范增接受玉杯后搁在地上，拔剑将其击碎，说："唉！这小子不值得与他共谋大业！夺取项将军天下的人，必定是刘邦。我们这些人眼看着就要被他俘获了！"刘邦到达军中，立即杀掉了曹无伤。

西楚霸王

【原文】

汉高帝元年（乙未，前206年）

居数日，项羽引兵西，屠咸阳，杀秦降王子婴，烧秦宫室，火三月不灭。收其货宝、妇女而东。秦民大失望。韩生说项羽曰："关中阻山带河，四塞之地，地肥饶，可都以霸。"项羽见秦宫室皆已烧残破，又心思东归，曰："富贵不归故乡，如衣绣夜行，谁知之者！"韩生退曰："人言楚人沐猴而冠耳，果然！"项羽闻之，烹韩生。

项羽使人致命怀王，怀王曰："如约。"项羽怒曰："怀王者，吾家所立耳，非有功伐，何以得专主约！天下初发难时，假立诸侯后以伐秦。然身被坚执锐首事，暴露于野三年，灭秦定天下者，皆将相诸君与籍之力也。怀王虽无功，固当分其地而王之。"诸将皆曰："善！"春，正月，羽阳尊怀王为义帝，曰："古之帝者，地方千里，必居上游。"乃徙义帝于江南，都郴。

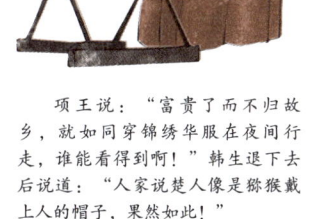

项王说："富贵了而不归故乡，就如同穿锦绣华服在夜间行走，谁能看得到啊！"韩生退下去后说道："人家说楚人像是猕猴戴上人的帽子，果然如此！"

【译文】

汉高帝元年（乙未，公元前206年）

隔了几天，项羽领兵西进，屠戮咸阳城，杀了已投降的秦王子婴，放火焚烧秦朝宫室，大火燃烧了三个月不熄。随即搜取秦朝的金银财宝和妇女向东而去。秦地的百姓为此大失所望。韩生劝说项羽道："关中依恃山川河流为屏障，是四面都有险要可守的地方，土地肥沃，可以在此建都称霸。"项羽却看到秦王朝的宫室都已焚烧得残破不堪，一方面又惦着返回东方的家乡，便说："富贵了而不归故乡，就如同穿锦绣华服在夜间行走，谁能看得到啊！"韩生退下去后说道："人家说楚人像是猕猴戴上人的帽子，果然如此！"项羽听到这话后，即将韩生煮死了。

项羽派人去回报请示楚怀王，怀王说："照先前约定的办。"项羽暴跳如雷，说："怀王这个人是我们家扶立起来的，并非因为他建有什么功绩，怎么能够一个人做主定约呢！全国起兵反秦伊始，暂时拥立过去各侯国国君的后裔为王，以利讨伐秦王朝。但是，身披坚固的铠甲、手持锐利的兵器首先起事，风餐露宿三年之久，终于灭掉秦朝平定天下的，都是各位将相和我的力量啊。不过怀王虽然没什么功劳，却还是应当分给他土地，尊他为王。"众将领都说："是啊！"春季，正月，项羽便假意尊推怀王为义帝，说道："古代的帝王辖地千里，却必定居住在江河的上游地带。"于是就把义帝迁移到长江以南，定都在长沙郡的郴县。

【原文】

　　二月，羽分天下王诸将。羽自立为西楚霸王，王梁、楚地九郡，都彭城。羽与范增疑沛公，而业已讲解，又恶负约，乃阴谋曰："巴、蜀道险，秦之迁人皆居之。"乃曰："巴、蜀亦关中地也。"故立沛公为汉王，王巴、蜀、汉中，都南郑。而三分关中，王秦降将，以距塞汉路。章邯为雍王，王咸阳以西，都废丘。长史欣者，故为栎阳狱掾，尝有德于项梁；都尉董翳者，本劝章邯降楚。故立欣为塞王，王咸阳以东，至河，都栎阳；立翳为翟王，王上郡，都高奴。项羽欲自取梁地，乃徙魏王豹为西魏王，王河东，都平阳。瑕丘申阳者，张耳嬖臣也，先下河南郡，迎楚河上，故立申阳为河南王，都洛阳。韩王成因故都，都阳翟。赵将司马卬定河内，数有功，故立卬为殷王，王河内，都朝歌。徙赵王歇为代王。赵相张耳素贤，又从入关，故立耳为常山王，王赵地，治襄国。当阳君黥布为楚将，常冠军，故立布为九江王，都六。番君吴芮率百越佐诸侯，又从入关，故立芮为衡山王，都邾。义帝柱国共敖将军击南郡，功多，因立敖为临江王，都江陵。徙燕王韩广为辽东王，都无终。燕将臧荼从楚救赵，因从入关，故立荼为燕王，都蓟。徙齐王田市为胶东王，都即墨。齐将田都从楚救赵，因从入关，故立都为齐王，都临菑。项羽方渡河救赵，田安下济北数城，引其兵降项羽，故立安为济北王，都博阳。田荣数负项梁，又不肯将兵从楚击秦，以故不封。成安君陈余弃将印去，不从入关，亦不封。客多说项羽曰："张耳、陈馀，一体有功于赵，今耳为王，余不可以不封。"羽不得已，闻其在南皮，因环封之三县。番君将梅销功多，封十万户侯。

【译文】

　　二月，项羽划分天下土地，封各位将领做侯王。项羽自立为西楚霸王，管辖原魏国和楚国的九个郡，建都彭城。项羽与范增怀疑刘邦有夺取天下的野心，但双方已经讲和了，又不愿意背上违约的罪名，于是就暗地里策划道："巴、蜀两地道路艰险，秦朝所流放的人都居住在那里。"随即扬言："巴郡、蜀郡也是关中的土地。"由此立刘邦为汉王，统辖巴、蜀两地和汉中郡，建都南郑。接着又把关中分割为雍、塞、翟三部分，将秦朝的降将封在那里做王，借以抵御阻挡刘邦。封章邯为雍王，管辖咸阳以西地区，建都废丘。长史司马欣过去是栎阳县的狱掾，曾经对项梁有恩；而都尉董翳，本来劝过章邯归降楚军。因此便立司马欣为塞王，统领咸阳以东至黄河一带，建都栎阳；封董翳为翟王，领有上郡地区，建都高奴。项羽打算自己占有魏地，就改封魏王豹为西魏王，统辖河东郡，建都平阳。瑕丘县的申阳是张耳的宠臣，曾经率先攻下河南郡，在黄河边迎接楚军，所以立申阳为河南王，建都洛阳。韩王成仍居旧都，建都阳翟。赵将司马卬平定了河内郡，屡立战功，因此封司马卬为殷王，管辖河内地区，建都朝歌。改封赵王歇为代王。赵国的相国张耳向来贤能，又跟随项羽入关，故立张耳为常山王，统领赵地，建都襄国。当阳君黥布为楚将，经常是勇冠三军，所以封黥布为九江王，建都六地。番君吴芮率领百越部族之兵协助诸侯军，也随从进关，因此封吴芮为衡山王，建都邾县。义帝怀王柱国共敖领兵攻打南郡，功劳卓著，故封共敖为临江王，建都江陵。改封燕王韩广为辽东王，建都无终。燕将臧荼跟随楚军救援赵国，随即跟着入关，由此立臧荼为燕王，建都蓟地。改封齐王田市为胶东王，建都即墨。齐将田都随楚军救赵，即跟着进关，所以立田都为齐王，建都临淄。当项羽正要渡河救赵时，齐王田建的孙子田安攻下济北数城，率领他的军队投降项羽，因此封田安为济北王，建都博阳。田荣曾多次背弃项梁，又不肯领兵跟随楚军攻秦，所以不封。成安君陈余抛弃将军的印信离去，不追随入关，也不封。宾客中有多人劝说项羽道："张耳、陈余一样对赵有功，如今既封张耳为王，陈余也就不可不封。"项羽不得已，听说陈余正在南皮，就把南皮周围的三个县封给了他。番君的部将梅铜功劳颇多，即封他为十万户侯。

【原文】

汉王怒，欲攻项羽，周勃、灌婴、樊哙皆劝之。萧何谏曰："虽王汉中之恶，不犹愈于死乎？"汉王曰："何为乃死也？"何曰："今众弗如，百战百败，不死何为！夫能诎于一人之下而信于万乘之上者，汤、武是也。臣愿大王王汉中，养其民以致贤人，收用巴、蜀，还定三秦，天下可图也。"汉王曰："善！"乃遂就国，以何为丞相。

汉王赐张良金百镒，珠二斗；良具以献项伯。汉王亦因令良厚遗项伯，使尽请汉中地，项王许之。

夏，四月，诸侯罢戏下兵，各就国。项王使卒三万人从汉王之国。楚与诸侯之慕从者数万人，从杜南入蚀中。张良送至褒中，汉王遣良归韩。良因说汉王烧绝所过栈道，以备诸侯盗兵，且示项羽无东意。

【译文】

汉王刘邦大怒，想要攻打项羽，周勃、灌婴、樊哙也都鼓动他打。萧何规劝他说："在汉中当王虽然不好，但不是比死还强些吗？"汉王道："哪里就至于死呀？"萧何说："如今您兵众不如项羽，百战百败，不死又能怎么样呢！能够屈居于一人之下而伸展于万乘大国之上的，是商汤王和周武王。我希望大王您立足汉中，抚养百姓，招引贤才，收用巴、蜀二郡的资财，然后回师东进，平定雍、翟、塞三秦之地，如此天下就可以夺取了。"汉王说："好吧！"于是就去到他的封地，任用萧何为丞相。

汉王赐给张良黄金百镒，珍珠两斗；张良把这些东西全都献给了项伯。汉王因此也命张良赠送厚礼给项伯，让项伯代他请求项羽将汉中地区全部封给刘邦，项羽答应了这一请求。

夏季，四月，各路诸侯都离开主帅项羽，回各自的封国去。项羽派三万士兵随从汉王刘邦前往他的封国。楚军与其他诸侯军中因仰慕而追随汉王的有好几万人，他们从杜县南面进入蚀中通道。张良送行到褒中，汉王遣张良回韩王那里去。张良于是就劝说汉王烧断他们所经过的栈道，以防备诸侯的军队来犯，而且向项羽表示没有东还的意图。

韩信拜将

【原文】

汉高帝元年（乙未，前206年）

初，淮阴人韩信，家贫，无行，不得推择为吏，又不能治生商贾，常从人寄食饮，人多厌之。信钓于城下，有漂母见信饥，饭信。信喜，谓漂母曰："吾必有以重报母。"母怒曰："大丈夫不能自食；吾哀王孙而进食，岂望报乎！"淮阴屠中少年有侮信者曰："若虽长大，好带刀剑，中情怯耳。"因众辱之曰："信能死，刺我。不能死，出我胯下！"于是信孰视之，俯出胯下，蒲伏。一市人皆笑信，以为怯。

及项梁渡淮，信杖剑从之。居麾下，无所知名。项梁败，又属项羽，羽以为郎中；数以策干羽，羽不用。汉王之入蜀，信亡楚归汉，未知名。为连敖，坐当斩；其辈十三人皆已斩，次至信，信乃仰视，适见滕公，曰："上不欲就天下乎？何为斩壮士？"滕公奇其言，壮其貌，释而不斩。与语，大说之，言于王。王拜以为治粟都尉，亦未之奇也。

【译文】

汉高帝元年（乙未，公元前206年）

当初，淮阴人韩信，家境贫寒，没有好的德行，不能被推选去做官，又不会经商谋生，常常跟着别人吃闲饭，人们都厌恶他。韩信曾经在城下钓鱼，有位在水边漂洗丝绵的老太太看到他饿了，就拿饭来给他吃。韩信非常高兴，对那位老太太说："我一定会重重地报答您老人家的。"老太太生气地说："男子汉大丈夫不能自己养活自己，我不过是可怜你这位公子才给你饭吃，难道是希图有什么报答吗？"淮阴县屠户中的青年有人侮辱韩信道："你虽然身材高大，好佩戴刀剑，内心却是胆小如鼠的。"并趁机当众羞辱他说："韩信你要真的不怕死，就来刺我。若是怕死，就从我的胯下爬过去！"韩信于是仔细地打量了那青年一会儿，便俯下身子，从他的双腿间钻了过去，在地上爬。满街市的人都嘲笑韩信，认为他胆小。

等到项梁渡过淮河北上，韩信持剑去投奔他。他留在项梁部下，一直默默无闻。项梁失败后，韩信又归属项羽，项羽任他做了郎中。韩信曾多次向项羽献策以求重用，但项羽却不予采纳。汉王刘邦进入蜀中，韩信又逃离楚军归顺了汉王，仍然不为人所知，做了个接待宾客的小官。后来韩信犯了法，应判处斩刑，与他同案的十三个人都已遭斩首，轮到韩信时，他抬头仰望，刚好看见了滕公夏侯婴，便说道："汉王难道不想夺取天下吗？为什么要斩杀壮士呢？"滕公觉得他的话不同凡响，又见他外表威武雄壮，就释放了他而不处斩。与他交谈后，欢喜异常，随即将这情况奏报给了汉王。汉王于是授给韩信治粟都尉的官职，但还是没认为他有什么不寻常之处。

【原文】

信数与萧何语，何奇之。汉王至南郑，诸将及士卒皆歌讴思东归，多道亡者。信度何等已数言王，王不我用，即亡去。何闻信亡，不及以闻，自追之。人有言王曰："丞相何亡。"王大怒，如失左右手。居一二日，何来谒王。王且怒且喜，骂何曰："若亡，何也？"何曰："臣不敢亡也，臣追亡者耳。"王曰："若所追者谁？"何曰："韩信也。"王复骂曰："诸将亡者以十数，公无所追；追信，诈也！"何曰："诸将易得耳。至如信者，国士无双。王必欲长王汉中，无所事信；必欲争天下，非信无可与计事者。顾王策安所决耳。"王曰："吾亦欲东耳，安能郁郁久居此乎！"何曰："计必欲东，能用信，信即留；不能用信，终亡耳。"王曰："吾为公以为将。"何曰："虽为将，信不留。"王曰："以为大将。"何曰："幸甚！"于是王欲召信拜之。何曰："王素慢无礼。今拜大将，如呼小儿，此乃信所以去也。王必欲拜之，择良日，斋戒，设坛场，具礼，乃可耳。"王许之。诸将皆喜，人人各自以为得大将。至拜大将，乃韩信也，一军皆惊。

【译文】

韩信好几次与萧何谈话，萧何感觉他不同于常人。等汉王到达南郑时，众将领和士兵都唱歌思念东归故乡，许多人中途就逃跑了。韩信估计萧何等人已经多次向汉王荐举过他，但汉王没有重用他，便也逃亡而去。萧何听说韩信逃走了，没来得及向汉王报告，就亲自去追赶韩信。有人告诉汉王说："丞相萧何逃跑了。"汉王大发雷霆，仿佛失掉了左右手一般。过了一两天，萧何来拜谒汉王。汉王又怒又喜，骂萧何道："你为什么逃跑呀？"萧何说："我不敢逃跑，我是去追赶逃跑的人啊。"汉王说："你追赶的人是谁呀？"萧何道："是韩信。"汉王骂道："将领们逃跑的已是数以十计，你都不去追找；说追韩信，纯粹是撒谎！"萧何说："那些将领很容易得到。至于像韩信这样的人，却是天下无双的杰出人才啊。大王您如果只想长久地在汉中称王，自然没有用得着韩信的地方；倘若您要夺天下，除了韩信，就没有可与您图谋大业的人了。只看您作哪种抉择了！"汉王说："我也是想要东进的，怎么能够忧郁沉闷地老待在这里呀！"萧何道："如果您决计向东发展，那么能任用韩信，韩信就会留下来；如若不能使用他，他终究还是要逃跑的。"汉王说："那我就看在你的面子上任用他做将军吧。"萧何说："即便是做将军，韩信也不会留下来的。"汉王道："那就任他为大将军吧。"萧何说："太好了！"于是汉王就想召见韩信授给他官职。萧何说："大王您向来傲慢无礼。现在要任命大将军，却如同呼喝小孩儿一样，这便是韩信所以要离开的原因。您如果要授给他官职，就请选择吉日，进行斋戒，设置拜将的坛台和广场，准备举行授职的完备仪式，这才行啊。"汉王应允了萧何的请求。众将领闻讯都很欢喜，人人各自以为自己会得到大将军的职务。但等到任命大将军时，竟然是韩信，全军都惊讶不已。

平定三秦

【原文】

汉高帝元年（乙未，前206年）

信拜礼毕，上坐。王曰："丞相数言将军，将军何以教寡人计策？"信辞谢，因问王曰："今东乡争权天下，岂非项王耶？"汉王曰："然。"曰："大王自料勇悍仁强孰与项王？"汉王默然良久，曰："不如也。"信再拜贺曰："惟信亦以为大王不如也。然臣尝事之，请言项王之为人也。项王喑噁叱咤，千人皆废，然不能任属贤将，此特匹夫之勇耳。项王见人，恭敬慈爱，言语呕呕，人有疾病，涕泣分食饮；至使人，有功当封爵者，印刓敝，忍不能予，此所谓妇人之仁也。项王虽霸天下而臣诸侯，不居关中而都彭城，背义帝之约，而以亲爱王诸侯，不平；逐其故主而王其将相，又迁逐义帝置江南；所过无不残灭，百姓不亲附，特劫于威强耳。名虽为霸，实失天下心，故其强易弱。今大王诚能反其道，任天下武勇，何所不诛！以天下城邑封功臣，何所不服！以义兵从思东归之士，何所不散！且三秦王为秦将，将秦子弟数岁矣，所杀亡不可胜计；又欺其众，降诸侯，至新安，项王诈坑秦降卒二十余万，惟独邯、欣、翳得脱。秦父兄怨此三人，痛入骨髓。今楚强以威王此三人，秦民莫爱也。大王之入武关，秋毫无所害；除秦苛法，与秦民约法三章；秦民无不欲得大王王秦者。于诸侯之约，大王当王关中，民咸知之；大王失职入汉中，秦民无不恨者。今大王举而东，三秦可传檄而定也。"于是汉王大喜，自以为得信晚，遂听信计，部署诸将所击。留萧何收巴、蜀租，给军粮食。

【译文】

汉高帝元年（乙未，公元前206年）

授任韩信的仪式结束后，汉王就座。汉王说道："丞相屡次向我称道您，您将拿什么计策来开导我啊？"韩信谦让了一番，就乘势向汉王道："如今向东去争夺天下，您的对手难道不就是项羽吗？"汉王说："是啊。"韩信道："大王您自己估量一下，在勇敢、猛悍、仁爱、刚强等方面，您与项羽比谁强呢？"汉王沉默了许久，说："我不如他。"韩信拜了两拜，赞许道："我韩信也认为大王您在这些方面比不上他。不过我曾经侍奉过项羽，就请让我来谈谈他的为人吧。项羽厉声怒斥呼喝时，上千的人都吓得不敢动一动，但是他却不能任用有德才的将领，这只

韩信道："大王您自己估量一下，在勇敢、猛悍、仁爱、刚强等方面，您与项羽比谁强呢？"汉王沉默了许久，说："我不如他。"

不过是匹夫之勇罢了。项羽待人，恭敬慈爱，言语温和，别人生了病，他会怜惜地流下泪来，把自己所吃的东西分给病人；但当所任用的人立了功，应该赏封爵位时，他却把刻好的印捏在手里，把玩得磨去了棱角还舍不得授给人家，这便是人们所说的妇人的仁慈啊。项羽虽然称霸天下而使诸侯臣服，但却不占据关中而是建都彭城；背弃义帝怀王的约定，把自己亲信偏爱的将领分封为王，诸侯为此愤愤不平；他还驱逐原来的诸侯国国王，而让诸侯国的将相为王，又把义帝驱赶到江南；他的军队所经过的地方没有不遭残害毁灭的，老百姓都不愿亲近、依附他，只不过是迫于他的威势勉强归顺罢了。如此种种，使他名义上虽然还是霸主，实际上却已经失去了天下人的心，所以他的强盛很容易转化为虚弱。现在大王您如果真的能反其道而行之，任用天下英勇善战的人才，那还有什么对手不能诛灭掉呢！把天下的城邑封给有功之臣，那还有什么人会不心悦诚服呢！用正义的军事行动去顺从惦念东归故乡的将士们，那还有什么敌人打不垮、击不溃啊！况且分封到秦地的三个王都是过去秦朝的将领，他们率领秦朝的子弟作战已经有好几年了，被杀死和逃亡的多得数也数不清；而他们又欺骗自己的部下，投降了诸侯军，结果抵达新安时，遭项羽诈骗而活埋的秦军降兵有二十多万人，只有章邯、司马欣、董翳得以脱身不死。秦地的父老兄弟们怨恨这三个人，恨得痛彻骨髓。现在项羽倚仗自己的威势，强行把这三人封为王，秦地的百姓没有爱戴他们的。大王您进入武关时，秋毫无犯；废除了秦朝的严刑苛法，与秦地的百姓约法三章；秦地的百姓没有不希望您在关中做王的。而且按照原来与诸侯的约定，大王您理当在关中称王，这一点关中的百姓都知道；您失掉了应得的王位而去汉中，对此秦地的百姓没有不怨恨的。如今大王您起兵向东，三秦之地只要发布一道征讨的文书就可以平定了。"汉王于是大喜过望，自认为韩信这个人才得到的太迟了，随即就听从韩信的计策，部署众将领所要攻击的任务。留下萧何收取巴、蜀两郡的租税，为军队供给粮食。

【原文】

　　八月，汉王引兵从故道出，袭雍；雍王章邯迎击汉陈仓。雍兵败，还走；止，战好，又败，走废丘。汉王遂定雍地，东至咸阳；引兵围雍王于废丘，而遣诸将略地。塞王欣、翟王翳皆降，以其地为渭南、河上、上郡。令将军薛欧、王吸出武关，因王陵兵以迎太公、吕后。项王闻之，发兵距之阳夏，不得前。

【译文】

　　八月，汉王领兵从故道出来，袭击雍王章邯。章邯在陈仓迎击汉军，兵败逃跑；在好停下来与汉军再战，又被打败，逃往废丘。汉王随即平定了雍地，东进到咸阳，率军在废丘包围了雍王章邯，并派遣将领们去攻夺各地。塞王司马欣、翟王董翳都投降了，汉王便把他们的地盘设置为渭南、河上、上郡。又命将军薛欧、王吸领兵出武关，会合王陵的军队去迎接太公和吕后。项羽闻讯，出兵到阳夏阻拦，汉军于是无法前进。

半壁江山

【原文】

汉高帝四年（戊戌，前203年）

冬，十月，信袭破齐历下军，遂至临淄。齐王以郦生为卖己，乃烹之。引兵东走高密，使使之楚请救。田横走博阳，守相田光走城阳，将军田既军于胶东。

楚大司马咎守成皋，汉数挑战，楚军不出。使人辱之，数日，咎怒，渡兵汜水。士卒半渡，汉击之，大破楚军，尽得楚国金玉、货赂，咎及司马欣皆自刭汜水上。汉王引兵渡河，复取成皋，军广武，就敖仓食。

项羽下梁地十余城，闻成皋破，乃引兵还。汉军方围钟离眛于荥阳东，闻羽至，尽走险阻。羽亦军广武，与汉相守。数月，楚军食少。项王患之，乃为俎，置太公其上，告汉王曰："今不急下，吾烹太公！"汉王曰："吾与羽俱北面受命怀王，约为兄弟，吾翁即若翁；必欲烹尔翁，幸分我一杯羹！"项王怒，欲杀之。项伯曰："天下事未可知。且为天下者不顾家，虽杀之，无益，只益祸耳！"项王从之。

【译文】

汉高帝四年（戊戌，公元前203年）

冬季，十月，韩信打败了齐国的历下守军，随后一直打到齐国的都城临淄。齐王田广认为郦食其出卖了自己，就煮杀了他。然后领兵向东逃往高密，派使者到楚国去请求救援。田横逃奔博阳，田光逃奔城阳，将军田既驻扎在胶东。

楚国大司马曹咎驻守成皋，汉军屡次挑战，楚军只是坚守不出。汉军于是派人到阵前百般辱骂曹咎，一连几天，激得曹咎暴怒，便领兵横渡汜水。楚国的士兵刚渡过一半，汉军就发起攻击，大败楚军，缴获了楚国的全部金银玉器和财物，曹咎和长史司马欣都在汜水之畔自杀身亡。汉王随即领兵渡过黄河，再次收复成皋，驻扎到广武，取用敖仓的粮食作军粮。

项羽攻下了梁地十多个城邑后，听说成皋又被攻破，就率军返回。这时汉军正在荥阳东面围攻钟离眛，听说项羽大军到了，就全部撤往险要的地方。项羽也在广武驻扎下来，与汉军对峙。这样过了几个月，楚军粮食短缺。项羽很是担忧，便架设肉案，把刘邦的父亲放到上面，通告汉王说："今日你如不赶快投降，我就煮杀了太公。"汉王道："我曾与你一起作为臣子面向北接受楚怀王的命令，盟誓结为兄弟，因此我的父亲就犹如你的父亲。倘若你一定要煮杀你的父亲，那么希望你也分给我一杯肉羹！"项羽怒不可遏，想要杀掉太公。项伯说："天下的事情不可预料。况且有志争夺天下的人是不顾及自己家人的，即使杀了太公也没什么好处，不过徒增祸患罢了！"项羽听从了他的话。

【原文】

项王谓汉王曰:"天下匈匈数岁者,徒以吾两人耳。愿与汉王挑战,决雌雄,毋徒苦天下之民父子为也!"汉王笑谢曰:"吾宁斗智,不能斗力!"项王三令壮士出挑战,汉有善骑射者楼烦辄射杀之。项王大怒,乃自被甲持戟挑战。楼烦欲射之,项王瞋目叱之,楼烦目不敢视,手不敢发,遂走还入壁,不敢复出。汉王使人间问之,乃项王也,汉王大惊。

于是项王乃即汉王,相与临广武涧而语。羽欲与汉王独身挑战。汉王数羽曰:"羽负约,王我于蜀、汉,罪一;矫杀卿子冠军,罪二;救赵不还报,而擅劫诸侯兵入关,罪三;烧秦宫室,掘始皇帝冢,收私其财,罪四;杀秦降王子婴,罪五;诈坑秦子弟新安二十万,罪六;王诸将善地而徙逐故主,罪七;出逐义帝彭城,自都之,夺韩王地,并王梁、楚,多自与,罪八;使人阴杀义帝江南,罪九;为政不平,王约不信,天下所不容,大逆无道,罪十也。吾以义兵从诸侯诛残贼,使刑余罪人击公,何苦乃与公挑战!"羽大怒,伏弩射中汉王。汉王伤胸,乃扪足曰:"虏中吾指。"汉王病创卧,张良强请汉王起行劳军,以安士卒,毋令楚乘胜。汉王出行军,疾甚,因驰入成皋。

【译文】

项羽对汉王说:"天下沸沸扬扬地闹腾了好几年了,只是由于我们两个人相持不下的缘故。现在我愿意向你挑战,一决雌雄,不要再让天下的老百姓白白地忍受煎熬了!"汉王笑着推辞道:"我宁肯斗智,不肯斗力!"项羽便连着三次命楚军壮士出阵挑战,但每次都被汉军营中善于骑射的楼烦射杀了。项羽因此勃然大怒,就亲自披甲持戟上阵挑战。楼烦又想射项羽,项羽见状,愤怒地瞪大眼睛厉声呵斥,使楼烦双眼不敢直视项羽的目光,双手不敢张弓发箭,随即奔回营垒,不敢再露面了。汉王派人悄悄地探听那挑战者是谁,才知道竟是项羽本人,汉王为此大吃一惊。

这时项羽便靠近汉王,相互隔着广武涧对话。项羽想要单独向汉王挑战。汉王历数项羽的罪过说:"你违背先约,封我到蜀、汉为王,这是第一条罪状;假托怀王的命令,杀害卿子冠军宋义,是第二条罪状;救赵之后不回报怀王,竟擅自胁迫诸侯军入关,是第三条罪状;焚烧秦朝宫室,掘毁秦始皇陵墓,盗取财物据为私有,是第四条罪状;诛杀已经归降的秦王子婴,是第五条罪状;采用欺诈手段,在新安活埋了已归顺的二十万秦兵,是第六条罪状;把好的地方封给各个将领,却迁徙放逐原来的诸侯王,是第七条罪状;将义帝逐出彭城,自己在那里建都,侵夺韩王的封地,并在梁、楚之地称王称霸,竭力扩充自己的地盘,是第八条罪状;派人到江南暗杀了义帝,是第九条罪状;执政不公平,主持盟约不守信义,为天下所不容,实属大逆不道,是第十条罪状。如今我率领正义的军队随从各诸侯一起征讨你这残虐的贼子,只需让那些受过刑罚的罪犯来攻打你就行了,又何苦要与你单独挑战呢!"项羽闻言大怒,用暗伏的弩箭射中了汉王。汉王胸部负伤,却摸着脚说:"这贼子射中我的脚趾了!"汉王因受创伤而卧床休息,张良却坚持请他起身去军中抚慰将士,以安定军心,不要让楚军乘势取胜。汉王于是出去巡视军营，但终因伤势加重，而赶赴成皋养伤。

【原文】

韩信已定临淄，遂东追齐王。项王使龙且将兵，号二十万，以救齐，与齐王合军高密。

客或说龙且曰："汉兵远斗穷战，其锋不可当。齐、楚自居其地，兵易败散。不如深壁，令齐王使其信臣招所亡城。亡城闻王在，楚来救，必反汉。汉兵二千里客居齐地，齐城皆反之，其势无所得食，可无战而降也。"龙且曰："吾平生知韩信为人，易与耳！寄食于漂母，无资身之策；受辱于胯下，无兼人之勇，不足畏也。且夫救齐，不战而降之，吾何功！今战而胜之，齐之半可得也。"

十一月，齐、楚与汉夹潍水而陈。韩信储夜令人为万余囊，满盛沙，壅水上流；引军半渡击龙且，佯不胜，还走。龙且果喜曰："固知信怯也！"遂追信。信使人决壅囊，水大至，龙且军太半不得渡。即急击杀龙且，水东军散走，齐王广亡去。信遂追北至成阳，虏齐王广。汉将灌婴追得齐守相田光，进至博阳。田横闻齐王死，自立为齐王，还击婴，婴败横军于嬴下。田横亡走梁，归彭越。婴进击齐将田吸于千乘，曹参击田既于胶东，皆杀之，尽定齐地。

【译文】

韩信已经平定了临淄，便向东追赶齐王田广。项羽派龙且领兵，号称二十万大军，前来援救齐国，在高密与齐王的军队会师。

宾客中有人劝龙且说："汉军远离本土，拼死战斗，他们的锋芒锐不可当。而齐、楚两军在自己的家门口作战，士兵容易逃散。因此不如修筑深沟高垒固守，让齐王派遣他的心腹大臣去招抚已经丢失的城邑。已落入汉军之手的城邑听说自己的君王还在，楚军前来救援时，必定都会反叛汉军。汉军客居在远离本土两千里的齐地，如果齐国的城邑全起来反叛，汉军势必无法取得粮草，这样就可以不战就使他们投降了。"龙且说："我一向了解韩信的为人，容易对付得很！他曾依赖漂洗丝绵的老太太分给他饭吃，毫无自己养活自己的办法；还蒙受从人胯下爬过去的耻辱，毫无胜过他人的勇气，这样的人实在不值得害怕。况且现在援救齐国，不打一仗便使汉军主动投降，我还有什么功劳可谈啊！如今与他交锋而战胜了他，半个齐国就可以归我了。"

十一月，齐、楚两国军队隔潍水摆开阵势。韩信命人连夜做了一万多个袋子，装满沙土，塞在潍水的上游，然后率领一半部队渡河去袭击龙且的军队，随即

韩信命人连夜做了一万多个袋子，装满沙土，塞在潍水的上游，然后率领一半部队渡河去袭击龙且的军队，随即假装战败，往回奔逃。

假装战败，往回奔逃。龙且果然高兴地说："我本来就知道韩信胆小如鼠嘛！"于是率军渡过潍水追击韩信。韩信等楚军渡过一半时，派人挖开堵塞在潍水上游的沙袋，大水立刻奔泻而下，龙且的军队因此大部分没能渡过河去。韩信迅速组织反击，杀了龙且，阻留在潍水东岸的楚军四散奔逃，齐王田广也逃走了。韩信随即追逐败兵到了城阳，俘获了田广。汉军将领灌婴追击活捉了齐相田光，进军到博阳。田横听说齐王田广已死，就自立为齐王，回头迎击灌婴的队伍，灌婴在嬴城下打败了田横的军队。田横逃往梁地，归顺了彭越。灌婴又进军到千乘攻打齐将田吸，曹参则在胶东进攻田既，将田吸、田既都杀掉了，全部平定了齐地。

【原文】

韩信使人言汉王曰："齐伪诈多变，反覆之国也，南边楚。请为假王以镇之。"汉王发书，大怒，骂曰："吾困于此，旦暮望若来佐我，乃欲自立为王！"张良、陈平蹑汉王足，因附耳语曰："汉方不利，宁能禁信之自王乎！不如因而立之，善遇，使自为守。不然，变生。"汉王亦悟，因复骂曰："大丈夫定诸侯，即为真王耳，何以假为！"春，二月，遣张良操印立韩信为齐王，征其兵击楚。

项王闻龙且死，大惧，使盱眙人涉往说齐王信曰："天下共苦秦久矣，相与戮力击秦。秦已破，计功割地，分土而王之，以休士卒。今汉王复兴兵而东，侵人之分，夺人之地，已破三秦，引兵出关，收诸侯之兵以东击楚，其意非尽吞天下者不休，其不知厌足如是甚也！且汉王不可必，身居项王掌握中数矣，项王怜而活之；然得脱，辄倍约，复击项王，其不可亲信如此。今足下虽自以与汉王为厚交，为之尽力用兵，必终为所擒矣。足下所以得须臾至今者，以项王尚存也。当今二王之事，权在足下——足下右投则汉王胜，左投则项王胜。项王今日亡，则次取足下。足下与项王有故，何不反汉与楚连和，参分天下王之！今释此时而自必于汉以击楚，且为智者固若此乎？"韩信谢曰："臣事项王，官不过郎中，位不过执戟；言不听，画不用，故倍楚而归汉。汉王授我上将军印，予我数万众，解衣衣我，推食食我，言听计用，故吾得以至于此。夫人深亲我，我倍之不祥。虽死不易！幸为信谢项王！"

【译文】

韩信派人向汉王上书说："齐国伪诈多变，是个反复无常的国家，而且它的南边又临近楚国。请陛下允许我暂时代理齐王去镇抚齐国。"汉王打开书信一看，大发雷霆，骂道："我被困在这里，朝思暮想地盼你来协助我，你却想要自立为王！"张良、陈平连忙暗中踩汉王的脚，接着凑到他的耳边低声说："汉军目前正处在不利的形势中，哪能禁止韩信擅自称王啊！倒不如就趁势立他为王，好好地对待他，让他自行镇守齐国。不然的话，就可能会发生变故。"汉王这时也醒悟过来，乘机又改口骂道："大丈夫平定了诸侯国，要做就做正式的君王，何必要当个代理国王呢！"春季，二月，汉王即派张良带着印信去封韩信为齐王，并征调他的部队去攻打楚军。

项羽获悉龙且已死，非常害怕，立刻派遣盱眙人武涉去游说齐王韩信说："天下人对秦朝的统治痛恨已经很久了，因此同心协力攻打秦朝。秦王朝灭亡后，诸侯军将领按照功劳的大小，划分土地，分封为王，使士兵得到休整。而今汉王重又兴兵东进，侵犯人家的王位，掠夺人家的封地，已经攻陷了三秦，还要再领兵出函谷关，收集诸侯的军队向东去攻打楚国，他的意图是不吞并天下誓不罢休，贪得无厌竟到了如此过分的地步！况且汉王是靠不住的，他好几次身落项王的掌握之中，项王因可怜他而给他留了活路，但是他一脱身就背弃盟约，重新攻打项王，不可亲近、不可信赖竟也到了这步田地。现在您虽然自以为与汉王交情深厚，替他竭尽全力地用兵打仗，但是最终还是要被他所擒的。您之所以能苟延至今，就是由于项王还存在的缘故啊。目前楚、汉二王成败之事，关键就在您了——您向西依附汉王，汉王即获胜；向东投靠项王，项王即成功。倘若项王今日被消灭，那么接着就轮到消灭您了。您和项王曾经有过交情，为什么不反叛汉国来与楚国联合，三家瓜分天下各自为王呢？现在放过这个良机，下决心投靠汉王来进攻楚国，作为智者难道原本就是这个样子吗？"韩信辞谢道："我侍奉项王的时候，官职不过是个郎中，地位不过是个持戟的卫士；所说的话项王不听，所献的计策项王不用，为此我才背叛楚国归顺汉国。而汉王则授给我上将军的官印，拨给我几万人马，脱下他的衣服让我穿，推过他的食物让我吃，并且对我言听计从，所以我才能达到今天这个地位。人家如此亲近、信任我，我背叛人家是不吉利的。我即使死了也不会改变跟定汉王的主意！望您替我谢谢项王吧！"

【原文】

　　武涉已去，蒯彻知天下权在信，乃以相人之术说信曰："仆相君之面，不过封侯，又危不安；相君之背，贵乃不可言。"韩信曰："何谓也？"蒯彻曰："天下初发难也，忧在亡秦而已。今楚、汉分争，使天下之人肝胆涂地，父子暴骸骨于中野，不可胜数。楚人起彭城，转斗逐北，乘利席卷，威震天下。然兵困于京、索之间，迫西山而不能进者，三年于此矣。汉王将数十万之众，距巩、洛，阻山河之险，一日数战，无尺寸之功，折北不救。此所谓智勇俱困者也。百姓罢极怨望，无所归倚。以臣料之，其势非天下之贤圣固不能息天下之祸。当今两主之命，县于足下——足下为汉则汉胜，与楚则楚胜。诚能听臣之计，莫若两利而俱存之，三分天下，鼎足而居，其势莫敢先动。夫以足下之贤圣，有甲兵之众，据强齐，从赵、燕，出空虚之地而制其后，因民之欲，西乡为百姓请命，则天下风走而响应矣，孰敢不听！割大、弱强以立诸侯，诸侯已立，天下服听，而归德于齐。案齐之故，有胶、泗之地，深拱揖让，则天下之君王相率而朝于齐矣。盖闻'天与弗取，反受其咎；时至不行，反受其殃'。愿足下熟虑之！"韩信曰："汉王遇我甚厚，吾岂可乡利而倍义乎！"蒯生曰："始常山王、成安君为布衣时，相与为刎颈之交；后争张黡、陈泽之事，常山王杀成安君泜水之南，头足异处。此二人相与，天下至欢也，然而卒相擒者，何也？患生于多欲而人心难测也。今足下欲行忠信以交于汉王，必不能固于二君之相与也，而事多大于张黡、陈泽者。故臣以为足下必汉王之不危己，亦误矣！

大夫种存亡越，霸勾践，立功成名而身死亡，野兽尽而猎狗烹。夫以交友言之，则不如张耳之与成安君者也；以忠信言之，则不过大夫种之于勾践也。此二者足以观矣！愿足下深虑之。且臣闻'勇略震主者身危，功盖天下者不赏'。今足下戴震主之威，挟不赏之功，归楚，楚人不信；归汉，汉人震恐。足下欲持是安归乎？"韩信谢曰："先生且休矣，吾将念之。"后数日，蒯彻复说曰："夫听者，事之候也；计者，事之机也。听过计失而能久安者鲜矣！故知者，决之断也；疑者，事之害也。审毫厘之小计，遗天下之大数，智诚知之，决弗敢行者，百事之祸也。夫功者，难成而易败；时者，难得而易失也；时乎时，不再来！"韩信犹豫，不忍倍汉；又自以功多，汉终不夺我齐，遂谢蒯彻。因去，佯狂为巫。

【译文】

武涉走后，蒯彻知道天下胜负大势就取决于韩信，便用看相人的说法劝韩信道："我相您的面，不过是封个侯，而且又危险不安全；相您的背，却是高贵得无法言表。"韩信说："这是什么意思呀？"蒯彻道："天下开始兴兵抗秦的时候，所担忧的只是能否灭亡秦朝罢了。而如今楚、汉相争，连年战火，使天下的百姓肝胆涂地横遭惨死，父子老少的尸骨暴露在荒野外，数也数不清。楚国人从彭城起兵，辗转作战，追逃逐败，乘着胜利势如卷席，威震天下。然而兵困京县、索城一带，被阻在成皋西面的山地中无法前进，于今已经三年了。汉王率十万大军，在巩县、洛阳一带抵御楚军，凭借山河地形的险要，一天之内打几次仗，却无法取得一点点功绩，而是受挫败逃，难以自救。这便叫作智者勇者都已困窘不堪了。百姓被折腾得筋疲力尽，怨声载道，民心无所归倚。据我所料，这种形势如果没有天下最圣贤的人出面，天下的祸乱就必定无法平息。目前楚、汉二王的命运就牵系在您的手中——您为汉王效力，汉国就会获胜；您为楚王助威，楚国就会取胜。若您真肯听从我的计策，那就不如让楚、汉都不受损害，并存下去，您与他们三分天下，鼎足而立。这种形势一形成，便没有谁敢先行举兵了。再凭着您的圣德贤才和拥兵众多，占据强大的齐国，迫令赵、燕两国顺从，出击刘、项兵力薄弱的地区以牵制住他们的后方，顺应百姓的意愿，向西去制止楚、汉纷争，为百姓请求解除疾苦、保全生命。这样，天下的人便会闻风响应您，哪还有谁敢不听从号令！然后您就分割大国、削弱强国以封立诸侯，诸侯已被扶立起来，天下的人便将顺从，并把功德归给齐国。您根据齐国原有的领地，控制住胶河、泗水流域，同时恭敬谦逊地对待各诸侯国，天下的各国君王就要相继前来朝拜齐国表示归顺了。我听说'上天的赐予您不接受，反而会受到上天的惩罚；时机到来如不行动，反而会遭受贻误良机的灾祸'。因此，望您能对这个事仔细斟酌！"韩信说："汉王给我的待遇很优厚，我怎么能因贪图私利而忘恩负义啊！"蒯彻道："当初常山王张耳和成安君陈余还是平民百姓的时候，彼此就结成了生死之交。待后来为张黡、陈泽的事发生争执构怨颇深时，常山王终于在泜水南面杀掉了成安君，使成安君落了个身首分家的下场。这二人相互交往时，感情是天下最深的，但最终却彼此捕杀对方，这是为什么呢？是由于祸患从无止境的欲望中产生，而这欲望使得人心难以预料。现在您想要凭忠诚和信义与汉王交往，但你们两人的友好关系肯定不会比常山王、成安君二人的友情牢固，而且你们之间所涉及的事情又多比张黡、陈泽之类的事件大。所以我认为您坚信汉王绝不会危害您，也是大错特错的了！大夫文种保住了濒临灭亡的越国，使勾践称霸于诸侯国，但他自己成名后却身遭杀害，犹如野兽捕尽、猎狗即被煮杀一样。从结交朋友的角度说，您与汉王的交情不如张耳和陈余的交情深；从忠诚信义的角度说，您对汉王的忠信又比不上文种对勾践的忠信。这两点已经足够供您观察反思的了！望您能好好地考虑。况且我听说'勇敢和谋略过人，令君主为之震动的人，自身便处于危险之中；功勋卓著，雄冠天下的人，便无法给予封赏'。如今您拥有震撼君主的威势，挟持无法封赏的伟绩，归依楚国，楚国人不会信任您；归附汉国，汉国将因您而震惊恐惧。那么您带着这样的威势和功绩，想要到哪里去安身呢？"韩信推辞道："您先别说了，我将考虑一下这件事。"过了几天，蒯彻又劝韩信说："善于听取意见，就能够预见到事物发生的征兆；善于谋划思索，就能够把握事情成败的关键。不善于听取意见、思考问题而能长久地维持安全的人，天下少有！所以为人明智坚定，抉择事情就会果断；为人犹豫多虑，处理事情时就会带来危害。一味地在极其微小的枝节末梢问题上精打细算，遗漏掉那些关系国家生死存亡的大事，智慧足以预知事情应该如何去做，做出了决定却又不敢去执行，就会为一切事情埋下祸根。功业难得成功，然而容易失败；时机难以把握，却容易贻误。时机啊时机，失去了就不会再回来！"但是韩信仍然犹豫不决，不忍心背叛汉王；而且又自认为功劳多，汉王终究不会夺走自己手中的齐国，于是就谢绝了蒯彻。蒯彻随即离去，怕祸害及身假装疯狂做了巫师。

【原文】

项羽自知少助，食尽，韩信又进兵击楚，羽患之。汉遣侯公说羽请太公。羽乃与汉约，中分天下，割洪沟以西为汉，以东为楚。九月，楚归太公、吕后，引兵解而东归。汉王欲西归，张良、陈平说曰："汉有天下太半，而诸侯皆附；楚兵疲食尽，此天亡之时也。今释弗击，此所谓'养虎自遗患'也。"汉王从之。

【译文】

项羽自己明白楚军颇为缺乏援助力量，而且军粮已经全部吃完，韩信又在进兵攻打楚军，为此十分忧虑。汉王这时派侯公前来劝说项羽，请求接汉王的父亲太公回去。项羽于是就同汉王定下了和约：二人平分天下，以战国时魏惠王所开的名为"鸿沟"的运河为界，鸿沟以西划归汉王，鸿沟以东划归楚王。九月，楚军将太公、汉王王后吕雉送归汉王，项羽随即领兵解阵而东行归去。汉王也想西行回国，张良、陈平便劝他道："汉国已经得到了大半个天下，诸侯又都来归附；楚军疲惫且没有粮草，这是天赐的灭楚良机。如今把楚军放走而不去追击，这叫作'饲养猛虎给自己留下后患'呀。"汉王接受了他们的意见，率军追击楚军。

垓下悲歌

【原文】

汉高帝五年（己亥，前202年）

冬，十月，汉王追项羽至固陵，与齐王信、魏相国越期会击楚。信、越不至，楚击汉军，大破之。汉王复坚壁自守，谓张良曰："诸侯不从，奈何？"对曰："楚兵且破，二人未有分地，其不至固宜。君王能与共天下，可立致也。齐王信之立，非君王意，信亦不自坚。彭越本定梁地，始，君王以魏豹故拜越为相国。今豹死，越亦望王，而君王不早定。今能取睢阳以北至谷城皆以王彭越，从陈以东傅海与齐王信。信家在楚，其意欲复得故邑。能出捐此地以许两人，使各自为战，则楚易破也。"汉王从之。于是韩信、彭越皆引兵来。

【译文】

汉高帝五年（己亥，公元前202年）

冬季，十月，汉王刘邦追击项羽到达固陵，与齐王韩信、魏国的相国彭越约定日期合击楚军。但是韩信、彭越的军队没有来，楚军攻打汉军，大败汉军。汉王只好重又坚固营垒加强防守，并对张良说："诸侯不遵守信约，怎么办啊？"张良答道："楚军即将被打败，而韩信、彭越二人没有分得确定的领地，因此他们不应约前来会合是意料之中的事。您如果能与他们一起共分天下，就可以立即把他们召来。齐王韩信的封立，并不是您的本意，韩信自己也不放心。彭越本来平定了梁地，当初您为了魏豹的缘故，封彭越为魏国相国。而今魏豹已死，彭越也想自己称王，但您却不早做决定。现在，您可以把从睢阳以北到谷城的地区都封给彭越，把从陈县以东到沿海地区的区域划给韩信。韩信的家乡在楚地，他的意思也是想要重新得到自己故乡的土地。您如果能拿出以上地区许给他们两人，让他们各自为自己的利益而战，那么楚国就很容易攻破了。"汉王听从了这一建议。于是韩信、彭越都率军前来。

【原文】

十二月，项王至垓下，兵少，食尽，与汉战不胜，入壁。汉军及诸侯兵围之数重。项王夜闻汉军四面皆楚歌，乃大惊曰："汉皆已得楚乎？是何楚人之多也？"则夜起，饮帐中，悲歌慷慨，泣数行下。左右皆泣，莫能仰视。于是项王乘其骏马名骓，麾下壮士骑从者八百余人，直夜，溃围南出驰走。平明，汉军乃觉之，令骑将灌婴以五千骑追之。项王渡淮，骑能属者才百余人。至阴陵，迷失道，问一田父，田父绐曰："左。"左，乃陷大泽中，以故汉追及之。

【译文】

十二月，项羽到了垓下，兵少粮尽，与汉军交战未能取胜，便退入营垒固守。这时汉军和诸侯的军队将项羽的军营重重包围了起来。项羽在晚上听到汉军四面都唱起楚歌，就大惊道："汉军已经全部得到楚国的土地了吗？为什么楚人这么多啊？"便连夜起身，在帐中饮酒，慷慨悲歌，泪下数行。侍从人员见状也都纷纷哭泣，都不忍心抬头观看。项羽于是骑上他的名叫骓的骏马，部下的壮士骑马相随的有八百多人，乘夜突破汉军的包围往南奔驰。天大亮时，汉军才发觉，汉王便命令骑将灌婴率五千名骑士追赶。项羽渡过淮河，相随的骑兵能跟得上他的才一百多人。到达阴陵后，项羽一行人迷了路，就向一个农夫问路，农夫骗他说："往左。"项羽等往左走，却陷进了大沼泽地中，汉军因此便追上了他们。

【原文】

项王乃复引兵而东，至东城，乃有二十八骑，汉骑追者数千人。项王自度不得脱，谓其骑曰："吾起兵至今，八岁矣；身七十余战，未尝败北，遂霸有天下。然今卒困于此，此天之亡我，非战之罪也。今日固决死，愿为诸君快战，必溃围，斩将，刈旗，三胜之，令诸君知天亡我，非战之罪也。"乃分其骑以为四队，四乡。汉军围之数重。项王谓其骑曰："吾为公取彼一将。"令四面骑驰下，期山东为三处。于是项王大呼驰下，汉军皆披靡，遂斩汉一将。是时，郎中骑杨喜追项王，项王瞋目而叱之，喜人马俱惊，辟易数里。项王与其骑会为三处，汉军不知项王所在，乃分军为三，复围之。项王乃驰，复斩汉一都尉，杀数十百人；复聚其骑，亡其两骑耳。乃谓其骑曰："何如？"骑皆伏曰："如大王言！"

【译文】

项羽于是又领兵向东奔走，到达东城，相随的只有二十八个骑兵了，而这时汉军骑兵追逐前来的有几千人。项羽料想自己是不能脱身了，便对他的骑兵们说："我从起兵到现在，已经八年了，身经七十多次战斗，不曾失败过，这才霸有了天下。但是今天终于被困在这里，这是上天要灭亡我啊，并不是我用兵有什么过错。今天定要一决生死，愿为你们痛快地打一仗，一定突破重围，斩杀敌将、砍倒汉旗，接连三次取胜，让你们知道是天要亡我，而不是我用兵的过错。"随即把他的人马分为四队，向四个方向冲杀。但汉军已将他们重重包围。项羽便对他的骑兵们说："看我为你们斩杀他一员将领！"就命令骑士们从四面奔驰而下，约定在山的东边分为三处会合。接着项羽便大声呼喝着策马飞奔而下，汉军都溃败散乱，项羽就斩杀了一员汉将。这时，郎中骑杨喜从背后追击项羽，项羽瞪着双眼厉声呵叱他，杨喜人马都受到惊吓，惶恐地退避了好几里地。项羽便与他的骑兵们分三处相会合，汉军不知道项羽究竟在哪里，于是分兵三路，重又把他们包围了起来。项羽随即奔驰冲杀，又斩杀了汉军的一名都尉，杀掉了汉军一百多人。项羽重新聚拢了骑兵，算算不过损失了两名骑士罢了。项羽就对他的骑兵们说："怎么样啊？"骑兵们都敬服地说："正像大王您所说的一样！"

【原文】

于是项王欲东渡乌江,乌江亭长舣船待,谓项王曰:"江东虽小,地方千里,众数十万人,亦足王也。愿大王急渡!今独臣有船,汉军至,无以渡。"项王笑曰:"天之亡我,我何渡为!且籍与江东子弟八千人渡江而西,今无一人还;纵江东父兄怜而王我,我何面目见之!纵彼不言,籍独不愧于心乎!"乃以所乘骓马赐亭长,令骑皆下马步行,持短兵接战。独籍所杀汉军数百人,身亦被十余创。顾见汉骑司马吕马童,曰:"若非吾故人乎?"马童面之,指示中郎骑王翳曰:"此项王也!"项王乃曰:"吾闻汉购我头千金,邑万户,吾为若德。"乃刎而死。王翳取其头,余骑相蹂践争项王,相杀者数十人。最其后,杨喜、吕马童及郎中吕胜、杨武各得其一体。五人共会其体,皆是,故分其户,封五人皆为列侯。

楚地悉定,独鲁不下,汉王引天下兵欲屠之。至其城下,犹闻弦诵之声。为其守礼义之国,为主死节,乃持项王头以示鲁父兄,鲁乃降。汉王以鲁公礼葬项王于穀城,亲为发哀,哭之而去。诸项氏枝属皆不诛,封项伯等四人皆为列侯,赐姓刘氏,诸民略在楚者皆归之。

【译文】

这时项羽想要东渡乌江,乌江亭长把船停泊在岸边等着他,并对项羽说:"江东虽然狭小,土地方圆千里,民众几十万人,却也足够用以称王的了。望大王您火速渡江!现在只有我有船,汉军到来,无船渡江。"项羽笑着说:"上天要灭亡我,我还要渡江干什么呀!况且我与江东子弟八千人渡江西征,而今没有一个人归还,纵使江东父老怜爱我,仍然以我为王,我又有什么脸面去见他们啊!即便他们不说什么,难道我心中就不感到有愧吗!"于是就把自己所骑的骏马骓送给了亭长,命令他的骑兵都下马步行,手持短兵器与汉军交战。仅项羽一人就杀死了汉军几百人,项羽自己也身受十多处伤。这时项羽回头看见了汉军骑司马吕马童,就说:"你不是我的老朋友吗?"吕马童背过脸,指给中郎骑王翳说:"这就是项王!"项羽便说道:"我听说汉王悬赏千金买我的头颅,分给万户的封地,我就留给你一些恩德。"便自刎而死。王翳随即取下项羽的头颅,其余的骑兵便相互践踏着争抢项羽的躯体,互相残杀而死的有几十个人。到了最后,杨喜、吕马童和郎中吕胜、杨武各夺得项羽的一部分肢体。五个人把项羽的肢体会合拼凑到一起,都对得上,因此刘邦便分割原来悬赏的万户封地,将五人都封为列侯。

楚地全部平定了,只有鲁县仍坚守不降,汉王刘邦率领天下的兵马,打算屠灭它。大军抵达城下,仍然能听到城中礼乐弦诵的声音。由于原来项羽的爵位是鲁公,鲁县是信守礼义的故国,为自己的君主尽忠守节,汉军便拿出项羽的头颅给鲁县的父老看,鲁县这才投降。汉王用葬鲁公的礼仪把项羽埋葬在谷城,并亲自为项羽发丧举哀,哭了一阵后离去。对项羽的家族亲属都不加杀害,还把项伯等四人都封为列侯,赐他们姓刘,并将过去被掳掠到楚国来的百姓划归他们统治。

兔死狗烹

【原文】

汉高帝五年（己亥，前202年）

帝置酒洛阳南宫，上曰："彻侯、诸将毋敢隐朕，皆言其情。吾所以有天下者何？项氏之所以失天下者何？"高起、王陵对曰："陛下使人攻城略地，因以与之，与天下同其利；项羽不然，有功者害之，贤者疑之，此其所以失天下也。"上曰："公知其一，未知其二。夫运筹帷幄之中，决胜千里之外，吾不如子房；填国家，抚百姓，给饷馈，不绝粮道，吾不如萧何；连百万之众，战必胜，攻必取，吾不如韩信。三者皆人杰，吾能用之，此吾所以取天下者也。项羽有一范增而不能用，此所以为我擒也。"群臣说服。

韩信至楚，召漂母，赐千金。召辱己少年令出胯下者，以为中尉，告诸将相曰："此壮士也。方辱我时，我宁不能杀之邪？杀之无名，故忍而就此。"

【译文】

汉高帝五年（己亥，公元前202年）

高祖刘邦在洛阳南宫举行酒宴，高帝说道："各位列侯、各位将军不要对朕隐瞒，都来说说这个道理。我之所以能取得天下的原因是什么？项羽之所以失掉天下的原因又是什么呀？"高起、王陵回答说："陛下派人攻城略地，攻取了城邑、土地就分封给他，与大家同享利益；项羽却不是这样，他对有功的人嫉恨，对贤能的人猜疑，这就是他失去天下的原因。"高祖说："你们只知其一，不知其二。运筹帷幄之中，决胜千里之外，我不如张良；镇守国家，安抚百姓，供给粮饷，保持运粮道路畅通无阻，我不如萧何；统率百万大军，战必胜，攻必克，我不如韩信。这三位都是人中英杰，而我能够任用他们，这就是我所以能取得天下的原因。项羽虽然有一个范增，却不能信任使用他，这便是项羽所以被我捕捉打败的原因了。"群臣都心中高兴而诚服。

韩信到了楚地，召见曾经分给自己饭吃的那位漂丝绵的老妇，赐给她一千金。又召见曾经羞辱自己、叫自己从胯下爬过去的那个人，任命他为楚国的中尉，并告诉将们说："这是位壮士。当他侮辱我时，我难道就不能杀了他吗？只是杀他没有名义，所以忍了下来，才达到了今天这样的成就。"

【原文】

彭越既受汉封，田横惧诛，与其徒属五百余人入海，居岛中。帝以田横兄弟本定齐地，齐贤者多附焉；今在海中，不取，后恐为乱。乃使使赦横罪，召之。横谢曰："臣烹陛下之使郦生，今闻其弟商为汉将；臣恐惧，不敢奉诏，请为庶人，守海岛中。"使还报，帝乃诏卫尉郦商曰："齐王田横即至，人马从者敢动摇者，致族夷！"乃复使使持节具告以诏商状，曰："田横来，大者王，小者乃侯耳；不来，且举兵加诛焉！"

横乃与其客二人乘传诣洛阳。未至三十里，至尸乡厩置，横谢使者曰："人臣见天子，当洗沐。"因止留，谓其客曰："横始与汉王俱南面称孤。今汉王为天子，而横乃为亡虏，北面事之，其耻固已甚矣。且吾烹人之兄，与其弟并肩而事主。纵彼畏天子之诏不敢动，我独不愧于心乎！且陛下所以欲见我者，不过欲一见吾面貌耳。今斩吾头，驰三十里间，形容尚未能败，犹可观也。"遂自刭，令客奉其头，从使者驰奏之。帝曰："嗟乎！起自布衣，兄弟三人更王，岂不贤哉！"为之流涕，而拜其二客为都尉，发卒二千人，以王者礼葬之。既葬，二客穿其冢傍孔，皆自刭，下从之。帝闻之，大惊，以横客皆贤，余五百人尚在海中，使使召之。至，则闻田死，亦皆自杀。

【译文】

彭越已受汉封梁王，田横怕被杀掉，与他的部下五百多人逃入大海，居住在岛上。高祖刘邦认为田横兄弟几人本来曾平定了齐地，齐地贤能的人都归附了他们，现在流亡在海岛中，如果不加以招抚，以后恐怕会作乱。于是就派使者前去赦免田横的罪过，召他前来。田横推辞说："我曾经煮了汉王的使臣郦食其，现在听说他的弟弟郦商是汉的将领，我很害怕，不敢奉诏前往，只请求做个平民百姓，留守在海岛中。"使者回报，高祖便诏令卫尉郦商说："齐王田横即将到来，有敢动一动他的随从人马的人，即诛灭家族！"随即再派使者拿着符节把高祖诏令郦商的情况对田横一一讲明，并说道："田横若能前来，高可以封王，低也可封侯；如果不来，便要发兵加以诛除了！"

田横便和他的两个宾客乘坐驿站的专车去洛阳。离洛阳还有三十里，到达尸乡驿站，田横向使者道歉说："为人臣子的觐见天子时，应当沐浴。"随即住下来，对他的宾客说："我起初与汉王一道面朝南称王。而今汉王做了天子，我却是作为败亡的臣虏，面朝北称臣伺候他，这耻辱本来已非常大了。何况我还煮死了人家的兄长，又与他的弟弟并肩侍奉他们的君主。即便这位弟弟畏惧天子的诏令不敢动我，我难道内心就不感到惭愧吗！况且陛下想要见我的原因，不过是想看一看我的容貌罢了。现在斩下我的头颅，奔驰三十里地送去，神态容貌还不会变坏，陛下还可以看看我是个什么样子的人。"说完就自杀了，遗令他的门客带着他的首级，随同使者疾驰洛阳奏报高祖。高祖闻听后说："唉呀！从平民百姓起家，兄弟三人相继为王，这难道不是很贤能的吗！"高祖为田横流下了眼泪，接着授给田横的两个宾客都尉的官职，调拨士兵两千人，按葬侯王的礼仪安葬了田横。下葬以后，那两位宾客在田横的坟墓旁挖了个坑，都自刎而死，倒进坑里陪葬田横。高祖听说了这件事，大为震惊，认为田横的宾客都很贤能，余下的五百人还在海岛上，便派使者去招抚他们。使者抵达海岛，这五百人听说田横已死，也都自杀了。

【原文】

初,楚人季布为项籍将,数窘辱帝。项籍灭,帝购求布千金,敢有舍匿,罪三族。布乃髡钳为奴,自卖于朱家。朱家心知其季布也,买置田舍,身之洛阳见滕公,说曰:"季布何罪!臣各为其主用,职耳。项氏臣岂可尽诛邪?今上始得天下,而以私怨求一人,何示不广也!且以季布之贤,汉求之急,此不北走胡,南走越耳。夫忌壮士以资敌国,此伍子胥所以鞭荆平之墓也。君何不从容以上言之?"滕公待间言于上,如朱家指。上乃赦布,召拜郎中,朱家遂不复见之。

布母弟丁公,亦为项羽将,逐窘帝彭城西。短兵接,帝急,顾谓丁公曰:"两贤相厄哉!"丁公引兵而还。及项王灭,丁公谒见。帝以丁公徇军中,曰:"丁公为项王臣不忠,使项王失天下者也。"遂斩之,曰:"使后为人臣无效丁公也!"

【译文】

当初,楚地人季布是项羽手下的将领,曾多次窘困羞辱汉王。项羽灭亡后,高祖刘邦悬赏千金捉拿季布,下令有敢收留窝藏季布的罪灭三族。季布于是剃去头发,用铁箍卡住脖子当奴隶,把自己卖给鲁地的大侠朱家。朱家心里明白这个人是季布,就将他买下安置在田庄中,随即到洛阳去进见滕公夏侯婴,劝他道:"季布有什么罪啊!臣僚各为自己的君主效力,这是常理。项羽的臣下难道可以全都杀掉吗?如今皇上刚刚取得天下,便借私人的怨恨去寻捕一个人,怎么能这样显露自己胸襟的狭窄呢!况且根据季布的贤能,朝廷悬赏缉捕他如此急迫,这是逼他不向北投奔胡人,便往南投靠百越部族。忌恨壮士而以此资助敌国,这是伍子胥所以要掘墓鞭打楚平王尸体的缘故。您为什么不从容地向皇上说说这些道理呢?"滕公于是就等有机会时,按照朱家的意思向高帝进言。高帝便赦免了季布,并召见他,授任他为郎中,朱家从此也就不再见季布。

季布的舅父丁公,也是项羽手下的将领,曾经在彭城西面追击围困过高祖刘邦。两军短兵相接,高祖感觉事态危急,便回头对丁公说:"两个好汉难道要相互为难困斗吗!"丁公于是领兵撤还。等到项羽灭亡,丁公来谒见高祖。高祖随即把丁公拉到军营中示众,说道:"丁公身为项王的臣子却不忠诚,是使项王失掉天下的人。"就把他杀了,并说:"让后世为人臣子的不要效法丁公!"

【原文】

齐人娄敬戍陇西,过洛阳,脱挽辂,衣羊裘,因齐人虞将军求见上。虞将军欲与之鲜衣,娄敬曰:"臣衣帛,衣帛见;衣褐,衣褐见。终不敢易衣。"于是虞将军入言上;上召见,问之。娄敬曰:"陛下都洛阳,岂欲与周室比隆哉?"上曰:"然。"娄敬曰:"陛下取天下与周异。周之先,自后稷封邰,积德累善,十有余世,至于太王、王季、文王、武王而诸侯自归之,遂灭殷为天子。及成王即位,周公相焉,乃营洛邑,以为此天下之中也,诸侯四方纳贡职,道里均矣。有德则易以王,无德则易以亡。故周之盛时,天下和洽,诸侯、四夷莫不宾服,效其贡职。及其衰也，天下莫朝，周不能制也。非惟其德薄也，形势弱也。今陛下起丰、沛，卷蜀、汉，定三秦，与项羽战荥阳、成皋之间，大战七十，小战四十，使天下之民，肝脑涂地，父子暴骨中野，不可胜数，哭泣之声未绝，伤夷者未起，而欲比隆于成、康之时，臣窃以为不侔也。且夫秦地被山带河，四塞以为固，卒然有急，百万之众可立具也。因秦之故，资甚美膏腴之地，此所谓天府者也。陛下入关而都之，山东虽乱，秦之故地可全而有也。夫与人斗，不搤其亢，拊其背，未能全其胜也。今陛下案秦之故地，此亦扼天下之亢而拊其背也。"帝问群臣，群臣皆山东人，争言："周王数百年，秦二世即亡。洛阳东有成皋，西有殽、渑，倍河，乡伊、洛，其固亦足恃也。"上问张良。良曰："洛阳虽有此固，其中小不过数百里，田地薄，四面受敌，此非用武之国也。关中左殽、函，右陇、蜀，沃野千里。南有巴、蜀之饶，北有胡苑之利。阻三面而守，独以一面东制诸侯。诸侯安定，河、渭漕挽天下，西给京师；诸侯有变，顺流而下，足以委输。此所谓金城千里，天府之国也。娄敬说是也。"上即日车驾西，都长安。拜娄敬为郎中，号曰奉春君，赐姓刘氏。

张良素多病，从上入关，即道引，不食谷，杜门不出，曰："家世相韩，及韩灭，不爱万金之资，为韩报仇强秦，天下振动。今以三寸舌为帝者师，封万户侯，此布衣之极，于良足矣。愿弃人间事，欲从赤松子游耳。"

【译文】

原齐国人娄敬去防守陇西，经过洛阳，解下绑在车前牵引的横木，穿着羊皮袄，通过齐人虞将军求见高祖刘邦。虞将军想要给他穿华丽鲜亮的衣服，娄敬说："我若穿的是丝绸，就身着丝绸去谒见；若穿的是粗毛麻布，就身着粗毛麻布去谒见。终究不敢冒昧地更换衣服。"这时虞将军便进去向高祖报告，高祖便召见娄敬，并询问他有什么话要说。娄敬说："陛下定都洛阳，难道是想与周王朝一比隆盛威势吗？"高祖道："是啊。"娄敬说："陛下夺取天下的途径与周朝不同。周朝的祖先，从后稷被唐尧封在邰地起，积累德政善行十多代，以至于到太王、王季、文王、武王时期，诸侯自行归附，终于灭掉殷商做了天子。到了周成王即位，周公辅佐他，才营建洛邑，因为认为这里是天下的中心，各地诸侯前往交纳土贡和赋税，所走的道路里程相等。君主有德行就容易靠此统治天下，没有德行就容易由此而亡国。所以周王朝强盛的时候，天下和睦，诸侯、四方外族没有不臣服的，都奉上他们的贡赋。等到周王朝衰弱时，天下没有谁前来朝贡，周王朝也已无法驾驭制约了。这不仅是由于它的德行微薄，而且是由于形势衰弱的缘故。如今陛下从丰、沛起兵抗秦，席卷蜀郡、汉中郡，平定秦中地雍、塞、翟三国，与项羽在荥阳、成皋之间作战，经过大战七十次，小战四十次，使天下百姓肝脑涂地惨遭杀戮，老老少少的尸骨暴露在荒野之中，数都数不过来，哭泣的悲声还未断绝，伤残的人员还不能行走，就想与周成王、康王时代的隆盛威势相媲美，我私下里认为这是很不相称的。况且秦地依靠华山，濒临黄河，四面都有险要关隘为屏障，如果突然有紧急情况发生，百万军队可以立即就调动停当。依靠秦地原有的基础，凭借那里富饶肥沃的土地，这便是所谓的天府的优势啊。陛下入函谷关在那里建都，崤山以东地区就算是乱了，秦国的旧地也仍然可以完整地据有。同别人争斗，不卡住他的咽喉，从后背攻击他，是不能大获全胜的。现在陛下如果能占据秦国的故地，这也就是扼住了天下的咽喉且又攻击它的后背了。"高祖询问群臣。群臣都是崤山以东地区的人，都抢着说："周朝统治了几百年，而秦朝经历两代就灭亡了。洛阳东有成皋，西有崤山、渑池，背靠黄河，面向伊、洛二河，它的稳固也是足可依赖的了。"高祖又问张良。张良说："洛阳虽然有这样稳固的地势，但它的中心地区狭小，方圆不过几百里，田地贫瘠，四面受敌，因此这里不是用武之地。而关中地区东有崤山、函谷关，西有陇山、蜀地的岷山，沃野千里。南有巴、蜀的富饶资源，北有胡地草场畜牧的地利。倚仗三面险要的地形防守，只用东方一面来控制诸侯。倘若诸侯安定，便可通过黄河、渭河水路转运天下的粮食，西上供给京都；如若诸侯发生变故，也可顺流而下，足够用以转运物资。这就是所谓的坚固的城墙千里之长，富庶的天府之国啊。娄敬的建议是对的。"高祖当天就起驾动身向西进发，定都长安。任娄敬为郎中，称为奉春君，赐姓刘。

张良向来多病，随从高祖进入函谷关，就静居行气，不吃粮食，闭门不出，说道："我家的人世代做韩国的宰相，及至韩国灭亡，我不吝惜万金资财，为韩国向强大的秦王朝报仇，使天下震动。如今凭借三寸之舌成为皇帝的军师，被封为万户侯，这已是一个平民所能享有的最高待遇了，对我来说足够啦。我只希望抛开人间俗事，追随仙人赤松子去云游了。"

【原文】

臣光曰：夫生之有死，譬犹夜旦之必然；自古及今，固未有超然而独存者也。以子房之明辨达理，足以知神仙之为虚诡矣；然其欲从赤松子游者，其智可知也。夫功名之际，人臣之所难处。如高帝所称者，三杰而已；淮阴诛夷，萧何系狱，非以履盛满而不止耶！故子房托于神仙，遗弃人间，等功名于外物，置荣利而不顾，所谓"明哲保身"者，子房有焉。

【译文】

臣司马光曰：大凡有生就有死，犹如黑夜过后是白天一样的必然。自古至今，原本就没有超越自然而独立存在的事物。按张良的明辨是非通晓事理而论，他是完全知道神仙不过是些虚幻奇异的东西罢了。但他却要随同赤松子远游，他的聪明智慧是可以知道的了。功勋和名位之间，正是为人臣子的所难于长久立足之处。像高帝刘邦所称道的，不过只有三个才能出众的人罢了。但是淮阴侯韩信被诛除，相国萧何被拘禁到狱中，这不就是由于功名已达到巅峰却还不止步的缘故吗！所以张良借与神仙交游相推脱，遗弃人间凡事，视功名如同身外之物，把荣誉利禄抛在脑后，所谓"明哲保身"者，张良即是个榜样。

白登之围

【原文】

汉高帝七年（辛丑，前200年）

上自将击韩王信，破其军于铜，斩其将王喜。信亡走匈奴；白土人曼丘臣、王黄等立赵苗裔赵利为王，复收信败散兵，与信及匈奴谋攻汉。匈奴使左、右贤王将万余骑，与王黄等屯广武以南，至晋阳，汉兵击之，匈奴辄败走，已复屯聚，汉兵乘胜追之。会天大寒，雨雪，士卒堕指者什二三。

上居晋阳，闻冒顿居代谷，欲击之。使人觇匈奴，冒顿匿其壮士、肥牛马，但见老弱及羸畜。使者十辈来，皆言匈奴可击。上复使刘敬往使匈奴，未还；汉悉兵三十二万北逐之，逾句注。刘敬还，报曰："两国相击，此宜夸矜，见所长；今臣往，徒见羸瘠、老弱，此必欲见短，伏奇兵以争利。愚以为匈奴不可击也。"是时汉兵已业行，上怒，骂刘敬曰："齐虏以口舌得官，今乃妄言沮吾军！"械系敬广武。

【译文】

汉高帝七年（辛丑，公元前200年）

高帝亲自领兵攻打韩王信，在铜县大败其军队，斩杀其部将王喜。韩王信逃往匈奴，他手下的将领白土县人曼丘臣、王黄等拥立赵王的后代赵利为王，重新收拢韩王信的散兵败卒，与韩王信及匈奴合谋攻击汉军。匈奴派左、右贤王率一万多名骑兵，同王黄等驻扎在广武以南，到晋阳作战，汉军进攻，匈奴兵立即败逃，随后又聚集起来，汉军乘胜追击他们。这时天气酷寒，天下大雪，汉军冻掉手指的占十分之二三。

高帝驻居晋阳，听说冒顿单于驻居在代谷，便想要去攻打他，就派人去侦察匈奴。这时冒顿把他的精壮士兵、肥壮牛马都藏了起来，只让人看见老弱残兵和瘦小的牲畜。汉军派去的使者相继回来的有十批，都报告说匈奴可以攻打。高帝于是又派刘敬出使匈奴，尚未返回，汉军就全部出动兵力三十二万向北追击匈奴，越过了句注山。刘敬回来后报告说："两国相攻，这本该炫耀自己的优势。但现在我到匈奴方面去，只看见瘦弱的牲畜和老弱的士兵，这必定是想要显露自己虚弱不堪，而埋伏奇兵以争取胜利。我认为匈奴不能攻打。"这时候，汉军业已出动，高帝大为恼火，骂刘敬说："你这个齐国的混蛋家伙，不过是靠着耍嘴皮子得到了一官半职，现在竟又来胡言乱语阻挠我的军队前进！"用刑具把刘敬拘禁到广武。

【原文】

帝先至平城，兵未尽到；冒顿纵精兵四十万骑，围帝于白登七日，汉兵中外不得相救饷。帝用陈平秘计，使使间厚遗阏氏。阏氏谓冒顿曰："两主不相困。今得汉地，而单于终非能居之也。且汉主亦有神灵，单于察之！"冒顿与王黄、赵利期，而黄、利兵不来，疑其与汉有谋，乃解围之一角。会天大雾，汉使人往来，匈奴不觉。

陈平请令强弩傅两矢，外乡，从解角直出。帝出围，欲驱；太仆滕公固徐行。至平城，汉大军亦到，胡骑遂解去。汉亦罢兵归，令樊哙止定代地。

上至广武，赦刘敬，曰："吾不用公言，以困平城；吾皆已斩前使十辈矣！"乃封敬二千户为关内侯，号为建信侯。帝南过曲逆，曰："壮哉县！吾行天下，独见洛阳与是耳。"乃更封陈平为曲逆侯，尽食之。平从帝征伐，凡六出奇计，辄益封邑焉。

十二月，上还，过赵。赵王敖执子婿礼甚卑；上箕倨慢骂之。赵相贯高、赵午等皆怒曰："吾王，孱王也！"乃说王曰："天下豪杰并起，能者先立。今王事帝甚恭，而帝无礼；请为王杀之！"张敖啮其指出血，曰："君何言之误！先人亡国，赖帝得复国，德流子孙；秋豪皆帝力也。愿君无复出口！"贯高、赵午等皆相谓曰："乃吾等非也。吾王长者，不倍德；且吾等义不辱。今帝辱我王，故欲杀之，何污王为！事成归王，事败独身坐耳。"

【译文】

高帝先期抵达平城，军队尚未全部到来。冒顿发出精兵四十万，把高帝围困在白登山达七天之久。汉军这时无法呼应救援，高帝于是就采用陈平的秘计，派使者暗中用重金贿赂冒顿的阏氏。阏氏随即便对冒顿说："两个君主不应彼此困窘迫害。如今即使夺得了汉朝的土地，单于您也终究不能居住在那里。况且汉朝的君主也有神灵保护，望您明察！"冒顿与王黄、赵利约定好时间会师，但王黄、赵利的军队却迟迟不来，由此就怀疑他们与汉军有什么谋划，这才解开包围圈的一角。正好遇到天降大雾，汉军便派人在白登山与平城之间往来走动，匈奴人毫无察觉。陈平这时请求高帝命令士兵们用强弩搭上两支箭，箭头外御敌，从解围的一角直冲出去。高帝脱出包围后，想要策马疾奔，太仆滕公夏侯婴却坚持慢慢地行走。到了平城时，汉的大队人马也赶到了，匈奴的骑兵便解围而去。汉军于是也收兵返回，命樊哙留下来平定代地。

高帝回到广武，赦免了刘敬，说道："我不采用您的意见，因此被围困在平城。我已经把先前十多批使者都杀掉了！"接着就封给刘敬二千民户，爵位为关内侯，称作建信侯。高帝回师向南经过曲逆县，说道："好壮观的县啊！我走遍天下，只见过洛阳和这里罢了。"就改封陈平为曲逆侯，享用全县民户的赋税收入。陈平跟随高帝南征北战，共六次进献妙计，每次都增加了封邑。

十二月，高帝返回长安，途经赵国。赵王张敖对高帝行女婿的礼节，十分谦卑，高帝却叉开两腿坐着，态度轻慢地责骂张敖。赵国相国贯高、赵午等人都怒火中烧，说："我们的大王真懦弱啊！"随即劝赵王："天下豪强并起，贤能的人先称王。现在您侍奉皇帝非常恭谨，而皇帝却如此无礼，请让我们替您把他杀了！"张敖咬破自己的手指流出血来，说："你们怎么说这种大错特错的话！先父亡国后，依赖皇帝才得以复国，德泽流传给子孙，一丝一毫都是皇帝的力量。望你们不要再这么说了！"贯高、赵午等人相互说道："这是我们的错。我们的大王是忠厚的长者，不会背弃恩德。况且我们的原则是不受人侮辱，而今皇帝侮辱了我王，所以想要杀掉他，又何必连累我王呢！事情干成了，则功归我王，事情失败了，则我们独自承担罪责罢了。"

大汉天下

萧规曹随

【原文】

汉惠帝二年（戊申，前193年）

七月癸巳，以曹参为相国。参闻何薨，告舍人："趣治行！吾将入相。"居无何，使者果召参。始，参微时，与萧何善；及为将相，有隙；至何且死，所推贤惟参。参代何为相，举事无所变更，一遵何约束。择郡国吏木讷于文辞、重厚长者，即召除为丞相史；吏之言文刻深、欲务声名者，辄斥去之。日夜饮醇酒；卿、大夫以下吏及宾客见参不事事，来者皆欲有言，参辄饮以醇酒；间欲有所言，复饮之，醉而后去，终莫得开说，以为常。见人有细过，专掩匿覆盖之；府中无事。

参子为中大夫，帝怪相国不治事，以为"岂少朕与？"使归，以其私问参。参怒，笞二百，曰："趣入侍！天下事非若所当言也！"至朝时，帝让参曰："乃者我使谏君也。"参免冠谢曰："陛下自察圣武孰与高帝？"上曰："朕乃安敢望先帝！"又曰："陛下观臣能孰与萧何贤？"上曰："君似不及也。"参曰："陛下言之是也。高帝与萧何定天下，法令既明。今陛下垂拱，参等守职，遵而勿失，不亦可乎！"帝曰："善！"

【译文】

汉惠帝二年（戊申，公元前193年）

七月癸巳（二十七日），朝廷任命曹参为相国。曹参刚听说萧何去世时，就对门下舍人说："快准备行装！我要进京做相国了。"不久，使者果然来召曹参入朝。起初，曹参当平民时，和萧何相交甚好；等做了将相，两人有些隔阂。萧何快死时，所推举的贤能之人只有曹参。曹参做了相国后，所有的条令都不变更，一律遵照萧何当年的规定。他挑选各郡国中不善文辞的敦厚长者，召来任命为丞相的属官。对那些言谈行文苛刻、专门追逐名声的官员，都予以斥退。然后曹参日夜只顾饮酒。卿、大夫以下的官员及宾客见他不管政事，来看望时都想劝说，曹参却总是劝他们喝酒；喝酒间隙中再想说话，曹参又劝他们再喝，直到喝醉了回去，始终没机会开口说话。这样的情况成为常事。曹参见到别人犯有小错误，也一味包庇掩饰，相国府中终日无事。

曹参的儿子曹窋任中大夫之职，惠帝向他埋怨曹参不理政事，认为"难道是因为我年纪轻吗"？让曹窋回家时，以私亲身份探问曹参。曹参大怒，鞭笞曹窋二百下，呵斥："快回宫去侍候，国家大事不是你该说的！"到上朝时，惠帝责备曹参说："那天是我让曹窋劝你的。"曹参立即脱下帽子谢罪，说："请陛下自己仔细考虑一下，在圣明英武上您和高帝谁强？"惠帝说："朕哪里敢比高帝！"曹参又问："陛下再看我的才能比萧何谁强？"惠帝说："你好像不如他。"曹参便说："陛下说得太对了。高帝与萧何平定天下，法令已经明确。如今陛下垂手治国，我们臣下恭谨守职，大家认真遵守不去违反旧时法令，不就够了吗！"惠帝说："对。"

吕后乱政

【原文】

汉高后元年（甲寅，前187年）

冬，太后议欲立诸吕为王，问右丞相陵，陵曰："高帝刑白马盟曰，'非刘氏而王，天下共击之。'今王吕氏，非约也。"太后不说，问左丞相平、太尉勃，对曰："高帝定天下，王子弟；今太后称制，王诸吕，无所不可。"太后喜。罢朝。王陵让陈平、绛侯曰："始与高帝喋血盟，诸君不在邪！今高帝崩，太后女主，欲王吕氏；诸君纵欲阿意背约，何面目见高帝于地下乎？"陈平、绛侯曰："于今，面折廷争，臣不如君；全社稷，定刘氏之后，君亦不如臣。"陵无以应之。十一月，甲子，太后以王陵为帝太傅，实夺之相权；陵遂病免归。

乃以左丞相平为右丞相；以辟阳侯审食其为左丞相，不治事，令监宫中，如郎中令。食其故得幸于太后，公卿皆因而决事。太后怨赵尧为赵隐王谋，乃抵尧罪。上党守任敖尝为沛狱吏，有德于太后；乃以为御史大夫。太后又追尊其父临泗侯吕公为宣王，兄周吕令武侯泽为悼武王，欲以王诸吕为渐。

【译文】

汉高后元年（甲寅，公元前187年）

冬季，高太后吕雉在朝议时，提出准备册封几位吕氏外戚为诸侯王，征询右丞相王陵的意见，王陵回答说："高帝曾与群臣杀白马饮血盟誓，'假若有不是刘姓的人称王，天下臣民共同消灭他。'现在分封吕氏为王，不符合白马之盟所约。"太后很不高兴，又问左丞相陈平、太尉周勃，二人回答说："高帝统一天下，分封刘氏子弟为王；现在太后临朝管理国家，分封几位吕氏为王，没有什么不可以的。"太后听了很高兴。朝议结束后，王陵责备陈平、周勃说："当初与高皇帝饮血盟誓时，你们二位不在场吗？现在高帝驾崩了，太后以女主当政，要封吕氏为王，你们即使是要逢迎太后意旨而背弃盟约，可又有何脸面去见高帝于地下呢？"陈平、周勃对王陵说："现在，在朝廷之上当面谏阻太后，我二人确实不如您；可将来安定国家，确保高祖子孙的刘氏天下，您却不如我二人。"王陵无言答对。十一月，甲子（疑误），太后明升王陵为皇帝的太傅，实际上剥夺了他右丞相的实权；王陵于是称病，被免职归家。

太后升左丞相陈平为右丞相；任命辟阳侯审食其为左丞相，但不执行左丞相的职权，只负责管理宫廷事务，同郎中令一样。但审食其早就得太后宠幸，公卿大臣都要通过审食其裁决政事。太后对赵尧曾设谋保全赵王刘如意之事一直耿耿于怀，便罗织罪名罢免了他。上党郡郡守任敖曾做过沛县狱吏，对太后有恩，太后就任用任敖为御史大夫。太后追尊其去世的父亲临泗侯吕公为宣王，追尊其兄周吕令武侯吕泽为悼武王，打算以此作为分封吕氏为王的开端。

南越谢罪

【原文】

太宗孝文皇帝前元元年（壬戌，前179年）

贾至南越。南越王恐，顿首谢罪；愿奉明诏，长为藩臣，奉贡职。于是下令国中曰："吾闻两雄不俱立，两贤不并世。汉皇帝，贤天子。自今以来，去帝制、黄屋、左纛。"因为书，称："蛮夷大长、老夫臣佗昧死再拜上书皇帝陛下曰，老夫，故越吏也，高皇帝幸赐臣佗玺，以为南越王。孝惠皇帝即位，义不忍绝，所以赐老夫者厚甚。高后用事，别异蛮夷，出令曰，'毋与蛮夷越金铁、田器、马、牛、羊；即予，予牡，毋予牝。'老夫处僻，马、牛、羊齿已长。自以祭祀不修，有死罪，使内史藩、中尉高、御史平凡三辈上书谢过，皆不反。又风闻老夫父母坟墓已坏削，兄弟宗族已诛论。吏相与议曰，'今内不得振于汉，外亡以自高异，'故更号为帝，自帝其国，非敢有害于天下。高皇后闻之，大怒，削去南越之籍，使使不通。老夫窃疑长沙王谗臣，故发兵以伐其边。老夫处越四十九年，于今抱孙焉。然夙兴夜寐，寝不安席，食不甘味，目不视靡曼之色，耳不听钟鼓之音者，以不得事汉也。今陛下幸哀怜，复故号，通使汉如故；老夫死，骨不腐。改号，不敢为帝矣！"

【译文】

汉文帝前元元年（壬戌，公元前179年）

陆贾到达南越。南越王赵佗见了文帝书信，十分惶恐，磕头谢罪；表示愿意遵奉皇帝明诏，永为藩国臣属，遵奉贡纳职责。赵佗随即下令于国中说："我听说，两雄不能同时共立，两贤不能一时并存。汉廷皇帝，是贤明天子。从今以后，我废去帝制、黄屋、左纛。"于是写了一封致汉文帝的回信，说："蛮夷大长、老夫臣赵佗冒死再拜上书皇帝陛下，老夫是供职于旧越地的官员，幸得高皇帝宠信，赐我玺印，封为南越王。孝惠皇帝即位后，根据道义，不忍心断绝与南越的关系，所以对老夫有十分丰厚的赏赐。高后当政，歧视和隔绝蛮夷之地，下令说，'不得给蛮夷南越金铁、农具、马、牛、羊；如果给它牲畜，也只能给雄性的，不给雌性的。'老夫地处偏僻，马、牛、羊也已经老了。自以为未能行祭祀之礼，犯下死罪，故派遣内史藩、中尉高、御史平等三批人上书朝廷谢罪，但他们都没有返回。又据风闻谣传，说老夫的父母坟墓已被平毁，兄弟宗族人等已被判罪处死。官员一同议论说，'现在对内不能得到汉朝尊重，对外没有显示自我与众不同的地方。'所以才改王号，称皇帝，只在南越国境内称帝，并无为害天下的胆量。高皇后得知，勃然大怒，削去南越国的封号，断绝使臣往来。老夫私下怀疑是长沙王阴谋陷害我，所以才发兵攻打长沙国边界。老夫在越地已生活了四十九年，现在已抱孙子了。但我夙兴夜寐，睡觉难安枕席，吃饭也品尝不出味道，目不视美女之色，耳不听钟鼓演奏的音律，就是因为不能侍奉汉廷天子。现在，有幸得到陛下哀怜，恢复我原来的封号，允许我像过去一样派人出使汉廷；老夫即是死去，尸骨也不朽灭。改号为王，不敢再称帝了！"

廷尉判刑

【原文】

太宗孝文皇帝前元三年（甲子，前177年）

从行至霸陵，上谓群臣曰："嗟乎！以北山石为椁，用絮斫陈漆其间，岂可动哉！"左右皆曰："善！"释之曰："使其中有可欲者，虽锢南山犹有隙；使其中无可欲者，虽无石椁，又何戚焉！"帝称善。

是岁，释之为廷尉。上行出中渭桥，有一人从桥下走，乘舆马惊，于是使骑捕之，属廷尉。释之奏当："此人犯跸，当罚金。"上怒曰："此人亲惊吾马，马赖和柔，令他马，固不败伤我乎！而廷尉乃当之罚金！"释之曰："法者，天下公共也。今法如是；更重之，是法不信于民也。且方其时，上使使诛之则已。今已下廷尉；廷尉，天下之平也，一倾，天下用法皆为之轻重，民安所错其手足！唯陛下察之！"上良久曰："廷尉当是也。"其后人有盗高庙坐前玉环，得；帝怒，下廷尉治。释之按"盗宗庙服御物者"为奏当弃市。上大怒曰："人无道，乃盗先帝器！吾属廷尉者，欲致之族；而君以法奏之，非吾所以共承宗庙意也。"释之免冠顿首谢曰："法如是，足也。且罪等，然以逆顺为差。今盗宗庙器而族之，有如万分一，假令愚民取长陵一土，陛下且何以加其法乎？"帝乃白太后许之。

【译文】

汉文帝前元三年（甲子，公元前177年）

张释之随文帝巡视霸陵，文帝对群臣说："啊！陵墓用北山岩石做外棺，把麻絮切碎填充其间，再用漆黏合，如此坚固，还能打得开吗！"近侍都说："对！"张释之却说："假若里面有能勾起人们贪欲的珍宝，即便熔化金属把南山封起来也不安全；假若里面没有珍宝，即便没有外棺，又有什么可忧虑的呢！"文帝赞他说得好。

这年，张释之任廷尉。文帝出行经过中渭桥，一人从桥下跑出，惊了御马，文帝命人逮捕此人，交廷尉治罪。张释之说："此人违犯了清道戒严的规定，应当罚金。"文帝发怒说："此人惊了御马，幸亏马脾性温和，假若是其他马，我肯定受伤了，可你却判他罚金！"张释之说："法是天下共同遵守的。这案件依据法律就该这样判；重判他，法律就不能取信于民。况且他惊动马时您派人杀死他也就算了。现在已把他交给廷尉，廷尉是法律的天平，稍有倾斜，天下用法就可轻可重，没有标准了，百姓就要无所适从了！请陛下深思。"文帝思虑半晌，说："廷尉就应该这样。"后来有人因偷高祖庙中的玉环被抓，文帝大怒，交给廷尉治罪。张释之按"偷盗宗庙服御器物"的律条，判案犯斩刑。文帝大怒："此人大逆不道，竟敢盗先帝器物！我将他交给廷尉，是想诛他全族；而你却仅判他死罪，这是违背我恭奉宗庙的本意的。"张释之脱帽磕头谢罪说："依法这样判就够了。况且同样的罪名还应该根据情节区别轻重。今天此人因偷盗宗庙器被灭族，那万一有愚昧无知之辈从高祖的长陵上取了一捧土，陛下将怎样从重惩罚呢？"于是文帝向太后说明情况，批准了张释之的判决。

缇萦救父

【原文】

前十三年（甲戌，前167年）

齐太仓令淳于意有罪，当刑，诏狱逮系长安。其少女缇萦上书曰："妾父为吏，齐中皆称其廉平；今坐法当刑。妾伤夫死者不可复生，刑者不可复属，虽后欲改过自新，其道无繇也。妾愿没入为官婢，以赎父刑罪，使得自新。"

天子怜悲其意，五月，诏曰："《诗》曰：'恺弟君子，民之父母。'今人有过，教未施而刑已加焉，或欲改行为善而道无繇至，朕甚怜之！夫刑至断支体，刻肌肤，终身不息，何其刑之痛而不德也！岂为民父母之意哉！其除肉刑，有以易之；及令罪人各以轻重，不亡逃，有年而免。具为令！"

丞相张苍、御史大夫冯敬奏请定律曰："诸当髡者为城旦、舂；当黥髡者钳为城旦、舂；当劓者笞三百；当斩左止者笞五百；当斩右止及杀人先自告及吏坐受赇、枉法、守县官财物而即盗之、已论而复有笞罪者皆弃市。罪人狱已决为城旦、舂者，各有岁数以免。"制曰："可。"

【译文】

汉文帝前十三年（甲戌，公元前167年）

齐国太仓令淳于意犯了罪，当处以肉刑，被逮捕拘押在长安诏狱。他的小女儿缇萦向皇帝上书说："我父亲做官，齐国人都称赞他廉洁公平；现在他犯了罪，按法律应判处肉刑。我感到悲痛伤心的是，死人不能复生，受刑者残肢不能再接，即使以后想改过自新，也没有办法了。我愿意没入官府做官婢，以抵赎我父亲该受的刑罚，使他得以改过自新。"

文帝很怜悯和同情缇萦的孝心，五月，下诏书说："《诗经》说'开明宽厚的君主，是爱护百姓的父母。'现在人们有了过错，还没有加以教育就处以刑罚，有的人想改变行为向善，也无路可走了，朕很怜惜！施用刑罚以致切断人的肢体，摧残人的皮肉，终生不能长好，这是多么残酷和不合道德！难道这符合为民父母的本意吗！应该废除肉刑，用别的惩罚去代替它；此外，应规定犯罪的人各依据罪名的轻重，只要不从服刑的地方潜逃，服刑到一定年数，就可以释放他。制定出有关的法令！"

丞相张苍、御史大夫冯敬奏请制定这样的法律条文："原来应判处髡刑的，改为罚作城旦和城旦舂；原来应判处黥髡刑的，改作钳为城旦、钳为城旦舂；原来应判处劓刑的，改为鞭打三百；原来应判处斩左脚的，改为鞭打五百；原来应判处斩右脚以及杀人之后先去官府自首的，官吏因受贿、枉法、监守自盗等罪名已被处置但后来又犯了应判处笞刑的，全都改为公开斩首。罪犯已被判处为城旦、城旦舂的，各自服刑到一定年数后赦免。"文帝下达批准文书："同意。"

持节云中

【原文】

汉文帝前十四年（乙亥，前166年）

冬，匈奴老上单于十四万骑入朝那、萧关，杀北地都尉，虏人民畜产甚多；遂至彭阳，使奇兵入烧回中宫，候骑至雍甘泉。帝以中尉周舍、郎中令张武为将军，发车千乘、骑卒十万军长安旁，以备胡寇；而拜昌侯卢卿为上郡将军，宁侯魏遫为北地将军，隆虑侯周灶为陇西将军，屯三郡。上亲劳军，勒兵，申教令，赐吏卒，自欲征匈奴。群臣谏，不听；皇太后固要，上乃止。于是以东阳侯张相如为大将军，成侯董赤、内史栾布为将军，击匈奴。单于留塞内月余，乃去。汉逐出塞即还，未有所杀。

上辇过郎署，问郎署长冯唐曰："父家何在？"对曰："臣大父赵人，父徙代。"上曰："吾居代时，吾尚食监高袪数为我言赵将李齐之贤，战于钜鹿下。今吾每饭意未尝不在钜鹿也。父知之乎？"唐对曰："尚不如廉颇、李牧之为将也。"上搏髀曰："嗟乎，吾独不得廉颇、李牧为将！吾岂忧匈奴哉！"唐曰："陛下虽得廉颇、李牧，弗能用也。"

上怒，起，入禁中，良久，召唐，让曰："公奈何众辱我，独无间处乎！"唐谢曰："鄙人不知忌讳。"上方以胡寇为意，乃卒复问唐曰："公何以知吾不能用廉颇、李牧也？"唐对曰："臣闻上古王者之遣将也，跪而推毂，曰，'阃以内者，寡人制之；阃以外者，将军制之。'军功爵赏皆决于外，归而奏之，此非虚言也。臣大父言，李牧为赵将，居边，军市之租，皆自用飨士；赏赐决于外，不从中覆也。委任而责成功，故李牧乃得尽其智能；选车千三百乘，彀骑万三千，百金之士十万，是以北逐单于，破东胡，灭澹林，西抑强秦，南支韩、魏；当是之时，赵几霸。其后会赵王迁立，用郭开谗，卒诛李牧，令颜聚代之；是以兵破士北，为秦所禽灭。今臣窃闻魏尚为云中守，其军市租尽以飨士卒，私养钱五日一椎牛，自飨宾客、军吏、舍人，是以匈奴远避，不近云中之塞。虏曾一入，尚率车骑击之，所杀甚众。夫士卒尽家人子，起田中从军，安知尺籍、伍符！终日力战，斩首捕虏，上功幕府，一言不相应，文吏以法绳之，其赏不行；而吏奉法必用。臣愚以为陛下赏太轻，罚太重。且云中守魏尚坐上功首虏差六级，陛下下之吏，削其爵，罚作之。由此言之，陛下虽得廉颇、李牧，弗能用也！"上说。是日，令唐持节赦魏尚，复以为云中守，而拜唐为车骑都尉。

【译文】

汉文帝前十四年（乙亥，公元前166年）

冬季，匈奴老上单于用十四万骑兵攻入朝那县和萧关，杀了北地郡都尉孙卬，掳掠了许多百姓和牲畜财产；匈奴骑兵直抵彭阳县境，并派奇兵深入腹地烧了回中宫，侦察骑兵一直到了雍地的甘泉宫。文帝任命中尉周舍、郎中令张武为将军，征发一千辆战车、十万骑兵驻扎在长安附近，以防御匈奴进攻；文帝又任命昌侯卢卿为上郡将军，宁侯魏遬为北地将军，隆虑侯周灶为陇西将军，分别率军屯守上郡、北地郡和陇西郡。文帝亲自慰劳、操演军队，颁布军事训令，奖赏将士，准备亲自统兵征伐匈奴。群臣劝阻，文帝不从；皇太后坚决阻止，文帝才打消这个念头。于是文帝任命东阳侯张相如为大将军，成侯董赤、内史栾布为将军，迎击匈奴。匈奴单于在汉塞之内活动了一个多月才撤退。汉军追出边塞就撤兵回境，未能对匈奴有所杀伤。

文帝乘辇车经过中郎的官府，问郎署长冯唐说："您老人家原籍是何处？"冯唐回答说："我的祖父是赵国人，父亲迁居代国。"文帝说："我在代国时，我的尚食监高袪多次对我称赞当年赵国将军李齐的贤能，讲述他与秦兵大战于钜鹿城下的事情。现在，我每次吃饭，心思没有不在巨鹿的时候。老人家您知道吗？"冯唐回答说："李齐还不如廉颇、李牧为将带兵的本领大。"文帝拍着大腿说："唉！我偏偏得不到廉颇、李牧那样的人做将军！有了这样的将军，我难道还担忧匈奴的入侵吗！"冯唐说："陛下即使得到了廉颇、李牧，也不能任用他们。"

文帝大怒，起身返回宫中，过了许久，召见冯唐，责备说："您为什么要当众侮辱我，难道没有适当的机会吗！"冯唐谢罪说："我是个乡鄙之人，不懂得忌讳。"文帝正在担忧匈奴的入侵问题，于是又问冯唐："您怎么知道我不能任用廉颇和李牧呢？"冯唐回答："我听说上古明君派遣将军出征时，跪着推将军的车辆前行，而且说，'朝中之事，由我来决定；朝堂外的事，请将军裁决。'一切军功、封爵、奖赏的事都由将军在外面决定，回朝后再奏报君主。这并非虚传。我的祖父说，李牧为赵国将军，驻守边境时，把从军中交易市场上收得的税收，都自行用于犒劳将士；赏赐都由将军在外决定，不必向朝廷请示。对他委以重任，要求他成功，所以李牧才能充分发挥聪明才干；他率领精选出来的一千三百辆战车、一万三千名善于骑射的骑兵，十万名训练有素的将士，所以能够在北方驱逐匈奴，击败东胡，消灭澹林，在西方抑制强大的秦国，在南方抵御韩国和魏国；那个时候，赵国几乎称霸。后来，赵王赵迁继位，他听信郭开的谗言，终于诛杀李牧，命令颜聚代替李牧统兵；正因为如此，赵国军队溃败，将士逃散，被秦军消灭。现在我私下听说魏尚担任云中郡郡守时，把军中交易市场所得的税收全都用来犒劳士卒，还用自己的俸禄，每五天宰杀一头牛，宴请宾客、军吏和幕僚属官，因此，匈奴远避，不敢接近云中。有一次，匈奴入侵，魏尚率领车骑部队出击，杀了很多匈奴人。士兵都是平民子弟，从田间出来参军从征，怎能知道'尺籍''伍符'之类的军令军规！整日拼死战斗，斩敌首级，捕获俘虏，在向幕府呈报战果军功时，只要一个字有出入，那些舞文弄墨的官员，就引用军法来惩治他们，他们应得到的赏赐就被取消了；而那些官吏所奉行的法令却必须执行。我认为陛下的赏赐太轻，惩罚却太重。而且云中郡守魏尚因为上报斩杀敌军首级的数量差了六个，陛下就把他交给官吏治罪，削去他的爵位，判罚他做一年的刑徒。由此说来，陛下即使得到廉颇、李牧，也不能任用啊！"文帝高兴地接受了冯唐的批评，当天就令他持皇帝信节去赦免魏尚，重新任命魏尚做云中郡守，并任命冯唐为车骑都尉。

细柳屯兵

【原文】

汉文帝后六年（癸未，前158年）

冬，匈奴三万骑入上郡，三万骑入云中，所杀略甚众，烽火通于甘泉、长安。以中大夫令免为车骑将军，屯飞狐；故楚相苏意为将军，屯句注；将军张武屯北地；河内太守周亚夫为将军，次细柳；宗正刘礼为将军，次霸上；祝兹侯徐厉为将军，次棘门；以备胡。上自劳军，至霸上及棘门军，直驰入，将以下骑送迎。已而之细柳军，军士吏被甲，锐兵刃，彀弓弩持满，天子先驱至，不得入。先驱曰："天子且至！"军门都尉曰："将军令曰，'军中闻将军令，不闻天子之诏！'"居无何，上至，又不得入。于是上乃使使持节诏将军："吾欲入营劳军。"亚夫乃传言："开壁门"。壁门士请车骑曰："将军约，军中不得驱驰。"于是天子乃按辔徐行。至营，将军亚夫持兵揖曰："介胄之士不拜，请以军礼见。"天子为动，改容，式车，使人称谢："皇帝敬劳将军。"成礼而去。既出军门，群臣皆惊。上曰："嗟乎，此真将军矣！曩者霸上、棘门军若儿戏耳，其将固可袭而虏也。至于亚夫，可得而犯耶！"称善者久之。月余，汉兵至边，匈奴亦远塞，汉兵亦罢。乃拜周亚夫为中尉。

【译文】

汉文帝后六年（癸未，公元前158年）

冬季，匈奴三万骑兵入侵上郡，三万骑兵入侵云中郡，杀害和掳掠了很多军民，报警的烽火一直传到甘泉宫和长安城。朝廷任命中大夫令免为车骑将军，驻守飞狐；任命原楚相苏意为将军，驻扎在句注；任命将军张武屯守北地郡；任命河内郡守周亚夫为将军，驻扎在细柳；任命宗正刘礼为将军，驻扎在霸上；任命祝兹侯徐厉为将军，驻扎在棘门，以防备匈奴。文帝亲自犒劳军队，到达霸上和棘门的军营时，一行人直接驰马入营垒，将军和部属们都骑马迎送。接着文帝到达细柳军营，只见将士们身披铠甲，手执锋利的武器，张满弓弩，文帝的先导队伍到达，不能入营。先导说："天子马上就到！"军门都尉说："将军有令，'军中只听将军号令，不听天子诏令。'"不久，文帝到了，也不能入军营。于是文帝派使者持节诏告将军："朕想入军营劳军。"周亚夫才传达军令："开门。"守卫军营大门的军官向皇帝的随从说："将军有令，军营内不许策马奔跑。"文帝一行人便拉着马缰缓慢前进。到军营中，周亚夫手执兵器拱手作揖道："身穿盔甲的武士不能下拜，请允许我以军礼参见陛下。"文帝被打动了，庄重肃穆地手扶车前的横木，向军营将士致意，并派人向周亚夫表示歉意，说："皇帝恭敬地慰劳将军。"完成仪式后离去。走出营门，群臣都表示惊讶。文帝说："唉！周亚夫才是真正的将军！前面所经过的霸上和棘门的军队，如同儿戏，那些将军很容易受到袭击而被人俘虏。至于周亚夫，谁能冒犯他呢！"称赞了很久。一个多月后，汉军到达边境，匈奴远离边界，汉军也就撤军了。文帝任命周亚夫为中尉。

文帝之治

【原文】

汉文帝后七年（甲申，前157年）

夏，六月，己亥，帝崩于未央宫。乙巳，葬霸陵。

帝即位二十三年，宫室、苑囿、车骑、服御，无所增益；有不便，辄驰以利民。尝欲作露台，召匠计之，直百金。上曰："百金，中人十家之产也。吾奉先帝宫室，常恐羞之，何以台为！"身衣弋绨；所幸慎夫人，衣不曳地；帷帐无文绣；以示敦朴，为天下先。治霸陵，皆瓦器，不得以金、银、铜、锡为饰；因其山，不起坟。吴王诈病不朝，赐以几杖。群臣袁盎等谏说虽切，常假借纳用焉。张武等受赂金钱，觉，更加赏赐以愧其心；专务以德化民。是以海内安宁，家给人足，后世鲜能及之。

丁未，太子即皇帝位，尊皇太后薄氏曰太皇太后，皇后曰皇太后。

【译文】

汉文帝后七年（甲申，公元前157年）

夏季，六月，己亥（初一），文帝在未央宫去世。乙巳（初七），文帝被安葬在霸陵。

文帝即位以来，历时二十三年，宫室、园林、车骑仪仗、服饰器具等，都没有增加；有对百姓不便的禁令条例，就予以废止以利于民众。文帝曾想修建一个露台，招来工匠计算，需花费一百斤黄金。文帝说："一百斤黄金，相当于中等民户十家财产的总和。我居住着先帝的宫室，经常惧怕使它蒙羞，还修建露台干什么呢！"文帝自己身穿黑色的粗丝衣服，他宠爱的慎夫人所穿的衣服也不拖到地面；所用的帷帐都不刺绣花纹；以显示朴素，为天下人做出表率。修建霸陵，都使用陶制器物，不准用金、银、铜、锡装饰，利用山陵形势，不另外兴建高大的坟堆。吴王刘濞伪称有病，不来朝见，文帝反而赐给他几案和手杖。群臣之中，袁盎等人的进谏言辞激烈而尖锐，文帝常常予以宽容并采纳他们的批评意见。张武等人接受金钱贿赂，事情被觉察后，文帝反而赏赐他们钱财，使他们心中愧疚；他全力以德政去教化百姓。所以，国家安宁，百姓富裕，后世很少有能做到这一点的。

丁未（初九），太子刘启即位称帝，尊奉皇太后薄氏为太皇太后，尊奉皇后为皇太后。

汉文帝在位期间，继续执行与民休息和轻徭薄赋的政策，使得他在位的23年成为汉朝从国家初定走向繁荣昌盛的过渡时期。

七国之乱

【原文】

汉景帝前三年（丁亥，前154年）

初，孝文时，吴太子入见，得侍皇太子饮、博。吴太子博争道，不恭；皇太子引博局提吴太子，杀之。遣其丧归葬，至吴，吴王愠曰："天下同宗，死长安即葬长安，何必来葬为！"复遣丧之长安葬。吴王由此稍失籓臣之礼，称疾不朝。京师知其以子故，系治、验问吴使者；吴王恐，始有反谋。后使人为秋请，文帝复问之，使者对曰："王实不病；汉系治使者数辈，吴王恐，以故遂称病。夫'察见渊中鱼，不祥'，唯上弃前过，与之更始。"于是文帝乃赦吴使者，归之，而赐吴王几杖，老，不朝。吴得释其罪，谋亦益解。然其居国，以铜、盐故，百姓无赋；卒践更，辄予平贾；岁时存问茂材，赏赐闾里；他郡国吏欲来捕亡人者，公共禁弗予。如此者四十余年。

【译文】

汉景帝前三年（丁亥，公元前154年）

当初，孝文帝在位时，吴国太子进京朝见文帝，从而得以陪伴皇太子饮酒、博弈。吴太子在博弈过程中与太子争棋路，态度不恭；皇太子就拿起棋盘猛击吴太子，把他打死了。朝廷把他的灵柩送回去安葬，灵柩到达吴国，吴王刘濞恼怒地说："天下都是刘氏一家的天下，死在长安就葬在长安，何必送回来安葬呢！"又把太子的灵柩送回长安安葬。吴王从此渐渐失去藩臣的礼节，声称身体有病，不来朝见皇帝。京城知道吴王是为了儿子的缘故，就拘留和审问吴国的使者；吴王恐惧，开始产生了谋反的念头。后来，吴王派人代替他去长安行秋季朝见之礼，文帝再一次追问吴王不来朝见的原因，使臣回答说："吴王其实没有生病；朝廷拘留了几批吴国使者，又治他们的罪，吴王心中恐惧，所以才声称有病。俗话说'察见深潭中的鱼，不吉利'，希望皇上不再追究他以前的过失，让他改过自新。"这样，文帝就释放了吴国使者，让他们回去，并且赏赐给吴王几案和拐杖，表示照顾他年事已高，不必前来朝见。吴王见朝廷不再追究他的罪名，谋反之心也就渐渐消除了。但是，因为他国内有冶铜、熬盐的财源，便不向百姓征收赋税；百姓应该为官府服役时，总是由吴王发给代役金，另外雇人应役；每到年节时，慰问有贤才的士人，赏赐平民百姓；其他郡国的官吏要来吴国捕捉流亡的人，吴国公然阻止，不把罪犯交出去。这样前后持续了四十多年。

【原文】

晁错数上书言吴过，可削；文帝宽，不忍罚，以此吴日益横。及帝即位，错说上曰："昔高帝初定天下，昆弟少，诸子弱，大封同姓，齐七十余城，楚四十余城，吴五十余城；封三庶孽，分天下半。今吴王前有太子之郤，诈称病不朝，于古法当诛。文帝弗忍，因赐几杖，德至厚，当改过自新；反益骄溢，即山铸钱，煮海水为盐，诱天下亡人谋作乱。今削之亦反，不削亦反。削之，其反亟，祸小；不削，反迟，祸大。"上令公卿、列侯、宗室杂议，莫敢难；独窦婴争之，由此与错有郤。及楚王戊来朝，错因言："戊往年为薄太后服，私奸服舍，请诛之。"诏赦，削东海郡。及前年，赵王有罪，削其常山郡；胶西王卬以卖爵事有奸，削其六县。

【译文】

晁错多次上书奏说吴王的罪过，认为可以削减其封地；汉文帝宽厚，不忍心惩罚，所以吴王日益骄横。等到汉景帝即位，晁错劝说景帝说："当初，高帝刚刚平定天下，兄弟少，儿子们年幼，大封同姓宗族，封给齐七十多座城，给楚四十多座城，给吴国五十多座城；封给这三个并非嫡亲的诸侯王的领地，就占了全国的一半。现在吴王以前因有吴太子之死的嫌隙，假称有病不来朝见，按照古法应当处死。文帝不忍心，反而赐给他几案和手杖，对他的恩德极为深厚，他本应该改过自新，但他反而更加骄横无法，利用矿山采铜铸钱，熬海水制盐，招诱天下流亡人口，图谋叛乱。如今，削减他的封地，他会叛乱；不削减他的封地，他也会叛乱。削减他的封地，他反得快，祸害会小一些；如果不削减他的封地，他反得慢，将来有备而发，祸害更大。"景帝下令公卿、列侯、宗室共同讨论晁错的建议，没有人敢与晁错辩驳；只有窦婴一人坚决反对，从此与晁错之间产生了矛盾。等到楚王刘戊来京朝见，晁错借机说："刘戊去年为薄太后服丧期间，在服丧的居室里私下奸淫，请求处死他。"景帝下诏，免去刘戊的死罪，但把原楚国封地东海郡收归朝廷。另外，在前一年，赵王有罪，朝廷削夺了他的常山郡；胶西王刘卬因在卖爵事上有不法行为，朝廷削夺了他封地中的六县之地。

【原文】

廷臣方议削吴。吴王恐削地无已，因发谋举事。念诸侯无足与计者，闻胶西王勇，好兵，诸侯皆畏惮之，于是使中大夫应高口说胶西王曰："今者主上任用邪臣，听信谗贼，侵削诸侯，诛罚良重，日以益甚。语有之曰'舐糠及米。'吴与胶西，知名诸侯也，一时见察，不得安肆矣。吴王身有内疾，不能朝请二十余年，常患见疑，无以自白，胁肩累足，犹惧不见释。窃闻大王以爵事有过。所闻诸侯削地，罪不至此。此恐不止削地而已。"王曰："有之。子将奈何？"高曰："吴王自以与大王同忧，愿因时循理，弃躯以除患于天下，意亦可乎？"胶西王瞿然骇曰："寡人何敢如是！王上虽急，固有死耳，安得不事！"高曰："御史大夫晁错，荧惑天子，侵夺诸侯，朝廷疾怨，诸侯皆有背叛之意，人事极矣。彗星出，蝗虫起，此万世一时；而愁劳，圣人所以起也。吴王内以晁错为诛，外从大王后车，方洋天下，所向者降，所指者下，莫敢不服。大王诚幸而许之一言，则吴王率楚王略函谷关，守荥阳、敖仓之粟，距汉兵，治次舍，须大王。大王幸而临之，则天下可并，两主分割，不亦可乎！"王曰："善！"归，报吴王，吴王犹恐其不果，乃身自为使者，至胶西面约之。胶西群臣或闻王谋，谏曰："诸侯地不能当汉十二，为叛逆以忧太后，非计也。今承一帝，尚云不易；假令事成，两主分争，患乃益生。"王不听，遂发使约齐、菑川、胶东、济南，皆许诺。

【译文】

　　朝廷大臣们正在议论削夺吴王的封地。吴王刘濞恐怕削夺没有止境，就打算举兵叛乱。想到其他诸侯王没有足以共商大事的，听说胶西王刘卬勇武，喜欢打仗，诸侯都畏惧他，于是吴王派中大夫应高去游说胶西王刘卬，说："现在，主上重用奸邪之臣，听信谗言恶语，侵夺削弱诸侯国，对诸侯王的惩罚极为严厉，而且一天比一天厉害。俗语说'开头吃糠，后来就会发展到吃米。'吴国和胶西国，都是著名的诸侯王国，同受朝廷注意，不会再有安宁了。吴王身体患有暗疾，已有二十多年不能朝见皇上，时常担心受到朝廷的怀疑，无法自己表白，缩紧肩膀、脚压着脚地自我约束，仍怕得不到朝廷的宽容。我私下听说大王因出卖爵位的过失而受朝廷处置。我所听到的其他诸侯被削夺封地的事情，若按所犯罪名来处理，都不应该受到如此严重的惩罚。恐怕朝廷的用意，不仅仅是要削夺诸侯王的封地吧！"胶西王刘卬说："我确实有被削夺的事。你认为该怎么办？"应高说："吴王自认为与大王面临着共同的忧患，希望顺应时势，遵循情理，牺牲生命去为天下消除祸患，我想您也同意吧？"胶西王大吃一惊，说："我怎么敢做这样的事！天子对待诸侯虽然很严厉苛刻，我只有一死了事，怎能起意反叛呢！"应高说："御史大夫晁错在天子身边蒙骗蛊惑，让皇上侵夺诸侯封地，诸侯王都有背叛之心，从人事来看，形势已发展到极点了。彗星出现，蝗灾发生，这是千载难逢的好时机；而且愁恼困苦的局势，正是圣人挺身而出之时。吴王准备对朝廷提出除掉晁错的要求，在战场上则跟随于大王之后，纵横天下，所向无敌，锋芒所指之处，没有人胆敢不服。大王若真能许诺一句话，吴王就率领楚王直捣函谷关，据守荥阳、敖仓的粮库，抵御汉军，整治驻扎之地，恭候大王到来。有幸得到大王光临，就可以吞并天下，吴王和大王平分江山，不也很好吗！"胶西王说："好！"应高返归吴国，向吴王汇报，吴王还怕胶西王不实行诺言，就亲自到胶西国与刘卬当面约定。胶西国群臣中，有人得知胶西王的图谋，谏阻说："诸侯王的封地还不到汉朝廷的十分之二，发动叛乱而使太后担忧，这不是高明的计策。现在侍奉一个天子，都说不容易；假设吴王与胶西的计划能够成功，两位君主并立相争，祸患就更多了。"胶西王不听，于是派使者与齐王、菑川王、胶东王、济南王约定共同举事，这些诸侯王都答应了。

【原文】

　　初，楚元王好书，与鲁申公、穆生、白生俱受《诗》于浮丘伯。及王楚，以三人为中大夫。穆生不耆酒；元王每置酒，常为穆生设醴。及子夷王、孙王戊即位，常设，后乃忘设焉。穆生退，曰："可以逝矣！醴酒不设，王之意怠；不去，楚人将钳我于市。"遂称疾卧。申公、白生强起之，曰："独不念先王之德与？今王一旦失小礼，何足至此！"穆生曰："《易》称，'知几其神乎？几者，动之微，吉凶之先见者也。君子见几而作，不俟终日。'先王之所以礼吾三人者，为道存也。今而忽之，是忘道也。忘道之人，胡可与久处，岂为区区之礼哉！"遂谢病去。申公、白生独留。王戊稍淫暴，太傅韦孟作诗讽谏，不听，亦去，居于邹。戊因坐削地事，遂与吴通谋。申公、白生谏戊，戊胥靡之，衣之赭衣，使雅舂于市。休侯富使人谏王。王曰："季父不吾与，我起，先取季父矣！"休侯惧，乃与母太夫人奔京师。

【译文】
当初，楚元王刘交喜爱书籍，和鲁地人申公、穆生、白生都拜浮丘伯为师，学习《诗经》。等到他当了楚王，就任命他们三人为中大夫。穆生不喜欢喝烈酒，楚元王每次设宴饮酒时，都特意为穆生准备甜酒。等到楚元王的儿子夷王以及孙子刘戊为王时，也总在举行宴会时为穆生特备甜酒，但以后就忘记这样做了。穆生退席而出，说："应该离去了！不特设甜酒，说明楚王对我已怠慢了；再不离去，楚王将会给我戴上刑具在街市上示众。"于是，穆生声称有病，卧床不起。申公、白生极力劝他继续为楚王效力，说："你就不念先王的恩德吗？现在楚王一时稍有礼貌不周，怎么就至于这样！"穆生说："《易经》上说，'知道契机的神妙吗？契机，是运动的微妙变化，是显示吉凶的先兆。君子看到契机而采取行动，并不整天等待。'先王礼待我们三人的原因，是他心中有道义在。现在楚王怠慢我们，是忘记了道义。怎么能和忘记了道义的人长期共处，难道我这样只是因为那区区的礼节吗！"于是，穆生声称有病，离开了楚国。申公和白生却继续留任楚国。楚王刘戊逐渐荒淫残暴，太傅韦孟作了一首诗，用来进行委婉的批评，楚王不加理睬，韦孟也离开楚国，去邹地居住。刘戊因犯罪被朝廷削夺封地，就与吴王刘濞通谋，准备叛乱。申公、白生去劝谏刘戊，刘戊将他们二人罚为罪徒，让他们被绳拴着，穿着刑徒的红褐色囚衣，在街市上舂米。休侯刘富派人来劝阻楚王，楚王说："叔父不与我合作，我一旦起事，就先攻打叔父了！"休侯刘富害怕，就与他的母亲太夫人逃奔长安。

【原文】
及削吴会稽、豫章郡书至，吴王遂先起兵，诛汉吏二千石以下；胶西、胶东、菑川、济南、楚、赵亦皆反。楚相张尚、太傅赵夷吾谏王戊，戊杀尚、夷吾。赵相建德、内史王悍谏王遂，遂烧杀建德、悍。齐王后悔，背约城守。济北王城坏未完，其郎中令劫守，王不得发兵。胶西王、胶东王为渠率，与菑川、济南共攻齐，围临淄。赵王遂发兵住其西界，欲待吴、楚俱进，北使匈奴与连兵。

吴王悉其士卒，下令国中曰："寡人年六十二，身自将；少子年十四，亦为士卒先。诸年上与寡人同，下与少子等，皆发。"凡二十余万人。南使闽、东越，闽、东越亦发兵从。吴王起兵于广陵，西涉淮，因并楚兵，发使遗诸侯书，罪状晁错，欲合兵诛之。吴、楚共攻梁，破棘壁，杀数万人；乘胜而前，锐甚。梁孝王遣将军击之，又败梁两军，士卒皆还走。梁王城守睢阳。

【译文】
等到朝廷削夺吴国会稽郡、豫章郡的文书到达，吴王刘濞就首先起兵，杀死朝廷任命的二千石以下的官员；胶西王、胶东王、菑川王、济南王、楚王、赵王也都相继举兵叛乱。楚相张尚、太傅赵夷吾谏阻楚王刘戊，刘戊杀死了张尚和赵夷吾。

赵相建德、内史王悍谏止赵王刘遂，刘遂将他们两人烧死。齐王后悔通谋叛乱，违背与吴楚的盟约，坚守城池进行抵御。济北王的城墙坏了没有修好，他的郎中令劫持了他，使他无法举兵参加叛乱。胶西王和胶东王为统帅，联合菑川王、济南王共同攻打齐国，围攻齐国都城临淄。赵王刘遂把军队调往赵国西部边境，准备与吴、楚等国军队联合进攻，又向北方的匈奴派出使者，联络匈奴一起举兵。

吴王征发了所有士卒，下令全国说："我今年六十二岁了，亲自担任统帅；我的小儿子十四岁，也身先士卒。所有年龄上与我一样，下与我的小儿子一样的人，都征发从军。"吴国共征发了二十多万人。吴王向南方派出使者去联络闽、东越，闽和东越也发兵响应。吴王在广陵起兵，向西渡过淮河，随即与楚国的军队合并，派使者致书各诸侯王，指控晁错罪状，准备联合进兵诛杀晁错。吴、楚两国军队一起攻打梁国，攻破了棘壁，杀死数万人；吴、楚联军乘胜前进，兵锋锐不可当。梁孝王派将军迎击，又有两支军队被吴楚联军打败，梁军士兵都向后逃跑。梁王固守都城睢阳。

【原文】

初，文帝且崩，戒太子曰："即有缓急，周亚夫真可任将兵。"及七国反书闻，上乃拜中尉周亚夫为太尉，将三十六将军往击吴、楚；遣曲周侯郦寄击赵，将军栾布击齐；复召窦婴，拜为大将军，使屯荥阳监齐、赵兵。

初，晁错所更令三十章，诸侯讙哗。错父闻之，从颍川来，谓错曰："上初即位，公为政用事，侵削诸侯，疏人骨肉，口语多怨，公何为也？"错曰："固也。不如此，天子不尊，宗庙不安。"父曰："刘氏安矣而晁氏危，吾去公归矣！"遂饮药死，曰："吾不忍见祸逮身！"后十余日，吴、楚七国俱反，以诛错为名。

【译文】

当初，汉文帝临终前，告诫太子说："假若国家有危难，周亚夫足以胜任军队统帅的重担。"等到七国叛乱的文书到达朝廷，景帝就任命中尉周亚夫为太尉，统帅三十六位将军及其部队，前去迎击吴、楚叛军；派遣曲周侯郦寄攻打赵国，派将军栾布攻打齐境叛军；景帝又召回窦婴，任命他为大将军，让他率军驻守荥阳，监督用兵于齐国和赵国境内的汉军。

当初，晁错所修改的法令有三十章，诸侯王纷纷议论表示反对。晁错的父亲得到消息，从颍川赶来京师，对晁错说："皇上刚刚即位，你当权处理政事，侵夺削弱诸侯，疏离人家的骨肉，舆论都很恨你，你为什么这样做呢？"晁错说："本当这样做。如果不这样做，天子不尊贵，宗庙不安宁。"他的父亲说："这样做，刘氏的天下安宁了，但晁氏却危险了，我离开你回去了！"他父亲就服毒自杀，临死前说："我不忍心见到大祸落到我身上！"此后过了十多天，吴、楚等七国就以诛除晁错为名一同举兵叛乱。

【原文】

上与错议出军事，错欲令上自将兵而身居守；又言："徐、僮之旁吴所未下者，可以予吴。"错素与吴相袁盎不善，错所居坐，盎辄避；盎所居坐，错亦避；两人未尝同堂语。及错为御史大夫，使吏按盎受吴王财物，抵罪；诏赦以为庶人。吴、楚反，错谓丞、史曰："袁盎多受吴王金钱，专为蔽匿，言不反；今果反，欲请治盎，宜知其计谋。"丞、史曰："事未发，治之有绝；今兵西向，治之何益！且盎不宜有谋。"错犹与未决。人有告盎，盎恐，夜见窦婴，为言吴所以反，愿至前，口对状。婴入言，上乃召盎。盎入见，上方与错调兵食。上问盎："今吴、楚反，于公意何如？"对曰："不足忧也！"上曰："吴王即山铸钱，煮海为盐，诱天豪杰，白头举事，此其计不百全，岂发乎？何以言其无能为也？"对曰："吴铜盐之利则有之，安得豪杰而诱之！诚令吴得豪杰，亦且辅而为谊，不反矣。吴所诱皆亡赖子弟、亡命、铸钱奸人，故相诱以乱。"错曰："盎策之善。"上曰："计安出？"盎对曰："愿屏左右。"上屏人，独错在。盎曰："臣所言，人臣不得知。"乃屏错。错趋避东厢，甚恨。上卒问盎，对曰："吴、楚相遗书，言高皇帝王子弟各有分地，今贼臣晁错擅适诸侯，削夺之地，以故反，欲西共诛错，复故地而罢。方今计独有斩错，发使赦吴、楚七国，复其故地，则兵可毋血刃而俱罢。"于是上默然良久，曰："顾诚何如？吾不爱一人以谢天下。"盎曰："愚计出此，唯上孰计之！"乃拜盎为太常，密装治行。后十余日，上令丞相青、中尉嘉、廷尉欧劾奏错："不称主上德信，欲疏群臣、百姓，又欲以城邑予吴，无臣子礼，大逆无道。错当要斩，父母、妻子、同产无少长皆弃市。"制曰："可。"错殊不知。壬子，上使中尉召错，绐载行市，错衣朝衣斩东市。

【译文】

景帝与晁错商谈出军平叛的事情，晁错想让景帝统兵亲征而他自己留守长安；晁错又建议："徐县、僮县附近一带，吴国没有攻占的地方，可以送给吴国。"晁错一直与吴相袁盎不友善，有晁错在某处就座，袁盎总是避开；袁盎出现在何处，晁错也总是避开；两人未曾在同一个室内说过话。等到晁错升任御史大夫，派官员审查袁盎接受吴王财物贿赂的事，处以相当的刑罚，确定袁盎有罪；景帝下诏赦免袁盎，把他降为平民。吴、楚叛乱发生后，晁错对御史丞、侍御史说："袁盎接受了吴王的许多金钱，专门为吴王掩饰，说他不会叛乱；现在，吴王果然反叛了，我想奏请皇上严惩袁盎，他肯定知道吴王的密谋。"御史丞、侍御史说："如果在吴国叛乱前治袁盎的罪，可能会中止叛乱密谋；现在叛军大举向西进攻，审查袁盎能有什么作用！况且，袁盎不会参与密谋。"晁错犹豫不决。有人把晁错的打算告知袁盎，袁盎很害怕，连夜去见窦婴，对他说明吴王叛乱的原因，希望能面见景帝，亲口说明原委。窦婴入宫奏报景帝，景帝就召见袁盎。袁盎入宫觐见，景帝正与晁错在调度军粮。景帝问袁盎："现在吴、楚叛乱，你觉得形势会怎样？"袁盎回答说："不值得担忧！"景帝说："吴王利用矿山就地铸钱，熬海水为盐，招诱天下豪杰，到年老发白时举兵叛乱，如果他没有计出万全的把握，难道会起事吗？为什么说他不能有所作为呢？"袁盎回答说："吴王确实有采铜铸币、熬海水为盐的财利，但哪有什么豪杰被他招诱去了呢！假若吴王真的招到了豪杰，豪杰也会辅佐他按仁义行事，也就不会叛乱了。吴王所招诱的,都是些无赖子弟、没有户籍的流民、私铸钱币的坏蛋,所以才能相互勾结而叛乱。"晁错说:"袁盎分析得很好。"景帝问:"应采取什么妙计?"袁盎说:"请陛下让左右回避。"景帝让人退出,只有晁错还在场。袁盎说:"我要说的话,任何臣子都不能听到。"景帝就让晁错回避。晁错迈着小碎步,退避到东边的厢房中,对袁盎极为恼恨。景帝最后问袁盎有什么话要说,袁盎回答说:"吴王和楚王互相通信,说高皇帝分封子弟为王,各自有封地,现在贼臣晁错擅自贬谪诸侯,削夺他们的封地,因此他们才造反,准备向西进军,共同诛杀晁错,恢复原有的封地才罢休。现在的对策,只有斩掉晁错,派出使臣宣布赦免吴、楚七国,恢复他们原有的封地,那么,七国的军队可以不经过战争就都会撤走。"于是,景帝沉默了很长时间,说:"不这样做,还有什么别的办法?我不会为了爱惜他一个人而向天下谢罪的。"袁盎说:"我的计策就是这样,请皇上认真考虑!"景帝就任命袁盎为太常,秘密收拾行装,做出使吴王的准备。过了十多天,景帝授意丞相陶青、中尉嘉、廷尉张欧上疏弹劾晁错:"辜负皇上的恩德和信任,要使皇上与群臣、百姓疏远,又想把城邑送给吴国,毫无臣子的礼节,犯下了大逆不道之罪。晁错应判处腰斩,他的父母、妻子、兄弟不论老少全部公开处死。"景帝批复说:"同意所拟判决。"晁错对此却一无所知。壬子(二十九日),景帝派中尉召见晁错,欺骗他坐着车子巡察市中,于是,晁错穿着上朝的官服在东市被斩首。

【原文】

太尉亚夫言于上曰:"楚兵剽轻,难与争锋,愿以梁委之,绝其食道,乃可制也。"上许之。亚夫乘六乘传,将会兵荥阳。发至霸上,赵涉庶说亚夫曰:"吴王素富,怀辑死士久矣。此知将军且行,必置间人于崤、渑厄狭之间;且兵事上神密,将军何不从此右去,走蓝田,出武关,抵洛阳!间不过差一二日,直入武库,击鸣鼓。诸侯闻之,以为将军从天而下也。"太尉如其计,至洛阳,喜曰:"七国反,吾乘传至此,不自意全。今吾据荥阳,荥阳以东,无足忧者。"使吏搜崤、渑间,果得吴伏兵。乃请赵涉为护军。

【译文】

太尉周亚夫对景帝说:"楚军剽悍敏捷,与他们正面交锋很难取胜,我建议放弃梁国,先断绝吴、楚军队的粮道,这样才可以制服他们。"景帝同意了这个部署。周亚夫乘坐着六辆驿站的马车,将去荥阳与大军会合。走到霸上,赵涉拦住去路,劝周亚夫说:"吴王一直很富有,早就收买了一批甘愿为他献身的刺客。现在得知将军将去前线,必定会在崤山、渑池之间的险要地段安排刺客对付您;况且军事行动最讲究秘密,将军为什么不改变路线,从此处向右走,经过蓝田,出武关,抵达洛阳!这样绕着走,不过差一两天,却可以直接进入洛阳武库,擂响战鼓。参与叛乱的诸侯王听到了,会认为将军是自天而降。"太尉按照他的计策行事,到达洛阳,高兴地说:"七国共同叛乱,我乘坐驿车平安到达此处,真是出乎意料。现在我已驻守荥阳,荥阳以东没有什么可担心的了。"周亚夫派官吏搜索崤山、渑池之间,果然抓住了吴国的伏兵。周亚夫就向景帝奏请,让赵涉担任护军。

【原文】

太尉引兵东北走昌邑。吴攻梁急,梁数使使条侯求救,条侯不许。又使使诉条侯于上。上使告条侯救梁,亚夫不奉诏,坚壁不出。而使弓高侯等将轻骑兵出淮泗口,绝吴、楚兵后,塞其饷道。梁使中大夫韩安国及楚相尚弟羽为将军。羽力战,安国持重,乃得颇败吴兵。吴兵欲西,梁城守,不敢西。即走条侯军,会下邑,欲战。条侯坚壁不肯战。吴粮绝卒饥,数挑战,终不出。条侯军中夜惊,内相攻击,扰乱至帐下,亚夫坚卧不起,顷之,复定。吴奔壁东南陬,亚夫使备西北。已而其精兵果奔西北,不得入。吴、楚士卒多饥死叛散,乃引而去。二月,亚夫出精兵追击,大破之。吴王濞弃其军,与壮士数千人夜亡走。楚王戊自杀。

吴王之弃军亡也,军遂溃,往往稍降太尉条侯及梁军。吴王渡淮,走丹徒,保东越,兵可万余人,收聚亡卒。汉使人以利啖东越,东越即绐吴王出劳军,使人鈠杀吴王,盛其头,驰传以闻。吴太子驹亡走闽越。吴、楚反,凡三月,皆破灭。于是诸将乃以太尉谋为是,然梁王由此与太尉有隙。

【译文】

太尉周亚夫领兵向东北到达昌邑。吴军猛烈进攻梁国,梁王多次派使者向条侯周亚夫求救,周亚夫不答应。梁王又派使臣向景帝告状,说周亚夫不肯救援。景帝派使臣命令周亚夫援救梁国,周亚夫不执行皇帝诏令,仍坚守营垒,不派军队出战。但他却命令弓高侯韩颓当等人率领轻骑兵,奔袭淮泗口,断绝吴、楚军队的后路,堵塞吴、楚的粮道。梁国派中大夫韩安国及楚相张尚的弟弟张羽为将军,张羽作战勇猛,韩安国指挥持重,才得以挫败吴军。吴军想向西进兵,但因梁军据城死守,便不敢越过梁国向西进兵。因此,吴军就前来进攻条侯周亚夫的军队,两军在下邑相遇,吴军急于求战,条侯坚守壁垒不肯交战。吴军粮道断绝,士卒饥饿,多次挑战,周亚夫始终不应战。周亚夫的军营中,夜间突然惊乱,内部互相攻击,直闹到了周亚夫的大帐附近,周亚夫坚持睡着不起,过了一会儿,就恢复平静了。吴军向汉军营垒的东南角调集军队,周亚夫却命令营中加强对西北方向的防御。不久,吴、楚的精兵果然突袭汉营西北,因汉军早有防备,不能攻入。吴、楚军队中,有许多士卒饿死或者背叛离散,吴王就领兵撤退了。二月,周亚夫派出精锐军队追击,大败吴、楚军队。吴王刘濞丢下他的军队,与几千名精壮士兵连夜逃跑。楚王刘戊自杀。

因为吴王刘濞丢掉军队自己逃跑,吴军就崩溃瓦解了,许多部队渐渐向太尉条侯周亚夫和梁国的军队投降。吴王刘濞渡过淮河,逃到丹徒县,依附东越,以求自保,约有军队一万多人,并召集逃散的士兵。汉朝派人用金钱利禄收买东越首领,东越首领就骗吴王出来慰劳军队,派人用矛戟刺杀了吴王,装上他的头,派人乘传车疾驰到汉朝廷报告。吴国太子刘驹逃亡到闽越国。吴、楚叛乱,共三个月时间,就全被平定了。这时,所有将领都认为太尉周亚夫的战略部署是正确的,但梁王却因此与太尉有了矛盾。

武帝崇仙

【原文】

世宗孝武皇帝上之下元光二年（戊申，前133年）

冬，十月，上行幸雍，祠五畤。

李少君以祠灶却老方见上，上尊之。少君者，故深泽侯舍人，匿其年及其生长，其游以方遍诸侯，无妻子。人闻其能使物及不死，更馈遗之，常余金钱、衣食。人皆以为不治生业而饶给，又不知其何所人，愈信，争事之。少君善为巧发奇中。尝从武安侯饮，坐中有九十余老人，少君乃言与其大父游射处；老人为儿时从其大父，识其处，一坐尽惊。少君言上曰："祠灶则致物，致物而丹沙可化为黄金，寿可益，蓬莱仙者可见。见之，以封禅则不死，黄帝是也。臣尝游海上，见安期生，食臣枣，大如瓜。安期生仙者，通蓬莱中，合则见人，不合则隐。"于是天子始亲祠灶，遣方士入海求蓬莱安期生之属，而事化丹沙诸药齐为黄金矣。居久之，李少君病死，天子以为化去，不死；而海上燕、齐怪迂之方士多更来言神事矣。

【译文】

汉武帝元光二年（戊申，公元前133年）

冬季，十月，武帝来到雍地，在五畤举行祭祀。

李少君凭借祭祀灶神求长生不老的方术进见武帝，武帝很尊敬他。李少君是已去世的深泽侯的舍人，他隐瞒了自己的年龄、出生成长的地方，凭借着他的方术周游结交诸侯，没有妻子儿女。人们听说李少君能役使鬼神万物，并有长生不老的方术，纷纷赠送财礼给他，所以他经常有剩余的金钱和衣食用品。人们都认为他不经营产业却很富裕，又不知他是什么地方的人，更加相信他，争着侍奉他。李少君善于用巧妙的语言猜中一些离奇的事情。他曾经陪武安侯饮酒，座中有位九十多岁的老人，李少君就说起与老人的祖父一起游玩射猎的地方；老人还是儿童时曾跟随祖父，记得那个地方，满座的客人都大吃一惊。李少君对武帝说："祭祀灶神就能招来奇异之物，招来了奇异之物就可以使丹砂化为黄金，可以延年益寿，可以见到蓬莱的仙人。见到仙人，进而举行封禅仪式，就可以长生不死，黄帝就是这样的。我曾经在海上漫游，遇见了安期生，他给我枣吃，那枣如同瓜一般大。安期生是仙人，往来于蓬莱仙境，谁和他合，他就显身相见；谁和他不和，他就隐身不见。"于是武帝就开始亲自祭祀灶神，派遣方士到大海中去寻找蓬莱安期生之类的仙人，并且从事熔化丹砂和其他药物，企图炼出黄金。过了很久，李少君病死，武帝认为他化身成仙，并没有死去；因此，燕地、齐地等沿海地区那些怪诞迂谬的方士，纷纷前来对武帝谈论有关神仙的事情了。

李广之死

【原文】

汉武帝元狩四年（壬戌，前119年）

大将军既出塞，捕房知单于所居，乃自以精兵走之，而令前将军广并于右将军军，出东道。东道回远而水草少，广自请曰："臣部为前将军，今大将军乃徙令臣出东道。且臣结发而与匈奴战，今乃一得当单于，臣愿居前，先死单于。"大将军亦阴受上诫，以为"李广老，数奇，毋令当单于，恐不得所欲。"而公孙敖新失侯，大将军亦欲使敖与俱当单于，故徙前将军广，广知之。固自辞于大将军；大将军不听，广不谢而起行，意甚愠怒。

大将军出塞千余里，度幕，见单于兵陈而待。于是大将军令武刚车自环为营，而纵五千骑往当匈奴；匈奴亦纵可万骑。会日且入，大风起，砂砾击面，两军不相见，汉益纵左右翼绕单于。单于视汉兵多而士马尚强，自度战不能如汉兵，单于遂乘六骡，壮骑可数百，直冒汉围，西北驰去。时已昏，汉匈奴相纷拿，杀伤大当。汉军左校捕虏言，单于未昏而去，汉军发轻骑夜追之，大将军军因随其后，匈奴兵亦散走。迟明，行二百余里，不得单于，捕斩首虏万九千级，遂至颜山赵信城，得匈奴积粟食军，留一日，悉烧其城余粟而归。

【译文】

汉武帝元狩四年（壬戌，公元前119年）

卫青出塞后，自俘虏口中得知单于住地，便亲自率精兵挺进，命前将军李广与右将军赵食其合兵一处，由东路进军。李广因东路绕远，水草也少，主动请求说："我的部队是前将军的部队，而今大将军却改命我部为东路军。我自少年时就开始与匈奴作战，今天才有机会正面对付单于，所以愿意作前锋，先去与单于死战。"卫青曾受汉武帝暗中告诫，认为："李广年纪已老，运气又不好，不要让他与单于正面作战，恐怕他不能完成擒获单于的任务。"而公孙敖不久前失去侯爵，卫青也想让他与自己一同正面与单于作战立功，所以将前将军李广调到东路。李广知道内情，坚决地向卫青推辞，遭到卫青拒绝。李广未向卫青告辞就动身出发，心中十分恼怒。

卫青率大军出塞一千余里，横穿大沙漠，见匈奴单于的军队正列阵以待，便下令将兵车环绕一周结成营阵，派出五千骑兵攻击匈奴，匈奴也放出约一万骑兵迎战。恰好太阳将要西沉，狂风忽起，沙砾扑打人脸，两军士卒相互不能分辨。卫青增派左右两翼的军队包抄单于。单于见汉军人多，兵马仍然很强，估计自己打不过汉军，便乘坐六匹健骡，在约数百名精壮骑兵的保护下直冲汉军防线，向西北方向飞奔而去。这时天已黑，汉军与匈奴的将士们仍在激烈搏杀，双方损失大体相当。汉军左翼校尉报告卫青说，他从抓到的俘房那里得知，单于已于天未黑时离去。于是卫青派出轻骑兵连夜追击，自率大军跟随其后，匈奴兵也四散逃走。将近天明时，汉军已追出二百余里，没有抓到单于，但擒获和斩杀匈奴一万九千余人。于是到颜山赵信城，夺得匈奴的存粮供应军队。在该地停留一日之后，将该城和所余的粮食全部烧光，然后班师而还。

【原文】

前将军广与右将军食其军无导，惑失道，后大将军，不及单于战。大将军引还，过幕南，乃遇二将军。大将军使长史责问广、食其失道状，急责广之幕府对簿。广曰："诸校尉无罪，乃我自失道，吾今自上簿至莫府。"广谓其麾下曰："广结发与匈奴大小七十余战，今幸从大将军出接单于兵，而大将军徙广部，行回远而又迷失道，岂非天哉！且广年六十余矣，终不能复对刀笔之吏！"遂引刀自刭。广为人廉，得赏赐辄分其麾下，饮食与士共之，为二千石四十余年，家无余财，猿臂，善射，度不中不发。将兵，乏绝之处见水，士卒不尽饮，广不近水，士卒不尽食，广不尝食；士以此爱乐为用。及死，一军皆哭；百姓闻之，知与不知，无老壮皆为垂涕。而右将军独下吏，当死，赎为庶人。

单于之遁走，其兵往往与汉兵相乱而随单于，单于久不与其大众相得。其右谷蠡王以为单于死，乃自立为单于。十余日，真单于复得其众，而右谷蠡王乃去其单于号。

【译文】

前将军李广与右将军赵食其率领的东路军因没有向导，在沙漠中迷失了道路，所以落到卫青的后面，没能赶上与单于的那一战。直到卫青率部班师，经过沙漠南部时才遇到李、赵二位将军。卫青派长史责问二人迷路的情况，并命李广马上到大将军处听候传讯。李广说道："校尉们没有罪，是我自己迷了路，我现在自己到大将军幕府去受审。"又对他的部下说："我从少年时开始作战，而大将军却将我部调到东路，路途本就迂曲遥远，又迷失了道路，难道这不是天意吗！况且我六十多岁了，毕竟不能再去面对那些刀笔小吏！"于是拔刀自刎。李广为人清廉，得到赏赐就分给部下，与士卒一起吃喝，做了四十多年二千石官，家中却没有多余的财产。他的手臂像猿臂又长又灵活，擅长射箭，估计射不中目标，便不发箭。他带领军队，在困境中找到水，士卒没有都喝过，李广不沾水；士卒没有都吃过，李广不进食。士卒因此乐意被他使用。及至李广死去，全军都哭了。百姓听到死讯，认识他的和不认识他的，无论年老还是年轻，都为他流泪。右将军赵食其一人被交付审判，其罪当死，赎身后成为平民。

匈奴单于逃走后，其部下很多人混杂在汉军中追赶单于。单于长时间没有同他的军民大众会合。右谷蠡王认为单于已死，便自立为单于。十九天后，真单于重新与其部众会合，右谷蠡王才去掉单于称号。

河西四郡

【原文】

汉武帝元鼎六年（庚午，前111年）

博望侯既以通西域尊贵，其吏士争上书言外国奇怪利害求使。天子为其绝远，非人所乐往，听其言，予节，募吏民，毋问所从来，为具备人众遣之，以广其道。来还，不能毋侵盗币物及使失指，天子为其习之，辄覆按致重罪，以激怒令赎，复求使。使端无穷，而轻犯法。其吏卒亦辄复盛推外国所有，言大者予节，言小者为副。故妄言无行之徒皆争效之。其使皆贫人子，私县官赍物，欲贱市以私其利。外国亦厌汉使，人人有言轻重，度汉兵远不能至，而禁其食物以苦汉使。汉使乏绝，积怨至相攻击。而楼兰、车师，小国当空道，攻劫汉使王恢等尤甚，而匈奴奇兵又时遮击之。使者争言西域皆有城邑，兵弱易击。于是天子遣浮沮将军公孙贺将万五千骑，出九原二千余里，至浮沮井而还。匈河将军赵破奴将万余骑出令居数千里，至匈河水而还，以斥逐匈奴，不使遮汉使，皆不见匈奴一人。乃分武威、酒泉地置张掖、敦煌郡，徙民以实之。

【译文】

汉武帝元鼎六年（庚午，公元前111年）

博望侯张骞因出使西域而获得尊贵的地位之后，他的部下争相上书朝廷，陈说外国的奇异之事和利害关系，要求出使。汉武帝因西域道路极为遥远，一般人不愿前往，所以听从所请，赐给符节，准许招募官吏百姓，不问出身，为他们治装配备人员后派出，以扩大出使的道路。这些人返回时，有的有偷盗礼品财物或违背朝廷旨意的现象，汉武帝因他们熟习出使之事，所以治以重罪，以激怒他们，让他们立功赎罪，再次请求出使。这些人反复出使外国，而对犯法之事看得很轻。使臣的随从官吏和士卒也每每盛赞外国的事物，会说的被赐予正使符节，不大会说的就封为副使。因此，很多浮夸而无品行的人都争相效法。这些出使外国的人都是贫家子弟，他们将所带的国家财物据为私有，打算贱卖后私吞利益。西域各国也厌恶每个汉使所说之事轻重不一，估计汉朝军队路远难至，就拒绝为汉使提供食物，给他们制造困难。汉使在缺乏粮食供应的情况下，常常积怨，甚至和各国相互攻击。楼兰、车师两个小国，地处汉朝通往西域的通道上，常攻击汉使，王恢等人被攻击得尤其厉害，匈奴军队也时常阻拦袭击汉使。使臣们争相报告朝廷，说西域各国都有城镇，兵力薄弱，容易攻击。于是，汉武帝派浮沮将军公孙贺率骑兵一万五千人从九原出塞二千余里，至浮沮井而还。又派匈河将军赵破奴率骑兵一万余人从令居出塞数千里，至匈河水而还，目的是驱逐匈奴，让汉使不受阻拦，但没有遇到一个匈奴人。于是分割武威、酒泉二郡土地，增设张掖、敦煌二郡，迁徙内地民众充实该地。

出兵朝鲜

【原文】

汉武帝元封三年（癸酉，前108年）

汉兵入朝鲜境，朝鲜王右渠发兵距险。楼船将军将齐兵七千人先至王险。右渠城守，窥知楼船军少，即出城击楼船；楼船军败散，遁山中十余日，稍求退散卒，复聚。左将军击朝鲜水西军，未能破。天子为两将未有利，乃使卫山因兵威往谕右渠。右渠见使者，顿首谢："愿降，恐两将诈杀臣；今见信节，请复降。"遣太子入谢，献马五千匹，及馈军粮；人众万余，持兵方渡水。使者及左将军疑其为变，谓太子："已服降，宜令人毋持兵。"太子亦疑使者、左将军诈杀之，遂不渡水，复引归。山还报天子。天子诛山。

左将军破水上军，乃前至城下，围其西北，楼船亦往会，居城南。右渠遂坚守城，数月未能下。左将军所将燕、代卒多劲悍，楼船将齐卒已尝败亡困辱，卒皆恐，将心惭，其围右渠，常持和节。左将军急击之，朝鲜大臣乃阴间使人私约降楼船，往来言尚未肯决。左将军数与楼船期战，楼船欲就其约，不会。左将军亦使人求间隙降下朝鲜，朝鲜不肯，心附楼船，以故两将不相能。左将军心意楼船前有失军罪，今与朝鲜私善，而又不降，疑其有反计，未敢发。

【译文】

汉武帝元封三年（癸酉，公元前108年）

汉军进入朝鲜境内，朝鲜王卫右渠派兵占据险要之地进行抵抗。楼船将军杨仆率领齐国军队七千人先行抵达王险。卫右渠据城坚守，探知杨仆兵力单薄，便出城袭击杨仆。杨仆军兵败溃散，逃入山中十几天，后逐渐找回溃散的兵卒，重新聚集起来。左将军荀彘率部攻击朝鲜水西面的军队，未能攻破。汉武帝因为两位将军未能取胜，便派卫山前往朝鲜，用军事压力劝谕卫右渠归顺。卫右渠会见卫山，叩头道歉，说道："我愿意归降，但害怕两位将军用诈术杀我；如今见到天子信节，所以请求再次归降。"卫右渠派太子前往汉朝谢罪，并献马五千匹，又为汉军提供军粮。朝鲜太子率众一万余人，手持武器，将要渡过水，卫山和左将军荀彘疑心要生出变故，便对太子说："既然已经归降，应命你手下人不要携带兵器。"太子也怕卫山和荀彘用计杀他，于是不肯渡水，带人返回。卫山回京报告汉武帝，汉武帝将卫山诛杀。

荀彘攻破水岸上的朝鲜军队，于是向前推进，逼临王险城下，包围城西北。杨仆也率领部众前往会合，屯兵城南。卫右渠坚决守城，汉军一连数月未能攻下。荀彘率领的燕、代地区兵卒大多强劲剽悍；而杨仆所率齐国兵卒因曾经遭到败亡困辱，全都心怀恐惧，将领也感到惭愧不安，所以在围困王险城时，常常主张和平解决。荀彘督军猛攻，朝鲜大臣们就暗中派人与杨仆私下商议投降之事。使者往来磋商，还未肯做决定。荀彘几次和杨仆商约共同作战的日期，但杨仆想与朝鲜私定和约，所以不与荀彘会合。荀彘也派人寻找机会劝说朝鲜归降，而朝鲜不肯，而希望向杨仆投降，从而引起荀、杨两位将军的不和。荀彘认为，杨仆先前曾经兵败，犯下丧失所属部队之罪，而今与朝鲜私相友善，而朝鲜又不归降，所以怀疑他要谋反，但未敢发动。

【原文】

天子以两将围城乖异，兵久不决，使济南太守公孙遂往正之，有便宜得以从事。遂至，左将军曰："朝鲜当下，久之不下者，楼船数期不会。"具以素所意告，曰："今如此不取，恐为大害。"遂亦以为然，乃以节召楼船将军入左将军营计事，即命左将军麾下执楼船将军，并其军；以报天子，天子诛遂。

左将军已并两军，即急击朝鲜。朝鲜相路人、相韩阴、尼相参、将军王相与谋曰："始欲降楼船，楼船今执，独左将军并将，战益急，恐不能与战；王又不肯降。"阴、唊、路人皆亡降汉，路人道死。夏，尼参使人杀朝鲜王右渠来降。王险城未下，故右渠之大臣成己又反，复攻吏。左将军使右渠子长、降相路人之子最告谕其民，诛成己。以故遂定朝鲜，为乐浪、临屯、玄菟、真番四郡。封参为清侯，阴为荻苴侯，唊为平州侯，长为几侯，最以父死颇有功，为涅阳侯。

左将军征至，坐争功相嫉乖计，弃市。楼船将军亦坐兵至列口，当待左将军，擅先纵，失亡多，当诛，赎为庶人。

【译文】

汉武帝因为荀彘、杨仆二人包围王险城后行动不一致，军队许久不决战，所以派济南太守公孙遂前往纠正，并授权公孙遂可以相机行事。公孙遂到达后，荀彘说："朝鲜早就应当攻下；所以拖了这么久还未攻下，是因为楼船将军好几次不按照约定的日期会合。"又将平时自己对杨仆的怀疑一一告诉公孙遂，说道："现在这样还不先发制人，恐怕会成大祸。"公孙遂也同意荀彘的看法，便用天子符节召楼船将军杨仆来左将军营中议事，当即命左将军帐下武士将楼船将军逮捕，并兼并了其所属部队。公孙遂将此事报告汉武帝，汉武帝将公孙遂处死。

荀彘将两支部队合并后，随即加紧对朝鲜发动进攻。朝鲜国相路人、国相韩阴、尼相参、将军王等相互商议道："当初打算向楼船将军投降，今楼船将军已被逮捕，只有荀彘一人指挥汉军，攻势越来越猛，恐怕我方无法抵挡，而国王又不肯向荀彘投降。"于是韩阴、王唊、路人都逃向汉军大营，路人死于途中。夏季，尼相参派人杀死朝鲜王卫右渠，前来投降。汉军尚未开进王险城，原卫右渠的大臣成己降而复叛，再次进攻汉军。荀彘命卫右渠之子卫长、降相路人之子路最劝朝鲜民众归顺汉朝，并诛杀成己。汉朝因此平定朝鲜，设置乐浪、临屯、玄菟、真番四郡。封参为清侯，韩阴为荻苴侯，王唊为平州侯，卫长为几侯；路最因其父路人颇有功劳，封为涅阳侯。

左将军荀彘被召回长安，汉武帝以争功相嫉、计谋乖戾的罪名将其当众斩首。楼船将军杨仆也因当初兵至列口时，本应等待与左将军会合，却擅自先行，造成很大伤亡，其罪本应斩首，赎身后成为平民。

武帝雄才

【原文】

汉武帝后元二年（甲午，前87年）

上病笃，霍光涕泣问曰："如有不讳，谁当嗣者？"上曰："君未谕前画意邪？立少子，君行周公之事。"光顿首让曰："臣不如金日䃅。"日䃅亦曰："臣，外国人，不如光。且使匈奴轻汉矣！"乙丑，诏立弗陵为皇太子，时年八岁。丙寅，以光为大司马、大将军，日䃅为车骑将军，太仆上官桀为左将军，受遗诏辅少主，又以搜粟都尉桑弘羊为御史大夫，皆拜卧内床下。光出入禁闼二十余年，出则奉车，入侍左右，小心谨慎，未尝有过。为人沈静详审，每出入、下殿门，止进有常处，郎、仆射窃识视之，不失尺寸。日䃅在上左右，目不忤视者数十年；赐出宫女，不敢近；上欲内其女后宫，不肯；其笃慎如此，上尤奇异之。日䃅长子为帝弄儿，帝甚爱之。其后弄儿壮大，不谨，自殿下与宫人戏；日䃅适见之，恶其淫乱，遂杀弄儿。上闻之，大怒，日䃅顿首谢，具言所以杀弄儿状。上甚哀，为之泣，已而心敬日䃅。上官桀始以材力得幸，为未央厩令。上尝体不安，及愈，见马，马多瘦，上大怒曰："令以我不复见马邪！"欲下吏。桀顿首曰："臣闻圣体不安，日夜忧惧，意诚不在马。"言未卒，泣数行下。上以为爱己，由是亲近，为侍中，稍迁至太仆。三人皆上素所爱信者，故特举之，授以后事。丁卯，帝崩于五柞宫，入殡未央宫前殿。

【译文】

汉武帝后元二年（甲午，公元前87年）

汉武帝病重，霍光哭着问道："万一陛下不幸去世，谁继承皇位？"汉武帝说："你难道没有理解先前赐给你的那幅画的含意吗？立我的幼子，你担任周公的角色。"霍光叩头推辞说："我不如金日䃅！"金日䃅也说："我是外国人，不如霍光。况且由我辅政，会使匈奴轻视我大汉！"乙丑（十二日），汉武帝颁布诏书，立刘弗陵为太子，时年八岁。丙寅（十三日），汉武帝任命霍光为大司马、大将军，金日䃅为车骑将军，太仆上官桀为左将军，由他们三人接受遗诏，辅佐幼主，又任命搜粟都尉桑弘羊为御史大夫，全都在汉武帝的病床前接受诏命。霍光出入禁闼二十多年，出则乘车，入宫则侍奉在汉武帝左右，小心谨慎，从未犯过错。他为人沉静仔细，每次出入宫廷、下殿门，止步和前进都有一定的地方，郎官、仆射们在暗中观察默记，发现他的位置尺寸不差。金日䃅在汉武帝身边几十年，从不看不该看的东西；赐给他宫女，他也不敢亲近；汉武帝想纳他的女儿为妃，他也不肯；其诚笃谨慎如此，汉武帝感到很奇怪。金日䃅的长子是汉武帝的顽童，很受宠爱。长大后行为不检，在殿下与宫女调情。金日䃅正好看到，对其子的淫乱行为非常厌恶，便将他杀死。汉武帝听说后大怒。金日䃅叩头请罪，陈述了杀子的缘由。汉武帝深感悲哀，为此落下眼泪，后来对金日䃅却更加敬重。上官桀开始时因材力过人而得到汉武帝的赏识，被任命为未央厩令。有一次，汉武帝身体不适，痊愈后，检查御马，发现马匹大多瘦弱，于是大发雷霆："厩令认为我再也看不到这些马了吗！"打算交给官吏治罪。上官桀叩头说："我听说皇上圣体欠安，日夜忧愁害怕，实在没心思照料马匹。"话未说完，已经流下几行眼泪。汉武帝认为上官桀爱自己，因此与他亲近，任命他为侍中，逐渐升到太仆。霍光、金日䃅、上官桀三人都是汉武帝平时宠爱信任的人，所以特意将自己身后之事托付给他们。丁卯（十四日），汉武帝在五柞宫驾崩，遗体运到未央宫前殿停柩。

【原文】

帝聪明能断，善用人，行法无所假贷。隆虑公主子昭平君尚帝女夷安公主。隆虑主病困，以金千斤、钱千万为昭平君预赎死罪，上许之。隆虑主卒，昭平君日骄，醉杀主傅，系狱。廷尉以公主子上请，左右人人为言："前又入赎，陛下许之。"上曰："吾弟老有是一子，死，以属我。"于是为之垂涕，叹息良久，曰："法令者，先帝所造也，用弟故而诬先帝之法，吾何面目入高庙乎！又下负万民。"乃可其奏，哀不能自止，左右尽悲。待诏东方朔前上寿，曰："臣闻圣王为政，赏不避仇雠，诛不择骨肉。《书》曰，'不偏不党，王道荡荡。'此二者，五帝所重，三王所难也，陛下行之，天下幸甚！臣朔奉觞昧死再拜上万岁寿！"上初怒朔，既而善之，以朔为中郎。

【译文】

汉武帝聪明果断，善于用人，执法严厉，毫不容情。隆虑公主的儿子昭平君娶了汉武帝的女儿夷安公主。隆虑公主病危时，进献黄金千斤、钱千万，请求预先为昭平君赎一次死罪，汉武帝答应了。隆虑公主去世后，昭平君日益骄纵，竟在醉酒后将公主的保姆杀死，他也因此被逮捕入狱。廷尉因昭平君是公主之子而请示武帝，众人都为昭平君说情："隆虑公主曾出钱预先赎罪，陛下应允了。"汉武帝说："我妹妹年纪很大了才生下这一个儿子，临终前又将他托付给我。"当时落泪，叹息了很久，说："法令是先帝创立的，若是因妹妹的缘故破坏先帝之法，我还有何脸面进祖庙！同时也对不住万民。"于是批准了廷尉的请求，处死昭平君，但仍然悲痛难忍，周围的人也很伤感。待诏官东方朔上前祝贺说："我听说圣明的君王治理国家，奖赏不回避仇人，惩罚不区分骨肉。《尚书》上说，'不偏向，不结党，君王的大道坦荡平直。'这两项原则，古代的黄帝、颛顼、帝喾、尧、舜五帝都非常重视，而夏禹、商汤、周文王三王都难以做到，如今陛下却做到了，这是天下的幸运！我东方朔捧杯，冒死再拜为陛下祝贺！"开始，汉武帝恼恨东方朔，接着又觉得他是对的，将东方朔任命为中郎。

【原文】

班固赞曰：汉承百王之弊，高祖拨乱反正，文、景务在养民，至于稽古礼文之事，犹多阙焉。孝武初立，卓然罢黜百家，表章《六经》，遂畴咨海内，举其俊茂，与之立功；兴太学，修郊祀，改正朔，定历数，协音律，作诗乐，建封禅，礼百神，绍周后，号令文章，焕然可述，后嗣得遵洪业而有三代之风。如武帝之雄材大略，不改文、景之恭俭以济斯民，虽《诗》《书》所称何有加焉！

臣光曰：孝武穷奢极欲，繁刑重敛，内侈宫室，外事四夷，信惑神怪，巡游无度，使百姓疲敝，起为盗贼，其所以异于秦始皇者无几矣。然秦以之亡，汉以之兴者，孝武能尊先王之道，知所统守，受忠直之言，恶人欺蔽，好贤不倦，诛赏严明，晚而改过，顾托得人，此其所以有亡秦之失而免亡秦之祸乎！

戊辰，太子即皇帝位。帝姊鄂邑公主共养省中，霍光、金日䃅、上官桀共领尚书事。光辅幼主，政自己出，天下想闻其风采。殿中尝有怪，一夜，群臣相惊，光召尚符玺郎，欲收取玺。郎不肯授，光欲夺之。郎按剑曰："臣头可得，玺不可得也！"光甚谊之。明日，诏增此郎秩二等。众庶莫不多光。

【译文】

班固赞曰："汉朝承接了历朝帝王的积弊，高祖拨乱反正，文帝、景帝则致力于修养百姓，而在研习古代的礼节仪式方面，尚有很多缺失。汉武帝即位之初，就以卓越的气魄罢黜了各家学说，唯独尊崇儒家的《诗》《书》《礼》《易》《乐》《春秋》六种经典，并向天下征召，选拔优秀人才，共同建功立业。又兴办太学，整顿祭祀仪式，改变正朔，重新制定历法，协调音律，作诗赋乐章，到泰山封禅祭祀天地，礼敬各种神灵，封赐周朝的后裔等等。汉武帝的号令文章，都焕发光彩，值得称道，后继者得以继承他的大业，因而具有夏、商、周三代的遗风。如果以汉武帝的雄才大略，不改变汉文帝、汉景帝时的俭朴作风，爱护百姓，即使是《诗经》《尚书》上所称道的古代圣王也不过如此！"

臣司马光曰："汉武帝穷奢极欲，刑罚繁重，横征暴敛，对内大肆兴建宫室，对外征讨四方蛮夷，又迷惑于神怪之说，巡游无度，致使百姓疲劳凋敝，很多人被迫做了盗贼，与秦始皇没有多少不同。但为什么秦朝因此而灭亡，汉朝却因此而兴盛呢？是因为汉武帝能够遵守先王之道，懂得如何治理国家，守住基业，能接受忠正刚直之人的谏言，厌恶被人欺瞒蒙蔽，始终喜好贤才，赏罚严明，到晚年又能改变以往的过失，将继承人托付给合适的大臣，这正是汉武帝所以有造成秦朝灭亡的错误，却避免了秦朝灭亡的灾祸的原因吧！"

戊辰（十五日），太子刘弗陵即皇帝位。因为只有八岁，所以他的姐姐鄂邑公主与他一起住在宫中，负责抚养照顾，霍光、金日䃅、上官桀三人共同主管尚书事，负责主持朝政。霍光辅佐幼主，国家政令都由他自己发出，天下人都想一见他的风采。殿中曾出现怪物，一天夜里，群臣为怪物所惊，于是霍光召见担任尚符玺郎的官员，想要取走皇帝的玉玺。尚符玺郎不肯给他，霍光便要强夺。尚符玺郎手持宝剑说道："我的头你可以拿去，但玉玺不能拿走！"霍光对他这种态度甚为嘉许。第二天，便以汉昭帝的名义将这位尚符玺郎的品秩提升了两级。众人无不因此对霍光更加尊敬。

燕王谋叛

【原文】

孝昭皇帝上始元元年（乙未，前86年）

武帝初崩，赐诸侯王玺书。燕王旦得书不肯哭，曰："玺书封小，京师疑有变。"遣幸臣寿西长、孙纵之、王孺等之长安，以问礼仪为名，阴刺候朝廷事。及有诏褒赐旦钱三十万，益封万三千户，旦怒曰："我当为帝，何赐也！"遂与宗室中山哀王子长、齐孝王孙泽等结谋，诈言以武帝时受诏，得职吏事，修武备，备非常。郎中成轸谓旦曰："大王失职，独可起而索，不可坐而得也。大王壹起，国中虽女子皆奋臂随大王。"旦即与泽谋，为奸书，言："少帝非武帝子，大臣所共立；天下宜共伐之！"使人传行郡国以摇动百姓。泽谋归发兵临，杀青州刺史隽不疑。旦招来郡国奸人，赋敛铜铁作甲兵，数阅其车骑、材官卒，发民大猎以讲士马，须期日。郎中韩义等数谏旦，旦杀义等凡十五人。会瓶侯成知泽等谋，以告隽不疑。八月，不疑收捕泽等以闻。天子遣大鸿胪丞治，连引燕王。有诏，以燕王至亲，勿治；而泽等皆伏诛。迁隽不疑为京兆尹。

【译文】

汉昭帝始元元年（乙未，公元前86年）

汉武帝去世时，朝廷以印有皇帝玺印的正式诏书通知各诸侯王。燕王刘旦见到诏书后不肯哭泣，说道："诏书的印封过小，我怀疑京师已发生变故。"于是派他宠信的臣僚寿西长、孙纵之、王孺等前往长安，以询问祭悼汉武帝的礼仪为借口，暗中刺探朝廷动态。及至汉昭帝下诏奖赏刘旦钱三十万，增加其封国人口一万三千户时，刘旦生气地说："本来就应当由我做皇帝，用不着谁来赏赐我！"于是与皇室成员中山哀王之子刘长、齐孝王之孙刘泽等密谋共同反叛朝廷，还伪称在汉武帝生前曾得到诏书，允许他掌握其封国内各级官吏的任免权，整顿封国的军队，防备非常事变。郎中成轸对刘旦说："大王失去皇位继承权，只能起来索取，坐着不动是得不到的。大王一旦起兵，燕国之内，即使是妇女也都会奋臂追随大王。"于是刘旦与刘泽密商，编制造谣文书，宣称："如今的小皇帝并非武帝之子，而是由朝中大臣共同拥立的，天下应当共同讨伐！"派人到各郡国广为传发，以动摇百姓之心。刘泽计划返回齐国后从临发兵，杀死青州刺史隽不疑。刘旦在燕国招揽各地奸邪之徒，征敛民间铜铁来制造铠甲武器，又多次检阅燕国的车骑、材官等各类军队，征调百姓进行大规模围打猎活动，以训练将士、马匹的作战能力，等待与刘泽约定的日期一到，共同举兵叛乱。郎中韩义等多次劝阻刘旦，刘旦将韩义等共十五名官员处死。就在此时，瓶侯刘成得到刘泽谋反的计划，便通知了隽不疑。八月，隽不疑逮捕了刘泽等人，并奏闻朝廷。汉昭帝派大鸿胪丞负责处理此事。审讯中，燕王刘旦被供出。汉昭帝下诏，以燕王为至亲，下令不许追究，而将刘泽等全部处死。隽不疑调任京兆尹。

良吏黄霸

【原文】

汉宣帝本始元年（戊申，前73年）

初，上官桀与霍光争权，光既诛桀，遂遵武帝法度，以刑罚痛绳群下，由是俗吏皆尚严酷以为能；而河南太守丞淮阳黄霸独用宽和为名。上在民间时，知百姓苦吏急也，闻霸持法平，乃召为廷尉正；数决疑狱，庭中称平。

【译文】

汉宣帝本始元年（戊申，公元前73年）

当初，上官桀与霍光争权，霍光诛杀上官桀之后，便遵从汉武帝时的制度，以严刑峻法控制部下官员。从此，很多世俗官吏都以用法严苛来表现自己的才能，而河南太守丞淮阳人黄霸却以为政宽和著称于世。汉宣帝在民间时，了解百姓都为官吏的执法峻急而困苦，听说黄霸执法平和，便将其召到长安，任命为廷尉正，多次裁决疑案，朝廷群臣都认为他公平。

【原文】

汉宣帝本始二年（己酉，前72年）

夏，五月，诏曰："孝武皇帝躬仁谊，厉威武，功德茂盛，而庙乐未称，朕甚悼焉。其与列侯、二千石、博士议。"于是群臣大议庭中，皆曰："宜如诏书。"长信少府夏侯胜独曰："武帝虽有攘四夷、广土境之功，然多杀士众，竭民财力，奢泰无度，天下虚耗，百姓流离，物故者半，蝗虫大起，赤地数千里，或人民相食，畜积至今未复；无德泽于民，不宜为立庙乐。"公卿共难胜曰："此诏书也。"胜曰："诏书不可用也。人臣之谊，宜直言正论，非苟阿意顺指。议已出口，虽死不悔！"于是丞相、御史劾奏胜非议诏书，毁先帝，不道；及丞相长史黄霸阿纵胜，不举劾；俱下狱。有司遂请尊孝武帝庙为世宗庙，奏《盛德》《文始五行之舞》。武帝巡狩所幸郡国皆立庙，如高祖、太宗焉。夏侯胜、黄霸既久系，霸欲从胜受《尚书》，胜辞以罪死。霸曰："朝闻道，夕死可矣。"胜贤其言，遂授之。系再更冬，讲论不怠。

【译文】

汉宣帝本始二年（己酉，公元前72年）

夏季，五月，汉宣帝颁布诏书说："孝武皇帝行仁义，振威武，功德极盛，但祭祀时所用的音乐却与此不相称，朕感到非常难过。有关官员应与列侯、二千石、博士共同议定。"于是群臣齐集朝廷讨论此事，都说："应按诏书的意思去做。"唯独长信少府夏侯胜说道："孝武皇帝虽然有征服四夷、开疆拓土的功绩，但使得将士们大量死亡，人民财力枯竭，奢侈无度，天下虚耗，百姓流离失所，死亡过半，再加上蝗灾大起，数千里不见草木庄稼，以致民间竟出现杀人食用的惨景，积弊至今尚未消除。武帝并无恩泽于百姓，不应为其设立祭祀之乐。"公卿大臣们一齐责备他说："这是皇上的诏命。"夏侯胜说："虽然是诏命，也不能依从。人臣的大义，应当坚持原则，直言无隐，不能苟且阿谀皇上的意思。我说出自己的观点，即便死也不会后悔！"因此，丞相、御史等上奏汉宣帝，弹劾夏侯胜非议诏书，诋毁先帝，大逆不道，以及丞相长史黄霸附和纵容夏侯胜，不肯举劾，于是将二人一并逮捕下狱。于是由主管官员出面，奏请尊孝武帝庙为世宗庙，定《盛德舞》《文始五行之舞》为祭祀用乐。凡武帝生前出巡到过的郡、国一律建庙祭祀，与高祖皇帝、太宗皇帝一样。夏侯胜、黄霸长期被关在狱中，黄霸想跟夏侯胜学习《尚书》，夏侯胜认为已经犯下死罪，学也没用，所以推辞不愿讲授。黄霸说："早晨明白了真理，即使晚上就死也无遗憾。"夏侯胜赞赏他的话，便给他讲授《尚书》。在狱中度过了两个冬天，一直不倦地讲论。

【原文】

汉宣帝五凤三年（丙寅，前55年）

二月，壬辰，黄霸为丞相。霸材长于治民，及为丞相，功名损于治郡。时京兆尹张敞舍雀飞集丞相府，霸以为神雀，议欲以闻。敞奏霸曰："窃见丞相请与中二千石、博士杂问郡、国上计长史、守丞为民兴利除害，成大化，条其对。有耕者让畔，男女异路，道不拾遗，及举孝子、贞妇者为一辈，先上殿；举而不知其人数者，次之；不为条教者在后。叩头谢丞相，口虽不言，而心欲其为之也。长史、守丞对时，臣敞合有雀飞止丞相府屋上，丞相以下见者数百人。边吏多知雀者，问之，皆阳不知。丞相图议上奏曰，'臣问上计长史、守丞以兴化条，皇天报下神爵。'后知从臣敞舍来，乃止。郡国吏窃笑丞相仁厚有知略，微信奇怪也。臣敞非敢毁丞相也，诚恐群臣莫白，而长史、守丞畏丞相指，归舍法令，各为私教，务相增加，浇淳散朴，并行伪貌，有名亡实，倾摇解怠，甚者为妖。假令京师先行让畔、异路、道不拾遗，其实亡益廉贪、贞淫之行，而以伪先天下，固未可也。即诸侯先行之，伪声轶于京师，非细事也，汉家承敝通变，造起律令，所以劝善禁奸，条贯详备，不可复加。宜令贵臣明饬长史、守丞，归告二千石，举三老、孝弟、力田、孝廉、廉吏，务得其人，郡事皆以法令为检式，毋得擅为条教；敢挟诈伪以奸名誉者，必先受戮，以正明好恶。"天子嘉纳敞言，召上计吏，使侍中临饬，如敞指意。霸甚惭。

【译文】

汉宣帝五凤三年（丙寅，公元前55年）

二月壬辰（疑误），黄霸被任命为丞相。黄霸的才能主要在治理百姓，当了丞相以后，声誉比作郡守时有所下降。当时，京兆尹张敞家的雀飞集丞相府，黄霸以为是神雀，与人商议，准备奏闻汉宣帝。张敞上奏说："我看到丞相要求与中二千石大臣及博士等一同向来京报告本年度工作情况的各郡、国长史、守丞询问为民兴利除害、推行教化的情况，让他们逐条回答。有报告当地农民谦让田地界线，男女不走一条道,路不拾遗,以及能举出当地孝顺子孙、贞节妇女人数的,列为一等,先上殿;虽然举出,却不知其人数的,列为二等;说不出这方面政绩的,列在最后,向丞相叩头谢罪。丞相虽未明言,心中却是希望他们也能举出这方面的例子。长史、守丞对答时,我家有一群雀飞到丞相府,落在屋顶上,自丞相以下,看到的有数百人。那些从边地来的官吏,大多知道是雀,但丞相问他们,却都装作不知道。丞相与人商议,准备上奏说,'我向各郡、国来京报告工作的长史、守丞询问各地的情况,都说礼义教化大兴,所以上天派下神雀以回报陛下的盛德。'后来得知是从我家飞来,方才停止。各郡、国官吏都暗笑丞相虽然仁厚有智,但有些轻信奇闻怪事。我并不是敢于诋毁丞相,只是怕群臣谁都不敢说明此事,而各郡、国长史、守丞又畏惧丞相指责,回去后废弃国家法令,人人执行自己的条令,竞相增多,使原本淳朴的风气变得日益浮薄,人人行为虚伪,有名无实,动摇懈怠,严重的甚至做邪恶之事。假如京师长安率先倡导农民互相谦让田地界线,男女不同走一路,道不拾遗等等,实际上对区分廉洁贪婪、贞节淫乱的行为并无益处,反倒以虚伪的政绩列为天下第一,这当然是不对的。即使是封国先这样做,以虚假政绩欺骗朝廷,也不是小事。我大汉承接了秦朝的各种弊端,加以变通而制定法令,目的在于鼓励善行,禁止奸恶,条理详实周密,已不能再有增加。所以我认为,应派地位尊贵的大臣明确指示各郡、国长史、守丞,回去转告各地二千石官员,在保举三老、孝弟、力田、孝廉及廉洁官吏时,务必选人得当,处理郡、国事务都应以国家法令为依据,不得擅自增加、修改。如有敢于靠弄虚作假来欺世盗名者,必须先受诛杀,用以明确显示朝廷的好恶。"汉宣帝对张敞的建议极为赞赏,予以采纳,召集各地来京报告工作的官员,派侍中前往发布指示,如同张敞的建议。黄霸深感惭愧。

【原文】

又,乐陵侯史高以外属旧恩侍中,贵重,霸荐高可太尉。天子使尚书召问霸:"太尉官罢久矣。夫宣明教化,通达幽隐,使狱无冤刑,邑无盗贼,君之职也。将相之官,朕之任焉。侍中、乐陵侯高,帷幄近臣,朕之所自亲,君何越职而举之?"尚书令丞相对,霸免冠谢罪,数日,乃决,自是后不敢复有所请。然自汉兴,言治民吏,以霸为首。

【译文】

再有,乐陵侯史高依靠外戚的身份及对汉宣帝的旧时恩义,担任侍中,地位尊贵、显赫,黄霸推荐史高担任太尉。汉宣帝派尚书召见黄霸问道:"太尉一职早已撤销。你的职责是宣明教化,让隐情上达,使国家无冤狱,城乡无盗贼。将相一类官员的任免是朕的任务。侍中、乐陵侯史高,是朕的亲近大臣,朕对他非常了解,你为何越权保举?"命尚书令听取黄霸的回答。黄霸摘下帽子谢罪。数日之后,汉宣帝才下令对此事不予追究。从此以后,黄霸再也不敢有所建议。然而,自汉朝建立以来,说到治理百姓的官吏,黄霸居第一位。

宣帝中兴

【原文】

汉宣帝地节二年（癸丑，前68年）

春，霍光病笃。车驾自临问，上为之涕泣。光上书谢恩，愿分国邑三千户以封兄孙奉车都尉山为列侯，奉兄去病祀。即日，拜光子禹为右将军。三月，庚午，光薨。上及皇太后亲临光丧，中二千石治冢，赐梓宫、葬具皆如乘舆制度，谥曰宣成侯。发三河卒穿复土，置园邑三百家，长、丞奉守；下诏复其后世，畴其爵邑，世世无有所与。

御史大夫魏相上封事曰："国家新失大将军，宜显明功臣以填藩国，毋空大位，以塞争权。宜以车骑将军安世为大将军，毋令领光禄勋事；以其子延寿为光禄勋。"上亦欲用之。夏，四月，戊申，以安世为大司马、车骑将军，领尚书事。

上思报大将军德，乃封光兄孙山为乐平侯，使以奉车都尉领尚书事。魏相因昌成君许广汉奏封事，言《春秋》讥世卿，恶宋三世为大夫及鲁季孙之专权，皆危乱国家。自后元以来，禄去王室，政由冢宰。今光死，子复为右将军，兄子秉枢机，昆弟、诸婿据权势，在兵官，光夫人显及诸女皆通籍长信宫，或夜诏门出入，骄奢放纵，恐浸不制，宜有以损夺其权，破散阴谋，以固万世之基，全功臣之世。"又故事：诸上书者皆为二封，署其一曰"副"，领尚书者先发副封，所言不善，屏去不奏。相复因许伯白去副封以防壅蔽。帝善之，诏相给事中，皆从其议。

帝兴于闾阎，知民事之艰难。霍光既薨，始亲政事，厉精为治，五日一听事。自丞相以下各奉职奏事，敷奏其言，考试功能。侍中、尚书功劳当迁及有异善，厚加赏赐，至于子孙，终不改易。枢机周密，品式备具，上下相安，莫有苟且之意。及拜刺史、守、相，辄亲见问，观其所由，退而考察所行以质其言，有名实不相应，必知其所以然。常称曰："庶民所以安其田里而亡叹息愁恨之心者，政平讼理也。与我共此者，其惟良二千石乎！"以为太守，吏民之本，数变易则不安；民知其将久，不可欺罔，乃服从其教化。故二千石有治理效，辄以玺书勉厉，增秩、赐金，或爵至关内侯；公卿缺，则选诸所表，以次用之。是以汉世良史，于是为盛，称中兴焉。

【译文】

汉宣帝地节二年（癸丑，公元前68年）

春季，霍光病重，汉宣帝亲自前往探望，为他流泪。霍光上书谢恩，表示希望能在自己的封地中分出三千户，封兄长霍去病的孙子奉车都尉霍山为列侯，以祀奉霍去病的香火。当日，汉宣帝任命霍光之子霍禹为右将军。三月庚午（初八），霍光去世。汉宣帝与皇太后亲自前往霍光灵堂进行祭悼，命令中二千石官员负责霍光墓的修建事务，赏赐棺木、葬具等，都与御用规格一样；赐霍光谥号为"宣成侯"；征调三河地区的兵卒为霍光挖掘墓穴，将棺木埋葬后，在上面筑起坟茔；拨出三百家民户侍奉墓园，设置长、丞负责守墓和祭祀事务。汉宣帝还下诏免除霍光后代子孙的赋税、徭役，让他们继承霍光的封爵、食邑，世世代代、永远不变。

御史大夫魏相向汉宣帝上了一道秘密奏章，其中说道："国家最近丧失了大将军，应当对另外的有功大臣明示尊崇、显扬，以镇抚各诸侯封国，不要使大将军之位空缺，以免引起朝臣争权。我认为应任命车骑将军张安世为大将军，不要再让他兼领光禄勋事务；任命张安世之子张延寿为光禄勋。"汉宣帝也想任用张安世。夏季，四月戊申（十七日），任命张安世为大司马、车骑将军，主管尚书事务。

汉宣帝想报答大将军霍光拥立自己做皇帝的大德，便封霍光兄长霍去病的孙子霍山为乐平侯，命他以奉车都尉的身份主管尚书事务。魏相通过昌成君许广汉向汉宣帝上了一道秘密奏章，说道："《春秋》讥讽世代为卿相的人，憎恶宋三代人都做大夫，到鲁季孙的专权当道，都使国家陷于危亡混乱之中。我朝自孝武皇帝后元以来，皇室不能控制各级官员的俸禄，朝政大事都由职权最高的大臣决定。如今霍光虽死，他的儿子仍为右将军，侄儿掌管中枢事务，兄弟、女婿们都身居权要之职，或担任军事将领，霍光的夫人显以及几个女儿都在长信宫门录有姓名，甚至半夜也能叫开宫门出入。霍氏一门骄奢放纵，恐怕会渐渐难以控制，所以应设法削弱他们的权势，消灭他们可能会生出的阴谋，以巩固皇家的万世基业，也保全功臣的后代子孙。"依照惯例，凡上书朝廷，都是一式两份，其中一份注明为副本，由主管尚书事务的人先打开副本审视，如所奏之事不妥，则不予上奏。魏相又通过许广汉向汉宣帝建议，取消奏章副本，防止阻塞言路而蒙蔽皇上。汉宣帝认为很对，下诏命魏相担任给事中，全部采纳了魏相的意见。

汉宣帝出身于民间，了解下层人民的艰难困苦。霍光死后，汉宣帝开始亲自主持朝政，励精图治，每隔五天，就要召集群臣，听取他们对朝政事务的意见。自丞相以下，群臣各就自己负责的事务分别奏报，再将他们陈述的意见分别下达有关部门试行，考察、检验其功效。凡任侍中、尚书的官员有功应当升迁，或有特殊成绩，就厚加赏赐，甚至及于他们的子孙，长久不改变。中枢机构严密，法令、制度完备，上下相安无事，没有人抱着苟且敷衍的态度办事。至于任命州刺史、郡太守、封国丞相等高级地方官吏，汉宣帝总是亲自召见询问，观察他的抱负和打算，再考察他的行为，看是否与他当初说的一样，凡查出有言行不统一的，一定要追究其原因何在。汉宣帝常说："老百姓之所以能安居家乡，没有叹息、怨愁，主要就在于为政公平清明，处理诉讼之事合乎情理。能与我一起做到这一点的，不正是那些优秀的郡太守和封国丞相等二千石官员吗！"汉宣帝认为，郡太守为治理官吏和百姓的关键，如变换频繁则容易引起治下百姓的不安。百姓们知道他们的郡太守将长期留任，不可欺罔，才能服从郡太守的教化。所以，凡地方二千石官员治理地方有成效的，汉宣帝总是正式颁布诏书加以勉励，增加其官阶俸禄，赏赐黄金，甚至赐爵为关内侯；遇有公卿职位空缺，则按照他们平时所受奖励的先后、多少，依次挑选补任。因此，汉朝的好官，这一时期最多，号称中兴。

四海臣服

【原文】

汉宣帝甘露三年（庚午，前51年）

匈奴呼韩邪单于来朝，赞谒称藩臣而不名。赐以冠带、衣裳、黄金玺、盭绶、玉具剑、佩刀、弓一张、矢四发、棨戟十、安车一乘、鞍勒一具、马十五匹、黄金二十斤、钱二十万、衣被七十七袭、锦绣、绮縠、杂帛八千匹、絮六千斤。礼毕，使使者道单于先行宿长平。上自甘泉宿池阳宫。上登长平阪，诏单于毋谒，其左右当户群臣皆得列观，及诸蛮夷君长、王、侯数万，咸迎于渭桥下，夹道陈。上登渭桥，咸称万岁。单于就邸长安。置酒建章宫，飨赐单于，观以珍宝。二月，遣单于归国。单于自请："愿留居幕南光禄塞下；有急，保汉受降城。"汉遣长乐卫尉高昌侯董忠、车骑都尉韩昌将骑万六千，又发边郡士马以千数，送单于出朔方鸡鹿塞。诏忠等留卫单于，助诛不服，又转边谷米糒，前后三万四千斛，给赡其食。先是，自乌孙以西至安息诸国近匈奴者，皆畏匈奴而轻汉；及呼韩邪单于朝汉后，咸尊汉矣。

【译文】

汉宣帝甘露三年（庚午，公元前51年）

匈奴呼韩邪单于前来朝见，拜见汉宣帝时，自称藩臣而不称名字。汉宣帝赐给他冠带、官衣服、黄金印玺、绿色绶带、玉石装饰的宝剑、佩刀、一张弓、四十八支箭、十支有戟套的长戟，安车一辆，马鞍马辔一套，马十五匹、黄金二十斤，钱二十万，衣衫被褥七十七套，锦绣、绸缎、各种细绢八千匹，丝绵六千斤。朝会典礼结束后，汉宣帝派使臣带领单于先至长平阪住宿，自己也从甘泉前往池阳宫住宿。汉宣帝登上长平阪，下诏命单于不必参拜，允许单于左右的大臣列队观瞻，蛮夷各国的国君、各诸侯王、列侯等数万人，全部来到渭桥下夹道迎接。汉宣帝登上渭桥，众人齐呼万岁。过后单于到长安居住。汉宣帝在建章宫设酒宴款待单于，请他观赏珍宝。二月，送单于回国。单于自己请求："希望留居于大沙漠之南的光禄塞下，遇有紧急情况，退入汉受降城自保。"汉宣帝长乐卫尉高昌侯董忠、车骑都尉韩昌率领一万六千名骑兵，又征发边疆各郡数以千计的士兵、马匹，送单于出朔方郡鸡鹿塞。下诏命董忠等留下保卫单于，帮助单于征讨不服其统治的匈奴人。又转运边疆的谷米干粮，前后共三万四千斛，供给匈奴人食用。以前，自乌孙以西直到安息，与匈奴接近的西域各国，全都畏惧匈奴，轻视汉朝；自呼韩邪单于至汉朝朝见后，则全部遵从汉朝号令了。

匈奴呼韩邪单于和随从恭敬地向汉宣帝施礼，并以藩臣自称。汉宣帝见状龙颜大悦，赐予呼韩邪单于重礼。

成帝好色

【原文】

汉成帝建始二年（庚寅，前31年）

上自为太子时，以好色闻；及即位，皇太后诏采良家女以备后宫。大将军武库令杜钦说王凤曰："礼，一娶九女，所以广嗣重祖也。娣侄虽缺不复补，所以养寿塞争也。故后妃有贞淑之行，则胤嗣有贤圣之君；制度有威仪之节，则人君有寿考之福。废而不由，则女德不厌；女德不厌，则寿命不究于高年。男子五十，好色未衰；妇人四十，容貌改前；以改前之容侍于未衰之年，而不以礼为制，则其原不可救而后徕异态；后徕异态，则正后自疑而支庶有间适之心；是以晋献被纳谗之谤，申生蒙无罪之辜。今圣主富于春秋，未有适嗣，方乡术入学，未亲后妃之议。将军辅政，宜因始初之隆，建九女之制，详择有行义之家，求淑女之质，毋必有声色技能，为万世大法。夫少戒之在色，《小弁》之作，可为寒心。惟将军常以为忧！"凤白之太后，太后以为故事无有；凤不能自立法度，循故事而已。凤素重钦，故置之莫府，国家政谋常与钦虑之，数称达名士，裨正阙失；当世善政多出于钦者。

【译文】

汉成帝建始二年（庚寅，公元前31年）

成帝从当太子时，就以好色出名。等到即位后，皇太后诏令挑选良家女子充实后宫。大将军、武库令杜钦劝王凤说："按照古礼，天子大婚，一次就娶九个女子，是为了让她们多生儿子，以对得起祖宗。其中有人死亡，虽空缺其位，也不再补充，为的是使君王保养长寿，也避免后宫争宠。因此皇后嫔妃有贞洁贤淑的德行，而子孙后裔就有圣贤之君。制度有严格的节制，君王就会有高寿之福。废弃而不采用这些古礼，君王就会沉湎于女色；沉湎于女色，就不会享有高寿。男子到了五十岁，好色之心仍未衰退；可是妇人到了四十岁，容貌便不同从前。以变丑了的容貌，去侍奉好色之心处在未衰年龄的君王，而不以古礼去约束克制，就不能挽救君王本来的好色，而后还要发生不正常的变化。发生不正常变化，则正宫皇后自我猜疑，恐怕后位不稳，而庶妻宠妃产生夺嫡的野心。这正是晋献公被人指责采纳谗言，使申生无罪而蒙受冤死的原因。现在圣主还很年轻，没有嫡子，刚刚开始研习学问，还没有因亲近后妃而受到批评。将军身为辅政大臣，应该趁着本朝初期的隆盛，建立九妻制度。仔细选择德行高尚的仁义之家，物色品貌端庄的淑女，不一定要有声色技能，把这个制度定为万世不改之法。年轻人要戒色。《诗经·小弁》这首诗就是讽刺周幽王废申后而立褒姒，哀伤太子被放逐，使人听了十分寒心。请将军常以此为忧！"王凤将杜钦之言转告皇太后，太后认为九妻之制汉朝没有前例，王凤不能自立法度，只是因循惯例而已。王凤一向器重杜钦，因此把他安置在幕府，常与他一起研究考虑国家的政治大计。杜钦多次称赞推荐有名望的士人，使他们补救改正政治上的欠缺和失误。当世的善政，多出于杜钦的建议和筹划。

飞燕身轻

【原文】

汉成帝鸿嘉三年（癸卯，前18年）

初，许皇后与班婕妤皆有宠于上。上尝游后庭，欲与婕妤同辇载，婕妤辞曰："观古图画，贤圣之君皆有名臣在侧，三代末主乃有嬖妾。今欲同辇，得无近似之乎！"上善其言而止。太后闻之，喜曰："古有樊姬，今有班婕妤！"班婕妤进侍者李平得幸，亦为婕妤，赐姓曰卫。

其后，上微行过阳阿主家，悦歌舞者赵飞燕，召入宫，大幸；有女弟，复召入，姿性尤醲粹，左右见之，皆啧啧嗟赏。有宣帝时披香博士淖方成在帝后，唾曰："此祸水也，灭火必矣！"姊、弟俱为婕妤，贵倾后宫。许皇后、班婕妤皆失宠。于是赵飞燕谮告许皇后、班婕妤挟媚道，祝诅后宫，詈及主上。冬，十一月，甲寅，许后废处昭台宫，后姊谒等皆诛死，亲属归故郡。考问班婕妤，婕妤对曰："妾闻'死生有命，富贵在天。'修正尚未蒙福，为邪欲以何望！使鬼神有知，不受不臣之诉；如其无知，诉之何益！故不为也。"上善其对，赦之，赐黄金百斤。赵氏姊、弟骄妒，婕妤恐久见危，乃求共养太后于长信宫。上许焉。

【译文】

汉成帝鸿嘉三年（癸卯，公元前18年）

最初，许皇后与班婕妤都受成帝宠爱。有一次，成帝在后宫廷院游玩，想跟班婕妤同乘一辆车，班婕妤推辞说："我观看古代的图画，圣贤的君王身旁都跟随着名臣，而三代末世的君王身旁才有宠妾。现在陛下想让我同车，是不是有些相似呢！"成帝对她的回答很赞赏，也就不再勉强。太后听说了，高兴地说："古代有樊姬，今天有班婕妤！"班婕妤把侍者李平进献给成帝，李平受到宠幸，也被封为婕妤，赐姓卫。

后来，成帝微服出行，到阳阿公主的家，喜欢上公主家的歌舞女赵飞燕，把她召入宫中，大加宠爱。赵飞燕有个妹妹，也被召入宫，姿容特别美艳，毫无瑕疵。成帝左右的人看见她，都惊叹赞赏。有位披香博士淖方成，当时正站在成帝身后，却唾口水说："这是祸水呀，定会扑灭汉王朝之火！"赵飞燕姐妹俩都被封为婕妤，一时尊贵荣宠，压倒后宫。许皇后、班婕妤都失宠了。于是赵飞燕向成帝进谗言说，许皇后、班婕妤用妖术诅咒后宫得宠的美人，甚至连皇上都骂到了。冬

季，十一月，甲寅（十六日），许后被废，迁居昭台宫。许后的姐姐许谒等人全被诛杀，许后的亲属被逐归原郡。审讯班婕妤时，班婕妤回答说："我听说'死生有命，富贵在天'。我修行持正，尚且没有享到幸福，如果做邪恶的事，就更不用想有好结果了。假使鬼神有知，不会听取诅咒主上的恶诉；假使鬼神无知，向鬼神诉说又有什么用呢？所以用妖术诅咒之事，我是不会做的。"成帝认为她说得有道理，就赦免了她，并赐黄金百斤。赵氏姐妹骄横妒忌，班婕妤怕时间长了，终为所害，就请求到长信宫侍奉太后。皇上予以批准。

【原文】

汉成帝永始元年（乙巳，前16年）

上欲立赵婕妤为皇后，皇太后嫌其所出微甚，难之。太后姊子淳于长为侍中，数往来通语东宫；岁余，乃得太后指，许之。夏，四月，乙亥，上先封婕妤父临为成阳侯。谏大夫河间刘辅上书，言："昔武王、周公，承顺天地以飨鱼、乌之瑞，然犹君臣祗惧，动色相戒。况于季世，不蒙继嗣之福，屡受威怒之异者虖！虽夙夜自责，改过易行，畏天命，念祖业，妙选有德之世，考卜窈窕之女，以承宗庙，顺神祗心，塞天下望，子孙之祥犹恐晚暮！今乃触情纵欲，倾于卑贱之女，欲以母天下，不畏于天，不愧于人，惑莫大焉！里语曰，'腐木不可以为柱；人婢不可以为主。'天人之所不予，必有祸而无福，市道皆共知之，朝廷莫肯壹言。臣窃伤心，不敢不尽死！"书奏，上使侍御史收缚辅，系掖庭秘狱，群臣莫知其故。于是左将军辛庆忌、右将军廉褒、光禄勋琅邪师丹、太中大夫谷永俱上书曰："窃见刘辅前以县令求见，擢为谏大夫，此其言必有卓诡切至当圣心者，故得拔至于此；旬月之间，收下秘狱。臣等愚以为辅幸得托公族之亲，在谏臣之列，新从下土来，未知朝廷体，独触忌讳，不足深过。小罪宜隐忍而已，如有大恶，宜暴治理官，与众共之。今天心未豫，灾异屡降，水旱迭臻，方当隆宽广问，褒直尽下之时也，而行惨急之诛于谏争之臣，震惊群下，失忠直心。假令辅不坐直言，所坐不著，天下不可户晓。同姓近臣，本以言显，其于治亲养忠之义，诚不宜幽囚于掖庭狱。公卿以下，见陛下进用辅亟而折伤之暴，人有惧心，精锐销耎，莫敢尽节正言，非所以昭有虞之听，广德美之风！臣等窃深伤之，惟陛下留神省察！"上乃徙系辅共工狱，减死罪一等，论为鬼薪。

【译文】

汉成帝永始元年（乙巳，公元前16年）

成帝想封赵飞燕为皇后，但皇太后嫌她出身太微贱，从中阻拦。太后姐姐的儿子淳于长任侍中，多次往来于东宫，为成帝传话。经过一年多，才得到太后的旨意，予以允许。夏季，四月，乙亥（十五日），成帝先封赵飞燕的父亲赵临为成阳侯。谏大夫、河间人刘辅上书说："过去武王、周公承顺天地，因而有白鱼入于舟、火焰变乌鸦的祥瑞，然而君臣仍然心怀恭敬和恐惧，脸上变色，互相诫勉。何况现在正处末世，没有太子降生的福气，却屡次遭受上天降威震怒的变异呢！虽然日夜自责检讨，改过易行，敬畏天命，思念祖宗大业，精选品德高尚的家族，从中稽考挑选窈窕淑女，以承奉宗庙，顺从神灵之心，满足天下人的希望，然而要想有生子生孙的福气，仍然恐怕太晚！可是陛下现在却放纵情欲，倾心迷恋卑贱之女，想让这样的女子做天下之母，既不畏于天，又不愧于人，陛下的迷惑，没有比现在更大的了！俗话说，'腐木不可用做梁柱，婢女不可成为主人。'上天和人民都不赞成的事情，必然有祸而无福，这是街市小民和路人都懂得的道理，朝廷却没有人肯说一句话，我为此痛心，不敢不冒死劝谏。"奏章上去后，成帝派侍御史逮捕了刘辅，将他囚禁在宫廷秘密监狱里。群臣都不知道他被捕的原因。当时左将军辛庆忌、右将军廉褒、光禄勋琅邪人师丹、太中大夫谷永都上书说："我们看到刘辅从前以县令的身份求见陛下，被陛下擢升为谏大夫，这说明他的话必具卓异的见识，正好深合圣心，所以才能够被提拔到这样的位置。不到一个月的时间，却突然被逮捕，被关押在秘密监狱。我们愚昧地认为，刘辅有幸为皇族宗亲之一，位列谏臣。他新近才从下面的县邑来到朝廷，不懂朝廷规矩，独自触犯了陛下的忌讳，不足以深加追究。若是小罪，陛下还是应该隐忍一下；如有大罪，就应公开揭露，让司法官吏去查办，使大家都知道他的罪恶。现在天心不悦，屡降灾异，水旱迭至，正处在应该施恩宽容，广求建议，褒奖直言，使臣下尽言的时候，却对谏诤之臣施以惨痛激烈的处罚，使群臣震惊，丧失尽忠直言之心。假如刘辅不是因直言获罪，罪名又不公布，那就不能使天下家喻户晓。刘辅是同姓近臣，本因直言而获显达，从治理亲族、培养忠良的意义上说，实在不该把他幽禁在宫廷监狱。公卿及以下官员，见陛下很快地擢升任用刘辅，又迅速加以摧折，人人怀有恐惧之心，精气顿消，锐气减弱，不敢为国尽忠直言了。这就不能显示出陛下具有虞舜倾听直谏的贤德，也不能推广美好的道德风范。我们深深为此痛心，希望陛下留意考察！"成帝于是把刘辅转移到少府属官共工狱，减免死罪，判处做三年拾柴供宗庙祭祀烧火用的鬼薪徒刑。

【原文】

初，太后兄弟八人，独弟曼早死，不侯；太后怜之。曼寡妇渠供养东宫，子莽幼孤，不及等比；其群兄弟皆将军、五侯子，乘时侈靡，以舆马声色佚游相高。莽因折节为恭俭，勤身博学，被服如儒生；事母及寡嫂，养孤兄子，行甚敕备；又外交英俊，内事诸父，曲有礼意。大将军凤病，莽侍疾，亲尝药，乱首垢面，不解衣带连月。凤且死，以托太后及帝，拜为黄门郎，迁射声校尉。久之，叔父成都侯商上书，愿分户邑以封莽。长乐少府戴崇、侍中金涉、中郎陈汤等皆当世名士，咸为莽言，上由是贤莽，太后又数以为言。五月，乙未，封莽为新都侯，迁骑都尉、光禄大夫、侍中。宿卫谨敕，爵位益尊，节操愈谦，散舆马、衣裘振施宾客，家无所余；收赡名士，交结将、相、卿、大夫甚众。故在位更推荐之，游者为之谈说，虚誉隆洽，倾其诸父矣。敢为激发之行，处之不渐恧。尝私买侍婢，昆弟或颇闻知，莽因曰："后将军朱子元无子，莽闻此儿种宜子，为买之。"即日以婢奉朱博。其匿情求名如此！

【译文】

最初，太后有兄弟八人，只有弟弟王曼早死，没有封侯。太后怜惜他，把王曼的遗孺渠供养在东宫。王曼的儿子王莽，从小成了孤儿，不能与其他人相比。王莽那些兄弟的父亲都是将军、王侯，可以凭父亲当时的地位恣意奢华，在车马声色放荡游乐方面互相竞比。而王莽屈己下人，态度谦恭，勤学苦修，学识渊博，穿着像儒生。侍奉母亲和寡嫂，抚养亡兄的孤儿，都十分尽心周到。同时，在外结交的都是些俊杰之士，在内对待诸位伯父叔父，都能委曲迁就，礼敬有加。大将军王凤病重时，王莽侍候他，亲口尝药，一连几个月都不能解衣入睡，因而蓬头垢面。王凤将死时，把王莽托付给太后及成帝，王莽因此被封为黄门郎，以后又升任射声校尉。很久以后，叔父成都侯王商上书，表示愿分出自己封地上的土地和百姓，请求皇上封给王莽。长乐少府戴崇、侍中金涉、中郎陈汤等，都是当代名士，也都为王莽美言。成帝因而认为王莽贤能，太后又屡次以此嘱咐成帝。五月，乙未（六日），封王莽为新都侯，将他升为骑都尉、光禄大夫、侍中。王莽在宫廷谨慎尽心，爵位越尊贵，他的礼节操守就越谦恭。他把自己的车马、衣物、皮裘周济给门下宾客，而自己却家无余财。他收罗赡养名士，结交很多将、相、卿、大夫。因而在位的官员轮番向皇帝推荐他，善游说的人也为他到处宣传，虚假不实的声誉隆盛无比，压过了他的诸位伯父叔父。他敢于做违俗立异的事情，而又安然处之，毫无愧色。王莽曾私下买了一个婢女，兄弟中有人听说了，王莽于是辩解说："后将军朱子元没有儿子，我听说此女有适合生男孩的相。"当天就把婢女奉送给朱博。他就是这样隐匿真情博取名声的！

【原文】

六月，丙寅，立皇后赵氏，大赦天下。

皇后既立，宠少衰。而其女弟绝幸，为昭仪，居昭阳舍，其中庭彤硃而殿上髹漆；切皆铜沓，黄金涂；白玉阶；壁带往往为黄金釭，函蓝田璧、明珠、翠羽饰之。自后宫未尝有焉。赵后居别馆，多通侍郎、宫奴多子者。昭仪尝谓帝曰："妾姊性刚，有如为人构陷，则赵氏无种矣！"因泣下悽恻。帝信之，有白后奸状者，帝辄杀之。由是后公为淫恣，无敢言者，然卒无子。

【译文】

六月，丙寅（七日），成帝封赵飞燕为皇后，大赦天下。

赵飞燕当上皇后以后，成帝对她的宠爱稍有衰退。而她的妹妹却空前受宠，被封为昭仪，赐住昭阳舍，居处中庭全涂成朱红色，而殿上则漆成黑色；门槛全用铜包上，再涂以黄金；台阶用白玉雕成；屋内墙壁上带状的横木，处处嵌有黄金环，环内镶上蓝田玉璧、明珠、翠羽来装饰。其奢华是后宫从来没有过的。赵皇后居住在另外一个宫殿，与来往宫中的侍郎和多子的宫奴屡次私通。赵昭仪曾对成帝说："我姐姐性格刚烈，假如被人构陷，则我们赵氏就要绝种了！"趁势哭得十分凄恻。成帝相信了她的话，有报告皇后奸情的人，成帝就把他杀死。从此，赵皇后公然恣意宣淫，没有人敢报告了，然而始终不生孩子。

王莽篡权

【原文】

汉平帝元始二年（壬戌，2年）

郡国大旱，蝗，青州尤甚，民流亡。王莽白太后，宜衣缯练，颇损膳，以示天下。莽因上书愿出钱百万，献田三十顷，付大司农助给贫民。于是公卿皆慕效焉，凡献田宅者二百三十人，以口赋贫民。又起五里于长安城中，宅二百区，以居贫民。莽帅群臣奏太后，言："幸赖陛下德泽，间者风雨时，甘露降，神芝生，蓂荚、朱草、嘉禾，休征同时并至。愿陛下遵帝王之常服，复太官之法膳，使臣子各得尽欢心，备共养！"莽又令太后下诏，不许。每有水旱，莽辄素食，左右以白太后，太后遣使者诏莽曰："闻公菜食，忧民深矣。今秋幸孰，公以时食肉，爱身为国！"

【译文】

汉平帝元始二年（壬戌，公元2年）

郡国发生大旱灾、蝗灾，青州尤其严重，人民逃荒流亡。王莽禀告太皇太后：应该改穿没有花纹的丝帛服装，俭省御用膳食，以向天下表示克己节约。王莽乘机上书，愿意拿出百万钱的捐款并献田三十顷，交付大司农以救助贫民。于是公卿大臣都敬仰而仿效，共有二百三十人捐献田宅，把这些田宅按人数分配给贫民。又在长安城中兴建五个里，盖民宅二百所，用来安置贫民居住。然后王莽率领群臣奏报太皇太后说："有幸仰赖陛下的盛德恩泽，最近以来，风雨依时，甘露从天而降，灵芝生长，蓂荚、朱草、嘉禾等诸般美好祥瑞的征兆同时出现。愿陛下仍然遵照规定穿帝王正常的服装，恢复太后的正常膳食供应，使做臣子的各自都能尽力使陛下有和乐之心，精心周到地供养陛下。"王莽又让太皇太后下诏，表示不同意。每遇水旱灾害，王莽就吃素食。左右侍臣将这个情况报告给太皇太后，太皇太后派使者诏令王莽说："听说安汉公只吃素食，真是忧民至深。今年秋天幸而庄稼丰收，请公及时吃肉，为国家爱护自己的身体！"

【原文】

莽欲以女配帝为皇后以固其权，奏言："皇帝即位三年，长秋宫未建，掖廷媵未充。乃者国家之难，本从无嗣，配取不正，请考论《五经》，定取后礼，正十二女之义，以广继嗣，博采二王后及周公、孔子世、列侯在长安者适子女。"事下有司，上众女名，王氏女多在选中者，莽恐其与己女争，即上言："身无德，子材下，不宜与众女并采。"太后以为至诚，乃下诏曰："王氏女，朕之外家，其勿采。"庶民、诸生、郎吏以上守阙上书者日千余人，公卿大夫或诣廷中，或伏省户下，咸言："安汉公盛勋堂堂若此，今当立后，独奈何废公女，天下安所归命！愿得公女为天下母！"莽遣长史以下分部晓止公卿及诸生，而上书者愈甚。太后不得已，听公卿采莽女。莽复自白："宜博选众女。"公卿争曰："不宜采诸女以贰正统。"莽乃白："愿见女。"

【译文】

王莽想把女儿嫁给平帝为皇后，以巩固自己的权力。就上奏说："陛下即位已三年，还没有立皇后，后宫嫔妃也空缺。以往国家的灾难，本由于无继承人、后妃的来路不正所引起。请考查讨论儒学五经的有关记载，制定聘娶皇后之礼，使古代天子娶十二个女子的规定纳入正轨，以广求继嗣。广泛地在殷、周天子的后裔，周公、孔子的后代，以及在长安的列侯之家中挑选合适的女子。"太皇太后将此事交付有关机关办理，主管官员呈上众女子的名单，王氏家族的女子多在被选中。王莽恐怕王氏其他人的女儿会与自己的女儿争当皇后，就上书说："我本身没有高尚的品德，女儿的资质才能又为下等，她不适宜与众女子一起被挑选。"太皇太后以为他是诚心诚意谦虚，就下诏说："王氏家族的女子是我娘家人，就不要参加挑选了。"平民、诸生、郎吏及以上官吏，守候在皇宫大门上书的，每天有一千余人。公卿大夫有的前往廷中，有的俯伏在宫内官署的门下，都要求说："安汉公的盛大功勋如此辉煌，如今应当立他的女儿为皇后，为什么单单剔除了安汉公的女儿，天下人将把期望归聚到哪一位身上呢！我们希望能让安汉公的女儿做天下之母！"王莽派遣长史及以下官员分别去劝说阻止公卿及诸生的请愿，然而上书请愿的人反而愈来愈多。太皇太后不得已，就听从公卿的意见，挑选王莽的女儿为皇后。王莽又为自己辩白说："应该广选众女。"公卿争辩说："再选取其他女子，就会违背正统。"王莽只好说："请察看我的女儿吧。"

【原文】

汉平帝元始四年（甲子，4年）

夏，太保舜等及吏民上书者八千余人，咸请："如陈崇言，加赏于安汉公。"章下有司，有司请："益封公以召陵、新息二县及黄邮聚、新野田；采伊尹、周公称号，加公为宰衡，位上公，三公言事称'敢言之'；赐公太夫人号曰功显君；封公子男二人安为褒新侯，临为赏都侯；加后聘三千七百万，合为一万万，以明大礼；太后临前殿亲封拜，安汉公拜前，二子拜后，如周公故事。"莽稽首辞让，出奏封事："愿独受母号，还安、临印韨及号位户邑。"事下，太师光等皆曰："赏未足以直功。谦约退让，公之常节，终不可听。忠臣之节亦宜自屈，而伸主上之义。宜遣大司徒、大司空持节承制诏公亟入视事，诏尚书勿复受公之让奏。"奏可。莽乃起视事，止减召陵、黄邮、新野之田而已。

【译文】

汉平帝元始四年（甲子，公元4年）

夏季，太保王舜等以及官民八千多人上书朝廷，一致请求："请按照大司徒司直陈崇的建议，增加对安汉公王莽的赏赐。"奏章交给主管官吏，主管官吏奏报说："增加安汉公王莽的封地，把召陵、新息二县，和黄邮聚、新野两地的耕田全都划入；采用伊尹和周公的称号，安汉公加上宰衡的官号，位居上公，三公向安汉公汇报工作，自称

'冒昧陈辞'；封王莽的母亲为功显君；封王莽的两个儿子王安为褒新侯，王临为赏都侯；增加皇后彩礼三千七百万钱，合成一万万钱，用来表明大礼的隆重；太皇太后来到前殿，亲自赐封爵位和称号；王莽在前面下拜，两个儿子在后面下拜，一如周公的旧例。"王莽叩头辞让，出宫以后送上密奏，说："仅愿接受对我母亲的封号，而退还王安、王临的印玺绶带和爵位称号、封邑民户。"事后，太师孔光等都说："赏赐不足以抵偿功劳，谦虚辞让是安汉公的一贯作风，到底不可以听从。忠臣的气节有时应该自己屈服，使主上的大义得以伸张。应该派遣大司徒、大司空拿着符节，奉皇帝命令征召安汉公赶快入宫主持朝政，并下令尚书拒绝接受安汉公任何推辞退让的奏章。"奏章被批准了。王莽这才起来办理公务，仅减少召陵、黄邮、新野三地的封土罢了。

【原文】

　　莽复以所益纳征钱千万遗太后左右奉共养者。莽虽专权，然所以诳耀媚事太后，下至旁侧长御，方故万端，赂遗以千万数。白尊太后姊、妹号皆为君，食汤沐邑。以故左右日夜共誉莽。莽又知太后妇人，厌居深宫中，莽欲虞乐以市其权，乃令太后四时车驾巡狩四郊，存见孤、寡、贞妇，所至属县，辄施恩惠，赐民钱帛、牛酒，岁以为常。太后旁弄儿病，在外舍，莽自亲候之。其欲得太后意如此。

　　莽奏起明堂、辟雍、灵台，为学者筑舍万区，制度甚盛。立《乐经》；益博士员，经各五人。征天下通一艺、教授十一人以上，及有逸礼、古书、天文、图谶、钟律、月令、兵法、史篇文字，通知其意者，皆诣公车。网罗天下异能之士，至者前后千数，皆令记说廷中，将令正乖谬，壹异说云。

　　又征能治河者以百数，其大略异者，长水校尉平陵关并言："河决率常于平原、东郡左右，其地形下而土疏恶。闻禹治河时，本空此地，以为水猥盛则放溢，少稍自索，虽时易处，犹不能离此。上古难识。近察秦、汉以来，河决曹、卫之域，其南北不过百八十里。可空此地，勿以为官亭、民室而已。"御史临淮韩牧以为："可略于《禹贡》九河处穿之，纵不能为九，但为四五，宜有益。"大司空掾王横言："河入渤海地，高于韩牧所欲穿处。往者天尝连雨，东北风，海水溢，西南出，浸数百里，九河之地已为海所渐矣。禹之行河水，本随西山下东北去。《周谱》云，'定王五年，河徙。'则今所行非禹之所穿也。又秦攻魏，决河灌其都，决处遂大，不可复补。宜却徙完平处更开空，使缘西山足，乘高地而东北入海，乃无水灾。"司空掾沛国桓谭典其议，为甄丰言："凡此数者，必有一是；宜详考验，皆可豫见。计定然后举事，费不过数亿万，亦可以事诸浮食无产业民。空居与行役，同当衣食，衣食县官而为之作，乃两便，可以上继禹功，下除民疾。"时莽但崇空语，无施行者。

【译文】

　　王莽又在所增加彩礼的三千七百万中，提出一千万，送给太皇太后左右侍从人员。王莽虽然独裁，但他千方百计地迷惑谄媚取悦太皇太后，甚至连对于太皇太后身边那些常侍的随从，都使用多种方法，致送数以千万计的贿赂。又建议封太后的姐、妹为君,各有汤沐邑。因此,太皇太后身旁的人日夜共同赞美王莽。王莽知道,太皇太后是一个女人,厌恶居住在深宫之中。他打算用娱乐方式换取在太后手里的权力。于是,春夏秋冬四季,王莽都请太后到长安四郊游览,慰问孤儿、寡妇和贞妇。所到长安各属县,都布施恩惠,赏赐平民钱币、丝织品、牛肉、美酒,每年都是如此。太后身旁供使开心的弄儿有病,王莽亲自前往探望。王莽想得到太后的好感,所用手段大致如此。

王莽提议兴建明堂、辟雍和灵台,给学者建筑宿舍一万间,规模十分宏伟。在太学设立《乐经》课程,并增加博士名额,每一经各五人。征求全国精通一经,而且教授弟子十一人以上的经师,以及藏有散失的《礼经》、古文《尚书》、天文、图谶、音乐、《月令》、《兵法》、《史籀篇》文字,令通晓它们意义的人,都前往公车衙门。收罗全国具有卓越才能的士人,来到京师的前后数以千计,都让他们到朝廷上记录其学说,打算让他们订正流传的错误,统一各种分歧的说法。

王莽又征求到数百能够治理黄河的人才,其中各人的主张并不相同。长水校尉平陵人关并认为:"黄河溃决的地点,经常在平原、东郡左右,那一带地势低下,土质松软。据说夏禹治理黄河时,原本把这一带地区空出来,认为水大时就到那里倾泻,水小时自会逐渐干涸。虽然时常改变地方,但还没能离开这一带。上古时代的往事难以考察。考察近代秦、汉以来的状况,黄河在古曹国、古卫国的地域决口,南北相距不过百八十里。可以把这一带腾空,不再兴建官亭、民居了。"御史临淮人韩牧认为:"《禹贡》有九条河流的记载,我们应大略地在故道上挖掘,即使不能凿出九条河流,只要能开凿四五条,应该也有裨益。"大司空掾王横进言说:"黄河注入渤海的出口,比韩牧打算挖掘地带的地势要高。过去降雨频繁,东北风起,海水西灌,黄河向西南倒流,淹没数百里,古九河的故道早就被海水吞没了。禹当初疏通黄河,本来是要顺着西山,流向东北。《周谱》说,'周定王五年黄河改道。'说明今天的黄河,并非大禹当年挖掘的河道。还有,秦国攻击魏国时,决开黄河堤岸,用河水灌入魏国京都大梁,决口于是扩大,无法再次堵塞。所以,应把平地的百姓全部迁移,重新开凿河道,使河水顺着西山脚下,居高临下向东北注入大海,就没有水患了。"大司空掾沛国人桓谭主持这项讨论,向少傅甄丰说:"这几项建议中,肯定有一个是对的。应详细考察,都可以预先发现。计划确定后再来进行工作,费用不过数亿万,而且可以使一些无产业的游民找到工作。可以省下住房和劳力,权当作为衣食。由国家供应他们的衣食,而他们为国家劳作,这对两方面都有好处。这样上可以继承禹的大业,下可以为人民除害。"然而,当时王莽崇尚的只是空话,并没有具体施行。

【原文】

群臣奏言:"昔周公摄政七年,制度乃定。今安汉公辅政四年,营作二旬,大功毕成,宜升宰衡位在诸侯王上。"诏曰:"可。"仍令议九锡之法。

莽自以北化匈奴,东致海外,南怀黄支,唯西方未有加,乃遣中郎将平宪等多持金币诱塞外羌,使献地愿内属。宪等奏言:"羌豪良愿等种可万二千人,愿为内臣,献鲜水海、允谷、盐池、平地美草，皆予汉民；自居险阻处为藩蔽。问良愿降意，对曰，'太皇太后圣明，安汉公至仁，天下太平，五谷成熟，或禾长丈余，或一粟三米，或不种自生，或茧不蚕自成；甘露从天下，醴泉自地出；凤凰来仪，神爵降集。从四岁以来，羌人无所疾苦，故思乐内属。'宜以时处业，置属国领护。"事下莽，莽复奏："今已有东海、南海、北海郡，请受良愿等所献地为西海郡。分天下为十二州，应古制。"奏可。冬，置西海郡。又增法五十条，犯者徙之西海。徙者以千万数，民始怨矣。

【译文】

文武百官奏称："从前，周公代周成王处理国政七年，国家的制度才厘定妥当。而今安汉公辅助国政四年，修建明堂等用了二十天，却大功全部完成。所以，应该把宰衡的地位提高到侯爵亲王之上。"太皇太后下诏说："可以。"同时下令讨论九锡之法。

王莽自以为他的德威，北边感化了匈奴，东边招来了海外国家，南边安抚了黄支国，只有西边没有施加影响，便派遣平宪等人多多携带金钱礼物，去招引边界以外的羌人，使他们献出土地，归属汉朝。平宪等人奏报说："羌人豪杰良愿等为首的部落，人口约一万二千，愿意成为汉朝的臣民，献出鲜水海和允谷、盐池，该地区地平草茂，都交给汉朝百姓，自己住到险阻之处，作为汉朝的屏障。我们询问良愿归降的用意，他回答说，'太皇太后圣明，安汉公最仁慈，天下太平，五谷成熟，有的禾苗长到一丈多长，有的一粒谷子包含三粒米，有的不需种植自己生长，有的茧不要蚕吐丝就可以自织而成，甘露从天上降下，甘泉从地下涌出，凤凰前来朝贺，神雀飞临聚集。四年来，羌人没有遭遇过艰难困苦，所以希望并喜欢归属汉朝。'应及时安排他们的生产和生活，设置属国统辖保护他们。"事情交给王莽处理，王莽回奏说："现在已有东海郡、南海郡、北海郡，请接受良愿等所献土地设置西海郡。全国分为十二州，以符合古代制度。"平帝批准。冬季，设置西海郡。又增订法律五十条，违犯者被流放到西海郡去。被流放的人数以千万，百姓开始怨恨了。

【原文】

王莽初始元年（戊辰，8年）

王邑等还京师，西与王级等合击赵明、霍鸿。二月，明等殄灭，诸县息平。还师振旅，莽乃置酒白虎殿，劳飨将帅。诏陈崇治校军功，第其高下，依周制爵五等，以封功臣为公、侯、伯、子、男，凡三百九十五人，曰"皆以奋怒，东指西击，羌寇、蛮盗、反虏、逆贼，不得旋踵，应时殄灭，天下咸服"之功封云。其当赐爵关内侯者，更名曰附城，又数百人。莽发翟义父方进及先祖冢在汝南者，烧其棺柩；夷灭三族，诛及种嗣，至皆同坑，以棘五毒并葬之。又取义及赵明、霍鸿党众之尸，聚之通路之旁，濮阳、无盐、圉、槐里、盩厔凡五所，建表木于其上，书曰："反虏逆贼鳣鲵。"义等既败，莽于是自谓威德日盛，大获天人之助，遂谋即真之事矣。

【译文】

王莽初始元年（戊辰，公元8年）

王邑等人回到长安，再向西与王级等会合，共同进击赵明、霍鸿。二月，赵明等人被消灭，各县秩序恢复。胜利凯旋，整顿军队，王莽于是在白虎殿举行酒宴，慰劳和赏赐将帅。命令陈崇审核军功，排列高低。依照周朝的制度，把爵位分为五等，赐封功臣为公、侯、伯、子、男，共三百九十五人，指出："他们都怀着愤怒的心情，东征西讨，羌寇、蛮盗、反叛、逆贼，还没有转过脚跟，便及时扑灭，天下人都敬服。"这便是他们封爵的理由。应当赐爵为关内侯的，改名叫附城，又有数百人。王莽下令挖掘翟义父亲翟方进和他祖先在汝南的坟墓，焚烧棺材，屠杀三族，连幼儿都不能幸免。甚至还将尸体都放进同一个大坑，用荆棘跟五毒混杂一并埋葬。又下令把翟义、赵明、霍鸿党羽们的尸体堆积在濮阳、无盐、圉城、槐里、盖屋五个地方的交通大道旁边，把木牌竖立在尸体堆上，上面写道："反虏逆贼鲸鲵。"翟义等人已经失败，王莽于是认为自己的声威德行一天天兴盛，便考虑正式登皇位了。

【原文】

梓潼人哀章学问长安，素无行，好为大言，见莽居摄，即作铜匮，为两检，署其一曰"天帝行玺金匮图"，其一署曰"赤帝行玺某传予黄帝金策书"。某者，高皇帝名也。书言王莽为真天子，皇太后如天命。图书皆莽大臣八人，又取令名王兴、王盛，章因自窜姓名，凡十一人，皆署官爵，为辅佐。章闻齐井、石牛事下，即日昏时，衣黄衣，持匮至高庙，以付仆射。仆射以闻。戊辰，莽至高庙拜受金匮神禅，御王冠，谒太后，还坐未央宫前殿，下书曰："予以不德，托于皇初祖考黄帝之后，皇始祖考虞帝之苗裔，而太皇太后之末属。皇天上帝隆显大佑，成命统序，符契、图文、金匮策书，神明诏告，属予以天下兆民。赤帝汉氏高皇帝之灵，承天命，传国金策之书，予甚祗畏，敢不钦受！以戊辰直定，御王冠，即真天子位，定有天下之号曰新。其改正朔，易服色，变牺牲，殊徽帜，异器制。以十二月朔癸酉为始建国元年正月之朔；以鸡鸣为时。服色配德上黄，牺牲应正用白，使节之旄幡皆纯黄，其署曰'新使五威节'，以承皇天上帝威命也。"

【译文】

梓潼县人哀章在长安学习，一向品行不好，喜欢说大话。他看见王莽居位摄政，就制造了一只铜柜，做了两道标签，一道写作"天帝行玺金匮图"，另一道写作"赤帝行玺某传予黄帝金策书"。所谓某，就是高皇帝的名字。策书上说王莽是真天子，皇太后应遵照天意行事。图和策书都写明王莽的大臣八人，又加上两个好名字王兴和王盛，哀章乘机把自己的姓名也塞在里面，共是十一人，都写明了官职和爵位，作为辅佐。哀章听到所谓齐郡新井和巴郡石牛等祥瑞事件下达了，当天黄昏时候，穿着黄衣、拿着铜柜到高帝祭庙，把它交给了仆射。仆射奏报。戊辰（二十五日），王莽到高帝祭庙，拜受天神命令转让统治权的铜柜。他戴上王冠，进见太皇太后，回来便坐在未央宫的前殿，发布文告说："我德行不好，幸赖是皇初祖黄帝的后代，是皇始祖虞帝的子孙，又是太皇太后的微末亲属。皇天上帝予以隆厚的庇佑，令我继承大统。

符命、图文、金柜中的策书，都是神明的诏告，把天下千百万人民托付我。赤帝汉朝高皇帝的神灵秉承上天的命令，传给我转让政权的金策书，我非常敬畏，敢不敬谨接受！根据占卜，戊辰日（二十五日）是吉日，我戴上王冠，登上真天子的座位，建立'新王朝'。决定改变历法，改变车马、服饰的颜色，改变供祭礼用的牲畜的毛色，改变旌旗，改变用器制度。把今年十二月朔癸酉（初一）定为始建国元年正月的初一，把鸡鸣之时作为一天的开始。车马、服饰的颜色配合土德崇尚黄色，祭祀用的牲畜与正月建丑相应而使用白色，使者符节的旄头旗幡都采用纯黄色，写上'新使五威节'，表明我们是秉承皇天上帝的威严命令。"

【原文】

莽将即真，先奉诸符瑞以白太后，太后大惊。是时孺子未立，玺臧长乐宫。及莽即位，请玺，太后不肯授莽。莽使安阳侯舜谕指。舜素谨敕，太后雅爱信之。舜既见太后，太后知其为莽求玺，怒骂之曰："而属父子宗族，蒙汉家力，富贵累世，既无以报，受人孤寄，乘便利时夺取其国，不复顾恩义。人如此者，狗猪不食其余，天下岂有而兄弟邪！且若自以金匮符命为新皇帝，变更正朔、服制，亦当自更作玺，传之万世，何用此亡国不祥玺为，而欲求之？我汉家老寡妇，旦暮且死，欲与此玺俱葬，终不可得！"太后因涕泣而言，旁侧长御以下皆垂涕。舜亦悲不能自止，良久，乃仰谓太后："臣等已无可言者。莽必欲得传国玺，太后宁能终不与邪？"太后闻舜语切，恐莽欲胁之，乃出汉传国玺投之地，以授舜曰："我老已死，如而兄弟今族灭也！"舜既得传国玺，奏之；莽大说，乃为太后置酒未央宫渐台，大纵众乐。

莽又欲改太后汉家旧号，易其玺绶，恐不见听；而莽疏属王谏欲谄莽，上书言："皇天废去汉而命立新室，太皇太后不宜称尊号，当随汉废，以奉天命。"莽以其书白太后，太后曰："此言是也！"莽因曰："此悖德之臣也，罪当诛！"于是冠军张永献符命铜璧文，言太皇太后当为新室文母太皇太后；莽乃下诏从之。于是鸩杀王谏而封张永为贡符子。

【译文】

王莽将要即位当真皇帝，先捧来各种符命祥瑞向太皇太后报告，太皇太后大吃一惊。这时，因孺子刘婴并没有即位，所以皇帝玉玺仍放在太皇太后所住的长乐宫。等到王莽即位，向太皇太后请求交出玉玺，太皇太后不肯给。王莽让安阳侯王舜规劝。王舜一向谨慎恭敬，太皇太后平素喜欢他、信任他。王舜见到了太皇太后，太皇太后知道他是为王莽索求玉玺，怒骂他说："你们父子宗族，靠着汉朝的力量几代富贵，不但没有回报，反而利用人家托孤寄子的机会夺取政权，不顾念恩义。这样的人，连猪狗都不吃他剩余的东西，天下难道会容下你们兄弟吗！而且你们自己以金匮符命当新皇帝，改变历法，改变车马、服饰颜色，改变制度，也应该自己另刻玉玺，使它传到万世，用这个亡国不祥的玉玺做什么，而想得到它？我是汉朝的老寡妇，早晚都要死，打算跟玉玺一同埋葬，你们终究得不到！"太皇太后一面说，一面哭泣。

身边的常侍随从及下面的人都跟着哭泣。王舜也哀恸落泪，不能自止。过了很久，王舜才抬头向太皇太后说："我等已无话可说，只是王莽一定要得到传国玉玺，太后难道能够最终不给他吗？"太皇太后听王舜的话恳切，又怕王莽用暴力胁迫，于是拿出汉朝的传国玉玺扔到地上，对王舜说："待我老死后，你们兄弟将会被灭族！"王舜得到传国玉玺后，报告王莽。王莽万分喜悦，于是为太皇太后在未央宫渐台设酒宴，让众人纵情欢乐。

王莽又打算改变太皇太后在汉朝时的旧封号，更换她的印玺绶带，但又怕她拒绝。王莽的远族王谏打算向王莽献媚，上奏说："皇天废除汉朝，而命令建立新朝，太皇太后不宜再称尊号，应该跟汉朝同时废除，顺应天命。"王莽把奏章呈报太后，太皇太后说："此话有理！"王莽于是说："这是违背德义之臣，罪当杀！"这时冠军县人张永呈献璧形铜片，上有符命文字，说太皇太后应称为"新室文母太皇太后"。王莽下诏接受。于是用鸩酒毒死王谏，封张永为贡符子。

【原文】

王莽始建国元年（己巳，9年）

春，正月，朔，莽帅公侯卿士奉皇太后玺韨上太皇太后，顺符命，去汉号焉。

莽乃策命孺子为定安公，封以万户，地方百里；立汉祖宗之庙于其国，与周后并行其正朔、服色；以孝平皇后为定安太后。读策毕，莽亲执孺子手，流涕歔欷曰："昔周公摄位，终得复子明辟；今予独迫皇天威命，不得如意！"哀叹良久。中傅将孺子下殿，北面而称臣。百僚陪位，莫不感动。

又按金匮封拜辅臣：以太傅、左辅王舜为太师，封安新公；大司徒平晏为太傅，就新公；少阿、羲和刘秀为国师，嘉新公；广汉梓潼哀章为国将，美新公；是为四辅，位上公。太保、后承甄邯为大司马，承新公；丕进侯王寻为大司徒，章新公；步兵将军王邑为大司空，隆新公；是为三公。太阿、右拂、大司空甄丰为更始将军，广新公；京兆王兴为卫将军，奉新公；轻车将军孙建为立国将军，成新公；京兆王盛为前将军，崇新公；是为四将。凡十一公。王兴者，故城门令史；王盛者，卖饼；莽按符命求得此姓名十余人，两人容貌应卜相，径从布衣登用，以示神焉。

【译文】

王莽始建国元年（己巳，公元9年）

春季，正月朔（初一），王莽率领公侯卿士捧着新制的皇太后玉玺，呈上太皇太后，遵从上天的符命，去掉汉朝的名号。

王莽下策书命孺子为定安公，把居民一万户、土地纵横各一百里赐封给他；在封国里建立汉朝祖宗的祠庙，与周朝的后代一样，都使用自己的历法和车马服饰的颜色；把孝平皇后立为安定太后。宣读策书完毕，王莽亲自握着孺子的手，流着眼泪抽泣道："从前周公代理王位，最后能够把明君的权力归还周成王；现在我偏偏迫于上天威严的命令，不能够如自己的意！"悲伤叹息了很久。中傅带着孺子下殿，向着北面自称臣下。百官陪在旁边,没有人不受感动。

王莽又按照金匮图的说明,对辅政大臣举行授任仪式:任命太傅、左辅王舜为太师,赐封安新公;大司徒平晏为太傅,赐封就新公;少阿、羲和刘秀为国师,赐封嘉新公;广汉郡梓潼县人哀章为国将,赐封美新公。这是四辅,位列上公。太保、后承甄邯为大司马,赐封承新公;丕进侯王寻为大司徒,赐封章新公;步兵将军王邑为大司空,赐封隆新公。这是三公。太阿、右拂、大司空甄丰为更始将军,赐封广新公;京兆王兴为卫将军,赐封奉新公;轻车将军孙建为立国将军,赐封成新公;京兆王盛为前将军,赐封崇新公。这是四将。总共十一公。王兴原是城门令史,王盛原是卖饼的。王莽按照符命,找到十多个有这样姓名的人,而这两人的相貌符合占卜和看相的要求,便直接从平民起用,以显示神奇。

【原文】

莽策命群司各以其职,如典诰之文。置大司马司允、大司徒司直、大司空司若,位皆孤卿。更名大司农曰羲和,后更为纳言,大理曰作士,太常曰秩宗,大鸿胪曰典乐,少府曰共工,水衡都尉曰予虞,与三公司卿分属三公。置二十七大夫,八十一元士,分主中都官诸职。又更光禄勋等名为六监,皆上卿。改郡太守曰大尹,都尉曰大尉,县令、长曰宰。长乐宫曰常乐室,长安曰常安。其余百官、宫室、郡县尽易其名,不可胜纪。

莽因汉承平之业,府库百官之富,百蛮宾服,天下晏然,莽一朝有之,其心意未满,狭小汉家制度,欲更为疏阔。乃自谓黄帝、虞舜之后,至齐王建孙济北王安失国,齐人谓之王家,因以为氏;故以黄帝为初祖,虞帝为始祖。追尊陈胡公曰陈胡王,田敬仲曰齐敬王,济北王安曰济北愍王。立祖庙五、亲庙四。天下姚、妫、陈、田、王五姓皆为宗室,世世复,无有所与。封陈崇、田丰为侯,以奉胡王、敬王后。

【译文】

王莽颁发策书规定百官的职责,犹如典谟训诰的文章一样。设置大司马司允、大司徒司直、大司空司若,职位都是孤卿。将大司农改名叫羲和,后来又改为纳言,大理改名叫作士,太常改名叫秩宗,大鸿胪改名叫典乐,少府改名叫共工,水衡都尉改名叫予虞,加上三公司卿,分别归三公管辖。设置二十七大夫、八十一元士,分别主管京师各官府的所有职务。又把光禄勋等改名,称为六监,职位都是上卿。将郡太守改名叫大尹,都尉改名叫大尉,县令、县长改名叫宰。长乐宫改名叫常乐室,长安改名叫常安。其余百官、宫室、郡县都改了名,不能一一记录了。

王莽承接汉朝盛世的庞大基业,以及国库和诸官府丰厚的资产,众多蛮族归附顺从,天下一派升平。王莽一时攫为己有,他的心意仍不满足,认为汉朝的格局太小,想使之宏大。于是,自称是黄帝、虞舜的后裔,一直传到齐王田建的孙子济北王田安,才失去政权。齐人称齐国的王族为王家,于是就以王为姓氏。所以,以黄帝为王姓的初祖,以虞舜帝为始祖。王莽追尊陈胡公为陈胡王,田敬仲为田敬王,济北王田安为济北愍王。他建造五座祖宗祭庙，四座皇族祭庙。天下姚、妫、陈、田、王五姓都是皇族，世代不纳税，不服役，不负担义务。封陈崇、田丰二人为侯爵，使他们分别作陈胡王妫满、田敬王田完的后嗣。

【原文】

莽以刘之为字"卯、金、刀"也，诏正月刚卯、金刀之利皆不得行，乃罢错刀、契刀及五铢钱，更作小钱，径六分，重一铢，文曰"小钱直一"，与前"大钱五十"者为二品，并行。欲防民盗铸，乃禁不得挟铜、炭。

莽曰："古者一夫田百亩，什一而税，则国给民富而颂声作。秦坏圣制，废井田，是以兼并起，贪鄙生，强者规田以千数，弱者曾无立锥之居。又置奴婢之市，与牛马同阑，制于民臣，颛断其命，缪于'天地之性人为贵'之义。汉氏减轻田租，三十而税一，常有更赋，罢癃咸出；而豪民侵陵，分田劫假。厥名三十税一，实什税五也。故富者犬马余菽粟，骄而为邪；贫者不厌糟糠，穷而为奸；俱陷于辜，刑用不错。今更名天下田曰'王田'，奴婢曰'私属'，皆不得买卖。其男口不盈八而田过一井者，分余田予九族、邻里、乡党。故无田、今当受田者，如制度。敢有非井田圣制、无法惑众者，投诸四裔，以御魑魅，如皇始祖考虞帝故事！"

【译文】

王莽认为刘字由"卯、金、刀"组成，因而下诏正月刚卯佩饰和金刀钱都不准再使用。于是，废除错刀币、契刀币以及五铢钱，改铸小钱，直径六分，重量一铢，上面有"小钱直一"的字样，加上以前的"大钱五十"的货币为两类，同时发行。为了防止民间私自铸造，便下禁令不准挟带铜、炭。

王莽下诏："古代一夫分田一百亩，按十分之一交租税，就能够使国家丰裕，百姓富足，于是歌颂的舆论兴起来了。秦破坏圣人制度，废除井田，因此吞并土地的现象出现了，贪婪卑鄙的行为发生了，强者占田数千亩，贫者竟没有立锥之地。又设置买卖奴婢的市场，与牛马一同关闭在栅栏之内，被地方官吏控制，专横地裁决他们的命运，违背了'天地之间的生命以人类最宝贵'的原则。汉朝减轻土地税，按三十分之一征税，但是经常有代役税，病残而丧失劳力的都要交纳。加以土豪劣绅的侵犯欺压，利用租佃关系掠夺财物，于是名义上按三十分之一征税，实际上征收了十分之五的税。所以富人的狗马有吃不完的粮食，因骄奢而做邪恶的事；穷人却吃不饱酒渣糠皮，因贫困而做邪恶的事。他们都陷于犯罪，刑罚因此不能搁置不用。现在把全国的土地改名叫'王田'，奴婢叫'私属'，都不准买卖，那些家庭人口男性不满八人，而占有田亩超过一井的，将多余的田亩分给亲属、邻居和同乡亲友。原来没有田，现在应当分得田的，按照规定办。敢有反对井田这种圣人首创的制度，无视法律惑乱民众的，将他们流放到四方极远的地方，去抵挡妖怪鬼神，如同我的始祖虞舜帝惩罚四凶的旧例。"

改革币制

【原文】

王莽始建国二年（己巳，10年）

莽以钱币讫不行，复下书曰："宝货皆重则小用不给，皆轻则僦载烦费；轻重大小各有差品，则用便而民乐。"于是更作金、银、龟、贝、钱、布之品，名曰宝货。钱货六品，金货一品，银货二品，龟货四品，贝货五品，布货十品，凡宝货五物、六名、二十八品。铸作钱布。皆用铜，淆以连、锡。百姓溃乱，其货不行。

莽知民愁，乃但行小钱直一与大钱五十，二品并行；龟、贝、布属且寝。盗铸钱者不可禁，乃重其法，一家铸钱，五家坐之，没入为奴婢。吏民出入持钱，以副符传，不持者厨传勿舍，关津苛留。公卿皆持以入宫殿门，欲以重而行之。

是时百姓便安汉五铢钱，以莽钱大小两行，难知，又数变改，不信，皆私以五铢钱市买；讹言大钱当罢，莫肯挟。莽患之，复下书："诸挟五铢钱、言大钱当罢者，比非井田制，投四裔！"及坐卖买田宅、奴婢、铸钱，自诸侯、卿大夫至于庶民，抵罪者不可胜数。于是农商失业，食货俱废，民人至涕泣于市道。

【译文】

王莽始建国二年（己巳，公元10年）

王莽因为钱币一直不流通，又下诏说："钱币都是大面额，则不能应付小额交易；钱币都是小面额，则运输装载就麻烦费事。轻重大小各有等级，使用起来方便百姓自然就欢迎。"于是，改铸宝币六种：金币、银币、龟币、贝币、钱币、布币。其中钱币六种，金币一种，银币二种，龟币四种，贝币五种，布币十种。总计货币共有五类、六种名称、二十八个等级。钱币、布币都用铜铸作，其中混杂铅锡。因为货币的种类太多，百姓生活陷于混乱，货币不能流通。

王莽了解人民的怨愁，于是只使用值一钱的小钱和值五十的大钱，两种并行，龟币、贝币、布币暂且停止使用。私自铸钱的无法禁止，便加重那方面的刑罚，一家铸钱，邻居五家连坐，将这些人送到官府作奴婢。官吏和平民外出要携带钱币作为通行副证，不携带的人，旅舍不允许住宿，关卡和渡口要盘问留难，公卿大臣都要携带它才能进入宫殿大门，想要用这样的办法提高它的身价从而得以流通。

当时，百姓认为汉五铢钱方便适用，而王莽钱因有大有小，两种钱同时发行，难以分辨，并且不断变化，所以不信任它，都私下用五铢钱在市场上购买商品，并谣传说大钱会废除，没有人肯挟带。王莽深感烦恼，再下诏书："凡是挟带五铢钱，说大钱要废除的人，比照'诽谤井田制'罪状，放逐到四方边远地区！"连同被指控买卖田宅、买卖奴婢、盗铸钱币的人，从封国国君、朝廷官员到平民，犯法的人不计其数。于是农民、商人失业，全国经济崩溃，百姓甚至在街市道路上哭泣。

光武中兴

【原文】

淮阳王更始元年（癸未，23年）

初，长沙定王发生舂陵节侯买，买生戴侯熊渠，熊渠生考侯仁。仁以南方卑湿，徙封南阳之白水乡，与宗族往家焉。仁卒，子敞嗣；值莽篡位，国除。节侯少子外为郁林太守，外生巨鹿都尉回，回生南顿令钦。钦娶湖阳樊重女，生三男：縯，仲，秀，兄弟早孤，养于叔父良。縯性刚毅，慷慨有大节，自莽篡汉，常愤愤，怀复社稷之虑，不事家人居业，倾身破产，交结天下雄俊。秀隆准日角，性勤稼穑；縯常非笑之，比于高祖兄仲。秀姊元为新野邓晨妻，秀尝与晨俱过穰人蔡少公，少公颇学图谶，言："刘秀当为天子！"或曰："是国师公刘秀乎？"秀戏曰："何用知非仆邪？"坐者皆大笑，晨心独喜。

宛人李守，好星历、谶记，为莽宗卿师。尝谓其子通曰："刘氏当兴，李氏为辅。"及新市、平林兵起，南阳骚动，通从弟轶谓通曰："今四方扰乱，汉当复兴。南阳宗室，独刘伯升兄弟泛爱容众，可与谋大事。"通笑曰："吾意也！"会秀卖谷于宛，通遣轶往迎秀，与相见，因具言谶文事，与相约结，定计议。通欲以立秋材官都试骑士日，劫前队大夫甄阜及属正梁丘赐，因以号令大众，传轶与秀归舂陵举兵以相应。于是縯召诸豪杰计议曰："王莽暴虐，百姓分崩；今枯旱连年，兵革并起，此亦天亡之时，复高祖之业，定万世之秋也！"众皆然之。于是分遣亲客于诸县起兵，縯自发舂陵子弟。诸家子弟恐惧，皆亡匿，曰："伯升杀我！"及见秀绛衣大冠，皆惊曰："谨厚者亦复为之！"乃稍自安。凡得子弟七八千人，部署宾客，自称"柱天都部"。秀时年二十八。李通未发，事觉，亡走；父守及家属坐死者六十四人。

縯使族人嘉招说新市、平林兵，与其帅王凤、陈牧西击长聚；进屠唐子乡，又杀湖阳尉。军中分财物不均，众恚恨，欲反攻诸刘；秀敛宗人所得物，悉以与之，众乃悦。进拔棘阳，李轶、邓晨皆将宾客来会。

【译文】

淮阳王更始元年（癸未，公元23年）

最初，汉朝长沙定王刘发生了舂陵节侯刘买，刘买生了戴侯刘熊渠，刘熊渠生了考侯刘仁。刘仁因南方地势低下，气候潮湿，被改封到南阳郡的白水乡，与宗族迁居于此。刘仁死，儿子刘敞继承爵位，正逢王莽篡夺帝位，封国撤除。舂陵节侯刘买的小儿子刘外当郁林太守，刘外生了巨鹿都尉刘回，刘回生了南顿令刘钦。刘钦娶湖阳樊重的女儿为妻，生了三个儿子：刘縯、刘仲、刘秀。三兄弟幼年丧父，由叔父刘良抚养。刘縯性情刚强有毅力，慷慨有大节。自从王莽篡夺汉朝政权之后，刘縯时常愤愤不平，心怀光复汉朝的志向，不经营家产，反而卖田卖宅，用来结交天下英雄俊杰。刘秀生得鼻梁高耸，额角隆起，性格勤勉，爱好种田。刘縯常讥笑他，把他比作刘邦的哥哥刘喜。刘秀的姐姐刘元，是新野县邓晨的妻子。刘秀曾经跟邓晨一块儿拜访穰县蔡少公，少公对图谶颇有研究，说："刘秀当作天子！"有人接着说："这说的是国师公刘秀吧？"刘秀开玩笑说："你怎么知道不是我呢？"在座的人都哄堂大笑，只有邓晨暗喜。

宛城人李守，喜好星象与谶书，担任王莽的宗卿师，曾对他的儿子李通说："刘姓当会复兴，李姓将做辅佐大臣。"等到新市兵、平林兵崛起，南阳郡人心浮动，李通的堂弟李轶对李通说："现在天下动乱，汉朝当会重新兴盛。南阳刘姓皇族，只有刘伯升兄弟博爱，对人宽大，可以与其磋商大事。"李通笑着说："我正有此意。"正好刘秀运粮食到宛城贩卖。李通派李轶前往迎接刘秀，与其相见，详细地谈了谶文的事，于是互相结交，商定了计划。李通打算在立秋那天，趁着骑兵武士大检阅的时候，劫持前队大夫甄阜和属正梁丘赐，然后发号施令，聚众起兵，让李轶与刘秀回到舂陵起兵，以互相呼应。于是刘縯召集当地豪杰商量说："王莽凶残暴虐，百姓分崩离析，而今又连年大旱，到处兵荒马乱，这是上天灭亡他的时候，是恢复高祖的大业，建立千秋万世的功劳的时候！"大家都表示同意。于是分别派出亲友宾客到各县起事，刘縯自己则发动舂陵的子弟。各家子弟都感到害怕，纷纷逃避躲藏，说："刘伯升害死我了！"到看见刘秀身着工衣，头戴大冠，改穿将军服装，都吃了一惊，说："谨慎忠厚的人也干上了呀！"心里才逐渐安定。共集结子弟七八千人，安排下属，自称"柱天都部"。刘秀当时二十八岁。李通的起兵计划还未付诸实施就泄漏了，因而逃亡。他的父亲李守与家属因罪被诛杀，共死了六十四人。

刘縯让同族人刘嘉去说服了新市兵、平林兵，与他们的首领王凤、陈牧一起西击长聚；进攻唐子乡，杀伤很多人，又杀死了湖阳尉。由于军中分配财物不公平，众人愤怒怨恨，打算反击刘姓家族的部队。刘秀听说后，收拢同宗族人所得到的财物，全部交出，大家才高兴了。再向前挺进，攻陷棘阳。李轶、邓晨各带着他们的宾客前来会合。

【原文】

严尤、陈茂破下江兵。成丹、王常、张卬等收散卒入蒌溪，略钟、龙间，众复振。引军与荆州牧战于上唐，大破之。

刘縯欲进攻宛，至小长安聚，与甄阜、梁丘赐战。时天密雾，汉军大败。秀单马走，遇女弟伯姬，与共骑而奔。前行，复见姊元，趣令上马，元以手挥曰："行矣，不能相救，无为两没也！"会追兵至，元及三女皆死，縯弟仲及宗从死者数十人。

縯复收会兵众，还保棘阳。阜、赐乘胜留辎重于蓝乡，引精兵十万南度黄淳，临沘水，阻两川间为营，绝后桥，示无还心。新市、平林见汉兵数败，阜、赐军大至，各欲解去，縯甚患之。会下江兵五千余人至宜秋，縯即与秀及李通造其壁曰："愿见下江一贤将，议大事。"众推王常。縯见常，说以合从之利，常大悟曰："王莽残虐，百姓思汉。今刘氏复兴，即真主也；诚思出身为用，辅成大功。"縯曰："如事成，岂敢独飨之哉！"遂与常深相结而去。常还，具为余将成丹、张卬言之。

丹、印负其众曰："大丈夫既起，当各自为主，何故受人制乎！"常乃徐晓说其将帅曰："王莽苛酷，积失百姓之心，民之讴吟思汉，非一日也，故使吾属因此得起。夫民所怨者，天所去也；民所思者，天所与也。举大事，必当下顺民心，上合天意，功乃可成；若负强恃勇，触情恣欲，虽得天下，必复失之。以秦、项之势，尚至夷覆，况今布衣相聚草泽，以此行之，灭亡之道也。今南阳诸刘举宗起兵，观其来议者，皆有深计大虑，王公之才，与之并合，必成大功，此天所以佑吾属也！"下江诸将虽屈强少识，然素敬常，乃皆谢曰："无王将军，吾属几陷于不义！"即引兵与汉军及新市、平林合。于是诸部齐心同力，锐气益壮。縯大飨军士，设盟约，休卒三日，分为六部。十二月，晦，潜师夜起，袭取蓝乡，尽获其辎重。

【译文】

严尤、陈茂打败下江兵；下江兵首领成丹、王常、张卬等收集逃散的士兵，退入蒌溪，在三钟山和石龙山之间展开战斗，人数增多，声势又振。随后与荆州牧在上唐会战，大破州府官军。

刘縯打算进攻宛城，挺进到小长安聚，与前队大夫甄阜、属正梁丘赐交战。当时，大雾弥漫，刘率领的汉军大败。刘秀单骑逃命，遇到妹妹刘伯姬，兄妹共乘一马奔跑。向前行进，又遇到姐姐刘元，刘秀叫她火速上马。刘元挥手说："跑吧，你们无法救我，不要死在一起！"这时追兵已到，刘元和她的三个女儿都被官府军诛杀。刘縯的弟弟刘仲及刘姓宗族一同死亡的有数十人。

刘縯又集结兵众，退到棘阳据守。甄阜、梁丘赐乘胜把物资留在蓝乡，率领精兵十万南渡潢淳水，到达了沘水，在潢淳水与沘水之间扎营布防，破坏身后的桥梁，表示绝不回师的决心。新市兵、平林兵看到汉兵多次遭到挫败，而甄阜、梁丘赐的军队要来进攻，纷纷打算逃走，刘縯忧心如焚。正好下江兵五千余人进抵宜秋聚，刘縯带着刘秀、李通亲自到他们营寨拜访，说："我们愿见下江的一位贤明将领，商议大事。"下江兵推举王常。刘縯见到王常，陈述联合作战的利益。王常大大省悟，说："王莽残酷暴虐，百姓思念汉朝。而今刘姓家族复兴，就是真正的天下之主。我愿挺身而出效力，辅佐大业成功。"刘縯说："如果事业成功，我岂敢独自享受？"于是与王常深相结交，告辞而去。王常回来，把他的想法告诉下江兵的其他将领成丹、张卬。成丹、张卬自负他们的兵力强大，说："大丈夫既然起事，应该自己当主子，为什么受别人控制呢？"王常于是慢慢地向他们分析说："王莽苛刻残酷，不断丧失民心。百姓歌唱吟咏，思念汉朝，已经不是一天的事了。正因为如此，我们才能够趁机崛起。民心怨恨的，上天定会铲除；民心盼望的，上天定会赐予。兴举大事业，必须下顺民心，上合天意，然后大功才可以成就。如果仗恃自己强大勇猛，感情用事，为所欲为，虽然得到天下，必然会再失掉它。以秦王朝和西楚霸王项羽的势力，尚且归于消灭，何况而今我们这些平民，在山林水泽聚集成群，如果也任情纵欲，那是走灭亡之路。而今，南阳郡刘姓家族起兵，观察他们派来跟我们商谈的这几位，都有深谋远虑，有王公的才能。与他们合作，必然成就大功，这是上天派来保佑我们的啊！"

下江兵的将领们虽然倔强而又缺少见识，然而向来尊敬王常，于是一致道歉说："如果没有王将军，我们几乎陷于不义！"立即率军与汉军、新市兵、平林兵会合。于是各部同心协力，士气高昂。刘縯用丰盛的酒食招待军队，订立盟约，让士兵休息三天。然后，把军队分为六路。十二月三十日，军队秘密行动，乘夜出发，攻取蓝乡，把甄阜军的物资全部夺获。

【原文】

淮阳王更始二年（甲申，24年）

春，正月，大司马秀以王郎新盛，乃北徇蓟。

申屠建、李松自长安迎更始迁都。二月，更始发洛阳。初，三辅豪杰假号诛莽者，人人皆望封侯。申屠建既斩王宪，又扬言："三辅儿大黠，共杀其主。"吏民惶恐，属县屯聚；建等不能下。更始至长安，乃下诏大赦，非王莽子，他皆除其罪，于是三辅悉平。

时长安唯未央宫被焚，其余宫室、供帐、仓库、官府皆案堵如故，市里不改于旧。更始居长乐宫，升前殿，郎吏以次列庭中；更始羞怍，俯首刮席，不敢视。诸将后至者，更始问："虏掠得几何？"左右侍官皆宫省久吏，惊愕相视。

【译文】

淮阳王更始二年（甲申，公元24年）

春季，正月，大司马刘秀因为王郎刚刚崛起，正处于兴盛状态，于是北向蓟州夺取土地。

申屠建、李松自长安迎接刘玄迁都。二月，刘玄从洛阳出发。当初，三辅的英雄人物借用汉将军名号诛杀了王莽，人人都盼望封侯。申屠建把王宪杀了，又宣扬说："三辅男子太凶狠狡黠，一起杀死了他们的首领。"官员百姓一片恐慌，三辅所属各县聚兵自保，申屠建等不能攻下。刘玄到了长安，才下诏大赦，除王莽后代外，其他都免其罪，于是三辅尽得安定。

当时长安只有未央宫被焚，其余宫室、供具张设、仓库、官府都安然无恙，城市街巷和原来一样没有改变。刘玄在长乐宫居住，登上前殿，官吏们按照次序，排列在正殿前的院子里。刘玄感到羞愧，俯下头用手刮席，不敢看人。将领们有后到的，刘玄问："抢了多少东西？"左右侍官都是宫禁中的旧吏，对此惊愕不已，相视无语。

【原文】

李松与棘阳赵萌说更始宜悉王诸功臣；朱鲔争之，以为高祖约，非刘氏不王。更始乃先封诸宗室：祉为定陶王，庆为燕王，歙为元氏王，嘉为汉中王，赐为宛王，信为汝阴王。然后立王匡为沘阳王，王凤为宜城王，朱鲔为胶东王，王常为邓王，申屠建为平氏王，陈牧为阴平王，卫尉大将军张卬为淮阳王，执金吾、大将军廖湛为穰王，尚书胡殷为随王，柱天大将军李通为西平王，五威中郎将李轶为舞阴王，水衡大将军成丹为襄邑王，骠骑大将军宗佻为颍阴王，尹尊为郾王。惟朱鲔辞不受。乃以鲔为左大司马，宛王赐为前大司马，使与李轶等镇抚关东。又使李通镇荆州，王常行南阳太守事。以李松为丞相，赵萌为右大司马，共秉内任。

更始纳赵萌女为夫人，故委政于萌，日夜饮宴后庭。群臣欲言事，辄醉不能见，时不得已，乃令侍中坐帷内与语。韩夫人尤嗜酒，每侍饮，见常侍奏事，辄怒曰："帝方对我饮，正用此时持事来邪！"起，抵破书案。赵萌专权，生杀自恣。郎吏有说萌放纵者，更始怒，拔剑斩之，自是无敢复言。以至群小、膳夫皆滥授官爵，长安为之语曰："灶下养，中郎将；烂羊胃，骑都尉；烂羊头，关内侯。"军师将军李淑上书谏曰："陛下定业，虽因下江、平林之势，斯盖临时济用，不可施之既安。唯名与器，圣人所重。今加非其人，望其裨益万分，犹缘木求鱼，升山采珠。海内望此，有以窥度汉祚！"更始怒，囚之。诸将在外者皆专行诛赏，各置牧守；州郡交错，不知所从。由是关中离心，四海怨叛。

【译文】

李松与棘阳人赵萌建议刘玄尽封功臣为王。朱鲔与他们争辩，认为汉高祖刘邦事先说定，不是刘姓皇族不能当王。刘玄于是首先赐封刘姓宗族：刘祉为定陶王，刘庆为燕王，刘歙为元氏王，刘嘉为汉中王，刘赐为宛王，刘信为汝阴王。然后立王匡为洮阳王，王凤为宜城王，朱鲔为胶东王，王常为邓王，申屠建为平氏王，陈牧为阴平王，卫尉大将军张卬为淮阳王，执金吾大将军廖湛为穰王，尚书胡殷为随王，柱天大将军李通为西平王，王威中郎将李轶为舞阴王，水衡大将军成丹为襄邑王，骠骑大将军宗佻为颍阴王，尹尊为郾王。只有朱鲔推辞不肯接受。于是任命朱鲔为左大司马，宛王刘赐为前大司马，让他们与李轶等人安抚函谷关以东地区。又让李通镇守荆州，王常代理南阳太守。任命李松当丞相，赵萌当右大司马，共同承担朝廷之内的责任。

刘玄娶赵萌的女儿当夫人，所以把政事都给赵萌去管，日夜在后宫饮宴。臣属们想向君主奏闻或议论政事，刘玄总是因醉酒而不能相见，有时不得已，就命侍中坐在帐幕之中与群臣说话。韩夫人尤其爱好喝酒，每当侍奉刘玄喝酒，见中常侍向天子奏事，总是发怒说："皇上正和我喝酒，你偏利用这时奏事呀！"于是起身，击破书案。赵萌专擅大权，自己随意杀人。郎官中有人说赵萌放纵，刘玄大怒，拔剑斩杀了那个人，从此没有人敢再说赵萌的不是。以致众小人、厨子，都被滥授官爵。长安人把这件事编成歌谣说："灶下养，中郎将；烂羊胃，骑都尉；烂羊头，关内侯。"军师将军李淑上书规劝说："陛下创业，虽然是利用下江兵、平林兵的势力，但这是临时措施，不可把它施用于已经安定的时期。只有名分与车服仪制是圣人所看重的，现在给了不应该给的人，希望他们有万分益处，这犹如上树找鱼，登山采珠。四海之内看到这样，会有人暗中窥伺汉朝的皇位。"刘玄大怒，把他囚禁起来。将领们在朝廷外的都自行赏罚，各设官吏，各州、各郡交叉错杂，不知服从谁好。因此关中地区离心，全国怨恨叛乱。

【原文】

更始征召隗嚣及其叔父崔、义等，嚣将行，方望以为更始成败未可知，固止之。嚣不听，望以书辞谢而去。嚣等至长安，更始以嚣为右将军，崔、义皆即旧号。

耿况遣其子弇奉奏诣长安，弇时年二十一。行至宋子，会王郎起，弇从吏孙仓、卫包曰："刘子舆，成帝正统；舍此不归，远行安之！"弇按剑曰："子舆弊贼，卒为降虏耳！我至长安，与国家陈上谷、渔阳兵马，归发突骑，以辚乌合之众，如摧枯折腐耳。观公等不识去就，族灭不久也！"仓、包遂亡，降王郎。

弇闻大司马秀在卢奴，乃驰北上谒；秀留署长史，与俱北至蓟。王郎移檄购秀十万户，秀令功曹令史颍川王霸至市中募人击王郎，市人皆大笑，举手邪揄之，霸惭慙而反。秀将南归，耿弇曰："今兵从南方来，不可南行。渔阳太守彭宠，公之邑人；上谷太守，即弇父也。发此两郡控弦万骑，邯郸不足虑也。"秀官属腹心皆不肯，曰："死尚南首，奈何北行入囊中！"秀指弇曰："是我北道主人也。"

【译文】

刘玄征召隗嚣和他的叔父隗崔、隗义等人。隗嚣将要出发，方望因为刘玄成败尚不可知道，坚决地制止他，隗嚣不听他的建议，方望留下一封书信，告辞而去。隗嚣等到达长安，刘玄任命隗嚣为右将军，对隗崔、隗义都按旧有的称号赐封。

耿况派遣他的儿子耿弇带着上呈奏章到长安，耿弇当时二十一岁。走到宋子，正值王郎起事，耿弇的从官孙仓、卫包说："刘子舆乃是汉成帝一脉相传的嫡子，舍弃他不归附，远行到哪里去？"耿弇用手握着剑柄说："刘子舆是个欺骗蒙混的贼子，最终要成为投降的俘虏。我到长安，向朝廷叙说上谷郡和渔阳郡的兵马状况，回去后征发能驰突的骑兵，用来践踏那些乌合之众，犹如摧枯拉朽一般。看你等没有择主而从他的眼光，灭族之祸不远了！"孙仓、卫包于是逃亡，投降了王郎。

耿弇听说大司马刘秀在卢奴，于是骑马奔驰北上拜见。刘秀让他留在府中任长史，与他一块儿北上到达蓟。王郎命人传递檄书，用十万户的采邑作悬赏擒杀刘秀。刘秀命令大司马功曹令史颍川人王霸到市中招募人打击王郎。市人都发声大笑，举手挖苦他，王霸惭愧而回。刘秀即将南归，耿弇说："如今兵从南方来，不可以南行。渔阳太守彭宠是您的同乡；上谷太守是我的父亲。征发这两郡弓箭骑兵一万人，王郎就不值得忧虑了。"刘秀的属官和亲信都不肯，说："人死了，头还要向着南方，为何向北进入人囊中？"刘秀指着耿弇说："这是我北路的主人。"

【原文】

会故广阳王子接起兵蓟中以应郎，城内扰乱，言邯郸使者方到，二千石以下皆出迎。于是秀趣驾而出，至南城门，门已闭。攻之，得出。遂晨夜南驰，不敢入城邑，舍食道傍。至芜蒌亭，时天寒烈，冯异上豆粥。至饶阳，官属皆乏食。秀乃自称邯郸使者，入传舍，传吏方进食，从者饥，争夺之。传吏疑其伪，乃椎鼓数十通，绐言"邯郸将军至"，官属皆失色。秀升车欲驰，既而惧不免，徐还坐，曰："请邯郸将军入。"久，乃驾去。晨夜兼行，蒙犯霜雪，面皆破裂。

至下曲阳，传闻王郎兵在后，从者皆恐。至滹沱河，候吏还曰："河水流澌，无船，不可济。"秀使王霸往视之。霸恐惊众，欲且前，阻水还，即诡曰："冰坚可度。"官属皆喜。秀笑曰："候吏果妄语也。"遂前。比至河，河冰亦合，乃令王霸护度，未毕数骑而冰解。至南宫，遇大风雨，秀引车入道傍空舍，冯异抱薪，邓禹爇火，秀对灶燎衣，冯异复进麦饭。

【译文】

正巧原广阳王的儿子刘接在蓟中起兵，以响应王郎，城内搅扰，混乱不堪，传说王郎的使节刚到，二千石及以下的官吏都出来迎接。于是刘秀急忙催车辆而出，到了南城门，城门已经关闭。攻击南城门，才得以出城。一行人昼夜向南急驰，不敢进入城市，食宿都在路旁。到芜萋亭，当时天气酷寒，别无食物。冯异呈上豆粥给刘秀喝。到了饶阳，属官都缺乏食品。刘秀于是自称邯郸的使者，进入客馆。客馆的官吏正在吃饭，刘秀的随从饥饿难忍，争抢食物。官吏怀疑刘秀是假使者，于是用棒槌敲鼓数十遍，欺哄说："邯郸将军到。"刘秀的属官都吓得变了脸色。刘秀登车打算逃走，随后又怕逃不掉，慢慢回到座位上，说："请邯郸将军进来。"过了很久，才乘车辆离开。日夜兼程，顶霜冒雪，脸上冻得布满了裂痕。

刘秀等到了下曲阳，传言王郎追兵在后，随从的官员都很害怕。到了滹沱河边，探听消息的官员回来说："河水解冻，冰随水流，没有船，不可以渡。"刘秀派王霸前往观看。王霸恐怕惊吓众人，打算暂且向前，受到水的阻挡再回来，就撒谎说："河水结冰，坚实可渡。"属官都很高兴。刘秀笑着说："去探听的官吏果然瞎说！"于是向前进。等到了河畔，河水却也结冰了。刘秀命令王霸监护渡河，只剩下几个骑马的人还没有到达对岸时，冰就融解了。到了南宫，遇到大风雨，刘秀引车进入路旁的空房，冯异抱来柴草，邓禹点燃火，刘秀对着灶火烤衣服，冯异又呈上麦饭。

【原文】

进至下博城西，惶惑不知所之。有白衣老父在道旁，指曰："努力！信都郡为长安城守，去此八十里。"秀即驰赴之。是时郡国皆已降王郎，独信都太守南阳任光、和戎太守信都邳彤不肯从。光自以孤城独守，恐不能全，闻秀至，大喜，吏民皆称万岁。邳彤亦自和戎来会，议者多言可因信都兵自送，西还长安。邳彤曰："吏民歌吟思汉久矣，故更始举尊号而天下响应，三辅清宫除道以迎之。今卜者王郎，假名因势，驱集乌合之众，遂振燕、赵之地，无有根本之固。明公奋二郡之兵以讨之，何患不克！今释此而归，岂徒空失河北，必更惊动三辅，堕损威重，非计之得者也。若明公无复征伐之意，则虽信都之兵，犹难会也。何者？明公既西，则邯郸势成，民不肯捐父母、背成主而千里送公，其离散亡逃可必也！"秀乃止。

【译文】

刘秀等人前进到下博城西，惊惶迷惑，不知道往哪里去。有身着白衣的老人在路旁，指着前面说："努力走吧！信都郡是长安的门户，离这里还有八十里。"刘秀立即奔赴那里。当时各郡国都已投降王郎，只有信都太守南阳人任光、和戎太守信都人邳彤不肯归附。任光自己认为独守孤城，恐怕不能保全，听说刘秀到来，非常高兴，官民齐呼万岁。邳彤也从和戎来此相会。议论的人多数说可以依靠信都兵护送，西回长安。邳彤说："官民歌咏思念汉朝很久了，所以刘玄举起尊贵的称号而天下响应，三辅清理官室、修治道路来迎接他。现在占卜先生王郎冒充汉成帝庶子之名，顺应着事物发展的趋势，驱赶汇集乌合之众，便声震燕、赵之地，但他并无坚固的基础。您使信都、和戎两郡的军队奋发起来讨伐王郎，为什么担忧不能取胜！现在放弃这样的条件而归长安，岂不是白白地失去了黄河以北，而且势将惊动三辅，大损您的威信，不是良策。如果阁下没有讨伐王郎的意图，那么即使是信都的地方部队，也难以召集。为什么？阁下既然西行，邯郸方面就控制了局势，百姓不肯抛弃父母妻子、背叛现成的主人，千里迢迢去护送您。他们离散逃亡是必然的。"刘秀于是决定不走。

【原文】
秀以二郡兵弱，欲入城头子路、力子都军中，任光以为不可。乃发傍县，得精兵四千人，拜任光为左大将军，信都都尉李忠为右大将军，邳彤为后大将军、和戎太守如故，信都令万修为偏将军，皆封列侯。留南阳宗广领信都太守事；使任光、李忠、万修将兵以从；邳彤将兵居前。任光乃多作檄文曰："大司马刘公将城头子路、力子都兵百万众从东方来，击诸反虏！"遣骑驰至巨鹿界中。吏民得檄，传相告语。秀投暮入堂阳界，多张骑火，弥满泽中，堂阳即降；又击贳县，降之。城头子路者，东平爰曾也，寇掠河、济间，有众二十余万，力子都有众六七万，故秀欲依之。昌城人刘植聚兵数千人据昌城，迎秀；秀以植为骁骑将军。耿纯率宗族宾客二千余人，老病者皆载木自随，迎秀于育；拜纯为前将军。进攻下曲阳，降之。众稍合，至数万人，复北击中山。耿纯恐宗家怀异心，乃使从弟欣宿归，烧庐舍以绝其反顾之望。

秀进拔卢奴，所过发奔命兵，移檄边郡共击邯郸；郡县还复响应。时真定王杨起兵附王郎，众十余万，秀遣刘植说杨，杨乃降。秀因留真定，纳杨甥郭氏为夫人以结之。进击元氏、防子，皆下之。至鄗，击斩王郎将李恽；至柏人，复破郎将李育。育还保城；攻之，不下。

【译文】
刘秀因为两郡的兵力太弱，打算投奔城头子路、力子都的部队，任光认为不可。于是下令征集邻县丁壮，得到精锐部队四千人，任命任光为左大将军，信都都尉李忠为右大将军，邳彤为后大将军，仍兼和戎太守，信都令万脩为偏将军，都封列侯。刘秀任命南阳人宗广暂任信都太守，让任光、李忠、万脩跟随自己向王郎反击，邳彤带兵充当前锋。任光于是大量编写声讨文告说："大司马刘秀率城头子路、力子都的大军百万，从东方前来，讨伐叛逆！"派骑兵到巨鹿郡内散发。官民看到文告后，互相传播。刘秀到晚上抵达堂阳县界，命许多骑兵打起火把，水畔一片光亮，堂阳县误以为大军压境，马上投降。刘秀又进击贳县，贳县也投降了。城头子路本是东平郡人，名为爱曾，在黄河、济水一带抢劫掳掠，有部众二十余万人，而力子都也有部众六七万人，所以刘秀曾想前往投靠。昌城人刘植集结士兵数千人，占据昌城，迎接刘秀。刘秀任命刘植为骁骑将军。耿纯率领宗族宾客两千余人，年老患病的都随身带着棺木，在育县迎接刘秀。刘秀任命耿纯为前将军。进攻下曲阳，下曲阳投降。刘秀的部队渐渐汇合，达数万人。再向北进攻中山。耿纯恐怕宗族怀有二心，就派他的堂弟耿沂回到故乡，烧掉了房舍，以断绝他们的反顾之心。

刘秀进军，攻陷卢奴。在所经过的郡县，征发急用的非常部队，向沿边郡县发布文告，号召他们共击邯郸，各郡县纷纷响应。这时真定王刘杨起兵投靠王郎，部众十余万人。刘秀派刘植游说刘杨，刘杨便投降了。刘秀于是进入真定，并娶刘杨的甥女郭氏为夫人，用以团结刘杨。继续前进，攻击元氏、防子，都攻下了。到达鄗县，击杀王郎的将军李恽。进抵柏人，又击败王郎的将军李育。李育撤退，固守柏人城。刘秀进攻，未能攻下。

【原文】

或说大司马秀以守柏人不如定巨鹿，秀乃引兵东北拔广阿。秀披舆地图，指示邓禹曰："天下郡国如是，今始乃得其一。子前言以吾虑天下不足定，何也？"禹曰："方今海内淆乱，人思明君，犹赤子之慕慈母。古之兴者在德薄厚，不以大小也。"

蓟中之乱，耿弇与刘秀相失，北走昌平，就其父况，因说况击邯郸。时王郎遣将徇渔阳、上谷，急发其兵，北州疑惑，多欲从之。上谷功曹寇恂、门下掾闵业说况曰："邯郸拔起，难可信向。大司马，刘伯升母弟，尊贤下士，可以归之。"况曰："邯郸方盛，力不能独拒，如何？"对曰："今上谷完实，控弦万骑，可以详择去就。恂请东约渔阳，齐心合众，邯郸不足图也！"况然之，遣恂东约彭宠，欲各发突骑二千匹、步兵千人诣大司马秀。

安乐令吴汉、护军盖延、狐奴令王梁亦劝宠从秀，宠以为然；而官属皆欲附王郎，宠不能夺。汉出止外亭，遇一儒生，召而食之，问以所闻。生言："大司马刘公，所过为郡县所称；邯郸举尊号者，实非刘氏。"汉大喜，即诈为秀书，移檄渔阳，使生赍以诣宠，令具以所闻说之。会寇恂至，宠乃发步骑三千人，以吴汉行长史，与盖延、王梁将之，南攻蓟，杀王郎大将赵闳。

【译文】

有人向大司马刘秀建议，用柏人当基地，不如用巨鹿。于是刘秀率军向东北进发，攻陷广阿。刘秀翻阅地图，指给邓禹看，说："天下郡国如此之多，到今天我才得到其中的一个。你先前认为我忧虑天下不能平定是多余的，为什么？"邓禹回答说："现在天下混乱，人民想要英明的君王，好像初生的婴儿思慕慈母。古代兴起的帝王，只在他品德的厚薄，不在他地盘的大小。"

蓟中之乱时，耿弇与刘秀失散，向北逃到昌平，回到他父亲耿况那里，趁机劝说耿况攻击邯郸。而这时候，王郎派出的将领，正在渔阳、上谷夺取土地，并紧急征调那里的部队，北方沿边郡县疑惑，但多数都打算服从。上谷郡功曹寇恂、门下掾闵业向耿况建议说："邯郸仓猝崛起，前途难测。而大司马刘秀，是刘缤的亲弟弟，礼贤下士，我们可以归附他。"耿况说："邯郸的势力正兴盛，我们不能单独抵抗，应该怎么办？"寇恂说："现在上谷郡完好充实，拥有射箭骑兵一万人，可以认真选择自己的前途。我愿意前往东方的渔阳，与彭宠约定，同心合力，就用不着把邯郸放在心上。"耿况同意，派寇恂东行进见彭宠，互相约定，打算每郡出动骑兵突击队两千人、步兵一千人，到大司马刘秀那里去支援他。

安乐令吴汉、护军盖延、狐奴令王梁也劝彭宠归附刘秀，彭宠同意了。可是，郡府的下属官员都愿归附王郎，彭宠不能决定。吴汉到城外巡查，在一个行人停留宿食的处所遇到一位儒生，请来一块进餐，询问他听到的消息。儒生说："大司马刘秀受到他所经过的郡县的官民的称赞，而在邯郸举起尊贵称号的人，实际上不是刘氏子弟。"吴汉非常高兴，立即伪造了一份刘秀致渔阳郡的文告，教那儒生拿着送给彭宠，让他把听到的消息告诉彭宠。恰好寇恂到达，彭宠于是派出步骑兵三千人，命吴汉代理长史，与盖延、王梁共同率领部队，南下进攻蓟县，杀死王郎大将赵闳。

【原文】

寇恂还，遂与上谷长史景丹及耿弇将兵俱南，与渔阳军合，所过击斩王郎大将、九卿、校尉以下，凡斩首三万级，定涿郡、中山、巨鹿、清河、河间凡二十二县。前及广阿，闻城中车骑甚众，丹等勒兵问曰："此何兵？"曰："大司马刘公也。"诸将喜，即进至城下。城下初传言二郡兵为邯郸来，众皆恐。刘秀自登西城楼勒兵问之；耿弇拜于城下，即召入，具言发兵状。秀乃悉召景丹等入，笑曰："邯郸将帅数言我发渔阳、上谷兵，吾聊应言'我亦发之'，何意二郡良为吾来！方与士大夫共此功名耳。"乃以景丹、寇恂、耿弇、盖延、吴汉、王梁皆为偏将军，使还领其兵，加耿况、彭宠大将军；封况、宠、丹、延皆为列侯。

吴汉为人，质厚少文，造次不能以辞自达，然沉勇有智略，邓禹数荐之于秀，秀渐亲重之。

【译文】

寇恂返回上谷，便与上谷长史景丹以及耿弇率军一同南下，与渔阳的部队会合，所经过的地方，斩杀王郎任命的大将、九卿、校尉及以下，共计三万人，夺取涿郡、中山、巨鹿、清河、河间等二十二县。前锋到达广阿，听说城里兵马很多，景丹等停兵打听道："这是什么人的军队？"回答说："是大司马刘秀的。"将领们十分喜悦，立即来到城下。广阿城下最初谣传上谷、渔阳二郡的军队是王郎派来的，大家都很恐慌。刘秀整治军队，亲自登上西城楼，询问来意。耿弇就在城下拜见。刘秀立即请他进城，耿弇说明了两郡发兵经过，刘秀于是把景丹等将领全部请到城中，笑着说:"邯郸将领屡次说,'我们征发了渔阳、上谷部队。'我姑且应付说,'我也征发了渔阳、上谷部队。'想不到两郡真的为我而来!我正要与各位官员共同建立功名。"于是任命景丹、寇恂、耿弇、盖延、吴汉、王梁都当偏将军,让他们回去统领自己的部队。擢升耿况、彭宠为大将军,封耿况、彭宠、景丹、盖延四人为列侯。

吴汉为人朴实忠厚,不善言辞,遇到紧急情况,词不达意,然而沉着而有谋略。邓禹多次向刘秀推荐,刘秀逐渐对他亲近器重。

【原文】

更始遣尚书令谢躬率六将军讨王郎,不能下。秀至,与之合军,东围巨鹿,月余未下。王郎遣将攻信都,大姓马宠等开城内之。更始遣兵攻破信都,秀使李忠还,行太守事。王郎遣将倪宏、刘奉率数万人救巨鹿,秀逆战于南口,不利。景丹等纵突骑击之,宏等大败。秀曰:"吾闻突骑天下精兵,今见其战,乐可言邪?"

耿纯言于秀曰:"久守巨鹿,士众疲弊;不如及大兵精锐,进攻邯郸。若王郎已诛,巨鹿不战自服矣。"秀从之。夏,四月,留将军邓满守巨鹿。进军邯郸,连战,破之。郎乃使其谏大夫杜威请降。威雅称郎实成帝遗体,秀曰:"设使成帝复生,天下不可得,况诈子舆者乎!"威请求万户侯,秀曰:"顾得全身可矣!"威怒而去。秀急攻之,二十余日。五月,甲辰,郎少傅李立开门内汉兵,遂拔邯郸。郎夜亡走,王霸追斩之。秀收郎文书,得吏民与郎交关谤毁者数千章。秀不省,会诸将军烧之,曰:"令反侧子自安!"

秀部分吏卒各隶诸军,士皆言愿属大树将军。大树将军者,偏将军冯异也,为人谦退不伐,敕吏士非交战受敌,常行诸营之后。每所止舍,诸将并坐论功,异常独屏树下,故军中号曰"大树将军"。

【译文】

刘玄派尚书令谢躬率领六位将军讨伐王郎,没有进展。刘秀率军到达,两军相合,向东围攻巨鹿,一月有余不能取胜。王郎派将领进攻信都,城中大姓马宠等打开城门迎接。刘玄派兵攻破信都,刘秀让李忠返回信都,代理太守。王郎派遣将领倪宏、刘奉率数万人救巨鹿,刘秀在南口迎战,不顺利。景丹等人发骑兵突击部队进行攻击,倪宏等大败。刘秀说:"我听说骑兵突击部队是天下的精兵,今天看见它战斗,高兴得不能用言语来表达。"

耿纯向刘秀建议说:"我们长期围守巨鹿,官兵将会疲惫。不如趁大军士气旺盛时进攻邯郸。如果王郎被诛,巨鹿用不着战斗自会服从。"刘秀采纳。夏季,四月,刘秀留下将军邓满继续围困巨鹿。自率大军向邯郸挺进,连续战斗,打败敌人。王郎于是派谏大夫杜威请求投降。杜威强调王郎确实是汉成帝刘骜的嫡亲骨肉,刘秀说:"假使汉成帝复活,也不能得到天下,何况他的冒牌儿子?"杜威请求封王郎万户侯,刘秀说:"饶他不死已经够了。"杜威大怒离去。刘秀发动猛烈攻击,历时二十余日。五月甲辰(初一),王郎的少傅李立打开城门让汉兵入内,于是邯郸陷落。王郎乘夜逃走，被王霸追捕擒获，就地斩首。刘秀检查王郎的文书，发现有自己的官吏与平民的奏章数千，奏章上除了向王郎表示效忠外，还有谤毁刘秀的内容。刘秀并不察看，他集合全体将领，用火烧毁了奏章，说："使背叛的人安心。"

刘秀把新官兵分配给各位将领，大家都说愿归属大树将军。大树将军是指偏将军冯异。冯异为人谦逊退让，不夸耀自己的才能、功劳，他命令他的部队，除非跟敌人交战或遭受敌人的攻击，通常要排在别的部队的后面。每到一个地方停留，当将领们坐在一起谈论功劳时，冯异常常独自躲到树下，所以军中称他"大树将军"。

【原文】

萧王居邯郸宫，昼卧温明殿，耿弇入，造床下请间，因说曰："吏士死伤者多，请归上谷益兵。"萧王曰："王郎已破，河北略平，复用兵何为？"弇曰："王郎虽破，天下兵革乃始耳。今使者从西方来，欲罢兵，不可听也。铜马、赤眉之属数十辈，辈数十百万人，所向无前，圣公不能办也，败必不久。"萧王起坐曰："卿失言，我斩卿！"弇曰："大王哀厚弇如父子，故敢披赤心。"萧王曰："我戏卿耳，何以言之？"弇曰："百姓患苦王莽，复思刘氏，闻汉兵起，莫不欢喜，如去虎口得归慈母。今更始为天子，而诸将擅命于山东，贵戚纵横于都内，房掠自恣，元元叩心，更思莽朝，是以知其必败也。公功名已著，以义征伐，天下可传檄而定也。天下至重，公可自取，毋令他姓得之。"萧王乃辞以河北未平，不就征，始贰于更始。

【译文】

刘秀住在邯郸赵王宫，白天在温明殿睡觉。耿弇闯进来，来到床前请求单独谈话，乘机说："官兵死伤太多，请准许我回上谷补充兵员。"刘秀说："王郎已经消灭，黄河以北略微平定，还用兵干什么？"耿弇说："王郎虽被打败，天下争战却刚刚开始。如今，朝廷的使节从西方来，要让我们停止军事行动，不可听从。铜马、赤眉一类的部队有数十支，而每一支都有数十万人，甚至一百万人，所向无敌。刘玄没有能力应付，不久就会溃败。"刘秀从床上起来坐下说："你说了不该说的话，我杀了你！"耿弇说："大王怜爱厚待我如同父子，所以我敢赤诚相待。"刘秀说："我和你开玩笑罢了，你为什么这样说？"耿弇说："全国百姓被王莽害得很苦，因而再次思念刘氏，听说汉兵崛起，无不高兴，如同逃脱虎口，回到慈母那里一样。现在刘玄当皇帝，将领们在崤山以东不受节制，皇亲国戚在长安胡作非为，随意抢劫掠夺，百姓捶打胸口，转而思念王莽新朝。因此，我知道刘玄必定失败。您的丰功英名已传播海内，为了正义进行征伐，天下可以靠传递文告而平定。天下最重要的是政权，您应该自己取得，不要让非刘姓皇族的人占有！"刘秀于是以河北还没有平定为推辞的理由，没有接受征召，开始与刘玄离异。

【原文】

是时，诸贼铜马、大肜、高湖、重连、铁胫、大枪、尤来、上江、青犊、五校、五幡、五楼、富平、获索等各领部曲，众合数百万人，所在寇掠。萧王欲击之，乃拜吴汉、耿弇俱为大将军，持节北发幽州十郡突骑。苗曾闻之，阴敕诸郡不得应调。吴汉将二十骑先驰至无终，曾出迎于路，汉即收曾，斩之。耿弇到上谷，亦收韦顺、蔡充，斩之。北州震骇，于是悉发其兵。

秋，萧王击铜马于鄡，吴汉将突骑来会清阳，士马甚盛，汉悉上兵簿于莫府，请所付与，不敢自私，王益重之。王以偏将军沛国朱浮为大将军、幽州牧，使治蓟城。铜马食尽，夜遁，萧王追击于馆陶，大破之。受降未尽，而高湖、重连从东南来，与铜马余众合。萧王复与大战于蒲阳，悉破降之，封其渠帅为列侯。诸将未能信贼，降者亦不自安。王知其意，敕令降者各归营勒兵，自乘轻骑按行部陈。降者更相语曰："萧王推赤心置人腹中，安得不投死乎！"由是皆服。悉以降人分配诸将，众遂数十万。赤眉别帅与青犊、上江、大肜、铁胫、五幡十余万众在射犬，萧王引兵进击，大破之。南徇河内，河内太守韩歆降。

【译文】

当时，各路盗贼如铜马、大肜、高湖、重连、铁胫、大枪、尤来、上江、青犊、五校、五幡、五楼、富平、获索等，各自率领部队，总数有数百万人，在当地抢夺掳掠。刘秀打算进攻他们，于是任命吴汉、耿弇同为大将军，持节征调幽州所属十郡的骑兵突击部队。幽州牧苗曾听到这个消息，暗中吩咐各郡不服从征调。吴汉率二十余名骑兵先行驰马到达幽州无终县。苗曾出城，在路上迎接吴汉，吴汉当即逮捕苗曾，将他斩杀。耿弇到上谷，又逮捕韦顺、蔡充，将他们斩杀。北方州郡震惊，于是全都发兵听候调遣。

秋季，刘秀在鄡县进击铜马。吴汉率领骑兵突击部队赶到清阳与刘秀会合，兵马十分雄壮。吴汉把全军官兵名册呈报给幕府，然后再请拨付，不敢有私心，刘秀对他愈发器重。刘秀任命偏将军沛人朱浮当大将军，兼幽州牧，把州府设在蓟城。铜马军粮食吃完了，乘夜逃跑，刘秀追击到馆陶，大败铜马军。刘秀受降尚未完毕，而高湖、重连从东南来，与还没有投降的铜马军残部会合。刘秀在蒲阳再次与铜马等大战，铜马等全都战败投降。刘秀把他们的首领封为列侯。刘秀的部将们不敢相信降将们的诚意，而降将们内心也不能自安。刘秀了解他们的想法，命令降将们各自回到他们的军营整顿好部队，自己则轻装乘马，巡视部署。降将们互相说道："萧王对我们推心置腹，我们怎么能不为他效命？"因此大家都心悦诚服。刘秀把投降的部队都分配给各个将领，部队于是达到数十万。赤眉的一位分支部队的首领与青犊、上江、大肜、铁胫、五幡约有十余万人，在射犬集结，刘秀率军进击，大获全胜。于是向南夺取河内，河内太守韩歆投降。

【原文】

初，谢躬与萧王共灭王郎，数与萧王违戾，常欲袭萧王，畏其兵强而止。虽俱在邯郸，遂分城而处，然萧王每有以慰安之。躬勤于吏职，萧王常称之曰："谢尚书，真吏也！"故不自疑。其妻知之，常戒之曰："君与刘公积不相能，而信其虚谈，终受制矣。"躬不纳。既而躬率其兵数万还屯于邺。及萧王南击青犊，使躬邀击尤来于隆虑山，躬兵大败。萧王因躬在外，使吴汉与刺奸大将军岑彭袭据邺城。躬不知，轻骑还邺，汉等收斩之，其众悉降。

更始遣柱功侯李宝、益州刺史张忠将兵万余人徇蜀、汉。公孙述遣其弟恢击宝、忠于绵竹，大破走之。述遂自立为蜀王，都成都，民、夷皆附之。

【译文】

最初，谢躬与刘秀曾一同消灭王郎，但谢躬与刘秀多次冲突对立，谢躬时常想袭击刘秀，却因为畏惧刘秀兵力强大而不敢发动。两支部队虽都在邯郸，却分城而处，然而刘秀不时对谢军慰问安抚。谢躬对于行政工作非常勤奋，刘秀经常称赞说："谢尚书是真正的官吏！"谢躬因此不再自行猜疑。他的妻子听说了这件事，经常告诫他："你和刘秀有积怨，势不两立，可是你却相信他那套虚言，最终会受到挟制的。"谢躬不接受。稍后，谢躬率领他的数万部队返回，屯驻邺城。等到刘秀南击青犊，让谢躬在隆虑山截击尤来，谢躬的军队大败。刘秀利用谢躬领兵在外的机会，让吴汉与刺奸大将军岑彭袭击占据了邺城。谢躬不知道邺城的变化，率领轻装骑兵返回邺城，吴汉等把谢躬逮捕斩首，他的部队全部投降。

刘玄派柱功侯李宝、益州刺史李忠率军万余人，夺取汉中郡、蜀郡。公孙述派他的弟弟公孙恢在绵竹迎击李宝、李忠，大败敌军，李宝、李忠逃跑。公孙述于是自立为蜀王，建都成都。当地百姓和夷族全都归附于他。

【原文】

赤眉樊崇等将兵入颖川，分其众为二部，崇与逢安为一部，徐宣、谢禄、杨音为一部。赤眉虽数战胜，而疲敝厌兵，皆日夜愁泣，思欲东归。崇等计议，虑众东向必散，不如西攻长安。于是崇、安自武关，宣等从陆浑关，两道俱入。更始使王匡、成丹与抗威将军刘均等分据河东、弘农以拒之。

萧王将北徇燕、赵，度赤眉必破长安，又欲乘衅并关中，而未知所寄，乃拜邓禹为前将军，中分麾下精兵二万人，遣西入关，令自选偏裨以下可与俱者。时朱鲔、李轶、田立、陈侨将兵号三十万，与河南太守武勃共守洛阳；鲍永、田邑在并州。萧王以河内险要富实，欲择诸将守河内者而难其人，问于邓禹。邓禹曰："寇恂文武备足，有牧民御众之才，非此子莫可使也！"乃拜恂河内太守，行大将军事。萧王谓恂曰："昔高祖留萧何关中，吾今委公以河内。当给足军粮，率厉士马，防遏它兵，勿令北度而已！"拜冯异为孟津将军，统魏郡、河内兵于河上，以拒洛阳。萧王亲送邓禹至野王，禹既西，萧王乃复引兵而北。寇恂调饷粮、治器械以供军；军虽远征，未尝乏绝。

隗崔、隗义谋叛归天水。隗嚣恐并及祸，乃告之。更始诛崔、义，以嚣为御史大夫。

梁王永据国起兵，招诸郡豪杰，沛人周建等并署为将帅，攻下济阴、山阳、沛、楚、淮阳、汝南，凡得二十城。又遣使拜西防贼帅山阳佼强为横行将军，东海贼帅董宪为翼汉大将军，琅邪贼帅张步为辅汉大将军，督青、徐二州，与之连兵，遂专据东方。

【译文】

赤眉首领樊崇等率军进入颍川，把他的部众分为两部分：樊崇、逢安率领一部分，徐宣、谢禄、杨音率领另一部分。赤眉军虽然不断打胜仗，但已筋疲力尽，对战争感到厌倦，都日夜哭泣，想要回到东方。樊崇等商议，担心部众回到东方必然一哄而散，不如向西攻击长安。于是，樊崇、逢安从武关，徐宣等从陆浑关，分两路一同向长安进军。刘玄命王匡、成丹和抗威将军刘均等人分别驻防河东、弘农，堵截赤眉军。

刘秀将要向北夺取燕、赵，估计赤眉军必然攻破长安，所以又打算利用更始朝与赤眉军相争的机会并吞关中，但不知道把任务交给谁好。于是任命邓禹为前将军，分出麾下精兵两万人，派他西入函谷关，并让他自己选择可以同行的偏、裨将及以下幕僚。这时，更始朝将领朱鲔、李轶、田立、陈侨率军号称三十万，与河南郡太守武勃共同守卫洛阳；另外两位将领鲍永、田邑驻军并州。刘秀因河内郡地势险要，物产丰富而充实，打算在将领中物色一位守河内的人，而难于物色到，便向邓禹询问。邓禹说："寇恂文武兼备，有统御众人的能力，除了他再没有合适的人。"刘秀于是任命寇恂为河内郡太守，并代理大将军职务。他对寇恂说："从前，高祖把关中交给萧何，而今我把河内交给你。你应当保证军粮供应，训练兵马，阻挡其他军队，不要让他们北渡黄河。"又任命冯异为孟津将军，在黄河之畔统辖魏郡、河内郡的军队，以抗拒洛阳方面的进攻。刘秀亲自送邓禹到野王。邓禹向西出发以后，刘秀才率军北上。寇恂征集粮食，制造武器，以供应军需。大军虽然远征，物资却从不匮乏。

隗崔、隗义密谋背叛更始朝，返回天水。隗嚣恐怕事情败露而自己被牵连，于是向朝廷检举。刘玄诛杀隗崔、隗义，任命隗嚣为御史大夫。

梁王刘永，凭依他的封国起兵，招揽各郡英雄豪杰。沛人周建等都被任命当将帅，攻陷济阴、山阳、沛、楚、淮阳、汝南等地，共占领二十八城。又派遣使者任命西防贼首领山阳人佼强当横行将军，东海贼首领董宪当翼汉大将军，琅邪贼首领张步当辅汉大将军，监管青州、徐州两州，将军队合并，于是在东方称霸。

邓禹对刘秀说："寇恂文武兼备，有大将之风，能够统御众人，没有比他更适合的人选了。"

马援诫侄

【原文】

汉光武帝建武二十五年（己酉，49年）

援兄子严、敦并喜讥议，通轻侠，援前在交趾，还书诫之曰："吾欲汝曹闻人过失，如闻父母之名，耳可得闻，口不可得言也。好论议人长短，妄是非政法，此吾所大恶也；宁死，不愿闻子孙有此行也。龙伯高敦厚周慎，口无择言，谦约节俭，廉公有威，吾爱之重之，愿汝曹效之。杜季良豪侠好义，忧人之忧，乐人之乐，父丧致客，数郡毕至，吾爱之重之，不愿汝曹效也。效伯高不得，犹为谨敕之士，所谓'刻鹄不成尚类鹜'者也；效季良不得，陷为天下轻薄子，所谓'画虎不成反类狗'者也。"伯高者，山都长龙述也；季良者，越骑司马杜保也；皆京兆人。会保仇人上书，讼"保为行浮薄，乱群惑众，伏波将军万里还书以诫兄子，而梁松、窦固与之交结，将扇其轻伪，败乱诸夏。"书奏，帝召责松、固，以讼书及援诫书示之，松、固叩头流血，而得不罪。诏免保官，擢拜龙述为零陵太守。松由是恨援。

【译文】

汉光武帝建武二十五年（己酉，公元49年）

马援的侄子马严、马敦都爱发议论，结交游侠。马援先前在交趾时，曾写信回家告诫他们："我希望你们在听到他人过失的时候，就像听到自己父母的名字一样，耳可以听，而口却不能讲。好议论他人是非，随意褒贬时政和法令，这是我最厌恶的事情。我宁可死，也不愿听到子孙有此类行径。龙伯高为人宽厚谨慎，言谈合乎礼法，谦恭而俭朴，廉正而威严，我对他既敬爱，又尊重，希望你们效法他。杜季良为人豪侠仗义，将别人的忧虑当作自己的忧虑，将别人的快乐当作自己的快乐。他父亲去世开吊，几郡的客人全来了。我对他又敬爱又尊重，却不希望你们效法他。效法龙伯高不成，还可以做恭谨之士，正如人们所说的'刻鸿鹄不成还像鸭'；若是效法杜季良不成，就会堕落成天下的轻浮子弟，正如人们所说的'画虎不成反似狗'了。"龙伯高，即山都县长龙述；杜季良，即越骑司马杜保，两人都是京兆人。适逢杜保的仇人上书，指控杜保："行为浮躁，蛊惑人心，伏波将军马援远从万里之外写信回家告诫侄儿不要与他来往，而梁松、窦固却同他结交，对他的轻薄伪诈行为煽风点火，败坏扰乱国家。"奏书呈上，光武帝召梁松、窦固责问，出示指控的奏书和马援告诫侄儿的书信。梁松、窦固叩头流血，才未获罪。诏命免去杜保官职，将龙述擢升为零陵太守。梁松由此憎恨马援。

马援先前在交趾时，曾写信回家告诫侄子："我希望你们在听到他人过失的时候，就像听到自己父母的名字一样，耳可以听，而口却不能讲。"

外戚干政

【原文】

汉和帝永元四年（壬辰，92年）

窦氏父子兄弟并为卿、校，充满朝廷，穰侯邓叠、叠弟步兵校尉磊及母元、宪女婿射声校尉郭举、举父长乐少府璜共相交结；元、举并出入禁中，举得幸太后，遂共图为杀害，帝阴知其谋。是时，宪兄弟专权，帝与内外臣僚莫由亲接，所与居者阉宦而已。帝以朝臣上下莫不附宪，独中常侍钩盾令郑众，谨敏有心几，不事豪党，遂与众定议诛宪，以宪在外，虑其为乱，忍而未发。会宪与邓叠皆还京师。时清河王庆，恩遇尤渥，常入省宿止；帝将发其谋，欲得《外戚传》，惧左右，不敢使，令庆私从千乘王求，夜，独内之；又令庆传语郑众，求索故事。庚申，帝幸北宫，诏执金吾、五校尉勒兵屯卫南、北宫，闭城门，收捕郭璜、郭举、邓叠、邓磊，皆下狱死。遣谒者仆射收宪大将军印绶，更封为冠军侯，与笃、景、瑰皆就国。帝以太后故，不欲名诛宪，为选严能相督察之。宪、笃、景到国，皆迫令自杀。

【译文】

汉和帝永元四年（壬辰，公元92年）

窦氏父子兄弟同为九卿、校尉，遍布朝廷。穰侯邓叠，他的弟弟步兵校尉邓磊，母亲元，窦宪的女婿射声校尉郭举，郭举的父亲长乐少府郭璜等人，相互勾结在一起。其中元、郭举都出入宫廷，而郭举又得到窦太后的宠幸，他们便共同策划杀害和帝，和帝暗中了解到他们的阴谋。当时，窦宪兄弟掌握大权，和帝与内外臣僚无法亲身接近，一同相处的只有宦官而已。和帝认为朝中大小官员无不依附窦宪，唯有中常侍、钩盾令郑众谨慎机敏而有心计，不谄事窦氏集团，便同他密谋，决定杀掉窦宪。由于窦宪出征在外，怕他兴兵作乱，所以暂且忍耐而未敢发动。恰在此刻，窦宪和邓叠全都回到了京城。当时清河王刘庆特别受到和帝的恩遇，经常进入宫廷，留下住宿。和帝即将采取行动，想得到《汉书·外戚传》一阅。但他惧怕左右随从之人，不敢让他们去找，便命刘庆私下向千乘王刘伉借阅。夜里，和帝将刘庆单独接入内室。又命刘庆向郑众传话，让他搜集皇帝诛杀舅父的先例。六月庚申（二十三日），和帝临幸北宫，诏令执金吾和北军五校尉领兵备战，驻守南宫和北宫；关闭城门，逮捕郭璜、郭举、邓叠、邓磊，将他们全部送往监狱处死。并派谒者仆射收回窦宪的大将军印信绶带，将他改封为冠军侯，同窦笃、窦景、窦瑰一并前往各自的封国。和帝因窦太后的缘故，不愿正式处决窦宪，而为他选派严苛干练的封国宰相进行监督。窦宪、窦笃、窦景到封国以后，全都强迫他们自杀。

班超归汉

【原文】

汉和帝永元十四年（壬寅，102年）

班超久在绝域，年老思土，上书乞归曰："臣不敢望到酒泉郡，但愿生入玉门关。谨遣子勇随安息献物入塞，及臣生在，令勇目见中土。"朝廷久之未报，超妹曹大家上书曰："蛮夷之性，悖逆侮老；而超旦暮入地，久不见代，恐开奸宄之源，生逆乱之心。而卿大夫咸怀一切，莫肯远虑，如有卒暴，超之气力不能从心，便为上损国家累世之功，下弃忠臣竭力之用，诚可痛也！故超万里归诚，自陈苦急，延颈逾望，三年于今，未蒙省录。妾窃闻古者十五受兵，六十还之，亦有休息，不任职也。故妾敢触死为超求哀，丐超余年，一得生还，复见阙庭，使国家无劳远之虑，西域无仓卒之忧，超得长蒙文王葬骨之恩，子方哀老之惠。"帝感其言，乃征超还。八月，超至洛阳，拜为射声校尉；九月，卒。

班超久在遥远的边域，因年老而思念故乡，上书请求回国。奏书说："我不敢企望能到酒泉郡，但愿能活着进入玉门关。现在派遣我的儿子班勇随同安息国的进贡使者入塞，趁我尚在人世，让班勇亲眼看到中原的风土。"

【译文】

汉和帝永元十四年（壬寅，公元102年）

班超久在遥远的边域，因年老而思念故乡，上书请求回国。奏书说："我不敢企望能到酒泉郡，但愿能活着进入玉门关。现在派遣我的儿子班勇随同安息国的进贡使者入塞，趁我尚在人世，让班勇亲眼看到中原的风土。"奏书呈上，朝廷久不答复。班超的妹妹曹大家（班昭）上书说："蛮夷生性欺老，而班超已经年迈，随时可能去世，却永不被人替代。我担心这将打开奸恶的源泉，使蛮夷萌生叛逆之心。而大臣们都只顾眼前，不肯作长远考虑。如果猝然有变，班超力不从心，将对上损害国家累世建立的功业，对下毁弃忠臣竭力经营的成果，实在是令人痛惜！因此，班超万里之外表示忠诚，陈述困苦急迫之情，伸长脖颈遥望，至今已经三年，但朝廷却没有考虑批准他的请求。臣妾曾听说，在古代，十五岁当兵，六十岁复员，也有休息之日，年老便不再任职。因此我胆敢冒死代班超哀求，请在班超的余年，让他能够活着回来，再次看到京城城阙和皇家宫廷，使国家没有远方的忧虑，西域没有猝然的变故，而班超也能蒙受周文王埋葬骸骨的厚恩和田子方哀怜老马的仁慈。"和帝被班昭的奏书所感动，于是召班超回国。本年八月，班超抵达洛阳，被任命为射声校尉。九月，班超去世。

祝良平叛

【原文】

汉顺帝永和三年（戊寅，138年）

侍御史贾昌与州郡并力讨区怜，不克，为所攻围；岁余，兵谷不继。帝召公卿百官及四府掾属问以方略；皆议遣大将，发荆、扬、兖、豫四万人赴之。

李固驳曰："若荆、扬无事，发之可也。今二州盗贼磐结不散，武陵、南郡蛮夷未辑，长沙、桂阳数被征发，如复扰动，必更生患，其不可一也。又，兖、豫之人卒被征发，远赴万里，无有还期，诏书迫促，必致叛亡，其不可二也。南州水土温暑，加有瘴气，致死亡者十必四五，其不可三也。远涉万里，士卒疲劳，比至岭南，不复堪斗，其不可四也。军行三十里为程，而去日南九千余里，三百日乃到，计人禀五升，用米六十万斛，不计将吏驴马之食，但负甲自致，费便若此，其不可五也。设军所在，死亡必众，既不足御敌，当复更发，此为刻割心腹以补四支，其不可六也。九真、日南相去千里，发其吏民犹尚不堪，何况乃苦四州之卒以赴万里之艰哉！其不可七也。

"前中郎将尹就讨益州叛羌，益州谚曰，'虏来尚可，尹来杀我。'后就征还，以兵付刺史张乔；乔因其将吏，旬月之间破殄寇虏。此发将无益之效，州郡可任之验也。宜更选有勇略仁惠任将帅者，以为刺史、太守，悉使共住交趾。今日南兵单无谷，守既不足，战又不能，可一切徙其吏民，北依交趾，事静之后，乃命归本；还募蛮夷使自相攻，转输金帛以为其资；有能反间致头首者，许以封侯裂土之赏。

"故并州刺史长沙祝良，性多勇决，又南阳张乔，前在益州有破虏之功，皆可任用。昔太宗就加魏尚为云中守，哀帝即拜龚舍为泰山守；宜即拜良等，便道之官。"

四府悉从固议，即拜祝良为九真太守，张乔为交趾刺史。乔至，开示慰诱，并皆降散。良到九真，单车入贼中，设方略，招以威信，降者数万人，皆为良筑起府寺。由是岭外复平。

【译文】

汉顺帝永和三年（戊寅，公元138年）

侍御史贾昌和州郡官府合力讨伐区怜，没有取胜，反而受到区怜的围攻，过了一年多，援兵和粮秣都无法接济。顺帝召集三公、九卿、百官以及四府掾属询问对策。大家都主张派遣大将，征发荆州、扬州、兖州、豫州等四州士兵共四万人，前往交趾增援。

李固反驳说："如果荆州和扬州太平无事，便可以征发二州的士兵。而今，二州的盗贼，犹如磐石一样结合在一起，不肯离散；武陵郡和南郡的蛮族反叛，还没有安定。而长沙郡和桂阳郡的士兵，已被征发多次，如果再次征发，骚扰人民，必然发生新的变乱，这是不可征发的第一个理由。再者，兖州和豫州的人民，突然被征入伍，远征万里之外,没有归期,而诏书逼迫和催促急如星火,必然导致叛乱和逃亡,这是不可征发的第二个理由。南方州郡,水土潮湿,气候炎热,再加上瘴气,以致死亡的人必占十分之四五,这是不可征发的第三个理由。长途跋涉,行军万里,士卒疲劳不堪,等军队到达岭南,士卒已经没有战斗能力,这是不可征发的第四个理由。按照规定的正常速度,每天行军三十里,而离日南郡有九千余里,需要行军三百天才可到达,按每人每天口粮五升计算,需要用米六十万斛,还不包括将领、军吏的口粮和驴、马的饲料,仅士兵自己携带,费用就如此巨大,这是不可征发的第五个理由。军队战斗的地方,死亡的人一定很多,既然抵御不了敌人的进攻,就将再次征调援兵,这就犹如挖割心腹去补四肢,这是不可征发的第六个理由。九真和日南,两郡相隔仅一千里,征发当地的吏民,尚且不堪忍受,更何况征发四州的士兵,让他们忍受万里远征的痛苦?这是不可征发的第七个理由。

"从前,朝廷派中郎将尹就去讨伐益州的叛羌,益州有谚语说,'叛羌来了,还可;尹就来了,杀我。'其后,将尹就调回京都,把军队交付给益州刺史张乔。张乔依靠原有军队的将领和军吏,一个月之内,便将叛羌击破歼灭。这证明由朝廷派遣大将没有益处,而州郡地方官吏却足以胜任。应该重新选派既勇敢而又有谋略、既仁惠而又可胜任将帅的人担任州刺史和郡太守,命他们都驻守在交趾郡。而今,日南郡兵力单薄,又无粮秣,守既守不住,战又不能战,可以暂时放弃它,先把官吏和人民迁徙到北方的交趾郡,等到乱事平定之后,再命他们返回日南郡。另外,招募和收买蛮夷,让他们互相攻杀,朝廷则供给金帛资助他们。如果有能够使用反间计离间敌人内部、斩杀蛮夷首领的,朝廷则许以封侯,赐以食邑。

"前任并州刺史、长沙人祝良,勇敢果断;南阳人张乔,从前在益州建立过平定叛羌的功勋,他们都可以受到信任和重用。过去,汉文帝就在原地任命魏尚为云中郡太守,哀帝命使者到楚地拜授龚舍为泰山郡太守。应该就在原地拜授祝良等人,命他们直接前往交趾郡任职。"

四府完全同意李固的意见。于是,顺帝随即任命祝良为九真郡太守,张乔为交趾州刺史。张乔到任以后,对叛蛮开诚布公地进行安抚和诱劝,叛军全部投降或解散。祝良到九真郡之后,单独乘车进入叛军大营,给他们指出生路,用威力和信誉进行招抚,叛军投降的有数万人,他们一同为祝良修筑郡太守府的官舍。从此,五岭以外地区恢复和平。

汉顺帝听取了李固的建议,随即任命祝良为九真郡太守,张乔为交趾州刺史。

母仪天下

【原文】

汉顺帝建康元年（甲申，144年）

庚午，帝崩于玉堂前殿。太子即皇帝位，年二岁。尊皇后曰皇太后。太后临朝。

庚戌，诏举贤良方正之士，策问之。皇甫规对曰："伏惟孝顺皇帝初勤王政，纪纲四方，几以获安；后遭奸伪，威分近习，受赂卖爵，宾客交错，天下扰扰，从乱如归，官民并竭，上下穷虚。陛下体兼乾坤，聪哲纯茂，摄政之初，拔用忠贞，其余维纲，多所改正，远近翕然望见太平，而灾异不息，寇贼纵横，殆以奸臣权重之所致也。其常侍尤无状者，宜亟黜遣，披扫凶党，收入财贿，以塞痛怨，以答天诫。大将军冀、河南尹不疑，亦宜增修谦节，辅以儒术，省去游娱不急之务，割减庐第无益之饰。夫君者，舟也；民者，水也；群臣，乘舟者也；将军兄弟，操楫者也。若能平志毕力，以度元元，所谓福也；如其怠弛，将沦波涛，可不慎乎！夫德不称禄，犹凿墉之趾以益其高，岂量力审功，安固之道哉！凡诸宿猾、酒徒、戏客，皆宜贬斥，以惩不轨。"

【译文】

汉顺帝建康元年（甲申，公元144年）

庚午（初六）顺帝在玉堂前殿驾崩。太子刘炳即皇帝位，年仅两岁。尊皇后梁妠为皇太后。皇太后临朝主持朝政。

庚戌（十六日），皇太后下诏，命举荐贤良方正的人才，策问政事。皇甫规对策说："我认为，顺帝即位初年，勤于帝王政事，治理四方，几乎使天下得到安宁。后来受到奸佞的包围，朝廷大权旁落到左右亲近之手。他们收取贿赂，出卖官爵，宾客相互往来，使天下大乱。人民不堪忍受，投奔乱匪的心情，犹如还归故乡一样迫切。全国的官吏和人民，都已穷困殆尽；举国上下，空虚到了极点。陛下以慈母之身君临天下，聪明圣哲，纯洁高尚，刚一开始摄政，就选拔任用忠诚坚贞的人才，对其他法令规章，也多有改正，远近一致企望看到太平盛世。然而，灾异并没有止息，盗贼横行，大概是奸佞的权力太重所造成的。常侍中间表现特别不好的，应该迅速罢黜和遣退，不仅要驱除这群作恶的人，还要没收他们所受的贿赂赃物，以此来安抚人民的痛苦和怨恨，回答上天的告诫。大将军梁冀、河南尹梁不疑，也应该努力加强修养谦恭的节操，辅之以儒术，省去娱乐方面不急需的开支，削减家宅房舍没有益处的装饰。君王是船，人民是水，君臣是船上的乘客，将军兄弟是划桨的水手。如果大家齐心尽力，普度百姓，这就是福；如果懈怠松弛，势将被波涛所吞没，能不慎重吗？一个人的德行，如果和他所担任的职位不相称，就犹如用挖墙脚来使墙壁加高一样，这难道是量力审功、追求安全的方法？凡是老奸巨猾、酒徒、嬉游的宾客，都应该贬黜斥退，以此惩罚那些不轨的行为。"

党锢之乱

【原文】

汉桓帝延熹八年（乙巳，165年）

中常侍侯览兄参为益州刺史，残暴贪婪，累臧亿计。太尉杨秉奏槛车征参，参于道自杀，阅其车重三百余两，皆金银锦帛。秉因奏曰："臣案旧典，宦官本在给使省闼，司昏守夜；而今猥受过宠，执政操权，附会者因公襃举，违忤者求事中伤，居法王公，富拟国家，饮食极肴膳，仆妾盈纨素。中常侍侯览弟参，贪残元恶，自取祸灭。览顾知衅重，必有自疑之意，臣愚以为不宜复见亲近。昔懿公刑邴歜之父，夺阎职之妻，而使二人参乘，卒有竹中之难。览宜急屏斥，投畀有虎，若斯之人，非恩所宥，请免官送归本郡。"书奏，尚书召对秉掾属，诘之曰："设官分职，各有司存。三公统外，御史察内。今越奏近官，经典、汉制，何所依据？其开公具对！"秉使对曰："《春秋传》曰，'除君之恶，唯力是视。'邓通懈慢，申屠嘉召通诘责，文帝从而请之。汉世故事，三公之职，无所不统。"尚书不能诘，帝不得已，竟免览官。司隶校尉韩缜因奏左悺罪恶，及其兄太仆南乡侯称请托州郡，聚敛为奸，宾客放纵，侵犯吏民。悺、称皆自杀。缜又奏中常侍具瑗兄沛相恭臧罪，征诣廷尉。瑗诣狱谢，上还东武侯印绶，诏贬为都乡侯。超及璜、衡袭封者，并降为乡侯，子弟分封者，悉夺爵土。刘普等贬为关内侯，尹勋等亦皆夺爵。

【译文】

汉桓帝延熹八年（乙巳，公元165年）

中常侍侯览的弟弟侯参担任益州刺史，残暴贪婪，赃款累计多达一亿。太尉杨秉进行弹劾，朝廷用囚车把侯参押解回京，侯参在途中自杀。查看他载物资的三百余辆车，装的都是金银和锦帛。因此，杨秉又上书弹劾说："我查考朝廷旧有的典章制度，宦官本来只限于在皇宫内听候差遣，负责早晚看守门户，而今却大多备受过分的宠信，掌握朝廷大权。凡是依附宦官的人，宦官就趁着朝廷征用人才时推荐他们做官；凡是违背和冒犯宦官的人，宦官便随便找一个借口对他们进行中伤。宦官的居处效法王公，他们拥有的财富可与帝王相比，饮食极尽佳肴珍膳，奴仆侍妾都穿精致洁白的细绢。中常侍侯览的弟弟侯参，是贪赃残暴的首恶，自取灾祸和灭亡。侯览深知罪恶深重，一定会自感疑惧不安，我愚昧地认为，不应该把侯览再放在陛下左右。过去，齐懿公给邴歜的父亲用刑，又掠夺阎职的妻子，却使他们二人陪同乘车，终于发生竹林中的大祸。因此，侯览应赶快斥退，投到豺狼虎豹群中。像这一类人，不能施行恩德宽恕罪行，请免除侯览的官职，送回本郡。"奏章呈上以后，尚书招来杨秉的属吏，责问说："朝廷设立官职，各有各的职责范围。三公对外管理政务，御史对内监察官吏。而今，三公超越职责范围，弹劾皇宫内的宦官，无论是经书典籍，还是汉朝制度，有什么根据？请公开作具体答复。"杨秉派遣的属吏回答说："《春秋传》

上说，'为君王排奸去恶，要使出全身的力量。'邓通懈怠轻慢，申屠嘉召邓通进行责问，汉文帝因而为邓通说情。汉朝的传统制度是，三公的职责，没有一件事情不可以过问。"尚书无法反驳。桓帝迫不得已，终于将侯览免职。司隶校尉韩缜乘机弹劾左悺的罪恶，以及左悺的哥哥南乡侯左称向州郡官府请托，搜刮财货，作奸犯科，宾客放纵，侵犯官吏和百姓的罪过。左悺、左称都自杀了。韩缜又弹劾中常侍具瑗的哥哥沛国相具恭贪赃枉法。桓帝下令将具恭征召回京都洛阳，送到廷尉狱治罪。于是，具瑗也主动到廷尉狱认罪，并上交东武侯印信。桓帝下诏将具瑗贬封为都乡侯。单超及徐璜、唐衡的封爵继承人都被贬为乡侯，子弟得到分封的，全部取消封爵和食邑。刘普等被贬为关内侯，尹勋等也都被取消封爵。

【原文】

五月，丙戌，太尉杨秉薨。秉为人，清白寡欲，尝称"我有三不惑：酒、色、财也"。

郎中窦武，融之玄孙也，有女为贵人。采女田圣有宠于帝，帝将立之为后。司隶校尉应奉上书曰："母后之重，兴废所因；汉立飞燕，胤嗣泯绝。宜思《关雎》之所求，远五禁之所忌。"太尉陈蕃亦以田氏卑微，窦族良家，争之甚固。帝不得已，辛巳，立窦贵人为皇后，拜武为特进、城门校尉，封槐里侯。

陈蕃数言李膺、冯绲、刘佑之枉，请加原宥，升之爵任，言及反覆，诚辞恳切，以至流涕；帝不听。应奉上疏曰："夫忠贤武将，国之心膂。窃见左校弛刑徒冯绲、刘佑、李膺等，诛举邪臣，肆之以法；陛下既不听察，而猥受潜诉，遂令忠臣同愆元恶，自春迄冬，不蒙降恕，遐迩观听，为之叹息。夫立政之要，记功忘失；是以武帝舍安国于徒中，宣帝征张敞于亡命。绲前讨蛮荆，均吉甫之功；佑数临督司，有不吐茹之节；膺著威幽、并，遗爱度辽。今三垂蠢动，王旅未振，乞原膺等，以备不虞。"书奏，乃悉免其刑。久之，李膺复拜司隶校尉。时小黄门张让弟朔为野王令，贪残无道，畏膺威严，逃还京师，匿于兄家合柱中。膺知其状，率吏卒破柱取朔，付洛阳狱，受辞毕，即杀之。让诉冤于帝，帝召膺，诘以不先请便加诛之意。对曰："昔仲尼为鲁司寇，七日而诛少正卯。今臣到官已积一旬，私惧以稽留为愆，不意获速疾之罪。诚自知衅责，死不旋踵，特乞留五日，克殄元恶，退就鼎镬，始生之愿也。"帝无复言，顾谓让曰："此汝弟之罪，司隶何愆！"乃遣出。自此诸黄门、常侍皆鞠躬屏气，休沐不敢出宫省。帝怪问其故，并叩头泣曰："畏李校尉。"时朝廷日乱，纲纪颓弛，而膺独特风裁，以声名自高，士有被其容接者，名为"登龙门"云。

【译文】

五月丙戌（二十二日），太尉杨秉去世。杨秉为人廉洁清白，欲望很少，曾经自称"我有三不惑：美酒、女色、钱财"。

郎中窦武是窦融的玄孙，他的女儿是桓帝的贵人。采女田圣受到桓帝的宠爱，桓帝打算立田圣为皇后。司隶校尉应奉上书说："皇后的地位非常重要，关系着国家的兴衰。汉朝曾立赵飞燕为皇后，使后嗣断绝。陛下选立皇后，应该想到《关雎》诗篇中淑女以配君子的追求，而疏远五种禁忌（丧妇之长女、世有恶疾、世有刑人、乱家之女、逆家之女）。"太尉陈蕃也认为田圣出身卑微，而窦姓家族却是良家，并为此竭力争辩。桓帝不得已，于辛巳（二十日），立窦贵人为皇后，擢升窦武为特进、城门校尉，封为槐里侯。

太尉陈蕃多次向桓帝陈述李膺、冯绲、刘佑所遭受的冤枉，请求加以原谅，恢复官职。再三请求，言辞恳切，甚至流泪，但桓帝不肯接受。应奉上书说："忠臣良将是国家的心腹和脊梁。我认为，左校营弛刑徒冯绲、刘佑、李膺等人诛杀和弹劾奸臣，完全符合国家法令。陛下既不听取他们的陈述，调查了解事情的真相，却轻信别人的诬告，结果使忠臣良将和大奸大恶同罪，自春季直到冬季，仍然不能蒙受宽恕。远近的人们看到和听到后，无不为之叹息。处理政事的关键在于，要记住臣下的功劳，忘掉他们的过失。所以，汉武帝从囚徒中选拔韩安国，宣帝从逃亡犯中征召张敞。冯绲从前讨伐荆州的叛蛮，曾有和尹吉甫同等的功劳；刘佑曾多次主持司法，有不畏惧强暴和不欺侮柔弱的气节；李膺的声威震动幽州、并州，在北疆留下仁爱。而今，三面的边陲都有战事，而朝廷的军队又都没有班师回京，请求陛下宽赦李膺等人，以备发生意料不到的变化。"奏章呈上，桓帝这才下令免除三人全部的刑罚。过了很久，李膺被重新任命为司隶校尉。当时小黄门张让的弟弟张朔担任野王县的县令，贪污残暴，没有德政，因为畏惧李膺的严厉，便逃回京都洛阳，躲在他哥哥张让家的合柱中。李膺得知这个情况以后，率领吏卒破开合柱，将张朔逮捕，交付洛阳监狱，听完供词，立即处决。张让向桓帝诉冤，桓帝召见李膺，责问他为什么不先请求批准就加以诛杀。李膺回答说："从前孔子担任鲁国的大司寇，七天便把少正卯处决；而今我到职已经十天，害怕因拖延时间而获罪，想不到竟会因行动太快而获罪。我深知自己罪责严重，很快就会死去，特地向陛下请求，让我再在职位上停留五天，一定拿获元凶归案，然后再受烹刑，这才是我的愿望。"桓帝不再说话，回过头来对张让说："这都是你弟弟的罪，司隶校尉有什么过失？"于是，命李膺退出。从此，所有的黄门、中常侍，都谨慎恭敬，不敢大声呼吸，甚至连休假日也不敢出宫。桓帝觉得很奇怪，问他们究竟是怎么一回事。大家一齐叩头哭泣说："我们害怕司隶校尉李膺。"当时，朝廷的政治，一天比一天混乱，法度崩溃破坏，然而，只有李膺仍然维护朝纲，执法裁夺，因此声望一天比一天高，凡是读书的士人，能够被他容纳或接见的，都称之为"登龙门"。

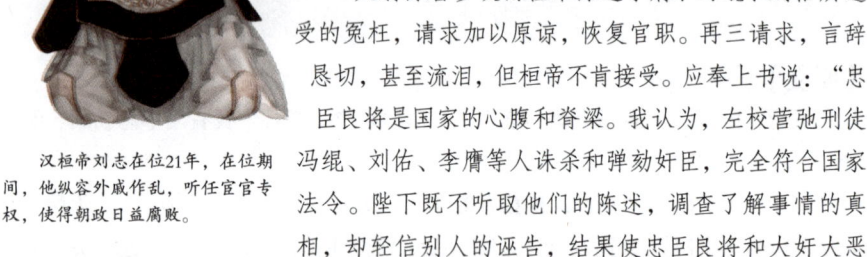

汉桓帝刘志在位21年，在位期间，他纵容外戚作乱，听任宦官专权，使得朝政日益腐败。

【原文】

汉桓帝永康元年（丁未，167年）

陈蕃既免，朝臣震栗，莫敢复为党人言者。贾彪曰："吾不西行，大祸不解。"乃入洛阳，说城门校尉窦武、尚书魏郡霍谞等，使讼之。武上疏曰："陛下即位以来，未闻善政，常侍、黄门，竞行谲诈，妄爵非人。伏寻西京，佞臣执政，终丧天下。今不虑前事之失，复循覆车之轨。臣恐二世之难，必将复及，赵高之变，不朝则夕。近者奸臣牢修造设党议，遂收前司隶校尉李膺等逮考，连及数百人。旷年拘录，事无效验。臣惟膺等建忠抗节，志经王室，此诚陛下稷、伊、吕之佐；而虚为奸臣贼子之所诬枉，天下寒心，海内失望。惟陛下留神澄省，时见理出，以厌人鬼喁喁之心。今台阁近臣，尚书朱寓、荀绲、刘佑、魏朗、刘矩、尹勋等，皆国之贞士，朝之良佐；尚书郎张陵、妫皓、苑康、杨乔、边韶、戴恢等，文质彬彬，明达国典，内外之职，群才并列。而陛下委任近习，专树饕餮，外典州郡，内干心膂，宜以次贬黜，案罪纠罚；信任忠良，平决臧否，使邪正毁誉，各得其所，宝爱天官，唯善是授，如此，咎征可消，天应可待。间者有嘉禾、芝草、黄龙之见。夫瑞生必于嘉士，福至实由善人，在德为瑞，无德为灾。陛下所行不合天意，不宜称庆。"书奏，因以病上还城门校尉、槐里侯印绶。霍谞亦上表请。帝意稍解，因中常侍王甫就狱讯党人范滂等，皆三木囊头，暴于阶下，甫以次辨诘曰："卿等更相拔举，迭为唇齿，其意如何？"滂曰："仲尼之言，'见善如不及，见恶如探汤。'滂欲使善善同其清，恶恶同其污，谓王政之所愿闻，不悟更以为党。古之修善，自求多福。今之修善，身陷大戮。身死之日，愿埋滂于首阳山侧，上不负皇天，下不愧夷、齐。"甫愍然为之改容，乃得并解桎梏。李膺等又多引宦官子弟，宦官惧，请帝以天时宜赦。六月，庚申，赦天下，改元；党人二百余人皆归田里，书名三府，禁锢终身。

【译文】

汉桓帝永康元年（丁未，公元167年）

陈蕃被免职后，朝廷文武大臣都很惊恐，没人再敢向朝廷替党人求情。贾彪说："我如果不西去京都洛阳一趟，大祸便不可能解除。"于是，他亲自来到洛阳，说服城门校尉窦武、尚书魏郡人霍谞等人，使他们出面营救党人。窦武上书说："自陛下即位以来，并没有听说施行过善政，常侍、黄门却奸诈百出，竞相谋取封爵。回溯西京长安时代，阿谀奉承的官员掌握朝廷大权，终于失去天下。而今不但不忧虑失败的往事，反而又走到使车辆翻覆的轨道上。恐怕秦朝二世胡亥覆亡的灾难，会再度降临；赵高一类的变乱，也早晚就会发生。最近，因奸臣牢修捏造出朋党之议，就逮捕司隶校尉李膺等人入狱，进行拷问，牵连到数百人之多，经年囚禁，事情并无真实证据。我认为，李膺等人秉持忠心，坚持节操，志在筹划治理王室大事，他们都真正是陛下的后稷、契、伊尹、吕尚一类的辅佐大臣，却被加上虚构的罪名，遭受奸臣贼子的冤枉陷害，以致天下寒心，海内失望。惟有请陛下留心澄清考察，立即赐予释放，以满足天地鬼神翘首盼望的心愿。而今，尚书台的亲近大臣，如尚书朱寓、荀绲、刘佑、魏朗、刘矩、尹勋等人，都是国家的忠贞之士，朝廷的贤良辅佐。尚书郎张陵、妫皓、苑康、杨乔、边韶、戴恢等人，举止文雅，通达国家的典章制度，朝廷内外的文武官员，英才并列。然而，陛下却偏偏信任左右亲近，依靠这些奸佞邪恶，让他们在外主管州郡，在内作为心腹。应该把这批奸佞邪恶之徒陆续加以废黜，调查和审问他们的罪状，进行惩罚。信任忠良，分辨善恶和是非，使邪恶和正直、诽谤和荣誉各有所归。遵照上天的旨意，将官位授给善良的人。果真如此，天降灾异的征兆可以消除，上天的祥瑞指日可待。近来，虽偶尔也有嘉禾、灵芝草、黄龙等出现，但是，祥瑞产生于恩德。有恩德，它就是吉祥；没有恩德，它就是灾祸。而今陛下的行为不符合天意，所以不应该庆贺。"奏章呈上后，窦武便称病辞职，并交还城门校尉、槐里侯的印信。霍谞也上书营救党人。桓帝的怒气稍稍化解，派中常侍王甫前往监狱审问范滂等党人。范滂等人颈戴木枷，手腕戴铁铐，脚挂铁镣，布袋蒙住头脸，暴露在台阶下面。王甫逐一诘问说："你们互相推举保荐，像嘴唇和牙齿一样地结成一党，究竟有什么企图？"范滂回答说："孔丘有言，'看见善，立刻学习都来不及。看见恶，就好像把手伸到沸水里，应该马上停止。'我希望奖励善良使大家同样清廉，嫉恨恶人使大家都明白其卑污所在。本以为朝廷会鼓励我们这么做，从没想过要结党。古代人修德积善，可以为自己谋取多福。而今修德积善，却身陷死罪。我死后，但愿将我的尸首埋葬在首阳山之侧，上不辜负皇天，下不愧对伯夷、叔齐。"王甫深为范滂的言辞而动容，可怜他们的无辜遭遇，于是命有关官吏解除他们身上的刑具。而李膺等人在口供中，又牵连出许多宦官子弟，宦官们也深恐事态继续扩大，于是请求桓帝，用发生日食作为借口，将他们赦免。六月庚申（初八），桓帝下诏大赦天下，改年号，党人共二百余人，都被遣送回各人的故乡；将他们的姓名编写成册，分送太尉、司徒、司空三府，终身不许再出来做官。

【原文】

范滂往候霍谞而不谢。或让之，滂曰："昔叔向不见祁奚，吾何谢焉！"滂南归汝南，南阳士大夫迎之者，车数千两，乡人殷陶、黄穆侍卫于旁，应对宾客。滂谓陶等曰："今子相随，是重吾祸也！"遂遁还乡里。初，诏书下举钩党，郡国所奏相连及者，多至百数，唯平原相史弼独无所上。诏书前后迫切州郡，髡笞掾史。从事坐传舍责曰："诏书疾恶党人，旨意恳恻。青州六郡，其五有党，平原何治而得独无？"弼曰："先王疆理天下，画界分境，水土异齐，风俗不同。它郡自有，平原自无，胡可相比！若承望上司，诬陷良善，淫刑滥罚，以逞非理，则平原之人，户可为党。相有死而已，所不能也！"从事大怒，即收郡僚职送狱，遂举奏弼。会党禁中解，弼以俸赎罪。所脱者甚众。窦武所荐：朱寓，沛人；苑康，渤海人；杨乔，会稽人；边韶，陈留人。乔容仪伟丽，数上言政事，帝爱其才貌，欲妻以公主，乔固辞，不听，遂闭口不食，七日而死。

【译文】

范滂前往拜访霍谞，却不肯道谢。有人责备他，范滂回答说："过去，叔向不见祁奚，我何必多此一谢。"范滂南归汝南郡时，南阳的士绅乘车来迎接他的有数千辆之多。他的同乡殷陶、黄穆站在他身边侍卫，为他应接对答宾客。范滂对殷陶等人说："而今你们跟随我，是加重我的灾祸！"于是，他便悄悄逃回故乡。最初，下诏搜捕党人，各郡、各封国奏报检举，牵连所及，多得以百计数，只有平原国宰相史弼一个党人也没有奏报。诏书前后多次下达，严厉催促州郡官府限期奏报；掾史等属吏甚至受到髡刑和鞭刑。青州从事坐在平原国的传舍，质问史弼说："诏书对党人痛恨入骨，皇帝的旨意如此诚恳痛切。青州共有六个郡国，其中五个郡国都有党人，平原国为何治理得独无党人？"史弼回答说："先王治理天下，划分州郡国县境界，水土有不同，风俗有差异。其他郡国有的，平原国恰恰就没有，怎么能够相比！如果仰望上司长官的旨意，诬陷善良无辜的人，甚至依靠严刑酷罚，使非理的举动得逞，则平原国的人民，家家户户都是党人。我这个封国国相，只有一死而已，决不能做出这种事情。"从事勃然大怒，立即逮捕史弼的所有属吏，送往监狱囚禁，然后弹劾史弼。正好遇着桓帝下令解除党禁，史弼用薪俸赎罪，所救脱的人很多。窦武所推荐的人有：朱寓，沛国人；苑康，渤海郡人；杨乔，会稽郡人；边韶，陈留郡人。杨乔容貌和仪表壮美，多次上书奏陈朝廷政事，桓帝喜爱他的才华和美貌，打算把公主嫁给他为妻，杨乔坚决推辞。桓帝不许，杨乔闭口绝食，七日而死。

【原文】

汉灵帝熹平五年（丙辰，176年）

闰月，永昌太守曹鸾上书曰："夫党人者，或耆年渊德，或衣冠英贤，皆宜股肱王室，左右大猷者也；而久被禁锢，辱在涂泥。谋反大逆尚蒙赦宥，党人何罪，独不开恕乎！所以灾异屡见，水旱荐臻，皆由于斯。宜加沛然，以副天心。"帝省奏，大怒，即诏司隶、益州槛车收鸾，送槐里狱，掠杀之。于是诏州郡更考党人门生、故吏、父子、兄弟在位者，悉免官禁锢，爰及五属。

【译文】

汉灵帝熹平五年（丙辰，公元176年）

闰五月，永昌郡太守曹鸾上书说："所谓党人，有的是年高德劭之人，有的是士大夫中的贤才，都该辅佐皇室，参与朝廷决策。竟被长期禁锢，不许做官，甚至被放逐到远方，备受羞辱。犯了谋逆的重罪，尚且能赦免，党人有什么罪过，不能宽恕？灾异之所以经常出现，水灾和旱灾接踵而至，原因都由于此。陛下应该赐下恩典，以符合天意。"灵帝看完奏章，勃然大怒，立即下诏，命司隶和益州官府巡捕曹鸾，押到京都洛阳监禁，严刑拷打而死。于是灵帝又下诏各州、各郡官府，重新调查党人的学生门徒、旧时的部属、父亲、儿子、兄弟，凡是当官的，全被免职，加以禁锢，不许再做官。这种处分，扩大到包括党人同一家族中五服之内的亲属。

卖官鬻爵

【原文】

汉灵帝光和元年（戊午，178年）

置鸿都门学，其诸生皆敕州郡、三公举用辟召，或出为刺史、太守，入为尚书、侍中，有封侯、赐爵者；士君子皆耻与为列焉。

宋皇后无宠，后宫幸姬众共谮毁。勃海王悝妃宋氏，即后之姑也，中常侍王甫恐后怨之，因谮后挟左道祝诅；帝信之，遂策收玺绶。后自致暴室，以忧死。父不其乡侯酆及兄弟并被诛。

尚书卢植上言："凡诸党锢多非其罪，可加赦恕，申宥回枉。又，宋后家属并以无辜委骸横尸，不得敛葬，宜敕收拾，以安游魂。又，郡守、刺史一月数迁，宜依黜陟以章能否，纵不九载，可满三岁。又，请谒希求，一宜禁塞，选举之事，责成主者。又，天子之体，理无私积，宜弘大务，蠲略细微。"帝不省。

【译文】

汉灵帝光和元年（戊午，公元178年）

朝廷设立鸿都门学校，学生全都命各州、郡、三公推荐征召，有的被任命出任州刺史、郡太守，有的入皇宫担任尚书、侍中，有的被封为侯，有的被赐给关内侯以下的爵称。有志操和有学问的人，都以和这些人为伍而感到羞耻。

因宋皇后得不到灵帝的宠爱，于是后宫一些受到灵帝宠爱的妃嫔便共同诬陷和诋毁她。勃海王刘悝的正妻宋妃是宋皇后的姑母，中常侍王甫恐怕宋皇后因她的姑母被诛杀而怨恨他，也乘机诬告宋皇后采用巫蛊、方术等邪门旁道诅咒皇帝。灵帝信以为真，下令收缴皇后印信。宋皇后自行前往暴室监狱，在狱中忧郁而死。她的父亲不其乡侯宋酆以及兄弟们，都一同被诛杀。

尚书卢植上书说："凡是遭朝廷禁锢的党人，多数没有犯罪，应加赦免和宽恕，使他们的冤枉得到昭雪。宋皇后的家属都以无辜受罪，抛弃骨骸，尸首纵横，不能得到收殓埋葬，应该准予收拾掩埋，使游魂得到安宁。郡太守、州刺史一个月内往往调动数次，应该按照正常的升进和黜退制度，考核他们能否胜任，即令不能任满九年，至少也应任满三年。私人请托，一律应该禁止，推荐和选举人才，应该责成主管官吏负责。天子以国为家，按照道理不能有私人的积蓄，应该放眼国家大事，忽略细微末节。"灵帝不理。

【原文】

诏中尚方为鸿都文学乐松、江览等三十二人图象立赞，以劝学者。尚书令阳球谏曰："臣案松、览等皆出于微蔑，斗筲小人，依凭世戚，附托权豪，俯眉承睫，徼进明时。或献赋一篇，或鸟篆盈简，而位升郎中，形图丹青。亦有笔不点牍，辞不辨心,假手请字,妖伪百品,莫不蒙被殊恩,蝉蜕浊浊。是以有识掩口,天下嗟叹。臣闻图象之设,以昭劝戒,欲令人君动鉴得失,未闻竖子小人诈作文颂,而可妄窃天官,垂象图素者也。今太学、东观足以宣明圣化,愿罢鸿都之选,以销天下之谤。"书奏,不省。

是岁,初开西邸卖官,入钱各有差:二千石二千万;四百石四百万;其以德次应选者半之,或三分之一;于西园立库以贮之。或诣阙上书占令长,随县好丑,丰约有贾。富者则先入钱,贫者到官然后倍输。又私令左右卖公卿,公千万,卿五百万。初,帝为侯时常苦贫,及即位,每叹桓帝不能作家居,曾无私钱,故卖官聚钱以为私藏。

帝尝问侍中杨奇曰:"朕何如桓帝?"对曰:"陛下之于桓帝,亦犹虞舜比德唐尧。"帝不悦曰:"卿强项,真杨震子孙,死后必复致大鸟矣。"奇,震之曾孙也。

【译文】

灵帝下诏命中尚方官署为鸿都门的文学之士乐松、江览等三十二人,各画一张肖像,分别配上赞美的言辞,作为对后学晚辈的勉励。尚书令阳球上书劝阻说:"据我查考乐松、江览等人都出身微贱,不过是才识短浅的小人,依靠和皇室世代有婚姻关系,依附和请托有权势的豪门,看人眼色,阿谀奉承,侥幸得以上进。有的呈献一篇辞赋,有的写出满简的鸟篆,竟然被擢升为郎中,还要用丹青画像。也有的一个字没写,一句辞不会作,完全请别人代替,怪诞诈伪,花样百出,可是全都蒙受特殊的恩典,好像鸣蝉脱壳一样,从微贱的地位中解脱出来。以致有见识的人无不对此掩口而笑,天下一片嗟叹之声。我听说设立画像,是为了劝勉告诫,希望君主能够借鉴前人的得失成败,却从来没有听说小人弄虚作假,写几篇歌颂文章,就可以窃取高官厚禄,并且在素帛上留下画像的。而今有太学、东观这两个地方,已经足够宣传圣明的教化,请陛下废止鸿都门文学的推荐和选举,以解除天下的谴责。"奏章呈上去后,灵帝不理。

这年,第一次开设西邸,公开出卖官爵,按照官位高低收钱多少不等。俸禄等级为二千石的官卖钱二千万,四百石的官卖钱四百万,其中按着德行依次当选的出一半的钱,或者至少出三分之一的钱。凡是卖官所得到的钱,在西园另外设立一个钱库贮藏起来。有人曾到宫门上书,指定要买某县的县令、长官之职,根据每个县的大小、贫富等好坏情况,县令、长官的价格多少不等。有钱的富人先交现钱买官,贫困的人到任以后照原定价格加倍偿还。灵帝还私下命令左右的人出卖三公、九卿等朝廷大臣的官职,每个公卖钱一千万,每个卿卖钱五百万。当初,灵帝为侯时经常苦于家境贫困,等到当了皇帝以后,常常叹息桓帝不懂经营家产,没有私钱。所以,大肆卖官,聚敛钱财,作为自己的私人积蓄。

灵帝曾经询问侍中杨奇说:"朕比桓帝如何?"杨奇回答说:"陛下和桓帝相比,犹如虞舜和唐尧相比一样。"灵帝大不高兴,说:"你的性格刚强,不肯向别人低头,真不愧是杨震的子孙,死后一定会再引来大鸟。"杨奇是杨震的曾孙。

张角起义

【原文】

汉灵帝光和六年（癸亥，183年）

初，巨鹿张角奉事黄、老，以妖术教授，号"太平道"。咒符水以疗病，令病者跪拜首过，或时病愈，众共神而信之。角分遣弟子周行四方，转相诳诱，十余年间，徒众数十万，自青、徐、幽、冀、荆、扬、兖、豫八州之人，莫不毕应。或弃卖财产、流移奔赴，填塞道路，未至病死者亦以万数。郡县不解其意，反言角以善道教化，为民所归。

【译文】

汉灵帝光和六年（癸亥，公元183年）

最初，巨鹿人张角信奉黄帝、老子，以法术和咒语等传授门徒，号称"太平道"。他用念过咒语的符水治病，先让病人下跪，说出自己所犯的错误，然后让他喝下符水。有些病人竟然就此痊愈，于是，人们将他信奉如神明。张角派他的弟子走遍四方，不断诳骗引诱，十余年的时间，信徒多达数十万，青州、徐州、幽州、冀州、荆州、扬州、兖州和豫州等八州之人，无不响应。有的信徒卖掉自己的家产，前往投奔张角，这些人塞满了道路，尚未到达而死在途中的也数以万计。郡、县的官员不了解张角的真实意图，反而讲张角以善道教化百姓，因而为百姓所拥戴。

【原文】

角遂置三十六方，方犹将军也。大方万余人，小方六七千，各立渠帅。讹言："苍天已死，黄天当立，岁在甲子，天下大吉。"以白土书京城寺门及州郡官府，皆作"甲子"字。大方马元义等先收荆、扬数万人，期会发于邺。元义数往来京师，以中常侍封谞、徐奉等为内应，约以三月五日内外俱起。

【译文】

张角设置三十六个方，方犹如将军。大方统率一万余人，小方统率六七千人，各立首领。他宣称："苍天已死，黄天当立，岁在甲子，天下大吉。"并用白土在京城洛阳各官署及各州、郡官府的大门上都写上"甲子"二字。计划由大方马元义等先集结荆州、扬州的党徒数万人，按期会合，在邺城起事。马元义多次前往京城洛阳，以中常侍封谞、徐奉等人为内应，约定于次年的三月初五，在京城内外同时起事。

汉室气衰

【原文】

汉灵帝中平五年（戊辰，188年）

太常江夏刘焉见王室多故，建议以为："四方兵寇，由刺史威轻，既不能禁，且用非其人，以致离叛。宜改置牧伯，选清名重臣以居其任。"焉内欲求交趾牧。侍中广汉董扶私谓焉曰："京师将乱，益州分野有天子气。"焉乃更求益州。会益州刺史郗俭赋敛烦扰，谣言远闻，而耿鄙、张懿皆为盗所杀，朝廷遂从焉议，选列卿、尚书为州牧，各以本秩居任。以焉为益州牧，太仆黄琬为豫州牧，宗正东海刘虞为幽州牧。州任之重，自此而始。焉，鲁恭王之后；虞，东海恭王之五世孙也。虞尝为幽州刺史，民夷怀其恩信，故用之。董扶及太仓令赵韪皆弃官，随焉入蜀。

益州贼马相、赵祇等起兵绵竹，自号黄巾，杀刺史俭，进击巴郡、犍为，旬月之间，破坏三郡，有众数万，自称天子。州从事贾龙率吏民攻相等，数日破走，州界清静。龙乃选吏卒迎刘焉。

焉徙治绵竹，抚纳离叛，务行宽惠，以收人心。

故太傅陈蕃子逸与术士襄楷会于冀州刺史王芬坐，楷曰："天文不利宦者，黄门、常侍真族灭矣。"逸喜。芬曰："若然者，芬愿驱除！"因与豪杰转相招合，上书言黑山贼攻劫郡县，欲因以起兵。会帝欲北巡河间旧宅，芬等谋以兵徼劫，诛诸常侍、黄门，因废帝，立合肥侯，以其谋告议郎曹操。操曰："夫废立之事，天下之至不祥也。古人有权成败、计轻重而行之者，伊、霍是也。伊、霍皆怀至忠之诚，据宰辅之势，因秉政之重，同众人之欲，故能计从事立。今诸君徒见曩者之易，未睹当今之难，而造作非常，欲望必克，不亦危乎！"芬又呼平原华歆、陶丘洪共定计。洪欲行，歆止之曰："夫废立大事，伊、霍之所难。芬性疏而不武，此必无成。"洪乃止。会北方夜半有赤气，东西竟天，太史上言："北方有阴谋，不宜北行。"帝乃止。敕芬罢兵，俄而征之。芬惧，解印绶亡走，至平原，自杀。

【译文】

汉灵帝中平五年（戊辰，公元188年）

太常江夏人刘焉看到汉朝王室多难，向灵帝建议："各地到处发生叛乱，是由于刺史权小威轻，既不能禁制，又用人不当，所以引起百姓叛离朝廷。应该改置州牧，选用有清廉名声的重臣担任。"刘焉内心里想担任交趾牧，但侍中、广汉人董扶私下里对刘焉说："京城洛阳将要发生大乱，根据天象，益州地区将出现新的皇帝。"于是，刘焉改变主意，要求去益州。正好益州刺史郗俭横征暴敛，有关他的暴政的民谣广泛流传；再加上耿鄙、张懿都被盗贼杀死，朝廷就采纳刘焉的建议，选用列卿、尚书为州牧，各自以本来的官秩出任。任命刘焉为益州牧，太仆黄琬为豫州牧，宗正东海人刘虞为幽州牧。各州长官权力的增重由此开始。刘焉是鲁恭王刘余的后代，刘虞是东海恭王刘强的五世孙。刘虞曾担任过幽州刺史，百姓与夷人都怀念他的恩德与信誉，因而朝廷有这一任命。董扶与太仓令赵韪都辞去官职，随同刘焉到益州去。

益州人马相、赵祗等在绵竹起兵，自称黄巾军，杀死刺史俭，进攻巴郡、犍为，不过一个月，连破三郡，有部众数万人，马相自称天子。益州从事贾龙等率领官吏及百姓进攻马相等，几天后将他们打败，马相等逃跑，益州界内安宁。贾龙于是选派官兵去迎接刘焉。

刘焉将州府迁到绵竹，招抚离散叛乱的百姓，为政宽容，施行恩德，以收揽人心。

已故太傅陈蕃的儿子陈逸与法术家襄楷在冀州刺史王芬处见面，襄楷说："从天象来看，不利于宦官，那些黄门、常侍们真的要被灭族了。"陈逸对此非常高兴。王芬说："如果真是这样，我愿意充当先锋。"他们就与各地的豪杰互相联系，上书说黑山地区的盗贼攻打抢夺他属下的郡县，想以此为借口起兵。正好灵帝想到北方来巡视他在河间的旧居，王芬等计划用武力来劫持灵帝，杀死那些常侍、黄门，然后废黜灵帝，另立合肥侯为皇帝。王芬等将这个计划告诉议郎曹操。曹操说："废立皇帝是天下最不吉祥的事。在古代，有的人衡量轻重、计算成败然后施行，伊尹和霍光便是如此。这两个人都满怀忠诚，以宰相的地位，凭借执政大权，加上同众人的愿望一致，所以能实现计划，成就大事。如今，各位只看到他们当初的轻而易举，而未看到现在的困难。用这种非常的手段，想一定达到目的，难道不觉得危险吗？"王芬又邀请平原人华歆、陶丘洪来共同策划。陶丘洪准备动身，华歆进行劝阻，说："废立皇帝的大事，伊尹、霍光都感觉很困难。何况王芬疏阔而又缺乏威武气概，这次举动一定会失败。"陶丘洪便没有去。这时候，北方天空在半夜时候有一道赤气，从东到西，横贯天际，负责观测天象的太史上书说："北方地区有阴谋，陛下不宜去北方。"灵帝于是作罢，命令王芬解散已集结的士兵。不久，征召王芬到洛阳去。王芬害怕，就解下印绶逃亡，跑到平原时自杀了。

【原文】

八月，初置西园八校尉，以小黄门蹇硕为上军校尉，虎贲中郎将袁绍为中军校尉，屯骑校尉鲍鸿为下军校尉，议郎曹操为典军校尉，赵融为助军左校尉，冯芳为助军右校尉，谏议大夫夏牟为左校尉，淳于琼为右校尉；皆统于蹇硕。帝自黄巾之起，留心戎事；硕壮健有武略，帝亲任之，虽大将军亦领属焉。

望气者以为京师当有大兵，两宫流血。帝欲厌之，乃大发四方兵，讲武于平乐观下，起大坛，上建十二重华盖，高十丈。坛东北为小坛，复建九重华盖，高九丈。列步骑数万人，结营为陈。甲子，帝亲出临军，驻大华盖下，大将军进驻小华盖下。帝躬擐甲、介马，称"无上将军"，行陈三匝而还，以兵授进。帝问讨虏校尉盖勋曰："吾讲武如是，何如？"对曰："臣闻先王曜德不观兵。今寇在远而设近陈，不足以昭果毅，只黩武耳！"帝曰："善！恨见君晚，群臣初无是言也。"勋谓袁绍曰："上甚聪明，但蔽于左右耳。"与绍谋共诛嬖幸，蹇硕惧，出勋为京兆尹。

十一月，王国围陈仓。诏复拜皇甫嵩为左将军，督前将军董卓，合兵四万人以拒之。

董卓谓皇甫嵩曰："陈仓危急，请速救之。"嵩曰："不然。百战百胜，不如不战而屈人兵。陈仓虽小，城守固备，未易可拔。王国虽强，攻陈仓不下，其众必疲，疲而击之，全胜之道也，将何救焉！"国攻陈仓八十余日，不拔。

【译文】

八月，开始设置西园八校尉。任命小黄门蹇硕为上军校尉，虎贲中郎将袁绍为中军校尉，屯骑校尉鲍鸿为下军校尉，议郎曹操为典军校尉，赵融为助军左校尉，冯芳为助军右校尉，谏议大夫夏牟为左校尉，淳于琼为右校尉，都由蹇硕统一指挥。灵帝自黄巾军起事以后，开始留心军事。蹇硕身体壮健，又通晓军事，很受灵帝信任，连大将军也要听从他的指挥。

观察云气预言吉凶的法术家认为，京城洛阳将有兵灾，南北两宫会发生流血事件。灵帝想通过法术来压制，于是大批征调各地的军队，在平乐观下举行阅兵仪式。修筑一个大坛，上面立起十二层的华盖，高达十丈；在大坛的东北修筑了一个小坛，又立起九层的华盖，高九丈。步骑兵数万人列队，设营布阵。甲子（十六日），灵帝亲自出来阅兵，站在大华盖之下，大将军何进站在小伞盖之下。灵帝亲自披戴甲胄，骑上有护甲的战马，自称"无上将军"，绕军阵巡视三圈后返回，将武器授予何进。灵帝问讨虏校尉盖勋说："我这样检阅大军，你觉得怎样？"盖勋回答："我听说从前圣明的君王显示恩德，不炫耀武力。如今，贼寇都在远地，陛下却在京城阅兵，不足以显示消灭敌人的决心，只表现为黩武罢了。"灵帝说："你的看法很对，可惜我见到你太晚，群臣当初没有讲过这样的话。"盖勋对袁绍说："皇帝很聪明，只是被他左右的人蒙蔽住了。"他与袁绍密谋一起诛杀宦官。蹇硕感到恐惧，将他调离京城，派到长安去担任京兆尹。

十一月，王国包围陈仓。灵帝下诏再次任命皇甫嵩为左将军，统率前将军董卓，共有军队四万人，去抵抗王国。

董卓对皇甫嵩说："陈仓形势危急，请赶快救援。"皇甫嵩说："不然。百战百胜，不如不战而胜。陈仓虽小，但城垣坚固，守卫严密，不容易攻破。王国兵力虽强，但攻不下陈仓，部众必然疲乏，我们乘他们疲乏，发动攻击，这是获得彻底胜利的策略，用得着什么援救呢！"王国围攻陈仓八十余天，未能攻破。

灵帝问讨虏校尉盖勋说："我这样检阅大军，你觉得怎样？"盖勋回答："我听说从前圣明的君王显示恩德，不炫耀武力。如今，贼寇都在远地，陛下却在京城阅兵，不足以显示消灭敌人的决心，只表现为黩武罢了。"

董卓废帝

【原文】

汉灵帝中平六年（己巳，189年）

九月，癸酉，卓大会百僚、奋首而言曰："皇帝暗弱，不可以奉宗庙，为天下主。今欲依伊尹、霍光故事，更立陈留王，何如？"公卿以下皆惶恐，莫敢对。卓又抗言曰："昔霍光定策，延年按剑。有敢沮大议，皆以军法从事！"坐者震动。尚书卢植独曰："昔太甲既立不明，昌邑罪过千余，故有废立之事。今上富于春秋，行无失德，非前事之比也。"卓大怒，罢坐。将杀植，蔡邕为之请，议郎彭伯亦谏卓曰："卢尚书海内大儒，人之望也；今先害之，天下震怖。"卓乃止，但免植官，植遂逃隐于上谷。卓以废立议示太傅袁隗，隗报如议。

甲戌，卓复会群僚于崇德前殿，遂胁太后策废少帝，曰："皇帝在丧，无人子之心，威仪不类人君，今废为弘农王，立陈留王协为帝。"袁隗解帝玺绶，以奉陈留王，扶弘农王下殿，北面称臣。太后鲠涕，群臣含悲，莫敢言者。

【译文】

汉灵帝中平六年（己巳，公元189年）

九月，癸酉（疑误），董卓召集文武百官，蛮横地说："皇帝没有能力，不可以奉祀宗庙，做统治天下的君主。如今，我想依照伊尹、霍光的前例，改立陈留王为皇帝，你们觉得怎样？"公卿以及以下官员都十分惶恐，没有人敢回答。董卓又高声说："从前霍光定下废立的大计后，田延年手握剑柄，准备诛杀反对的人。现在有谁胆敢反对这项计划，都以军法从事！"在座的人无不震骇。只有尚书卢植说："从前太甲继位后昏庸不明，昌邑王有千余条罪状，所以有废立之事发生。现在的皇帝年龄尚幼，行为没有过失，不能与前例相比。"董卓大怒，离座而去。他准备杀卢植，蔡邕为卢植求情，议郎彭伯也劝阻董卓，说："卢尚书是全国有名的大儒，受人尊敬。现在先杀了他，将使全国都陷入恐怖之中。"董卓这才停止动手，只是免去卢植的官职。于是，卢植逃到上谷郡隐居起来。董卓派人把废立皇帝的计划送给太傅袁隗看，袁隗回报同意。

九月甲戌（初一），董卓又在崇德前殿召集百官，威胁何太后下诏废黜少帝刘辩，诏书说："皇帝为先帝守丧期间，没有尽到做儿子的孝心，而且仪表缺乏君王应有的威严。如今，废他为弘农王，立陈留王为皇帝。"袁隗把少帝刘辩身上佩带的玺绶解下来，进奉给陈留王刘协。然后扶弘农王刘辩下殿，向坐在北面的刘协称臣。何太后哽咽流涕，群臣都心中悲伤，但没有一个人敢说话。

三国鼎立

四方伐卓

【原文】

汉献帝初平二年（辛未，191年）

关东诸将议：以朝廷幼冲，逼于董卓，远隔关塞，不知存否，幽州牧刘虞，宗室贤俊，欲共立为主。曹操曰："吾等所以举兵而远近莫不响应者，以义故也。今幼主微弱，制于奸臣，非有昌邑亡国之衅，而一旦改易，天下其孰安之！诸君北面，我自西向。"韩馥、袁绍以书与袁术曰："帝非孝灵子，欲依绛、灌诛废少主、迎立代王故事，奉大司马虞为帝。"术阴有不臣之心，不利国家有长君，乃外托公义以拒之。绍复与术书曰："今西名有幼君，无血脉之属，公卿以下皆媚事卓，安可复信！但当使兵往屯关要，皆自蹙死。东立圣君，太平可冀，如何有疑？又室家见戮，不念子胥，可复北面乎？"术答曰："圣主聪睿，有周成之质。贼卓因危乱之际，威服百寮，此乃汉家小厄之会，乃云今上'无血脉之属'，岂不诬乎！又曰'室家见戮，可复北面'；此卓所为，岂国家哉！偻偻赤心，志在灭卓，不识其他！"

【译文】

汉献帝初平二年（辛未，公元191年）

关东各州、郡起兵讨伐董卓的将领们商议，认为献帝年龄幼小，被董卓所控制，又远在长安，关塞相隔，不知生死，幽州牧刘虞是宗室中比较贤明的人，准备拥立他为皇帝。曹操说："我们这些人所以起兵，而且远近之人无不响应的原因，正由于我们的行动是正义的。如今皇帝幼弱，为奸臣所控制，但没有昌邑王刘贺那样的可以导致亡国的过失，一旦你们改立别人，天下谁能接受！你们向北边迎立刘虞，我自尊奉西边的皇帝。"韩馥、袁绍写信给袁术说："皇帝不是灵帝的儿子，我们准备依照周勃和灌婴废黜少主、迎立代王的先例，尊奉大司马刘虞为皇帝。"袁术暗中怀有当皇帝的野心，认为国家有一个年长的皇帝对自己不利，于是表面上假托君臣大义，拒绝了韩馥和袁绍的建议。袁绍再次给袁术写信，说："如今西边名义上有一个年幼的皇帝，但和先帝并没有血缘关系。公卿等朝臣都谄媚董卓，怎能再相信他们！只要派兵去守住关口要塞，自会把他们全都困死。我们在东边拥立一个圣明的皇帝，就可期望过上太平日子，为什么迟疑不决？再说，咱们全家被杀，你不想想伍子胥是怎样为父兄报仇的，难道可以再向这样的皇帝称臣吗？"袁术回信说："皇帝聪明睿智，有周成王姬诵那样的资质。贼臣董卓乘国家危乱之时，用暴力压服群臣，这是汉朝的一个小小厄运，你竟说陛下'和先帝没有血缘关系'，这岂不是诬蔑吗！你还说'全家被杀，难道可以再向这样的皇帝称臣'，这事是董卓做的，难道是陛下吗？我满腔赤诚，志在消灭董卓，不知其他的事情！"

官渡之战

【原文】

汉献帝建安五年（庚辰，200年）

春，正月，董承谋泄；壬子，曹操杀承及王服、种辑，皆夷三族。

操欲自讨刘备，诸将皆曰："与公争天下者，袁绍也。今绍方来而弃之东，绍乘人后，若何？"操曰："刘备，人杰也，今不击，必为后患。"郭嘉曰："绍性迟而多疑，来必不速。备新起，众心未附，急击之，必败。"操师遂东。冀州别驾田丰说袁绍曰："曹操与刘备连兵，未可卒解。公举军而袭其后，可一往而定。"绍辞以子疾，未得行。丰举杖击地曰："嗟乎！遭难遇之时，而以婴儿病失其会，惜哉，事去矣！"

曹操击刘备，破之，获其妻子；进拔下邳，擒关羽；又击昌豨，破之。备奔青州，因袁谭以归袁绍。绍闻备至，去邺二百里迎之；驻月余，所亡士卒稍稍归之。

【译文】

汉献帝建安五年（庚辰，公元200年）

春季，正月，董承的密谋败露。壬子（二月初十日），曹操杀死董承和王服、种辑，并将他们的三族全部处死。

曹操打算亲自出马讨伐刘备，将领们都说："与您争夺天下的是袁绍。如今袁绍大军压境，而您却向东讨伐刘备，如果袁绍在背后进行攻击，怎么办？"曹操说："刘备是人中豪杰，如今不进攻他，必定成为后患。"郭嘉说："袁绍性情迟钝，而且多疑，即使来进攻，也必定不会很快就来。刘备刚刚创立基业，人心还没有完全归附，赶快进攻，一定能将刘备击败。"曹操便挥师东征刘备。冀州别驾田丰劝袁绍说："曹操与刘备交战，不会立即分出胜负。将军率军袭击他的后方，可以一举成功。"袁绍因儿子患病而推辞，未能出兵。田丰举杖击地说："唉！遇到这种难得的机会，却因为婴儿的病而放弃，可惜啊，大事完了！"

曹操进攻刘备，将刘备打败，俘虏了他的妻子家小。曹操接着攻克下邳，捉住关羽，又进攻昌豨。刘备逃奔青州，通过袁谭投奔袁绍。袁绍听说刘备来到，出邺城二百里，亲自去迎接刘备。刘备在邺城住了一个多月，被打散的士兵逐渐回到刘备身边。

【原文】

曹操还军官渡，绍乃议攻许，田丰曰："曹操既破刘备，则许下非复空虚。且操善用兵，变化无方，众虽少，未可轻也，今不如以久持之。将军据山河之固，拥四州之众，外结英雄，内修农战，然后简其精锐，分为奇兵，乘虚迭出以扰河南，救右则击其左，救左则击其右，使敌疲于奔命，民不得安业，我未劳而彼已困，不及三年，可坐克也。今释庙胜之策而决成败于一战，若不如志，悔无及也。"绍不从。丰强谏忤绍，绍以为沮众，械系之。于是移檄州郡，数操罪恶。二月，进军黎阳。

沮授临行，会其宗族，散资财以与之曰："势存则威无不加，势亡则不保一身，哀哉！"其弟宗曰："曹操士马不敌，君何惧焉？"授曰："以曹操之明略，又挟天子以为资，我虽克伯珪，众实疲弊，而主骄将忲，军之破败，在此举矣。扬雄有言，'六国蚩蚩，为嬴弱姬。'其今之谓乎！"

【译文】

曹操率军回到官渡，袁绍才开始计议进攻许都。田丰说："曹操既然击败刘备，则许都已不再空虚。而且曹操善于用兵，变化无穷，兵马虽少，却不可轻视。现在不如按兵不动，与他相持。将军据守山川险固，拥有四州的民众，对外结交英雄，对内抓紧农耕，加强战备。然后，挑选精锐之士，分出来组成奇兵，频繁攻击薄弱之处，扰乱黄河以南。敌军救右，我军则击其左；救左，则击其右，使得敌军疲于奔命，百姓无法安心生产，我们没有劳苦，而敌军已经陷入困境，不到三年，就可坐等胜利。现在放弃必胜的谋略，而要以一战来决定成败，万一不能如愿，后悔就来不及了。"袁绍没有采纳。田丰竭力劝谏，冒犯了袁绍，袁绍认为田丰扰乱军心，给他戴上刑具，关押起来。于是，袁绍用公文通告各州、郡，宣布曹操的罪状。二月，袁绍进军黎阳。

沮授在出军前，召集宗族，把自己的家产分给族人，说："有势则权威无所不加，失势则连自己性命也保不住，真是可悲！"他弟弟沮宗说："曹操的兵马比不上我军，您为什么害怕呢？"沮授说："凭曹操的智慧与谋略，又挟持天子作为资本，我们虽然打败了公孙瓒，但士兵实际上已经疲惫，加上主上骄傲，将领奢侈，全军覆没，就在这一仗了。扬雄曾经说过，'六国纷纷扰扰，只不过是为秦取代周而效劳。'这说的是今天啊！"

【原文】

振威将军程昱以七百兵守鄄城。曹操欲益昱兵二千，昱不肯，曰："袁绍拥十万众，自以所向无前，今见昱少兵，必轻易，不来攻。若益昱兵，过则不可不攻，攻之必克，徒两损其势，愿公无疑。"绍闻昱兵少，果不往，操谓贾诩曰："程昱之胆，过于贲、育矣！"

【译文】

振威将军程昱率七百人守卫鄄城。曹操打算给他增加两千名士兵，程昱不肯，说："袁绍拥兵十万，自以为所向无前，看到我兵力薄弱，一定瞧不起，不会来攻。如给我增兵，则袁绍大军经过就不会不进攻，进攻必然攻克，那就白白损失您和我两处的实力，请您不必担心。"袁绍听说程昱兵少，果然没去进攻。曹操对贾诩说："程昱的胆量，超过古代勇士孟贲和夏育了！"

【原文】

袁绍遣其将颜良攻东郡太守刘延于白马，沮授曰："良性促狭，虽骁勇，不可独任。"绍不听。夏，四月，曹操北救刘延。荀攸曰："今兵少不敌，必分其势乃可。公到延津，若将渡兵向其后者，绍必西应之，然后轻兵袭白马，掩其不备，颜良可擒也。"操从之，绍闻兵渡，即分兵西邀之。操乃引军兼行趣白马，未至十余里，良大惊，来逆战。操使张辽、关羽先登击之。羽望见良麾盖，策马刺良于万众之中，斩其首而还，绍军莫能当者。遂解白马之围，徙其民，循河而西。

绍渡河追之，沮授谏曰："胜负变化，不可不详。今宜留屯延津，分兵官渡，若其克获，还迎不晚，设其有难，众弗可还。"绍弗从。授临济叹曰："上盈其志，下务其功，悠悠黄河，吾其济乎！"遂以疾辞。绍不许而意恨之，复省其所部，并属郭图。

绍军至延津南，操勒兵驻营南阪下，使登垒望之，曰："可五六百骑。"有顷，复白："骑稍多，步兵不可胜数。"操曰："勿复白。"令骑解鞍放马。是时，白马辎重就道，诸将以为敌骑多，不如还保营。荀攸曰："此所以饵敌，如何去之！"操顾攸而笑。绍骑将文丑与刘备将五六千骑前后至。诸将复白："可上马。"操曰："未也。"有顷，骑至稍多，或分趣辎重。操曰："可矣！"乃皆上马。时骑不满六百，遂纵兵击，大破之，斩丑。丑与颜良，皆绍名将也，再战，悉擒之，绍军夺气。

【译文】

袁绍派大将颜良到白马进攻东郡太守刘延，沮授说："颜良性情急躁狭隘，虽然骁勇，但不可让他独当一面。"袁绍不听。夏季，四月，曹操率军向北援救刘延。荀攸说："如今我们兵少，不是袁军的对手，只有分散他的兵力才行。您到延津后，做出准备渡河袭击袁绍后方的样子，袁绍必然向西应战。然后，您率军轻装急进，袭击白马，攻其不备，就可击败颜良。"曹操听从了荀攸的计策。袁绍听说曹军要渡河，就分兵向西阻截。曹操于是率军急速向白马挺进，还差十余里，颜良才得到消息，大吃一惊，前来迎战。曹操派张辽、关羽作先锋，关羽望见颜良的旌旗伞盖，策马长驱直入，在万众之中刺死颜良，斩下他的头颅而归，袁绍军中无人能够抵挡。于是，解白马之围，曹操把全城百姓沿黄河向西迁徙。

袁绍要渡过黄河进行追击，沮授劝阻他说："胜负之间，变化无常，不能不慎重考虑。如今应当把大军留驻在延津，分出部分军队去官渡，如果他们告捷，回来迎接大军也不晚；如果大军渡河南下，万一失利，大家就没有退路了。"袁绍不听他的劝告。沮授在渡河时叹息着说："主上狂妄自大，下边将领只会贪功，悠悠黄河，我们能成功吗？"于是称病辞职。袁绍不批准，但心中怀恨，就又解除沮授的兵权，把他所率领的军队全部拨归郭图指挥。

袁绍大军到达延津以南，曹操部署军队在南阪下安营，派人登上营垒瞭望。瞭望的人报告说："敌军大约有五六百骑兵。"一会儿，又报告说："骑兵逐渐增多，步兵不可胜数。"曹操说："不必再报告了。"命令骑兵解下马鞍，放马休息。这时，从白马运送的辎重已经上路，将领们认为敌军骑兵多，不如回去守卫营垒。荀攸说："这正是引敌上钩，怎么能离开？"曹操看着荀攸微微一笑。袁绍的骑兵将领文丑与刘备率领五六千骑兵先后赶到，曹军将领们都说："可以上马了。"曹操说："还没到时候。"又过了一会儿，袁军的骑兵更多了，有的已分别攻击曹军的辎重车队，曹操说："时候到了。"于是曹军全体骑兵上马。当时曹军骑兵不到六百人，曹操挥军猛击，大破袁军，斩杀了文丑。文丑与颜良都是袁绍军中有名的大将，两次交战，先后被曹军杀死，袁绍军中士气大衰。

【原文】

初，操壮关羽之为人，而察其心神无久留之意，使张辽以其情问之，羽叹曰："吾极知曹公待我厚；然吾受刘将军恩，誓以共死，不可背之。吾终不留，要当立效以报曹公乃去耳。"辽以羽言报操，操义之。及羽杀颜良，操知其必去，重加赏赐。羽尽封其所赐，拜书告辞，而奔刘备于袁军。左右欲追之，操曰："彼各为其主，勿追也。"

操还军官渡，阎柔遣使诣操，操以柔为乌桓校尉。鲜于辅身见操于官渡，操以辅为右度辽将军，还镇幽土。

【译文】

起初，曹操欣赏关羽的为人，但观察关羽的心思没有久留之意，就派张辽去了解关羽的想法，关羽叹息说："我十分明白曹公待我情义深厚，但我受刘将军厚恩，已发誓与他同生死、共患难，不能背弃誓言。我最终不会留在这里，但要立功报答曹公后才离去。"张辽把关羽的话报告给曹操，曹操佩服他的义气。等到关羽杀死颜良后，曹操知道他一定要离去，就重加赏赐。关羽把曹操赏赐的所有东西都封存起来，留下一封拜别的书信向曹操辞行，就到袁绍军中投奔刘备。曹操的左右将领要去追赶关羽，曹操说："他是各为其主，不要去追。"

曹操回军官渡，阎柔派遣使者拜见曹操，曹操任命阎柔为乌桓校尉。鲜于辅亲自到官渡拜见曹操，曹操任命他为右度辽将军，回去镇守幽州。

【原文】

广陵太守陈登治射阳，孙策西击黄祖，登诱严白虎余党，图为后害。策还击登，军到丹徒，须待运粮。初，策杀吴郡太守许贡，贡奴客潜民间，欲为贡报仇。策性好猎，数出驱驰，所乘马精骏，从骑绝不能及，卒遇贡客三人，射策中颊，后骑寻至，皆刺杀之。策创甚，召张昭等谓曰："中国方乱，以吴、越之众，三江之固，足以观成败，公等善相吾弟！"呼权，佩以印绶，谓曰："举江东之众，决机于两陈之间，与天下争衡，卿不如我；举贤任能，各尽其心以保江东，我不如卿。"丙午，策卒，时年二十六。

【译文】

广陵郡太守陈登把郡府设在射阳，孙策向西攻击黄祖，陈登引诱严白虎的余党，准备在孙策后方起事。孙策率军回击陈登，先驻在丹徒，等待运输粮草。当初，孙策曾杀死吴郡太守许贡，许贡的家奴和门客藏在民间，打算为许贡报仇。孙策喜欢打猎，经常在外追赶野兽，他骑的一匹骏马速度极快，卫士们的马根本追不上。孙策乘马驱驰时，突然遇到许贡的三个门客，他们用箭射中孙策面颊，后面的卫士骑马随即赶到，将门客全部杀死。孙策受伤很重，召唤张昭等人，对他们说："中原正在大乱，以吴、越的人力，据守三江险要，足以坐观成败。你们一定要好好辅佐我的弟弟！"又把孙权叫来，将印绶给孙权佩上，对孙权说："率领江东的人马，决战于疆场，与天下英雄相争，你不如我；选择贤才，任用能臣，使他们各尽忠心，保守江东，我不如你。"四月，丙午（初四），孙策去世，年仅二十六岁。

【原文】

权悲号，未视事，张昭曰："孝廉，此宁哭时邪！"乃改易权服，扶令上马，使出巡军。昭率僚属，上表朝廷，下移属城，中外将校，各令奉职，周瑜自巴丘将兵赴丧，遂留吴，以中护军与张昭共掌众事。时策虽有会稽、吴郡、丹杨、豫章、庐江、庐陵，然深险之地，犹未尽从，流寓之士，皆以安危去就为意，未有君臣之固，而张昭、周瑜等谓权可与共成大业，遂委心而服事焉。

备还至绍军，阴欲离绍，乃说绍南连刘表。绍遣备将本兵复至汝南，与贼龚都等合，众数千人。曹操遣将蔡杨击之，为备所杀。

【译文】

孙权悲痛号哭，没有去主持军政事务。张昭对他说："孙孝廉，这难道是哭的时候吗？"于是给孙权换好官服，扶孙权上马，要他出去巡视军营。张昭率领僚属，向朝廷上表奏报孙策的死讯，并通知属下郡、县，命令各地官吏和大小将领都严守岗位。周瑜从巴丘率兵前来奔丧，就留在吴郡，担任中护军，与张昭一起主持军政事务。当时孙策虽然已经占有会稽、吴郡、丹阳、豫章、庐江、庐陵这几个郡，但偏远山区还未全部控制。流亡客居在江南的士大夫，也还怀有暂时避难的想法，与孙策、孙权并未建立起稳定的君臣关系。但张昭、周瑜等人认为可以与孙权共同完成大业，于是尽心尽力地为孙权效力。

刘备回到袁绍军中，暗中打算离开袁绍。于是，他劝说袁绍与荆州的刘表联合。袁绍派刘备率领他原来的部队再到汝南，与盗匪首领龚都等联合，有部众数千人。曹操派部将蔡杨前去进攻，被刘备杀死。

【原文】

曹操出兵与袁绍战，不胜，复还，坚壁。绍为高橹，起土山，射营中，营中皆蒙楯而行。操乃为霹雳车，发石以击绍楼，皆破；绍复为地道攻操，操辄于内为长堑以拒之。操众少粮尽，士卒疲乏，百姓困于征赋，多叛归绍者。操患之，与荀彧书，议欲还许，以致绍师。彧报曰："绍悉众聚官渡，欲与公决胜败。公以至弱当至强，若不能制，必为所乘，是天下之大机也。且绍，布衣之雄耳，能聚人而不能用。以公之神武明哲而辅以大顺，何向而不济！今谷食虽少，未若楚、汉在荥阳、成皋间也。是时刘、项莫肯先退者，以为先退则势屈也。公以十分居一之众，画地而守之，扼其喉而不得进，已半年矣。情见势竭，必将有变。此用奇之时，不可失也。"操从之，乃坚壁持之。

操见运者，抚之曰："却十五日为汝破绍，不复劳汝矣。"绍运谷车数千乘至官渡。荀攸言于操曰："绍运车旦暮至，其将韩猛锐而轻敌，击，可破也！"操曰："谁可使者？"攸曰："徐晃可。"乃遣偏将军河东徐晃与史涣邀击猛，破走之，烧其辎重。

【译文】

曹操出兵与袁绍交战，没有取胜，又退回营垒，坚守不出。袁绍军中制造高楼，堆起土山，居高临下地向曹营射箭，曹军在营中行走，都要用盾牌遮挡飞箭。曹操制成霹雳车，发射石块，将袁绍的高楼全都击毁。袁绍又挖地道进攻，曹军在营内挖了一道长长的深沟，以抵御袁军从地下来攻。曹操兵少粮尽，士兵疲惫不堪，百姓无法交纳沉重的赋税，纷纷背叛而降附袁绍。曹操大为忧虑，给荀彧写信，说准备用退回许都的办法引诱袁军深入。荀彧回信说："袁绍集中全部军队到官渡，打算与您一决胜负。您以最弱者抵抗最强者，如果不能制敌，就将为敌所制，这正是夺取天下的关键。而且，袁绍只是布衣中的英雄罢了，能把人才召集在自己身边，却不能任用。以您的神武明智，加上尊奉天子、名正言顺，有谁能阻拦得住！如今，粮食虽少，但还没有到楚、汉在荥阳、成皋对峙时的困境。那时刘邦、项羽谁也不肯先行后撤，是因为先退就会处于劣势。您的军队只有袁绍军队的十分之一，但您坚守不动，扼住袁军的咽喉，使袁军无法前进，已长达半年。情势显现，已到终结，必将发生变化，这正是出奇制胜的时机，一定不能放弃。"曹操听从荀彧的劝告，于是坚守营垒，与袁绍相持。

曹操见到运输粮草的人，安抚他们说："再过十五天，当为你们击败袁绍，就不再辛苦你们运粮了。"袁绍的运粮车数千辆来到官渡，荀攸对曹操说："袁绍的运送辎重的车队马上就要来了，押运的大将韩猛勇敢而轻敌，进攻他，可以把他击败！"曹操说："派谁去合适？"荀攸说："徐晃最合适。"于是，曹操派遣偏将军河东人徐晃与史涣在半路截击韩猛，击退韩猛，烧毁袁军辎重。

【原文】

冬，十月，绍复遣车运谷，使其将淳于琼等将兵万余人送之，宿绍营北四十里。沮授说绍："可遣蒋奇别为支军于表，以绝曹操之钞。"绍不从。

许攸曰："曹操兵少而悉师拒我，许下余守，势必空弱。若分遣轻军，星行掩袭，许可拔也。许拔，则奉迎天子以讨操，操成擒矣。如其未溃，可令首尾奔命，破之必也。"绍不从，曰："吾要当先取操。"会攸家犯法，审配收系之，攸怒，遂奔操。

操闻攸来，跣出迎之，抚掌笑曰："子卿远来，吾事济矣！"既入坐，谓操曰："袁氏军盛，何以待之？今有几粮乎？"操曰："尚可支一岁。"攸曰："无是，更言之！"又曰："可支半岁。"攸曰："足下不欲破袁氏邪，何言之不实也！"操曰："向言戏之耳。其实可一月，为之奈何？"攸曰："公孤军独守，外无救援而粮谷已尽，此危急之日也。袁氏辎重万余乘，在故市、乌巢，屯军无严备，若以轻兵袭之，不意而至，燔其积聚，不过三日，袁氏自败也。"

【译文】

冬季，十月，袁绍又派大批车辆运粮草，让大将淳于琼等率领一万余人护送，停留在袁绍大营以北四十里处。沮授劝袁绍说："可派遣蒋奇率一支军队，在运粮队的外围巡逻，以防曹操派军袭击。"袁绍不听。

许攸说："曹操兵少，而集中全力来抵抗我军，许都由剩下的人守卫，防备一定空虚。如果派一支队伍轻装前进，连夜奔袭，可以攻陷许都。占领许都后，就奉迎天子以讨伐曹操，必能捉住曹操。假如他未立刻溃散，也能使他首尾不能兼顾，疲于奔命，一定可将他击败。"袁绍不同意，说："我一定要先捉住曹操。"正在这时，许攸家里有人犯法，留守邺城的审配将他们逮捕，许攸知道后大怒，就去投奔曹操。

曹操听说许攸前来，来不及穿鞋，光着脚出来迎接他，拍手笑着说："许子卿，你远道而来，我的大事可以成功了！"入座以后，许攸对曹操说："袁军势大，你有什么办法对付他？现在还有多少粮草？"曹操说："还可以支持一年。"许攸说："没有那么多，再说一次。"曹操又说："可以支持半年。"许攸说："您不想击破袁绍吗？为什么不说实话呢？"曹操说："刚才只是开玩笑罢了，其实只可应付一个月，怎么办呢！"许攸说："您孤军独守，外无救援，而粮草已尽，这是危急的关头。袁绍有一万多辆辎重车，在故市、乌巢，守军戒备不严密，如果派轻装部队袭击，出其不意，焚毁他们的粮草与军用物资，不出三天，袁绍大军就会自行溃散。"

【原文】

操大喜，乃留曹洪、荀攸守营，自将步骑五千人，皆用袁军旗帜，衔枚缚马口，夜从间道出，人抱束薪，所历道有问者，语之曰："袁公恐曹操钞略后军，遣军以益备。"闻者信以为然，皆自若。既至，围屯，大放火，营中惊乱。会明，琼等望见操兵少，出陈门外，操急击之，琼退保营，操遂攻之。

绍闻操击琼，谓其子谭曰："就操破琼，吾拔其营，彼固无所归矣！"乃使其将高览、张郃等攻操营。郃曰："曹公精兵往，必破琼等，琼等破，则事去矣，请先往救之。"郭图固请攻操营。郃曰："曹公营固，攻之必不拔。若琼等见擒，吾属尽为虏矣。"绍但遣轻骑救琼，而以重兵攻操营，不能下。

绍骑至乌巢，操左右或言："贼骑稍近，请分兵拒之。"操怒曰："贼在背后，乃白！"士卒皆殊死战，遂大破之，斩琼等，尽燔其粮谷，杀士卒千余人，皆取其鼻，牛马割唇舌，以示绍军。绍军将士皆恟惧。郭图惭其计之失，复谮张郃于绍曰："郃快军败。"郃忿惧，遂与高览焚攻具，诣操营降。曹洪疑，不敢受，荀攸曰："郃计画不用，怒而来奔，君有何疑！"乃受之。

【译文】

曹操大喜，便留下曹洪、荀攸防守大营，亲自率领五千名步骑兵出击。军队一律用袁军的旗号，兵士嘴里衔着小木棍，把马嘴绑上，以防发出声音，夜里从小道出营，每人抱一捆柴草。经过的路上遇到有人盘问，就回答说："袁公恐怕曹操袭击后方辎重，派兵去加强守备。"听的人信以为真，全都毫无戒备。到达乌巢后，围住袁军辎重，四面放火，袁军营中大乱。正在这时，天已渐亮，淳于琼等看到曹军兵少，就在营外摆开阵势，曹操进军猛击，淳于琼等抵挡不住，退守营寨，于是曹军开始进攻。

袁绍听到曹操袭击淳于琼的消息，对儿子袁谭说："就算曹操攻破淳于琼，我去攻破他的大营，让他无处可归。"于是，派遣大将高览、张郃去攻打曹军大营。张郃说："曹操亲率精兵前去袭击，必能攻破淳于琼等，他们一败，辎重被毁，则我军大势已去，请先去救援淳于琼。"郭图坚持要先攻曹操营寨。张郃说："曹操营寨坚固，一定不能攻克。如果淳于琼等被捉，我们都将成为俘虏。"袁绍只是派轻兵去援救淳于琼，而派重兵进攻曹军大营，未能攻下。

袁绍增援的骑兵到达乌巢，曹操左右有人说："敌人的骑兵逐渐靠近，请分兵抵抗。"曹操怒喝道："敌人到了背后，再来报告！"曹军士兵都拼死作战，于是大破袁军，斩杀淳于琼等，烧毁袁军全部粮秣，将一千余名袁军士兵的鼻子全都割下，将所俘获的牛马的嘴唇、舌头也割下，拿给袁绍军队看。袁军将士看到后，大为恐惧。郭图因自己的计策失败，心中羞愧，就又去袁绍那里诬告张郃，说："张郃听说我军失利，十分幸灾乐祸。"张郃听说后，又恨又怕，就与高览烧毁了攻营的器械，到曹营去投降。曹洪生怕中计，不敢接受他们投降。荀攸说："张郃因为计策不为袁绍采用，一怒之下前来投奔，您有什么可怀疑的！"于是接受张郃、高览的投降。

【原文】
　　于是绍军惊扰，大溃，绍及谭等幅巾乘马，与八百骑渡河。操追之不及，尽收其辎重、图书、珍宝。余众降者，操尽坑之，前后所杀七万余人。
　　沮授不及绍渡，为操军所执，乃大呼曰："授不降也，为所执耳！"操与之有旧，迎谓曰："分野殊异，遂用圮绝，不图今日乃相擒也！"授曰："冀州失策，自取奔北。授知力俱困，宜其见擒。"操曰："本初无谋，不相用计，今丧乱未定，方当与君图之。"授曰："叔父、母弟，县命袁氏，若蒙公灵，速死为福。"操叹曰："孤早相得，天下不足虑也。"遂赦而厚遇焉。授寻谋归袁氏，操乃杀之。
　　操收绍书中，得许下及军中人书，皆焚之，曰："当绍之强，孤犹不能自保，况众人乎！"
【译文】
　　于是，袁军惊恐，全面崩溃。袁绍与袁谭等戴着头巾，骑着快马，率领八百名骑兵渡过黄河而逃。曹军追赶不及，但缴获了袁绍的全部辎重、图书和珍宝。袁军残部投降，全部被曹操活埋掉，先后杀死的有七万余人。
　　沮授来不及跟上袁绍渡河逃走，被曹军俘虏，于是他大喊："我不是投降，只是被擒！"曹操和他是老相识，亲自来迎接他，对他说："咱们处在不同的地区，一直被隔开不能相见，想不到今天你会被我捉住。"沮授说："袁绍失策，自取失败。我的才智和能力全都无法施展，应当被擒。"曹操说："袁绍缺乏头脑，不能采用你的计策。如今，天下战乱未定，我要与你一同创立功业。"沮授说："我叔父与弟弟的性命都控制在袁绍手中。如果蒙您看重，就请快些杀我，这才是我的福气。"曹操叹息说："我如果早就得到你，天下大事都不值得担忧了。"于是，赦免沮授，并给予他优厚待遇。不久，沮授策划逃回袁绍军中，曹操这将他杀死。

曹操收缴袁绍的往来书信，得到许都官员及自己军中将领写给袁绍的信，他将这些信全部烧掉，说："当袁绍强盛之时，连我都不能自保，何况众人呢！"

【原文】

冀州城邑多降于操。袁绍走至黎阳北岸，入其将军蒋义渠营，把其手曰："孤以首领相付矣！"义渠避帐而处之，使宣号令。众闻绍在，稍复归之。

或谓田丰曰："君必见重矣。"丰曰："公貌宽而内忌，不亮吾忠，而吾数以至言迕之，若胜而喜，犹能赦我，今战败而恚，内忌将发，吾不望生。"绍军士皆拊膺泣曰："向令田丰在此，必不至于败。"绍谓逢纪曰："冀州诸人闻吾军败，皆当念吾，惟田别驾前谏止吾，与众不同，吾亦惭之。"纪曰："丰闻将军之退，拊手大笑，喜其言之中也。"绍于是谓僚属曰："吾不用田丰言，果为所笑。"遂杀之。初，曹操闻丰不从戎，喜曰："绍必败矣。"及绍奔遁，复曰："向使绍用其别驾计，尚未可知也。"

【译文】

冀州属下的郡县多投降曹操。袁绍逃到黎阳的黄河北岸，进入部将蒋义渠营中，握着他的手说："我把脑袋托付给你了。"蒋义渠把大帐让给袁绍，让他在内发号施令，袁军残部知道袁绍还在，又逐渐聚集起来。

有人对田丰说："您一定会受到重用。"田丰说："袁绍外貌宽厚而内心猜忌，不能明白我的一片忠心，而我屡次因直言相劝而触怒了他，如果他因胜利而高兴，或许能赦免我；现在因战败而愤恨，妒心将要发作，我不指望能活下去。"袁军将士都捶胸痛哭，说："假如田丰在这里，一定不至于失败。"袁绍对逢纪说："留在冀州的众人，听到我军失败，都会挂念我；只有田丰以前曾经劝阻我出兵，与众人不同，我也感到心中有愧。"逢纪说："田丰听说将军失利，拍手大笑，庆幸他的预言实现了。"袁绍便对僚属说："我没有用田丰的计策，果然被他取笑。"就下令把田丰处死。起初，曹操听说田丰没有随军出征，高兴地说："袁绍必败无疑。"到袁绍大败逃跑时，曹操又说："假如袁绍采用田丰的计策，胜败还难以预料呢。"

【原文】

审配二子为操所擒，绍将孟岱言于绍曰："配在位专政，族大兵强，且二子在南，必怀反计。"郭图、辛评亦以为然。绍遂以岱为监军，代配守邺。护军逢纪素与配不睦，绍以问之，纪曰："配天性烈直，每慕古人之节，必不以二子在南为不义也。愿公勿疑。"绍曰："君不恶之邪？"纪曰："先所争者，私情也；今所陈者，国事也。"绍曰："善！"乃不废配，配由是更与纪亲。冀州城邑叛绍者，绍稍复击定之。

绍为人宽雅，有局度，喜怒不形于色，而性矜愎自高，短于从善，故至于败。

操欲令纮辅权内附，及以纮为会稽东部都尉。纮至吴，太夫人以权年少，委纮与张昭共辅之。纮惟补察，知无不为。太夫人问扬武都尉会稽董袭曰："江东可保不？"袭曰："江东有山川之固，而讨逆明府恩德在民，讨虏承基，大小用命，张昭秉众事，袭等为爪牙，此地利人和之时也，万无所忧。"权遣张纮之部，或以纮本受北任，嫌其志趣不止于此，权不以介意。

【译文】

审配的两个儿子被曹军俘虏。袁绍部将孟岱对袁绍说："审配官居高位，专权独断，家族人丁旺盛，兵马十分精锐，而且他两个儿子都在曹操手中，一定会心生背叛之意。"郭图、辛评也以为如此。袁绍就委任孟岱为监军，代替审配镇守邺城。护军逢纪一向与审配不和睦，袁绍去征询逢纪的意见，逢纪说："审配天性刚直，经常仰慕古人的气节，一定不会因为两个儿子在敌人手中而做出不义的事来。希望您不要怀疑。"袁绍说："你不恨他吗？"逢纪说："以前我与他的争执是私人小事，如今我所说的是国家大事。"袁绍说："好！"便没有罢免审配的职务。自此以后，审配与逢纪的关系日益亲近。冀州属下一些背叛袁绍的城邑，袁绍又逐渐收复平定。

袁绍为人宽厚文雅，有气度，喜怒不形于色，但性格刚愎自用，难于采纳别人的正确意见，所以最终失败。

曹操想让张纮辅佐孙权，劝导孙权归附朝廷，于是，上表推荐张纮担任会稽郡东部都尉。张纮来到吴郡，孙权的母亲吴夫人认为孙权年纪尚轻，委托张纮与张昭共同辅佐孙权。张纮一心辅政，尽心尽力，吴夫人向扬武校尉、会稽人董袭说："江东能保得住吗？"董袭说："江东地形险要，易守难攻。孙策将军的恩德留在民间，孙权将军继承基业，大小官员都拥护他。张昭主持大局，我们这些武将作为爪牙，这正是地利人和之时，万无一失，您不必担忧。"孙权派遣张纮到会稽郡上任，有人认为张纮本是朝廷任命的官员，疑心他的志向不仅在此，但孙权并不因此而介意。

【原文】

鲁肃将北还，周瑜止之，因荐肃于权曰："肃才宜佐时，当广求其比以成功业。"权即见肃，与语，悦之。宾退，独引肃合榻对饮，曰："今汉室倾危，孤思有桓、文之功，君何以佐之？"肃曰："昔高帝欲尊事义帝而不获者，以项羽为害也。今之曹操，犹昔项羽，将军何由得为桓、文乎！肃窃料之，汉室不可复兴，曹操不可卒除，为将军计，惟有保守江东以观天下之衅耳。若因北方多务，剿除黄祖，进伐刘表，竟长江所极，据而有之，此王业也。"权曰："今尽力一方，冀以辅汉耳，此言非所及也。"张昭毁肃年少粗疏，权益贵重之，赏赐储偫，富拟其旧。

【译文】

鲁肃将要返回北方故乡，周瑜劝他留下，并向孙权推荐说："鲁肃才干出众，应当委以重任，还要多延聘一些像他这样的人才，以成就大业。"孙权立即接见鲁肃，与他交谈，大为赏识。等到宾客都告辞后，孙权单独留下鲁肃，把坐榻合在一处，与鲁肃相对饮酒。孙权说："如今汉王室垂危，我想建立齐桓公、晋文公那样的功业，你有什么办法帮助我？"鲁肃说："从前，汉高祖刘邦打算尊奉义帝，但并未如愿，是因为项羽从中阻碍。如今的曹操，正像当年的项羽，将军有什么办法去效仿齐桓公、晋文公呢？我私下推测，汉朝王室已不能复兴，曹操也不能一下子就被消灭掉。为将军打算，只有保守江东，以观察天下大局的变化。如果能趁着曹操在北方用兵、无暇南顾之机，消灭黄祖，进讨刘表，把长江流域全部控制，这就能建立帝王之业。"孙权说："如今我尽力经营一方，只是希望辅佐汉王室罢了，你所说的这些我还没有想到。"张昭诽谤鲁肃年轻、粗疏，孙权却更加重视鲁肃，赏赐给他财物，使鲁肃同鲁家当年一样富裕。

【原文】

权料诸小将兵少而用薄者，并合之。别部司马汝南吕蒙，军容鲜整，士卒练习。权大悦，增其兵，宠任之。

张鲁以刘璋暗懦，不复承顺，袭别部司马张修，杀之而并其众。璋怒，杀鲁母及弟，鲁遂据汉中，与璋为敌。璋遣中郎将庞羲击之，不克。璋以羲为巴郡太守，屯阆中以御鲁。羲辄召汉昌賨民为兵，或构羲于璋，璋疑之。赵韪数谏不从，亦恚恨。

初，南阳、三辅民流入益州者数万家，刘焉悉收以为兵，名曰东州兵。璋性宽柔，无威略，东州人侵暴旧民，璋不能禁。赵韪素得人心，因益州士民之怨，遂作乱，引兵数万攻璋；厚赂荆州，与之连和。蜀郡、广汉、犍为皆应之。

【译文】

孙权检查属下的低级将领，将部下兵力较少而能力又差的加以合并。别部司马、汝南人吕蒙，部下军容整齐，训练有素，孙权很高兴，为他增兵，并对他加以重任。

张鲁认为刘璋懦弱无能，不再服从刘璋的命令，袭击别部司马张修，杀死张修而吞并了他的队伍。刘璋大怒，杀死张鲁的母亲和弟弟，于是张鲁占据汉中地区，与刘璋为敌。刘璋派中郎将庞羲进攻张鲁，未能取胜。刘璋委任庞羲为巴郡太守，驻守阆中，抵抗张鲁。庞羲未请示刘璋，就召集汉昌的賨人为兵，有人向刘璋诬告庞羲图谋不轨，刘璋起疑。赵韪屡次劝告刘璋，刘璋不加理睬，赵韪也怀恨在心。

当初，南阳及三辅地区的百姓因避难而流亡到益州的有数万家，刘璋的父亲刘焉把他们都收编进部队，称为东州兵。刘璋性格宽厚而仁慈，没有威信，东州兵欺压侵掠益州原有的居民，刘璋不能禁止。赵韪一向深得民心，便利用益州百姓对刘璋的怨恨，起兵反抗，率领数万人进攻刘璋。赵韪还给荆州牧刘表送去厚礼，与他联盟。蜀郡、广汉郡、犍为郡都起来响应赵韪。

卧龙出世

【原文】

汉献帝建安十二年（丁亥，207年）

十一月，曹操至易水，乌桓单于代郡普富卢、上郡那楼皆来贺。

师还，论功行赏，以五百户封田畴为亭侯。畴曰："吾始为刘公报仇，率众遁逃，志义不立，反以为利，非本志也。"固让不受。操知其至心，许而不夺。

操之北伐也，刘备说刘表袭许，表不能用。及闻操还，表谓备曰："不用君言，故为失此大会。"备曰："今天下分裂，日寻干戈，事会之来，岂有终极乎！若能应之于后者，则此未足为恨也。"

初，琅邪诸葛亮寓居襄阳隆中，每自比管仲、乐毅；时人莫之许也，惟颍川徐庶与崔州平谓为信然。州平，烈之子也。

刘备在荆州，访士于襄阳司马徽。徽曰："儒生俗士，岂识时务，识时务者在乎俊杰。此间自有伏龙、凤雏。"备问为谁，曰："诸葛孔明、庞士元也。"徐庶见备于新野，备器之。庶谓备曰："诸葛孔明，卧龙也，将军岂愿见之乎！"备曰："君与俱来。"庶曰："此人可就见，不可屈致也，将军宜枉驾顾之。"

【译文】

汉献帝建安十二年（丁亥，公元207年）

十一月，曹操到达易水，乌桓代郡部落单于普富卢、上郡部落单于那楼都来向曹操祝贺。

大军回到邺城，论功行赏，封田畴为亭侯，封地有五百户。田畴说："我当初是为刘虞报仇，率众逃亡，我的志愿没有达到，反而以此获利，这不是我的本意。"坚决辞让，不肯接受封爵。曹操知道田畴是出于真心，同意他的辞让，没有勉强他接受。

曹操出兵北伐乌桓时，刘备劝刘表发兵袭击许都，刘表不能用他的计策。等听到曹操得胜班师的消息，刘表对刘备说："没有听你的话，结果失掉这个大好机会。"刘备说："如今天下分裂，战争不断，机会的到来，难道会有终极吗？要是能不放过以后的机会，则这次也不足以遗憾。"

起初，琅邪人诸葛亮寄居襄阳隆中，经常把自己比作管仲和乐毅；但当时人并不认可，只有颍川人徐庶与崔州平认为确是如此。崔州平是崔烈的儿子。

刘备在荆州，向襄阳人司马徽询访人才。司马徽说："一般的儒生与俗士，怎么能认清时务，能认清时务的，只有俊杰之士。在襄阳这里，自有伏龙与凤雏。"刘备问是谁，司马徽说："就是诸葛亮与庞统。"徐庶在新野县见到刘备，刘备对徐庶很器重。徐庶对刘备说："诸葛亮乃是卧龙，将军愿见他吗？"刘备说："请你与他一起来。"徐庶说："这个人，你可以去见他，不可以召唤他来，将军应当屈驾去拜访他。"

【原文】

备由是诣亮，凡三往，乃见。因屏人曰："汉室倾颓，奸臣窃命，孤不度德量力，欲信大义于天下，而智术浅短，遂用猖獗，至于今日。然志犹未已，君谓计将安出？"亮曰："今曹操已拥百万之众，挟天子而令诸侯，此诚不可与争锋。孙权据有江东，已历三世，国险而民附，贤能为之用，此可与为援而不可图也。荆州北据汉、沔，利尽南海，东连吴、会，西通巴、蜀，此用武之国，而其主不能守，此殆天所以资将军也。益州险塞，沃野千里，天府之土；刘璋暗弱，张鲁在北，民殷国富而不知存恤，智能之士思得明君。将军既帝室之胄，信义著于四海，若跨有荆、益，保其岩阻，抚和戎、越，结好孙权，内修政治，外观时变，则霸业可成，汉室可兴矣。"备曰："善！"于是与亮情好日密。关羽、张飞不悦，备解之曰："孤之有孔明，犹鱼之有水也。愿诸君勿复言。"羽、飞乃止。

司马徽，清雅有知人之鉴。同县庞德公素有重名，徽兄事之。诸葛亮每至德公家，独拜床下，德公初不令止。德公从子统，少时朴钝，未有识者，惟德公与徽重之。德公尝谓孔明为卧龙，士元为凤雏，德操为水鉴；故德操与刘语而称之。

【译文】

刘备于是拜访诸葛亮，一共去了三次，才见到诸葛亮。于是，刘备让左右的人都出去，说道："汉朝王室已经衰败，奸臣窃据朝政大权，我不度德量力，打算伸张正义于天下，但智谋短浅，以至于遭受挫折，到了今天这个地步。但我的雄心壮志仍然未息，你认为应当如何去做？"诸葛亮说："如今，曹操已经拥有百万大军，挟持天子以号令天下，确实不可与此人争锋。孙权占据江东，已经历三代，地势险要，民心归附，贤能人才都为他尽力，可以与此人联盟，却不可算计他。荆州地区，北方以汉水、沔水为屏障，南方直通南海，东边连接吴郡、会稽，西边可通巴郡、蜀郡，正是用武之地，但主人刘表却不能守，这恐怕是上天赐给将军的资本。益州四边地势险阻，中有沃野千里，是天府之地；而益州牧刘璋昏庸懦弱，北边还有张鲁相邻，虽然百姓富庶，官府财力充足，却不知道珍惜，智士贤才都希望有一个圣明的君主。将军既是汉朝王室的后裔，信义闻名天下，如果能占有荆州与益州，据守险要，安抚戎、越等族，与孙权结盟，对内修明政治，对外观察时局变化，这样，就能建成霸业，复兴汉朝王室了。"刘备说："很好！"从此与诸葛亮的情谊日益亲密。关羽、张飞对此感到不满，刘备对他们解释说："我得到诸葛亮，是如鱼得水，希望你们不要再说了。"关羽、张飞才停止抱怨。

司马徽为人高雅，善于鉴别人才。与他同县的庞德公一向名望很高，司马徽把他当作兄长对待。诸葛亮每次到庞德公家里，都在床下向庞德公特行敬礼。庞德公起初也不阻止。庞德公的侄子庞统，从小朴实，沉默寡言，大家都没有看到他的才能，只有庞德公与司马徽重视他。庞德公曾经说诸葛亮是"卧龙"，庞统是"凤雏"，司马徽是"水镜"。所以，当司马徽与刘备谈话时，向刘备称赞诸葛亮与庞统。

赤壁鏖战

【原文】

孝献皇帝庚建安十三年（戊子，208年）

曹操自江陵将顺江东下。诸葛亮谓刘备曰："事急矣，请奉命求救于孙将军。"遂与鲁肃俱诣孙权。亮见权于柴桑，说权曰："海内大乱，将军起兵江东，刘豫州收众汉南，与曹操共争天下。今操芟夷大难，略已平矣，遂破荆州，威震四海。英雄无用武之地，故豫州遁逃至此，愿将军量力而处之！若能以吴、越之众与中国抗衡，不如早与之绝；若不能，何不按兵束甲，北面而事之！今将军外托服从之名而内怀犹豫之计，事急而不断，祸至无日矣。"权曰："苟如君言，刘豫州何不遂事之乎？"亮曰："田横，齐之壮士耳，犹守义不辱；况刘豫州王室之胄，英才盖世，众士慕仰，若水之归海。若事之不济，此乃天也，安能复为之下乎！"权勃然曰："吾不能举全吴之地，十万之众，受制于人。吾计决矣！非刘豫州莫可以当曹操者；然豫州新败之后，安能抗此难乎？"亮曰："豫州军虽败于长坂，今战士还者及关羽水军精甲万人，刘琦合江夏战士亦不下万人。曹操之众，远来疲敝，闻追豫州，轻骑一日一夜行三百余里，此所谓'强弩之末势不能穿鲁缟'者也。故《兵法》忌之，曰'必蹶上将军'。且北方之人，不习水战；又，荆州之民附操者，逼兵势耳，非心服也。今将军诚能命猛将统兵数万，与豫州协规同力，破操军必矣。操军破，必北还；如此，则荆、吴之势强，鼎足之形成矣。成败之机，在于今日！"权大悦，与其群下谋之。

【译文】

汉献帝建安十三年（戊子，公元208年）

曹操从江陵出发，将要顺长江东下。诸葛亮对刘备说："形势危急，我请求奉命去向孙将军求救。"于是他就和鲁肃一起去见孙权。诸葛亮在柴桑见到孙权，对孙权说："天下大乱，将军在长江以东起兵，刘备在汉水以南召集部众，与曹操共同争夺天下。现在，曹操基本已经消灭北方的主要强敌，接着南下攻破荆州，威震四海。在曹操大军面前，英雄无用武之地，所以刘备逃到这里，希望将军量力来加以安排。如果将军能以江东的人马，与占据中原的曹操相抗衡，不如及早与操断绝关系；如果不能，为什么不早点解除武装，向他称臣？现在，将军表面上服从朝廷，而心中犹豫不决，事情已到危急关头而不果断处理，大祸马上就要临头了。"孙权说："假如像你说的那样，刘备为什么不服从曹操？"诸葛亮说："田横，不过是齐国的壮士，还坚守节义，不肯屈辱投降；何况刘备是皇室后裔，英雄才略，举世无双，士大夫们对他的仰慕，如同流水归向大海。如果大事不成，这是天意，怎么能再居于曹操之下呢？"孙权勃然大怒，说："我不能把全部吴国故地和十万精兵拱手奉送，去受曹操的控制。我的主意已定！不是除刘备以外，没有能抵挡曹操的人；但刘备新近战败之后，怎么能担当这项重任呢？"诸葛亮说："刘备的军队虽然在长坂大败，但现在陆续回来的战士和关羽的水军加起来有一万精兵，刘琦集结江夏郡的战士，也不下一万人。曹操的军队远道而来，已经疲惫。听说在追赶刘备时，轻骑兵一天一夜奔驰三百余里，这正是所谓'强弩射出的箭到了力量已尽的时候，连鲁国生产的薄绸都穿不透'。所以《兵法》以此为禁忌，说'必定会使上将军受挫'。而且，北方地区的人，不善于进行水战。另外，荆州地区的民众归附曹操，只是在他军队的威逼之下，并不是心悦诚服。如今，将军如能命令猛将统领数万大军，与刘备齐心协力，一定能打败曹军。曹操失败后，必然退回北方，这样荆州与东吴的势力就强大起来，可以形成鼎足三分的局势。成败的关键，就在于今天！"孙权听后非常高兴，就去与他的部属们商议。

【原文】

　　是时，曹操遗权书曰："近者奉辞伐罪，旌麾南指，刘琮束手。今治水军八十万众，方与将军会猎于吴。"权以示臣下，莫不响震失色。长史张昭等曰："曹公，豺虎也，挟天子以征四方，动以朝廷为辞；今日拒之，事更不顺。且将军大势可以拒操者，长江也；今操得荆州，奄有其地，刘表治水军，蒙冲斗舰乃以千数，操悉浮以沿江，兼有步兵，水陆俱下，此为长江之险已与我共之矣，而势力众寡又不可论。愚谓大计不如迎之。"鲁肃独不言。权起更衣，肃追于宇下。权知其意，执肃手曰："卿欲何言？"肃曰："向察众人之议，专欲误将军，不足与图大事。今肃可迎操耳，如将军不可也。何以言之？今肃迎操，操当以肃还付乡党，品其名位，犹不失下曹从事，乘犊车，从吏卒，交游士林，累官故不失州郡也。将军迎操，欲安所归乎？愿早定大计，莫用众人之议也！"权叹息曰："诸人持议，甚失孤望。今卿廓开大计，正与孤同。"

【译文】

　　这时，曹操写信给孙权说："最近，我奉天子之命，讨伐有罪的叛逆，军旗指向南方，刘琮降服。如今，我统领水军八十万人，将要与将军在吴地一决胜负。"孙权把这封书信给部属们看，他们无不惊惶失色。长史张昭等人说："曹操是豺狼虎豹，挟持天子以征讨四方，动不动就用朝廷的名义来发布命令。今天我们如果进行抗拒，就更显得名不正而言不顺。况且将军可以用来抵抗曹操的，主要是凭借长江天险。现在，曹操得到了荆州，占有了那里的全部领地，刘表组建的水军，大小战船甚至用千位数计算，曹操将这些战船全部沿江摆开，再加上步兵，水陆并进。这样，长江天险已由曹操与我们共有，而双方势力的众寡又不能相提并论。因此，依我们的愚见，最好是迎接曹操，投降朝廷。"只有鲁肃一言不发。孙权起身上厕所，鲁肃追到房檐下。孙权知道鲁肃的意思，握着鲁肃的手说："你想说什么？"鲁肃说："刚才，我观察众人的议论，只是想贻误将军，不足以与他们商议大事。现在，像我鲁肃这样的人可以迎降曹操，但将军却不可以。为什么这样说呢？现在我去迎接曹操，曹操一定会把我交给乡里父老去评议，以确定名位，也还会做一个下曹从事，能乘坐牛车，有吏卒跟随，与士大夫们结交，步步升官，也能当上州、郡的长官。可是将军迎接曹操，打算到哪里去安身呢？希望将军能早定大计，不要听那些人的意见。"孙权叹息说："这些人的说法，太让我失望了。如今，你阐明的策略，正与我想的一样。"

【原文】

是夜，瑜复见权曰："诸人徒见操书言水步八十万而各恐慑，不复料其虚实，便开此议，甚无谓也。今以实校之，彼所将中国人不过十五六万，且已久疲；所得表众亦极七八万耳，尚怀狐疑。夫以疲病之卒御狐疑之众，众数虽多，甚未足畏。瑜得精兵五万，自足制之，愿将军勿虑！"权抚其背曰："公瑾，卿言至此，甚合孤心。子布、元表诸人，各顾妻子，挟持私虑，深失所望；独卿与子敬与孤同耳，此天以卿二人赞孤也。五万兵难卒合，已选三万人，船粮战具俱办。卿与子敬、程公便在前发，孤当续发人众，多载资粮，为卿后援。卿能办之者诚决，邂逅不如意，便还就孤，孤当与孟德决之。"遂以周瑜、程普为左右督，将兵与备并力逆操；以鲁肃为赞军校尉，助画方略。

刘备在樊口，日遣逻吏于水次候望权军。吏望见瑜船，驰往白备，备遣人慰劳之。瑜曰："有军任，不可得委署；傥能屈威，诚副其所望。"备乃乘单舸往见瑜曰："今拒曹公，深为得计。战卒有几？"瑜曰："三万人。"备曰："恨少。"瑜曰："此自足用，豫州但观瑜破之。"备欲呼鲁肃等共会语，瑜曰："受命不得妄委署；若欲见子敬，可别过之。"备深愧喜。

【译文】

当天夜里，周瑜又去见孙权，说："众人只看到曹操信中说有水、陆军八十万而各自惊恐，不再去分析其中的虚实，就提出向曹操投降的意见，太不像话。现在咱们据实计算一下，曹操所率领的中原部队不过十五六万人，而且长期征战，早已疲惫；新接收的刘表的部队，至多有七八万人，仍然心怀猜疑。以疲惫的士卒，驾驭心怀猜疑的部众，人数虽多，却并没有什么可怕的。我只要有五万精兵，就足以制服敌军，望将军不要顾虑！"孙权拍着周瑜的背说："周公瑾，你说到这个地步，非常合我的心意。张昭、秦松等人，各顾自己的妻子儿女，怀有私心，非常令我失望。只有你与鲁肃和我的看法相同，这是上天派你们两个人来辅佐我。五万精兵一时难以集结，已挑选了三万人，战船、粮草及武器装备都已备齐，你和鲁肃、程普率兵先行，我当继续调集人马，多运辎重、粮草，作为你的后援。你能战胜曹军，就当机立断；如果失利，就退到我这里来，我当与曹操决一胜负。"于是，孙权任命周瑜、程普为左、右都督，率兵与刘备合力迎战曹操；又任命鲁肃为赞军校尉，协助筹划战略。

刘备驻军樊口，每天派巡逻的士兵在江边眺望孙权的军队。士兵看到周瑜的船队，就立即乘马回营报告刘备。刘备派人前去慰劳。周瑜对慰劳的人说："我有军事任务在身，不能委派别人代理，如果刘备能屈尊前来会面，实在符合我的愿望。"刘备就乘一只船去见周瑜，说："现在抵抗曹操，实在是很明智的决定。不知有多少战士？"周瑜说："三万人。"刘备说："可惜太少了。"周瑜说："这已足够用，将军且看我击败曹军。"刘备想要招呼鲁肃等来共同谈话，周瑜说："接受军令，不得随意委托人代理，如果您要见鲁肃，可以另去拜访他。"刘备既很惭愧，又很高兴。

【原文】

进，与操遇于赤壁。

时操军众，已有疾疫。初一交战，操军不利，引次江北。瑜等在南岸，瑜部将黄盖曰："今寇众我寡，难与持久。操军方连船舰，首尾相接，可烧而走也。"乃取蒙冲斗舰十艘，载燥荻、枯柴，灌油其中，裹以帷幕，上建旌旗，豫备走舸，系于其尾。先以书遗操，诈云欲降。时东南风急，盖以十舰最著前，中江举帆，余船以次俱进。操军吏士皆出营立观，指言盖降。去北军二里余，同时发火，火烈风猛，船往如箭，烧尽北船，延及岸上营落。顷之，烟炎张天，人马烧溺死者甚众。瑜等率轻锐继其后，雷鼓大震，北军大坏。操引军从华容道步走，遇泥泞，道不通，天又大风，悉使羸兵负草填之，骑乃得过。羸兵为人马所蹈藉，陷泥中，死者甚众。刘备、周瑜水陆并进，追operate至南郡。时操军兼以饥疫，死者太半。操乃留征南将军曹仁、横野将军徐晃守江陵，折冲将军乐进守襄阳，引军北还。

【译文】

周瑜大军继续前进，在赤壁与曹操相遇。

当时曹操的部队中已发生疾疫。两军初次交战，曹军失利，退到长江北岸。周瑜等驻军在长江南岸，周瑜部将黄盖说："如今敌众我寡，难以长期相持。曹军正把战船连在一起，首尾相接，可以用火攻，击败曹军。"于是，选取蒙冲战船十艘，装上干荻和枯柴，在里边浇上油，外面裹上帷幕，上边插上旌旗，预先备好快艇，系在船尾。黄盖先派人送信给曹操，谎称打算投降。当时东南风正急，黄盖将十艘战船排在最前面，到江心时升起船帆，其余的船在后依次前进。曹操军中的官兵都走出营来站着观看，指着船说黄盖来投降了。离曹军还有二里多远，那十艘船同时点火，火烈风猛，船像箭一样向前飞驶，把曹军战船全部烧光，火势还蔓延到曹军设在陆地上的营寨。顷刻间，浓烟烈火，遮天蔽日，曹军人马烧死和淹死的不计其数。周瑜等率领轻装的精锐战士紧随在后，鼓声震天，奋勇向前，曹军大败。曹操率军从华容道步行撤退，遇到泥泞，道路不通，天又刮起大风，曹操让所有老弱残兵背草铺在路上，骑兵才勉强通过。老弱残兵被人马所践踏，陷在泥中，死了很多。刘备、周瑜水陆并进，追赶曹操直到南郡。这时，曹军又饿又病，死了一大半。曹操就留下征南将军曹仁、横野将军徐晃镇守江陵，折冲将军乐进镇守襄阳，自己率军返回北方。

刘备入蜀

【原文】

孝献皇帝壬建安十九年（甲午，214年）

马超知张鲁不足与计事，又鲁将杨昂等数害其能，超内怀于邑。备使建宁督邮李恢往说之，超遂从武都逃入氐中，密书请降于备。备使人止超，而潜以兵资之。超到，令引军屯城北，城中震怖。

备围城数十日，使从事中郎涿郡简雍入说刘璋。时城中尚有精兵三万人，谷帛支一年，吏民咸欲死战。璋言："父子在州二十余年，无恩德以加百姓。百姓攻战三年，肌膏草野者，以璋故也，何心能安！"遂开城，与简雍同舆出降，群下莫不流涕。备迁璋于公安，尽归其财物，佩振威将军印绶。备入成都，置酒，大飨士卒。取蜀城中金银，分赐将士，还其谷帛。备领益州牧，以军师中郎将诸葛亮为军师将军，益州太守南郡董和为掌军中郎将，并署左将军府事，偏将军马超为平西将军，军议校尉法正为蜀郡太守、扬武将军，裨将军南阳黄忠为讨虏将军，从事中郎麋竺为安汉将军，简雍为昭德将军，北海孙乾为秉忠将军，广汉长黄权为偏将军，汝南许靖为左将军长史，庞羲为司马，李严为犍为太守，费观为巴郡太守，山阳伊籍为从事中郎，零陵刘巴为西曹掾，广汉彭羕为益州治中从事。

【译文】

汉献帝建安十九年（甲午，公元214年）

马超知道张鲁是个不值得与其计议大事的人，张鲁的部将杨昂等人又多次诋毁他的才能，因此心中忧郁。刘备派建宁督邮李恢前去游说马超，马超便从武都逃到氐人部落，秘密写信给刘备请求归降。刘备派人制止了马超，但暗中派兵给他帮助。马超来到成都，刘备命他率军驻扎城北，成都城内的人非常震惊，心中恐惧。

刘备包围成都数十天，派从事中郎涿郡人简雍进城劝降刘璋。此时城中还有精兵三万，粮食和丝帛可支持一年，官吏和百姓都愿死战到底。刘璋说："我们父子统领益州二十余年，对百姓没有什么恩德。百姓苦战三年，暴尸荒野，都是因为我刘璋，我怎能安心！"因此命令打开城门，和简雍同乘一辆车出来投降，部属无不落泪。刘备把刘璋安置在公安，归还他的全部财物，让他佩戴振威将军的印绶。刘备进入成都，大摆酒宴，犒劳士卒，取出城中存放的金银，分赐给将士，而粮食和丝帛则物归原主。刘备兼任益州牧，任命军师中郎将诸葛亮为军师将军，益州太守、南郡人董和为掌军中郎将，并且代理左将军府事，偏将军马超为平西将军，军议校尉法正为蜀郡太守、扬武将军，裨将军、南阳人黄忠为讨虏将军，从事中郎麋竺为安汉将军，简雍为昭德将军，北海人孙乾为秉忠将军，广汉长黄权为偏将军，汝南人许靖为左将军长史，庞羲为司马，李严为犍为太守，费观为巴郡太守，山阳人伊籍为从事中郎，零陵人刘巴为西曹掾，广汉人彭羕为益州治中从事。

煮豆燃萁

【原文】

汉献帝建安二十二年（丁酉，217年）

初，魏王操娶丁夫人，无子；妾刘氏，生子昂；卞氏生四子：丕、彰、植、熊。王使丁夫人母养昂。昂死于穰，丁夫人哭泣无节，操怒而出之，以卞氏为继室。植性机警，多艺能，才藻敏赡，操爱之。操欲以女妻丁仪，丕以仪目眇，谏止之。仪由是怨丕，与弟黄门侍郎廙及丞相主簿杨修，数称临菑侯植之才，劝操立以为嗣。修，彪之子也。操以函密访于外，尚书崔琰露板答曰："《春秋》之义，立子以长。加五官将仁孝聪明，宜承正统，琰以死守之。"植，琰之兄女婿也。尚书仆射毛玠曰："近者袁绍以嫡庶不分，覆宗灭国。废立大事，非所宜闻。"东曹掾邢颙曰："以庶代宗，先世之戒也，愿殿下深察之。"丕使人问太中大夫贾诩以自固之术。诩曰："愿将军恢崇德度，躬素士之业，朝夕孜孜，不违子道，如此而已。"丕从之，深自砥砺。他日，操屏人问诩，诩嘿然不对。操曰："与卿言，而不答，何也？"诩曰："属有所思，故不即对耳。"操曰："何思？"诩曰："思袁本初、刘景升父子也。"操大笑。

【译文】

汉献帝建安二十二年（丁酉，公元217年）

当初，魏王曹操娶丁夫人，没有生儿子。妾刘氏生下儿子曹昂；卞氏生下四个儿子：曹丕、曹彰、曹植、曹熊。曹操让丁夫人以母亲的名义抚养曹昂。曹昂死在穰城，丁夫人哭泣得不能自制，曹操气愤之下，休了丁夫人，以卞氏继为正妻。曹植生性机警，很有能力，才华横溢且敏捷多智，曹操很喜欢他。曹操要把女儿嫁给丁仪为妻，曹丕因为丁仪一只眼小，劝阻了曹操。丁仪因此怨恨曹丕，和弟弟黄门侍郎丁廙，以及丞相主簿杨修等，多次称赞临菑侯曹植的才干，劝曹操立他为继承人。杨修本是杨彪的儿子。曹操用信秘密探访外面对立继承人的看法。尚书崔琰用不封口的信答复说："按照《春秋》之义，应立长子。而且五官将曹丕仁厚、忠孝、聪明，应做继承人，我的看法至死不变。"曹植是崔琰哥哥的女婿。尚书仆射毛玠说："前不久，袁绍因嫡亲、旁支不分，宗族和国土都遭覆灭。废立继承人的大事，不是臣子所应听到的。"东曹掾邢颙说："以旁支代替正统继承人，是先世的戒条，希望殿下深入考虑。"曹丕派人向太中大夫贾诩询问巩固自己地位的方法。贾诩说："愿将军您能发扬德性和气度，亲身去做寒素之人的事情，早晚孜孜不倦，不违背做儿子应该遵守的规矩，这样就可以了。"曹丕听从了贾诩的话，暗自深深地磨炼自己。一天，曹操命众人退下，询问贾诩，贾诩默然不答。曹操说："我与你说话，你却不回答，这是为什么？"贾诩说："我正在考虑，所以没有立即回答您。"曹操说："你考虑什么？"贾诩回答说："我正在想袁绍、刘表两对父子。"曹操听了，大笑起来。

【原文】

操尝出征，丕、植并送路侧，植称述功德，发言有章，左右属目，操亦悦焉。丕怅然自失，济阴吴质耳语曰："王当行，流涕可也。"及辞，丕涕泣而拜，操及左右咸歔欷，于是皆以植多华辞而诚心不及也。植既任性而行，不自雕饰，五官将御之以术，矫情自饰，宫人左右并为之称说，故遂定为太子。

【译文】

一次，曹操带兵出征，曹丕和曹植共同送到路旁，曹植称颂曹操的功德，出口成章，旁边的人都瞩目赞赏，曹操自己也很高兴。曹丕感到惆怅，若有所失，济阴人吴质在他耳边说："魏王即将上路的时候，流泪哭泣即可。"等到辞行时，曹丕哭着下拜，曹操和部属们都很伤感。因此，大家都认为曹植华丽的辞藻多而诚心不及曹丕。曹植做事任性，言行不加掩饰，而曹丕则施用权术，掩盖真情，自我矫饰，宫中的人和曹操部属大多为他说好话，所以最终被立为太子。

【原文】

法正说刘备曰："曹操一举而降张鲁，定汉中，不因此势以图巴、蜀，而留夏侯渊、张郃屯守，身遽北还，此非其智不逮而力不足也，必将内有忧逼故耳。今策渊、郃才略，不胜国之将帅，举众往讨，必可克之。克之日，广农积谷，观衅伺隙，上可以倾覆寇敌，尊奖王室；中可以蚕食雍、凉，广拓境土；下可以固守要害，为持久之计。此盖天以与我，时不可失也。"备善其策，乃率诸将进兵汉中，遣张飞、马超、吴兰等屯下辨。魏王操遣都护将军曹洪拒之。

【译文】

法正向刘备建议说："曹操一举收降了张鲁，占据汉中，不借助这个有利时机进攻巴、蜀两地，却留夏侯渊、张郃驻守汉中，自己急速北返，这样做并非是他才智不够或者力量不足，一定是将有内忧的缘故。现在估量夏侯渊、张郃的才能，比不上我们的将领，如举兵进攻，一定可以取胜。夺取汉中后，广开农田，积蓄粮草，等待可乘之机。如此，上可以将曹操彻底击败，恢复皇室的权威；次之可蚕食雍、凉二州，拓展我们的疆土；最次也可以据险固守，与曹操长期对峙。这是上天的赐予，时机不可丧失。"刘备赞同法正的策略，于是率将领进军汉中，派张飞、马超、吴兰等驻军下辨。魏王曹操派都护将军曹洪拒敌。

等到辞行时，曹丕哭着下拜，曹操和部属们都很伤感。因此，大家都认为曹植华丽的辞藻多而诚心不及曹丕。

汉中称王

【原文】

汉献帝建安二十四年（己亥，219年）

初，夏侯渊战虽数胜，魏王操常戒之曰："为将当有怯弱时，不可但恃勇也。将当以勇为本，行之以智计；但知任勇，一匹夫敌耳。"及渊与刘备相拒逾年，备自阳平南渡沔水，缘山稍前，营于定军山。渊引兵争之。法正曰："可击矣。"备使讨虏将军黄忠乘高鼓噪攻之，渊军大败，斩渊及益州刺史赵颙。张郃引兵还阳平。是时新失元帅，军中扰扰，不知所为。督军杜袭与渊司马太原郭淮收敛散卒，号令诸军曰："张将军国家名将，刘备所惮。今日事急，非张将军不能安也。"遂权宜推郃为军主。郃出，勒兵按陈，诸将皆受郃节度，众心乃定。明日，备欲渡汉水来攻；诸将以众寡不敌，欲依水为陈以拒之。郭淮曰："此示弱而不足挫敌，非算也。不如远水为陈，引而致之，半济而后击之，备可破也。"既陈，备疑，不渡。淮遂坚守，示无还心。以状闻于魏王操，操善之，遣使假郃节，复以淮为司马。

【译文】

汉献帝建安二十四年（己亥，公元219年）

当初，夏侯渊虽然多次打胜仗，魏王曹操却经常告诫他说："作为将领应有胆怯的时候，不能单凭勇猛。将领应当以勇敢为根本，但在行动时要依靠智慧和计谋；仅仅依靠勇敢，只能敌得过一名普通人罢了。"后来，夏侯渊与刘备对峙了一年有余，刘备从阳平关向南，渡过沔水，顺着山势稍微前行，在定军山扎下营盘。夏侯渊率兵争夺定军山。法正说："可以发动攻击了。"刘备派讨虏将军黄忠率军居高临下，擂鼓呐喊，发动进攻，夏侯渊的军队大败，夏侯渊和益州刺史赵颙被杀。张郃率军退回阳平。此时，曹军新失统帅，军中人心惶惶，不知如何是好。督军杜袭和夏侯渊的司马、太原人郭淮集合散乱的兵卒，对各营将士发出号令："张郃将军是国家的名将，为刘备所惧怕；如今军情紧迫，只有在张将军的指挥下才能转危为安。"便临时推举张郃为军中主帅。张郃出来统率军队，巡视阵地，将领们都接受张郃的指挥，军心才安定下来。第二天，刘备打算渡过汉水发动攻击；曹军将领们认为寡不敌众，准备依凭汉水列阵抵抗。郭淮说："这是向敌人示弱，而不能挫败敌人，不是好计策。不如远离汉水列阵，把敌人吸引过来，等他们渡过一半后，我们再出击，就可以打败刘备。"曹军列好阵势，刘备产生怀疑，命令不要渡河。郭淮便坚守阵地，表明曹军没有撤退之心。郭淮等人把情况上报魏王曹操，曹操很同意他们的做法，派使者把符节授予张郃，仍任命郭淮为司马。

【原文】

三月，魏王操自长安出斜谷，军遮要以临汉中。刘备曰："曹公虽来，无能为也，我必有汉川矣。"乃敛众拒险，终不交锋。操运米北山下，黄忠引兵欲取之，过期不还。翊军将军赵云将数十骑出营视之，值操扬兵大出，云猝与相遇，遂前突其陈，且斗且却。魏兵散而复合，追至营下，云入营，更大开门，偃旗息鼓。魏兵疑云有伏，引去；云雷鼓震天，惟以劲弩于后射魏兵。魏兵惊骇，自相蹂践，堕汉水中死者甚多。备明旦自来，至云营，视昨战处，曰："子龙一身都为胆也！"

操与备相守积月，魏军士多亡。夏，五月，操悉引出汉中诸军还长安，刘备遂有汉中。

【译文】

三月，魏王曹操从长安出发，穿过斜谷，派兵据守险要之处，以便大军顺利到达汉中。刘备说："曹公虽然亲自前来，也起不了什么作用，我一定要占有汉川。"便集结军队，占据险要，始终不与曹军交战。曹军在北山下运送粮米，黄忠率军企图夺取，超过约定的时间不见回转。翊军将军赵云率领骑兵数十人出营查看，恰巧曹操大军出动，赵云与敌人猝然相遇，便冲击敌阵，且战且退。曹军散开后再度会合，追至赵云的军营前，赵云进入军营，又大开营门，偃旗息鼓。曹军怀疑营中有埋伏，便撤退了。赵云命令擂起战鼓，鼓声震天，却只以强弩在后面射杀曹兵。曹军非常惊骇，自相践踏，落入汉水中死的人很多。第二天一早，刘备亲自来到赵云的兵营，察看了昨天的战场，说："子龙一身都是胆啊！"

曹操与刘备对峙了一个月，曹军有很多人逃跑。夏季，五月，曹操率领所有进攻汉中的军队返回长安，刘备因此占据了汉中。

【原文】

秋，七月，刘备自称汉中王，设坛场于沔阳，陈兵列众，群臣陪位，读奏讫，乃拜受玺绶，御王冠。因驿拜章，上还所假左将军、宜城亭侯印绶。立子禅为王太子。拔牙门将军义阳魏延为镇远将军，领汉中太守，以镇汉川。备还治成都，以许靖为太傅，法正为尚书令，关羽为前将军，张飞为右将军，马超为左将军，黄忠为后将军，余皆进位有差。

【译文】

秋季，七月，刘备自称汉中王，在沔阳设坛场，布置军队排列成阵，群臣都来陪从，读过奏章，跪拜接受汉中王的印玺绶带，戴上王冠。派使者乘驿马车将奏章送呈献帝，归还以前授予的左将军、宜城亭侯的印绶。立儿子刘禅为王太子。提拔牙门将军义阳人魏延为镇远将军，兼汉中太守，镇守汉川。刘备回到成都主持各项政务，任命许靖为太傅，法正为尚书令，关羽为前将军，张飞为右将军，马超为左将军，黄忠为后将军，其余的人按照等级都有升迁。

水淹庞德

【原文】

汉献帝建安二十四年（己亥，219年）

孙权攻合肥。时诸州兵戍淮南。扬州刺史温恢谓兖州刺史裴潜曰："此间虽有贼，然不足忧。今水潦方生，而子孝县军，无有远备，关羽骁猾，正恐征南有变耳。"已而关羽果使南郡太守麋芳守江陵，将军傅士仁守公安，羽自率众攻曹仁于樊。仁使左将军于禁、立义将军庞德等屯樊北。八月，大霖雨，汉水溢，平地数丈，于禁等七军皆没。禁与诸将登高避水，羽乘大船就攻之，禁等穷迫，遂降。庞德在堤上，被甲持弓，箭不虚发，自平旦力战，至日过中，羽攻益急；矢尽，短兵接，德战益怒，气愈壮，而水浸盛，吏士尽降。德乘小船欲还仁营，水盛船覆，失弓矢，独抱船覆水中，为羽所得，立而不跪。羽谓曰："卿兄在汉中，我欲以卿为将，不早降何为！"德骂羽曰："竖子，何谓降也！魏王带甲百万，威震天下；汝刘备庸才耳，岂能敌邪！我宁为国家鬼，不为贼将也！"羽杀之。魏王操闻之流涕曰："吾知于禁三十年，何意临危处难，反不及庞德邪！"封德二子为列侯。

【译文】

汉献帝建安二十四年（己亥，公元219年）

孙权进攻合肥。当时曹操所控制各州的军队都驻守在淮南。扬州刺史温恢对兖州刺史裴潜说："此处虽然有贼人，却不值得担忧。现在刚刚涨水，征南将军曹仁却孤军深入，没有长远的准备，关羽强悍狡猾，只恐怕征南将军会有变故。"不久，关羽果然令南郡太守麋芳守卫江陵，将军士仁守公安，自己率军向驻守樊城的曹仁进攻。曹仁派左将军于禁、立义将军庞德等人驻守樊城之北。八月，天降大雨，汉水泛滥，平地水深数丈，于禁等七路兵马都被大水所淹。于禁和将领们登到高处避水，关羽乘大船前来进攻，于禁等无处可逃，便投降了。庞德站在堤上，身穿铠甲，手挽强弓，箭无虚发，自清晨拼力死战，到日过中午，关羽的进攻愈来愈急。庞德的箭射尽了，就短兵相接，庞德愈战愈怒，胆气愈壮，但水势越来越大，部下的官员和士兵都投降了。庞德乘上小船，想返回曹仁的军营，小船被大水冲翻，失去了弓箭，只有他一人在水中抱住翻船，被关羽俘虏。见关羽时，庞德站着不肯下跪。关羽对他说："你的兄长在汉中，我准备让你做我的将领，为什么不早早投降呢？"庞德大骂说："小子，什么叫投降！魏王统帅百万大军，威震天下；你家刘备不过是个庸才，岂能和魏王匹敌！我宁可做国家的鬼，也不做贼人的将领！"关羽杀掉了庞德。魏王曹操闻知此事，说："我和于禁相识三十年，怎料在危难之处，于禁反而不如庞德呢！"于是封庞德的两个儿子为列侯。

吴下阿蒙

【原文】

汉献帝建安二十四年（己亥，219年）

初，鲁肃尝劝孙权以曹操尚存，宜且抚辑关羽，与之同仇，不可失也。及吕蒙代肃屯陆口，以为羽素骁雄，有兼并之心，且居国上流，其势难久，密言于权曰："今令征虏守南郡，潘璋住白帝，蒋钦将游兵万人循江上下，应敌所在，蒙为国家前据襄阳，如此，何忧于操，何赖于羽！且羽君臣矜其诈力，所在反覆，不可以腹心待也。今羽所以未便东向者，以至尊圣明，蒙等尚存也。今不于强壮时图之，一旦僵仆，欲复陈力，其可得邪！"权曰："今欲先取徐州，然后取羽，何如？"对曰："今操远在河北，抚集幽、冀，未暇东顾，徐土守兵，闻不足言，往自可克。然地势陆通，骁骑所骋，至尊今日取徐州，操后旬必来争，虽以七八万人守之，犹当怀忧。不如取羽，全据长江，形势益张，易为守也。"权善之。

【译文】

汉献帝建安二十四年（己亥，公元219年）

当初，鲁肃曾经劝说孙权，由于曹操势力仍然存在，应该暂且安抚结交关羽，和他共同对敌，不能失去和睦。等吕蒙代替鲁肃驻军陆口，认为关羽一贯勇猛雄武，怀有兼并江南的野心，况且他的军队驻扎在孙权势力的上游，这种形势难以持久，便秘密告诉孙权说："如果现在命令征虏将军孙皎守南郡，潘璋驻守白帝，蒋钦率领流动部队一万人沿长江上下活动，哪里出现敌人，就在哪里投入战斗，而我在我方的上游据守襄阳，这样，何必担忧曹操，何必依赖关羽！况且关羽君臣自恃他们的诡诈力量，反复无常，不可以真心相待。现在关羽所以未立即向东进攻我们，是因为您圣贤英明，以及我和其他将领们还在世。如今，不在我们强壮时解除这一后患，一旦我们死去，再想与他较量，还有可能吗？"孙权说："现在，我准备先攻取徐州，然后再进攻关羽，怎么样？"吕蒙回答说："如今曹操远在黄河以北，安抚幽州、冀州，来不及考虑东部的事情，其余地区的守军，听说不值得一提，前去进攻就可以打败。然而陆地交通方便，适合骁勇的骑兵驰骋，您今天夺取了徐州，曹操十天之后就一定会来争夺，尽管用七八万人防守，仍会令人担忧。不如击败关羽，将长江上下游全部占据，我们的势力更加壮大，也就容易守卫了。"孙权很赞同吕蒙的建议。

【原文】

权尝为其子求昏于羽，羽骂其使，不许昏；权由是怒。及羽攻樊，吕蒙上疏曰："羽讨樊而多留备兵，必恐蒙图其后故也。蒙常有病，乞分士众还建业，以治疾为名，羽闻之，必撤备兵，尽赴襄阳。大军浮江昼夜驰上，袭其空虚，则南郡可下而羽可擒也。"遂称病笃。权乃露檄召蒙还，阴与图计。蒙下至芜湖，定威校尉陆逊谓蒙曰："关羽接境，如何远下，后不当可忧也？"蒙曰："诚如来言，然我病笃。"逊曰："羽矜其骁气，陵轹于人，始有大功，意骄志逸，但务北进，未嫌于我；有相闻病，必益无备。今出其不意，自可擒制。下见至尊，宜好为计。"蒙曰："羽素勇猛，既难为敌，且已据荆州，恩信大行，兼始有功，胆势益盛，未易图也。"蒙至都，权问："谁可代卿者？"蒙对曰："陆逊意思深长，才堪负重，观其规虑，终可大任；而未有远名，非羽所忌，无复是过也。若用之，当令外自韬隐，内察形便，然后可克。"权乃召逊，拜偏将军、右部督，以代蒙。逊至陆口，为书与羽，称其功美，深自谦抑，为尽忠自托之意。羽意大安，无复所嫌，稍撤兵以赴樊。逊具启形状，陈其可擒之要。

【译文】

孙权曾经为自己的儿子向关羽的女儿求婚，关羽骂了孙权的使者，拒绝通婚，孙权因此很恼怒。等关羽进攻樊城，吕蒙向孙权上书说："关羽征讨樊城，却留下很多军队防守，一定是害怕我从后面进攻他。我经常患病，请求您允许我以治病为名，率一部分士兵回建业，关羽知道后，必定撤走防守的军队，全部调往襄阳。我大军昼夜乘船溯长江而上，趁其防守空虚进行袭击，南郡就可攻取，关羽也会被我擒获。"于是，吕蒙自称病重。孙权则公开发布命令召吕蒙返回，暗中与他进行策划。吕蒙顺江而下至芜湖时，定威校尉陆逊对吕蒙说："关羽和您的防区相邻，为什么远远离开，以后不会为此而担忧吗？"吕蒙说："的确如您所说，可是我病得很重。"陆逊说："关羽自负骁勇，欺压他人，刚刚取得大功，骄傲自大，一心致力于向北进攻，对我军没有怀疑，又听说您病重，必然更无防备，如果出其不意，就可以将他擒服。您见到主公，应该妥善筹划此事。"吕蒙说："关羽素来勇猛善战，我们很难与他为敌，况且他已占据荆州，大施恩德和信义，再加上刚刚取得很大的成功，胆略和气势更加旺盛，不容易对付。"吕蒙回到建业，孙权询问："谁可以代替你？"吕蒙回答说："陆逊思虑深远，有能力担负重任，看他的气度，终究可以大用；而且他没有大名声，不是关羽所顾忌的人，没有人比他更合适了。如果任用他，应该要他在外隐藏锋芒，在里观察形势，寻找可乘之机，然后向敌人进攻，可以取得胜利。"孙权便招来陆逊，任命他为偏将军、右部督，以接替吕蒙。陆逊至陆口，写信给关羽，称颂关羽的功德，深深地自我谦恭，表示愿意尽忠和托付自己的前程。关羽因此感到很安定，不再有疑心，便逐渐撤出防守的军队赶赴樊城。陆逊把全部情况向孙权做了汇报，陈述可以擒服关羽的战略要点。

吕蒙说："陆逊智谋深远，如能任用，一定是位良将。如今他还没有什么名气，不会引起关羽的注意，如果要他领兵作战，从外线隐匿而行，找准对方疏漏，出兵进攻，必可一举获胜。"

败走麦城

【原文】

汉献帝建安二十四年（己亥，219年）

孙权为笺与魏王操，请以讨羽自效，及乞不漏，令羽有备。操问群臣，群臣咸言宜密之。董昭曰："军事尚权，期于合宜。宜应权以密，而内露之。羽闻权上，若还自护，围则速解，便获其利。可使两贼相对衔持，坐待其敝。秘而不露，使权得志，非计之上。又，围中将吏不知有救，计粮怖惧，倘有他意，为难不小。露之为便。且羽为人强梁，自恃二城守固，必不速退。"操曰："善！"即敕徐晃以权书射著围里及羽屯中，围里闻之，志气百倍；羽果犹豫不能去。

【译文】

汉献帝建安二十四年（己亥，公元219年）

孙权写信给魏王曹操，请求允许他讨伐关羽，为朝廷效力，并请求不要把消息泄漏出去，使关羽有所防范。曹操问群臣，群臣都说应当保密。董昭却说："军事行动注重权变，要求合乎时宜。我们应当答应孙权为他保密，但暗中将消息泄露出去。关羽知道孙权来信的内容以后，若要回兵保护自己，樊城的包围就迅速解除，我们便可获利。同时，还使孙权、关羽像两匹勒住马衔的斗马一样，相互敌对而动弹不得，我们可以坐着等待他们筋疲力尽。如果保守秘密不泄露，使孙权如意，这不是上策。再者，被围的将士不知道有救兵，计算城中粮食不足持久，心中便会惶恐不安。倘若再有其他的想法，危害不会小，还是泄露出去为好。况且关羽为人强悍，自恃江陵、公安两城防守坚固，一定不会很快退兵。"曹操说："很对！"立即下令徐晃将孙权的书信用箭射入围城之内和关羽军营中。被围的将士得到书信后，士气增长百倍；关羽果然犹豫不决，不愿撤兵离去。

【原文】

魏王操自洛阳南救曹仁，群下皆谓："王不亟行，今败矣。"侍中桓阶独曰："大王以仁等为足以料事势不也？"曰："能。""大王恐二人遗力邪？"曰："不然。""然则何为自往？"曰："吾恐虏众多，而徐晃等势不便耳。"阶曰："今仁等处重围之中而守死无贰者，诚以大王远为之势也。夫居万死之地，必有死争之心。内怀死争，外有强救，大王案六军以示余力，何忧于败而欲自往？"操善其言，乃驻军摩陂，前后遣殷署、朱盖等凡十二营诣晃。

关羽围头有屯，又别屯四冢，晃乃扬声当攻围头屯而密攻四冢。羽见四冢欲坏，自将步骑五千出战；晃击之，退走。羽围堑鹿角十重，晃追羽，与俱入围中，破之，傅方、胡修皆死，羽遂撤围退，然舟船犹据沔水，襄阳隔绝不通。

【译文】

魏王曹操从洛阳南下解救曹仁，属下臣僚们都说："大王如不迅速行动，如今就要败了。"只有侍中桓阶说："大王认为曹仁等人能否估计目前的形势？"曹操说："能够。"桓阶又问："大王恐怕曹仁、吕常不尽力吗？"答道："不是。""那么您为什么要亲自去呢？"回答说："我担心敌人太多，而徐晃等人力量不足。"桓阶说："如今曹仁等人身处重围之中，仍然死守，没有二心，实在是因为他们认为大王您在远处作外援的缘故。处于万死的危险之地，必定有拼死抗争之心。城内将士有拼死抗争之心，城外有强大的救援，大王您控制六军，显示我们还有多余的军力，何必担心失败而亲自出征？"曹操很同意桓阶的话，便驻扎在郏摩陂，先后派遣殷署、朱盖等共十二营军队到徐晃营里增援。

关羽在围头派有军队驻守，在四冢还有驻军。徐晃便扬言将进攻围头，却秘密攻打四冢。关羽见四冢危急，便亲自率领步、骑兵五千人出战；徐晃迎击，关羽退走。关羽在堑壕前围有十重鹿角，徐晃追击关羽，二人都进入关羽对樊城的包围圈，包围圈被打破，傅方、胡修都被杀死，关羽于是撤围退走，然而关羽的船只仍据守沔水，去襄阳的路隔绝不通。

【原文】

吕蒙至浔阳，尽伏其精兵䒦鹿中，使白衣摇橹，作商贾人服，昼夜兼行。羽所置江边屯候，尽收缚之，是故羽不闻知。麋芳、士仁素皆嫌羽轻己，羽之出军，芳、仁供给军资不悉相及，羽言："还，当治之！"芳、仁咸惧。于是蒙令故骑都尉虞翻为书说仁，为陈成败，仁得书即降。翻谓蒙曰："此谲兵也，当将仁行，留兵备城。"遂将仁至南郡。麋芳城守，蒙以仁示之，芳遂开门出降。蒙入江陵，释于禁之囚，得关羽及将士家属，皆抚慰之，约令军中："不得干历人家，有所求取。"蒙麾下士，与蒙同郡人，取民家一笠以覆官铠；官铠虽公，蒙犹以为犯军令，不可以乡里故而废法，遂垂涕斩之。于是军中震栗，道不拾遗。蒙旦暮使亲近存恤耆老，问所不足，疾病者给医药，饥寒者赐衣粮。羽府藏财宝，皆封闭以待权至。

【译文】

吕蒙到达浔阳，把精锐士卒都埋伏在名为䒦鹿的船中，让百姓摇橹，穿着商人的衣服，昼夜兼程，将关羽设置在江边守望的官兵全都捉了起来，所以关羽对吕蒙的行动一无所知。麋芳、士仁一直都不满意关羽轻视自己，关羽率兵在外，麋芳、士仁供应军用物资不能全部送到，关羽说："回去后再治你们的罪。"麋芳、士仁都感到恐惧。于是吕蒙命令原骑都尉虞翻写信游说士仁，为其指明得失，士仁得到虞翻信后，便投降了。虞翻对吕蒙说："这种隐秘的军事行动，应该带着士仁同行，留下军队守城。"于是虞翻带着士仁至南郡。麋芳守城，吕蒙要士仁出来与他相见，麋芳便开城出来投降了。吕蒙到达江陵，把被囚的于禁释放，俘虏了关羽及其将士们的家属，对他们都给以抚慰，对军中下令："不得骚扰百姓和向百姓索取财物。"吕蒙帐下有一名亲兵与吕蒙是同郡人，从百姓家中拿了一个斗笠遮盖官府的铠甲；铠甲虽然是公物，吕蒙仍认为他违犯了军令，不能因为是同乡的缘故而破坏军法，便流着眼泪将这个亲兵处斩了。于是全军震动恐惧。南郡因此道不拾遗。吕蒙还在早晨和晚间派亲信去慰问和抚恤老人，询问他们生活有什么困难，给病人送去医药，对饥寒的人赐予衣服和粮食。关羽库存的财物、珍宝，全部被封存起来，等候孙权前来处理。

【原文】

关羽闻南郡破，即走南还。曹仁会诸将议，咸曰："今因羽危惧，可追擒也。"赵俨曰："权邀羽连兵之难，欲掩制其后，顾羽还救，恐我承其两疲，故顺辞求效，乘衅因变以观利钝耳。今羽已孤迸，更宜存之以为权害。若深入追北，权则改虞于彼，将生患于我矣，王必以此为深虑。"仁乃解严。魏王操闻羽走，恐诸将追之，果疾敕仁如俨所策。

【译文】

关羽得知南郡失守后，立即向南回撤。曹仁召集将领们商议，众人都说："如今趁关羽身陷困境，内心恐惧，可派兵追击，将他擒获。"赵俨说："孙权侥幸乘关羽和我军鏖战之机，想进攻关羽后路，又顾忌关羽率军回救，怕我军趁其双方疲劳时从中取利，所以才言辞和顺地请求为我效力，不过是乘时机的变化观望胜败罢了。如今关羽已势力孤单，正仓促奔走，我们更应让他继续存在，去危害孙权。如果对战败的关羽穷追不舍，孙权就将由防备关羽改为给我们制造祸患了，魏王必将对此深为忧虑。"于是，曹仁下令不要再穷追关羽。魏王曹操知道关羽退走，唯恐将领们追击他，果然迅速给曹仁下达命令，正如赵俨所判断的。

【原文】

关羽数使人与吕蒙相闻，蒙辄厚遇其使，周游城中，家家致问，或手书示信。羽人还，私相参讯，咸知家门无恙，见待过于平时，故羽吏士无斗心。

关羽自知孤穷，乃西保麦城。孙权使诱之，羽伪降，立幡旗为象人于城上，因遁走，兵皆解散，才十余骑。权先使朱然、潘璋断其径路。十二月，璋司马马忠获羽及其子平于章乡，斩之，遂定荆州。

【译文】

关羽多次派使者与吕蒙联系，吕蒙每次都厚待关羽的使者，允许他们在城中各处游览，向关羽部下亲属表示慰问，有人亲手写信托他带走，作为平安的证明。使者返回，关羽部属私下向他询问家中情况，都知道家中平安，得到的待遇更比平时强，因此关羽的将士都无心再战了。

关羽自知孤立困穷，便向西退守麦城。孙权派人诱降，关羽伪装投降，把幡旗做成人像立在城墙上，然后逃遁，士兵都跑散了，跟随他的只有十余名骑兵。孙权已事先命令朱然、潘璋切断了关羽的去路。十二月，潘璋手下的司马马忠在章乡擒获关羽及其儿子关平，将他们斩首，于是，孙权占据了荆州。

孙权降曹

【原文】

世祖文皇帝上黄初二年（辛丑，221年）

八月，孙权遣使称臣，卑辞奉章，并送于禁等还。朝臣皆贺，刘晔独曰："权无故求降，必内有急。权前袭杀关羽，刘备必大兴师伐之。外有强寇，众心不安，又恐中国往乘其衅，故委地求降，一以却中国之兵，二假中国之授，以强其众而疑敌人耳。天下三分，中国十有其八。吴、蜀各保一州，阻山依水，有急相救，此小国之利也；今还自相攻，天亡之也，宜大兴师，径渡江袭之。蜀攻其外，我袭其内，吴之亡不出旬日矣。吴亡则蜀弧，若割吴之半以与蜀，蜀固不能久存，况蜀得其外，我得其内乎！"帝曰："人称臣降而伐之，疑天下欲来者心，不若且受吴降而袭蜀之后也。"对曰："蜀远吴近，又闻中国伐之，便还军，不能止也。今备已怒，兴兵击吴，闻我伐吴，知吴必亡，将喜而进与我争割吴地，必不改计抑怒救吴也。"帝不听，遂受吴降。

于禁须发皓白，形容憔悴，见帝，泣涕顿首。帝慰谕以荀林父、孟明视故事，拜安远将军，令北鄴谒高陵。帝使豫于陵屋画关羽战克、庞德愤怒、禁降伏之状。禁见，惭恚发病死。

【译文】

魏文帝黄初二年（辛丑，公元221年）

八月，孙权派使者向魏称臣，奏章言辞谦卑，还将于禁等人送还。朝廷大臣都表示祝贺，只有刘晔说："孙权无故向我投降，一定是内部发生了危机。前不久，他偷袭并杀死了关羽，刘备必然会出动大军讨伐他。孙权外部有强大的敌寇，部属心情不安，又恐怕我们乘机进攻，所以献上土地请求投降，一可防止我们进兵，二可借助我们的援助，加强他自己的地位，迷惑他的敌人。如今天下三分，我们占有全国土地的十分之八，吴和蜀各自仅保有一个州的地域，凭恃险要，依托长江大湖，有急难时互相援救，这样才对小国有利。我们应大举进兵，直接渡江袭击孙权。蜀从外部进攻，我们从内部偷袭，不出十天，吴必亡。吴灭亡，蜀的势力也就孤单了，即使将吴的一地割让给蜀，它也不会存在很久，何况蜀只得到吴的边远地区，我们却能得到吴的本土。"文帝说："有人投降称臣，我们却讨伐他，会使天下愿意归附我们的人产生疑心，不如暂且接受吴的归降，袭击蜀的后路。"刘晔说："我们距蜀的路途远，但靠近吴，蜀知道我们向它进攻，便退军攻击吴国，听说我军伐吴，知道吴必亡，将会很高兴地迅速向吴进军，同我们争夺、分割吴的疆土，而决不会改变计划，抑制自己的怒火去救援吴。"文帝不听，接受了吴国的归降。

于禁的头发和胡须全都白了，面容憔悴，见到文帝，哭泣着下拜叩首。文帝以古代晋国荀林父、秦国孟明视的故事作比喻安慰他，任命他为安远将军，要他北到邺城去拜谒曹操的陵墓高陵。文帝事先派人在陵园的屋子里画上关羽得胜、庞德发怒、于禁投降的壁画。于禁看到这些画，惭愧悔恨，患病而死。

平定南中

【原文】

魏文帝黄初六年（乙巳，225年）

汉诸葛亮至南中，所在战捷，亮由越巂入，斩雍闿及高定。使庲降督益州李恢由益州入，门下督巴西马忠由牂柯入，击破诸县，复与亮合。孟获收闿余众以拒亮。获素为夷、汉所服，亮募生致之，既得，使观于营陈之间，问曰："此军何如？"获曰："向者不知虚实，故败。今蒙赐观营陈，若只如此，即定易胜耳。"亮笑，纵使更战。七纵七擒而亮犹遣获，获止不去，曰："公，天威也，南人不复反矣！"亮遂至滇池。

益州、永昌、牂柯、越巂四郡皆平，亮即其渠率而用之。或以谏亮，亮曰："若留外人，则当留兵，兵留则无所食，一不易也；加夷新伤破，父兄死丧，留外人而无兵者，必成祸患，二不易也；又，夷累有废杀之罪，自嫌衅重，若留外人，终不相信，三不易也。今吾欲使不留兵，不运粮，而纲纪粗定，夷、汉粗安故耳。"亮于是悉收其俊杰孟获等以为官属，出其金、银、丹、漆、耕牛、战马以给军国之用。自是终亮之世，夷不复反。

【译文】

魏文帝黄初六年（乙巳，公元225年）

蜀汉诸葛亮到达南中，征讨叛乱，所至必胜。诸葛亮从越巂进兵，斩杀了雍闿和高定。派庲降督益州人李恢从益州进兵；门下督巴西人马忠从牂柯进兵，击溃南中各县的叛军，再度和诸葛亮会合。孟获收拾雍闿的残部抗拒诸葛亮。孟获深得当地汉人和夷族的信赖，诸葛亮要生擒孟获，以后果然将孟获俘获，让他参观了蜀军的军营战阵，问他说："这样的军队如何？"孟获说："以前不知道你们的虚实，所以遭到失败。如今蒙您允许我参观你们的军营战阵，如果贵军只是这样的军队，我一定能轻易取胜。"诸葛亮笑了笑，将孟获释放，要他再次前来交战。前后把孟获放回七次，又生擒七次，最后诸葛亮仍将孟获释放，孟获却不再走了，对诸葛亮说："您有天威！南方人不会再反叛了！"于是诸葛亮到达滇池。

益州、永昌、牂柯、越巂四郡都被平定了，诸葛亮仍然任用当地原来的首领为四郡的地方官吏。有人劝诸葛亮不要这样做，诸葛亮说："如果留外地人为官，则要留驻军队，留驻军队，则粮秣供应困难，这是第一个难题；这些夷族刚受过战争之苦，父兄多有死伤，怨气未消，任用外地人而不留驻军队，必定产生祸患，这是第二个难题；这些夷族屡次三番杀死和废掉官吏，自知有罪，与我们隔阂很深，如果留下外地人为官，终究难以被他们信任，这是第三个难题。我现在要不留军队，不转运粮食，使法令、政纪大体得以贯彻，让夷族和汉人大体安定下来。"于是诸葛亮网罗孟获等当地的著名人物，任命他们为地方官吏，让他们贡献金、银、丹、漆、耕牛、战马，供给军队和朝廷使用。从此之后，在诸葛亮的有生之年，这一地区的夷族再也没有反叛。

六出祁山

【原文】

魏明帝太和二年（戊申，228年）

春，正月，司马懿攻新城，旬有六日，拔之，斩孟达。申仪久在魏兴，擅承制刻印，多所假授；懿召而执之，归于洛阳。

诸葛亮将入寇，与群下谋之，丞相司马魏延曰："闻夏侯楙，主婿也，怯而无谋。今假延精兵五千，负粮五千，直从褒中出，循秦岭而东，当子午而北，不过十日，可到长安。楙闻延奄至，必弃城逃走。长安中惟御史、京兆太守耳。横门邸阁与散民之谷，足周食也。比东方相合聚，尚二十许日，而公从斜谷来，亦足以达。如此，则一举而咸阳以西可定矣。"亮以为此危计，不如安从坦道，可以平取陇右，十全必克而无虞，故不用延计。

【译文】

魏明帝太和二年（戊申，公元228年）

春季，正月，司马懿围攻新城，用十六天时间攻下了城，斩杀了孟达。申仪在魏兴郡驻守已经很久，擅称秉受旨意刻官印，多次假借皇帝名义授官。司马懿召见并逮捕了他，返回洛阳。

诸葛亮将要攻魏，和部下众人商量这次军事行动，丞相司马魏延说："听说夏侯楙是魏帝的女婿，此人胆怯而没有智谋。现在请给我五千人的精锐部队，带着五千人的口粮，直接从褒中道出发，沿着秦岭向东，到子午道后折向北方，用不了十天工夫，可以抵达长安。夏侯楙听到我突然来到，一定弃城逃走。长安城中就只有御史、京兆太守了。横门邸阁粮仓的存粮以及百姓逃散剩下的粮食，足以供给军粮。等到魏国在东方集结起军队，还要二十多天时间，而您从斜谷出来接应，也完全可以到达。这样，就可以一举而平定咸阳以西的地区了。"诸葛亮认为这是危险而不妥的计策，不如安全地从平坦的路上出去，可以稳当地取得陇右地区，有百分之百的把握取胜而不会有失，所以不用魏延之计。

【原文】

亮扬声由斜谷道取郿。使镇东将军赵云、扬武将军邓芝为疑军，据箕谷。帝遣曹真都督关右诸军。亮身率大军攻祁山，戎陈整齐，号令明肃。始，魏以汉昭烈既死，数岁寂然无闻，是以略无备豫；而卒闻亮出，朝野恐惧。于是天水、南安、安定皆叛应亮，关中响震，朝臣未知计所出。帝曰："亮阻山为固，今者自来，正合兵书致人之术，破亮必也。"乃勒兵马步骑五万，遣右将军张郃督之，西拒亮。丁未，帝行如长安。

【译文】

诸葛亮扬言从斜谷道攻取郿城，命令镇江将军赵云、扬武将军邓芝为疑兵，据守

三国鼎立

六出祁山

一八三

箕谷。明帝派遣曹真都督关右地区各军驻扎在郿城。诸葛亮亲自统率大军进攻祁山，军阵整齐，号令严明。起初，魏国认为蜀汉昭烈帝刘备已经去世，几年来没有什么动静，因此放松了戒备；突然听到诸葛亮出兵，朝廷和民众都很害怕。于是，天水、南安、安定等郡都背叛魏国而响应诸葛亮，关中如雷轰顶，受到震动，朝廷大臣不知道采取什么对策。魏明帝说："诸葛亮本来依据山险为固，现在亲自前来，正合乎兵书所说招敌前来的策略，我们一定能够打败诸葛亮。"于是统领步兵和骑兵五万大军，命右将军张郃监管军务，向西抵御诸葛亮。丁未（二月十八日），明帝到达长安。

【原文】

初，越巂太守马谡才气过人，好论军计，诸葛亮深加器异。汉昭烈临终谓亮曰："马谡言过其实，不可大用，君其察之！"亮犹谓不然，以谡为参军，每引见谈论，自昼达夜。及出军祁山，亮不用旧将魏延、吴懿等为先锋，而以谡督诸军在前，与张郃战于街亭。

谡违亮节度，举措烦扰，舍水上山，不下据城。张郃绝其汲道，击，大破之，士卒离散。亮进无所据，乃拔西县千余家还汉中。收谡下狱，杀之。亮自临祭，为之流涕，抚其遗孤，恩若平生。蒋琬谓亮曰："昔楚杀得臣，文公喜可知也。天下未定而戮智计之士，岂不惜乎！"亮流涕曰："孙武所以能制胜于天下者，用法明也；是以扬干乱法，魏绛戮其仆。四海分裂，兵交方始，若复废法，何用讨贼邪！"

【译文】

起初，越巂太守马谡，才气和抱负超过常人，喜好议论军事谋略，诸葛亮对他深为器重。昭烈帝刘备临终时对诸葛亮说："马谡言语浮夸，超过实际才能，不可委任大事，您要对他多加考察。"诸葛亮还认为不是这样，让马谡做参军，时常接见他一起谈论，一谈就是一整天。等到出兵祁山，诸葛亮不用旧将魏延、吴懿等为先锋，而是让马谡统领各军在前，同张郃在街亭交战。

马谡违背诸葛亮的指挥调度，军事行动杂乱无章，放弃水源上山驻扎，不在山下据守城邑。张郃切断马谡军取水的道路，发动进攻并大败马谡，蜀军溃散。诸葛亮前进没有据点，就拔取西县一千多人家回到汉中。下令把马谡关进监狱，杀了他。诸葛亮亲自吊丧，为他痛哭流涕，安抚他的子女，如同平素一样恩待他们。蒋琬对诸葛亮说："古时候晋国同楚国交战，楚国杀了大将得臣，晋文公喜形于色。现在天下没有平定，而杀了智谋之士，难道不令人感到惋惜吗？"诸葛亮流着眼泪说："孙武能够制敌而取胜于天下的原因，是用法严明；所以晋悼公的弟弟扬干犯法，魏绛就杀了为他驾车的人。现在天下分裂，交战刚刚开始，如果又废弃军法，怎么能讨伐敌人呢？"

【原文】

谡之未败也，裨将军巴西王平连规谏谡，谡不能用；及败，众尽星散，惟平所领千人鸣鼓自守，张郃疑其有伏兵，不往逼也，于是平徐徐收合诸营遗迸，率将士而还。亮既诛马谡及将军李盛，夺将军黄袭等兵，平特见崇显，加拜参军，统五部兼当营事，进位讨寇将军，封亭侯。亮上疏请自贬三等，汉主以亮为右将军，行丞相事。

是时赵云、邓芝兵亦败于箕谷，云敛众固守，故不大伤，云亦坐贬为镇军将军。亮问邓芝曰："街亭军退，兵将不复相录；箕谷军退，兵将初不相失，何故？"芝曰："赵云身自断后，军资什物，略无所弃，兵将无缘相失。"云有军资余绢，亮使分赐将士，云曰："军事无利，何为有赐！其物请悉入赤岸库，须十月为冬赐。"亮大善之。

【译文】

马谡没有失败时，裨将军巴西人王平一再规劝马谡，马谡不听；等到失败，蜀军部众四散，只有王平率领的一千人擂响战鼓，把守营地，张郃怀疑有伏兵，不敢往前逼近，于是王平缓缓地收拢各部散乱的士兵，率领人马返回。诸葛亮既杀了马谡和将军李盛，还夺了将军黄袭等的兵权，王平的名声地位就特别提高和显示出来，诸葛亮又提拔他为参军，统领五部兵马和营屯之事，官升讨寇将军，封为亭侯。诸葛亮上书请求将自己贬降三级，后主任命诸葛亮为右将军，兼理丞相的职务。

这时赵云、邓芝的部队也在箕谷战败，赵云收敛部队坚守，所以损失不大，但也因此被贬为镇军将军。诸葛亮问邓芝道："街亭失利，大军败退，兵将不可再收拾；箕谷战败部队撤退，兵将依然齐整如初，是什么原因呢？"邓芝说："赵云将军亲自在部队后面拒敌，军需物资一点都没有抛弃，兵将没有什么缘由可以散乱。"赵云有军资和剩余的绢帛，诸葛亮让他用来分给将士，赵云说："军事上没有胜利，怎么能有赏赐呢？请将这些物资存放到赤岸大库之中，等到十月将它们作为犒劳品赏赐给将士们。"诸葛亮很赞同这个意见。

【原文】

或劝亮更发兵者，亮曰："大军在祁山、箕谷，皆多于贼，而不破贼，乃为贼所破，此病不在兵少也，在一人耳。今欲减兵省将，明罚思过，校变通之道于将来；若不能然者，虽兵多何益！自今以后，诸有忠虑于国，但勤攻吾之阙，则事可定，贼可死，功可跷足而待矣。"于是考微劳，甄壮烈，引咎责躬，布所失于境内，厉兵讲武，以为后图，戎士简练，民忘其败矣。

亮之出祁山也，天水参军姜维诣亮降。亮美维胆智，辟为仓曹掾，使典军事。

【译文】

有人劝说诸葛亮再次发兵，诸葛亮说："大军在祁山、箕谷的时候，都多于敌军，但没有打败敌人，反而被敌人打败，问题不在于兵有多少，而在于将领的指挥。现在我打算减少兵将，严明赏罚，反思过失，将来另想变通的办法。如果不能这样，即使兵多也没有什么用处！从今以后，凡是一心为国家分忧效忠的人，只要多多批评我的过错，那么大事就可以安定，敌人就可以打垮，大功就可跷足而待了。"于是考察有功将士，连微小的功劳也不遗漏，对壮烈之士，一一加以甄别，引过自责，把自己的过失在境内公开宣布，练兵讲武，准备将来进取。将士精简干练，民众忘记既往的兵败了。

诸葛亮出兵祁山的时候，天水参军姜维向诸葛亮归降。诸葛亮很赞赏姜维的胆识，任用他做仓曹掾，使他掌管军事。

【原文】

十二月，亮引兵出散关，围陈仓，陈仓已有备，亮不能克。亮使郝昭乡人靳详于城外遥说昭，昭于楼上应之曰："魏家科法，卿所练也；我之为人，卿所知也。我受国恩多而门户重，卿无可言者，但有必死耳。卿还谢诸葛，便可攻也。"详以昭语告亮，亮又使详重说昭，言："人兵不敌，无为空自破灭。"昭谓详曰："前言已定矣，我识卿耳，箭不识也。"详乃去。亮自以有众数万，而昭兵才千余人，又度东救未能便到，乃进兵攻昭，起云梯冲车以临城。昭于是以火箭逆射其梯，梯然，梯上人皆烧死；昭又以绳连石磨压其冲车，冲车折。亮乃更为井阑百尺以射城中，以土丸填堑，欲直攀城，昭又于内筑重墙。亮又为地突，欲踊出于城里，昭又于城内穿地横截之。昼夜相攻拒二十余日。

曹真遣将军费耀等救之。帝召张郃于方城，使击亮。帝自幸河南城，置酒送郃，问郃曰："迟将军到，亮得无已得陈仓乎？"郃知亮深入无谷，屈指计曰："比臣到，亮已走矣。"郃晨夜进道，未至，亮粮尽，引去。将军王双追之，亮击斩双。诏赐郝昭爵关内侯。

【译文】

十二月，诸葛亮率领大军从散关出发，包围陈仓；陈仓早已有准备，诸葛亮没能攻下来。诸葛亮让魏军守城将领郝昭的同乡人靳详在城外远远地劝说郝昭，郝昭在城楼上对靳详说："魏国的法律，您是熟悉的，我的为人您是了解的。我深受国恩，而且门第崇高，您不必多说，只有一死而已。您回去告诉诸葛亮，就来攻打吧。"靳详把郝昭的话告诉了诸葛亮，诸葛亮又让靳详再次劝告郝昭，说"兵众悬殊，抵挡不住，何必白白自取毁灭"。郝昭对靳详说："前面已说定了，我认识您，箭可不认识您。"靳详只好返回。诸葛亮自己有几万兵马，而郝昭才有一千多兵众，又估计东来的救兵未必就能赶到，于是进军攻打郝昭，架起云梯、出动冲车进逼城池。郝昭便以火箭迎射汉军的云梯，云梯燃烧起来，梯上的人都被烧死；郝昭又用绳子系上石磨，掷击汉军的冲车，冲车被击毁。诸葛亮又制作了百尺高的"井"字形木栏，以向城中射箭，用土块填塞护城的壕沟，想直接攀登城墙；郝昭又在城内筑起一道城墙。诸葛亮又挖地道，想从地道进入城里，郝昭又在城内挖横向地道进行拦截。昼夜攻守，相持了二十多天。

曹真派遣将军费耀等率军援救郝昭。明帝召见在方城的张郃，命他攻击诸葛亮。明帝亲自来到河南城，摆下酒席为张郃送行，问张郃道："等将军赶到，诸葛亮是不是已经取得了陈仓呢？"张郃了解诸葛亮深入作战而缺乏粮食，屈指计算了一下说："等到我到了那里，诸葛亮已撤走了。"张郃日夜兼程赶路，还没到达，诸葛亮的粮食已尽，领兵退去；将军王双追赶，被诸葛亮击杀。明帝颁布诏书赐郝昭关内侯的爵位。

智星陨落

【原文】

烈祖明皇帝中之上青龙二年（甲寅，234年）

亮遣使者至懿军，懿问其寝食及事之繁简，不问戎事。使者对曰："诸葛公夙兴夜寐，罚二十以上，皆亲览焉；所啖食不至几升。"懿告人曰："诸葛孔明食少事烦，其能久乎！"

亮病笃，汉使尚书仆射李福省侍，因谘以国家大计。福至，与亮语已，别去，数日复还。亮曰："孤知君还意，近日言语虽弥日，有所不尽，更来求决耳。公所问者，公琰其宜也。"福谢："前实失不谘请，如公百年后，谁可任大事者，故辄还耳。乞复请蒋琬之后，谁可任者？"亮曰："文伟可以继之。"又问其次，亮不答。

是月，亮卒于军中。长史杨仪整军而出。百姓奔告司马懿，懿追之。姜维令仪反旗鸣鼓，若将向懿者，懿敛军退，不敢逼。于是仪结陈而去，入谷然后发丧。百姓为之谚曰："死诸葛走生仲达。"懿闻之，笑曰："吾能料生，不能料死故也。"懿按行亮之营垒处所，叹曰："天下奇才也！"追至赤岸，不及而还。

【译文】

魏明帝青龙二年（甲寅，公元234年）

诸葛亮派遣使节到司马懿军中，司马懿向使者询问诸葛亮的睡眠、饮食和办事多少，不打听军事情况，使者答道："诸葛公早起晚睡，凡是二十杖以上的责罚，都亲自披阅；所吃的饭食不到几升。"司马懿告诉人说："诸葛孔明进食少而事务烦，他还能活多久呢！"

诸葛亮病重，汉后主派遣尚书仆射李福前来问候，同时询问国家大事。李福来到，和诸葛亮谈完，辞别而去，几天之后又回来。诸葛亮说："我知道您返回来的意图，近来虽然整天谈话，有些事还没有交代，又来听取决定了。你所要问的事蒋琬适合。"李福道歉说："日前确实不曾询问，如您百年之后，谁可以担负重任，所以就又返回。再请问蒋琬之后，谁可承担重任？"诸葛亮说："费祎可以继任。"又问费祎之后怎么样？诸葛亮没有回答。

这个月，诸葛亮在军中去世，长史杨仪整顿军队而退。百姓跑着去报告司马懿，司马懿追赶汉军。姜维命令杨仪调转战旗方向，擂响战鼓，像是即将对司马懿进攻。司马懿收军后退，不敢向前逼近。于是杨仪结阵离去，进入斜谷之后才发丧。百姓为此事编了一句谚语说："死诸葛亮吓走活仲达。"司马懿听到后笑着说："这是我能够料想诸葛亮活着，不能料想诸葛亮已死的缘故。"司马懿到诸葛亮驻军营垒处所察看，感叹说："真是天下的奇才啊！"追到赤岸，没有追上蜀军而还。

平定辽东

【原文】

魏明帝景初二年（戊午，238年）

春，正月，帝召司马懿于长安，使将兵四万讨辽东。议臣或以为四万兵多，役费难供。帝曰："四千里征伐，虽云用奇，亦当任力，不当稍计役费也。"帝谓懿曰："公孙渊将何计以待君？"对曰："渊弃城豫走，上计也；据辽东拒大军，其次也；坐守襄平，此成禽耳。"帝曰："然则三者何也？"对曰："唯明智能审量彼我，乃豫有所割弃。此既非渊所及，又谓今往孤远，不能支久，必先拒辽水，后守襄平也。"帝曰："还往几乎日？"对曰："往百日，攻百日，还百日，以六十日为休息，如此，一年足矣。"

六月，司马懿军至辽东，公孙渊使大将军卑衍、杨祚将步骑数万屯辽隧，围堑二十余里。诸将欲击之，懿曰："贼所以坚壁，欲老吾兵也，今攻之，正堕其计。且贼大众在此，其巢窟空虚；直指襄平，破之必矣。"乃多张旗帜，欲出其南，衍等尽锐趣之。懿潜济水，出其北，直趣襄平；衍等恐，引兵夜走。诸军进至首山，渊复使衍等逆战，懿击，大破之，遂进围襄平。

秋，七月，大霖雨，辽水暴涨，运船自辽口径至城下。雨月余不止，平地水数尺；三军恐，欲移营，懿令军中："敢有言徙者斩！"都督令史张静犯令，斩之，军中乃定。贼恃水，樵牧自若，诸将欲取之，懿皆不听。司马陈曰："昔攻上庸，八部俱进，昼夜不息，故能一旬之半，拔坚城，斩孟达。今者远来而更安缓，愚窃惑焉。"懿曰："孟达众少而食支一年，将士四倍于达而粮不淹月；以一月图一年，安可不速！以四击一，正令失半而克，犹当为之，是以不计死伤，与粮竞也。今贼众我寡，贼饥我饱，水雨乃尔，功力不设，虽当促之，亦何所为！自发京师，不忧贼攻，但恐贼走。今贼粮垂尽而围落未合，掠其牛马，抄其樵采，此故驱之走也。夫兵者诡道，善因事变。贼凭众恃雨，故虽饥困，未肯束手，当示无能以安之。取小利以惊之，非计也。"朝廷闻师遇雨，咸欲罢兵。帝曰："司马懿临危制变，禽渊可计日待也。"

【译文】

魏明帝景初二年（戊午，公元238年）

春季，正月，明帝从长安召回司马懿，命他率军四万人讨伐辽东。参与谋议的大臣有的认为四万兵员太多，军费难以提供。明帝说："四千里远征讨伐，虽说要出奇制胜，但也应当依靠实力，不应斤斤计较军费。"明帝对司马懿说："公孙渊放弃守城先行逃走，是上策；据守辽东抗拒大军，是中策；如死守襄平，必被生擒。"明帝说："那么，三者中他将采用哪一种？"回答说："只有明智的人，才能审慎度量敌我双方的力量，才会预先有所舍弃。这既不是公孙渊的才智所能达到的，他又会认为我军是孤军远征，不能支持长久，一定是先在辽水抗拒，然后退守襄平。"明帝说："往返需多少天？"回答说："进军一百天，攻战一百天，返回一百天，以六十天作为休息日，这样的话，一年足够了。"

六月，司马懿大军到达辽东，公孙渊命大将军卑衍、杨祚统率步、骑兵数万人驻扎在辽隧，围城挖掘了长达二十余里的壕沟。魏军将领们想要攻城，司马懿说："敌人所以坚守壁垒不肯决战，是打算拖死我军，现在攻打他们，正中其计。而且敌人主力在此，他们的老巢必定空虚，我军直指襄平，必能攻破。"于是，打出许多战旗，佯作要向南方出动，卑衍等率全部精锐部队随之向南。司马懿率军暗中渡过辽河，向北挺进，直扑襄平。卑衍等大为惊恐，率军连夜撤回。魏各路大军进抵首山，公孙渊再命卑衍等迎战。司马懿迎击，大败卑衍，遂进军包围襄平。

秋季，七月，连降大雨，辽河暴涨，运粮船队从辽口直抵城下。大雨下了一个多月不停，平地水深数尺，魏三军恐惧，打算迁移营垒，司马懿下令军中："有敢说迁营者斩！"都督令史张静违抗命令，被斩，军心这才安定。敌人依仗水势，砍柴放牧依然如故，将领们想要俘获他们，司马懿都不准许。司马陈说："从前攻打上庸，八支部队同时进发，日夜不停，所以能用十六天时间攻下坚城，斩杀孟达。这次远征而来，反而更安闲迟缓，我私下感到疑惑。"司马懿说："孟达兵少但存粮可支撑一年，我军将士四倍于孟达，但粮食不能支持一个月。以一个月攻打一年，怎么可以不快速？以四个兵士攻击一个敌人，即使丧失一半而能够攻克，都应当去做，所以不顾死伤地强攻，是与粮食竞争啊！如今敌众我寡，敌饥我饱，何况雨水如此之大，功力不能施展，虽然应当速战速决，又能干什么呢？自打从京师出发，不担心敌人进攻，只恐怕敌人逃走。如今敌人粮食就要耗尽，可是我们的包围还没完成，抢掠他们的牛马，抄袭他们的樵夫，这是故意逼迫他们逃走。用兵是一种诡诈的行为，要善于随机应变。敌人凭仗人多，倚仗雨大，虽然饥饿窘困，还不肯束手投降，应当显示出我们无能以便使他们安心。如果因贪图小利使他们惊吓逃跑，这不是好的计策。"朝中听说大军遇雨，一致打算退兵。明帝说："司马懿有能力临危控制事变，捉住公孙渊指日可待。"

【原文】

雨霁，懿乃合围，作土山地道，橹钩冲，昼夜攻之，矢石如雨。渊窘急，粮尽，人相食，死者甚多，其将杨祚等降。八月，渊使相国王建、御史大夫柳甫请解围却兵，当君臣面缚。懿命斩之，檄告渊曰："楚、郑列国，而郑伯犹肉袒牵羊迎之。孤天子上公，而建等欲孤解围退舍，岂得礼邪！二人老耄，传言失指，已相为斩之。若意有未已，可更遣年少有明决者来！"渊复遣侍中卫演乞克日送任，懿谓演曰："军事大要有五：能战发战，不能战当守，不能守当走；余二事，但有降与死耳。汝不肯面缚，此为决就死也，不须送任！"壬午，襄平溃，渊与子将数百骑突围东南走，大兵急击之，斩渊父子于梁水之上。懿既入城，诛其公卿以下及兵民七千余人，筑为京观。辽东、带方、乐浪、玄菟四郡皆平。

渊之将反也,将军纶直、贾范等苦谏,渊皆杀之,懿乃封直等之墓,显其遗嗣,释渊叔父恭之囚。中国人欲还旧乡者,咨听之。遂班师。

初,渊兄晃为恭任子在洛阳,先渊未反时,数陈其变,欲令国家讨渊;及渊谋逆,帝不忍市斩,欲就狱杀之。廷尉高柔上疏曰:"臣窃闻晃先数自归,陈渊祸萌,虽为凶族,原心可恕。夫仲尼亮司马牛之忧,祁奚明叔向之过,在昔之美义也。臣以为晃信有言,宜贷其死;苟自无言,便当市斩。今进不赦其命,退不彰其罪,闭著囹圄,使自引分,四方观国,或疑此举也。"帝不听,竟遣使赍金屑饮晃及其妻子,赐以棺衣,殡敛于宅。

【译文】

雨止,司马懿随即合拢包围圈,高堆土山,深挖地道,用干、橹车、钩梯、冲车,日夜攻城,射箭与石密集如雨。公孙渊窘迫危急,粮食已尽,以至人与人互相格杀残食,死亡极多,部将杨祚等投降。八月,公孙渊派遣相国王建、御史大夫柳甫请求解围退兵,如果同意,君臣定当自缚面降。司马懿命斩来使,用檄文通知公孙渊说:"楚国和郑国地位相等,可是郑伯还光着脊背牵羊出城迎降。我是天子的上公,而王建等想要我解围后退,难道不失礼吗?这两个老糊涂,传话失去意指,已被我杀掉。如还有请降之意,就另派年轻能明快决断的人前来。"公孙渊又派侍中卫演,请求指定日期,派送人质。司马懿对卫演说:"军事大要有五条,能战则战,不能战就当坚守,不能坚守就当逃走。剩下的两条路,就只有投降和死了。公孙渊不肯自缚面降,这是决心去死,不必送来人质!"壬午(疑误),襄平城败溃,公孙渊和儿子带领数百骑兵从东南突围逃走,魏军急忙追击,在梁水岸边斩杀了公孙渊父子。司马懿既已进入襄平城;诛杀城中公卿以下官吏及兵民七千余人,积尸封土,筑成大坟,辽东、带方、乐浪、玄菟四郡全部平定。

公孙渊将要反叛时,将军纶直、贾范等苦苦劝阻,都被公孙渊诛杀。司马懿于是堆土加高纶直等人的坟墓,显扬他们的子弟,释放了为朝廷所立而被公孙渊囚禁的叔父。中原人想要返回故里,听任自便。然后班师。

最初,公孙渊的哥哥公孙晃作为公孙恭的人质住在洛阳,公孙渊还未反叛时,公孙晃几次报告公孙渊的变故,让魏出兵讨伐。到公孙渊图谋叛逆,明帝不忍心把公孙晃在街市斩首,打算下狱处决。廷尉高柔上书说:"我私下听说公孙晃以前多次自动归附,报告公孙渊已萌生祸心,他虽然是凶犯宗族,但是推究其本心,是可以宽恕的。从前,孔丘曾明察司马牛的忧虑,祁奚曾指明叔向没有过失,这都是古代的美好义行。我认为公孙晃确实在先前举报过,应免他一死;如果他本来没有告发,应当在街市上斩首示众。如今是进不赦免其性命,退又不公开其罪状,只是紧闭狱门,命他自杀,天下各地,或许会怀疑我们的做法。"明帝不采纳,竟派遣使节带着掺有金屑的酒让公孙晃和他的妻子儿女饮下,然后赏赐棺木和丧衣,将他们埋葬在公孙晃的住宅。

假痴不癫

【原文】

魏邵陵厉公正始九年（戊辰，248年）

大将军爽，骄奢无度，饮食衣服，拟于乘舆；尚方珍玩，充牣其家；又私取先帝才人以为伎乐。作窟室，绮疏四周，数与其党何晏等纵酒其中。弟羲深以为忧，数涕泣谏止之，爽不听。爽兄弟数俱出游，司农沛国桓范谓曰："总万机，典禁兵，不宜并出。若有闭城门，谁复内入者？"爽曰："谁敢尔邪！"

冬，河南尹李胜出为荆州刺史，过辞太傅懿。懿令两婢侍。持衣，衣落；指口言渴，婢进粥，懿不持杯而饮，粥皆流出沾胸。胜曰："众情谓明公旧风发动，何意尊体乃尔！"懿使声气才属，说："年老枕疾，死在旦夕。君当屈并州，并州近胡，好为之备！恐不复相见，以子师、昭兄弟为托。"胜曰："当还忝本州，非并州。"懿乃错乱其辞曰："君方到并州？"胜复曰："当忝荆州。"懿曰："年老意荒，不解君言。今还为本州，盛德壮烈，好建功勋！"胜退，告爽曰："司马公尸居余气，形神已离，不足虑矣。"他日，又向爽等垂泣曰："太傅病不可复济，令人怆然！"故爽等不复设备。

【译文】

魏邵陵厉公正始九年（戊辰，公元248年）

大将军曹爽骄奢无度，饮食衣服，与皇帝相同；尚方署中的珍宝玩好，也摆满家中；还私自留用明帝的宫中女官做歌妓。他掘地建地宫，在四周雕刻华丽的花纹，常与党羽何晏等在里面饮酒作乐。他的弟弟曹羲为此非常忧虑，多次哭着劝他别再这样，但曹爽不听。曹爽兄弟经常一起出游，司农沛国人桓范说："您总理万机，掌管城内禁兵，弟兄们不宜同时出城，若有人关闭城门，谁在城内接应？"曹爽说："谁敢！"

冬季，河南令尹李胜出任荆州刺史，到太傅司马懿家辞行。司马懿让两个婢女出来接见。让他更衣，他却把衣服掉在地上；指着嘴说口渴，婢女端来粥，司马懿拿不动碗，由婢女喂着喝，粥从嘴边流出，沾满了前胸。李胜说："大家都说您中风病旧病复发，没想到您的身体竟这样糟！"司马懿气喘吁吁地说："我年老体弱，卧病不起，不久就要死了。你屈就并州刺史，并州靠近胡地，要很好地加强戒备。恐怕我们不能再见面了，我把儿子司马师和司马昭兄弟托付给你。"李胜说："我是回去就任家乡荆州的州官，不是并州。"司马懿装聋作哑，故意听错："你刚刚到过并州？"李胜又说："是愧居荆州。"司马懿说："我年老耳聋，思绪迷乱，没听明白你的话。如今你回到本家乡的州，正好轰轰烈烈地大展德才建立功勋。"李胜告退后，禀告曹爽说："司马公只是比死人多一口气，形体与精神已经分离，离死不远，不足以忧虑了。"过了几天，他又流着泪向曹爽等人说："太傅病体不能再复元了，实在令人悲伤。"因此曹爽等人不再对司马懿加以戒备。

假刀杀帝

【原文】

　　元皇帝上景元元年（庚辰，260年）

　　夏，四月，诏有司率遵前命，复进大将军昭位相国，封晋公，加九锡。

　　帝见威权日去，不胜其忿。五月，己丑，召侍中王沈、尚书王经、散骑常侍王业，谓曰："司马昭之心，路人所知也。吾不能坐受废辱，今日当与卿自出讨之。"王经曰："昔鲁昭公不忍季氏，败走失国，为天下笑。今权在其门，为日久矣，朝廷四方皆为之致死，不顾逆顺之理，非一日也。且宿卫空阙，兵甲寡弱，陛下何所资用；而一旦如此，无乃欲除疾而更深之邪！祸殆不测，宜见重详。"

　　帝乃出怀中黄素诏投地曰："行之决矣！正使死何惧，况不必死邪！"于是入白太后。

【译文】

　　魏元帝景元元年（庚辰，公元260年）

　　夏季，四月，诏令有关官员一切遵照以前的命令，再次晋升大将军司马昭为相国，封为晋公，加赐九锡。

　　魏帝见自己的权力威势日渐削弱，感到不胜愤恨。五月，己丑（初七），召见侍中王沈、尚书王经、散骑常侍王业，对他们说："司马昭的野心，连路上的行人都知道。我不能坐等被废黜的耻辱，今日我将亲自与你们一起出去讨伐他。"王经说："古时鲁昭公因不能忍受季氏的专权，讨伐失败而出走，丢掉了国家，被天下人所耻笑。如今权柄掌握在司马昭之手已经很久了，朝廷内以及四方之臣都为他效命而不顾逆顺之理，也不是一天了。而且宫中宿卫空缺，兵力十分弱小，陛下凭借什么？而您一旦这样做，不是想要除去疾病却反而使病更厉害了吗？祸患恐怕难以预测，应该重新加以详细研究。"

　　魏帝这时就从怀中拿出黄绢诏书扔在地上说："这样做已经决定了！纵然死了又有什么可怕的，何况不一定会死呢！"说完就进内宫禀告太后。

【原文】

　　沈、业奔走告昭，呼经欲与俱，经不从。帝遂拔剑升辇，率殿中宿卫苍头官童鼓噪而出。昭弟屯骑校尉遇帝于东止车门，左右呵之，众奔走。

　　中护军贾充自外入，逆与帝战于南阙下，帝自用剑。众欲退，骑督成倅弟太子舍人济问充曰："事急矣，当云何！"充曰："司马公畜养汝等，正为今日。今日之事，无所问也！"济即抽戈前刺帝，殒于车下。昭闻之，大惊，自投于地。太傅孚奔往，枕帝股而哭甚哀，曰："杀陛下者，臣之罪也！"

【译文】

　　王沈、王业跑出去告诉司马昭，想叫王经与他们一起去，但王经不去。魏帝随即拔出剑登辇，率领殿中宿卫和奴仆们呼喊着出了宫。司马昭的一个任屯骑校尉的弟弟在东止车门遇到魏帝，魏帝左右的人怒声呵斥他们，他们都吓得逃走了。

　　中护军贾充从外而入，迎面与魏帝战于南面宫阙之下，魏帝亲自用剑拼杀。众人想要退却，骑督成之弟太子舍人成济问贾充说："事情紧急了，你说怎么办？"贾充说："司马公养你们这些人，正是为了今日。今日之事，没什么可问的！"于是成济立即抽出长戈上前刺杀魏帝，把他杀死于车下。司马昭闻讯大惊，自己跪倒在地上。太傅司马孚奔跑过去，把魏帝的头枕在自己的腿上哭得十分悲哀，哭喊着说："陛下被杀，是我的罪过啊！"

【原文】

　　昭入殿中，召群臣会议。尚书左仆射陈泰不至，昭使其舅尚书荀𫖮召之，泰曰："世之论者以泰方于舅，今舅不如泰也。"子弟内外咸共逼之，乃入，见昭，悲恸，昭亦对之泣曰："玄伯，卿何以处我？"泰曰："独有斩贾充，少可以谢天下耳。"昭久之曰："卿更思其次。"泰曰："泰言惟有进于此，不知其次。"昭乃不复更言。

　　太后下令，罪状高贵乡公，废为庶人，葬以民礼。收王经及人其家属付廷尉。经谢其母，母颜色不变，笑而应曰："人谁不死，正恐不得其所；以此并命，何恨之有！"及就诛，故吏向雄哭之，哀动一市。王沈以功封安平侯。庚寅，太傅孚等上言，请以王礼葬高贵乡公，太后许之。

【译文】

　　司马昭进入殿中，召集群臣议论。尚书左仆射陈泰不来，司马昭让陈泰之舅尚书荀𫖮去叫他，陈泰说："人们议论说我陈泰可以和您相比，今天看来您不如我陈泰。"但子弟们里里外外都逼着陈泰去，他这才不得已而入宫，见到司马昭，悲恸欲绝，司马昭也对着他流泪说："玄伯，你将怎样对待我呢？"陈泰说："只有杀掉贾充，才能稍稍谢罪于天下。"司马昭考虑了很久才说："你再想想其他办法。"陈泰说："我说的只能是这些，不知其他。"司马昭就不再说话了。

　　太后下令，列举高贵乡公（魏帝）的罪状，把他废为庶人，以百姓的丧礼安葬。拘捕了王经及其家属交付廷尉处置。王经向他母亲谢罪，他母亲脸色不变，笑着回答说："人谁能不死，只恐怕死的不得其所。为此事大家同死，还有什么遗恨！"到被诛杀的那天，故吏向雄为之痛哭，悲哀之情感动了整个街市之人。王沈因有功被封为安平侯。庚寅（初八），太傅司马孚等人向朝廷进言，请求以藩王的丧礼安葬高贵乡公，太后同意了。

后主降魏

【原文】

魏元帝景元四年（癸未，263年）

汉人不意魏兵卒至，不为城守调度；闻艾已入平土，百姓扰扰，皆迸山泽，不可禁制。汉主使群臣会议，或以蜀之与吴，本为与国，宜可奔吴；或以为南中七郡，阻险斗绝，易以自守，宜可奔南。光禄大夫谯周以为："自古以来，无寄他国为天子者，若入吴国，亦当臣服。且治政不殊，则大能吞小，此数之自然也。由此言之，则魏能并吴，吴不能并魏明矣。等为称臣，为小孰与为大，再辱之耻何与一辱！且若欲奔南，则当早为之计，然后可果；今大敌已近，祸败将及，群小之心，无一可保，恐发足之日，其变不测，何至南之有乎！"或曰："今艾已不远，恐不受降，如之何？"周曰："方今东吴未宾，事势不得不受，受之不得不礼。若陛下降魏，魏不裂土以封陛下者，周请身诣京都，以古义争之。"众人皆从周议。汉主犹欲入南，狐疑未决。周上疏曰："南方远夷之地，平常无所供为，犹数反叛，自丞相亮以兵威逼之，穷乃率从。今若至南，外当拒敌，内供服御，费用张广，他无所取，耗损诸夷，其叛必矣！"汉主乃遣侍中张绍等奉玺绶以降于艾。北地王谌怒曰："若理穷力屈，祸败将及，便当父子君臣背城一战，同死社稷，以见先帝可也，奈何降乎！"汉主不听。是日，谌哭于昭烈之庙，先杀妻子而后自杀。

【译文】

魏元帝景元四年（癸未，公元263年）

蜀汉人没想到魏兵突然而至，没做守城的准备；听说邓艾已经进入平在，百姓们惊恐万状，都逃往山林大泽，不可禁止。汉后主召集群臣讨论，有人认为蜀与吴本来是友好邻邦，应该投奔到吴国；有人认为南中七郡，山势陡峭险峻，容易防守，应该奔向南面。光禄大夫谯周却认为："自古以来，没有寄居别国仍为天子的，如果到吴国去，也当臣服于吴。而且治国之道从来就没有什么不同，大国吞并小国，这是形势发展的自然趋势。从这点上说，魏国能吞并吴国，而吴国不能吞并魏国，这是很明显的事。同样是称臣，对小国称臣就不如对大国称臣，与其忍受两次受辱之耻不如一次受辱！而且如果想要奔赴南方，就应当及早计划好，才能成功；如今大敌已经临近，灾祸失败也将要降临，而且众小人之心，没有一个可保其不变，恐怕我们出发的时候，其变化不可预料，怎么能到达南中呢？"有人说："如今邓艾已经不远，恐怕他不接受我们投降，怎么办呢？"谯周说："现在吴国还没有臣服于魏，事情的形势使他不得不接受，接受了也不得不待之以礼。如果陛下投降魏国，而魏国不划分土地封给陛下的话，我请求只身到洛阳，用古代的大义与他们争辩。"众人都听从了谯周的建议。汉后主仍然想入南中，犹豫不决。谯周上疏说："南方偏远蛮夷之地，平常就不交纳供奉租税，还多次反叛，自丞相诸葛亮用武力威逼他们，走投无路才顺服。

如今如果去南中，外要抗拒敌兵，内要供奉日常粮食物品，费用浩大，没有其他地方可以收取，只能耗损各个夷人部族，那他们必然会反叛。"于是汉后主就派侍中张绍等人奉着御玺向邓艾投降。北地王刘谌愤怒地说："如果我们理穷力屈，灾祸败亡将至，就应当父子君臣一起背城一战，共同为社稷而死，这样才能见先帝于地下，为什么要投降？"汉后主不听。这一天，刘谌哭诉于昭烈帝刘备之庙，先杀了妻子儿女，然后自杀而死。

【原文】

张绍等见邓艾于雒，艾大喜，报书褒纳。汉主遣太仆蒋显别敕姜维使降钟会，又遣尚书郎李虎送士民簿于艾，户二十八万，口九十四万，甲士十万二千，吏四万人。艾至成都城北，汉主率太子诸王及群臣六十余人，面缚舆榇诣军门。艾持节解缚焚榇，延请相见；检御将士，无得虏略，绥纳降附，使复旧业；辄依邓禹故事，承制拜汉王禅行骠骑将军，太子奉车、诸王驸马都尉，汉群司各随高下拜为王官，或领艾官属；以师纂领益州刺史，陇西太守牵弘等领蜀中诸郡。艾闻黄皓奸险，收闭，将杀之，皓赂艾左右，卒以得免。

姜维等闻诸葛瞻败，未知汉主所向，乃引军东入于巴。钟会进军至涪，遣胡烈等追维。维至，得汉主敕命，乃令兵悉放仗，送节传于胡烈，自从东道与廖化、张翼、董厥等同诣会降。将士咸怒，拔刀砍石。于是诸郡县围守皆被汉主敕罢兵降。钟会厚待姜维等，皆权还其印绶节盖。

【译文】

张绍等人在雒县见到邓艾，邓艾大喜，写信褒扬接纳投降。汉后主又派遣太仆蒋显去命令姜维向钟会投降，又派尚书郎李虎把士民户口簿交给邓艾，共计有二十八万户，九十四万人，兵士十万二千人，官吏四万人。邓艾到达成都城北，汉后主率太子、诸王以及群臣六十余人，缚手于后，拉着棺木走到军营门前。邓艾持节解开缚绳，焚烧了棺木，请进军营相见；约束控制将士，不许掠夺百姓，安抚接纳投降依附之人，让他们恢复旧业；然后就依照东汉初年邓禹的旧事，秉承皇帝旨意授予汉后主刘禅行骠骑将军、太子为奉车都尉、诸王为驸马都尉之职，蜀汉的群官各随其职位的高低授予王官，或担任邓艾属下官吏；让师纂任益州刺史，陇西太守牵弘等人担任蜀中各郡的官职。邓艾听说黄皓为人奸诈阴险，把他收押起来，准备杀掉，后来黄皓贿赂邓艾的左右亲近之人，终于免于一死。

姜维等人听说诸葛瞻失败，但不知汉后主的意向，于是率军向东进入巴中。钟会进军到涪县，派遣胡烈等人追击姜维。姜维到达县，得到汉后主的命令，于是命令士兵都放下武器，把符节传送交给胡烈，自己从东道与廖化、张翼、董厥等一起到钟会那里投降。将士们都十分震怒，气得挥刀砍石。至此各郡县和驻点的部队都接到汉后主的命令而罢兵投降。钟会给了姜维等人优厚的待遇，把印绶、符节、车盖等都暂时还给了他们。

吴主荒淫

【原文】

世祖武皇帝上咸宁五年（己亥，279年）

吴有鬼目菜，生工人黄耇家；有买菜，生工人吴平家。东观案图书，名鬼目曰芝草，买菜曰平虑草。吴主以耇为侍芝郎，平为平虑郎，皆银印青绶。

吴主每宴群臣，咸令沈醉。又置黄门郎十人为司过，宴罢之后，各奏其阙失，迕视谬言，罔有不举，大者即加刑戮，小者记录为罪，或剥人面，或凿人眼。由是上下离心，莫为尽力。

益州刺史王濬上疏曰："孙皓荒淫凶逆，宜速征伐。若一旦皓死，更立贤主，则强敌也。臣作船七年，日有朽败；臣年七十，死亡无日。三者一乖，则难图也。诚愿陛下无失事机。"帝于是决意伐吴。会安东将军王浑表孙皓欲北上，边戍皆戒严，朝廷乃更议明年出师。王濬参军何攀奉使在洛，上疏称："皓必不敢出，宜因戒严，掩取甚易。"

【译文】

晋武帝咸宁五年（己亥，公元279年）

吴国发现了鬼目菜，生长在工人黄耇家里；又发现了买菜，生长在工人吴平家。负责管理国家图书的官吏，查考书籍，给鬼目菜起名叫芝草，给买菜起名叫平虑草。吴主任命黄耇为侍芝郎、吴平为平虑郎，授予他们银印和青色的绶带。

吴主每次宴会群臣都要把大臣们灌醉。他设置了黄门郎十人，专门负责搜集大臣们的过失。每次宴会结束以后，这十个人就向吴主汇报大臣们的过失，凡是大臣中有抵触的、说了错话的，都向吴主举报，严重的被判刑、处死，轻的也要当作罪状记录下来；有的被剥下脸上的皮，有的被挖去眼睛，因此朝廷上下人心相离，没有人肯为吴主尽力。

晋国益州刺史王濬上疏说："孙皓荒淫，凶暴反常，应当迅速地征讨他。如果一旦孙皓死了，吴国又立了一个贤明的君王，那么就成为我们的强敌了。我造船已经七年，每天都有船因腐烂而毁坏；我年已七十，离死亡没有几天了。这三点只要一有失误，那么伐吴的大事就难以实现。我真诚地希望陛下不要失去机会。"晋武帝于是下定决心伐吴。这时，安东将军王浑上表说，孙皓要北上，吴国边境地区已经戒备森严。朝廷于是又商议明年再出兵。王濬的参军何攀奉命出使，现正在洛阳，他上疏说："孙皓必然不敢出兵，应当乘着吴国防备严密而突然袭击，这样更容易取胜。"

吴主孙皓喜欢借宴会之机灌醉大臣，再让黄门郎收集群臣过失，一旦有抵触、口误者，都会受到残忍的惩罚。长此以往，满朝文武人心惶惶，每次参加宴会都惴惴不安，生怕有个闪失。

三国归晋

【原文】

晋武帝太康元年（庚子，280年）

杜预向江陵，王浑出横江，攻吴镇、戍，所向皆克。二月，戊午，王濬、唐彬击破丹阳监盛纪。吴人于江碛要害之处，并以铁锁横截之；又作铁锥，长丈余，暗置江中，以逆拒舟舰。濬作大筏数十，方百余步，缚草为人，被甲持杖，令善水者以筏先行，遇铁锥，锥辄著筏而去。又作大炬，长十余丈，大数十围，灌以麻油，在船前，遇锁，然炬烧之，须臾，融液断绝，于是船无所碍。庚申，濬克西陵，杀吴都督留宪等。壬戌，克荆门、夷道二城，杀夷道监陆晏。杜预遣牙门周旨等帅奇兵八百泛舟夜渡江，袭乐乡，多张旗帜，起火巴山。吴都督孙歆惧，与江陵督伍延书曰："北来诸军，乃飞渡江也。"旨等伏兵乐乡城外，歆遣军出拒王濬，大败而还。旨等发伏兵随歆军而入，歆不觉，直至帐下，虏歆而还。乙丑，王濬击杀吴水军都督陆景。杜预进攻江陵，甲戌，克之，斩伍延。于是沅、湘以南，接于交、广，州郡皆望风送印绶。预杖节称诏而绥抚之。凡所斩获吴都督、监军十四，牙门、郡守百二十余人。胡奋克江安。

乙亥，诏："王濬、唐彬既定巴丘，与胡奋、王戎共平夏口、武昌，顺流长鹜，直造秣陵。杜预当镇静零、桂；怀辑衡阳。大兵既过，荆州南境固当传檄而定。预等各分兵以益濬、彬，太尉充移屯项。"

王戎遣参军襄阳罗尚、南阳刘乔将兵与王濬合攻武昌，吴江夏太守刘朗、督武昌诸军虞昺皆降。昺，翻之子也。

杜预与众军会议，或曰："百年之寇，未可尽克，方春水生，难于久驻，宜俟来冬，更为大举。"预曰："昔乐毅藉济西一战以并强齐，今兵威已振，譬如破竹，数节之后，皆迎刃而解，无复著手处也。"遂指授群帅方略，径造建业。

【译文】

晋武帝太康元年（庚子，公元280年）

杜预向江陵进发，王浑从横江出兵，攻打吴的兵镇及边防营垒，攻无不克。二月戊午（初一），王濬、唐彬打败了丹阳监盛纪。吴国人把江边浅滩上的要害区域用铁锁拦住，还打造了一丈多长的大铁锥，暗中放进江里，用以阻挡战船。王濬造了几十个大木筏，每一个木筏长、宽都有一百余步。让人扎了许多草人，草人披铠甲，拿兵器，放在大木筏上，让善于泅水的战士撑着木筏先行，遇到铁锥，铁锥便扎在木筏上，被木筏带走了。王濬又造了许多大火把，长十几丈，有几十围粗，用麻油浇在火把上，将火把放在船的前面，遇到铁锁就点燃火把，一会儿工夫，铁锁就被火把烧得融化而断开，于是战船就无所阻碍。庚申（初三），王濬攻克了西陵，杀了吴军都督留宪等人。壬戌（初五），又攻下了荆门、夷道两座城，杀了夷道监陆晏。杜预派遣牙门周旨等人率领八百名奇兵在夜里泛舟渡过长江，袭击乐乡，周旨树起许多旗帜，又在巴山点起火堆。吴军都督孙歆非常恐惧，写信给江陵督伍延说："从北边过来的军队，是飞渡过江的。"周旨等人把军队埋伏在乐乡城外。孙歆派兵出城去打王浚，结果大败而回。周旨等人让伏兵尾随孙歆的军队进了城，孙歆没有觉察，周旨的兵一直到了孙歆的帐幕之下，活捉孙歆而回。乙丑（初八），王浚打败了吴水军都督陆景，把他杀死。杜预进攻江陵，甲戌（十七日），攻克了江陵，杀了伍延。这时候，沅、湘以南地区以及地界相接的交、广等州郡，都闻声把印绶送来。杜预手持符节按照皇帝的诏命安抚这些州郡。到此时为止，晋军总共俘获、斩杀吴都督、监军十四人，牙门、郡守一百二十多人。胡奋又攻克了江安。

乙亥，晋武帝下诏书说："王浚、唐彬已经平定了巴丘，再与胡奋、王戎一同平定夏口、武昌，顺长江长驱直入，直到秣陵。杜预则应当安定零陵、桂阳，安抚衡阳。大军过后，荆州以南的区域，传布檄文自然会平定。杜预等人各自分兵以增援王浚、唐彬，太尉贾充转移到项驻扎。"

王戎派遣参军襄阳人罗尚、南阳人刘乔领兵与王浚一起攻打武昌。吴江夏太守刘朗、督武昌诸军虞昺投降了。虞昺是虞翻的儿子。

杜预与众将领议事，有人说："百年的寇贼，不可能一下子彻底消灭，现在正是春季，有雨水，军队难以长时间驻扎，最好等到冬季来临再大举发兵。"杜预说："从前，乐毅凭借济西一仗而一举吞并了强大的齐国。目前，我军兵威已振，这就好比用刀子破竹，破开数节之后，就都迎刃而解，不会再有吃力的地方了。"随即，指点传授众位将领计策谋略，径直向建业进军。

【原文】

吴主闻王浑南下，使丞相张悌督丹阳太守沈莹、护军孙震、副军师诸葛靓帅众三万渡江逆战。至牛渚，沈莹曰："晋治水军于蜀久矣，上流诸军，素无戒备，名将皆死，幼少当任，恐不能御也。晋之水军必至于此，宜畜众力以待其来，与之一战，若幸而胜之，江西自清。今渡江与晋大军战，不幸而败，则大事去矣！"悌曰："吴之将亡，贤愚所知，非今日也。吾恐蜀兵至此，众心骇惧，不可复整。及今渡江，犹可决战。若其败丧，同死社稷，无所复恨。若其克捷，北敌奔走，兵势万倍，便当乘胜南上，逆之中道，不忧不破也。若如子计，恐士众散尽，坐待敌到，君臣俱降，无一人死难者，不亦辱乎！"

三月，悌等济江，围浑部将城阳都尉张乔于杨荷。乔众才七千，闭栅请降。诸葛靓欲屠之，悌曰："强敌在前，不宜先事其小，且杀降不祥。"靓曰："此属以救兵未至，少力不敌，故且伪降以缓我，非真伏也。若舍之而前，必为后患。"悌不从，抚之而进。悌与扬州刺史汝南周浚，结陈相对，沈莹帅丹阳锐卒、刀楯五千，三冲晋兵，不动。莹引退，其众乱，将军薛胜、蒋班因其乱而乘之，吴以次奔溃，将帅不能止，张乔自后击之，大败吴兵于板桥。诸葛靓帅数百人遁去，使过迎张悌，悌不肯去，靓自往牵之曰："存亡自有大数，非卿一人所支，奈何故自取死！"悌垂涕曰："仲思，今日是我死日也！且我为儿童时，便为卿家丞相所识拔，常恐不得其死，负名贤知顾。今以身徇社稷，复何道邪！"靓再三牵之，不动，乃流泪放去，行百余步，顾之，已为晋兵所杀，并斩孙震、沈莹等七千八百级，吴人大震。

【译文】

吴主孙皓听说王浑领兵南下，就派丞相张悌督率丹阳太守沈莹、护军孙震、副军师诸葛靓率领部众三万人渡过长江迎战。走到牛渚时，沈莹说："晋在蜀地整治水军已经有很长时间了。我上游各部队，素来没有戒备，名将又都去世了，只有些年少之人担当重任，恐怕抵挡不住。晋的水军必然要到这些地方，我们应当集中大家的力量等晋军到来后再与他们打一仗，如果有幸能够取胜，那么长江以北的地区自然就太平了。如果现在渡江与晋国大军交战，不幸而打败了，那么大事就完了。"张悌说："吴将要亡国，这是无论聪明还是愚笨的人都知道的事实，不是今日才有的事。我担心蜀地之兵到了这里，我军恐惧惊慌，就不可能再整肃起来了。趁着现在渡江，尚且还能与晋军决一死战。如果败亡，就一同为国而死，再没有什么可遗憾的了；假如能够取胜，那么敌军奔逃，我军声势就将倍增，然后就乘胜向南进军，在半路上迎击敌人，那就不愁不能破敌。要是依了你的计谋，恐怕兵士都会四散奔逃；坐等敌军到来，君臣就一起投降，没有一个人死于国难，这难道不是耻辱吗？"

三月，张悌等人渡过长江，在杨荷包围了王浑的部将城阳都尉张乔。张乔手下只有七千人，关闭了栅栏请求投降。诸葛靓想把他们都杀了，张悌说："强敌还在前面，不宜先去做无关紧要的事情，况且杀了投降的人不吉利。"诸葛靓说："这些人是因为救兵还没有到、力量弱小抵挡不住，所以才暂且假装投降以拖延时间，并不是真正的屈服啊。如果放了他们，让他们和我们一起往前走，必然会成为后患。"张悌不听，安抚他们往前走。张悌与扬州刺史、汝南人周浚，组成阵列相对。沈莹率领丹阳精兵以及手持大刀、盾牌的士兵共五千人，三次向晋兵发起冲锋，却冲击不动。沈莹领兵退却，部众开始乱起来。这时，晋将军薛胜、蒋班乘吴兵混乱之机攻打过来，吴兵接二连三地奔逃溃散，将帅们也制止不住，张乔又从背后杀过来，结果晋军在板桥大破吴兵。诸葛靓带着几百人逃走，他派人去接张悌，张悌不肯离开，诸葛靓又亲自去拉他走，说："存亡自有气数，并不是你一个人所能支撑的，为什么一定要自己求死呢？"张悌流着泪说："仲思啊，今天是我死的日子。况且我还是幼儿的时候，就被你家丞相诸葛亮所赏识提拔。我常常怕我死得没有意义，辜负了名贤对我的了解与照顾。我今天以身殉国，还有什么可说的呢！"诸葛靓再三拉他走，还是拉不动他，于是就流着眼泪放开手走了。走了一百多步远，回过头去看张悌，他已经被晋兵杀了。同时被斩首的，还有孙震、沈莹等七千八百人。吴国人受到了极大的震动。

【原文】

初，诏书使王浚下建平，受杜预节度，至建业，受王浑节度。预至江陵，谓诸将曰："若浚得建平，则顺流长驱，威名已著，不宜令受制于我；若不能克，则无缘得施节度。"浚至西陵，预与之书曰："足下既摧其西藩，便当径取建业，讨累世之逋寇，释吴人于涂炭，振旅还都，亦旷世一事也！"浚大悦，表呈预书。及张悌败死，扬州别驾何恽谓周浚曰："张悌举全吴精兵殄灭于此，吴之朝野莫不震慑。今王龙骧既破武昌，乘胜东下，所向辄克，土崩之势见矣。谓宜速引兵渡江，直指建业，大军猝至，夺其胆气，可不战禽也！"浚善其谋，使白王浑。恽曰："浑暗于事机，而欲慎己免咎，必不我从。"浚固使白之，浑果曰："受诏但令屯江北以抗吴军，不使轻进。贵州虽武，岂能独平江东乎！今者违命，胜不足多，若其不胜，为罪已重。且诏令龙骧受我节度，但当具君舟楫，一时俱济耳。"恽曰："龙骧克万里之寇，以既成之功来受节度，未之闻也。且明公为上将，见可而进，岂得一一须诏令乎！今乘此渡江，十全必克，何疑何虑而淹留不进！此鄙州上下所以恨恨也。"浑不听。

【译文】

当初，晋武帝下诏书，命令王浚攻下建平，接受杜预的节制调度；到了建业，接受王浑的部署、调度。杜预到达江陵，对各位将领说："如果王浚攻克了建平，就会顺长江长驱直进，他的威名已经显著，就不适合再让他受我的节制。如果他不能取胜，那么我就没有缘分对他施行节制调度了。"王浚到了西陵，杜预写信对他说："您已经摧毁了敌人的西部屏障，应立即直取建业，讨伐历代的逃寇，从水深火热之中解救吴人，整顿部队，返回都城，这也是前所未有的一件事。"王浚读后非常高兴，上表陈述杜预的信。张悌战败身死时，扬州别驾何恽对周浚说："张悌发动的全吴的精兵就在这里灭亡了，吴国朝野上下没有人不震动恐惧。现在王浚已经攻下了武昌，正乘胜东下，所向无敌，敌人的土崩瓦解之势已经显露出来了。我认为，应当立即领兵渡江，直指建业。大军突然到来，必然使敌人胆战心惊，失去勇气，我们就能不战而擒敌了。"周浚赞赏何恽的计谋，让他去报告王浑。何恽说："王浑不懂得把握事情的时机，他想谨慎行事，不使自己有过失，所以他肯定不会听从我的意见。"周浚坚持让他去向王浑禀告，王浑果然说："我接受皇帝的命令，只让我驻扎在长江以北，以便抗击吴军，并没有让我轻易进兵。你们州的军队虽然勇武，又岂能独立地平定江东之地呢！现在如果违反诏命而出兵，打了胜仗固然值得称赞；如果没有取胜，那么犯下的罪过就很严重了。而且皇帝命令王浚接受我的部署调度，你们所应该做的，只是准备好船和桨，一齐渡江。"何恽说："王浚攻克了万里之敌，他会以功勋的身份来接受您的部署调度，这样的事情我可没有听说过。况且明公您身为上将，抓住适当的机会就可以行动，怎么可以事事都等待命令呢？现在如果乘机渡江，完全有把握取胜，您还犹豫、顾虑什么而停留不进？这正是使鄙州上上下下的人士抱恨不已的原因。"王浑不听。

【原文】

王浚自武昌顺流径趣建业，吴主遣游击将军张象帅舟师万人御之，象众望旗而降。浚兵甲满江，旌旗烛天，威势甚盛，吴人大惧。

吴主之嬖臣岑昏，以倾险谀佞，致位九列，好兴功役，为众患苦。及晋兵将至，殿中亲近数百人叩头请于吴主曰："北军日近而兵不举刃，陛下将如之何？"吴主曰："何故？"对曰："正坐岑昏耳。"吴主独言："若尔，当以奴谢百姓！"众因曰："唯！"遂并起收昏。吴主骆驿追止，已屠之矣。

陶浚将讨郭马，至武昌，闻晋兵大入，引兵东还。至建业，吴主引见，问水军消息，对曰："蜀船皆小，今得二万兵，乘大船以战，自足破之。"于是合众，授浚节钺。明日当发，其夜，众悉逃溃。

【译文】

王浚从武昌顺着长江直接向建业进逼，吴主派遣游击将军张象率领舟师一万人抵抗，张象的部下望见王浚的旌旗就投降了。这时候，江中满满的全都是身披铠甲的王浚的士兵，旌旗映照着天空，威猛的气势极其盛大，吴人异常恐惧。

吴主的宠臣岑昏，由于阴险狡诈、谄媚逢迎而爬上了九卿的地位。他喜好大兴工程劳役，使众人深受困苦与祸患。等晋兵就要到达的时候，宫中亲近的几百名随从官吏向吴主叩头请求说："北方的敌军一天天地逼近了，而我们的士兵却不拿起武器抵抗，陛下您打算怎么办呢？"吴主问："是什么原因？"众人回答说："正是由于岑昏的缘故。"吴主只说了一句："要是这样，就拿这个奴才去向老百姓谢罪吧！"众人答道："是！"接着从地上爬起来就去抓岑昏，等到吴主后悔，不断地派人去追赶制止，岑昏已经被杀了。

陶浚要去征讨郭马，到了武昌，听说晋兵已大举进逼，就领兵返回东边。到了建业，吴主派人引他来见面，向他询问水军的情况。陶浚回答说："蜀地的船都很小，现在给臣派两万名士兵，乘大船作战，臣有把握打败敌人。"于是吴主召集兵员，授予陶浚符节斧钺。原定第二天出发，但当天夜里，陶浚召集的士兵全都跑光了。

【原文】

时王浑、王浚及琅邪王伷皆临近境，吴司徒何植、建威将军孙晏悉送印节诣浑降。吴主用光禄勋薛莹、中书令胡冲等计，分遣使者奉书于浑、浚、伷以请降。又遗其群臣书，深自咎责，且曰："今大晋平治四海，是英俊展节之秋，勿以移朝改朔，用损厥志。"使者先送玺绶于琅邪王伷。壬寅，王浚舟师过三山，王浑遣信要浚暂过论事，浚举帆直指建业，报曰："风利，不得泊也。"是日，浚戎卒八万，方舟百里，鼓噪入于石头，吴主皓面缚舆榇，诣军门降。浚解缚焚榇，延请相见。收其图籍，克州四，郡四十三，户五十二万三千，兵二十三万。

朝廷闻吴已平，群臣皆贺上寿。帝执爵流涕曰："此羊太傅之功也。"骠骑将军孙秀不贺，南向流涕曰："昔讨逆弱冠以一校尉创业，今后主举江南而弃之，宗庙山陵,于此为墟。悠悠苍天,此何人哉!"

吴之未下也,大臣皆以为未可轻进,独张华坚执以为必克。贾充上表称:"吴地未可悉定,方夏,江、淮下湿,疾疫必起,宜召诸军还,以为后图。虽腰斩张华不足以谢天下。"帝曰:"此是吾意,华但与吾同耳。"荀勖复奏,宜如充表,帝不从。杜预闻充奏乞罢兵,驰表固争,使至轘辕而吴已降。充惭惧,诣阙请罪,帝抚而不问。

是岁,以司隶所统郡置司州,凡州十九,郡国一百七十三,户二百四十五万九千八百四十。

【译文】

这时,王浑、王濬以及琅玡王司马伷都已逼近建业附近。吴国司徒何植、建威将军孙晏都把印玺、符节送到王浑那里投降了。吴主采用光禄勋薛莹、中书令胡冲等人的计谋,分别派遣使者向王浑、王濬、司马伷奉上书信请求投降。吴主又给大臣们一封信,在信中深深地谴责了自己的罪过,还说:"当前,大晋平治四海,这正是杰出优秀的人才发挥、施展其气节操守的时期,不要因为改朝换代就丧失了志向。"吴主的使者先把印玺送到琅玡王司马伷那里。壬寅(十五日),王濬的舟师经过三山,王浑派信使邀请王濬暂时过来商议事情,王濬正扬帆直逼建业,回复王浑说:"船行正顺风,不便于停下来。"这一天,王濬的八万士兵,乘着相连百里的战船,擂鼓呐喊进入石头城。吴主孙皓反绑双手,载着棺材,到军营门前投降。王濬为孙皓松了绑,焚烧了棺材,请他相见。晋国接收了吴国的地图、户籍,攻克了吴的四个州、四十三个郡、五十二万三千户、二十三万名士兵。

晋朝廷听到东吴已平定的消息,大臣们都去庆贺,为晋武帝祝寿。晋武帝手持酒杯流着泪说:"这是太傅羊祜的功劳。"骠骑将军孙秀没有和大家一起庆贺,他面朝南方流泪说:"从前,先主孙策刚满二十岁,以一个校尉的身份创下了基业,如今后主把整个江南之地都抛弃了,宗庙陵墓从此将成为废墟,悠悠苍天啊,这究竟是谁造成的啊!"

当初,还没有攻陷吴国的时候,大臣们都认为不可以轻易进军,只有张华非常坚定地坚持进军,认为一定能成功。贾充当时上表说:"吴地不能全都平定,现在正是夏季,长江、淮水下游地区十分潮湿,必然会发生疾病瘟疫,应当把各部队都召回来,以后再作打算。即使腰斩张华,也不足以向天下人谢罪。"晋武帝说:"这正是我的意思,张华只不过是与我意见相同而已。"荀勖又上奏,大致上与贾充的看法相同,晋武帝没有听他们的话。杜预听说贾充上奏请求停止进兵,急忙上表晋武帝,坚决地争论。信使拿了给晋武帝的表文,飞驰而来,走到轘辕时吴已经投降了。贾充又惭愧又害怕,到宫里去请罪,晋武帝抚慰了他而没有追究。

这一年,以司隶所统领的郡设置司州,全国一共有十九个州,一百七十三个郡国,二百四十五万九千八百四十户。

南北对峙

刘曜称帝

【原文】

晋元帝太兴元年（戊寅，318年）

汉主聪寝疾，征大司马曜为丞相，石勒为大将军，皆录尚书事，受遗诏辅政。曜、勒固辞。乃以曜为丞相、领雍州牧，勒为大将军、领幽冀二州牧，勒辞不受。以上洛王景为太宰，济南王骥为大司马，昌国公为大帅，朱纪为太傅，呼延晏为太保，并录尚书事；范隆守尚书令、仪同三司，勒准为大司空、领司隶校尉，皆迭决尚书奏事。癸亥，聪卒。甲子，太子粲即位。尊皇后靳氏为皇太后，樊氏号弘道皇后，武氏号弘德皇后，王氏号弘孝皇后；立其妻靳氏为皇后，子元公为太子。大赦，改元汉昌。葬聪于宣光陵，谥曰昭武皇帝，庙号烈宗。靳太后等皆年未盈二十，粲多行无礼，无复哀戚。

靳准阴有异志，私谓粲曰："如闻诸公欲行伊、霍之事，先诛太保及臣，以大司马统万机，陛下宜早图之！"粲不从。准惧，复使二靳氏言之，粲乃从之。收其太宰景、大司马骥、骥母弟车骑大将军吴王逞、太帅、大司徒齐王劢，皆杀之。朱纪、范隆奔长安。八月，粲治兵于上林，谋讨石勒。以丞相曜为相国、都督中外诸军事，仍镇长安。靳准为大将军、录尚书事。粲常游宴后宫，军国之事，一决于准。准矫诏以从弟明为车骑将军、康为卫将军。

准将作乱，谋于王延。延弗从，驰，将告之；遇靳康，劫延以归。准遂勒兵升光极殿，使甲士执粲，数而杀之，谥曰隐帝。刘氏男女，无少长皆斩东市。发永光、宣光二陵，斩聪尸，焚其宗庙。准自号大将军、汉天王，称制，置百官。谓安定胡嵩曰："自古无胡人为天子者，今以传国玺付汝，还如晋家。"嵩不敢受，准怒，杀之。遣使告司州刺史李矩曰："刘渊，屠各小丑，因晋之乱，矫称天命，使二帝幽没。辄率众扶侍梓宫，请以上闻。"矩驰表于帝，帝遣太常韩胤等奉迎梓宫。汉尚书北宫纯等招集晋人，堡于东宫，靳康攻灭之。准欲以王延为左光禄大夫，延骂曰："屠各逆奴，何不速杀我，以吾左目置西阳门，观相国之入也；右目置建春门，观大将军之入也！"准杀之。

相国曜闻乱，自长安赴之。石勒帅精锐五万以讨准，据襄陵北原。准数挑战，勒坚壁以挫之。

冬，十月，曜至赤壁。太保呼延晏等自平阳归之，与太傅朱纪等共上尊号。曜即皇帝位，大赦，惟靳准一门不在赦例。改元光初。以朱纪领司徒，呼延晏领司空，太尉范隆以下悉复本位。以石勒为大司马、大将军，加九锡，增封十郡，进爵为赵公。

【译文】

晋元帝太兴元年（戊寅，公元318年）

汉主刘聪病重，征召大司马刘曜任命为丞相，石勒任大将军，都领尚书事，禀受遗诏辅佐国政。刘曜、石勒固执地推辞，于是任刘曜为丞相，兼雍州牧，石勒为大将军，兼领幽州、冀州牧，石勒推辞不接受。任上洛王刘景为太宰，济南王刘骥为大司马，昌国公刘为大帅，朱纪为太傅，呼延晏为太保，同领尚书事；范隆仍为尚书令、仪同三司，靳准任大司空、领司隶校尉，轮流决断尚书所奏事宜。癸亥（十九日），刘聪故去。甲子（二十日），太子刘粲即位，尊皇后靳氏为皇太后，樊氏号称弘道皇后，武氏号称弘德皇后，王氏号称弘孝皇后；立妻子靳氏为皇后，儿子刘元公为太子。大赦天下，改年号为汉昌。刘聪葬于宣光陵，谥号是昭武皇帝，庙号烈宗。靳太后等人年龄都不到二十岁，刘粲多行非礼之举，并无悲哀神色。

靳准私下怀有异志，悄悄对刘粲说："好像听说诸位公卿准备像商代伊尹、汉代霍光那样代摄朝政，杀掉太保呼延晏和我，让大司马刘骥统领万机，陛下应当早作准备。"刘粲不听。靳准恐惧，又让皇太后靳氏和皇后靳氏二人劝说，刘粲于是听从。收捕太宰刘景、大司马刘骥、刘骥的同母弟车骑大将军吴王刘逞、太帅刘和大司徒齐王刘劢，全部处死。朱纪和范隆逃奔长安。八月，刘粲在上林练兵，准备征讨石勒。任丞相刘曜为相国，总督内外军事事宜，仍然镇守长安。任靳准为大将军，领尚书事。刘粲经常在后宫游乐，军国大事，全由靳准决断。靳准假称诏令，让堂弟靳明任车骑将军，靳康为卫将军。

靳准将要作乱，与王延商议。王延不肯依从，驰马准备告发，路上遇见靳康，被劫持回来。靳准便领兵登上光极殿，派甲士抓住刘粲，数落他的罪名并杀了他，谥号隐帝。刘氏的男男女女，不分老幼都斩杀于东市。又挖掘永光、宣光两座陵墓，斩断刘聪尸身，焚毁刘氏宗庙。靳准自称大将军、汉天王，行使皇帝权力，设置百官。靳准对安定人胡嵩说："自古以来没有胡人当天子的，现在把传国玉玺交给你，还给晋王室。"胡嵩不敢接受，靳准发怒，杀胡嵩。靳准派使者告诉司州刺史李矩说："刘渊是匈奴屠各部的小丑，乘晋内乱，矫称天命为天子，使得晋怀帝、晋愍帝被俘身死。我立即率众扶侍二帝梓宫送往南方，请报知皇帝。"李矩急速上表元帝，元帝派太常韩胤等人奉迎梓宫。汉国尚书北宫纯等召集晋国民众，在东宫建堡固守，被靳康攻灭。靳准想让王延任光禄大夫，王延骂道："屠各族的逆奴，为什么不快把我杀了，把我的左眼放在西阳门，好看相国刘曜攻进来；把右眼放在建春门，好看大将军石勒攻进来！"靳准杀了王延。

相国刘曜听说国中有乱，由长安前来救难。石勒率五万精兵讨伐靳准，占据襄陵以北平原。靳准多次挑战，石勒坚壁不出，耗去敌人锐气。

冬季，十月，刘曜到达赤壁。太保呼延晏等从平阳来归附，与太傅朱纪等共同拟上皇帝尊号。刘曜便即帝位，大赦天下，只有靳准一族不在赦免之列。改年号为光初。以朱纪领司徒，呼延晏领司空，太尉范隆以下诸人都官复原职。任石勒为大司马、大将军，加九锡，增封十郡为私邑，晋爵为赵公。

王敦谋篡

【原文】

晋明帝太宁元年（癸未，323年）

王敦谋篡位，讽朝廷征己；帝手诏征之。夏，四月，加敦黄钺、班剑，奏事不名，入朝不趋，剑履上殿。敦移镇姑孰，屯于湖，以司空导为司徒，敦自领扬州牧。敦欲为逆，王彬谏之甚苦。敦变色，目左右，将收之。彬正色曰："君昔岁杀兄，今又杀弟邪！"敦乃止，以彬为豫章太守。

【译文】

晋明帝太宁元年（癸未，公元323年）

王敦阴谋篡夺皇位，暗示朝廷征召自己，明帝亲手书写诏书征召他。夏季四月间，授予王敦黄钺和班剑，允许他奏事不必通名，入朝不必趋行，佩剑着履上殿。王敦迁移驻镇姑孰，屯兵于湖，让司空王导任司徒，王敦自任扬州牧。王敦想叛逆篡位，王彬极力苦谏。王敦发怒变脸，用目光示意左右侍从，将要逮捕王彬。王彬容颜凛然地说："您过去杀害兄长，现在又要杀害兄弟吗！"王敦这才罢手，让王彬出任豫章太守。

此图为西晋青瓷骑俑。这尊骑俑头戴高冠，跨坐于马背上，高23.8厘米，为手捏塑，造型朴拙，工艺精湛，为同时期鞍马雕塑的精品。

【原文】

王敦从子允之，方总角，敦爱其聪警，常以自随。敦常夜饮，允之辞醉先卧。敦与钱凤谋为逆，允之悉闻其言；即于卧处大吐，衣面并污。凤出，敦果照视，见允之卧于吐中，不复疑之。会其父舒拜廷尉，允之求归省父，悉以敦、凤之谋白舒。舒与王导俱启帝，阴为之备。

【译文】

王敦的侄子王允之，正当童年，王敦因他聪明机警，异常宠爱他，经常让他跟随自己。王敦有一次在夜晚饮酒，王允之以醉酒为由告辞先上床睡觉，王敦便和钱凤一起商讨叛乱之事，被王允之原原本本听到了。王允之随即在睡卧的地方大吐，衣物、脸面都沾上了污秽。钱凤走后，王敦果然持灯前来察看，见王允之睡卧在呕吐的污物中，便不再有疑心。不久，适逢王允之的父亲王舒升任廷尉，王允之请求归省父亲，便将王敦、钱凤密谋的内容全部告诉了王舒。王舒与王导一块儿禀报了明帝，私下为应付突变做准备。

桓温清谈

【原文】

晋穆帝永和元年（乙巳，345年）

庾翼既卒，朝议皆以诸庾世在西藩，人情所安，宜依翼所请，以庾爰之代其任。何充曰："荆楚，国之西门，户口百万，北带强胡，西邻劲蜀，地势险阻，周旋万里。得人则中原可定，失人则社稷可忧，陆抗所谓'存则吴存，亡则吴亡'者也，岂可以白面少年当之哉！桓温英略过人，有文武器干，西夏之任，无出温者。"议者又曰："庾爰之肯避温乎？如令阻兵，耻惧不浅。"充曰："温足以制之，诸君勿忧。"

【译文】

晋穆帝永和元年（乙巳，公元345年）

庾翼死后，朝廷论议都认为庾氏家族世世代代驻守西部藩镇，为人心所向，应当同意庾翼的请求，让庾爰之接替职位。何充说："荆楚是国家的西方门户，有民众百万，北边联结强大的胡虏，西边邻近强大的汉国，地势险阻，周边有万里之遥。得到合适的人选那么中原可以平定，所用非人那么国家命运便可堪忧虑，这就是陆抗所说的'存则吴存，亡则吴亡'。怎能让白脸少年人担当这样的职位呢？桓温英气、谋略过人，有文武两方面的才干，西边这个职位，没有比桓温更合适的人了。"论议者又说："庾爰之肯让给桓温吗？如果他率军抗命，国家所受的耻辱和惊惧都不会少。"何充说："桓温足以制服他，你们不必担忧。"

【原文】

丹杨尹刘惔每奇温才，然知其有不臣之志，谓会稽王昱曰："温不可使居形胜之地，其位号常宜抑之。"劝昱自镇上流，以己为军司，昱不听；又请自行，亦不听。

桓温尝乘雪欲猎，先过刘惔，惔见其装束甚严，谓之曰："老贼欲持此何为？"温笑曰："我不为此，卿安得坐谈乎！"

【译文】

丹杨尹刘惔经常惊讶于桓温的才干，但知道他有不甘为臣的志向，刘惔对会稽王司马昱说："不能让桓温占据地形便利的地方，对他的地位、封号也应当经常贬抑。"劝司马昱自己镇守长江上游，自任军司，司马昱不听；刘惔又请求自己前往，也不获准许。

一次，桓温见天下大雪，想乘着大雪出去打猎，先从刘惔那里经过。刘惔见桓温身上的装束十分严整，对桓温说："老家伙，你这个样子想干什么？"桓温笑着说："我若不这样，你哪里能够坐而清谈呢！"

淝水之战

【原文】

晋孝武帝太元八年（癸未，383年）

秦王坚下诏大举入寇，民每十丁遣一兵；其良家子年二十已下，有材勇者，皆拜羽林郎。又曰："其以司马昌明为尚书左仆射，谢安为吏部尚书，桓冲为侍中；势还不远，可先为起第。"良家子至者三万余骑，拜秦州主簿赵盛之为少年都统。是时，朝臣皆不欲坚行，独慕容垂、姚苌及良家子劝之。阳平公融言于坚曰："鲜卑、羌虏，我之仇雠，常思风尘之变以逞其志，所陈策划，何可从也！良家少年皆富饶子弟，不闲军旅，苟为谄谀之言以会陛下之意。今陛下信而用之，轻举大事，臣恐功既不成，仍有后患，悔无及也！"坚不听。

【译文】

晋孝武帝太元八年（癸未，公元383年）

前秦王苻坚下达诏令，开始大举入侵东晋，百姓中每十个成年人选派一人充军，良家子弟中年龄在二十岁以下、有才能勇气的人，全都授官羽林郎。苻坚又说："东晋方任命司马昌明为尚书左仆射，谢安为吏部尚书，桓冲为侍中；以此形势来看，我们凯旋的时间不会太远，可以先为他们修筑宅第。"良家子弟应征的有三万多骑兵，苻坚任命秦州主簿赵盛之为少年都统。这时，满朝大臣都不想让苻坚出征，只有慕容垂、姚苌及良家子弟极力怂恿。阳平公苻融向苻坚进言说："鲜卑、羌族这些敌虏，是我们的仇敌，经常盼望着风云变化以实现他们的心愿，他们所陈献的办法，怎么能听从呢！良家少年全都是富豪子弟，不熟悉军事，只是苟且进上阿谀奉承之言以迎合陛下的心愿。如今陛下相信并采纳了他们的话，轻率地进行大规模行动，臣恐怕既不能成就战功，随之还会产生后患，悔之不及！"苻坚没有听从。

【原文】

八月，戊午，坚遣阳平公融督张蚝、慕容垂等步骑二十五万为前锋；以兖州刺史姚苌为龙骧将军，督益、梁州诸军事。坚谓苌曰："昔朕以龙骧建业，未尝轻以授人，卿其勉之！"左将军窦冲曰："王者无戏言，此不祥之征也！"坚默然。

慕容楷、慕容绍言于慕容垂曰："主上骄矜已甚，叔父建中兴之业，在此行也！"垂曰："然。非汝，谁与成之！"

【译文】

八月戊午（初二），苻坚派遣阳平公苻融督帅张蚝、慕容垂等人的步、骑兵二十五万人作为前锋，任命兖州刺史姚苌为龙骧将军，督益、梁州诸军事。苻坚对姚苌说："过去我做龙骧将军时建立了大业，未曾轻易地把这个官位授予别人，你努力干吧！"左将军窦冲说："君王无戏言，这话是不祥之兆！"苻坚沉默不语。

慕容楷、慕容绍向慕容垂进言说："主上的骄纵傲慢已经非常严重，叔父建立中兴大业，就在此行！"慕容垂说："对。除了你们，谁能和我一起成就大业呢！"

【原文】

甲子，坚发长安，戎卒六十余万，骑二十七万，旗鼓相望，前后千里。九月，坚至项城，凉州之兵始达咸阳，蜀、汉之兵方顺流而下，幽、冀之兵至于彭城，东西万里，水陆齐进，运漕万艘。阳平公融等兵三十万，先至颍口。

诏以尚书仆射谢石为征虏将军、征讨大都督，以徐、兖二州刺史谢玄为前锋都督，与辅国将军谢琰、西中郎将桓伊等众共八万拒之；使龙骧将军胡彬以水军五千援寿阳。琰，安之子也。

【译文】

甲子（初八），苻坚发兵长安，将士共有六十多万，骑兵二十七万，旌旗战鼓遥遥相望，绵延千里。九月，苻坚抵达项城，凉州的军队刚刚到达咸阳，蜀、汉的军队正顺流而下，幽州、冀州的军队到了彭城，东西万里，水陆并进，运输军粮的船只多达万艘。阳平公苻融等人的部队三十万人，先期抵达颍口。

东晋孝武帝下达诏令，任命尚书仆射谢石为征虏将军、征讨大都督，任命徐、兖二州刺史谢玄为前锋都督，与辅国将军谢琰、西中郎将桓伊等人的兵共八万人抵抗前秦军队；让龙骧将军胡彬带领五千水军援助寿阳。谢琰是谢安的儿子。

【原文】

是时，秦兵既盛，都下震恐。谢玄入，问计于谢安，安夷然，答曰："已别有旨。"既而寂然。玄不敢复言，乃令张玄重请。安遂命驾出游山墅，亲朋毕集，与玄围棋赌墅。安棋常劣于玄，是日，玄惧，便为敌手而又不胜。安遂游陟，至夜乃还。桓冲深以根本为忧，遣精锐三千入卫京师。谢安固却之，曰："朝廷处分已定，兵甲无阙，西藩宜留以为防。"冲对佐吏叹曰："谢安石有庙堂之量，不闲将略。今大敌垂至，方游谈不暇，遣诸不经事少年拒之，众又寡弱，天下事已可知，吾其左衽矣！"

【译文】

这时，前秦的军队已经非常强盛，东晋京城里的人震惊恐惧。谢玄入朝，向谢安询问应对之策，谢安一副平静的样子，回答说："已经另有打算了。"紧接着就闭口不言。谢玄不敢再问，就让张玄重新请求指令。谢安就命令驾车出游山间别墅，亲戚朋友云集，谢安与谢玄在别墅围棋赌博。谢安的棋术一直不如谢玄，这天，谢玄由于内心恐惧，在有利的形势下投子打劫，反而不能获胜。谢安就登山漫游，到晚上才回来。桓冲对国家的根基大业深以为忧，派精锐部队三千人入城保卫京师。谢安固执地阻拦他，说："朝廷的处理办法已经决定，士兵武器都不缺乏，应该留在西部边防以作防备。"桓冲对藩府参佐叹息说："谢安有身居朝廷的气量，但不熟悉带兵打仗的方法。如今大敌临头，还尽情游玩，高谈阔论不止，只派遣未经战事的年轻人前去抵抗，再加上数量不足，力量软弱，天下的结局已经可以知道了，我们将要受外族的统治了！"

【原文】

　　冬，十月，秦阳平公融等攻寿阳；癸酉，克之，执平虏将军徐元喜等。融以其参军河南郭褒为淮南太守。慕容垂拔郧城。胡彬闻寿阳陷，退保硖石，融进攻之。秦卫将军梁成等帅众五万屯于洛涧，栅淮以遏东兵。谢石、谢玄等去洛涧二十五里而军，惮成不敢进。胡彬粮尽，潜遣使告石等曰："今贼盛粮尽，恐不复见大军！"秦人获之，送于阳平公融。融驰使白秦王坚曰："贼少易擒，但恐逃去，宜速赴之！"坚乃留大军于项城，引轻骑八千，兼道就融于寿阳。遣尚书朱序来说谢石等，以为"强弱异势，不如速降。"序私谓石等曰："若秦百万之众尽至，诚难与为敌。今乘诸军未集，宜速击之；若败其前锋，则彼已夺气，可遂破也。"

【译文】

　　冬季，十月，前秦阳平公苻融等攻打寿阳；癸酉（十八日），攻克了寿阳，擒获了平虏将军徐元喜等人。苻融任命他的参军河南人郭褒为淮南太守。慕容垂攻下了郧城。胡彬听说寿阳被攻陷，后退守卫硖石，苻融进军攻打硖石。前秦卫将军梁成等率领五万兵众驻扎在洛涧，沿淮河布防以遏制东面的部队。谢石、谢玄等在距离洛涧二十五里的地方驻军，由于惧怕梁成而不敢前进。胡彬的粮食耗尽，秘密地派遣使者向谢石等报告说："如今贼寇强盛而我的粮食已经耗尽，恐怕不能再见到大军了！"前秦人擒获了胡彬的使者，把他送交给阳平公苻融。苻融急速派使者向前秦王苻坚报告说："现在贼寇力量不足，容易擒获，只是怕他们逃走，应该迅速率兵前来。"苻坚于是就把大部队留在项城，带领八千轻装骑兵，日夜兼程赶赴寿阳与苻融会合。苻坚派尚书朱序前去劝说谢石等人："形势强弱悬殊，不如迅速投降。"朱序私下里却对谢石等人说："如果秦国的百万兵众全部抵达，确实难以与他们抗衡。如今趁着各路军队尚未会集，应该迅速攻击他们。如果能打败他们的前锋部队，那他们就已经丧失了士气，最终就可以攻破他们。"

【原文】

　　秦兵逼肥水而陈，晋兵不得渡。谢玄遣使谓阳平公融曰："君悬军深入，而置陈逼水，此乃持久之计，非欲速战者也。若移陈少却，使晋兵得渡，以决胜负，不亦善乎！"秦诸将皆曰："我众彼寡，不如遏之，使不得上，可以万全。"坚曰："但引兵少却，使之半渡，我以铁骑蹙而杀之，蔑不胜矣！"融亦以为然，遂麾兵使却。秦兵遂退，不可复止，谢玄、谢琰、桓伊等引兵渡水击之。融驰骑略陈，欲以帅退者，马倒，为晋兵所杀，秦兵遂溃。玄等乘胜追击，至于青冈。秦兵大败，自相蹈藉而死者，蔽野塞川。其走者闻风声鹤唳，皆以为晋兵且至，昼夜不敢息，草行露宿，重以饥冻，死者什七、八。初，秦兵少却，朱序在陈后呼曰："秦兵败矣！"众遂大奔。序因与张天锡、徐元喜皆来奔。获秦王坚所乘云母车及仪服、器械、军资、珍宝、畜产不可胜计。复取寿阳，执其淮南太守郭褒。

【译文】

前秦的军队迫近淝水而布阵，东晋的军队无法渡过。谢玄派使者对阳平公苻融说："您孤军深入，然而却迫近淝水部署军阵，这是长久相持的策略，不是想迅速交战的办法。如果能移动兵阵稍微后撤，让晋朝的军队得以渡河，以决胜负，不也是很好的事情吗？"前秦众将领都说："我众敌寡，不如遏制他们，使他们不能上岸，这样可以万无一失。"苻坚说："只带领兵众稍微后撤一点，让他们渡河渡到一半，我们再出动铁甲骑兵奋起攻杀，没有不胜的道理！"苻融也认为可以，于是就挥舞战旗，指挥兵众后退。前秦的军队一退就不可收拾。谢玄、谢琰、桓伊等率领军队渡过河攻击他们。苻融驰马巡视军阵，想来率领退逃的兵众，结果战马倒地，苻融被东晋的士兵杀掉，前秦的军队就崩溃了。谢玄等乘胜追击，一直追到青冈。前秦的军队大败，自相践踏而死的人，遮蔽山野、堵塞山川。逃跑的人听到刮风的声音和鹤的鸣叫声，都以为是东晋的军队将要来到，昼夜不敢停歇，慌不择路，风餐露宿，冻饿交加，死亡的人十有七八。当初，前秦的军队稍微后撤时，朱序在军阵后面高声呼喊："秦军失败了！"兵众们听到后就狂奔乱逃。朱序乘机与张天锡、徐元喜都来投奔东晋。这一仗缴获了前秦王苻坚所乘坐的装饰着云母的车乘以及仪服器械、军资珍宝物产不计其数，又攻取了寿阳，抓获了前秦的淮南太守郭褒。

【原文】

坚中流矢，单骑走至淮北，饥甚，民有进壶飧、豚髀者，坚食之，赐帛十匹，绵十斤。辞曰："陛下厌苦安乐，自取危困。臣为陛下子，陛下为臣父，安有子饲其父而求报乎！"弗顾而去。坚谓张夫人曰："吾今复何面目治天下乎！"潸然流涕。

谢安得驿书，知秦兵已败，时方与客围棋，摄书置床上，了无喜色，围棋如故。客问之，徐答曰："小儿辈遂已破贼。"既罢，还内，过户限，不觉屐齿之折。

【译文】

苻坚中了流箭，单枪匹马逃到淮河以北，十分饥饿，有的百姓送来了盛在碗里的水泡饭和猪肘子，苻坚吃了下去，赏赐给他们十匹布帛、十斤绵。这些人推辞说："陛下厌倦享乐，自取危难。我们是陛下的儿子，陛下是我们的父亲，哪里有儿子给父亲饭吃还求取报偿的呢！"赏赐的那些东西他们看也没看就离开了。苻坚对张夫人说："我如今再以什么面目去治理天下呢！"说着便潸然泪下。

谢安接到了驿站传递的书信，知道前秦的军队已经失败，当时他正与客人玩围棋，拿着信放到了床上，毫无高兴的样子，继续下棋。客人问他是什么事，他慢条斯理地回答说："小孩子们已经最终攻破了寇贼。"下完棋以后，他返回屋里，过门槛时，高兴得竟然连屐齿被折断都没有发觉。

魏主纳谏

【原文】

宋武帝永初三年（壬戌，422年）

魏主服寒食散，频年药发，灾异屡见，颇以自忧。遣中使密问白马公崔浩曰："属者日食赵、代之分。朕疾弥年不愈，恐一旦不讳，诸子并少，将若之何？其为我思身后之计。"浩曰："陛下春秋富盛，行就平愈；必不得已，请陈瞽言。自圣代龙兴，不崇储贰，是以永兴之始，社稷几危。今宜早建东宫，选贤公卿以为师傅，左右信臣以为宾友；入总万机，出抚戎政。如此，则陛下可以优游无为，颐神养寿。万岁之后，国有成主，民有所归，奸宄息望，祸无自生矣。皇子焘年将周星，明睿温和。立子以长，礼之大经，若必待成人然后择之，倒错天伦，则召乱之道也。"

魏主复以问南平公长孙嵩。对曰："立长则顺，置贤则人服；焘长且贤，天所命也。"帝从之，立太平王焘为皇太子，使之居正殿临朝，为国副主。以长孙嵩及山阳公奚斤、北新公安同为左辅，坐东厢，西面；崔浩与太尉穆观、散骑常侍代人丘堆为右弼，坐西厢，东面；百官总己以听焉。

【译文】

宋武帝永初三年（壬戌，公元422年）

北魏国主拓跋嗣吃下寒食散，常年因药而发作，各种灾异之事屡屡出现，很为此忧虑。就派宦官秘密询问白马公崔浩说："最近，在赵、代地区发生日食，而朕的病又多年不愈，我担心如果我一旦去世，皇子们还都年幼，那该如何是好？请你为我考虑考虑身后的办法。"崔浩回答说："陛下正值壮年，您的病很快就会痊愈；如果您一定要听听我的意见，那我就说几句不一定合适的话。自从我们魏国创立以来，一向不注重选立储君，所以永兴初年发生的宫廷巨变，国家几乎倾覆。现在我们亟待要做的就是早早建东宫立太子，遴选贤明的公卿做太子的师傅，让您左右亲信的大臣做他的宾客和朋友；让太子在京师时主持朝政，出京时则统率军队，安抚百姓，讨伐敌人。如果这样，陛下您就可以身心悠闲，不必亲自处理政事，在宫中颐养天年。陛下万年之后，国家有确定的君主，百姓也有所归附，奸佞之徒不敢再生其他企图，灾祸也无从出现。皇子拓跋焘年将十二岁，聪明睿智，性情温和。以长子立为太子，是礼制中的最高原则，如果一定要等到他们长大成人，再在他们中间选择太子，那就很可能废长立幼，使天伦倒错，从而招致天下大乱。"

北魏国主又就立太子的问题征询南平公长孙嵩的意见。长孙嵩回答说："立长为储君，则名正言顺；选贤为太子，则人心信服。拓跋焘既是长子，又很贤能，这是上天的旨意。"拓跋嗣同意他们的意见，便下诏立太平王拓跋焘为皇太子，并让他坐在正殿，处理朝中大事，作为国家的副主。拓跋嗣又任命长孙嵩及山阳公奚斤、北新公安同等为左辅官，座位设在东厢，面向西面；命白马公崔浩、太尉穆观、散骑常侍代郡人丘堆为右辅官，座位设在西厢，面向东方，共同辅弼太子；百官则居于左右辅官之下，听候差遣。

尊道毁佛

【原文】

宋文帝中元嘉二十三年（丙戌，446年）

魏主与崔浩皆信重寇谦之，奉其道。浩素不喜佛法，每言于魏主，以为佛法虚诞，为世费害，宜悉除之。及魏主讨盖吴，至长安，入佛寺，沙门饮从官酒；从官入其室，见大有兵器，出以白帝。帝怒曰："此非沙门所用，必与盖吴通谋，欲为乱耳。"命有司按诛阖寺沙门，阅其财产，大得酿具及州郡牧守、富人所寄藏物以万计，又为窟室以匿妇女。浩因说帝悉诛天下沙门，毁诸经像，帝从之。寇谦之与浩固争，浩不从。先尽诛长安沙门，焚毁经像，并敕留台下四方，令一用长安法。诏曰："昔后汉荒君，信惑邪伪以乱天常，自古九州之中，未尝有此。夸诞大言，不本人情，叔季之世，莫不眩焉。由是政教不行，礼义大坏，九服之内，鞠为丘墟。朕承天绪，欲除伪定真，复羲、农之治。其一切荡除，灭其踪迹。自今以后，敢有事胡神及造型像泥人、铜人者门诛。有非常之人，然后能行非常之事，非朕孰能去此历代之伪物！有司宣告征镇诸军、刺史，诸有浮图形象及胡经，皆击破焚烧，沙门无少长悉坑之！"

【译文】

宋文帝中元嘉二十三年（丙戌，公元446年）

北魏国主拓跋焘同司徒崔浩都很尊重信任寇谦之，也信奉寇谦之的道教。崔浩向来就不喜欢佛教，经常向拓跋焘进言，认为佛教虚幻荒诞，在世上浪费财物损害百姓，应该全部消灭掉。拓跋焘讨伐盖吴，来到长安，进入一座佛教寺院，和尚让拓跋焘的侍从将官们喝酒；拓跋焘的侍从将官来到和尚居住的房里时，发现那里有许多兵器，出来告诉了拓跋焘。拓跋焘勃然大怒，说："这不是和尚应该使用的东西，他们一定同盖吴相串通，想在作乱时用的。"便命令有关部门将全寺院的和尚都处死。查封寺院的财产时，还发现酿酒的工具及州郡牧守、富人们所寄藏在这里数以万计的东西，又发现和尚挖的地下密室用来藏匿妇女。崔浩因此劝说拓跋焘将世上的和尚全都斩尽杀绝，毁掉各种佛经佛像，拓跋焘接受了他的建议。寇谦之极力劝阻崔浩，崔浩不听。他们首先杀了长安的和尚，焚毁佛经和佛像，并下诏给留台，通令全国，按长安诛杀和尚的办法去做。诏书上说："从前，后汉荒淫无道的昏君信奉迷惑假邪的神来扰乱天道常规，这是自古以来，在九州之内从来没有发生过的事。夸张荒诞的大话，根本不符合人的常情常理，在国家将要灭亡时是没有人不受到迷惑的。因此，国家政治教化不能推行，礼义严重地被破坏，普天之下，荡乏穷困，都变成了荒丘废墟。朕承继上天的旨令，想要铲除伪善，保留真正实在的东西，恢复伏羲、神农时期的太平安定的社会，应当把佛教全都荡除，消灭它的痕迹。从今以后，胆敢敬奉佛神并为它们塑泥像、铜像的，格杀勿论。只有不平凡的人，才能做出不平凡的事，除我之外谁能去除这些传了数代的邪神？让有司向各地刺史和驻守军队宣告，佛像一律捣毁，佛经全部烧掉，和尚无论长幼全部活埋！"

范缜无佛

【原文】

齐武帝永明二年（甲子，484年）

范缜盛称无佛。子良曰："君不信因果，何得有富贵、贫贱？"缜曰："人生如树花同发，随风而散，或拂帘幌坠茵席之上，或关篱墙落粪溷之中。坠茵席者，殿下是也；落粪溷者，下官是也。贵贱虽复殊途，因果竟在何处？"子良无以难。缜又著《神灭论》，以为："形者神之质，神者形之用也。神之于形，犹利之于刀；未闻刀没而利存，岂容形亡而神在哉？"此论出，朝野喧哗，难之，终不能屈。太原王琰著论讥缜曰："呜呼范子！曾不知其先祖神灵所在！"欲以杜缜后对。缜对曰："呜呼王子！知其先祖神灵所在，而不能杀身以从之！"子良使王融谓之曰："以卿才美，何患不至中书郎；而故乖剌为此论，甚可惜也！宜急毁弃之。"缜大笑曰："使范缜卖论取官，已至令、仆矣，何但中书郎邪！"

【译文】

齐武帝永明二年（甲子，公元484年）

范缜大谈世上没有佛。萧子良说："如果你不相信因果报应，那么，为什么世上会有贫贱、富贵之分？"范缜说："人生在世，就像树上的花朵一样，同时生长又都随风飘散，有的掠过竹帘帷幕落到了床褥上，有的越过篱笆围墙落在了粪坑里。落在床褥上的好比是殿下您，落到粪坑里的就是我了。虽然我们之间贵贱迥异，但因果报应究竟在何处呢？"萧子良听后，无言以对。范缜又写了《神灭论》，他认为："形体是精神的本质，精神则是形体的表现和产物。精神对于形体来说，就好像锋利与刀刃，从未听说过有刀刃失而锋利在的道理。那么，怎么会有形体消亡了而精神却还存在的事情呢？"这议论一提出，朝廷上下哗然，屡加诘难，最终也没能使范缜屈服。太原人王琰写文章讥讽范缜说："呜呼范子！竟然不知道他祖先的神灵在什么地方！"王琰想以此堵住范缜的嘴。范缜却回答他说："呜呼王子！知道他祖先的神灵在什么地方，却不肯杀身随之同去！"萧子良派王融劝范缜说："凭你这样的才华，还愁什么当不上中书郎，却故意发表这种荒谬偏激的言论，实在太令人惋惜了。你应该赶快毁掉并放弃这些文章。"范缜一听，大笑说："假使让我范缜出卖我的言论去换取官职，那么，我早就做了尚书令、仆射了，何止是一个中书郎！"

范缜说："精神好似锋利，形体就像是刀刃。离开了锋利就无所谓刀刃，离开了刀刃就谈不上锋利。没有听说刀没有了而锋利还存在的，岂有形体亡了精神还在的道理？"

王俭风流

【原文】

齐武帝永明三年（乙丑，485年）

初，宋太宗置总明观以集学士，亦谓之东观。上以国学既立，五月，乙未，省总明观。时王俭领国子祭酒，诏于俭宅开学士馆，以总明四部书充之。又诏俭以家为府。

自宋世祖好文章，士大夫悉以文章相尚，无以专经为业者。俭少好《礼》学及《春秋》，言论造次必于儒者，由是衣冠翕然，更尚儒术。俭撰次朝仪、国典，自晋、宋以来故事，无不谙忆，故当朝理事，断决如流。每博议引证，八坐、丞、郎无能异者。令史咨事常数十人，宾客满席，俭应接辨析，傍无留滞，发言下笔，皆有音彩。十日一还学监试诸生，巾卷在庭，剑卫、令史，仪容甚盛。作解散髻，斜插簪；朝野慕之，相与仿效。俭常谓人曰："江左风流宰相，唯有谢安。"意以自比也。上深委仗之，士流选用，奏无不可。

【译文】

齐武帝永明三年（乙丑，公元485年）

当初，刘宋明帝设立总明观，聚集学士，也叫东观。武帝认为国学已经成立，所以在五月乙未（二十九日）下令撤销总明观。当时，王俭正兼任国子祭酒，诏令在王俭住宅内开设学士馆，把总明观的甲、乙、丙、丁四部图书移交给学士馆。同时又命令王俭把家作为办公的官署。

从刘宋孝武帝喜欢文章辞采以来，士大夫也都以华丽的文辞章句互相推崇欣赏，却没有专门研究儒家经典的人。王俭小时候就喜欢《礼记》和《春秋》，即使是随便言谈，都一定遵循儒学法则。从王俭开始，士大夫又追随模仿，崇尚儒家学说。王俭在撰写朝廷礼仪、国家大典时，对晋、刘宋王朝以来的掌故无不了如指掌，因此，他在处理朝廷各项事务时，能够迅速做出决断。每次建言，都旁征博引，上自八坐，下到左右丞、各署曹郎，没有人能提出异议。拿着公文向他请教的令史经常有几十人，宾客盈门，王俭都从容接待，条分缕析，从不积压延迟，无论是口头发表见解，还是下笔指示，都有声有色，神采飞扬。王俭每十天去学监一次，测试学生，学监内都是头戴葛巾的学生，佩剑的卫士和令史站在一旁，仪容非常隆重。王俭解散发髻，把头簪斜插在上面，朝廷内外都很仰慕他的风采，争相模仿。王俭经常对人说："江左的风流宰相，只有谢安一人。"言下之意是把自己比作谢安。武帝也非常器重他并委以要职，选用士人，只要是王俭推荐的，没有不批准的。

孝文改革

【原文】

　　齐武帝永明三年（乙丑，485年）

　　魏初，民多荫附；荫附者皆无官役，而豪强征敛倍于公赋。给事中李安世上言："岁饥民流，田业多为豪右所占夺；虽桑井难复，宜更均量，使力业相称。又，所争之田，宜限年断，事久难明，悉归今主，以绝诈妄。"魏主善之，由是始议均田。冬，十月，丁未，诏遣使者循行州郡，与牧守均给天下之田：诸男夫十五以上受露田四十亩，妇人二十亩，奴婢依良丁；牛一头，受田三十亩，限止四牛。所授之田，率倍之；三易之田，再倍之，以供耕作及还受之盈缩。人年及课则受田，老免及身没则还田。奴婢、牛随有无以还受。初受田者，男夫给二十亩，课种桑五十株；桑田皆为世业，身终不还。恒计见口，有盈者无受无还，不足者受种如法，盈者得卖其盈。诸宰民之官，各随近给公田有差，更代相付；卖者坐如律。

【译文】

　　齐武帝永明三年（乙丑，公元485年）

　　北魏初年，很多人依附于豪门强族。寻求庇护的人都不用服役，可是豪强贵族征的私税比官府征的公税高出一倍。于是，给事中李安世上书说："一到荒年百姓就四处逃散，他们的田地大多被豪强贵族所霸占。即使古代的井田制度难以恢复，朝廷也应该使土地平均一些，使每户的土地面积和人口数量相当。另外，有争执的田产，应该限定日期裁断。拖得太久又难以明断的田产，一律归现在使用的人，以杜绝欺诈。"孝文帝赞成这个提议，因此开始讨论均田方案。冬季，十月，丁未（十三日），孝文帝下诏派遣使者分别去各州郡，与各牧守一同推行均田制：十五岁以上的男子，每人可以得到四十亩没有种树的农田，女子每人二十亩；奴仆婢女，按照一般成年人所配给田地的待遇分配土地；有一头牛可得到三十亩农田，但以四头牛为限。所配给的农田，如果是隔一年才耕种一次的贫瘠田地，增加一倍；如果是隔两年才能耕种一次的田地，增加两倍，以此供耕种和还田、受田增加减少的需要。百姓到了应该纳赋的年龄，就给分配土地，年纪已老以及去世之后，土地归还官府。对于奴婢和耕牛，根据奴婢和耕牛数量的多少，决定还田或受田。初次受田的人，男子给田二十亩，规定种五十棵桑树；种了桑树的土地，都是世代经营管理，死了以后也不用缴回官府。官府应经常统计人口情况，对土地有盈余的农家，不受田也不令他还田；对土地不够的农家，则依照法令增加配给；世代经营的田地，有盈余的人家，可以自由出售。各地地方官就在官府附近按照等级配给一份公田，官员更换时，把这份公田移交给接任官员；私自卖掉公田的依法治罪。

【原文】

　　齐武帝永明四年（丙寅，486年）

春，正月，癸亥朔，魏高祖朝会，始服衮冕。

魏无乡党之法，唯立宗主督护；民多隐冒，三五十家始为一户。内秘书令李冲上言："宜准古法，五家立邻长，五邻立里长，五里立党长，取乡人强谨者为之。邻长复一夫，里长二夫，党长三夫，三载无过，则升一等。其民调，一夫一妇，帛一匹，粟二石。大率十匹为公调，二匹为调外费，三匹为百官俸。此外复有杂调。民年八十已上，听一子不从役。孤独、癃老、笃疾、贫穷不能自存者，三长内迭养食之。"书奏，诏百官通议。中书令郑羲等皆以为不可。太尉丕曰："臣谓此法若行，于公私有益。但方有事之月，校比户口，民必劳怨。请过今秋，至冬乃遣使者，于事为宜。"冲曰："'民可使由之，不可使知之。'若不因调时，民徒知立长校户之勤，未见均徭省赋之益，心必生怨。宜及课调之月，令知赋税之均，既识其事，又得其利，行之差易。"群臣多言："九品差调，为日已久，一旦改法，恐成扰乱。"文明太后曰："立三长则课调有常准，苞荫之户可出，侥幸之人可止，何为不可！"甲戌，初立党、里、邻三长，定民户籍。民始皆愁苦，豪强者尤不愿。既而课调省费十余倍，上下安之。

【译文】

齐武帝永明四年（丙寅，公元486年）

春季，正月，癸亥朔（初一），北魏孝文帝召集百官朝见时，开始穿戴汉族皇帝的礼服和冕旒。

北魏没有地方行政组织法规，只有大家族的宗主监督地方事务。百姓大多隐瞒户籍，有时三五十家才有一个户头。内秘书令李冲上疏说："应依据古代的方法，五户设一邻长，五邻设一里长，五里设一党长，选乡中强干、谨慎的人担任。邻长家免除一人的差役，里长家免除两人的差役，党长家则免除三人的差役；三年之内没有过失，则升一级。对百姓征收的户调，一对夫妇征收一匹帛，两石粟米。大概十匹交给国库，两匹作为额外追加，三匹作为文武百官的俸禄。除此还有杂税。百姓在八十岁以上的，可以免除一个儿子的差役。孤儿、孤寡老人、残疾人及久病不愈者、贫穷无法养活自己的人，要由邻长、里长和党长轮流供养。"奏章呈上后，孝文帝召文武百官讨论。中书令郑羲等人都认为行不通。太尉拓跋丕说："臣认为这种办法如果实行，于公于私都有好处。但现在正是征收赋税的月份，校正户籍，百姓定会生怨。请求过了秋季，到冬季派官员到各地办理，比较合适。"李冲则说："'民可使由之，不可使知之。'如果不趁现在征收赋税的时节去办理，百姓只看到校正户籍的麻烦辛苦，却没有看到减免徭役赋税所带来的好处，一定会心生怨恨。我们应该利用征收赋税的月份，使老百姓知道赋税公平，他们了解这一点，又得到了好处，推行起来就容易了。"文武百官们却说："按照九个等级进行征税，已经很长时间了，一旦改变恐怕会引起骚乱。"最终冯太后说："设立邻长、里长、党长，田赋捐税仍然有一定的标准，隐藏的户口就可以查出，侥幸逃脱的人也可以得到制止，为什么说行不通呢？"甲戌（十三日），开始建立党长、里长、邻长制度，重新核定百姓的户籍。老百姓开始时都愁苦不安，豪强士族们尤其反对。不久，赋税的征收额减少到过去的十几分之一，豪强、百姓才安下心来。

迁都洛阳

【原文】

齐明帝建武元年（甲戌，494年）

二月壬寅，魏主北巡；癸卯，济河；三月壬申，至平城。使群臣更论迁都利害，各言其志。燕州刺史穆罴曰："今四方未定，未宜迁都。且征伐无马，将何以克？"帝曰："厩牧在代，何患无马！今代在恒山之北，九州之外，非帝王之都也。"尚书于果曰："臣非以代地为胜伊、洛之美也。但自先帝以来，久居于此，百姓安之；一旦南迁，众情不乐。"平阳公丕曰："迁都大事，当讯之卜筮。"帝曰："昔周、召圣贤，乃能卜宅。今无其人，卜之何益！且'卜以决疑，不疑何卜！'黄帝卜而龟焦，天老曰'吉'，黄帝从之。然则至人之知未然，审于龟矣。王者以四海为家，或南或北，何常之有！朕之远祖，世居北荒。平文皇帝始都东木根山。昭成皇帝更营盛乐，道武皇帝迁于平城。朕幸属胜残之运，而独不得迁乎！"群臣不敢复言。罴，寿之孙；果，烈之弟也。癸酉，魏主临朝堂，部分迁留。

【译文】

齐明帝建武元年（甲戌，公元494年）

二月壬寅（二十七日），北魏孝文帝到北方巡视；癸卯（二十八日），渡过黄河；三月壬申（二十七日），到了平城。孝文帝让诸大臣再次议论迁都的利害关系，各位臣子们都表达了自己对此问题的看法。燕州刺史穆罴说："如今天下四方没有安定，所以不宜于迁都。况且到时军中缺少战马，这样如何能克敌取胜呢？"孝文帝回答说："养马的地方在平城地区，何愁没有马呢？如今的都城代京处在恒山的北边，九州之外，并不是理想的帝王之都。"尚书于果接着说道："我并不是认为代京这块地方就比洛阳好，但是自从道武皇帝以来，就一直居住在这里，老百姓已经安居于此，一旦让他们往南边搬迁，恐怕会产生不满情绪。"平阳公拓跋丕说："迁都是一件大事，应当通过卜筮来决定。"孝文帝说："古代的周公、召公是圣贤之人，所以才能卜问宅居。如今没有他们这样的圣贤了，卜筮又有什么用处呢？况且古人曾言，'卜筮为了决疑，没有犹疑，何必占卜？'过去，黄帝灼龟甲卜吉凶，龟甲烧焦了，黄帝的臣子天老说是'吉'，黄帝听从了。那么，至美至善的完人知晓未发生的事情，是通过龟兆而审悉的。但是，统治天下做王称帝的人以四海为家，南北不定，哪有常常居留一地而不动的呢？朕的远祖，世世代代居住在北方荒凉之地，到平文皇帝之时才才建都于东木根山。其后，昭成皇帝又营建了盛东而迁居。道武皇帝之时，又迁都于平城。朕很幸运遇上了能平定天下、施行教化的时运，为什么就不能迁都呢？"群臣百僚们不敢再表示反对意见了。穆罴是穆寿的孙子，于果是于烈的弟弟。癸酉（二十八日），孝文帝驾临朝堂，主持部署了迁往新都洛阳和留在平城的人事、机构安排事项。

玉壁之战

【原文】

梁武帝中大同元年（丙寅，546年）

东魏丞相欢攻玉壁，昼夜不息，魏韦孝宽随机拒之。城中无水，汲于汾，欢使移汾，一夕而毕。欢于城南起土山，欲乘之以入。城上先有二楼，孝宽缚木接之，令常高于土山以御之。欢使告之曰："虽尔缚楼至天，我当穿地取尔。"乃凿地为十道，又用术士李业兴《孤虚法》，聚攻其北，北，天险也。孝宽掘长堑，邀其地道，选战士屯堑上；每穿至堑，战士辄擒杀之。又于堑外积柴贮火，敌又有在地道内者，塞柴投火，以皮排吹之，一鼓皆焦烂。敌以攻车撞城，车之所及，莫不摧毁，无能御者。孝宽缝布为幔，随其所向张之，布既悬空，车不能坏。敌又缚松、麻于竿，灌油加火以烧布，并欲焚楼。孝宽作长钩，利其刃，火竿将至，以钩遥割之，松、麻俱落。敌又于城四面穿地为二十道，其中施梁柱，纵火烧之，柱折，城崩。孝宽于崩处竖木栅以捍之，敌不得入。城外尽攻击之术，而城中守御有余。孝宽又夺据其土山。欢无如之何，乃使仓曹参军祖珽说之曰："君独守孤城而西方无救，恐终不能全，何不降也？"孝宽报曰："我城池严固，兵食有馀。攻者自劳，守者常逸，岂有旬朔之间已须救援！适忧尔众有不返之危。孝宽关西男子，必不为降将军也！"复谓城中人曰："韦城主受彼荣禄，或复可尔；自外军民，何事相随入汤火中！"乃射募格于城中云："能斩城主降者，拜太尉，封开国郡公，赏帛万匹。"孝宽手题书背，返射城外云："能斩高欢者准此。"祖，莹之子也。东魏苦攻凡五十日，士卒战及病死者共七万人，共为一冢。欢智力皆困，因而发疾。有星坠欢营中，士卒惊惧。十一月，庚子，解围去。

先是，欢别使侯景将兵趣齐子岭，魏建州刺史杨檦镇车厢，恐其寇邵郡，帅骑御之。景闻至，斫木断路六十余里，犹惊而不安，遂还河阳。

魏以韦孝宽为骠骑大将军、开府仪同三司，进爵建忠公。时人以王思政为知人。

【译文】

梁武帝中大同元年（丙寅，公元546年）

东魏丞相高欢的军队日夜不停地进攻玉壁，西魏的韦孝宽随机应变地抵抗东魏的进攻。玉壁城中没有水源，城中的人要从汾河汲水，高欢于是派人在汾河上游把水决开，使汾河水远离玉壁城，他们在一个晚上便完成了这一移汾工程。高欢在玉壁城的南面堆起了一座土山，想利用这座土山攻进城里。玉壁城上原来就有两座城楼，韦孝宽让人把木头绑在楼上接高，让它的高度常常高于东魏堆的土山，以抵御东魏的进攻。高欢见到这种情况，便派人告诉韦孝宽说："即使你把木头绑在楼上，使楼高到天上，我还会凿地洞攻克你。"于是，高欢便派人掘地，挖了十条地道，又采用术士李业兴的"孤虚法"，调集人马，一齐进攻玉壁城北面。城的北面，是山高谷深的非常险要的地方。韦孝宽叫人挖了一条长长的大沟，以此长沟来阻截高欢挖的地道。他挑选了精兵良将驻守在大沟上面，每当有敌人穿过地道来到大沟里，战士们便都能把他们抓住或杀掉。韦孝宽又叫人在沟的外面堆积了许多木柴，贮备了一些火种，一旦地道里有敌人，便把柴草塞入地道，把火种投掷进去，并用皮排吹火。一经鼓风吹火，地道里的敌人全部被烧得焦头烂额。敌人又用一种坚固的攻城战车撞击城墙。战车所到之处，没有不被摧毁撞坏的，西魏没有一种武器可以抵挡它。韦孝宽便把布匹缝制成一条很大的幔帐，顺着攻车撞城的方向张开它，因为布是悬在空中的，攻车无法撞坏它。敌军又把松枝和麻秆之类的易燃物品绑在车前的一根长竿上，又在其中灌油，点起火，用来烧毁韦孝宽的幔帐，并且还想烧毁城楼。韦孝宽便让人制造了一种很长的钩，并把它的刀刃磨得很锋利，等火竿快要到时，用长钩远远地切断它，附着在火竿上的松枝和麻秆便都纷纷坠落。敌人又在玉壁城墙下四面八方挖了二十条地道，并在地道中用木柱支撑地上的城墙，然后放火烧掉这些木柱。于是城墙坍塌了。韦孝宽在城墙坍塌的地方竖起一些木栅栏来保卫玉壁城，敌人无法攻进城去。在城外，东魏攻打玉壁城的方法已经用尽，而在城内，韦孝宽抵御敌人的办法还绰绰有余。他又从高欢手里夺占了那座堆起的土山。高欢不知道怎么办好，就派仓曹参军祖珽劝说韦孝宽："您独自一个人守卫这座孤城，西面又没有救兵，恐怕最终也不能保全它。为什么不投降呢？"韦孝宽回答他说："我的城池坚固无比，士兵和粮食都富富有余，进攻的人是白白辛苦，而守城的人却以逸待劳，哪有一个月之内就已需别人援助。我倒是担心你们这么多人有回不去的危险。我韦孝宽是个关西男子汉，一定不会做投降的将军的！"祖又对城里的人说："韦孝宽享受着西魏的荣华富贵和功名利禄，倒还可以这样做，但其余的士兵和百姓，为什么还要跟他一起赴汤蹈火呢？"于是，便向城里射去悬赏捉拿韦孝宽所定的报酬数额，上面写道："凡是能斩杀韦孝宽而投降的人，就拜他为太尉，并且加封他为开国郡公，赏赐万匹绢帛。"韦孝宽便在它的背面提笔写字射回城外，上写："能杀掉高欢的人，也能得到同样奖赏。"祖是祖莹的儿子。东魏的军队对玉壁城苦苦攻打了五十天，战死以及病死的士兵总共达到七万人，全都埋在一个大坟墓里。高欢的智谋用尽了，也未攻下玉壁城，又气又急，因此得了疾病。这时，有颗流星坠落在高欢的军营中，东魏的士兵们都很惊怕。十一月，庚子（初一），东魏军队解除了围攻，离开了这里。

原先，高欢曾另外派遣侯景率领军队进兵齐子岭。西魏建州刺史杨㯹正在镇守车厢这个地方。他听到东魏向齐子岭进军的消息之后，害怕东魏侵犯邵郡，就率领骑兵前去抵御东魏军队。侯景听说杨来到，就让人砍了许多树木堆在路上，阻断了六十多里道路，仍惴惴不安，于是便回到了河阳。

西魏任命韦孝宽为骠骑大将军，开府仪同三司，并晋升爵位为建忠公。当时人们都认为王思政很能识人。

高澄欺君

【原文】

梁武帝太清元年（丁卯，547年）

东魏静帝，美容仪，膂力过人，能挟石师子逾宫墙，射无不中；好文学，从容沈雅。时人以为有孝文风烈，大将军澄深忌之。

始，献武王自病逐君之丑，事静帝礼甚恭，事无大小必以闻，可否听旨。每侍宴，俯伏上寿；帝设法会，乘辇行香，欢执香炉步从，鞠躬屏气，承望颜色，故其下奉帝莫敢不恭。

【译文】

梁武帝太清元年（丁卯，公元547年）

东魏孝静帝容貌、仪表俊美，膂力过人，能把石狮子夹在胳膊下面飞身跳过宫墙，射箭百发百中；他还喜好文学，行止从容沉稳，性情高雅。当时的人都认为他有北魏孝文帝的风范，因此大将军高澄特别防范他。

以前，献武王高欢自恨背上了驱逐君主的丑名，所以事奉孝静帝时执礼甚恭，事无大小都一定汇报给孝静帝，听旨而行，自己从不专权。每次侍宴，他都俯下身子向皇帝祝寿；孝静帝举办法会，乘坐銮驾去进香时，他手持香炉，徒步跟在后面，屏住气息，弯腰鞠躬，看皇上的眼色行事，所以他的下属在事奉孝静帝时也没有人敢不恭敬。

【原文】

及澄当国，倨慢顿甚，使中书黄门郎崔季舒察帝动静，小大皆令季舒知之。澄与季舒书曰："痴人比复何似？痴势小差未？宜用心检校。"帝尝猎于邺东，驰逐如飞，监卫都督乌那罗受工伐从后呼曰："天子勿走马，大将军嗔！"澄尝侍饮酒，举大觞属帝曰："臣澄劝陛下酒。"帝不胜忿，曰："自古无不亡之国，朕亦何用此生为！"澄怒曰："朕！朕！狗脚朕！"使崔季舒殴帝三拳，奋衣而出。明日，澄使季舒入劳帝，帝亦谢焉，赐季舒绢百匹。

【译文】

等高澄执掌国家大权后，很快就骄傲自大起来，他让中书黄门郎崔季舒暗中窥探皇帝的举动，孝静帝所做的大大小小的事都让崔季舒知道了。高澄在写给崔季舒的信中说："那傻子比以前怎么样了？他呆傻的程度比以前稍好一点了没有？你应该用心去检查、核对一下。"孝静帝曾在邺城的东边打猎，骑马逐兽奔驰如飞，监卫都督乌那罗受工伐跟在孝静帝的马后高声呼喊着："皇上不要让马跑起来，大将军要怪罪的！"高澄曾经陪着孝静帝饮酒，他举起手中的大酒杯向孝静帝劝酒说："臣高澄劝陛下喝一杯。"那样子好像他们是平起平坐一样，孝静帝不胜愤怒，对高澄说："自古以来没有不灭亡的国家，朕还要这一生干什么？"高澄恼羞成怒地说："什么朕、朕的，是长着狗脚的朕！"又让崔季舒打了孝静帝三拳，然后拂衣而出。第二天，高澄让崔季舒进宫去慰问孝静帝，孝静帝也表示歉意，并且赏赐给他一百匹绢。

【原文】

帝不堪忧辱，咏谢灵运诗曰："韩亡子房奋，秦帝仲连耻。本自江海人，忠义动君子。"常侍、侍讲颍川荀济知帝意，乃与祠部郎中元瑾、长秋卿刘思逸、华山王大器、淮南王宣洪、济北王徽等谋诛澄。大器，鸷之子也。帝谬为敕问济曰："欲以何日开讲？"乃诈于宫中作土山，开地道向北城。至千秋门，门者觉地下响，以告澄。澄勒兵入宫，见帝，不拜而坐，曰："陛下何意反？臣父子功存社稷，何负陛下邪！此必左右妃嫔辈所为。"欲杀胡夫人及李嫔。帝正色曰："自古唯闻臣反君，不闻君反臣。王自欲反，何乃责我！我杀王则社稷安，不杀则灭亡无日，我身且不暇惜，况于妃嫔！必欲弑逆，缓速在王！"澄乃下床叩头，大啼谢罪。于是酣饮，夜久乃出。居三日，幽帝于含章堂。壬辰，烹济等于市。

【译文】

孝静帝忍受不了这种侮辱，便借吟咏谢灵运的诗来抒发自己的情怀："韩亡子房奋，秦帝仲连耻。本自江海人，忠义动君子。"常侍、侍讲颍川人荀济了解孝静帝的心思，便和祠部郎中元瑾、长秋卿刘思逸、华山王元大器、淮南王元宣洪、济北王元徽等人一起密谋杀掉高澄。元大器是元鸷的儿子。孝静帝降旨假意问荀济："您打算在什么时间开讲？"便借口要在皇宫里修一座土山，挖了一条通向城北的地道。地道挖到了千秋门时，守门的兵卒发觉地下有响动，便把这一情况告诉了高澄。高澄带着兵士入宫，见到了孝静帝，没有叩拜便坐下来，问道："陛下为什么要谋划反叛？我们父子有保存国家的功绩，有什么对不起陛下的地方呢？这一定是您身边的侍卫人员和嫔妃们所搞的鬼。"说完便要杀掉胡夫人以及李嫔。孝静帝板起面孔说道："自古以来只听说过臣子反叛君王，没听说过君王反叛臣子。你自己要造反，又何必还要责怪我呢！我杀掉你江山社稷就会安定，不杀则国家就会很快灭亡。我对自己都没时间去爱惜，何况对这些嫔妃呢！如果你一定要反叛弑君的话，是早动手还是晚动手就在于你自己了！"高澄听完这些话，便离开坐床向孝静帝叩头，痛哭流涕地向孝静帝道歉、请罪。然后一起痛饮，直到深夜，高澄才离开皇宫。隔了三天，高澄便把孝静帝囚禁在含章堂里。壬辰（八月二十八日），把荀济等人在街市上用大锅煮死了。

高澄带着兵士入宫，见到了孝静帝，没有叩拜便坐下来，问道："陛下为什么要谋划反叛？我们父子有保存国家的功绩，有什么对不起陛下的地方呢？这一定是您身边的侍卫人员和嫔妃们所搞的鬼。"

侯景之乱

【原文】

梁武帝太清三年（己巳，549年）

景决石阙前水，百道攻城，昼夜不息。邵陵世子坚屯太阳门，终日饮，不恤吏士，其书佐董勋、熊昙朗恨之。丁卯，夜向晓，勋、昙朗于城西北楼引景众登城，永安侯确力战，不能却，及排闼入启上云："城已陷。"上安卧不动，曰："犹可一战乎？"确曰："不可。"上叹曰："自我得之，自我失之，亦复何恨！"因谓确曰："汝速去，语汝父：勿以二宫为念。"因使慰劳在外诸军。

俄而景遣王伟入文德殿奉谒，上命褰帘开户引伟入，伟拜呈景启，称："为奸佞所蔽，领众入朝，惊动圣躬，今诣阙待罪。"上问："景何在？可召来崐。"景入见于太极东堂，以甲士五百人自卫。景稽颡殿下，典仪引就三公榻。上神色不变，问曰："卿在军中日久，无乃为劳！"景不敢仰视，汗流被面。又曰："卿何州人，而敢至此，妻子犹在北邪？"景皆不能对。任约从旁代对曰："臣景妻子皆为高氏所屠，唯以一身归陛下。"上又问："初渡江有几人？"景曰："千人。""围台城几人？"曰："十万。""今有几人？"曰："率土之内，莫非己有。"上俯首不言。

【译文】

梁武帝太清三年（己巳，公元549年）

侯景挖开皇宫石门前的玄武湖，引出里面的湖水灌城，开始从各处攻城，昼夜不停。邵陵王的嫡长子萧坚屯驻在太阳门，终日不是赌博就是饮酒，不体恤手下官史与将士的疾苦，他的书佐董勋、熊昙朗恨透了他。丁卯（十二日），下半夜临近拂晓的时候，董勋、熊昙朗从台城的西北楼引导侯景的人马攀登上来，永安侯萧确奋力拼搏，不能打退敌人，就推开宫中的小门启禀梁武帝道："台城已经陷落了。"梁武帝平静地躺着不动，问道："还可以打一仗吗？"萧确回答说："已经不行了。"梁武帝叹了一口气说道："从我这儿得到的，又从我这儿失去，还有什么可遗憾的呢！"他于是对萧确说道："你快些离开，告诉你的父亲不要记挂我和太子。"于是便派萧确慰劳在外面的各路援军。

没有多久，侯景派遣王伟来到文德殿拜见梁武帝，梁武帝下令揭起帘幕，打开房门带王伟进来，王伟跪拜之后，将侯景的文书呈交给梁武帝，声称："我们受到一些奸佞的蒙蔽，带领人马进入朝堂，惊动了皇上，现在特地到宫中等候降罪。"梁武帝问道："侯景在什么地方？你可以把他叫来。"侯景来太极殿的东堂晋见梁武帝，随身带了五百多个顶盔带甲的武士保护自己。侯景在大殿下面跪拜，以额触地，典仪带着他走到三公坐的榻前。梁武帝神色不变，问侯景道："你在军队里的时间很长，真是劳苦功高呀？"侯景不敢抬头正视梁武帝，汗水流了一脸。梁武帝又问道："你是哪个州的人，敢到这里来，你的妻儿还在北方吗？"对这些问题侯景都不能回答。任约在旁边代替侯景回答说："臣下侯景的妻儿都被高家屠杀光了,只有我单身一人投靠了陛下您。"梁武帝又问道："当初你渡江过来的时候有多少人?"侯景说道："一千人。"再问道："包围台城时共有多少人?"回答说："十万人。"问:"现在共有多少人?"回答:"四海之内没有不属于我的人。"梁武帝低下头去不再说话。

【原文】

景复至永福省见太子,太子亦无惧容。侍卫皆惊散,唯中庶子徐、通事舍人陈郡殷不害侧侍。谓景曰:"侯王当以礼见,何得如此!"景乃拜。太子与言,又不能对。

景退,谓其厢公王僧贵曰:"吾常跨鞍对陈,矢刃交下,而意气安缓,了无怖心;今见萧公,使人自愧,岂非天威难犯!吾不可以再见之。"于是悉撤两宫侍卫,纵兵掠乘舆、服御、宫人皆尽。收朝士、王侯送永福省,使王伟武德殿,于子悦屯太极东堂。矫诏大赦,自加大都督中外诸军、录尚书事。

建康士民逃难四出。太子洗马萧允,至京口,端居不行,曰:"死生有命,如何可逃!祸之所来,皆生于利;敬不求利,祸从何生!"

【译文】

侯景又到永福省去拜见皇太子,皇太子也没有表现出害怕的神情。皇太子身边的侍卫都已惊慌地逃散了,唯独中庶子徐、通事舍人陈郡人殷不害在一旁侍奉。徐对侯景说:"你来拜见应遵守礼节,怎么可以像现在这样?"侯景听了就跪下参拜。皇太子与侯景说话,侯景又不能回答。

侯景离开之后,对他的厢公王僧贵说道:"我经常跨上马鞍与敌人对阵,面临刀丛箭雨,心绪平稳如常,一点也不害怕;今天见到萧公,心里竟然不由自主地恐慌起来,这岂不是天子的威严难以触犯吗?我不能再见他们了。"于是他把两宫的侍卫都撤掉,放纵将士把皇帝及后妃使用的车辆、服装,还有宫女都抢得一干二净。又将朝上、王侯们捉了送到永福省,派王伟守卫武德殿,于子悦屯驻在太极殿的东堂。侯景接着又伪造梁武帝的诏书,下令大赦天下,还加封自己为都督中外诸军、录尚书事。

建康的老百姓往四面八方逃难。太子洗马萧允来到京口时,端正地坐着不走,说道:"死生都是命中注定,怎么可以逃掉呢?灾祸都是由利益生的,如果不追求利益,灾祸怎会产生?"

高祖伐齐

【原文】

陈宣帝太建七年（乙未，575年）

周高祖谋伐齐，命边镇益储偫，加戍卒；齐人闻之，亦增修守御。柱国于翼谏曰："疆场相侵，互有胜负，徒损兵储，无益大计。不如解严继好，使彼懈而无备，然后乘间，出其不意，一举可取也。"周主从之。

韦孝宽上疏陈三策。其一曰："臣在边积年，颇见间隙，不因际会，难以成功。是以往岁出军，徒有劳费，功绩不立，由失机会。何者？长淮之南，旧为沃土，陈氏以破亡余烬，犹能一举平之；齐人历年赴救，丧败而返。内离外叛，计尽力穷，仇敌有衅，不可失也。今大军若出轵关，方轨而进，兼与陈氏共为掎角，并令广州义旅出自三鸦，又募山南骁锐，沿河而下，复遣北山稽胡，绝其并、晋之路。凡此诸军，仍令各募关、河之外劲勇之士，厚其爵赏，使为前驱。岳动川移，雷骇电激，百道俱进，并趋虏庭。必当望旗奔溃，所向摧殄，一戎大定，实在此机。"

【译文】

陈宣帝太建七年（乙未，公元575年）

北周武帝计划征讨北齐，下令在边镇增加储备，增添防守的士兵；北齐听到这一消息，也增加修整镇守据点。北周的柱国于翼向北周武帝劝说道："相互侵犯国界，各有胜负，白白地损失军队和储备，对大计没有益处。不如解除紧急状态，保持友好关系，使对方松懈而没有准备，然后寻找机会，出其不意，就能一举而取。"北周武帝听从了他的意见。

韦孝宽上疏武帝陈述三条计策。第一是："臣在边地多年，曾见到不少可乘之机，但不及时利用，难以成功。所以往年军队出征，只有劳累耗费，没有树立功绩，都是由于失掉了机会。为什么？淮河以南以前是肥沃的地方，陈氏收拾起梁朝破亡后的残余力量，还能一举将它讨平；齐人每年去那里援救，都遭到失败而归。现在齐国内有离心，外有叛乱，计尽力穷，仇敌之间有了破绽，这种机会不能失掉。现在大军如果发兵轵关，两车并行地前进，再加上与陈国共同夹击敌人，并下令广州的义军从三鸦出兵，另外征募山南的勇猛锐利之士沿黄河而下，再派遣北山的稽胡截断对方并州、晋州的通道。以上这些军队，仍旧命令他们各自征募关、河以外的强壮勇敢之士，给予优厚的爵位和赏赐，派他们作为先驱。大军山河移，像雷电般迅猛激烈，从多条道路齐头并进，直趋敌人的内庭。敌人一定望旗奔逃溃败，我军所向之处，敌军都会挫败消灭，一次征伐就能使天下大定，确实在于这次机会。"

【原文】

其二曰："若国家更为后图，未即大举，宜与陈人分其兵势。三鸦以北，万春以南，广事屯田，预为贮积，募其骁悍，立为部伍。彼既东南有敌，戎马相持，我出奇兵，破其疆场。彼若兴师赴援，我则坚壁清野，待其去远，还复出师。常以边外之军，引其腹心之众。我无宿舂之费，彼有奔命之劳，一二年中，必自离叛。且齐氏昏暴，政出多门，鬻狱卖官，唯利是视，荒淫酒色，忌害忠良，阖境嗷然，不胜其弊。以此而观，覆亡可待。然后乘间电扫，事等摧枯。"

【译文】
　　第二是："如果国家进一步为以后谋划，一时还没有大举进攻，最好和陈朝一同分散齐国的兵势。在三鸦以北、万春以南一带地方广为屯田，预先储备军粮，招募勇猛强悍的人组成军队。齐国的东南有陈朝和它为敌，双方的军队对峙，我方派出奇兵，就能突破齐国的国界。对方如果派军队来增援，我们可以坚壁清野，等他们远去以后，重又出兵。我们经常以边界一带的军队调动对方心腹之间的军事主力。我方不须准备隔夜的粮草，对方却有疲于奔命的劳累，一二年中，对方内部必定出现离心而叛变。况且齐氏昏庸暴虐，政出多门，鬻狱卖官，唯利是图，荒淫酒色，忌害忠良，全国哀号，不胜其弊。由此看来，其灭亡指日可待，然后寻找空隙发起迅雷不及掩耳的攻击，就像摧枯拉朽，腐朽的敌人很容易被打垮。"

【原文】
　　其三曰："昔勾践亡吴，尚期十载；武王取纣，犹烦再举。今若更存遵养，且复相时，臣谓宜还崇邻好，申其盟约，安民和众，通商惠工，蓄锐养威，观衅而动。斯乃长策远驭，坐自兼并也。"
　　书奏，周主引开府仪同三司伊娄谦入内殿，从容谓曰："朕欲用兵，何者为先？"对曰："齐氏沈溺倡优，耽昏麴蘖。其折冲之将斛律明月，已毙于谗口。上下离心，道路以目。此易取也。"帝大笑。三月，丙辰，使谦与小司寇元卫聘于齐以观衅。

【译文】
　　第三是："古代的勾践要灭亡吴国，尚且为期十年；周武王征讨商纣，还曾再次出兵。现在如果能在乱世暂时退忍，等待时机，臣认为应当重新表示尊重友邻，重申盟约，安抚百姓，和睦大众，互通贸易，优惠工匠，养精蓄锐，增加声威，等待机会而行动，这好比是用长长的马鞭远远地驾驭拉车的马匹，可以坐待兼并对方。"
　　韦孝宽的奏书呈上以后，北周武帝把开府仪同三司伊娄谦召进内殿，从容地问他："朕要用兵，以谁为最先的对象？"伊娄谦答道："齐国的执政者沉湎在欣赏歌舞杂耍之中，酷嗜饮酒。他们冲锋陷阵的勇将斛律明月已经死于谗言之中。上下离心离德，百姓慑于暴政，在路上相见时不敢交谈，只能以目示意。这是最容易攻取的。"武帝大笑。三月丙辰（初二），武帝派伊娄谦和小司寇元卫访问北齐，借此观察有什么可以利用的机会。

淫逸误国

【原文】

陈长城公至德二年（甲辰，584年）

是岁，上于光昭殿前起临春、结绮、望仙三阁，各高数十丈，连延数十间，其窗、牖、壁带、县楣、栏、槛皆以沈、檀为之，饰以金玉，间以珠翠，外施珠帘，内有宝床、宝帐，其服玩瑰丽，近古所未有。每微风暂至，香闻数里。其下积石为山，引水为池，杂植奇花异卉。

【译文】

陈长城公至德二年（甲辰，公元584年）

这年，陈后主在皇宫光昭殿前修建临春、结绮、望仙三栋楼阁，楼阁各高数十丈，连延数十间，窗户、壁带、悬楣、栏杆等都是用沉木和檀木制成，并用黄金、玉石或者珍珠、翡翠加以装饰，楼阁门窗均外挂珠帘，室内有宝床宝帐，穿戴玩赏的东西瑰奇精美，近古以来所未见。每当微风吹来，沉木、檀木香飘数里。阁下堆石成山，引水为池，并杂种奇花异草。

【原文】

上自居临春阁，张贵妃居结绮阁，龚、孔二贵嫔居望仙阁，并复道交相往来。又有王、李二美人，张、薛二淑媛，袁昭仪、何婕妤、江修容，并有宠，迭游其上。以宫人有文学者袁大舍等为女学士。仆射江总虽为宰辅，不亲政务，日与都官尚书孔范、散骑常侍王瑳等文士十余人，侍上游宴后庭，无复尊卑之序，谓之"狎客"。上每饮酒，使诸妃、嫔及女学士与狎客共赋诗，互相赠答，采其尤艳丽者，被以新声，选宫女千余人习而歌之，分部迭进。其曲有《玉树后庭花》《临春乐》等，大略皆美诸妃嫔之容色。君臣酣歌，自夕达旦，以此为常。

【译文】

陈后主自己居住在临春阁，张贵妃居住在结绮阁，龚、孔两贵嫔居住在望仙阁，通过各楼阁之间的复道互相往来。另外，后宫里还有王美人、李美人、张淑媛、薛淑媛、袁昭仪、何婕妤、江修容，都受到了陈后主的宠爱，也都经常在三座楼阁上游玩宴乐。陈后主又任命宫女中有文采的袁大舍等人为女学士。尚书仆射江总虽然担任宰相，但并不亲自处理政务，每天与都官尚书孔范、散骑常侍王瑳等文士十余人，侍奉后主在后宫游宴，他们与陈后主也不讲什么尊卑之序，人们称他们为"狎客"。陈后主每次举办酒宴，就使诸位妃、嫔和江总等狎客一起赋诗，互相赠答，然后挑选其中特别艳丽的诗作谱成新曲，再挑选宫女千余人练习歌唱，分部演出。其歌曲有《玉树后庭花》《临春乐》等，大都是赞美诸位妃、嫔的美丽容貌的。君臣饮酒酣歌，从夜晚到清晨，以为常事。

【原文】

张贵妃名丽华，本兵家女，为龚贵嫔侍儿，上见而悦之，得幸，生太子深。贵妃发长七尺，其光可鉴，性敏慧，有神彩，进止详华，每瞻视眄睐，光采溢目，照映左右。善候人主颜色，引荐诸宫女；后宫咸德之，竞言其善。又有厌魅之术，常置淫祀于宫中，聚女巫鼓舞。上怠于政事，百司启奏，并因宦者蔡脱儿、李善度进请；上倚隐囊，置张贵妃于膝上，共决之。李、蔡所不能记者，贵妃并为条疏，无所遗脱。因参访外事，人间有一言一事，贵妃必先知白之；由是益加宠异，冠绝后庭。宦官近习，内外连结，援引宗戚，纵横不法，卖官鬻狱，货赂公行；赏罚之命，不出于外。大臣有不从者，因而潜之。于是孔、张之权熏灼四方，大臣执政皆从风谄附。

【译文】

张贵妃名叫张丽华，家中世代为武将，她本来是龚贵妃的侍女，陈后主一见钟情。她得到陈后主的宠幸后，生下了皇太子陈深。张贵妃的一头秀发约长七尺，油光发亮，又聪明颖慧，富有神采，举止优雅，每当她顾盼凝视时，更显得光彩照人，映动左右。张贵妃善于体察陈后主的心意，向后主引荐宫女；因此后宫妃、嫔、宫女都对她感恩戴德，竞相在陈后主面前赞美她。她又擅长祈祷鬼神的厌魅方术，经常在后宫中进行各种不合礼制规定的祭祀，聚集女巫伴着音声跳舞，装神弄鬼。陈后主懒于处理政事，朝中百官大臣有所启奏，都由宦官蔡脱儿、李善度呈进请示；陈后主靠着松软的靠垫，让张贵妃坐在他的膝盖上，两人一起审批奏表，裁决政事。凡是蔡脱儿、李善度两人所没有记住的，张贵妃都逐条加以分析，没有遗漏。张贵妃经常了解皇宫外面发生的事情，外面的一言一事，张贵妃必定事先知道，然后告诉陈后主，因此更加受到陈后主的宠爱，地位远在后宫诸位妃、嫔之上。陈后主身旁的宦官与亲信内外勾结，朋比为奸，援引宗属亲戚，横行不法，卖官鬻狱，贿赂公行，就连朝廷赏罚之命，也都出于宫掖。外朝大臣有不顺从旨意的，就寻找机会加以陷害。孔贵嫔、张贵妃的权势炙手可热，执掌朝政的公卿大臣都竞相奉承依附。

张贵妃常在后宫聚集女巫进行祭祀鬼神的方术，以占卜灾异和祥瑞。

【原文】

孔范与孔贵嫔结为兄妹；上恶闻过失，每有恶事，孔范必曲为文饰，称扬赞美，由是宠遇优渥，言听计从。群臣有谏者，辄以罪斥之。中书舍人施文庆，颇涉书史，尝事上于东宫，聪敏强记，明闲吏职，心算口占，应时条理，由是大被亲幸。又荐所善吴兴沈客卿、阳惠朗、徐哲、暨慧景等，云有吏能，上皆擢用之；以客卿为中书舍人。客卿有口辩，颇知朝廷典故，兼掌金帛局。旧制：军人、士人并无关市之税。上盛修宫室,穷极耳目,府库空虚,有所兴造,恒苦不给。客卿奏请不问士庶并责关市之征,而又增重其旧。于是以阳惠朗为太市令,暨慧景为尚书金、仓都令史,二人家本小吏,考校簿领,纤毫不差;然皆不达大体,督责苛碎,聚敛无厌,士民嗟怨。客卿总督之,每岁所入,过于常格数十倍。上大悦,益以施文庆为知人,尤见亲重,小大众事,无不委任;转相汲引,珥貂蝉者五十人。

【译文】

都官尚书孔范与孔贵嫔结拜为兄妹;陈后主厌恶听到说自己犯有过失的话,所以每当他做错了事,孔范必然设法为他掩饰开脱,并称颂赞美他的圣明。因此陈后主对孔范的宠信礼遇有加,言听计从。百官大臣有敢于直言进谏者,孔范都要构之以罪,然后将他斥逐出朝。中书舍人施文庆读书颇多,陈后主为皇太子时曾在东宫供职,他聪明敏慧,记忆力强,通晓熟谙吏职政务,能心算口占,随时随地能把事情处理得井井有条,因此深得陈后主的亲近和宠幸。施文庆又向陈后主推荐了与他交好的吴兴人沈客卿、阳惠朗、徐哲、暨慧景等人,说他们有担任官吏的才干,陈后主都给予提拔重用,并任命沈客卿为中书舍人。沈客卿能言善辩,懂得朝廷典章常例,兼掌中书省金帛局。按照旧制,军人、官吏都不征收入市关税。陈后主由于大修宫室,极其豪华富丽,府库空虚,财用枯竭,再要有所兴造,就经常苦于无钱支付。沈客卿上奏请求不管官吏还是平民,都得交纳入市关税,而且还请求增加征收数额。陈后主便任命阳惠朗为太市令,暨慧景为尚书金、仓都令史。阳、暨二人家中本是小吏,考校文簿,丝毫不差;但都不识大体,督责苛刻而繁碎,聚敛从不满足,使得官吏百姓怨声载道。沈客卿总领负责,每年所得收入,超过正常数额几十倍。陈后主非常高兴,更觉得施文庆有知人之明,对他特别亲信倚重,把朝廷大小事情都交给他处理。施文庆一伙人转相荐引,成为达官显贵的多达五十人。

【原文】

孔范自谓文武才能,举朝莫及,从容白上曰:"外间诸将,起自行伍,匹夫敌耳。深见远虑,岂其所知!"上以问施文庆,文庆畏范,亦以为然;司马申复赞之。自是将帅微有过失,即夺其兵,分配文吏;夺任忠部曲以配范及蔡征。由是文武解体,以至覆灭。

【译文】

孔范自以为有文武全才,朝中无人能比,于是神色自若地对陈后主说:"朝外那些带兵的将帅都是行伍出身,只有匹夫之勇。至于深谋远虑、运筹帷幄,岂是他们所能知晓的!"陈后主以此向施文庆征询意见,施文庆因为惧怕孔范的权势,就随声附和;中书通事舍人司马申也表示赞成孔范的见解。自此以后,将帅如果稍有过失,就立刻削夺他们的军队,分配给文职官吏;曾经夺取领军将军任忠的部曲分配给孔范和蔡征。因此文臣武将都离心离德,终至覆灭。

一统归隋

【原文】

隋文帝开皇九年（己酉，589年）

春，正月，乙丑朔，陈主朝会群臣，大雾四塞，入人鼻，皆辛酸，陈主昏睡，至晡时乃寤。

是日，贺若弼自广陵引兵济江。先是弼以老马多买陈船而匿之，买弊船五六十艘，置于渎内。陈人觇之，以为内国无船。弼又请缘江防人每交代之际，必集广陵，于是大列旗帜，营幕被野，陈人以为隋兵大至，急发兵为备，既知防人交代，其众复散；后以为常，不复设备。又使兵缘江时猎，人马喧噪。故弼之济江，陈人不觉。韩擒虎将五百人自横江宵济采石，守者皆醉，遂克之。晋王广帅大军屯六合镇桃叶山。

【译文】

隋文帝开皇九年（己酉，公元589年）

春季，正月，乙丑朔（初一），陈朝举行元旦朝会，陈后主朝会百官时，大雾弥漫，吸入鼻孔，感到又辣又酸，陈后主昏睡过去，一直到下午申时左右才醒过来。

这一天，隋吴州总管贺若弼从广陵统帅军队渡过长江。起先，贺若弼卖掉军中老马，大量购买陈朝的船只，并把这些船只藏匿起来，然后又购买了破旧船只五六十艘，停泊在小河内。陈派人暗中窥探，认为中原没有船只。贺若弼又请求让沿江防守的兵士每当轮换交接的时候，都一定要聚集广陵，于是隋军大举旗帜，营幕遍野，陈朝以为是隋朝大军到来，便急忙调集军队加强戒备，后来知道是隋朝士卒换防交接，就将已聚集的军队解散；后来陈朝对此已习以为常，就不再加强戒备。贺若弼又时常派遣军队沿江打猎，人欢马叫。所以贺若弼渡江时，陈朝守军竟没有发觉。庐州总管韩擒虎也率领将士五百人从横江浦夜渡采石，陈朝守军全都喝醉了酒，隋军轻而易举就攻下了采石。晋王杨广统帅大军驻扎在六合镇桃叶山。

【原文】

丙寅，采石戍主徐子建驰启告变；丁卯，召公卿入议军旅。戊辰，陈主下诏曰："犬羊陵纵，侵窃郊畿，蜂虿有毒，宜时扫定。朕当亲御六师，廓清八表，内外并可戒严。"以骠骑将军萧摩诃、护军将军樊毅、中领军鲁广达并为都督，司空司马消难、湘州刺史施文庆并为大监军，遣南豫州刺史樊猛帅舟师出白下，散骑常侍皋文奏将兵镇南豫州。重立赏格，僧、尼、道士，尽令执役。

【译文】

丙寅（初二），陈朝采石镇戍主将徐子建携带告急文书飞骑赶赴都城报告隋军已渡江的消息；丁卯（初三），陈后主召集公卿大臣进宫商议军务事宜。戊辰（初三),陈后主下诏说:"隋军胆敢任意兴兵凌逼,侵犯占据我都城近郊,就好似蜂虿有毒,应该及时扫灭。朕当亲自统帅大军,消灭敌军,廓清天下,并在朝廷内外实施戒备。"便任命骠骑将军萧摩诃、护军将军樊毅、中领军鲁广达三人为都督,任命司空司马消难、湘州刺史施文庆两人为大监军,又派遣南豫州刺史樊猛统帅水军出守白下城,散骑常侍皋文奏统帅军队镇守南豫州。陈后主又下令设立重赏,征发僧、尼、道士等出家人服役。

【原文】

庚午,贺若弼攻拔京口,执南徐州刺史黄恪。弼军令严肃,秋毫不犯,有军士于民间酤酒者,弼立斩之。所俘获六千余人,弼皆释之,给粮劳遣,付以敕书,令分道宣谕。于是所至风靡。

樊猛在建康,其子巡摄行南豫州事。辛未,韩擒虎进攻姑孰,半日,拔之,执巡及其家口。皋文奏败还。江南父老素闻擒虎威信,来谒军门者昼夜不绝。

【译文】

庚午(初六),隋将贺若弼率军攻克京口,生俘陈朝南徐州刺史黄恪。贺若弼的军队纪律严明,秋毫不犯,有士卒在民间买酒的,贺若弼立即将他斩首。所俘获的陈朝军队六千余人,贺若弼全部予以释放,发给资粮,好言安抚,遣返回乡,并付给他们隋文帝敕书,让他们分道宣传散发。因此,隋军所到之处,陈朝军队望风溃败。

陈朝南豫州刺史樊猛当时还在建康,由他的儿子樊巡代理南豫州事。辛未(初七),隋将韩擒虎率军进攻姑孰,只用了半天,就攻下了姑孰城,俘虏了樊巡及其全家。皋文奏军败,退还江南。江南地区的父老百姓早就听说过韩擒虎的威名,前来军营谒见拜访的人昼夜不绝。

【原文】

鲁广达之子世真在新蔡,与其弟世雄及所部降于擒虎,遣使致书招广达。广达时屯建康,自劾,诣廷尉请罪;陈主慰劳之,加赐黄金,遣还营。樊猛与左卫将军蒋元逊将青龙八十艘于白下游弈,以御六合兵;陈主以猛妻子在隋军,惧有异志,欲使镇东大将军任忠代之,令萧摩诃徐谕猛,猛不悦,陈主重伤其意而止。

于是贺若弼自北道,韩擒虎自南道并进,缘江诸戍,望风尽走;弼分兵断曲阿之冲而入。陈主命司徒豫章王叔英屯朝堂,萧摩诃屯乐游苑,樊毅屯耆阇寺,鲁广达屯白土冈,忠武将军孔范屯宝田寺。己卯,任忠自吴兴入赴,仍屯朱雀门。

【译文】

陈朝都督鲁广达的儿子鲁世真在新蔡,与其弟弟鲁世雄一起率部投降了韩擒虎,并派遣使节持书信招抚鲁广达。鲁广达当时率军驻扎在建康,接到鲁世真的劝降信后,自己上表弹劾自己,并亲自到廷尉请求治罪;陈后主对他好言慰劳,并额外赏赐他黄金,让他返回军营。樊猛和左卫将军蒋元逊率领青龙船八十艘在白下城附近的江面上游弋,以防御从六合方面发动进攻的隋军;陈后主由于樊猛的妻儿家人都被隋军俘获,恐怕他心怀异志,打算派遣镇东大将军任忠代替他,并让萧摩诃向樊猛慢慢讲明情况,樊猛听后很不高兴,陈后主感到很难违背樊猛的意愿,只好作罢。

此时,隋将贺若弼率军从北道,韩擒虎率军从南道,齐头并进,夹攻建康。陈朝沿江的镇戍要塞守军都望风而逃;贺若弼分兵占领曲阿,隔断了陈朝援军的通道,自己率主力进逼建康。陈后主命令司徒、豫章王陈叔英率军守卫朝堂,萧摩诃率军驻守乐游苑,樊毅率军驻守耆阇寺,鲁广达率军驻守白土冈,忠武将军孔范率军驻守宝田寺。己卯(十五日),任忠率军自吴兴入援京师,驻守朱雀门。

【原文】

辛未,贺若弼进据钟山,顿白土冈之东。晋王广遣总管杜彦与韩擒虎合军,步骑二万屯于新林。蕲州总管王世积以舟师出九江,破陈将纪瑱于蕲口,陈人大骇,降者相继。晋王广上状,帝大悦,宴赐群臣。

时建康甲士尚十余万人,陈主素怯懦,不达军士,唯日夜啼泣,台内处分,一以委施文庆。文庆既知诸将疾己,恐其有功,乃奏曰:"此辈怏怏,素不伏官,迫此事机,那可专信!"由是诸将凡有启请,率皆不行。

【译文】

辛未,隋将贺若弼率军进据钟山,驻扎在白土冈的东面。晋王杨广派遣总管杜彦和韩擒虎合军,共计步骑两万人驻扎在新林。隋蕲州总管王世积统帅水军出九江,在蕲口击败陈将纪瑱,陈朝将士大为惊恐,向隋军投降的人接连不断,晋王杨广上表禀报军情,隋文帝非常高兴,便宴请和赏赐百官群臣。

当时建康还有军队十万人,但是陈后主生性怯懦软弱,又不懂军事,只是日夜哭泣,台城内所有军情的处置,全部委任给施文庆。施文庆知道将帅们都痛恨自己,唯恐他们建立功勋,便向陈后主上奏说:"这些将帅们平时总是心中不满,一向不是甘心情愿服侍陛下,现在到了危急时刻,怎么可以完全信任他们呢?"因此这些将帅凡是有所启奏请求,绝大部分都未获批准。

【原文】

贺若弼之攻京口也,萧摩诃请将兵逆战,陈主不许。及弼至钟山,摩诃又曰:"弼悬军深入,垒堑未坚,出兵掩袭,可以必克。"又不许。陈主召摩诃、任忠于内殿议军事,忠曰:"兵法,客贵速战,主贵持重。今国家足兵足食,宜固守台城,缘淮立栅,北军虽来,勿与交战;分兵断江路,无令彼信得通。给臣精兵一万,金翅三百艘,下江径掩六合;彼大军必谓其度江将士已被俘获,自然挫气。淮南土人与臣旧相知悉,今闻臣往,必皆景从。臣复扬声欲往徐州,断彼归路,则诸军不击自去。待春水既涨,上江周罗睺等众军必沿流赴援,此良策也。"陈主不能从。明日,欸然曰:"兵久不决,令人腹烦,可呼萧郎一出击之。"任忠叩头苦请勿战。孔范又奏："请作一决,当为官勒石燕然。"陈主从之,谓摩诃曰："公可为我一决！"摩诃曰："从来行陈,为国为身；今日之事,兼为妻子。"陈主多出金帛赋诸军以充赏。甲申,使鲁广达陈于白土冈,居诸军之南,任忠次之,樊毅、孔范又次之,萧摩诃军最在北。诸军南北亘二十里,首尾进退不相知。

【译文】

  在隋将贺若弼进攻京口时,陈朝都督萧摩诃曾经请求率军迎战,陈后主不许。等到贺若弼进至钟山,萧摩诃又上奏说："贺若弼孤军深入,立足未稳,如果乘机出兵袭击,可保必胜。"陈后主还是不允许。陈后主召集萧摩诃、任忠在宫中内殿商议军事,任忠说："兵法上说,来犯之军利在速战,守军利在坚持。现在国家兵足粮丰,应该固守台城,沿秦淮河建立栅栏,隋军虽然来攻,不要轻易出战；分兵截断长江水路,不要让隋军音信相通。陛下可给我精兵一万人,金翅战船三百艘,顺江而下,径直突然袭击六合镇；这样,隋朝大军一定会认为他们渡过江的将士已经被我们俘获,锐气自然就会受挫。此外,淮南土著居民与我以前就互相熟悉,如今听说是我率军前往,必定会群起响应。我再扬言将要率军进攻徐州,断敌退路,这样,各路隋军就会不战自退。待到雨季春水既涨,上游周罗睺等军必定顺流而下赶来增援。这是一个良好的战略计策。"陈后主也不听从。到了第二天,陈后主忽然说："与隋军长久相持不进行决战,令人心烦,可叫萧摩诃出兵攻打敌军。"任忠向陈后主跪地叩头,苦苦请求不要出战。忠武将军孔范又上奏说："请求与隋军进行决战,我军必胜,我将为陛下在燕然山刻石立碑纪念战功。"陈后主听从了孔范的意见,对萧摩诃说："你可为我率军与敌军一决胜负！"萧摩诃说："从来行军作战都是为了国家与自己,今日与敌决战,兼为妻儿家人。"于是陈后主拿出很多金钱财物,分配给诸军用作奖赏。甲申（二十日）,命令鲁广达率军在白土冈摆开阵势,在各军的最南边,由南往北,依次是任忠、樊毅、孔范,萧摩诃的军队在最北边。陈朝军队所摆开的阵势南北长达二十里,首尾进退互不知晓。

【原文】

  贺若弼将轻骑登山,望见众军,因驰下,与所部七总管杨牙、员明等甲士凡八千,勒陈以待之。陈主通于萧摩诃之妻,故摩诃初无战意；唯鲁广达以其徒力战,与弼相当。隋师退走者数四,弼麾下死者二百七十三人,弼纵烟以自隐,窘而复振。陈兵得人头,皆走献陈主求赏,弼知其骄惰,更引兵趣孔范；范兵暂交即走,陈诸军顾之,骑卒乱溃,不可复止,死者五千人。员明擒萧摩诃,送于弼,弼命牵斩之。摩诃颜色自若,弼乃释而礼之。

【译文】

  隋将贺若弼率领轻骑登上钟山,望见陈朝众军已摆开阵势,于是驰骑下山,与所部七位总管杨牙、员明等将领率兵士共八千人,也摆好阵势准备迎战。因为陈后主私通萧摩诃的妻子,所以萧摩诃一开始就不想为陈后主打仗；只有鲁广达率领部下拼死力战，与贺若弼的军队旗鼓相当。隋军曾经四次被迫后退，贺若弼部下战死二百七十三人，后来贺若弼部队纵放烟火用来掩护隐蔽，才摆脱困境重新振作起来。陈朝兵士获得隋军人头，纷纷跑去献给陈后主以求得奖赏，贺若弼看到陈朝军队骄傲轻敌，不愿再苦战，便再一次率军冲击孔范的军阵；孔范的士兵与隋军刚一交战即败走，陈朝诸军望见，骑兵、步卒也一起纷纷溃逃，互相践踏不可阻止，死了五千人。总管员明擒获了萧摩诃，把他送交贺若弼，贺若弼命令推出去斩首。萧摩诃神色自若，贺若弼便给他松绑，并以礼相待。

【原文】

任忠驰入台，见陈主言败状，曰："官好住，臣无所用力矣！"陈主与之金两縢，使募人出战。忠曰："陛下唯当具舟楫，就上流众军，臣以死奉卫。"陈主信之，敕忠出部分，令宫人装束以待之，怪其久不至。时韩擒虎自新林进军，忠已帅数骑迎降于石子冈。领军蔡征守朱雀航，闻擒虎将至，众惧而溃。忠引擒虎军直入朱雀门，陈人欲战，忠挥之曰："老夫尚降，诸军何事！"众皆散走。于是城内文武百司皆遁，唯尚书仆射袁宪在殿中，尚书令江总等数人居省中。陈主谓袁宪曰："我从来接遇卿不胜余人，今日但以追愧。非唯朕无德，亦是江东衣冠道尽！"

【译文】

任忠驰马进入建康台城，谒见陈后主，叙说了失败经过，然后说："陛下好自为之，我是无能为力了！"陈后主交给他两串金子，让他再募兵出战，任忠说："陛下只有赶紧准备船只，前往上游会合周罗睺等人统领的大军，臣当豁出性命护送陛下。"陈后主相信了任忠，敕令他出外布置安排，又下令后宫宫女收拾行装，等待任忠，久等不至，觉得奇怪。当时韩擒虎率军队从新林向台城进发，任忠已经率领部下数骑到石子冈去投降。当时陈朝领军将军蔡征率军守卫朱雀航，听说韩擒虎将到，部队惊惧，望风溃逃。任忠带领韩擒虎的军队径直进入朱雀门，还有一些陈军将士想进行抵抗，任忠对他们挥挥手说："我都投降了隋军，你们还抵抗什么！"于是陈军全都逃散。此时，台城内文武大臣全都逃跑，只有尚书仆射袁宪在殿内，尚书令江总等数人在尚书省府中。陈后主对袁宪感叹说："我从来对待你不比别人好，今日只有你还留在我的身边，对此我感到很惭愧。这不只是朕失德无道所致，也是由于江东士大夫的气节全都丧失净尽了！"

【原文】

陈主惶遽，将避匿，宪正色曰："北兵之入，必无所犯。大事如此，陛下去欲安之！臣愿陛下正衣冠，御正殿，依梁武帝见侯景故事。"陈主不从，下榻驰去，曰："锋刃之下，未可交当，吾自有计！"从宫人十余出后堂景阳殿，将自投于井，宪苦谏不从；后阁舍人夏侯公韵以身蔽井，陈主与争，久之，乃得入。既而军人窥井，呼之，不应，欲下石，乃闻叫声；以绳引之，惊其太重，及出，乃与张贵妃、孔贵嫔同束而上。沈后居处如常。太子深年十五，闭邻而坐，舍人孔伯鱼侍侧，军士叩阁而入，深安坐，劳之曰："戎旅在途，不至劳也！"军士咸致敬焉。时陈人宗室王侯在建康者百余人，陈主恐其为变，皆召入，令屯朝堂，使豫章王叔英总督之，又阴为之备，及台城失守，相帅出降。

【译文】

陈朝后主惊慌失措，想要躲藏，袁宪严肃地说道："隋军进入皇宫后，必定不会对陛下有所侵侮。事已至此，陛下还能躲到什么地方去？我请求陛下把衣服冠冕穿戴整齐，端坐正殿，依照当年梁武帝见侯景的做法。"陈后主没有听从，下了坐床飞奔而去，并说："兵刃之下，不能拿性命去冒险抵挡，我自有办法！"于是跟着十余个宫人逃出后堂景阳殿，就要往井里跳，袁宪苦苦哀求，陈后主不听。后阁舍人夏侯公韵用自己的身子遮挡住井口，陈后主极力相争，争了很长时间才得以跳进井里。不久，有隋军兵士向井里窥视，并大声喊叫，井下无人回答，士兵扬言要落井下石，方才听到井下有人呼唤，于是抛下绳索往上拉人，感到非常沉重，十分吃惊，直到把人拉了上来，才看见是陈后主与张贵妃、孔贵嫔三人同绳而上。而沈皇后仍像平常一样，住在宫里，毫不惊慌。皇太子陈深当时年方十五岁，关上阁门，安然端坐，身边只有舍人孔伯鱼陪侍。隋军兵士进来以后，陈太子对他们好言慰劳说："你们一路上鞍马劳顿，还不至于过于疲劳吧？"隋军兵士都纷纷向他致敬。当时陈朝宗室王侯在建康城中有一百余人，陈后主恐怕他们发动政变，就把他们全都召进宫里，命令他们都聚集在朝堂，派遣豫章王陈叔英监督他们，并暗中严加戒备。到台城失守以后，他们都相继投降。

【原文】

贺若弼乘胜至乐游苑，鲁广达犹督余兵苦战不息，所杀获数百人，会日暮，乃解甲，面台再拜恸哭，谓众曰："我身不能救国，负罪深矣！"士卒皆流涕歔欷，遂就擒。诸门卫皆走，弼夜烧北掖门入，闻韩擒虎已得陈叔宝，呼视之，叔宝惶惧，流汗股栗，向弼再拜。弼谓之曰："小国之君当大国之卿，拜乃礼也。入朝不失作归命侯，无劳恐惧。"既而耻功在韩擒虎后，与擒虎相诟，挺刃而出；欲令蔡征为叔宝作降笺，命乘骡车归己，事不果。弼置叔宝于德教殿，以兵卫守。

高颎先入建康，颎子德弘为晋王广记室，广使德弘驰诣颎所，令留张丽华，颎曰："昔太公蒙面以斩妲己，今岂可留丽华！"乃斩之于青溪。德弘还报，广变色曰："昔人云，'无德不报'，我必有以报高公矣！"由是恨颎。

丙戌，晋王广入建康，以施文庆受委不忠，曲为诡佞以蔽耳目，沈客卿重赋厚敛以悦其上，与太市令阳慧朗、刑法监徐析、尚书都令史暨慧景皆为民害，斩于石阙下，以谢三吴。使高颎与元帅府记室裴矩收图籍，封府库，资财一无所取，天下皆称广，以为贤。

广以贺若弼先期决战，违军令，收以属吏。上驿召之，诏广曰："平定江表，弼与韩擒虎之力也。"赐物万段；又赐弼与擒虎诏，美其功。

开府仪同三司王颁，僧辩之子，夜，发陈高祖陵，焚骨取灰，投水而饮之。既而自缚，归罪于晋王广；广以闻，上命赦之。诏陈高祖、世祖、高宗陵，总给五户守之。

【译文】

隋将贺若弼率军乘胜进至乐游苑，陈朝都督鲁广达仍督率残兵败将苦战不止，共杀死俘虏隋军数百人，赶上天色近晚，鲁广达方才放下武器，面向台城拜了三拜，忍不住失声痛哭，对部下说："我没有能够拯救国家，负罪深重！"部下士兵也都痛哭流涕，于是被隋军俘获。台城的官门卫士都四散逃走，贺若弼率军在夜间焚烧北掖门而进入皇宫，得知韩擒虎已抓住了陈叔宝，就把他叫来亲自察看，陈叔宝非常害怕，汗流浃背，浑身战栗，向贺若弼跪拜叩头。贺若弼对他说："小国的君主见了大国的公卿大臣，按照礼节应该跪拜。阁下到了隋朝仍不失封为归命侯，所以不必恐惧。"过后，贺若弼因耻于功在韩擒虎之后，与韩擒虎争吵辱骂，随后怒气冲冲地拔刀而出，想令陈朝前吏部尚书蔡徵为陈叔宝起草降书，又下令陈后主乘坐骡车归附自己，但没有实现。于是贺若弼将陈后主置于德教殿内，派兵守卫。

高颎先进入建康，当时高颎的儿子高德弘是晋王府记室参军，杨广就派他驰马来见高颎，传令留下张丽华，高颎说："古时候姜太公吕尚蒙面斩了殷纣王的宠姬妲己，今天岂能留下张丽华！"便将张丽华斩于青溪。高德弘回来报告杨广，杨广脸色大变说："古人云，'无德不报。'我一定有办法回报高公！"因此杨广忌恨高颎。

丙戌（二十二日），晋王杨广进入建康，认为陈朝中书舍人施文庆接受委命，却不忠心国事，反而谄媚为奸，以蒙蔽天子耳目；前中书舍人沈客卿重赋厚敛，盘剥百姓，以博取天子的欢心；与太市令阳慧朗、刑法监徐析、尚书都令史暨慧景等人都是祸国害民的奸臣，一并斩于石阙之下，以谢三吴地区百姓。杨广又让高颎和元帅府记室参军裴矩一道收缴南陈地图和户籍，封存国家府库，金银财物一无所取，因此，天下都称颂杨广，认为他贤明。

晋王杨广因为贺若弼率军与陈朝军队先期决战，违犯了军令，下令将他收捕送交执法官吏。隋文帝派遣驿使传令召贺若弼入朝，并给杨广下诏书说："这次平定江表地区，全仗贺若弼和韩擒虎二人之力。"还下令赏赐贺若弼布帛等物一万段。不久又赐给贺若弼和韩擒虎诏书，赞美他们二人的功绩。

隋开府仪同三司王颁是王僧辩的儿子，在一天夜里，他挖了陈高祖的陵墓，焚毁了陈霸先的尸骨，并将骨灰投进水中然后喝下去，以报杀父之仇。随后他把自己捆绑起来，向晋王杨广投案，请求治罪；杨广把此事报告了隋文帝，隋文帝下令赦免了他。隋文帝又下诏令给陈高祖、陈世祖、陈高宗安排五户守陵人，分别负责守护陵墓。

隋唐盛世

杨广夺宠

【原文】

高祖文皇帝中开皇二十年（庚申，600年）

初，上使太子勇参决军国政事，时有损益；上皆纳之。勇性宽厚，率意任情，无矫饰之行。上性节俭，勇尝文饰蜀铠，上见而不悦，戒之曰："自古帝王未有好奢侈而能久长者。汝为储后，当以俭约为先，乃能奉承宗庙。吾昔日衣服，各留一物，时复观之以自警戒。恐汝以今日皇太子之心忘昔时之事，故赐汝以我旧所带刀一枚，并葅酱一合，汝昔作上士时常所食也。若存记前事，应知我心。"

后遇冬至，百官皆诣勇，勇张乐受贺。上知之，问朝臣曰："近闻至日内外百官相帅朝东宫，此何礼也？"太常少卿辛亶对曰："于东宫，乃贺也，不得言朝。"上曰："贺者正可三数十人，随情各去，何乃有司征召，一时普集！太子法服设乐以待之，可乎？"因下诏曰："礼有等差，君臣不杂。皇太子虽居上嗣，义兼臣子，而诸方岳牧正冬朝贺，任土作贡，别上东宫；事非典则，宜悉停断。"自是恩宠始衰，渐生猜阻。

【译文】

隋文帝开皇二十年（庚申，公元600年）

当初，隋文帝让太子杨勇参与决策军国政事，他经常提出批评建议，文帝都采纳了。杨勇性情宽厚，直率热情，平易近人，无弄虚作假的品行。文帝本性崇尚节俭，杨勇曾经在蜀地出的已经很精美华丽的铠甲上再加装饰，文帝看到后很不高兴，他告诫杨勇说："自古以来帝王无一喜好奢侈而能长久的，你作为皇位继承人，应当以节俭为先，这样才能承继宗庙。我过去的衣服，都各留一件，时常取出它们观看以告诫自己。恐怕你已经以当今皇太子自居而忘却了过去的事情，因此我赐给你一把我旧时所佩带的刀，一盒你旧日为上士时常常吃的腌菜。要是你还能记得以前的事，你就应该懂得我的良苦用心。"

后来到了冬至，百官都去见杨勇，杨勇排列乐队接受百官的祝贺。文帝知道了这件事，就问朝臣："最近听说冬至那天朝廷内外百官都去朝见太子，这是什么礼法？"太常少卿辛亶回答："百官到东宫，是祝贺，不能说是朝见。"文帝说："祝贺的人应该三五十人，随意各自去，为什么由有关部门召集，一时间百官都集中起来同去？太子身穿礼服奏乐来接待百官，能这样吗？"于是文帝下诏说："礼法有等级差别，君臣之间不能混杂。皇太子虽然是皇帝的继承人，但从礼义上讲也是臣子，各地方长官在冬至时节来朝贺，进献自己辖地的特产，但另外给皇太子上贡，这就不符合典章制度了，应该全部停止。"从此，文帝对杨勇的恩宠开始衰落，渐渐有了猜疑和戒心。

【原文】

勇多内宠，昭训云氏尤幸。其妃元氏无宠，遇心疾，二日而薨，独孤后意有他故，甚责望勇。自是云昭训专内政，生长宁王俨，平原王裕，安成王筠；高良娣生安平王巖，襄城王恪；王良媛生高阳王该，建安王韶；成姬生颍川煚；后宫生孝实、孝范。后弥不平，颇遣人伺察，求勇过恶。

晋王广弥自矫饰，唯与萧妃居处，后庭有子皆不育，后由是数称广贤。大臣用事者，广皆倾心与交。上及后每遣左右至广所，无贵贱，广必与萧妃迎门接引，为设美馔，申以厚礼；婢仆往来者，无不称其仁孝。上与后尝幸其第，广悉屏匿美姬于别室，唯留老丑者，衣以缦彩，给事左右；屏帐改用縑素；故绝乐器之弦，不令拂去尘埃。上见之，以为不好声色，还宫，以语侍臣，意甚喜，侍臣皆称庆，由是爱之特异诸子。

【译文】

杨勇有很多姬妾，他对昭训云氏尤其宠爱。杨勇的妃子元氏不得宠，突然得了心疾，两天就死了。独孤皇后认为这里还有别的缘故，对杨勇很是责备。此后，云昭训总揽东宫内的事务，她生了长宁王杨俨、平原王杨裕、安成王杨筠；高良娣生了安平王杨巖、襄城王杨恪；王良媛生了高阳王杨该、建安王杨韶；其他的宫人生了杨孝实、杨孝范。独孤皇后更加不高兴，经常派人来窥视探查，找杨勇的过失和罪过。

晋王杨广了解这件事后就更加伪装自己，他只和萧妃住在一起，对后宫所生子女都不去抚育，独孤皇后因此多次称赞杨广有德行。朝廷中执掌朝政的重臣，杨广都尽心竭力地与他们结交。文帝和独孤皇后每次派身边的人到杨广的住处，无论来的人地位高低，杨广必定和萧妃一起在门口迎接，为来人摆设盛宴，并厚赠礼品。于是来往的奴婢仆人没有不称颂杨广为人仁爱贤孝的。文帝与独孤皇后曾经驾临杨广的府第，杨广将他的美姬都藏到别的房间里，只留下年老貌丑之人身着没有文饰的衣服来服侍伺候。房间里的屏帐都改用朴素的幔帐，断绝琴瑟丝弦，不让拂去上面的灰尘。文帝看到这种情况，以为杨广不爱好声色，返回皇宫后，告诉侍臣这一情况，看上去非常高兴，侍臣们也都向文帝祝贺。从此，文帝喜爱杨广超出别的儿子。

【原文】

上密令善相者来和遍视诸子，对曰："晋王眉上双骨隆起，贵不可言。"上又问上仪同三司韦鼎："我诸儿谁得嗣位？"对曰："至尊、皇后所最爱者当与之，非臣敢预知也。"上笑曰："卿不肯显言邪！"

晋王广美姿仪，性敏慧，沈深严重；好学，善属文；敬接朝士，礼极卑屈；由是声名籍甚，冠于诸王。

【译文】

文帝命令善于看相的来和暗中把他的儿子们都看了一遍，来和回答："晋王杨广眉上有双骨隆起，贵不可言。"文帝又问上仪同三司韦鼎："我这些儿子，哪个可以继承皇位？"韦鼎回答："陛下和皇后最喜爱的儿子应当继承皇位，这不是我敢预知的。"文帝笑道："你不肯明说呀！"

晋王杨广容貌俊美，举止优雅，性情聪颖机敏，性格深沉持重；他喜好学习，擅长做文章，对朝中之士恭敬结交，待人非常礼貌谦卑，因此他的声誉很盛，高于文帝其他的儿子。

炀帝奢靡

【原文】

隋炀帝大业元年（乙丑，605年）

三月，丁未，诏杨素与纳言杨达、将作大匠宇文恺营建东京，每月役丁二百万人，徙洛州郭内居民及诸州富商大贾数万户以实之。废二崤道，开蒉册道。

戊申，诏曰："听采舆颂，谋及庶民，故能审刑政之得失；今将巡历淮、海，观省风俗。"

敕宇文恺与内史舍人封德彝等营显仁宫，南接皂涧，北跨洛滨。发大江之南、五岭以北奇材异石，输之洛阳；又求海内嘉木异草，珍禽奇兽，以实园苑。辛亥，命尚书右丞皇甫议发河南、淮北诸郡民，前后百余万，开通济渠。自西苑引谷、洛水达于河；复自板渚引河历荥泽入汴；又自大梁之东引汴水入泗，达于淮；又发淮南民十余万开邗沟，自山阳至杨子入江。渠广四十步，渠旁皆筑御道，树以柳；自长安至江都，置离宫四十余所。庚申，遣黄门侍郎王弘等往江南造龙舟及杂船数万艘。东京官吏督役严急，役丁死者什四五，所司以车载死丁，东至城皋，北至河阳，相望于道。又作天经宫于东京，四时祭高祖。

【译文】

隋炀帝大业元年（乙丑，公元605年）

三月丁未（十七日），炀帝下诏派杨素和纳言杨达、将作大匠宇文恺营建东京洛阳，每个月役使壮丁二百万人，迁徙洛州城内的居民和各州的富商大贾几万户充实东京。废弃二崤道，开辟蒉册道。

戊申，炀帝下诏说："听取来自民间的舆论和意见，为平民百姓多考虑，就能考察出刑罚、政令的好坏；现在我要巡视淮、海一带，考察一下各地的风俗。"

炀帝命令宇文恺和内史舍人封德彝等人建显仁宫，南接皂涧，北跨洛水，征调大江以南五岭以北的奇材异石，输送到洛阳；又搜求海内的嘉木异草、珍禽奇兽，充实园苑。二十一日，命令尚书右丞皇甫议前后征发河南、淮北各郡的百姓一百余万人，开辟通济渠。从西苑引谷水、洛水到黄河，又从板渚引黄河水经过荥泽进入汴水，从大梁以东引汴水入泗水到淮河；又征发淮南的百姓十余万人开凿邗沟，从山阳到杨子入长江。通济渠宽四十步，渠两旁都筑有御道，栽种柳树；从长安到江都设置离宫四十余所。庚申（三十日），派遣黄门侍郎王弘等人到江南建造龙舟和各种船只几万艘。东京的官吏监督工程严酷急迫，壮丁死去四五成。有关部门的载尸之车东到城皋，北至河阳，连绵不断。炀帝又在东京建造天经宫，每年四季祭祀文帝。

【原文】

五月，筑西苑，周二百里；其内为海，周十余里；为蓬莱、方丈、瀛洲诸山，高出水百余尺，台观殿阁，罗络山上，向背如神。北有龙鳞渠，萦纡注海内。缘渠作十六院，门皆临渠，每院以四品夫人主之，堂殿楼观，穷极华丽。宫树秋冬凋落，则剪彩为华叶，缀于枝条，色渝则易以新者，常如阳春。沼内亦剪彩为荷芰菱芡，乘舆游幸，则去冰而布之。十六院竞以肴馐精丽相高，求市恩宠。上好以月夜从宫女数千骑游西苑，作《清夜游曲》，于马上奏之。

八月，壬寅，上行幸江都，发显仁宫，王弘遣龙舟奉迎。乙巳，上御小朱航，自漕渠出洛口，御龙舟。龙舟四重，高四十五尺，长二百丈。上重有正殿、内殿、东西朝堂，中二重有百二十房，皆饰以金玉，下重内侍处之。皇后乘翔螭舟，制度差小，而装饰无异。别有浮景九艘，三重，皆水殿也。又有漾彩、朱鸟、苍螭、白虎、玄武、飞羽、青凫、陵波、五楼、道场、玄坛、板舁、黄篾等数千艘，后宫、诸王、公主、百官、僧、尼、道士、蕃客乘之，及载内外百司供奉之物，共用挽船士八万余人，其挽漾彩以上者九千余人，谓之殿脚，皆以锦彩为袍。又有平乘、青龙、艨艟、艚艟、八棹、艇舸等数千艘，并十二卫兵乘之，并载兵器帐幕，兵士自引，不给夫。舳舻相接二百余里，照耀川陆，骑兵翊两岸而行，旌旗蔽野。所过州县，五百里内皆令献食，多者一州至百车，极水陆珍奇；后宫厌饫，将发之际，多弃埋之。

【译文】

五月，营建西苑，方圆二百里，苑内有海，方圆十余里。海内建造蓬莱、方丈、瀛洲诸神山，高出水面百余尺，台观殿阁，星罗棋布地分布在山上，从哪方面看都恍若仙境。苑北有龙鳞渠，蜿蜒地流入海内。沿着龙鳞渠建造了十六院，院门临渠，每院以一名四品夫人主持，堂殿楼观，极端华丽。宫内树木秋冬季凋枯后，就剪彩绸为花叶缀在枝条上，颜色旧了就换新的，使景色常如阳春。池内也剪彩绸做成荷、芰、菱、芡。炀帝来游玩，就去掉池冰，布置上彩绸。十六院竞相烹饪珍馐佳肴，以求炀帝恩宠。炀帝爱在月夜带领几千名宫女骑马游西苑，还创作了《清夜游曲》，在马上演奏。

八月十五日，炀帝巡游江都，从显仁宫出发，王弘派龙舟迎接。十八日，炀帝乘小朱航，从漕渠出洛口，乘坐龙舟。龙舟有四层，高四十五尺，长二百丈。上层是正殿、内殿、东西朝堂；中间两层有一百二十个配房，都用金玉装饰；下层供侍臣住。萧皇后乘坐的翔螭舟规制稍小，但装饰相同。另有浮景船九艘，三层，都是水中宫殿。还有漾彩、朱鸟、苍螭、白虎、玄武、飞羽、青凫、陵波、五楼、道场、玄坛、板舁、黄蔑等几千艘船，供后宫、诸王、公主、百官、僧尼、道士、蕃客乘坐，并装载朝廷内外机构的贡品。共用挽船民夫八万余人，其中挽漾彩及以上的九千余人，称殿脚，都身穿锦袍。又有平乘、青龙、艨艟、艚艟、八棹、艇舸等几千艘船供十二卫士兵乘坐，并装载兵器帐幕，由士兵自挽，不配给民夫。船队长二百余里，灯火照耀江河陆地，骑兵在两岸护卫行进，旌旗蔽野。队伍所经过的州县，五百里内都命令进献食物。多的一州要献食百车，极尽水陆珍奇；后宫都吃腻了，出发前就扔掉埋起来。

东征高丽

【原文】

隋炀帝大业八年（壬申，612年）

四方兵皆集涿郡，帝征合水令庾质，问曰："高丽之众不能当我一郡，今朕以此众伐之，卿以为克？"对曰："伐之可克。然臣窃有愚见，不愿陛下亲行。"帝作色曰："朕今总兵至此，岂可未见贼而先自退邪？"对曰："战而未克，惧损威灵。若车驾留此，命猛将劲卒，指授方略，倍道兼行，出其不意，克之必矣。事机在速，缓则无功。"帝不悦，曰："汝既惮行，自可留此。"右尚方署监事耿询上书切谏，帝大怒，命左右斩之，何稠苦救，得免。

【译文】

隋炀帝大业八年（壬申，公元612年）

全国各地的军队都汇集在涿郡，炀帝招来合水令庾质，问道："高丽的人数还不到我国的一个郡，今天我率领这么多的军队征讨高丽，你认为能打败高丽吗？"庾质回答："征伐可以取胜，但依臣的愚见，不愿意陛下亲自去征讨。"炀帝脸色一变，说："今天我集结军队至此，怎么能还未看见敌军我就先退却呢？"庾质回答："攻战而不能取胜，恐怕有损陛下的威名。要是陛下留在此地，指导传授谋略，命令指挥猛将劲卒火速进击，出其不意，必定可以攻克。军机在于神速，迟缓就会无功。"炀帝不高兴地说："你既然害怕，自可以留在此地。"右尚方署监事耿询上书炀帝恳切地劝说，炀帝勃然大怒，命令左右将耿询斩首，何稠竭力相救，耿询才得以免死。

【原文】

壬午，诏左十二军出镂方、长岑、溟海、盖马、建安、南苏、辽东、玄菟、扶余、朝鲜、沃沮、乐浪等道，右十二军出黏蝉、含资、浑弥、临屯、候城、提奚、踢顿、肃慎、碣石、东施、带方、襄平等道，骆驿引途，总集平壤，凡一百一十三万三千八百人，号二百万，其馈运者倍之。宜社于南桑干水上，类上帝于临朔宫南，祭马祖于蓟城北。帝亲授节度：每军大将、亚将各一人；骑兵四十队，队百人，十队为团，步卒八十队，分为四团，团各有偏将一人；其铠胄、缨拂、旗幡，每团异色；受降使者一人，承诏慰抚，不受大将节制；其辎重散兵等亦为四团，使步卒挟之而行；进止立营，皆有次叙仪法。癸未，第一军发；日遣一军，相去四十里，连营渐进；终四十日，发乃尽，首尾相继，鼓角相闻，旌旗亘九百六十里。御营内合十二卫、三台、五省、九寺，分隶内、外、前、后、左、右六军，次后发，又亘八十里。近古出师之盛，未之有也。

北平襄侯段文振为兵部尚书，上表，以为帝"宠待突厥太厚，处之塞内，资以兵食，戎狄之性，无亲而贪，异日必为国患，宜以时谕遣，令出塞外，然后明设烽候，缘边镇防，务令严重，此万岁之长策也。"兵曹郎斛斯政，椿之孙也，以器干明悟，为帝所宠任，使专掌兵事。文振知政险薄，不可委以机要，屡言于帝，帝不从。及征高丽，以文振为左候卫大将军，出南苏道。文振于道中疾笃，上表曰："窃见辽东小丑，未服严刑，远降六师，亲劳万乘。但夷狄多诈，深须防拟，口陈降款，毋宜遽受。水潦方降，不可淹迟。唯愿严勒诸军，星驰速发，水陆俱前，出其不意，则平壤孤城，势可拔也。若倾其本根，余城自克；如不时定，脱遇秋霖，深为艰阻，兵粮既竭，强敌在前，出后，迟疑不决，非上策也。"三月，辛卯，文振卒，帝甚惜之。

【译文】

壬午（正月初二），炀帝下诏命令左十二军出镂方、长岑、溟海、盖马、建安、南苏、辽东、玄菟、扶余、朝鲜、沃沮、乐浪等道；右十二军出黏蝉、含资、浑弥、临屯、候城、提奚、蹋顿、肃慎、碣石、东施、带方、襄平等道。人马相继不绝于道，在平壤城会集，总计一百一十三万三千八百人，号称二百万，运送军需的人加倍。炀帝在桑干水的南面祭祀土地，在临朔宫南祭祀上天，在蓟城北祭祀马祖。炀帝亲自指挥：每军设大将、亚将各一人；骑兵四十队，每队一百人，十队为一团；步兵八十队，分为四团，每团各有偏将一名；每团的铠甲、缨拂、旗幡颜色各异；设受降使者一名，负责奉授诏书，慰劳巡抚之职，不受大将节制；其他的辎重、散兵等也分为四团，由步兵挟路护送；军队的前进、停止或设营，都有一定的次序礼法。癸未（初三），第一军出发，以后每日一军，前后相距四十里，一营接一营地前进，经过四十天才出发完毕。各军首尾相接，鼓角相闻，旌旗相连九百六十里。炀帝的御营共有十二卫、三台、五省、九寺，分别隶属内、外、前、后、左、右六军，依次最后出发，又连绵八十里。这样的出师盛况，近古未有。

北平襄侯段文振是兵部尚书，他上表给炀帝，认为炀帝"对突厥的恩宠过于丰厚，将他们安置在塞内，供给他们武器、粮食。然而戎狄的性格无亲情却贪婪，以后必定是国家的祸患。应该适时发布谕旨，命令他们迁居塞外，然后公开设置烽火侦望台，沿边境设置镇防，务必命令边防谨严持重。这是国家长治久安之策略。"兵曹郎斛斯政是斛斯椿的孙子，他以精明强干而为炀帝所宠信，炀帝让他专掌军事。段文振知道斛斯政险诈薄情，不可委托以军国的机密大事，他屡次向炀帝进言，炀帝都没有听从。到征伐高丽时，炀帝任命段文振为左侯卫大将军，率军出南苏道。段文振在途中病得很重，向炀帝上表说："我认为辽东这个小丑，不服从朝廷的严格法令，致使我们从远处调来军队，劳陛下亲率大军。但夷狄性多狡诈，必须严加防备，他们口说投降的条件，不宜仓促接受。积水刚刚降下，不可耽误迟缓。只愿陛下严厉约束各军，星驰速发，水陆并进，出其不意，那么平壤这座孤城，势必被攻克。假若倾覆了高丽国的根本，其余的城池自然就会不攻自破。如果不能立即抓住时机，倘若遇到秋雨连绵，便会深陷艰难险阻的境地，兵粮枯竭，强敌在前，人在后，若是还迟疑不决，就决非上策了。"三月，辛卯（十二日），段文振去世，炀帝很是惋惜。

【原文】

癸巳，上始御师，进至辽水。众军总会，临水为大陈，高丽兵阻水拒守，隋兵不得济。左屯卫大将军麦铁杖谓人曰："丈夫性命自有所在，岂能然艾灸颏，瓜蒂歠鼻，治黄不差，而卧死儿女手中乎！"乃自请为前锋，谓其三子曰："吾荷国恩，今为死日！我得良杀，汝当富贵。"帝命工部尚书宇文恺造浮桥三道于辽水西岸，既成，引桥趣东岸，桥短不及岸丈余。高丽兵大至，隋兵骁勇者争赴水接战，高丽兵乘高击之，隋兵不得登岸，死者甚众。麦铁杖跃登岸，与虎贲郎将钱士雄、孟叉等皆战死。乃敛兵，引桥复就西岸。诏赠铁杖宿公，使其子孟才袭爵，次子仲才、季才并拜正议大夫。更命少府监何稠接桥，二日而成，诸军相次继进，大战于东岸，高丽兵大败，死者万计。诸军乘胜进围辽东城，即汉之襄平城也。车驾渡辽，引曷萨那可汗及高昌王伯雅观战处以慑惮之，因下诏赦天下。命刑部尚书卫文昇、尚书右丞刘士龙抚辽左之民，给复十年，建置郡县，以相统摄。

【译文】

癸巳（三月十四日），炀帝开始指挥军队，隋军进至辽水。各路军队集结会合，沿着辽水排开阵势，但高丽兵依仗辽水据守，隋兵无法渡过辽水。左屯卫大将军麦铁杖对人说："大丈夫的性命自有归宿，怎么能燃艾灸鼻梁，用瓜蒂喷鼻，治热病不愈，躺着死在儿女怀里呢？"便自请担任前锋，对他的三个儿子说："我深受国恩，今天是为国赴死的日子了，我死得其所，你们就会富贵了。"炀帝命令工部尚书宇文恺在辽水西岸建造三座浮桥，浮桥建成后，引着浮桥向东岸靠近，浮桥短，距东岸还有一丈多长的距离。高丽兵大批赶到，隋军中骁勇的士兵争相跳入水中与高丽兵交战，高丽兵凭借地势高，回击隋军，隋军无法登岸，战死的人很多。麦铁杖跳上岸，与虎贲郎将钱士雄、孟叉等都战死了。于是隋军收兵，将桥又带回西岸。炀帝下诏追赠麦铁杖为宿公，让他的儿子麦孟才承袭了爵位，铁杖的次子仲才、季才都授以正义大夫的官职。炀帝又命令少府监何稠接长浮桥，两天接成，各军依次进发，与高丽大战于东岸，高丽军大败，战死者以万计。各军乘胜进击包围了辽东城，即汉代的襄平城。炀帝车驾渡过了辽水，他带着曷萨那可汗和高昌王伯雅参观战场以慑服他们，并下诏大赦天下。他命令刑部尚书卫文升、尚书右丞刘士龙安抚辽东百姓，免去辽东百姓十年的徭役，并在那里设置郡县以进行统治。

【原文】

诸将之东下也，帝亲戒之曰："今者吊民伐罪，非为功名。诸将或不识朕意，欲轻兵掩袭，孤军独斗，立一身之名以邀勋赏，非大军行法。公等进军，当分为三道，有所攻击，必三道相知，毋得轻军独进，以致失亡。又，凡军事进止，皆须奏闻待报，毋得专擅。"辽东数出战不利，乃婴城固守，帝命诸军攻之。又敕诸将，高丽若降，即宜抚纳，不得纵兵。辽东城将陷，城中人辄言请降；诸将奉旨不敢赴机，先令驰奏，比报至，城中守御亦备，随出拒战。如此再三，帝终不悟。既而城久不下。六月，己未，帝幸辽东城南，观其城池形势，因召诸将诘责之曰："公等自以官高，又恃家世，欲以暗懦待我邪！在都之日，公等皆不愿我来，恐见病败耳。我今来此，正欲观公等所为，斩公辈耳！公今畏死，莫肯尽力，谓我不能杀公邪！"诸将咸战惧失色。帝因留城西数里，御六合城。高丽诸城各坚守不下。右翊卫大将军来护儿帅江、淮水军，舳舻数百里，浮海先进，入自浿水，去平壤六十里，与高丽相遇，进击，大破之。护儿欲乘胜趣其城，副总管周法尚止之，请俟诸军至俱进。护儿不听，简精甲四万，直造城下。高丽伏兵于罗郭内空寺中，出兵与护儿战而伪败，护儿逐之入城，纵兵俘掠，无复部伍。伏兵发，护儿大败，仅而获免，士卒还者不过数千人。高丽追至船所，周法尚整陈待之，高丽乃退。护儿引兵还屯海浦，不敢复留应接诸军。

【译文】

诸位将领将向东进军时，炀帝亲自告诫说："今天我们吊民伐罪，不是为了功名。诸将若是有人不理解朕的意图，想以轻兵掩袭，孤军独斗，建立自身的功名以邀赏请封，这不符合大军征行之法。你们进军应当分为三路，有攻战之事，一定要三路人马互相配合，不许轻军独进，以致失利败亡。还有，凡是军事上的进止，都须奏报，等待命令，不许擅自行事。"辽东高丽军几次出战不利，于是就登城固守。炀帝命令各军攻城，同时又命令诸将，高丽人若请求投降，立即就宣布安抚接纳，不得纵兵进攻。辽东城将要攻陷时，城中高丽人就声称要投降，将领们奉炀帝旨意，不敢抓住这一时机，先命人飞马奏报炀帝，等到答复回来，城中的防守已调整巩固好了，随即高丽军又坚守城池。如此再三，炀帝仍是不醒悟。因而城池久攻不下。六月己未（十一日），炀帝来到辽东城南，观看辽东城的形势，他把将领们召集起来斥责说："你们自以为官居高位，又依恃着家世显赫，想要暗中怠慢欺骗我吗？在京师的时候，你们都不愿意让我来，恐怕我看见你们的私弊和腐败。今天我到这里来，正是要观察你们的所作所为，要杀你们这些废物！今天你们怕死，不肯尽力，以为我不能杀你们吗？"诸将都惊惧、战栗而变了脸色。炀帝因此就留在辽东城西几里外的地方，住在六合城。高丽的城池都各自坚守，未能攻下。右翊卫大将军来护儿率领江、淮水军，船只连绵几百里，渡海先行，从浿水进入高丽。距平壤六十里时，与高丽军相遇，隋水军进攻，大破高丽军。来护儿想乘胜进取平壤，副总管周法尚阻止他，请他等待各路军队到达后，一同进攻。来护儿不听，他挑选精锐甲士四万人，直趋城下。高丽人在罗郭内空寺中设下伏兵，先出兵与来护儿交战，然后佯装战败，来护儿率兵追入城内，他纵兵俘获抢掠，队伍乱不成行，这时高丽的伏兵出击，来护儿大败，仅只身逃出，士卒生还的不过几千人。高丽军追杀到隋军的船只停泊处，周法尚严阵以待，高丽军才退去。来护儿率军返回，屯兵于海边，不敢再留下接应各路军队。

【原文】

左翊卫大将军宇文述出扶余道，右翊卫大将军于仲文出乐浪道，左骁卫大将军荆元恒出辽东道，右翊卫将军薛世雄出沃沮道，右屯卫将军辛世雄出玄菟道，右御卫将军张瑾出襄平道，右武侯将军赵孝才出碣石道，涿郡太守检校左武卫将军崔弘升出遂城道，检校右御卫虎贲郎将卫文昇出增地道，皆会于鸭绿水西。述等兵自泸河、怀远二镇，人马皆给百日粮，又给排甲、枪槊并衣资、戎具、火幕，人别三石已上，重莫能胜致。下令军中："士卒有遗弃米粟者斩！"军士皆于幕下掘坑埋之，才行及中路，粮已将尽。

高丽遣大臣乙支文德诣其营诈降，实欲观虚实。于仲文先奉密旨："若遇高元及文德来者，必擒之。"仲文将执之，尚书右丞刘士龙为慰抚使，固止之。仲文遂听文德还，既而悔之，遣人绐文德曰："更欲有言，可复来。"文德不顾，济鸭绿水而去。仲文与述等既失文德，内不自安，述以粮尽，欲还。仲文议以精锐追文德，可以有功，述固止，仲文怒曰："将军仗十万之众，不能破小贼，何颜以见帝！且仲文此行，固知无功，何则？古之良将能成功者，军中之事，决在一人，今人各有心，何以胜敌！"时帝以仲文有计划，令诸军谘禀节度，故有此言。由是述等不得已而从之，与诸将渡水追文德。文德见军士饥色，故欲疲之，每战辄走。述一日之中，七战皆捷，既恃骤胜，又逼群议，于是遂进，东济萨水，去平壤城三十里，因山为营。文德复遣使诈降，请于述曰："若旋师者，当奉高元朝行在所。"述见士卒疲弊，不可复战，又平壤城险固，度难猝拔，遂因其诈而还。述等为方陈而行，高丽四面钞击，述等且战且行。秋，七月，壬寅，至萨水，军半济，高丽自后击其后军，右屯卫将军辛世雄战死。于是诸军俱溃，不可禁止，将士奔还，一日一夜至鸭绿水，行四百五十里。将军天水王仁恭为殿，击高丽，却之。来护儿闻述等败，亦引还。唯卫文升一军独全。

初，九军渡辽，凡三十万五千，及还至辽东城，唯二千七百人，资储器械巨万计，失亡荡尽。帝大怒，锁系述等。癸卯，引还。

初，百济王璋遣使请讨高丽，帝使之觇高丽动静，璋内与高丽潜通。隋军将出，璋使其臣国智牟来请师期，帝大悦，厚加赏赐，遣尚书起部郎席律诣百济，告以期会。及隋军渡辽，百济亦严兵境上，声言助隋，实持两端。

是行也，唯于辽水西拔高丽武厉逻，置辽东郡及通定镇而已。八月，敕运黎阳、洛阳、洛口、太原等仓谷向望海顿，使民部尚书樊子盖留守涿郡。九月，庚寅，车驾至东都。

【译文】

左翊卫大将军宇文述率军出扶余道，右翊卫大将军于仲文率军出乐浪道，左骁卫大将军荆元恒率军出辽东道，右翊卫将军薛世雄率军出沃沮道，右屯卫将军辛世雄率军出玄菟道，右御卫将军张瑾率军出襄平道，右武侯将军赵孝才率军出碣石道，涿郡太守检校左武卫将军崔弘升率军出遂城道，检校右御卫虎贲郎将卫文升率军出增地道，各路大军全部到鸭绿江西岸会集。宇文述等率军从泸河、怀远二镇出发，人马供给一百天的粮秣，又将配排甲、枪槊以及衣资、戎具、火幕，每人负担三石以上重量，使人无法承受。宇文述还下令："士卒有丢弃粮食的斩首！"于是军士们都在幕帐内挖坑把粮草等物埋起来，队伍才走到半路，粮食就快要吃尽了。

高丽派遣大臣乙支文德到隋军军营诈降，其实是要观察隋军的虚实。于仲文事先奉炀帝密旨："要是遇到高元和乙支文德来，一定要抓住他们。"于仲文就要把乙支文德抓起来，尚书右丞刘士龙作为慰抚使，他坚决反对抓乙支文德，于仲文只好放乙支文德返回了。但很快他就后悔了，派人哄骗乙支文德说："再要说什么话，可以再来。"乙支文德头也不回，渡过鸭绿水而去。于仲文与宇文述等人因为让乙支文德跑掉了，内心不安。宇文述因为粮食已尽，想要返回。于仲文建议派精兵追捕乙支文德，可以立功，宇文述坚决反对。于仲文发怒说道："将军依仗着十万之众，却不能打败小贼，有什么脸面去见圣上呢？况且，我这次出行，本来就知道不会有功，为什么呢？古时的良将能够成功的人，凡军中的事都由一人做主，现在各有各的心思，怎么能战胜敌人呢？"当时，炀帝认为于仲文有计谋，命令各军要向他咨询、汇报并听从他的调动指挥，因此才有他这一番话。由于这一原因，宇文述等人不得已而听从了于仲文的话，与诸将渡鸭绿水追乙支文德。乙支文德见宇文述的士卒面有饥色，因此故意让隋军疲乏。每次与隋军交战立即就退走，宇文述在一天之中，七战七捷。宇文述既依仗着突然而来的胜利，又迫于各种议论的压力，于是率军进攻，东渡萨水，在距平壤城三十里处，凭借山势扎营。乙支文德又派使者来诈降，向宇文述请求说："假若隋军能退兵，就一定让高元去朝见皇帝所在之地。"宇文述见士卒疲惫，不能再战，而且平壤城险峻坚固，估计很难一下子攻破城池。于是因高丽人狡诈而还师。宇文述将队伍列成方阵行进，高丽军队从四面八方包抄攻击，宇文述率军且战且走。秋季，七月，壬寅（二十四日），隋军到达萨水，隋军刚渡过一半，高丽军从后面袭击隋军的后部，右屯卫将军辛世雄战死，于是各军都溃乱，无法制止。将士们奔逃，一日一夜就跑到鸭绿水边，行程四百五十里。将军天水人王仁恭为后卫，截击高丽军，将他们挡住。来护儿闻知宇文述等人大败，也率军退回，只有卫文升军独以保全。

当初，九路军渡过辽河，共三十万五千人，等回到辽东城时，只有二千七百人，数以巨万的军资储备器械丧失殆尽。炀帝大怒，将宇文述抓起来，用铁链子锁上。癸卯，炀帝率军撤回。

当初，百济国王璋派遣使者请隋朝廷出师讨伐高丽，炀帝让他们窥视高丽的动静，璋暗中又与高丽往来。隋军将要出动时，璋派遣他的大臣国智牟来请求了解出师的日期，炀帝大为高兴，厚加赏赐，派遣尚书起部郎席律前往百济，告之隋军出师以及各路军会师的日期。待到隋军渡过辽水，百济也在边境上严阵以待，声称是帮助隋军，实际上持两可的态度。

这次征讨高丽的行动，隋军仅在辽水西攻克了高丽的武厉逻，在此设置辽东郡以及通定镇而已。八月，炀帝敕命运黎阳、洛阳、洛口、太原等仓的谷子到望海顿，派民部尚书樊子盖留守涿郡。九月，庚寅（十三日），炀帝车驾到达东都。

牛角挂书

【原文】

炀皇帝中大业九年（癸酉，613年）

礼部尚书杨玄感，骁勇，便骑射，好读书，喜宾客，海内知名之士多与之游。与蒲山公李密善，密，弼之曾孙也，少有才略，志气雄远，轻财好士，为左亲侍。帝见之，谓宇文述曰："向者左仗下黑色小儿，瞻视异常，勿令宿卫！"述乃讽密使称病自免，密遂屏人事，专务读书。尝乘黄牛读《汉书》，杨素遇而异之，因召至家，与语，大悦，谓其子玄感等曰："李密识度如此，汝等不及也！"由是玄感与为深交。时或侮之，密曰："人言当指实，宁可面谀！若决机两阵之间，喑呜咄嗟，使敌人震慑，密不如公；驱策天下贤俊，各申其用，公不如密。岂可以阶级稍崇而轻天下士大夫邪！"玄感笑而服之。

【译文】

隋炀帝大业九年（癸酉，公元613年）

礼部尚书杨玄感，骁勇善战，骑射娴熟，爱读书，喜欢结交宾客，海内很多知名之士都与他来往。他与蒲山公李密交情很好，李密是李弼的曾孙，他年轻时就胸有才略，志气抱负远大，仗义疏财、喜欢结交名士，官职为左亲侍。炀帝见到李密，对宇文述说："过去在左翊卫的那个黑皮肤的小孩，相貌非常，不要让他任宿卫！"宇文述就暗示李密称病自请免除宿卫一职，于是李密就屏绝了应酬来往，专心读书。他曾在乘坐牛车时读《汉书》，恰好被杨素遇到，杨素认为他非同一般，就把李密召到自己家中和他交谈，杨素非常高兴，对他儿子杨玄感说："李密有如此的见识气度，你们都不如他！"因此，杨玄感和李密结为深交。有时杨玄感侮弄李密，李密对杨玄感说："人应该说实话，怎么能当面阿谀奉承？要是在两军阵前交战，大怒喝喊，使敌人震惊慑服，我不如您；要是指挥天下贤士俊杰各自施展才能，您不如我。怎么可以因为您地位较高就轻慢天下的士大夫呢？"杨玄感笑了，很是佩服李密。

【原文】

玄感选运夫少壮者得五千余人，丹阳、宣城篙梢三千余人，刑三牲誓众，且谕之曰："主上无道，不以百姓为念，天下骚扰，死辽东者以万计。今与君等起兵以救兆民之弊，何如？"众皆踊跃称万岁。乃勒兵部分。唐祎自玄感所逃归河内。

先是玄感阴遣家僮至长安，召李密及弟玄挺赴黎阳。及举兵，密适至，玄感大喜，以为谋主，谓密曰："子常以济物为己任，今其时矣！计将安出？"密曰："天子出征，远在辽外，去幽州犹隔千里。南有巨海，北有强胡，中间一道，理极艰危。公拥兵出其不意，长驱入蓟，据临渝之险，扼其咽喉。归路既绝，高丽闻之，必蹑其后，不过旬月，资粮皆尽，其众不降则溃，可不战而擒，此上计也。"玄感曰：

"更言其次。"密曰:"关中四塞,天府之国,虽有卫文升,不足为意。今帅众鼓行而西,经城勿攻,直取长安,收其豪杰,抚其士民,据险而守之。天子虽还,失其根本,可徐图也。"玄感曰:"更言其次。"密曰:"简精锐,昼夜倍道,袭取东都,以号令四方。但恐唐祎告之,先已固守。若引兵攻之,百日不克,天下之兵四面而至,非仆所知也。"玄感曰:"不然,今百官家口并在东都,若先取之,足以动其心。且经城不拔,何以示威!公之下计,乃上策也。"遂引兵向洛阳,遣杨玄挺将骁勇千人为前锋,先取河内。唐祎据城拒守,玄挺无所获。

【译文】

　　杨玄感从输送军粮的民夫中挑选身强力壮者五千余人,丹阳、宣城的船夫三千余人,杀三牲誓师。他还对这些人说:"皇帝无道,不体恤百姓,使天下受到骚扰,死在辽东的人数以万计。现在我与你们起兵以拯救百姓于水火,怎么样?"大家都踊跃高呼万岁。于是杨玄感统率部署军队。唐祎从杨玄感的军中逃回河内。

　　当初,杨玄感暗地派家奴到长安,召李密和他弟弟杨玄挺到黎阳来。等到杨玄感起兵时,李密正好赶到,杨玄感大为高兴。他让李密做自己的谋主,对李密讲:"你常常以拯救百姓为己任,现在是时候了!我们的策略将如何呢?"李密说:"天子出征,远在辽外,就是距幽州也还有千里之遥,南面有大海,北面有强大的胡人,中间夹着一条道,按理来说是极其险恶的。您率兵出其不意,长驱入蓟,据守临渝关的险要,扼住这条路的咽喉,征伐高丽的隋军归路便被切断,高丽人知道了,必然追踪于隋军之后。不出一个月,隋军的军资粮秣都将消耗殆尽,隋军不是投降就是溃散,皇帝就可以不战而擒了。这是上计。"杨玄感说:"再说说其次的策略。"李密说:"关中之地四面都有要塞屏障,是天府之国,虽然有卫文升,但他不足为虑,如今您统帅部众向西击鼓进军,经过城池不要攻取,直取长安,招收长安的豪杰之士,抚慰长安的士民,凭借险要据守长安,天子虽然从高丽返回,但失掉了根本之地,我们就可以慢慢进取了。"杨玄感说:"再说说再次的策略。"李密说:"挑选精锐士卒,昼夜兼程,袭取东都,借以号令四方。但恐怕唐祎告诉了东都守备,东都事先进行了固守的准备,要是率兵进攻东都,百日内攻城不下,全国各地的军队从四面八方赶来,其结果就不是我所能预料的了。"杨玄感说:"不对。如今文武百官的家属都在东都,要是先攻取东都,就足以扰乱百官们的心。而且,如果经过城池却不攻取,怎能显示我军的威风?你的下策,正是我的上策。"于是杨玄感率兵向洛阳进发,他派杨玄挺率领骁勇之士一千人为前锋,先攻取河内。唐祎凭借城池拒守,杨玄挺攻城不克。

唐祎镇守河内郡,组织城内军民全力防守。河内郡防守严密,杨玄挺带领一千余人猛攻数次却毫无所获。

攻克长安

【原文】

隋恭帝义宁元年（丁丑，617年）

李渊命诸军攻城，约"毋得犯七庙及代王、宗室，违者夷三族！"孙华中流矢卒。十一月，丙辰，军头雷永吉先登，遂克长安。代王在东宫，左右奔散，唯侍读姚思廉侍侧。军士将登殿，思廉厉声诃之曰："唐公举义兵，匡帝室，卿等毋得无礼！"众皆愕然，布立庭下。渊迎王于东宫，迁居大兴殿后，听思廉扶王至顺阳阁下，泣拜而去。思廉，察之子也。渊还，舍于长乐宫，与民约法十二条，悉除隋苛禁。

渊之起兵也，留守官发其坟墓，毁其五庙。至是，卫文升已卒。戊午，执阴世师、骨仪等，数以贪婪苛酷，且拒义师，俱斩之，死者十余人，余无所问。

马邑郡丞三原李靖，素与渊有隙，渊入城，将斩之，靖大呼曰："公兴义兵，欲平暴乱，乃以私怨杀壮士乎？"世民为之固请，乃舍之。世民因召置幕府。靖少负志气，有文武才略，其舅韩擒虎每抚之曰："可与言将帅之略者，独此子耳！"

【译文】

隋恭帝义宁元年（丁丑，公元617年）

李渊命令各军攻城。规定"不得侵犯七庙和代王、隋朝宗室，违令的人诛灭三族！"孙华中流箭而死。十一月，丙辰（初九），军头雷永吉先行登城，于是攻克了长安。代王杨侑在东宫，他身边的人奔逃溃散，只有侍读姚思廉侍立在杨侑身旁。李渊的军士将登入殿堂，姚思廉厉声斥责军士道："唐王兴举义兵，扶助帝室，你们不得无礼！"军士们都愕然，在庭院中排列站立。李渊到东宫迎奉代王杨侑，把他迁居到大兴殿后面，让姚思廉扶着代王杨侑到顺阳阁之下，李渊流泪跪拜而去。姚思廉是姚察的儿子。李渊返回，住在长乐宫，与百姓约法十二条，将隋朝的苛政酷令全部废除。

李渊起兵后，留守官吏挖掘他家的坟墓，毁掉他家的五庙。到这时，卫文升已去世。戊午（十一日），李渊将阴世师、骨仪等人抓起来，历数他们的贪婪苛酷，以及抗拒义师的罪行，将他们全部处死，一共处死了十余人，其余的人不予追究。

马邑郡丞三原人李靖，平素就与李渊有矛盾，李渊入城，要杀掉李靖，李靖大喊道："你兴义兵，想要平息暴乱，怎么能因为私怨而杀壮士呢？"李世民替他再三请求，李渊才放了李靖。李世民就将李靖安排在自己的幕府里。李靖从小就有抱负有志气，又有文才武略，他舅舅韩擒虎常常抚摸着他说："能够和我谈论将帅谋略的人，只有这个孩子！"

苟且偷安

【原文】

高祖神尧大圣光孝皇帝上之上武德元年（戊寅，618年）

隋炀帝至江都，荒淫益甚，宫中为百余房，各盛供张，实以美人，日令一房为主人。江都郡丞赵元楷掌供酒馔，帝与萧后及幸姬历就宴饮，酒卮不离口，从姬千余人亦常醉。然帝见天下危乱，意亦扰扰不自安，退朝则幅巾短衣，策杖步游，遍历台馆，非夜不止，汲汲顾景，唯恐不足。

帝自晓占候卜相，好为吴语；常夜置酒，仰视天文，谓萧后曰："外间大有人图侬，然侬不失为长城公，卿不失为沈后，且共乐饮耳！"因引满沈醉。又尝引镜自照，顾谓萧后曰："好头颈，谁当斫之！"后惊问故，帝笑曰："贵贱苦乐，更迭为之，亦复何伤！"

【译文】

唐高祖武德元年（戊寅，公元618年）

隋炀帝到江都，更加荒淫，宫中一百多间房，每间摆设都极其豪华，内住美女，每天以一房的美女做主人。江都郡丞赵元楷负责供应美酒饮食，炀帝与萧后以及宠幸的美女吃遍了宴会，酒杯不离口，随从的一千多名美女也经常喝醉。不过炀帝看到天下大乱，心情也忧虑不安，下朝后常头戴幅巾，身穿短衣，拄杖散步，走遍行宫的楼台馆舍，不到晚上不止步，不停地观赏四周景色，唯恐没有看够。

炀帝通晓占卜相面，爱说江浙话，经常半夜摆酒，抬头看星象，对萧后说："外面有不少人算计我，不过我不失为长城公陈叔宝，卿也不失为沈后。我们姑且只管享乐饮酒吧！"然后倒满杯喝得烂醉。炀帝还曾拿着镜子照着，回头对萧后说："好一个头颅，该由谁斩下来？"萧后惊异地问他为什么这样说，炀帝笑着说："贵贱苦乐循环更替，又有什么好伤感的？"

【原文】

帝见中原已乱，无心北归，欲都丹阳，保据江东，命群臣廷议之，内史侍郎虞世基等皆以为善；右候卫大将军李才极陈不可，请车驾还长安，与世基忿争而出。门下录事衡水李桐客曰："江东卑湿，土地险狭，内奉万乘，外给三军，民不堪命，亦恐终散乱耳。"御史劾桐客谤毁朝政。于是公卿皆阿意言："江东之民望幸已久，陛下过江，抚而临之，此大禹之事也。"乃命治丹阳宫，将徙都之。

时江都粮尽，从驾骁果多关中人，久客思乡里，见帝无西意，多谋叛归，郎将窦贤遂帅所部西走，帝遣骑追斩之，而亡者犹不止，帝患之。虎贲郎将扶风司马德戡素有宠于帝，帝使领骁果屯于东城，德戡与所善虎贲郎将元礼、直阁裴虔通谋曰："今骁果人人欲亡，我欲言之，恐先事受诛；不言，于后事发，亦不免族灭，奈何？又闻关内沦没，李孝常以华阴叛，上囚其二弟，欲杀之。我辈家属皆在西，能无此虑乎！"二人皆惧，曰："然则计将安出？"德戡曰："骁果若亡，不若与之俱去。"二人皆曰："善！"因转相招引，内史舍人元敏、虎牙郎将赵行枢、鹰扬郎将孟秉、符玺郎牛方裕、直长许弘仁、薛世良、城门郎唐奉义、医正张恺、勋侍杨士览等皆与之同谋，日夜相结约，于广座明论叛计，无所畏避。有宫人白萧后曰："外间人人欲反。"后曰："任汝奏之。"宫人言于帝，帝大怒，以为非所宜言，斩之。其后宫人复白后，后曰："天下事一朝至此，无可救者，何用言之，徒令帝忧耳！"自是无复言者。

【译文】

　　炀帝见中原已乱，不想回北方，打算把国都迁到丹阳，保守江东，下令群臣在朝堂上议论迁都之事，内史侍郎虞世基等人都认为不错；右候卫大将军李才极力说明不可取，请炀帝御驾回长安，并与虞世基愤然争论而下殿。门下录事衡水人李桐客说："江东地势低洼，气候潮湿，环境恶劣，地域狭小，对内要奉养朝廷，对外要供奉三军，百姓承受不起，恐怕最终要起来造反的。"御史弹劾李桐客诽谤朝政，于是公卿都曲意阿奉炀帝之意说："江东百姓渴望陛下临幸已经很久了，陛下过江抚慰统治百姓，这是大禹那样的作为。"于是炀帝下令修建丹阳宫，准备迁都丹阳。

　　当时江都的粮食吃完了，随炀帝南来的骁果兵大多是关中人，长期在外，思恋故乡，见炀帝没有回长安的意思，大都策划逃回乡。郎将窦贤便带领部下西逃。炀帝派骑兵追赶，杀了他，但仍然不断有人逃跑，令炀帝很头痛。虎贲郎将扶风人司马德戡一向得炀帝信任，炀帝派他统领骁果兵，驻扎在东城，司马德戡与平时要好的虎贲郎将元礼、直阁裴虔通商量，说："现在骁果兵人人想逃跑，我想说，又怕说早了被杀头；不说，事情真发生了，也逃不了族灭之祸，怎么办？又听说关内沦陷，李孝常在华阴反叛，皇上囚禁了他的两个弟弟，准备杀掉，我们这些人的家属都在西边，能不担心这事吗？"元、裴二人都慌了，问："既然如此，有什么好办法吗？"司马德戡说："如果骁果兵逃亡，我们不如和他们一齐跑。"元、裴二人都说："好主意！"于是相互联络，内史舍人元敏、虎牙郎将赵行枢、鹰扬郎将孟秉、符玺郎牛方裕、直长许弘仁、薛世良、城门郎唐奉义、医正张恺、勋侍杨士览等人都参与同谋，日夜联系，在大庭广众之下公开商议逃跑的事，毫无顾忌。有一位宫女告诉萧后："外面人人想造反。"萧后说："由你去报告吧。"宫女便对炀帝说了，炀帝很生气，认为这不是宫女该过问的事，杀了这个宫女。后来又有人对萧后说起，萧后说："天下局面到了今天这个地步，没法挽救了，不用说了，免得白让皇上担心！"从此以后，再也没人说起外面的情况。

深宫暗斗

【原文】

高祖神尧大圣光孝皇帝中之下武德五年（壬午，622年）

上之起兵晋阳也，皆秦王世民之谋，上谓世民曰："若事成，则天下皆汝所致，当以汝为太子。"世民拜且辞。及为唐王，将佐亦请以世民为世子，上将立之，世民固辞而止。太子建成，性宽简，喜酒色游畋；齐王元吉，多过失；皆无宠于上。世民功名日盛，上常有意以代建成，建成内不自安，乃与元吉协谋，共倾世民，各引树党友。

上晚年多内宠，小王且二十人，其母竞交结诸长子以自固。建成与元吉曲意事诸妃嫔，谄谀赂遗，无所不至，以求媚于上。或言蒸于张婕妤、尹德妃，宫禁深秘，莫能明也。是时，东宫、诸王公、妃主之家及后宫亲戚横长安中，恣为非法，有司不敢诘。世民居承乾殿，元吉居武德殿后院，与上台、东宫昼夜通行，无复禁限。太子、二王出入上台，皆乘马、携弓刀杂物，相遇如家人礼。太子令，秦、齐王教与诏敕并行，有司莫知所从，唯据得之先后为定。世民独不奉事诸妃嫔，诸妃嫔争誉建成、元吉而短世民。

【译文】

唐高祖武德五年（壬午，公元622年）

高祖李渊在晋阳起兵，都是秦王李世民的计谋，高祖对李世民说："如果事业成功，那么天下都是你带来的，该立你为太子。"李世民拜谢并推辞。待到高祖成为唐王，将领们也请求以李世民为世子，高祖准备立他，李世民坚决推辞才作罢。太子李建成性情松缓惰慢，喜欢饮酒，贪恋女色，爱打猎；齐王李元吉，常有过错，均不受高祖宠爱。李世民功勋名望日增，高祖常常有意让他取代李建成为太子，李建成心中不安，于是与李元吉共同谋划，一起排挤李世民，他们各自交结建立自己的党羽。

高祖晚年宠幸的妃嫔很多，有近二十位小王子，他们的母亲争相交结各位年长的王子来巩固自己的地位。李建成和李元吉都曲意侍奉各位妃嫔，奉承献媚、贿赂、馈赠，无所不用，以求得皇上的宠爱。也有人说他们与张婕妤、尹德妃私通，宫禁幽深神秘，此事无从证实。当时，太子东宫、各王公、妃主之家以及后宫妃嫔的亲属，在长安横行霸道，为非作歹，而主管部门却不敢追究。李世民住在承乾殿，李元吉住在武德殿后院，他们的住处与皇帝寝宫、太子东宫之间日夜通行，不再有所限制。太子与秦、齐二王出入皇帝寝宫，均乘马、携带刀弓杂物，彼此相遇只按家人行礼。太子所下达的令，秦、齐二王所下达的教和皇帝的诏敕并行，有关部门不知所从，只有按照收到的先后为准。惟有李世民不去讨好诸位妃嫔，诸妃嫔妃争相称赞李建成、李元吉而诋毁李世民。

【原文】

世民平洛阳，上使贵妃等数人诣洛阳选阅隋宫人及收府库珍物。贵妃等私从世民求宝货及为亲属求官，世民曰："宝货皆已籍奏，官当授贤才有功者。"皆不许，由是益怨。世民以淮安王神通有功，给田数十顷。张婕妤之父因婕妤求之于上，上手敕赐之，神通以教给在先，不与。婕妤诉于上曰："敕赐妾父田，秦王夺之以与神通。"上遂发怒，责世民曰："我手敕不如汝教邪！"他日，谓左仆射裴寂曰："此儿久典兵在外，为书生所教，非复昔日子也。"尹德妃父阿鼠骄横，秦王府属杜如晦过其门，阿鼠家童数人曳如晦坠马，殴之，折一指，曰："汝何人，敢过我门而不下马！"阿鼠恐世民诉于上，先使德妃奏云："秦王左右陵暴妾家。"上复怒责世民曰："我妃嫔家犹为汝左右所陵，况小民乎！"世民深自辩析，上终不信。

世民每侍宴宫中，对诸妃嫔，思太穆皇后早终，不得见上有天下，或歔欷流涕，上顾之不乐。诸妃嫔因密共谮世民曰："海内幸无事，陛下春秋高，唯宜相娱乐，而秦王独涕泣，正是憎疾妾等，陛下万岁后，妾母子必不为秦王所容，无孑遗矣！"因相与泣，且曰："皇太子仁孝，陛下以妾母子属之，必能保全。"上为之怆然。由是无易太子意，待世民浸疏，而建成、元吉日亲矣。

【译文】

李世民平定洛阳，高祖让贵妃等几人到洛阳挑选隋朝官女和收取仓库里的珍宝。贵妃等人私下向李世民要宝物并为自己的亲戚求官，李世民回答说："宝物都已经登记在册上报朝廷了，官位应当授予贤德有才能和有功劳的人。"没有答应她们的任何要求，因此妃嫔们更加恨他。李世民因为淮安王李神通有功，拨给他几十顷田地。张婕妤的父亲通过张婕妤向高祖请求要这些田，高祖手写敕令将这些田赐给他，李神通因为秦王的教在先，不让田。张婕妤向高祖告状道："皇上下令赐给我父亲的田地，被秦王夺去给了神通。"高祖因此发怒，责备李世民说："难道我的手敕不如你的教吗？"过了些天，高祖对左仆射裴寂说："这孩子长期在外掌握军队，受书生们教唆，已经不再是原来的那个儿子了。"尹德妃的父亲尹阿鼠骄横跋扈，秦王府的官员杜如晦经过他的门前，尹阿鼠的几名家童把杜如晦拽下马，揍了他一顿并打断了他一根手指，说道："你是什么人，胆敢过我的门前不下马！"尹阿鼠怕李世民告诉皇上，先让尹德妃对皇上说："秦王的亲信欺侮我家人。"高祖又生气地责备李世民说："我的妃嫔家都受你身边的人欺凌，何况是小老百姓！"李世民反复为自己辩解，但高祖始终不相信他。

李世民每次在宫中侍奉高祖宴饮，面对诸位妃嫔，想起母亲太穆皇后死得早，没能看到高祖拥有天下，有时不免叹气流泪，高祖看到后很不高兴。各位妃嫔趁机暗中一同诋毁李世民道："天下幸好平安无事，陛下年寿已高，只适合娱乐娱乐，而秦王总是一个人流泪，这实际上是憎恨我们，陛下作古后，我们母子必定不为秦王所容，会被杀得一个不留！"因此相互对着流泪，并且说："皇太子仁爱孝顺，陛下将我们母子托付给太子，必然能获得保全。"高祖也为此很伤心。从此高祖打消了改立太子的念头，对李世民逐渐疏远，而对李建成、李元吉却日益亲密了。

玄武之变

【原文】

高祖神尧大圣光孝皇帝下之上武德九年（丙戌，626年）

建成夜召世民，饮酒而鸩之，世民暴心痛，吐血数升，淮安王神通扶之还西宫。上幸西宫，问世民疾，敕建成曰："秦王素不能饮，自今无得复夜饮。"因谓世民曰："首建大谋，削平海内，皆汝之功。吾欲立汝为嗣，汝固辞；且建成年长，为嗣日久，吾不忍夺也。观汝兄弟似不相容，同处京邑，必有纷竞，当遣汝还行台，居洛阳，自陕以东皆主之。仍命汝建天子旌旗，如汉梁孝王故事。"世民涕泣，辞以不欲远离膝下，上曰："天下一家，东、西两都，道路甚迩，吾思汝即往，毋烦悲也。"将行，建成、元吉相与谋曰："秦王若至洛阳，有土地甲兵，不可复制；不如留之长安，则一匹夫耳，取之易矣。"乃密令数人上封事，言："秦王左右闻往洛阳，无不喜跃，观其志趣，恐不复来。"又遣近幸之臣以利害说上，上意遂移，事复中止。

建成、元吉与后宫日夜潛诉世民于上，上信之，将罪世民。陈叔达谏曰："秦王有大功于天下，不可黜也。且性刚烈，若加挫抑，恐不胜忧愤，或有不测之疾，陛下悔之何及！"上乃止。元吉密请杀秦王，上曰："彼有定天下之功，罪状未著，何以为辞？"元吉曰："秦王初平东都，顾望不还，散钱帛以树私恩，又违敕命，非反而何！但应速杀，何患无辞！"上不应。秦府僚属皆忧惧不知所出。行台考功郎中房玄龄谓比部郎中长孙无忌曰："今嫌隙已成，一旦祸机窃发，岂惟府朝涂地，乃实社稷之忧；莫若劝王行周公之事以安家国。存亡之机，间不容发，正在今日！"无忌曰："吾怀此久矣，不敢发口；今吾子所言，正合吾心，谨当白之。"乃入言世民。世民召玄龄谋之，玄龄曰："大王功盖天地，当承大业；今日忧危，乃天赞也，愿大王勿疑。"乃与府属杜如晦共劝世民诛建成、元吉。

【译文】

唐高祖武德九年（丙戌，公元626年）

李建成夜里叫来李世民，与他饮酒，用经过鸩羽浸泡的毒酒害他。李世民突然心脏痛楚，吐了几升血，淮安王李神通搀着他返回西宫。高祖来到西宫，询问李世民病情，命令李建成："秦王平素不善饮酒，今后，你不能再与他夜间饮酒。"高祖对李世民说："提出反隋的谋略，消灭平定国内的敌人，都是你的功劳。我打算立你为继承人，你却坚决推辞掉了，而且，建成年纪最大，作为继承人，为时已久，我也不忍心削去他的权力啊。我看你们兄弟似乎难以相容，你们一起住在京城里面，肯定要发生纷争，我应当派你返回行台，让你留居洛阳，陕州以东的广大地区都由你主持。我还要让你设置天子的旌旗，一如汉梁孝王开创的先例。"李世民哭泣着，以不愿意远离高祖膝下为理由，表示推辞。高祖说："天下都是一家。东都和西都两地，路程很近，只要我想念你，便可动身前去，你不用烦恼悲伤。"李世民准备出发的时候，李建成和李元吉一起商议说："如果秦王到了洛阳，拥有土地与军队，便再也不能够控制了。不如将他留在长安，这样他就只是一个独夫而已，捉取他也就容易了。"于是，他们暗中让好几个人以密封的奏章上奏皇帝，声称："秦王身边的人们得知秦王前往洛阳的消息以后，无不欢喜雀跃。察看李世民的意向，恐怕他不会再回来了。"他们还指使高祖宠信的官员以秦王去留的得失利弊来劝说高祖，高祖便改变了主意，秦王前往洛阳的事情又半途搁置了。

李建成、李元吉与后宫嫔妃日夜对高祖诉说李世民的坏话，高祖相信了，打算惩治李世民。陈叔达进谏说："秦王为全国立下了巨大的功劳，是不能够废黜的。况且，他性情刚烈，倘若加以折辱贬斥，恐怕经受不住内心的忧伤愤郁，一旦染上难以测知的疾病，陛下后悔还来得及吗？"于是，高祖没有处罚李世民。李元吉暗中请求杀掉秦王李世民，高祖说："他立下了平定天下的功劳，而他犯罪的事实并不显著，用什么作借口呢？"李元吉说："秦王刚刚平定东都洛阳的时候，观望形势，不肯返回，散发钱财布帛，以便树立个人的恩德，又违背陛下的命令，不是造反，又是什么！只应该赶紧将他杀掉，何必担心找不到借口！"高祖没有回答他。秦王府所属的官员人人忧虑，个个恐惧，不知所措。行台考功郎中房玄龄对比部郎中长孙无忌说："现在仇怨已经造成，一旦祸患暗发，岂止是秦王府不可收拾，实际上便是国家的存亡都成问题；不如劝说秦王采取周公平定管叔与蔡叔的行动，以便安定皇室与国家。存亡的枢机，形势的危急，就在今天！"长孙无忌说："我有这一想法已经有很长时间了，只是不敢讲出口来；现在您说的这一席话，正好符合我的心愿，请让我为您禀告秦王。"于是，长孙无忌进去告诉了李世民。李世民传召房玄龄计议此事，房玄龄说："大王的功劳足以遮盖天地，应当继承皇帝的伟大勋业；现在大王心怀忧虑戒惧，正是上天在帮助大王啊，希望大王不要疑惑不定了。"于是，房玄龄与秦王府属杜如晦共同劝说李世民诛杀李建成与李元吉。

【原文】

建成、元吉以秦府多骁将，欲诱之使为己用，密以金银器一车赠左二副护军尉迟敬德，并以书招之曰："愿迂长者之眷，以敦布衣之交。"敬德辞曰："敬德，蓬户瓮牖之人，遭隋末乱离，久沦逆地，罪不容诛。秦王赐以更生之恩，今又策名藩邸，唯当杀身以为报；于殿下无功，不敢谬当重赐。若私交殿下，乃是贰心，徇利忘忠，殿下亦何所用！"建成怒，遂与之绝。敬德以告世民，世民曰："公心如山岳，虽积金至斗，知公不移。相遗但受，何所嫌也！且得以知其阴计，岂非良策！不然，祸将及公。"既而元吉使壮士夜刺敬德，敬德知之，洞开重门，安卧不动，刺客屡至其庭，终不敢入。元吉乃谮敬德于上，下诏狱讯治，将杀之，世民固请，得免。又谮左一马军总管程知节，出为康州刺史。知节谓世民曰："大王股肱羽翼尽矣，身何能久！知节以死不去，愿早决计。"又以金帛诱右二护军段志玄，志玄不从。建成谓元吉曰："秦府智略之士，可惮者独房玄龄、杜如晦耳。"皆谮之于上而逐之。世民腹心唯长孙无忌尚在府中，与其舅雍州治中高士廉、右候车骑将军三水侯君集及尉迟敬德等，日夜劝世民诛建成、元吉。世民犹豫未决，问于灵州大都督李靖，靖辞；问于行军总管李世勣，世勣辞；世民由是重二人。

【译文】

由于秦王府拥有许多骁勇的将领，李建成与李元吉打算引诱他们为己所用，便暗中将一车金银器物赠送给左二副护军尉迟敬德，并且写了一封书信招引他说："希望得到您的屈驾眷顾，以便加深我们之间的布衣之交。"尉迟敬德推辞说："我是编蓬为户、破瓮作窗人家的小民，遇到隋朝末年战乱不息、百姓流亡的时局，长期沦落在抗拒朝廷的境地里，罪大恶极，死有余辜。秦王赐给我再生的恩典，现在我又在秦王府注册为官，只应当以死报答秦王。我没有为殿下立过尺寸之功，不敢凭空接受殿下如此丰厚的赏赐。倘若我私自与殿下交往，就是对秦王怀有二心，就是因贪图财利而忘掉忠义，殿下要这种人又有什么用处呢！"李建成大怒，便与他断绝了往来。尉迟敬德将此事告诉了李世民，李世民说："您的心就像山岳那样坚实牢靠，即使他赠送给您的金子堆积得顶住了北斗星，我知道您的心还是不会动摇的。他赠给您什么，您就接受什么，这又有什么值得猜疑的呢！况且，这样做能够了解他的阴谋，难道不是一个上好的计策吗？否则，祸事就将降临到您的头上了。"不久，李元吉指使勇士在夜间刺杀尉迟敬德，尉迟敬德得知这一消息以后，将层层门户敞开，自己安然躺着不动，刺客屡次来到他的院子，终究没敢进屋。于是，李元吉向高祖诬陷尉迟敬德，敬德被关进奉诏命特设的监狱里审问处治，准备将他杀掉，由于李世民再三请求保全他的生命，这才得以不死。李元吉又诬陷左一马军总管程知节，高祖将他外放为康州刺史。程知节对李世民说："大王的辅佐之臣快走光了，大王自身又怎么能够长久呢！我誓死不离开京城，希望大王及早将计策决定下来。"李元吉又用金银布帛引诱右二护军段志玄，段志玄不肯从命。李建成对李元吉说："在秦王府有智谋才略的人物中，值得畏惧的是房玄龄和杜如晦。"李建成与李元吉又向高祖诬陷他们二人，使他们遭到斥逐。李世民的亲信只剩下长孙无忌还留在秦王府中，他与他的舅舅雍州治中高士廉、右候车骑将军三水人侯君集以及尉迟敬德等人，夜以继日地劝说李世民诛讨李建成和李元吉，李世民犹豫不决。李世民向灵州大都督李靖问计，李靖推辞了；又向行军总管李世勣问计，李世勣也推辞了。从此，李世民便器重他们二人了。

【原文】

会突厥郁射设将数万骑屯河南，入塞，围乌城，建成荐元吉代世民督诸军北征，上从之，命元吉督右武卫大将军李艺、天纪将军张瑾等救乌城。元吉请尉迟敬德、程知节、段志玄及秦府右三统军秦叔宝等与之偕行，简阅秦王帐下精锐之士以益元吉军。率更丞王晊密告世民曰："太子语齐王，'今汝得秦王骁将精兵，拥数万之众，吾与秦王饯汝于昆明池，使壮士拉杀之于幕下，奏云暴卒，主上宜无不信。吾当使人进说，令授吾国事。敬德等既入汝手，宜悉坑之，孰敢不服！'"世民以晊言告长孙无忌等，无忌等劝世民先事图之。世民叹曰："骨肉相残，古今大恶。吾诚知祸在朝夕，欲俟其发，然后以义讨之，不亦可乎！"敬德曰："人情谁不爱其死！今众人以死奉王，乃天授也。祸机垂发，而王犹晏然不以为忧，大王纵自轻，如宗庙社稷何！大王不用敬德之言，敬德将窜身草泽，不能留居大王左右，交手受戮也！"无忌曰："不从敬德之言，事今败矣。敬德等必不为王有，无忌亦当相随而去，不能复事大王矣！"世民曰："吾所言亦未可全弃，公更图之。"敬德曰："王今处事有疑，非智也；临难不决，非勇也。且大王素所畜养勇士八百余人，在外者今已入宫，擐甲执兵，事势已成，大王安得已乎！"

世民访之府僚，皆曰："齐王凶戾，终不肯事其兄。比闻护军薛实尝谓齐王曰，'大王之名，合之成唐字，大王终主唐祀'齐王喜曰，'但除秦王，取东宫如反掌耳。'彼与太子谋乱未成，已有取太子之心。乱心无厌，何所不为！若使二人得志，恐天下非复唐有。以大王之贤，取二人如拾地芥耳，奈何徇匹夫之节，忘社稷之计乎！"世民犹未决，众曰："大王以舜为何如人？"曰："圣人也。"众曰："使舜浚井不出，则为井中之泥，涂廪不下，则为廪上之灰，安能泽被天下，法施后世乎！是以小杖则受，大杖则走，盖所存者大故也。"世民命卜之，幕僚张公谨自外来，取龟投地，曰："卜以决疑；今事在不疑，尚何卜乎！卜而不吉，庸得已乎！"于是定计。

【译文】

适逢突厥郁射设带领数万骑兵驻扎在黄河以南，进入边塞，包围乌城，李建成便推荐李元吉代替李世民督率各军北征突厥。高祖听从了建议，命令李元吉督率右武卫大将军李艺、天纪将军张瑾等人前去援救乌城。李元吉请求让尉迟敬德、程知节、段志玄以及秦王府右三统军秦叔宝等人与自己一同前往，检阅并挑选秦王军中悍勇的将士，来增强李元吉的军队。率更丞王晊秘密禀告李世民说："太子对齐王说，'现在，你已经得到秦王悍勇的将士，拥有数万人马了。我与秦王在昆明池为你饯行，让勇士就在帐幕里摧折秦王的身体，将他杀死，上奏就说他暴病身亡，皇上不会不相信。我让人进言申说，使皇上将国事交给我。尉迟敬德等人被你掌握后，应该将他们活埋，谁敢不服！'"李世民将更丞王晊的话告诉长孙无忌等，长孙无忌等劝说李世民在事发前对付他们。李世民叹息着说："骨肉相互残杀，是古往今来的大丑事。我诚然知道祸事即将来临，但我打算在祸事发动以后，再仗义讨伐他们，这不是也可以吗？"尉迟敬德说："作为人们的常情，有谁能够舍得死去！现在大家誓死拥戴大王，这是上天所授。祸患的机栝就要发动，大王却仍旧态度安然，不为此事担忧。即使大王把自己看得很轻，又怎对得起宗庙社稷呢！如果大王不肯采用我的主张，我就准备逃身荒野。我不能够留在大王身边，拱手任人宰割！"长孙无忌说："如果大王不肯听从尉迟敬德的主张，事情现在便没有指望了。尉迟敬德等人肯定不会再追随大王，我也应当跟着他们离开大王，不能够再侍奉大王了！"李世民说："我讲的意见也不能够完全舍弃，您再计议一下吧。"尉迟敬德说："如今大王处理事情犹豫不定，这是不明智的；面临危难，不能决断，这是不果敢的。况且，大王平时蓄养的八百多名勇士，凡是在外面的，现在已经进入宫中，他们穿好衣甲，握着兵器，起事的形势已经形成，大王怎么能够制止得住呢！"

李世民就此事征求秦王府僚属的意见，大家都说："齐王凶恶乖张，终究不愿侍奉自己的兄长。近来听说护军薛实曾经对齐王说，'大王的名字，合起来是一个唐字，看来大王终究是要主持大唐祭祀的。'齐王欢喜地说，'要能除去秦王，捉拿太子就易如反掌了。'李元吉与太子谋乱还未成功，就已经有了捉拿太子的心思。作乱的心思不满足，有什么事情做不出！若这两人如愿了，恐怕天下就不再归大唐了。凭着大王的贤能，捉拿这两个人就像拾取地上的草芥一般容易，怎么能够为了信守平常人的节操，而忘记了国家大计呢？"李世民仍未作出决定。大家说："大王认为虞舜是什么样的人呢？"李世民说："是圣人。"大家说："假如虞舜在疏浚水井的时候没有躲过父亲与哥哥在上面填土的毒手，他便化为井中的泥土了，假如他在涂饰粮仓的时候没有逃过父亲和哥哥在下面放火的毒手，他便化为粮仓上的灰烬了，还怎么能够使自己恩泽遍及天下，法度流传后世呢！所以，虞舜在遭到父亲用小棍棒笞打的时候便忍了，在遭到父亲用大棍棒笞打的时候便逃了，这是因为虞舜心里想的是大事啊。"李世民让人卜算是否应该采取行动，恰好秦王幕府的僚属张公谨从外面进来，便将龟甲拿过来扔在地上说："占卜是为了决定疑难之事的，现在事情并无疑难，还占卜什么呢？如果卜算的结果是不吉利的，难道就能够不采取行动了吗？"于是，大家便定下了采取行动的计划。

【原文】

世民令无忌密召房玄龄等，曰："敕旨不听复事王；今若私谒，必坐死，不敢奉教！"世民怒，谓敬德曰："玄龄、如晦岂叛我邪！"取所佩刀授敬德曰："公往观之，若无来心，可断其首以来。"敬德往，与无忌共谕之曰："王已决计，公宜速入共谋之。吾属四人，不可群行道中。"乃令玄龄、如晦著道士服，与无忌俱入，敬德自他道亦至。

己未，太白复经天。傅奕密奏："太白见秦分，秦王当有天下。"上以其状授世民。于是世民密奏建成、元吉淫乱后宫，且曰："臣于兄弟无丝毫负，今欲杀臣，似为世充、建德报仇。臣今枉死，永违君亲，魂归地下，实耻见诸贼！"上省之，愕然，报曰："明当鞫问，汝宜早参。"

庚申，世民帅长孙无忌等入，伏兵于玄武门。张婕妤窃知世民表意，驰语建成。建成召元吉谋之，元吉曰："宜勒宫府兵，托疾不朝，以观形势。"建成曰："兵备已严，当与弟入参，自问消息。"乃俱入，趣玄武门。上时已召裴寂、萧瑀、陈叔达等，欲按其事。

建成、元吉至临湖殿，觉变，即跋马东归宫府。世民从而呼之，元吉张弓射世民，再三不彀，世民射建成，杀之。尉迟敬德将七十骑继至，左右射元吉坠马。世民马逸入林下，为木枝所挂，坠不能起。元吉遽至，夺弓将扼之，敬德跃马叱之。元吉步欲趣武德殿，敬德追射，杀之。翊卫车骑将军冯翊冯立闻建成死，叹曰："岂有生受其恩而死逃其难乎！"乃与副护军薛万彻、屈咥直府左车骑万年谢叔方帅东宫、齐府精兵二千驰趣玄武门。张公谨多力，独闭关以拒之，不得入。云麾将军敬君弘掌宿卫兵，屯玄武门，挺身出战，所亲止之曰："事未可知，且徐观变，俟兵集，成列而战，未晚也。"君弘不从，与中郎将吕世衡大呼而进，皆死之。君弘，显隽之曾孙也。守门兵与万彻等力战良久，万彻鼓噪欲攻秦府，将士大惧；尉迟敬德持建成、元吉首示之，宫府兵遂溃。万彻与数十骑亡入终南山。冯立既杀敬君弘，谓其徒曰："亦足以少报太子矣！"遂解兵，逃于野。

【译文】

　　李世民让长孙无忌秘密地将房玄龄等人招来，房玄龄等人说："敕书的旨意是不允许我们大家再侍奉秦王的。如果我们现在私下去谒见秦王，肯定要因此获罪致死，因此我们不敢接受秦王的教令！"李世民生气地对尉迟敬德说："房玄龄与杜如晦难道要背叛我吗！"他摘下佩刀交给尉迟敬德说："您前去察看一下情况，如果他们没有前来的意思，您可以砍下他们的头颅，带着回来见我。"尉迟敬德前去，与长孙无忌一起晓示房玄龄等人说："秦王已经将采取行动的办法决定下来了，你们最好赶紧前去秦王府共同计议大事。我们这四个人，不能够在街道上同行。"于是让房玄龄与杜如晦穿上道士的服装，与长孙无忌一同进入秦王府，尉迟敬德由别的道路也来到了秦王府。

　　己未（初三），金星再次白天出现在天空正南方的午位。傅奕秘密上奏说："金星出现在秦地的分野上，这是秦王应当拥有天下的征兆。"高祖将傅奕的密状交给了李世民。此时，李世民暗中奏陈李建成与李元吉淫乱后宫嫔妃，并且说："我丝毫也没有对不起哥哥与弟弟的地方，现在他们却打算杀死我，似乎是要为王世充和窦建德报仇。如今我含冤而死，永远离开父皇，魂魄回到地下，如果见到王世充等人，实在感到羞耻！"高祖望着李世民，惊讶不已，回答说："明天就审问此事，你最好及早前来朝参。"

　　庚申（初四），李世民率长孙无忌等人入朝，埋伏在玄武门。张婕妤暗中得知李世民上表大意，急忙前去告诉李建成。李建成将李元吉叫来商议，李元吉说："我们应当统率好东宫与齐王府中的军队，托称有病，不去上朝，以便观察形势。"李建成说："军队的防备已很严密了，我与你应当入朝参见，亲自打听消息。"于是，二人一起入朝，向玄武门走来。当时，高祖已经将裴寂、萧瑀、陈叔达等人招来，准备查验这件事情了。

　　李建成与李元吉来到临湖殿的时候，察觉到发生了变故，立即勒转马头，准备向东返回东宫和齐王府。李世民跟在后面招呼他们，李元吉拉开弓射李世民，一连两三次，都没有将弓拉满，李世民箭射李建成，却将他射死了。尉迟敬德带领骑兵七十人相继赶到，他身边的将士将李元吉射下马来。李世民的坐骑奔入树林，被树枝挂住，倒在地上不能起来。李元吉迅速赶到，夺过弓来，准备掐死李世民，尉迟敬德跃马奔来大声呵斥他。李元吉打算步行前往武德殿，尉迟敬德追着射他，将他射死了。翊卫车骑将军冯翊人冯立得知李建成死去的消息以后，叹息说："难道能够人家活着时蒙受人家的恩惠，人家一死便逃避人家的祸难吗？"于是，他与副护军薛万彻、屈咥直府左车骑万年人谢叔方率领东宫和齐王府的精锐兵马两千人，急驰玄武门。张公谨力大过人，他独自关闭了大门，挡住冯立等人，冯立等人无法进入。云麾将军敬君弘掌管着宿卫军，驻扎在玄武门。他挺身而起，准备出战，与他亲近的人阻止他说："事情未见分晓，姑且慢慢观察事态的发展变化，等到兵力集合起来，结成阵列再出战，也是为时不晚的啊。"敬君弘不肯听从，便与中郎将吕世衡大声呼喊着奔向前去，结果全部战死。敬君弘是敬显隽的曾孙。把守玄武门的士兵与薛万彻等人奋力交战，持续了很长时间，薛万彻擂着鼓，呼喊着，准备进攻秦王府，将士们大为恐惧。这时，尉迟敬德提着李建成和李元吉的头颅，给薛万彻等人看，东宫和齐王府的人马因而溃散，薛万彻与骑兵数十人逃进终南山。冯立杀死敬君弘以后，对手下人说："这也足够略微报答太子了。"于是，他丢掉兵器，落荒而逃。

【原文】

上方泛舟海池，世民使尉迟敬德入宿卫，敬协擐甲持矛，直至上所。上大惊，问曰："今日乱者谁邪？卿来此何为？"对曰："秦王以太子、齐王作乱，举兵诛之，恐惊动陛下，遣臣宿卫。"上谓裴寂等曰："不图今日乃见此事，当如之何？"萧瑀、陈叔达曰："建成、元吉本不预义谋，又无功于天下，疾秦王功高望重，共为奸谋。今秦王已讨而诛之，秦王功盖宇宙，率土归心，陛下若处以元良，委之国事，无复事矣！"上曰："善！此吾之夙心也。"时宿卫及秦府兵与二宫左右犹未已，敬德请降手敕，令诸军并受秦王处分，上从之。天策府司马宇文士及自东上阁门出宣敕，众然后定。上又使黄门侍郎裴矩至东宫晓谕诸将卒，皆罢散。上乃召世民，抚之曰："近日以来，几有投杼之惑。"世民跪而吮上乳，号恸久之。

【译文】

高祖正在海池划船。李世民让尉迟敬德入宫担任警卫，尉迟敬德身披铠甲，手握长矛，径直来到高祖所在之地。高祖极为震惊，便问他："今天作乱的人是谁？你到这里干什么？"尉迟敬德回答："由于太子和齐王作乱，秦王起兵诛杀了他们。秦王担心惊动陛下，便派我担任警卫。"高祖对裴寂等人说："不料今天会出现这种事情，你们认为应怎么办？"萧瑀和陈叔达说："李建成与李元吉原来就没参与反隋的谋议，又没有为天下立功劳。他们嫉妒秦王功勋大，威望高，便一起策划邪恶的阴谋。现在，秦王已经声讨并诛杀了他们，秦王的功绩布满天下，疆域内的人们都诚心归向于他。如果陛下能够决定立他为太子，将国家政务交托给他，就不会再发生事端了。"高祖说："好！这也正是我平素的心愿啊。"当时，宿卫军和秦王府的兵马与东宫和齐王府的亲信交战还没有停止，尉迟敬德请求高祖颁布亲笔敕令，命令各军接受秦王处置，高祖听从了他的建议。天策府司马宇文士及由东上阁门出来宣布敕令，大家便安定下来。高祖又让黄门侍郎裴矩前往东宫开导各个将士，将士们便都弃职散开。于是，高祖传召李世民前来，抚慰他说："近些日子以来，我几乎出现了曾母误听曾参杀人而丢开织具逃走的疑惑。"李世民跪了下来，伏在高祖的胸前，长时间地放声痛哭。

从善如流

【原文】

唐太宗贞观元年（丁亥，627年）

壬申，上谓太子少师萧瑀曰："朕少好弓矢，得良弓十数，自谓无以加，近以示弓工，乃曰'皆非良材'。朕问其故，工曰，'木心不直，则脉理皆邪，弓虽劲而发矢不直。'朕始寤向者辨之未精也。朕以弓矢定四方，识之犹未能尽，况天下之务，其能遍知乎！"乃命京官五品以上更宿中书内省，数延见，问以民间疾苦，政事得失。

秋，七月，壬子，以吏部尚书长孙无忌为右仆射。无忌与上为布衣交，加以外戚，有佐命功，上委以腹心，其礼遇群臣莫及，欲用为宰相者数矣。文德皇后固请曰："妾备位椒房，家之贵宠极矣，诚不愿兄弟复执国政。吕、霍、上官，可为切骨之戒，幸陛下矜察！"上不听，卒用之。

【译文】

唐太宗贞观元年（丁亥，公元627年）

壬申（闰三月二十日），太宗对太子少师萧瑀说："朕年轻时喜好弓箭，曾得到十几张好弓，自认为没有能超过它们的，最近拿给做弓箭的弓匠看，他说，'都不是好材料。'朕问他原因，弓匠说，'弓子木料的中心部分不直，所以脉纹也都是斜的，弓力虽强劲但箭发出去不走直线。'朕这才醒悟到以前对弓箭的性能分辨不清。朕以弓箭平定天下，而对弓箭的性能还没有能完全认识清楚，何况对于天下的事务，又怎么能遍知其理呢！"于是下令在京五品以上官员，轮流在中书内省值夜班，太宗多次接见他们，询问民间百姓疾苦和政治得失。

秋季，七月壬子（初二），任命吏部尚书长孙无忌为尚书右仆射。长孙无忌与太宗早年为布衣之交，加上皇后兄长的外戚身份，又有辅佐太宗即位的大功，太宗将他视为心腹，对他的礼遇无人堪比，几次想任用他为宰相。文德皇后固执地请求说："妾身为皇后，家族的尊贵荣耀已达到顶点，实在不愿意妾的兄、弟再去执掌国政。汉代的吕、霍、上官三家外戚的事情都是痛彻骨髓的前车之鉴，望陛下体恤明察！"太宗不听，最后还是予以重用。

【原文】

或告右丞魏征私其亲戚，上使御史大夫温彦博按之，无状。彦博言于上曰："征不存形迹，远避嫌疑，心虽无私，亦有可责。"上令彦博让征，且曰："自今宜存形迹。"他日，征入见，言于上曰："臣闻君臣同体，宜相与尽诚；若上下俱存形迹，则国之兴丧尚未可知，臣不敢奉诏。"上瞿然曰："吾已悔之。"征再拜曰："臣幸得奉事陛下，愿使臣为良臣，勿为忠臣。"上曰："忠、良有以异乎？"对曰：" 稷、契、皋陶，君臣协心，俱享尊荣，所谓良臣。龙逄、比干，面折廷争，身诛国亡，所谓忠臣。"上悦，赐绢五百匹。

上神采英毅，群臣进见者，皆失举措；上知之，每见人奏事，必假以辞色，冀闻规谏。尝谓公卿曰："人欲自见其形，必资明镜；君欲自知其过，必待忠臣。苟其君愎谏自贤，其臣阿谀顺旨，君既失国，臣岂能独全！如虞世基等谄事炀帝以保富贵，炀帝既弑，世基等亦诛。公辈宜用此为戒，事有得失，毋惜尽言！"

上谓黄门侍郎王曰："国家本置中书、门下以相检察，中书诏敕或有差失，则门下当行驳正。人心所见，互有不同，苟论难往来，务求至当，舍己从人，亦复何伤！比来或护己之短，遂成怨隙，或苟避私怨，知非不正，顺一人之颜情，为兆民之深患，此乃亡国之政也。炀帝之世，内外庶官，务相顺从，当是之时，皆自谓有智，祸不及身。及天下大乱，家国两亡，虽其间万一有得免者，亦为时论所贬，终古不磨。卿曹各当徇公忘私，勿雷同也！"

【译文】

有人告发右丞魏征偏袒他的亲属，太宗派御史大夫温彦博查问，没有实据。温彦博对太宗说："魏征不做任何表示，以远远地避开嫌疑，内心虽然无私，但也有应责备的地方。"太宗让温彦博去数落魏征，而且说道："从今以后，应有所表示。"有一天，魏征上朝，对太宗说："我听说君主与臣下一体，应彼此竭诚相待；如果上下都要求有所表示，那么国家的兴亡就难以预料了，臣不敢接受这个诏令。"太宗吃惊地说："我已经后悔了。"魏征拜了两拜道："臣很荣幸能为陛下做事，愿陛下让臣做良臣，不要让臣做忠臣。"太宗问："忠、良有什么区别吗？"回答道："后稷、契、皋陶，君臣齐心合力，共享荣耀，这就是所说的良臣。龙逄、比干，犯颜直谏，身死国亡，这就是所说的忠臣。"太宗听后十分高兴，赐给魏征绢五百匹。

太宗的神情、风采英武刚毅，众位大臣觐见他时，皆手足失措。太宗知道后，每次见人上朝奏事，都要对他们和颜悦色，希望听到规谏之言。他曾对公卿说："人想要看见自己的形体，一定要借助于镜子；君主想知道自己的过错，必然要善待忠正耿直的大臣。如果君主刚愎自用，自以为是，大臣阿谀逢迎，君主就会失去国家，大臣又岂能独自保全！像虞世基等人对隋炀帝阿谀奉承以求保全富贵，炀帝被杀后，世基等也难免一死。望你们以此为戒，每件事都有得失，希望不惜畅所欲言！"

太宗对黄门侍郎王说："朝中本来设置中书省、门下省，以相互监督检查，中书省起草诏令制敕如有差误，则门下省当予纠驳指正。人的见解各有不同，如果往来辩论，务求准确恰当，放弃个人见解从善如流，又有什么不好呢？近来有人护己之短，于是产生仇怨隔阂，有的为了避开私人恩怨，明知其错误也不加驳正。顺从顾及某个人的脸面，造成万民的灾患，这是亡国的政治。隋炀帝在位时，内外官吏一团和气，在那时，每个人都认为自己有智慧，祸患殃及不到自身。等到天下大乱，家庭与国家俱亡，虽然这中间偶有某个人得以幸免，也要被舆论所针砭，永远难以磨灭。你们每个人都应徇公忘私，不要犯同样的错误。"

房谋杜断

【原文】

太宗文武大圣大广孝皇帝上之中贞观三年（己丑，629年）

丁巳，上谓房玄龄、杜如晦曰："公为仆射，当广求贤人，随才授任，此宰相之职也。比闻听受辞讼，日不暇给，安能助朕求贤乎！"因敕"尚书细务属左右丞，唯大事应奏者，乃关仆射。"

玄龄明达政事，辅以文学，夙夜尽心，惟恐一物失所；用法宽平，闻人有善，若己有之，不以求备取人，不以长格物。与杜如晦引拔士类，常如不及。至于台阁规模，皆二人所定。上每与玄龄谋事，必曰："非如晦不能决。"及如晦至，卒用玄龄之策。盖元龄善谋，如晦能断故也。二人深相得，同心徇国，故唐世称贤相，推房、杜焉。玄龄虽蒙宠待，或以事被谴，辄累日诣朝堂，稽颡请罪，恐惧若无所容。

夏，四月，乙亥，上皇徙居弘义宫，更名大安宫。上始御太极殿，谓群臣曰："中书、门下，机要之司，诏敕有不便者，皆应论执。比来唯睹顺从，不闻违异。若但行文书，则谁不可为，何必择才也！"房玄龄等皆顿首谢。

【译文】

唐太宗贞观三年（己丑，公元629年）

丁巳（十六日），太宗对房玄龄、杜如晦说："你们身为仆射，应当广求天下贤才，因才授官，这是宰相的职责。近来听说你们受理辞讼案情，日不暇接，怎么能帮助朕求得贤才呢？"因此下令："尚书省琐细事务归尚书左右丞掌管，只有应当奏明的大事，才由左右仆射处理。"

房玄龄通晓政务，又有文采，昼夜操劳，只怕偶有差池；运用法令宽和平正，听到别人的长处，便如同自己所有，待人不求全责备，不以己之所长要求别人，与杜如晦一起提拔后进，不遗余力。至于尚书省的制度程式，均系二人所定。太宗每次与房玄龄谋划政事，一定要说："非杜如晦不能敲定。"等到杜如晦来，最后还是采用房玄龄的建议。这是因为房玄龄善于谋略，杜如晦长于决断。二人深相投合，同心为国出力，所以唐朝称为贤相者，首推房、杜二人。房玄龄虽然多蒙太宗宠爱，有时因某事受谴责，总是一连数日到朝堂内，磕头请罪，恐惧得好像无地自容。

夏季，四月，乙亥（初四），太上皇李渊迁居弘义宫。改弘义宫为大安宫。太宗开始到太极殿听政，对群臣说："中书、门下省，都是机要的部门，诏敕文书有不当之处，均应议论提出意见。近来唯见顺从旨意，听不见相反意见。如果只是过往文书，那么谁不能干呢，何必又要慎择人才呢？"房玄龄等人均磕头谢罪。

内助之贤

【原文】

唐太宗贞观十年（丙申，636年）

长孙皇后性仁孝俭素，好读书，常与上从容商略古事，因而献替，神益弘多。上或以非罪谴怒宫人，后亦阳怒，请自推鞫，因命囚系，俟上怒息，徐为申理，由是宫壶之中，刑无枉滥。豫章公主早丧其母，后收养之，慈爱逾于所生。妃嫔以下有疾，后亲抚视，辍己之药膳以资之，宫中无不爱戴。训诸子，常以谦俭为先，太子乳母遂安夫人尝白后，以东宫器用少，请奏益之。后不许，曰："为太子，患在德不立，名不扬，何患无器用邪！"

【译文】

唐太宗贞观十年（丙申，公元636年）

长孙皇后仁义孝敬，生活俭朴，喜欢读书，经常和太宗随意讨论历史，乘机劝善规过，提出很多有益的意见。有一次太宗怒责本无过错的宫女，皇后也佯装恼怒，请求亲自讯问，便下令将宫女关押起来，等到太宗息怒了，才慢慢地为其申辩，从此后宫之中，没有出现枉滥刑罚。豫章公主早年丧母，皇后将她收养，慈爱胜过亲生。自妃嫔以下有疾病的，皇后都亲自探视，并停了自己的药物饮食供其服用，宫中人人都爱戴皇后。她训诫几个儿子，常常以谦虚节俭为首要话题。太子的乳母遂安夫人曾对皇后说，东宫的器物用具比较少，请求皇后奏请皇上增加一些。皇后不允许，并且说："身为太子，忧虑的事在于德行不立，声名不扬，担忧什么没有器物用具呢！"

【原文】

上得疾，累年不愈，后侍奉，昼夜不离侧。常系毒药于衣带，曰："若有不讳，义不独生。"后素有气疾，前年从上幸九成宫，柴绍等中夕告变，上擐甲出阁问状，后扶疾以从，左右止之，后曰："上既震惊，吾何心自安！"由是疾遂甚。太子言于后曰："医药备尽而疾不瘳，请奏赦罪人及度人入道，庶获冥福。"后曰："死生有命，非智力所移。若为善有福，则吾不为恶；如其不然，妄求何益！赦者国之大事，不可数下。道、释异端之教，蠹国病民，皆上素所不为，奈何以吾一妇人使上为所不为乎！必行汝言，吾不如速死！"太子不敢奏，私以语房玄龄，玄龄白上，上哀之，欲为之赦，后固止之。

【译文】

太宗身患疾病，多年不愈，皇后精心侍候，常常昼夜不离身边。她也经常将毒药系在衣带上，说："皇上如有不测，我也不能一个人活下去。"皇后有多年的气喘病，前一年跟从太宗巡幸九成宫。柴绍等人深夜有急事禀报，太宗身穿甲胄走出内殿询问情况，皇后抱病紧随其后，身边的侍臣劝阻皇后，她说："皇上已经震惊，我内心又怎么能安定下来。"于是病情便加重了。太子对皇后说:"药物都用遍了,而病不见好,我请求奏明皇上大赦天下犯人并度俗人出家,或许可获阴间的福祉。"皇后说:"死生有命,并不是人的智力所能转移的。如果行善积德便有福祉,那么我并没做恶事;如果不是这样,胡乱求福又有什么好处呢?大赦是国家的大事,不能多次发布。道教、佛教乃异端邪说,祸国殃民,都是皇上平素不做的事,为什么因为我一个妇道人家而让皇上去做平时不做的事呢?如果一定要照你说的去做,我还不如立刻死去!"太子不敢上奏,只是私下与房玄龄谈起,房玄龄禀明太宗,太宗十分悲痛,想为皇后而大赦天下,皇后执意劝阻他。

【原文】

及疾笃,与上诀。时房玄龄以谴归第,后言于帝曰:"玄龄事陛下久,小心慎密,奇谋秘计,未尝宣泄,苟无大故,愿勿弃之。妾之本宗,因缘葭莩以致禄位,既非德举,易致颠危,欲使其子孙保全,慎勿处之权要,但以外戚奉朝请足矣。妾生无益于人,不可以死害人,愿勿以丘垄劳费天下,但因山为坟,器用瓦木而已。仍愿陛下亲君子,远小人,纳忠谏,屏谗慝,省作役,止游畋,妾虽没于九泉,诚无所恨。儿女辈不必令来,见其悲哀,徒乱人意。"因取衣中毒药以示上曰:"妾于陛下不豫之日,誓以死从乘舆,不能当吕后之地耳。"己卯,崩于立政殿。

【译文】

等到皇后病重,与太宗诀别时,房玄龄已受谴离职回家,皇后对太宗说:"房玄龄侍奉陛下多年,小心翼翼,谨慎周到,朝廷的机密计谋不曾有一丝泄露,如果没有重大过错,望陛下不要抛弃他。妾的宗族,由于沾亲带故而得到禄位,既然不是因有德行而被任用,便容易招致灭顶之灾,要使他们的子孙得以保全,望陛下不要将他们安置在权要的位置上,只是以外戚身份定期朝见皇上就足够了。妾活着的时候对别人没有用处,死后更不能对人有害,希望陛下不要为建陵墓而耗费天下的人力物力,只要倚山为坟,用瓦木做随葬器物就可以了。仍然希望陛下亲近君子,疏远小人,接受忠言直谏,摒弃谗言,节省劳役,停止游猎,妾虽在九泉之下,也毫无遗憾了。也不必让儿女们前来探视,看见他们悲哀,只会搅乱人心。"说着便取出衣带上的毒药给太宗看,说:"妾在陛下有病的日子,曾发誓以死跟随陛下,不能使自己处于吕后那样的地位。"己卯(六月二十一日),皇后在立政殿驾崩。

【原文】

后尝采自古妇人得失事,为《女则》三十卷,又尝著论驳汉明德马后以不能抑退外亲,使当朝贵盛,徒戒其车如流水马如龙,是开其祸败之源而防其末流也。及崩,宫司并《女则》奏之,上览之悲恸,以示近臣曰:"皇后此书,足以垂范百世。朕非不知天命而为无益之悲,但入宫不复闻规谏之言,失一良佐,故不能忘怀耳!"乃召房玄龄,使复其位。

冬，十一月，庚午，葬文德皇后于昭陵。将军段志玄、宇文士及分统士众出肃章门。帝夜使宫官至二人所，士及开营内之；志玄闭门不纳，曰："军门不可夜开。"使者曰："此有手敕。"志玄曰："夜中有辩真伪。"竟留使者至明。帝闻而叹曰："真将军也！"

帝复为文刻之石，称"皇后节俭，遗言薄葬，以为'盗贼之心，止求珍货，既无珍货，复何所求。'朕之本志，亦复如此。王者以天下为家，何必物在陵中，乃为己有。今因九山为陵，凿石之工才百余人，数十日而毕。不藏金玉，人马、器皿，皆用土木，形具而已，庶几奸盗息心，存没无累，当使百世子孙奉以为法。"

上念后不已，于苑中作层观以望昭陵，尝引魏征同登，使视之。征熟视之曰："臣昏，不能见。"上指示之，征曰："臣以为陛下望献陵，若昭陵，则臣固见之矣。"上泣，为之毁观。

【译文】

长孙皇后曾经搜集上古以来妇人得失诸事编为《女则》三十卷，又曾亲自写文章指斥汉明德马皇后不能抑制外戚势力，使他们在朝中显贵一时，并就他们车马的奢侈提出警告，认为这是开启其祸败的根源而应防范其末流枝节。长孙皇后驾崩后，宫中尚仪局的司籍奏呈《女则》一书，太宗看后十分悲痛，向身边的大臣展示，说道："皇后这本书，足以成为百世的典范。朕不是不知上天命数而沉溺于无益的悲哀之中，只是回到宫里再也听不见规谏的话了，失掉一个贤内助，所以不能忘怀呀！"于是征召房玄龄，让他官复原职。

冬季，十一月，庚午（疑误），将文德皇后安葬在昭陵。将军段志玄、宇文士及分别统领士兵出萧章门护送灵车。太宗夜里派太监到二人军营，宇文士及开门接纳；段志玄则闭门不让进去，说："军门夜间不能开。"使者说："我这里有皇上手令。"志玄说："夜里难辨真假。"竟让太监在门外等到天亮。太宗听说后，感叹道："这才是真正的将军啊！"

太宗又为皇后书写碑文，说道："皇后一生节俭，遗嘱薄葬，认为盗贼的意图，只是探求珍宝，既然没有珍宝，又有何求？朕的本意也是如此。君王以天下为家，何必将宝物放在陵中，才算据为己有。如今就借九山为陵墓，凿石的工匠也只有一百多人，几十天完工。不藏金银玉器，兵马俑和器皿都用泥土和木料做成，只是略具形状。这样可以使盗贼打消念头，生者死者都没有累赘，应当以此成为千秋万代子孙的榜样。"

太宗常常思念皇后，于后苑中设立了一个观望台，用以瞭望昭陵，曾带领魏征一同登上观望台，让他观望。魏征看了很久说："我老眼昏花，看不见。"太宗指给他看，魏征说："我还以为陛下瞭望献陵，如果是昭陵，我早就看见了。"太宗悲泣，为此毁掉了观望台。

文成入蕃

【原文】

太宗文武大圣大广孝皇帝中之中十四年（庚子，640年）

十月丙辰，吐蕃赞普遣其相禄东赞献金五千两及珍玩数百，以请婚。上许以文成公主妻之。

【译文】

唐太宗贞观十四年（庚子，公元640年）

十月二十三日，吐蕃首领赞普派他的丞相禄东赞向唐朝进献五千两黄金以及几百种珍玩器皿，请求通婚。太宗答应将文成公主许配给他。

【原文】

太宗文武大圣大广孝皇帝中之中贞观十五年（辛丑，641年）

春，正月，甲戌，以吐蕃禄东赞为右卫大将军。上嘉禄东赞善应对，以琅玡公主外孙段氏妻之；辞曰："臣国中自有妇，父母所聘，不可弃也。且赞普未得谒公主，陪臣何敢先娶！"上益贤之，然欲抚以厚恩，竟不从其志。

丁丑，命礼部尚书江夏王道宗持节送文成公主于吐蕃。赞普大喜，见道宗，尽子婿礼，慕中国衣服、仪卫之美，为公主别筑城郭宫室而处之，自服纨绮以见公主。其国人皆以赭涂面，公主恶之，赞普下令禁之；亦渐革其猜暴之性，遣子弟入国学，受《诗》《书》。

【译文】

唐太宗贞观十五年（辛丑，公元641年）

春季，正月，甲戌（十二日），唐朝廷任命吐蕃禄东赞为右卫大将军。太宗嘉许禄东赞善于应对，欲将琅玡公主的外孙女段氏嫁给他为妻，禄东赞推辞说："臣在本国中自有妻子，是父母为我聘娶的，不能够抛弃。而且我们的赞普首领还未曾迎娶公主，陪臣我怎么敢先娶呢？"太宗更加赞赏他，然而想要以厚礼隆恩加以抚慰，他最后还是没有从命。

丁丑（十五日），太宗令礼部尚书江夏王李道宗持旌节护送文成公主到吐蕃。吐蕃赞普非常高兴，见到李道宗，完全按婿礼行事，羡慕唐朝的服装和仪仗之美，将公主安置在特意营筑的城郭宫室之内，自己穿戴着精美的丝绸服装与公主见面。吐蕃人的脸上都涂着红褐色，公主感到厌恶，赞普便下令禁止涂面；并且逐渐改变其猜忌粗暴的本性，派遣本族子弟到长安国子学，学习《诗经》《尚书》等典籍。

太宗驾崩

【原文】

太宗文武大圣大广孝皇帝下之下贞观二十三年（己酉，649年）

上苦利增剧，太子昼夜不离侧，或累日不食，发有变白者。上泣曰："汝能孝爱如此，吾死何恨！"丁卯，疾笃，召长孙无忌入含风殿。上卧，引手扪无忌颐，无忌哭，悲不自胜；上竟不得有所言，因令无忌出。己巳，复召无忌及褚遂良入卧内，谓之曰："朕今悉以后事付公辈。太子仁孝，公辈所知，善辅导之！"谓太子曰："无忌、遂良在，汝勿忧天下！"又谓遂良曰："无忌尽忠于我，我有天下，多其力也，我死，勿令谗人间之。"仍令遂良草遗诏。有顷，上崩。

太子拥无忌颈，号恸将绝，无忌揽涕，请处分众事以安内外，太子哀号不已，无忌曰："主上以宗庙社稷付殿下，岂得效匹夫唯哭泣乎！"乃秘不发丧。庚午，无忌等请太子先还，飞骑、劲兵及旧将皆从。辛未，太子入京城；大行御马舆，侍卫如平日，继太子而至，顿于两仪殿。以太子左庶子于志宁为侍中，少詹事张行成兼侍中，以检校刑部尚书、右庶子、兼吏部侍郎高季辅兼中书令。壬申，发丧太极殿，宣遗诏，太子即位。

【译文】

唐太宗贞观二十三年（己酉，公元649年）

太宗病情加重，上吐下泻，太子昼夜不离身边，有时一连几日不进食，头发有的已变白。太宗流着泪说："你这么孝敬爱惜我，我死了还有什么遗憾！"丁卯（二十四日），太宗病情危急，召长孙无忌到含风殿。太宗躺在床上，伸出手摸着长孙无忌的腮，无忌大声痛哭，不能自已；太宗竟说不出话来，于是令无忌出宫。己巳（二十六日），又召长孙无忌与褚遂良进入卧室内，对他们说："朕如今将后事全都托付给你们。太子仁义孝敬，你们也都知道的，望你们善加辅佐教导！"对太子说："有无忌、遂良在，你不用为大唐江山担忧！"又对褚遂良说："无忌对我竭尽忠诚，我能拥有大唐江山，无忌出力较多，我死之后，不要让小人进谗言挑拨离间。"于是令褚遂良草拟遗诏。过了不久，太宗去世。

太子抱着长孙无忌的脖子，号啕痛哭，悲痛欲绝，长孙无忌抹去眼泪，请求太子处理众事以安朝廷内外，太子不停地哀嚎，无忌说："皇上将宗庙社稷交付给殿下，怎么能效法一般人只知道哭泣呢？"于是秘不发丧。庚午（二十七日），长孙无忌等人请求太子先回到皇宫，飞骑、精悍步兵及旧将领纷纷跟随。辛未（二十八日），太子进入京城；辞世的天子所用的马车、侍卫兵如同平时一样，继太子之后到达京城，安顿在两仪殿。任命太子左庶子于志宁为侍中，少詹事张行成兼任侍中，任命检校刑部尚书、右庶子、兼吏部侍郎高季辅兼任中书令。壬申（二十九日），在太极殿发丧，宣示太宗遗诏，太子即皇帝位。

后宫之争

【原文】

高宗天皇大圣大弘孝皇帝上之上永徽五年（戊戌，654年）

王皇后、萧淑妃与武昭仪更相谮诉，上不信后、淑妃之语，独信昭仪。后不能曲事上左右，母魏国夫人柳氏及舅中书令柳奭入见六宫，又不为礼。武昭仪伺后所不敬者，必倾心与相结，所得赏赐分与之。由是后及淑妃动静，昭仪必知之，皆以闻于上。

后宠虽衰，然上未有意废也。会昭仪生女，后怜而弄之，后出，昭仪潜扼杀之，覆之以被。上至，昭仪阳欢笑，发被观之，女已死矣，即惊啼。问左右，左右皆曰："皇后适来此。"上大怒曰："后杀吾女！"昭仪因泣数其罪。后无以自明，上由是有废立之志。又畏大臣不从，乃与昭仪幸太尉长孙无忌第，酣饮极欢，席上拜无忌宠姬子三人皆为朝散大夫，仍载金宝缯锦十车以赐无忌。上因从容言皇后无子以讽无忌，无忌对以他语，竟不顺旨，上及昭仪皆不悦而罢。昭仪又令母杨氏诣无忌第，屡有祈请，无忌终不许。礼部尚书许敬宗亦数劝无忌，无忌厉色折之。

【译文】

唐高宗永徽五年（戊戌，公元654年）

王皇后、萧淑妃与武昭仪之间相互诬告诽谤，高宗不相信王后、萧妃的话，单只信任武昭仪。王皇后不会曲意侍奉高宗身边的人，她的母亲魏国夫人柳氏及舅舅中书令柳奭进见六宫妃嫔，又不讲礼节。武昭仪观察到皇后讨厌的人，便与之倾心相交，所得到的赏赐也要分给她们。因此王皇后与萧妃的一举一动，武氏都知道，并且都告诉给高宗。

王皇后虽然失宠，但高宗并未有废后的想法。正巧此时武昭仪生下一个女孩，皇后怜爱她并逗弄她玩，皇后走出去后，武氏趁没人将女孩掐死，又盖上被子。正好高宗来到，武氏假装欢笑，打开被子一同看孩子，发现女婴已经死了，武氏大声哭闹。她假意问身边的人是怎么回事，身边的人都说："皇后刚刚来过这里。"高宗勃然大怒，说道："皇后杀了我的女儿！"武昭仪借机哭泣着数落其罪过。皇后无法申辩，高宗从此有了废皇后立武昭仪为后的打算。但他又担心大臣们不服，于是便和武氏一道临幸太尉长孙无忌的宅第，宴饮酣畅欢乐到极点，酒席上将无忌宠姬的三个儿子都拜为朝散大夫，又命人装载金银财宝、锦缎丝绸等共十车赐给无忌。高宗乘机讲到王皇后没有子嗣，以此暗示无忌，无忌顾左右而言他，竟然没有顺从旨意，高宗与武氏二人在不愉快中结束这场酒宴。武昭仪又让自己的母亲杨氏到无忌的宅第，多次请求，无忌最终还是没有答应。礼部尚书许敬宗也曾多次劝说无忌，无忌正颜厉色斥责了他。

二圣临朝

【原文】

高宗天皇大圣大弘孝皇帝中之上麟德元年（甲子，664年）

初，武后能屈身忍辱，奉顺上意，故上排群议而立之；及得志，专作威福，上欲有所为，动为后所制，上不胜其忿。有道士敦行真，出入禁中，尝为厌胜之术，宦者王伏胜发之。上大怒，密召西台侍郎、同东西台三品上官仪议之。仪因言："皇后专恣，海内所不与，请废之。"上意亦以为然，即命仪草诏。

左右奔告于后，后遽诣上自诉。诏草犹在上所，上羞缩不忍，复待之如初；犹恐后怨怒，因绐之曰："我初无此心，皆上官仪教我。"仪先为陈王谘议，与王伏胜俱事故太子忠，后于是使许敬宗诬奏仪、伏胜与忠谋大逆。十二月，丙戌，仪下狱，与其子庭芝、王伏胜皆死，籍没其家。戊子，赐忠死于流所。右相刘祥道坐与仪善，罢政事，为司礼太常伯，左肃机郑钦泰等朝士流贬者甚众，皆坐与仪交通故也。

自是上每视事，则后垂帘于后，政无大小，皆与闻之。天下大权，悉归中宫，黜陟、杀生，决于其口，天子拱手而已，中外谓之二圣。

【译文】

唐高宗麟德元年（甲子，公元664年）

当初，皇后武则天能屈身忍辱，顺从唐高宗的旨意，所以唐高宗排除不同意见，立她为皇后；等到她得志之后，恃势专权，唐高宗想有所作为，常为她所牵制，唐高宗非常愤怒。有个道士叫敦行真，出入皇宫，曾施行用诅咒害人的"厌胜"邪术，太监王伏胜揭发了这件事。唐高宗大怒，秘密招来西台侍郎同东西台三品上官仪商议。上官仪于是进言说："皇后专权自恣，天下人都不说好话，请废黜她。"唐高宗也认为应当这么办，立即命令上官仪起草诏令。

皇帝左右的人跑去告诉武后，武后赶忙来到唐高宗处诉说。当时废黜的诏令草稿还在唐高宗处，他羞惭畏缩，不忍心废黜，又像原来一样对待她；又恐怕她怨恨恼怒，还哄骗她说："我本来没有这个想法，都是上官仪给我出的主意。"上官仪原先任陈王谘议，与王伏胜都曾侍奉过已被废黜的太子李忠，武后于是便指使许敬宗诬奏上官仪、王伏胜与李忠阴谋背叛朝廷。十二月丙戌（十三日），上官仪被逮捕入狱，和他儿子上官庭芝以及王伏胜都被处死，家财被查抄没收。戊子（十五日），赐李忠自尽于流放处所。右相刘祥道因与上官仪友善，被免去相位，降职为司礼太常伯，左肃机郑钦泰等朝廷官员被流放贬谪的很多，都因与上官仪有来往的缘故。

此后，唐高宗每逢临朝治事，武后都在后边垂帘听政，政事无论大小，她都要参与。天下大权，全归于武后，官员升降生杀，取决于她一句话，皇帝只是无所事事的清闲人而已，朝廷内外称他们为"二圣"。

凤鸣朝阳

【原文】

高宗天皇大圣大弘孝皇帝下永淳元年（壬午，682年）

上既封泰山，欲遍封五岳，秋，七月，作奉天宫于嵩山南。监察御史里行李善感谏曰："陛下封泰山，告太平，致群瑞，与三皇、五帝比隆矣。数年以来，菽粟不稔，饿殍相望，四夷交侵，兵车岁驾；陛下宜恭默思道以禳灾谴，乃更广营宫室，劳役不休，天下莫不失望。臣忝备国家耳目，窃以此为忧！"上虽不纳，亦优容之。自褚遂良、韩瑗之死，中外以言为讳，无敢逆意直谏，几二十年；及善感始谏，天下皆喜，谓之"凤鸣朝阳"。

上遣宦者缘江徙异竹，欲植苑中。宦者科舟载竹，所在纵暴；过荆州，荆州长史苏良嗣囚之，上疏切谏，以为："致远方异物，烦扰道路，恐非圣人爱人之意。又，小人窃弄威福，亏损皇明。"上谓天后曰："吾约束不严，果为良嗣所怪。"手诏慰谕良嗣，令弃竹江中。良嗣，世长之子也。

【译文】

唐高宗永淳元年（壬午，公元682年）

唐高宗封泰山后，又想遍封五岳，秋季，七月，营造奉天宫于嵩山南面。监察御史里行李善感进谏说："陛下封泰山，向上天报告太平，招致众多的吉兆，可与三皇、五帝比兴盛。近几年以来，粮食歉收，饿死的人到处都是，四夷交相侵犯，兵车连年出动。陛下应当恭敬静默地思索治道以消除上天降下的灾害，却又广造宫室，劳役没有休止的时候，天下百姓无不感到失望。我忝列国家的耳目，私下为此而忧虑！"唐高宗虽不采纳他的意见，但也宽容他。自褚遂良、韩瑗死后，朝廷内外官员都以多说话为忌讳，不敢违背皇帝的意思直言规劝，几乎有二十年时间；等到李善感开始进谏，天下人都很高兴，称之为"凤鸣朝阳"，认为是天下太平的征兆。

高宗派遣宦官沿长江运送奇异的竹子，准备栽种在宫苑中。宦官们征用船只装载竹子，到处恣行暴虐；路过荆州时，荆州长史苏良嗣将他们囚禁起来，上书直言极谏，认为："为取得远方奇异物品，烦扰沿途百姓，恐怕不是圣人爱护人民的本意。同时，小人擅自耍弄威权，也有损皇帝的圣明。"高宗对天后武则天说："我约束不严，果然被苏良嗣责怪。"于是亲自写诏书，抚慰和指示苏良嗣，让他将竹子抛弃江中。苏良嗣是苏世长的儿子。

武则天是中国历史上唯一的女皇帝。她前后执政近半个世纪，上承"贞观之治"，下启"开元盛世"，史称"贞观遗风"，成为我国封建时代杰出的女政治家。

武氏专权

【原文】

则天皇后天授元年（庚寅，690年）

太后欲以太平公主妻其伯父士让之孙攸暨，攸暨时为右卫中郎将，太后潜使人杀其妻而妻之。公主方额广颐，多权略，太后以为类己，宠爱特厚，常与密议天下事。旧制，食邑，诸王不过千户，公主不过三百五十户；太平食邑独累加至三千户。

【译文】

则天皇后天授元年（庚寅，公元690年）

太后想将女儿太平公主嫁给她伯父武士让的孙子武攸暨。武攸暨当时任右卫中郎将，太后秘密指使人杀死他的妻子后将女儿嫁给他。太平公主方额大腮，多权变谋略，太后以为同自己相像，因此特别宠爱她，常同她秘密议论天下大事。按旧制规定，朝廷赐给封户，诸王不能超过一千户，公主不能超过三百五十户；只有太平公主却连续追加至三千户。

【原文】

九月，丙子，侍御史汲人傅游艺帅关中百姓九百余人诣阙上表，请改国号曰周，赐皇帝姓武氏。太后不许，擢游艺为给事中。于是百官及帝室宗戚、远近百姓、四夷酋长、沙门、道士合六万余人，俱上表如游艺所请，皇帝亦上表自请赐姓武氏。戊寅，群臣上言："有凤皇自明堂飞入上阳宫，还集左台梧桐之上，久之，飞东南去；及赤雀数万集朝堂。"

庚辰，太后可皇帝及群臣之请。壬午，御则天楼，赦天下，以唐为周，改元。乙酉，上尊号曰圣神皇帝，以皇帝为皇嗣，赐姓武氏；以皇太子为皇孙。

【译文】

九月丙子（初三），侍御史汲县人傅游艺率领关中百姓九百余人到皇宫前上奏表，请求改国号为周，赐皇帝姓武氏。太后没有允许；但提升傅游艺任给事中。于是百官以及帝室的同宗亲属、远近百姓、四夷的酋长、和尚、道士共六万余人，都上表提出同傅游艺一样的请求，皇帝也上表自己请求赐姓武氏。戊寅（初五），群臣进言："有凤凰从明堂飞入上阳宫，又飞回停在左台的梧桐树上，过了很久，才向东南飞去；还有赤雀数万只飞集朝堂。"

庚辰（初七），太后同意皇帝及群臣的请求。壬午（初九），太后上则天门城楼，宣布大赦天下，改唐为周，更改年号。乙酉（十二日），皇上尊号称圣神皇帝，以皇帝为皇位继承人，赐姓武氏；以皇太子为皇孙。

整顿吏治

【原文】

则天顺圣皇后中之上长寿元年（壬辰，692年）

是时，酷吏恣横，百官畏之侧足，昭德独廷奏其奸。太后好祥瑞，有献白石赤文者，执政诘其异，对曰："以其赤心。"昭德怒曰："此石赤心，他石尽反邪？"左右皆笑。襄州人胡庆以丹漆书龟腹曰："天子万万年。"诣阙献之。昭德以刀刮尽，奏请付法。太后曰："此心亦无恶。"命释之。

太后自垂拱以来，任用酷吏，先诛唐宗室贵戚数百人，次及大臣数百家，其刺史、郎将以下，不可胜数。每除一官，户婢窃相谓曰："鬼朴又来矣。"不旬月，辄遭掩捕、族诛。监察御史朝邑严善思，公直敢言。时告密者不可胜数，太后亦厌其烦，命善思按问，引虚伏罪者八百五十余人。罗织之党为之不振，乃相与构陷善思，坐流欢州。太后知其枉，寻复召为浑仪监丞。

右补阙新郑朱敬则以太后本任威刑以禁异议，今既革命，众心已定，宜省刑尚宽，乃上疏，以为："李斯相秦，用刻薄变诈以屠诸侯，不知易之以宽和，卒至土崩，此不知变之祸也。汉高祖定天下，陆贾、叔孙通说之以礼义，传世十二，此知变之善也。自文明草昧，天地屯蒙，三叔流言，四凶构难，不设钩距，无以应天顺人，不切刑名，不可摧奸息暴。故置神器，开告端，曲直之影必呈，包藏之心尽露，神道助直，无罪不除，苍生晏然，紫宸易主。然而急趋无善迹，促柱少和声，向时之妙策，乃当今之刍狗也。伏愿览秦、汉之得失，考时事之合宜，审糟粕之可遗，觉蘧庐之须毁，去菶菲之牙角，顿奸险之锋芒，窒罗织之源，扫朋党之迹，使天下苍生坦然大悦，岂不乐哉！"太后善之，赐帛三百段。

【译文】

则天皇后长寿元年（壬辰，公元692年）

当时，酷吏恣意横行，百官畏惧他们，不敢正面站立，只有李昭德敢于在朝廷揭露他们的邪恶。太后迷信祥瑞，有人进献有赤色花纹的白石，主管官员责问他这石头有什么特别之处，回答说："因为它的心忠诚。"李昭德大怒说："这块石头的心忠诚，其他石头全都造反吗？"身边的人都发笑。襄州人胡庆用红漆在龟的腹部书写"天子万万年"几个字，到皇宫门口进献。李昭德用刀把字刮除净尽，奏请将进献者法办。太后说："这个人用心并不坏。"命令释放他。

太后自垂拱年间以来，任用酷吏，首先处死唐朝皇族和贵戚数百人，然后杀大臣数百家，杀刺史、郎将以下官吏更数不清。每任命一名官吏，宫中守门的官婢便私下互相说道："做鬼的材料又来了。"不满一个月，这些官吏即遭突然逮捕，举族被杀。监察御史朝邑人严善思公正耿直敢说话。当时告密的人多到数不清，太后也厌烦，命令严善思查问，结果承认诬告服罪而死的有八百五十余人。罗织罪名害人的集因为之丧气，他们便共同诬陷严善思，结果他被流放欢州。太后知道他冤枉，不久又召他回来担任浑仪监丞。

右补阙新郑人朱敬则认为太后本意是用刑罚来禁止不同意见，现在既已登上帝位，人心也已安定，就应减轻刑罚，崇尚宽大，于是上疏说："李斯辅助秦国，用刻薄欺诈手段屠杀诸侯，不知道及时改变为宽大温和，终于土崩瓦解，这是不知道变化的祸害。汉高祖平定天下，陆贾、叔孙通说服他施行礼义，结果皇位传了十二代，这是知道变化的好处。自文明年间帝业初创，一切刚刚开始，韩王、霍王等三位皇叔散布流言，徐敬业等四个元凶制造祸乱，这时候不用手段套出实情，不能应天命顺人心，不亲近法家的刑名之学，不能摧毁邪恶止息暴乱。所以设铜匦，开告密之门，使或曲或直的形影必然显现出来，包藏着的阴谋全部暴露，结果神明帮助正直之人，罪恶尽除，百姓安定，帝位转移。但快走不会有完整的脚印，短的琴柱奏不出有声，过去的妙策，现在已成无用之物。恳切希望看看秦、汉的得和失，考察当前的事怎样办合适，哪些属于糟粕可以遗弃，发现那些一时有用过后即需破除的东西，去掉诬陷者的牙和角，挫去邪恶阴险者的锋芒，堵塞罗织罪状的源头，扫除结党营私的痕迹，使天下百姓无忧无虑，岂不快乐！"太后赞许他，赏赐他帛三百缎。

【原文】

侍御史周矩上疏曰："推劾之吏皆相矜以虐，泥耳笼头，枷研楔，折膺签爪，悬发薰耳，号曰'狱持'。或累日节食，连宵缓问，昼夜摇撼，使不得眠，号曰'宿囚'。此等既非木石，且救目前，苟求赊死。臣窃听舆议，皆称天下太平，何苦须反！岂被告者尽是英雄，欲求帝王邪？但不胜楚毒自诬耳。愿陛下察之。今满朝侧息不安，皆以为陛下朝与之密，夕与之仇，不可保也。周用仁而昌，秦用刑而亡。愿陛下缓刑用仁，天下幸甚！"太后颇采其言，制狱稍衰。

【译文】

侍御史周矩上疏说："审问犯人的官吏都以残暴相夸耀，泥塞耳朵，笼罩脑袋，用重枷磨脖颈，在头上加箍再打进楔子，打折胸骨，手指钉竹签，吊头发，薰耳朵，号称为'狱持'。或者多日减少供应食物，通宵审问，昼夜摇撼，不让睡觉，号称为'宿囚'。犯人既不是木石，为避免眼前的痛苦，便姑且认罪谋求晚一点死去。我私下听到的舆论，都说天下太平，有什么必要造反？难道被告发的人全是英雄，想谋取帝王的地位吗？只是受不住酷刑，被迫认罪罢了。希望陛下考察。如今满朝百官坐卧不安，都以为陛下早上同他们亲近，晚上即与他们成为仇敌，难以保全性命。周朝行仁义而昌盛，秦朝用刑罚而灭亡。愿陛下减缓刑罚，施行仁义，则天下百姓就很幸运了！"太后颇采纳他的意见，特种监狱的囚犯逐渐衰减。

国老荐才

【原文】

则天顺圣皇后久视元年（庚子，700年）

太后尝问仁杰："朕欲得一佳士用之，谁可者？"仁杰曰："未审陛下欲何所用之？"太后曰："欲用为将相。"仁杰对曰："文学缊藉，则苏味道、李峤固其选矣。必欲取卓荦奇才，则有荆州长史张柬之，其人虽老，宰相才也。"太后擢柬之为洛州司马。数日，又问仁杰，对曰："前荐柬之，尚未用也。"太后曰："已迁矣。"对曰："臣所荐者可为宰相，非司马也。"乃迁秋官侍郎；久之，卒用为相。仁杰又尝荐夏官侍郎姚元崇、监察御史曲阿桓彦范、大州刺史敬晖等数十人，率为名臣。或谓仁杰曰："天下桃李，悉在公门矣。"仁杰曰："荐贤为国，非为私也。"

辛丑，薨，太后泣曰："朝堂空矣！"自是朝廷有大事，众或不能决，太后辄叹曰："天夺吾国老何太早邪！"

狄仁杰，字怀英，历仕两朝。他为官清正廉洁、体恤爱民，不畏权势，始终居庙堂之上而以民为忧，后人称之为"唐室砥柱"。

【译文】

则天皇后久视元年（庚子，公元700年）

武则天曾经问狄仁杰："朕希望能找到一位杰出的人才委以重任，您看谁合适呢？"狄仁杰问道："不知道陛下想让他担任什么职务？"武则天说："我想让他担任将相。"狄仁杰回答道："如果您所要的是文采风流的人才，那么苏味道、李峤本来就是合适的人选。如果您一定要找出类拔萃的奇才，那就只有荆州长史张柬之了，他的年纪虽然老了一些，但却实实在在的是一位宰相之才。"武则天于是提拔张柬之做了洛州司马。过了几天之后，武则天又要求狄仁杰举荐人才，狄仁杰回答说："我前几天推荐的张柬之，您还没有任用呢。"武则天说："我已经给他升了官了。"狄仁杰回答说："我所推荐的张柬之是可以做宰相的人才，不是用来作一个司马的。"武则天于是任命张柬之为秋官侍郎；过了很长时间，终于任命他为宰相。狄仁杰还先后向武则天推荐了夏官侍郎姚元崇、监察御史曲阿人桓彦范、大州刺史敬晖等数十人，后来这些人都成为唐代名臣。有人对狄仁杰说："治理天下的贤能之臣，都出自您门下。"狄仁杰回答说："举荐贤才是为国家着想，并不是为我个人打算。"

辛丑年，狄仁杰去世，武则天流着眼泪说："朝堂上再也没有可以依靠的师长了！"此后朝廷一有大事，如果群臣无法决断，武则天就会叹息道："老天为什么这么早就把我的国老夺走呢！"

太平公主

【原文】

唐睿宗景云元年（庚戌，710年）

太平公主沈敏多权略，武后以为类己，故于诸子中独爱幸，颇得预密谋，然尚畏武后之严，未敢招权势；及诛张易之，公主有力焉。中宗之世，韦后、安乐公主皆畏之，又与太子共诛韦氏。既屡立大功，益尊重，上常与之图议大政，每入奏事，坐语移时；或时不朝谒，则宰相就第咨之。每宰相奏事，上辄问："尝与太平议否？"又问："与三郎议否？"然后可之。三郎，谓太子也。公主所欲，上无不听，自宰相以下，进退系其一言，其余荐士骤历清显者不可胜数。权倾人主，趋附其门者如市。子薛崇行、崇敏、崇简皆封王，田园遍于近甸，收市营造诸器玩，远至岭、蜀，输送者相属于路，居处奉养，拟于宫掖。

【译文】

唐睿宗景云元年（庚戌，公元710年）

太平公主遇事沉着机敏，富于权变谋略，武则天认为她很像自己，因而在众多的子女中对她格外偏爱，经常让她参与军国机密要事的谋划，但她还是惧怕武则天的威严，没有敢招势揽权；等到张柬之等人诛杀张易之、张昌宗兄弟时，太平公主有功劳。唐中宗时期，韦后和安乐公主都惧怕她，后来她又和太子李隆基一起铲除了韦氏集团。太平公主屡立大功后，权势地位更加显赫重要，唐睿宗经常同她商量朝廷的大政方针，每次她入朝奏事，都要和睿宗坐在一起谈上一段时间；有时她没去上朝谒见，睿宗会派宰相到她的家中征求她对某些问题的处理意见。每当宰相们奏事的时候，睿宗就要询问："这件事曾经与太平公主商量过吗？"接下来还要问道："与三郎商量过吗？"在得到宰相们肯定的答复之后，睿宗才会对宰相们的意见表示同意。三郎指的是皇太子李隆基。凡是太平公主想干的事，睿宗没有不同意的，朝中文武百官自宰相以下，或升迁或降免，全在她的一句话，其余经过她的举荐而平步青云担任要职的士人更是不可胜数。由于太平公主的权势甚至超过了睿宗皇帝，所以对她趋炎附势的人数不胜数。太平公主的儿子薛崇行、薛崇敏、薛崇简三人都受封为王，她的田产园林遍布于长安城郊外各地，她家在收买或制造各种珍宝器物时，足迹远至岭表及巴蜀地区，为她运送这类物品的人不绝于路，她在日常衣食住行的各个方面，都模仿宫廷的排场。

史书记载，太平公主长相端庄，方额头宽下巴，体态丰满，武则天认为女儿长相性格都与自己很像，对她格外宠爱。太平公主权倾一时，被称为"几乎拥有天下的公主"。

玄宗掌权

【原文】

睿宗玄真大圣大兴孝皇帝下开元元年（癸丑，713年）

太平公主依上皇之势，擅权用事，与上有隙。宰相七人，五出其门。文武之臣，太半附之，与窦怀贞、岑羲、萧至忠、崔湜及太子少保薛稷、雍州长史新兴王晋、左羽林大将军常元楷、知右羽林将军事李慈、左金吾将军李钦、中书舍人李猷、右散骑常侍贾膺福、鸿胪卿唐晙及僧慧范等谋废立，又与宫人元氏谋于赤箭粉中置毒进于上。晋，德良之孙也。元楷、慈数往来主第，相与结谋。

王琚言于上曰："事迫矣，不可不速发。"左丞张说自东都遣人遗上佩刀，意欲上断割。荆州长史崔日用入奏事，言于上曰："太平谋逆有日。陛下住在东宫，犹为臣子，若欲讨之，须用谋力。今既光临大宝，但下一制书，谁敢不从？万一奸宄得志，悔之何及！"上曰："诚如卿言，直恐惊动上皇。"日用曰："天子之孝在于安四海。若奸人得志，则社稷为墟，安在其为孝乎！请先定北军，后收逆党，则不惊动上皇矣。"上以为然。以日用为吏部侍郎。

【译文】

唐玄宗开元元年（癸丑，公元713年）

太平公主倚仗太上皇唐睿宗的势力专擅朝政，与唐玄宗发生尖锐的冲突。朝中七位宰相之中，有五位是出自她的门下；文臣武将之中也有一半以上的人依附她。太平公主与窦怀贞、岑羲、萧至忠、崔湜以及太子少保薛稷、雍州长史新兴王李晋、左羽林大将军常元楷、知右羽林将军事李慈、左金吾将军李钦、中书舍人李猷、右散骑常侍贾膺福、鸿胪寺卿唐晙和胡僧慧范等一起图谋废掉唐玄宗。此外，太平公主又与宫女元氏合谋，准备在进献给玄宗皇帝服用的天麻粉中投毒。李晋是李德良的孙子。常元楷和李慈多次前往太平公主的私宅与她订下作乱的计谋。

王琚对唐玄宗进言道："形势已十分紧迫，陛下不可不迅速行动了。"尚书左丞张说从东都洛阳派人给唐玄宗送来了一把佩刀，意思是请玄宗及早决断，铲除太平公主的势力。荆州长史崔日用入朝奏事，对唐玄宗说："太平公主图谋叛逆，是由来已久的事情。当初，陛下在东宫做太子时，在名分上还是臣子，如果那时想铲除太平公主，需要施用计谋。现在陛下已为全国之主，只需颁下一道制书，哪个人敢于抗命不从？如果犹豫不决，万一奸邪之徒的阴谋得逞，那时候再后悔可就来不及了！"唐玄宗说："你说得很对，只是朕担心会惊动太上皇。"崔日用又说道："天子的大孝在于使四海安宁。倘若奸党得志，则社稷宗庙将化为废墟，陛下的孝行又怎么体现出来呢？请陛下首先控制住左右羽林军和左右万骑军，然后再将太平公主及其党羽一网打尽，这样就不会惊动太上皇了。"唐玄宗认为他说得很对，便任命他为吏部侍郎。

【原文】

秋，七月，魏知古告公主欲以是月四日作乱，令元楷、慈以羽林兵突入武德殿，怀贞、至忠、羲等于南牙举兵应之。上乃与岐王范、薛王业、郭元振及龙武将军王毛仲、殿中少监姜皎、太仆少卿李令问、尚乘奉御王守一、内给事高力士、果毅李守德等定计诛之。

甲子，上因王毛仲取闲厩马及兵三百余人，与同谋十余人，自武德殿入虔化门，召元楷、慈，先斩之，擒膺福、猷于内客省以出，执至忠、羲于朝堂，皆斩之。怀贞逃入沟中，自缢死，戮其尸，改姓曰毒。上皇闻变，登承天门楼。郭元振奏："皇帝前奉诰诛窦怀贞等，无他也。"上寻至楼上，上皇乃下诰罪状怀贞等，因赦天下，惟逆人亲党不赦。薛稷赐死于万年狱。

【译文】

秋季，七月，魏知古告发太平公主计划在本月四日发动叛乱，指使常元楷、李慈率领羽林军突入武德殿，另派窦怀贞、萧至忠、岑羲等人在南牙举兵响应。玄宗于是与岐王李范、薛王李业、郭元振以及龙武将军王毛仲、殿中少监姜皎、太仆少卿李令问、尚乘奉御王守一、内给事高力士、果毅李守德等人定计率先下手诛除太平公主集团。

甲子（初三），唐玄宗通过王毛仲调用闲厩中的马匹以及禁兵三百余人，与上述同谋划的十余人，从武德殿进入虔化门，召见常元楷和李慈二人，先将他们斩首，在内客省逮捕了贾膺福和李猷，并将他们带出，又在朝堂上逮捕了萧至忠和岑羲，下令将上述四人一起斩首。窦怀贞逃入城壕之中自缢而死，唐玄宗下令斩戮他的尸首，并将他的姓氏改为毒。太上皇唐睿宗听到事变发生的消息后，登上了承天门的门楼。郭元振上奏唐睿宗道："皇帝只是奉太上皇诰命诛杀窦怀贞等奸臣逆党，并没有发生什么其他的事。"玄宗皇帝也随后来到门楼之上，唐睿宗于是颁发诰命列举窦怀贞等人的罪状，并大赦天下，只是逆臣的亲属党羽不在赦免之列。薛稷被赐死在万年县狱中。

【原文】

乙丑，上皇诰："自今军国政刑，一皆取皇帝处分。朕方无为养志，以遂素心。"是日，徙居百福殿。

太平公主逃入山寺，三日乃出，赐死于家，公主诸子及党羽死者数十人。薛崇简以数谏其母被挞，特免死，赐姓李，官爵如故。籍公主家，财货山积，珍物侔于御府，厩牧羊马、田园息钱，收入数年不尽。慧范家亦数十万缗。改新兴王晋之姓曰厉。

初，上谋诛窦怀贞等，召崔湜，将托以心腹，弟涤谓湜曰："主上有问，勿有所隐。"湜不从。怀贞等既诛，湜与右丞卢藏用俱坐私侍太平公主，湜流窦州，藏用流泷州。新兴王晋临刑叹曰："本为此谋者崔湜，今吾死湜生，不亦冤乎！"会有司鞫宫人元氏，元氏引湜同谋进毒，乃追赐死于荆州。薛稷之子伯阳以尚主免死，流岭南，于道自杀。

初，太平公主与其党谋废立，窦怀贞、萧至忠、岑羲、崔湜皆以为然，陆象先独以为不可。公主曰："废长立少，已为不顺；且又失德，若之何不去！"象先曰："既以功立，当以罪废。今实无罪，象先终不敢从。"公主怒而去。上既诛怀贞等，召象先谓曰："岁寒知松柏，信哉！"时穷治公主枝党，当坐者众，象先密为申理，所全甚多；然未尝自言，当时无知者。百官素为公主所善及恶之者，或黜或陟，终岁不尽。

【译文】

乙丑（初四），太上皇唐睿宗发布诰命："从现在起，所有军国政务与刑赏教化，均由皇帝处理。朕正好清静无为，修身养性，以遂平生夙愿。"在这一天，太上皇移居到百福殿居住。

太平公主逃入山寺，直到事发三天以后才出来，被唐玄宗下诏赐死在她自己的家中，她的儿子以及党羽被处死的达数十人。薛崇简因为平日屡次谏阻其母太平公主而受到责打，所以例外地被免于死刑，唐玄宗将他赐姓为李氏，并准许他留任原职。唐玄宗还下令将太平公主的所有财产没收充公，在抄家时发现公主家中的财物堆积如山，珍宝器玩可以与皇家府库媲美，厩中牧养的羊马、拥有的田地园林和放债应得的利息，几年也收不完。胡僧慧范也拥有家产达数十万缗。唐玄宗又下令将新兴王李晋的姓氏改为厉。

当初，唐玄宗在筹划诛杀窦怀贞等人时，曾召见崔湜，想将他当作心腹。崔湜的弟弟崔涤对他说："无论皇帝问到你什么，你都不能有所隐瞒。"崔湜没有采纳。窦怀贞等人被杀后，崔湜与尚书右丞卢藏用两人都因私侍太平公主获罪，崔湜被流放到窦州，卢藏用被流放到泷州。新兴王李晋临刑之际叹道："本来提出这个主意的人是崔湜，现在我被处死，崔湜反而能够保住性命，这不是天大的冤枉吗！"适逢有关部门审讯宫女元氏，元氏供出崔湜与她同谋投毒谋害玄宗，唐玄宗于是重新下诏将崔湜赐死在他流放途中经过的荆州。薛稷的儿子薛伯阳由于娶公主为妻的缘故而被免于处死，流放岭南，他在流放途中自杀身死。

当初在太平公主与其党羽谋划废掉玄宗皇帝之时，窦怀贞、萧至忠、岑羲、崔湜等人都赞成此举，只有陆象先认为这样做不行。太平公主说："太上皇废长立少，已经不合道理，再加上皇帝失德，为什么不能将他废掉呢！"陆象先说："既然皇帝当初是以立有大功而被立为太子，那么就只能以获罪为由将其废黜。现在皇帝实际上没有罪，我终究不敢苟同。"太平公主十分生气地离去。唐玄宗诛杀窦怀贞等人以后，召见陆象先说："岁寒然后知松柏之后凋。这句话真是至理名言！"当时正值严厉惩处太平公主党羽的时候，应当入狱受罚的人非常之多，陆象先悄悄地为这些人申明冤屈，很多人因而得以保全性命，但他从未自己说起过这些事，当时也没有人知道此事内情。朝廷百官中平素受到太平公主善待或者憎恶的人，有的被降职贬黜，有的受到提拔重用，这项工作总共持续了一年之久，仍未全部做完。

二相治国

【原文】

玄宗至道大圣大明孝皇帝上之中开元三年（乙卯，715年）

春，正月，癸卯，以卢怀慎检校吏部尚书兼黄门监。怀慎清谨俭素，不营资产，虽贵为卿相，所得俸赐，随散亲旧，妻子不免饥寒，所居不蔽风雨。

姚崇尝有子丧，谒告十余日，政事委积，怀慎不能决，惶恐，入谢于上。上曰："朕以天下事委姚崇，以卿坐镇雅俗耳。"崇既出，须臾，裁决俱尽，颇有得色，顾谓紫微舍人齐浣曰："余为相，可比何人？"浣未对。崇曰："何如管、晏？"浣曰："管、晏之法虽不能施于后，犹能没身。公所为法，随复更之，似不及也。"崇曰："然则竟如何？"浣曰："公可谓救时之相耳。"崇喜，投笔曰："救时之相，岂易得乎！"

怀慎与崇同为相，自以才不及崇，每事推之，时人谓之"伴食宰相"。

卢怀慎为官清廉谨慎，生活节俭朴素，从不谋求资财产业。虽然做了卿相的高官，但他常将得到的俸禄和赏赐随手周济亲朋故旧。而他的妻子儿女的生活却不能免于饥寒，他所住的房子也因长期失修而难以遮风挡雨。

【译文】

唐玄宗开元三年（乙卯，公元715年）

春季，正月，癸卯（二十日），唐玄宗任命卢怀慎为检校吏部尚书兼黄门监。卢怀慎为官清廉谨慎，生活节俭朴素，从不谋求资财产业。虽然做了卿相的高官，但他常将得到的俸禄和赏赐随手周济亲朋故旧。而他的妻子儿女的生活却不能免于饥寒，他所住的房子也因长期失修而难以遮风挡雨。

姚崇曾有一次为儿子办丧事请了十几天的假，从而使得应当处理的政务堆积成山，卢怀慎无法决断，感到十分惶恐，入朝向玄宗谢罪。唐玄宗对他说："朕把天下之事委托给姚崇，只是想让您安坐而对雅士俗人起镇抚作用罢了。"姚崇假满复出之后，只用了一会儿工夫便将未决之事处理完毕，不禁面有得意之色，回头对紫微舍人齐浣道："我做宰相，可以与历史上哪些宰相相比？"齐浣没有回答。姚崇继续问道："我与管仲、晏婴相比，谁更好些？"齐浣回答说："管仲、晏婴所奉行的法度虽然未能传之后世，起码也做到终身实施。您所制定的法度则随时更改，似乎比不上他们。"姚崇又问道："那么我到底是什么样的宰相呢？"齐浣回答说："您可以说是一位救时之相。"姚崇听后十分高兴，将手中的笔扔在桌案上说："一位救时宰相，也是不容易找到的呀！"

卢怀慎与姚崇同时担任宰相，自认为才能不及姚崇，所以每遇到一件事，都要请姚崇处理，当时的人将他称为"伴食宰相"。

贵妃受宠

【原文】

玄宗至道大圣大明孝皇帝中之下天宝四年（乙酉，745年）

八月，壬寅，册杨太真为贵妃。赠其父玄琰兵部尚书，以其叔父玄珪为光禄卿，从兄铦为殿中少监，锜为驸马都尉。癸卯，册武惠妃女为太华公主，命锜尚之。及贵妃三姊，皆赐第京师，宠贵赫然。

【译文】

唐玄宗天宝四年（乙酉，公元745年）

八月壬寅（十七日）玄宗册封杨太真为贵妃。追赠其父亲杨玄琰为兵部尚书，任命其叔父杨玄珪为光禄卿，堂兄杨铦为殿中少监，杨锜为驸马都尉。癸卯（十八日），册封武惠妃的女儿为太华公主，并命杨锜娶其为妻。杨贵妃的三个姐姐，都在京师赐有宅第，宠贵无比。

【原文】

玄宗至道大圣大明孝皇帝中之下天宝五年（丙戌，746年）

杨贵妃方有宠，每乘马则高力士执辔授鞭，织绣之工专供贵妃院者七百人，中外争献器服珍玩。岭南经略使张九章、广陵长史王翼，以所献精美，九章加三品，翼入为户部侍郎。天下从风而靡。民间歌之曰："生男勿喜女勿悲，君今看女作门楣。"妃欲得生荔枝，岁命岭南驰驿致之，比至长安，色味不变。

至是，妃以妒悍不逊，上怒，命送归兄铦之第。是日，上不怿，比日中，犹未食。左右动不称旨，横被箠挞。高力士欲尝上意，请悉载院中储偫送贵妃，凡百余车；上自分御膳以赐之。及夜，力士伏奏请迎贵妃归院，遂开禁门而入。自是恩遇愈隆，后宫莫得进矣。

【译文】

唐玄宗天宝五年（丙戌，公元746年）

杨贵妃正受到玄宗的宠爱，每次骑马时，高力士都为她执鞭牵马，专门为杨贵妃织锦绣衣服的工匠多达七百人，朝野内外都争着奉献器物、衣服、珍宝。岭南经略使张九章与广陵长史王翼，因为所进献的物品精美而被加官，张九章加为三品官，王翼入朝为户部侍郎。天下的官吏都纷纷效法。因此民间歌唱道："生男莫喜女莫悲，君今看女作门楣。"杨贵妃喜欢吃新鲜荔枝，玄宗就命令岭南每年都用驿马飞驰送来，到了长安，色味仍然不变。

这时，杨贵妃因为嫉妒、泼悍、无礼，激怒了玄宗，所以玄宗就下令把贵妃送回她哥哥杨铦的家里。这一天，玄宗闷闷不乐，到了中午，还没有吃饭。左右人的行动都不能使他满意，被粗暴鞭打。高力士想要试玄宗的意，就请把贵妃院中储备待用的器物送给贵妃，总共装了一百多车；玄宗又把自己吃的食物分赐给贵妃。到了晚上，高力士又跪下奏请接回贵妃，于是打开禁门让贵妃入宫。从此杨贵妃愈发受到宠爱，后宫其他人都受到冷落。

【原文】

玄宗至道大圣大明孝皇帝下之上天宝九年（庚寅，750年）

二月，杨贵妃复忤旨，送归私邸。户部郎中吉温因宦官言于上曰："妇人识虑不远，违忤圣心，陛下何爱宫中一席之地，不使之就死，岂忍辱之于外舍邪？"上亦悔之，遣中使赐以御膳。妃对使者涕泣曰："妾罪当死，陛下幸不杀而归之。今当永离掖庭，金玉珍玩，皆陛下所赐，不足为献，惟发者父母所与，敢以荐诚。"乃剪发一缭而献之。上遽使高力士召还，宠待益深。

【译文】

唐玄宗天宝九年（庚寅，公元750年）

二月，杨贵妃又因为触怒了玄宗，被送回杨家。户部郎中吉温让宦官对玄宗说："杨贵妃作为妇道人家，见识短浅，违背了圣上的心意，但陛下为何要爱惜宫中一席之地，不让她死在宫中，而要让她在宫外忍受耻辱呢？"玄宗听后，十分后悔，就派宦官把自己吃的饭赐给贵妃。杨贵妃十分感动，痛哭流涕地对宦官说："我得罪了陛下，罪该万死，而陛下宽宏大量不杀我，还让我回家。现在要永远离开宫中，不得与陛下相见，金玉等珍宝玩物，都是陛下赐给我的，难以献给陛下，只有头发是父母所给予我的，把它献给陛下以表示我的诚心。"于是就剪下一撮自己的头发让人献给玄宗。玄宗见后立刻派高力士把杨贵妃召回宫中，从此更加宠爱。

【原文】

玄宗至道大圣大明孝皇帝下之上天宝十一年（壬辰，752年）

上晚年自恃承平，以为天下无复可忧，遂深居禁中，专以声色自娱，悉委政事于林甫。林甫媚事左右，迎会上意，以固其宠；杜绝言路，掩蔽聪明，以成其奸；妒贤疾能，排抑胜己，以保其位；屡起大狱，诛逐贵臣，以张其势。自皇太子以下，畏之侧足。凡在相位十九年，养成天下之乱，而上不之寤也。

【译文】

唐玄宗天宝十一年（壬辰，公元752年）

玄宗晚年倚仗天下太平，自认为再也没有什么可以担心的，便深居宫中，沉湎于声色犬马当中，所有政事都交由李林甫处理。李林甫以谄媚的态度对待玄宗身边的人，处处迎合玄宗的心意，以巩固自己受到的宠信。他禁止别人进谏，压制贤人，以便做尽各种奸诈之事；他嫉贤妒能，排斥异己，以保住自己的位置；他还多次制造冤狱，诛杀、驱逐重臣，以扩张自己的实力。自太子以下的官员，因害怕他而不敢正立。李林甫在相位十九年，为天下大乱埋下了祸根，但是玄宗却没有察觉。

玄宗塞听

【原文】

玄宗至道大圣大明孝皇帝下之下天宝十三年（甲午，754年）

春，正月，己亥，安禄山入朝。是时杨国忠言禄山必反，且曰："陛下试召之，必不来。"上使召之，禄山闻命即至。庚子，见上于华清宫，泣曰："臣本胡人，陛下宠擢至此，为国忠所疾，臣死无日矣！"上怜之，赏赐巨万，由是益亲信禄山，国忠之言不能入矣。太子亦知禄山必反，言于上，上不听。

安禄山求兼领闲厩、群牧；庚申，以禄山为闲厩、陇右群牧等使。禄山又求兼总监；壬戌，兼知总监事。禄山奏以御史中丞吉温为武部侍郎，充闲厩副使，杨国忠由是恶温。禄山密遣亲信选健马堪战者数千匹，别饲之。

己丑，安禄山奏："臣所部将士讨奚、契丹、九姓、同罗等，勋效甚多，乞不拘常格，超资加赏，仍好写告身付臣军授之。"于是除将军者五百余人，中郎将者二千余人。禄山欲反，故先以此收众心也。

【译文】

唐玄宗天宝十三年（甲午，公元754年）

春季，正月己亥（初三），安禄山入朝。当时杨国忠进言说安禄山必反，并说："陛下试召他入朝，他一定不来。"于是玄宗就派人召见安禄山，安禄山听到命令立刻来朝。庚子（初四），安禄山晋见玄宗于华清宫，哭诉说："臣本是一名胡人，只是受到陛下的信任才有今天的地位，但却不为杨国忠所容，恐怕难以活命了！"玄宗听后十分怜爱，重加赏赐，因此更加信任安禄山，杨国忠的话一点也听不进去。太子李亨也知道安禄山要谋反，告诉玄宗，玄宗不听。

安禄山要求兼任闲厩使、群牧使。庚申，玄宗任命安禄山为闲厩使、陇右群牧使。安禄山又要求总管全国四十八处牧马之地，壬戌，玄宗批准了。安禄山又上奏建议任命御史中丞吉温为武部侍郎，充任闲厩副使。杨国忠因此厌恶吉温。安禄山秘密派遣亲信选出强健、能上战场的马数千匹，特别饲养。

己丑（二月二十三日），安禄山上奏说："臣所率领的部下将士讨伐奚、契丹、九姓胡、同罗等，功勋卓著，乞望陛下能够打破常规，越级封官赏赐，并希望写好告身，让臣在军中授予他们。"因此安禄山部将被任命为将军的有五百多人，中郎将的有两千多人。安禄山要谋反，所以先借此收买人心。

【原文】

三月，丁酉朔，禄山辞归范阳。上解御衣以赐之，禄山受之惊喜。恐杨国忠奏留之，疾驱出关。乘船沿河而下，令船夫执绳板立于岸侧，十五里一更，昼夜兼行，日数百里，过郡县不下船。自是有言禄山反者，上皆缚送之。由是人皆知其将反，无敢言者。

禄山之发长安也，上令高力士饯之长乐坡。及还，上问："禄山慰意乎？"对曰："观其意怏怏，必知欲命为相而中止故也。"上以告国忠，曰："此议他人不知，必张垍兄弟告之也。"上怒，贬张均为建安太守，垍为卢溪司马，垍弟给事中埱为宜春司马。

【译文】

三月丁酉朔（初一），安禄山向玄宗告辞，要回范阳。玄宗脱下自己的衣服赐给他，安禄山十分惊喜地接受衣服。安禄山恐怕杨国忠向玄宗上奏把他留在朝中，所以急忙出潼关。然后乘船沿黄河而下，命令船夫手执挽船用的绳板立在岸边，十五里一换，昼夜兼程，日行数百里，经过郡县也不下船。从此有说安禄山谋反的人，玄宗都把他们捆绑起来送给安禄山。因此人们都知道安禄山将要谋反，但没有人敢说。

安禄山从长安离去时，玄宗命令高力士在长乐坡为安禄山饯行。高力士回来后，玄宗问道："安禄山满意吗？"高力士回答说："我看到他心中不愉快，一定是知道了想要任命他为宰相，后来又改变的缘故。"玄宗把此事告诉了杨国忠，杨国忠说："这件事别人都不知道，一定是张垍兄弟告诉安禄山的。"玄宗大为愤怒，就贬张均为建安郡太守，张垍为卢溪郡司马，张垍的弟弟给事中张埱为宜春郡司马。

【原文】

侍御史、剑南留后李宓将兵七万击南诏。阁罗凤诱之深入，至大和城，闭壁不战。宓粮尽，士卒罹瘴疫及饥死什七八，乃引还；蛮追击之，宓被擒，全军皆没。杨国忠隐其败，更以捷闻，益发中国兵讨之，前后死者几二十万人，无敢言者。上尝谓高力士曰："朕今老矣，朝事付之宰相，边事付之诸将，夫复何忧！"力士对曰："臣闻云南数丧师，又边将拥兵太盛，陛下将何以制之！臣恐一旦祸发，不可复救，何谓无忧也！"上曰："卿勿言，朕徐思之。"

【译文】

侍御史、剑南留后李宓率兵七万攻打南诏。南诏王阁罗凤采用诱敌深入的战术，把唐军诱到大和城下，坚壁不战。李宓粮尽，所率领的士卒因为瘴疫和饥饿死了十分之七八，遂领兵撤退；这时南诏才出兵追击，李宓被俘，全军覆没。而杨国忠不但隐瞒败状，还假报获胜，并增兵去讨伐，前后战死的近二十万人，没有人敢说这件事。玄宗曾经对高力士说："朕已经老了，把朝中政事委托给宰相处理，边防军事委托给诸位边将，还有什么可忧愁的呢？"高力士回答说："臣听说唐军在云南多次战败，还有边将拥兵太重，不知道陛下如何处置？臣生怕一朝祸发，难以挽救，怎么能说可以高枕无忧呢？"玄宗说："你不要说了，让我仔细考虑一下。"

禄山叛乱

【原文】

　　肃宗文明武德大圣大宣孝皇帝上之下至德元年（丙申，756年）

　　令狐潮复引兵攻雍丘。潮与张巡有旧，于城下相劳苦如平生，潮因说巡曰："天下事去矣，足下坚守危城，欲谁为乎？"巡曰："足下平生以忠义自许，今日之举，忠义何在！"潮惭而退。

　　郭子仪、李光弼还常山，史思明收散卒数万踵其后。子仪选骁骑更挑战，三日，至行唐，贼疲，乃退。子仪乘之，又败之于沙河。蔡希德至洛阳，安禄山复使将步骑二万人北就思明，又使牛廷玠发范阳等郡兵万余人助思明，合五万余人，而同罗、曳落河居五分之一。子仪至恒阳，思明随至，子仪深沟高垒以待之；贼来则守，去则追之，昼则耀兵，夜斫其营，贼不得休息。数日，子仪、光弼议曰："贼倦矣，可以出战。"壬午，战于嘉山，大破之，斩首四万级，捕虏千余人。思明坠马，露髻跣足步走，至暮，杖折枪归营，奔于博陵；光弼就围之，军声大振。于是河北十余郡皆杀贼守将而降。渔阳路再绝，贼往来者皆轻骑窃过，多为官军所获，将士家在渔阳者无不摇心。

【译文】

　　唐玄宗至德元年（丙申，公元756年）

　　令狐潮又率兵来攻打雍丘。令狐潮与张巡有交情，二人就在城下像平时见面那样互相问候，令狐潮借机对张巡说："现在唐朝的大势已去，您还在为谁苦守危城呢？"张巡说："你平常总是说自己如何忠义，而现在这种叛逆行为哪有一点忠义的味道？"令狐潮听后惭愧而退。

　　郭子仪与李光弼率兵退回常山，史思明又收罗散兵数万随后追击。郭子仪挑选骁勇善战的骑兵轮番挑战，三天以后，到了行唐县，叛军因疲劳无力再战才退兵。郭子仪乘机出击，又击败叛军于沙河县。蔡希德到了洛阳，安禄山又让他率领步、骑兵两万人向北靠近史思明，并派牛廷玠发范阳等郡兵一万多人增援史思明，合兵共五万多人，其中同罗、曳落河的精兵占五分之一。郭子仪抵达恒阳，史思明也率兵追到。郭子仪依靠深沟高垒，以逸待劳，叛军来攻就固守，撤兵就追击；白天以大兵向叛军炫耀武力，夜里则派部队袭击敌营，使叛军不得安宁。这样持续了数天，郭子仪与李光弼商议说："叛军已经疲劳，可以出战。"壬午（五月二十九日），两军战于嘉山，叛军大败，被杀四万人，被俘一千多人。史思明从马上坠落下来，发髻散乱，赤脚步行而逃，到了晚上，拄着折断的长枪回到军营，然后又逃奔博陵。李光弼率兵紧紧地围住了博陵，军势大振。于是河北地区原先被叛军占据的十多个州郡都杀了叛军的守将而归降朝廷。范阳的归路再次被切断，叛军往来都是轻骑偷偷摸摸地通过，就是这样还大多被官军俘获，家在范阳的叛军将士都心中动摇。

【原文】

禄山大惧，召高尚、严庄诟之曰："汝数年教我反，以为万全。今守潼关，数月不能进，北路已绝，诸军四合，吾所有者止汴、郑数州而已，万全何在？汝自今勿来见我！"尚、庄惧，数日不敢见。田乾真自关下来，为尚、庄说禄山曰："自古帝王经营大业，皆有胜败，岂能一举而成！今四方军垒虽多，皆新募乌合之众，未更行陈，岂能敌我蓟北劲锐之兵，何足深忧！尚、庄皆佐命元勋，陛下一旦绝之，使诸将闻之，谁不内惧！若上下离心，臣窃为陛下危之！"禄山喜曰："阿浩，汝能豁我心事。"即召尚、庄，置酒酣宴，自为之歌以侑酒，待之如初。阿浩，乾真小字也。禄山议弃洛阳，走归范阳，计未决。

【译文】

安禄山十分恐惧，把高尚与严庄招来骂道："数年来你们都劝我反叛，认为一定能够成功。而现在大军被阻于潼关，数月不能攻破，北归的路也已断绝，官军大集，我们所占据的只有汴州、郑州等几个州郡，如何能够取胜呢？从现在开始你们再也不要来见我！"高尚与严庄听后极为害怕，好多天都不敢去见安禄山。这时田乾真从潼关回来，为高尚、严庄说话，劝安禄山说："自古以来，凡是要成就大事业的帝王，都有胜有败，怎么能够指望一举成功呢？现在四面八方的官军虽然多，但都是新招募的乌合之众，没有经过战阵，怎么能够敌得过我们蓟北的这些精兵强将呢？您根本不用担忧。高尚、严庄都是跟随您多年的功臣元勋，陛下就这样一下子把他们抛弃，如果让诸位将领知道了，哪一个能不心中恐惧呢？如果内部分裂，上下离心，我觉得陛下的处境就危险了！"安禄山听后高兴地说："阿浩，你真能够体谅我的心事。"于是就把高尚与严庄招来，摆设宴席招待，安禄山还为他们唱歌以劝酒，仍然像以前那样对待他们。阿浩是田乾真的小名。安禄山计划放弃洛阳，率军回保范阳，但还没有下定决心。

【原文】

是时，天下以杨国忠骄纵召乱，莫不切齿。又，禄山起兵以诛国忠为名，王思礼密说哥舒翰，使抗表请诛国忠，翰不应。思礼又请以三十骑劫取以来，至潼关杀之。翰曰："如此，乃翰反，非禄山也。"或说国忠："今朝廷重兵尽在翰手，翰若援旗西指，于公岂不危哉！"国忠大惧，乃奏："潼关大军虽盛，而后无继，万一失利，京师可忧。请选监牧小儿三千于苑中训练。"上许之，使剑南军将李福德等领之。又募万人屯灞上，令所亲杜乾运将之，名为御贼，实备翰也。翰闻之，亦恐为国忠所图，乃表请灞上军隶潼关。六月，癸未，召杜乾运诣关，因事斩之；国忠益惧。

【译文】

这时，人们都认为安禄山叛乱是因为杨国忠骄横放纵所致，无不对杨国忠切齿痛恨。而且安禄山起兵是以讨杨国忠为名，所以王思礼就悄悄地劝哥舒翰，让他上表请求玄宗杀掉杨国忠，哥舒翰没有答应。王思礼又请求率领三十个骑兵把杨国忠劫持出京师，到潼关把他杀掉。哥舒翰说："如果这样做就是我谋反，而不是安禄山谋反。"有人劝杨国忠说："现在朝廷的重兵都在哥舒翰掌握之中，如果他挥兵西向京城，您不就危险了吗？"杨国忠大为恐惧，就上奏玄宗说："现在潼关虽然有大军把守，但后无援兵，一旦潼关失守，京师就难保。请求挑选监牧的士卒三千人于禁苑中训练，以应付不测。"玄宗同意，就派剑南军将李福德等人统领这支队伍。杨国忠又招募了一万人屯兵于灞上，命令他的亲信杜乾运率领，名义上是抵御叛军，实际上却是为了防备哥舒翰。哥舒翰得知后，也怕被杨国忠谋算，于是就上表玄宗请求把驻扎在灞上的军队隶属潼关统一指挥。六月癸未（初一），哥舒翰把杜乾运召到潼关，借机杀了他，杨国忠更加害怕。

【原文】

会有告崔乾祐在陕，兵不满四千，皆羸弱无备，上遣使趣哥舒翰进兵复陕、洛。翰奏曰："禄山久习用兵，今始为逆，岂肯无备！是必羸师以诱我。若往，正堕其计中。且贼远来，利在速战；官军据险以扼之，利在坚守。况贼残虐失众，兵势日蹙，将有内变；因而乘之，可不战擒也。要在成功，何必务速！今诸道征兵尚多未集，请且待之。"郭子仪、李光弼亦上言："请引兵北取范阳，覆其巢穴，质贼党妻子以招之，贼必内溃。潼关大军，唯应固守以弊之，不可轻出。"国忠疑翰谋己，言于上，以贼方无备，而翰逗留，将失机会。上以为然，续遣中使趣之，项背相望。翰不得已，抚膺恸哭。丙戌，引兵出关。

【译文】

这时有人告诉玄宗说崔乾祐在陕郡的兵力不到四千，都是老弱之兵，而且没有准备，玄宗就派人催促哥舒翰出兵收复陕郡和洛阳。哥舒翰上奏说："安禄山善于用兵，现在刚举兵反叛，怎么能够不设防呢？这一定是故意示弱来引诱我们。如果出兵攻打，正中了他的计谋。再说叛军远来，利在速战速决；我们据险扼守，利在长期坚持。何况叛军残暴，失去人心，兵势正在变为不利，将会有内乱；到那时再乘机进攻，就可不战而获胜。我们最主要的是要取胜，何必要立刻出兵呢？现在各地所征的兵大多都还没有到达，请暂且等待一段时间。"郭子仪与李光弼也上言说："请让我们率兵向北攻取范阳，直捣叛军巢穴，抓住他的妻子、儿子作为人质用来招降，这样叛军内部必定大乱。坚守潼关的大军应该固守以挫敌锐气，不可轻易出战。"杨国忠怀疑哥舒翰想要谋害他，就告诉玄宗说叛军没有准备，而哥舒翰却逗留拖延，将要失去战机。玄宗信以为然，于是又派宦官去催促出兵，连续不断。哥舒翰没有办法，抚胸痛哭。丙戌（初四），亲自率兵出关。

【原文】

己丑，遇崔乾祐之军于灵宝西原。乾祐据险以待之，南薄山，北阻河，隘道七十里。庚寅，官军与乾祐会战。乾祐伏兵于险，翰与田良丘浮舟中流以观军势，见乾祐兵少，趣诸军使进。王思礼等将精兵五万居前，庞忠等将余兵十万继之，翰以兵三万登河北阜望之，鸣鼓以助其势。乾祐所出兵不过万人，什什伍伍，散如列星，或疏或密，或前或却，官军望而笑之。乾祐严精兵，陈于其后。兵既交，贼偃旗如欲遁者，官军懈，不为备。须臾，伏兵发，贼乘高下木石，击杀士卒甚众。道隘，士卒如束，枪槊不得用。翰以毡车驾马为前驱，欲以冲贼。日过中，东风暴急，乾祐以草车数十乘塞毡车之前，纵火焚之。烟焰所被，官军不能开目，妄自相杀，谓贼在烟中，聚弓弩而射之。日暮，矢尽，乃知无贼。乾祐遣同罗精骑自南山过，出官军之后击之，官军首尾骇乱，不知所备，于是大败。或弃甲窜匿山谷，或相挤排入河溺死，嚣声振天地，贼乘胜蹙之。后军见前军败，皆自溃，河北军望之亦溃。瞬息间，两岸皆空。翰独与麾下百余骑走，自首阳山西渡河入关。关外先为三堑，皆广二丈，深丈，人马坠其中，须臾而满；余众践之以度，士卒得入关者才八千余人。辛卯，乾祐进攻潼关，克之。

【译文】

己丑（初七），官军与崔乾祐的叛军相遇于灵宝西原。崔乾祐的军队占据着险要之地，南靠大山，北据黄河天险，有狭道七十里。庚寅（初八），官军与崔乾祐的叛军交战。崔乾祐先把精兵埋伏在险要的地方，哥舒翰与田良丘乘船在黄河中观察军情，看见崔乾祐兵少，就命令大军前进。王思礼等率领精兵五万在前，庞忠等率领其余的十万在后，哥舒翰率兵三万登上黄河北岸的高丘观察指挥，并鸣鼓助战。崔乾祐出兵不到一万，十五成群，散如诸星，有疏有密，有前有后，官军看见后都大笑叛军不会用兵。而崔乾祐却把精兵摆在阵后。两军一交战，叛军偃旗息鼓假装败逃，官军斗志松懈，毫无准备。不一会，叛军伏兵齐发，占据着高地，用滚木石块打击官军，官军死伤惨重。又因为道路狭窄，士卒拥挤，枪架伸展不开。哥舒翰又让马拉毡车前进，去冲击叛军。过了中午，东风攀起，崔乾祐把数十辆草车塞于毡车之前，放火焚烧。顿时大火熊熊，烟雾蔽天，官军睁不开眼睛，敌我不分，互相冲杀，以为叛军在烟火中，就召集弓箭手和弩机手射击。持续到天黑，箭已射尽，才知道没有叛军。崔乾佑派同罗精锐骑兵过南山，从官军后面发起进攻，官军腹背受敌，首尾大乱，不知道如何抵挡，因此大败。有的丢盔弃甲逃入山谷，有的互相拥挤被推入黄河中淹死，喊声震天动地，叛军又乘胜追击。官军后面的将士看见前军大败，也纷纷溃逃，黄河北岸的军队看见了也向后逃跑，只一会儿工夫，黄河两岸的官军都跑掉了。哥舒翰仅与部下数百骑兵得以逃脱，从首阳山西面渡过黄河，进入潼关。潼关城外先前挖了三条深沟，都是宽二丈，深一丈，过关的人马坠落沟中，很快就填满了沟，后面的人踏着他们得以通过，残兵逃入关内的才八千多人。辛卯（初九），崔乾祐率兵攻陷潼关。

【原文】

翰至关西驿，揭榜收散卒，欲复守潼关。蕃将火拔归仁等以百余骑围驿，入谓翰曰："贼至矣，请公上马。"翰上马出驿，归仁帅众叩头曰："公以二十万众一战弃之，何面目复见天子！且公不见高仙芝、封常清乎？请公东行。"翰不可，欲下马。归仁以毛縻其足于马腹，及诸将不从者，皆执之以东。会贼将田乾真已至，遂降之，俱送洛阳。安禄山问翰曰："汝常轻我，今定何如？"翰伏地对曰："臣肉眼不识圣人。今天下未平，李光弼在常山，李祗在东平，鲁炅在南阳，陛下留臣，使以尺书招之，不日皆下矣。"禄山大喜，以翰为司空、同平章事。谓火拔归仁曰："汝叛主，不忠不义。"执而斩之。翰以书招诸将，皆复书责之。禄山知无效，乃囚诸苑中。潼关既败，于是河东、华阴、冯翊、上洛防御使皆弃郡走，所在守兵皆散。

【译文】

哥舒翰到了关西驿站，张贴告示收罗逃散的士卒，想重新守卫潼关。这时蕃人将领火拔归仁等率领一百余名骑兵包围了驿站，进去对哥舒翰说："叛军来了，请您赶快上马。"哥舒翰上马到了驿站后，火拔归仁率部下叩头说："您率领二十万军队一战而全军覆没，还有什么脸面去见天子呢？再说您没有看到封常清与高仙芝的下场吗？还不如向东去归降安禄山。"哥舒翰不同意，想要下马。火拔归仁就用毛绳把他的双脚捆绑在马肚子下，对于将领中不愿意投降的，也都捆起来押往东方。这时叛军将领田乾真赶到，火拔归仁就投降了他，被一起送往洛阳。安禄山问哥舒翰说："你过去总是看不起我，现在怎么样呢？"哥舒翰伏地而拜回答说："我凡人肉眼不识圣人。现在天下还没有平定，李光弼率兵在常山，吴王李祗在东平，鲁炅在南阳，陛下如果能够留我一条性命，让我写信招降他们，用不了多长时间就会平定。"安禄山很高兴，就拜哥舒翰为司空、同平章事。又对火拔归仁说："你背叛了你的主人，是不忠不义。"然后就杀了他。哥舒翰写信招降其他将帅，他们都复信责备他的背叛行为。安禄山知道没有什么效果，就把哥舒翰囚禁于禁苑中。潼关既已失守，于是河东、华阴、冯翊、上洛等郡的防御使都弃郡而逃，部下的守兵也纷纷逃命。

【原文】

是日，翰麾下来告急，上不时召见，但遣李福德等将监牧兵赴潼关。及暮，平安火不至，上始惧。壬辰，召宰相谋之。杨国忠自以身领剑南，闻安禄山反，即令副使崔圆阴具储偫，以备有急投之，至是首唱幸蜀之策。上然之。癸巳，国忠集百官于朝堂，惶遽流涕；问以策略，皆唯唯不对。国忠曰："人告禄山反状已十年，上不之信。今日之事，非宰相之过。"仗下，士民掠扰奔走，不知所之，市里萧条。国忠使韩、虢入宫，劝上入蜀。

【译文】

潼关失守的当天，哥舒翰的部下到朝廷报告情况危急，玄宗当时没有召见，只是派李福德等人率领监牧小儿组成的军队开赴潼关增援。到了晚上，没看到报告平安的烽火，玄宗才感到惧怕。壬辰（初十），玄宗把宰相招来商议对策。杨国忠因为自己兼任剑南节度使，安禄山反叛后，即命令节度副使崔圆暗中准备物资，以防备危急时到剑南使用，所以这时他首先提出到蜀中避难。玄宗赞成他的意见。癸巳（十一日），杨国忠召集百官于朝堂，神色惊惧，痛哭流涕地问他们有什么计策，百官都不回答。杨国忠说："人们告安禄山的反状已有十年了，但皇上总是不相信。现在事情发展到这种地步，不是宰相的过错。"罢朝后卫兵退下，这时长安城中的百姓惊慌逃命，都不知道该往哪里躲避，店铺关门，街市一片萧条。杨国忠又让韩国夫人与虢国夫人入宫，劝说玄宗到蜀中去避难。

【原文】

甲午，百官朝者什无一二。上御勤政楼，下制，云欲亲征，闻者皆莫之信。以京兆尹魏方进为御史大夫兼置顿使；京兆少尹灵昌崔光远为京兆尹，充西京留守；将军边令诚掌宫闱管钥。托以剑南节度大使颍王璬将赴镇，令本道设储偫。是日，上移仗北内。既夕，命龙武大将军陈玄礼整比六军，厚赐钱帛，选闲厩马九百余匹，外人皆莫之知。乙未，黎明，上独与贵妃姊妹、皇子、妃、主、皇孙、杨国忠、韦见素、魏方进、陈玄礼及亲近宦官、宫人出延秋门，妃、主、皇孙之在外者，皆委之而去。上过左藏，杨国忠请焚之，曰："无为贼守。"上愀然曰："贼来不得，必更敛于百姓；不如与之，无重困吾赤子。"是日，百官犹有入朝者，至宫门，犹闻漏声，三卫立仗俨然。门既启，则宫人乱出，中外扰攘，不知上所之。于是王公、士民四出逃窜，山谷细民争入宫禁及王公第舍，盗取金宝，或乘驴上殿，又焚左藏大盈库。崔光远、边令诚帅人救火，又募人摄府、县官分守之，杀十余人，乃稍定。光远遣其子东见禄山，令诚亦以管钥献之。

【译文】

甲午（十二日），百官上朝的不到十分之一二。玄宗登临勤政楼，下制书说要亲自率兵征讨安禄山，听到的人都不相信。玄宗又任命京兆尹魏方进为御史大夫兼置顿使，京兆少尹灵昌人崔光远为京兆尹，兼西京留守，让将军边令诚掌管官殿的钥匙。玄宗假称剑南节度大使颍王李璬将要赴镇，命令剑南道准备所用物资。当天，玄宗移居大明宫。天黑以后，玄宗命令龙武大将军陈玄礼集合禁军六军，重赏他们金钱布帛，又挑选了闲厩中的骏马九百余匹，所做的这些事情外人都不知晓。乙未（十三日），天刚亮，玄宗只与杨贵妃姊妹、皇子、皇妃、公主、皇孙、杨国忠、韦见素、魏方进、陈玄礼及亲信宦官、宫人从延秋门出发，在宫外的皇妃、公主及皇孙都弃而不顾，只管自己逃难。玄宗路过左藏库，杨国忠请求放火焚烧，并说："不要把这些钱财留给叛贼。"玄宗心情凄惨地说："叛军来了没有钱财，一定会向百姓征收；还不如留给他们，以减轻百姓们的苦难。"这一天，百官还有入朝的，到了宫门口，还能听到漏壶滴水的声音，仪仗队的卫士们仍然整齐地站在那里。待宫门打开后，看见宫人乱哄哄地出逃，宫里宫外一片混乱，都不知道皇上在哪里。于是王公贵族、平民百姓四处逃命，山野小民争着进入皇宫及王公贵族的宅第，盗抢金银财宝，有的还骑驴跑到殿里，还放火焚烧了左藏大盈库。崔光远与边令诚带人赶来救火，又招募人代理府、县长官分别守护，杀了十多个人，局势才稍微稳定下来。崔光远派他的儿子去见安禄山，边令诚也把宫殿各门的钥匙献给安禄山。

【原文】

　　上过便桥，杨国忠使人焚桥。上曰："士庶各避贼求生，奈何绝其路！"留内侍监高力士，使扑灭乃来。上遣宦者王洛卿前行，告谕郡县置顿。食时，至咸阳望贤宫，洛卿与县令俱逃。中使征召，吏民莫有应者。日向中，上犹未食，杨国忠自市胡饼以献。于是民争献粝饭，杂以麦豆，皇孙辈争以手掬食之，须臾而尽，犹未能饱。上皆酬其直，慰劳之。众皆哭，上亦掩泣。有老父郭从谨进言曰："禄山包藏祸心，固非一日。亦有诣阙告其谋者，陛下往往诛之，使得逞其奸逆，致陛下播越。是以先王务延访忠良以广聪明，盖为此也。臣犹记宋璟为相，数进直言，天下赖以安平。自顷以来，在廷之臣以言为讳，惟阿谀取容，是以阙门之外，陛下皆不得而知。草野之臣，必知有今日久矣，但九重严邃，区区之心，无路上达。事不至此，臣何由得睹陛下之面而诉之乎！"上曰："此朕之不明，悔无所及。"慰谕而遣之。俄而尚食举御膳以至，上命先赐从官，然后食之。命军士散逸村落求食，期未时皆集而行。夜将半，乃至金城。县令亦逃，县民皆脱身走，饮食器皿具在，士卒得以自给。时从者多逃，内侍监袁思艺亦亡去。驿中无灯，人相枕藉而寝，贵贱无以复分辨。王思礼自潼关至，始知哥舒翰被擒；以思礼为河西、陇右节度使，即令赴镇，收合散卒，以俟东讨。

【译文】

　　玄宗一行经过便桥后，杨国忠派人放火烧桥，玄宗说："官吏百姓都在避难求生，为何要断绝他们的生路呢？"于是就把内侍监高力士留下，让他把大火扑灭后再来。玄宗派宦官王洛卿先行，告诉郡县官做好准备。到吃饭的时候，抵达咸阳望贤宫，而王洛卿与咸阳县令都已逃跑。宦官去征召，官吏与民众都没有人来。已到了中午，玄宗还没有吃饭，杨国忠就亲自用钱买来胡饼献给玄宗。于是百姓争献粗饭，并掺杂有麦豆，皇孙们争着用手抓吃，不一会儿就吃光了，还没有吃饱。玄宗都按价给了他们金钱，并慰劳他们。众人都涕泣流泪，玄宗也禁不住哭泣。这时有一位名叫郭从谨的老人进言说："安禄山包藏祸心，阴谋反叛已经很久了。其间也有人到朝廷去告发他的阴谋，而陛下却常常把这些人杀掉，使安禄山奸计得逞，以致陛下出逃。所以先代的帝王务求延访忠良之士以广视听，就是为了这个道理。我还记得宋璟做宰相的时候，敢于犯颜直谏，所以天下得以平安无事。但从那时起，朝廷中的大臣都忌讳直言进谏，只是一味地阿谀奉承，取悦于陛下，所以对于宫门之外所发生的事陛下都不得而知。那些远离朝廷的臣民早知道会有今日了，但由于宫禁森严，远离陛下，区区效忠之心无法上达。如果不是安禄山反叛，事情到了这种地步，我怎么能够见到陛下而当面诉说呢？"玄宗说："这都是我的过错，但后悔已经来不及了。"然后安慰了一番郭从谨，让他走了。不一会儿，管理皇上吃饭的官吏给玄宗送饭来了，玄宗命令先赏赐给随从的官吏，然后自己才吃。玄宗命令士卒分散到各村落去寻找食品，约好未时集合继续前进。快半夜时，到了金城县。县令和县民都已逃走，但食物和器物都在，士卒才能够吃饭。当时跟随玄宗的官吏逃跑的也很多，宦官内侍监袁思艺也逃走了。驿站中没有灯火，人们互相枕藉而睡，也不管身份的贵贱。王思礼从潼关赶到后，玄宗才知道哥舒翰被俘，于是就任命王思礼为河西、陇右节度使，命令他立刻赴任，收罗散兵，准备向东讨伐叛军。

【原文】

丙申，至马嵬驿，将士饥疲，皆愤怒。陈玄礼以祸由杨国忠，欲诛之，因东宫宦者李辅国以告太子，太子未决。会吐蕃使者二十余人遮国忠马，诉以无食，国忠未及对，军士呼曰："国忠与胡虏谋反！"或射之，中鞍。国忠走至西门内，军士追杀之，屠割支体，以枪揭其首于驿门外，并杀其子户部侍郎暄及韩国、秦国夫人。御史大夫魏方进曰："汝曹何敢害宰相！"众又杀之。韦见素闻乱而出，为乱兵所挝，脑血流地。众曰："勿伤韦相公。"救之，得免。军士围驿，上闻喧哗，问外何事，左右以国忠反对。上杖屦出驿门，慰劳军士，令收队，军士不应。上使高力士问之，玄礼对曰："国忠谋反，贵妃不宜供奉，愿陛下割恩正法。"上曰："朕当自处之。"入门，倚杖倾首而立。久之，京兆司录韦谔前言曰："今众怒难犯，安危在晷刻，愿陛下速决！"因叩头流血。上曰："贵妃常居深宫，安知国忠反谋？"高力士曰："贵妃诚无罪，然将士已杀国忠，而贵妃在陛下左右，岂敢自安！愿陛下审思之，将士安，则陛下安矣。"上乃命力士引贵妃于佛堂，缢杀之。舆尸置驿庭，召玄礼等入视之。玄礼等乃免胄释甲，顿首请罪，上慰劳之，令晓谕军士。玄礼等皆呼万岁，再拜而出，于是始整部伍为行计。谔，见素之子也。国忠妻裴柔与其幼子晞及虢国夫人、夫人子裴徽皆走，至陈仓，县令薛景仙帅吏士追捕，诛之。

【译文】

丙申（十四日），玄宗一行到了马嵬驿，随从的将士因为饥饿疲劳，心中怨恨愤怒。龙武大将军陈玄礼认为天下大乱都是杨国忠一手造成的，想杀掉他，就让东宫宦官李辅国转告太子，太子犹豫不决。这时有吐蕃使节二十余人拦住杨国忠的马，向他诉说没有吃的，杨国忠还没有来得及回答，士卒们就喊道："杨国忠与胡人谋反！"有人用箭射击，射中了杨国忠坐骑的马鞍。杨国忠急忙逃命，逃至马嵬驿西门内，被士兵追上杀死，并肢解了他的尸体，把头颅挂在矛上插于西门外示众，然后杀了他的儿子户部侍郎杨暄与韩国夫人、秦国夫人。御史大夫魏方进说："你们胆大妄为，竟敢谋害宰相！"士兵们又把他杀了。韦见素听见外面大乱，跑出驿门察看，被乱兵用鞭子抽打得头破血流。众人喊道："不要伤了韦相公。"前来救他，韦见素才免于一死。士兵们又包围了驿站，玄宗听见外面的喧哗之声，就问是什么事，左右侍从回答说是杨国忠谋反。玄宗拄拐杖走出驿门，慰劳军士，命令他们撤走，但军士不答应。玄宗又让高力士去问话，陈玄礼回答说："杨国忠谋反被诛，杨贵妃不应该再侍奉陛下，愿陛下能够割恩，把杨贵妃处死。"玄宗说："这件事由我自行处置。"然后进入驿站，拄着拐杖侧首而立。过了很久，京兆司录参军韦谔上前说道："现在众怒难犯，形势十分危急，安危在片刻之间，希望陛下赶快做出决断！"说着跪下叩头，以至血流满面。玄宗说："贵妃常住在戒备森严的宫中，不与外人交结，怎么能知道杨国忠谋反呢？"高力士说："杨贵妃确实是没有罪，但将士们已经杀了杨国忠，而贵妃还在陛下的左右侍奉，他们怎么能够安心呢？希望陛下好好地考虑一下，将士安宁，陛下就会安全。"玄宗这才命令高力士把杨贵妃引到佛堂内，勒死了她。然后把尸体抬到驿站的庭中，召陈玄礼等人进入驿站察看。陈玄礼等人脱去甲胄，叩头谢罪，玄宗安慰他们，并命令告谕其他的军士。陈玄礼等都高喊万岁，拜了两拜而去，然后整顿军队准备继续行进。韦谔是韦见素的儿子。杨国忠的妻子裴柔与她的小儿子杨晞、虢国夫人与她的儿子裴徽都乘乱逃走，到了陈仓县，被县令薛景仙率领官吏士卒抓获杀掉。

【原文】

丁酉，上将发马嵬，朝臣惟韦见素一人，乃以韦谔为御史中丞，充置顿使。将士皆曰："国忠谋反，其将吏皆在蜀，不可往。"或请之河、陇，或请之灵武，或请之太原，或言还京师。上意在入蜀，虑违众心，竟不言所向。韦谔曰："还京，当有御贼之备。今兵少，未易东向。不如且至扶风，徐图去就。"上询于众，众以为然，乃从之。及行，父老皆遮道请留，曰："宫阙，陛下家居，陵寝，陛下坟墓，今舍此，欲何之？"上为之按辔久之，乃命太子于后宣慰父老。父老因曰："至尊既不肯留，某等愿帅子弟从殿下东破贼，取长安。若殿下与至尊皆入蜀，使中原百姓谁为之主？"须臾，众至数千人。太子不可，曰："至尊远冒险阻，吾岂忍朝夕离左右。且吾尚未面辞，当还白至尊，更禀进止。"涕泣，跋马欲西。建宁王倓与李辅国执鞚谏曰："逆胡犯阙，四海分崩，不因人情，何以兴复！今殿下从至尊入蜀，若贼兵烧绝栈道，则中原之地拱手授贼矣。人情既离，不可复合，虽欲复至此，其可得乎！不如收西北守边之兵，召郭、李于河北，与之并力东讨逆贼，克复两京，削平四海，使社稷危而复安，宗庙毁而更存，扫除宫禁以迎至尊，岂非孝之大者乎！何必区区温情，为儿女之恋乎！"广平王俶亦劝太子留。父老共拥太子马，不得行。太子乃使俶驰白上。上总辔待太子，久不至，使人侦之，还白状，上曰："天也！"乃分后军二千人及飞龙厩马从太子，且谕将士曰："太子仁孝，可奉宗庙，汝曹善辅佐之。"又谕太子曰："汝勉之，勿以吾为念。西北诸胡，吾抚之素厚，汝必得其用。"太子南向号泣而已。又使送东宫内人于太子，且宣旨欲传位，太子不受。俶、倓，皆太子之子也。

【译文】

丁酉（十五日），玄宗将要从马嵬驿出发，朝臣中只有韦见素一人随行，于是就任命韦谔为御史中丞，并兼任置顿使。这时将士们都说："杨国忠谋反被杀，而他的部下都在蜀中，不能去那里避难。"有人请求去河西、陇右，有人请求去灵武，有人请求去太原，还有的请求回京师。玄宗想去蜀中，又恐怕违背众心，所以不说去向。韦谔说："如果要返回京师，就要有足够的兵力抵御叛军。而现在兵力单薄，不要轻易向东去。不如暂时到扶风郡，再慢慢考虑去向。"玄宗征求大家的意见，大家都同意，便准备去扶风。等到出发时，当地的父老乡亲拦在路中请求玄宗留下，并说：

"森严宏伟的宫殿是陛下的家室，那些列祖列宗的陵园是陛下先人的葬地，现在都舍弃不顾，想要到哪里去呢？"玄宗骑在马上停留了很长时间，然后命令太子留在后面安慰这些父老乡民。父老们因此对太子说："皇上既然不愿意留下来，我们愿意率领子弟跟随殿下向东讨伐叛军，收复长安。如果殿下与皇上都逃向蜀中，那么谁为中原的百姓们做主呢？"不一会儿，来到太子跟前的多达数千人。太子不肯留下，并说："父皇冒艰历险，远出避难，我怎么忍心早晚离开他左右呢？再说我也没有当面向他辞别，我要回去告诉父皇，然后听候他的吩咐。"说着涕泣流泪，要回马西行。这时建宁王李倓与宦官李辅国拉着太子的马笼头进谏说："逆胡安禄山举兵反叛，进犯长安，以致四海沸腾，国家分裂，如果不服从民意，怎么能够复兴大唐天下呢？现在殿下随从皇上入蜀中避难，如果叛军焚烧断绝了通向蜀中的栈道，那么中原大地就拱手送给叛军了。人心既已分离，就难以重新聚合，到那时就是想要有所作为，恐怕也不可能了。不如现在收聚西北边防的镇兵，召集郭子仪与李光弼在河北地区的兵力，与他们合兵东讨叛贼，收复两京，平定四海，挽救国家于危难之中，使大唐的帝业毁而重兴，然后再打扫宫殿，迎接皇上返回京师，这难道不是最好的孝顺行为吗？何必因为区区温情，而为儿女之恋呢？"广平王李俶也劝太子留下来。父老乡亲们都拦住太子的马，使他无法前行。于是太子就让广平王李俶驰马去报告玄宗。玄宗骑在马上等待太子，久等不见，就派人去打听，被派去的人回来报告了太子的情况，玄宗说："这真是天意！"于是从后军中分出两千人，再加上一批最好的飞龙厩马给予太子，并且告谕将士说："太子仁义孝顺，能够继承我们大唐的帝业，希望你们好好辅佐他。"然后又告谕太子说："希望你好自为之，不要为我而担心。西北地区的各族胡人，我一直待他们厚道，你一定能用得上。"太子听后向南号叫哭泣。玄宗又派人把太子东宫中的宫女送给太子，并且宣旨说要传帝位给太子，太子不接受。广平王李俶和建宁王李倓都是太子的儿子。

【原文】

己亥，上至岐山。或言贼前锋且至，上遽过，宿扶风郡。士卒潜怀去就，往往流言不逊，陈玄礼不能制，上患之。会成都贡春彩十余万匹，至扶风，上命悉陈之于庭，召将士入，临轩谕之曰："朕比来衰耄，托任失人，致逆胡乱常，须远避其锋。知卿等皆仓猝从朕，不得别父母妻子，跋涉至此，劳苦至矣，朕甚愧之。蜀路阻长，郡县褊小，人马众多，或不能供，今听卿等各还家，朕独与子、孙、中官前行入蜀，亦足自达。今日与卿等诀别，可共分此彩，以备资粮。若归，见父母及长安父老，为朕致意，各好自爱也！"因泣下沾襟。众皆哭，曰："臣等死生从陛下，不敢有贰！"上良久曰："去留听卿。"自是流言始息。

【译文】

己亥（十七日），玄宗到达岐山县。这时有人传言说叛军的前锋立刻就到，玄宗不敢停留，继续前行，晚上宿于扶风郡。随从保驾的士卒暗谋出路，往往出言不逊，龙武大将军陈玄礼无力控制，玄宗十分担忧。适逢成都进献给朝廷的春织丝绸十余万匹到了扶风，玄宗命令把这些丝绸都陈放在庭中，招来随从将士，然后在殿前的台阶上告诉他们说：" 朕近年来由于衰老，任人失当，以致造成安禄山举兵反叛，逆乱天常，朕不得不远行避难，躲避兵锋。朕知道你们仓促之间跟随出来，来不及与自己的父母妻子告别，跋涉到了这里，非常辛苦，朕感到十分惭愧。去蜀中的道路艰险长远，而且那里地方狭小，难以供应如此众多的人马，现在允许你们各自回家，朕只与儿子、孙子以及侍奉的宦官前往蜀中，这些人也足以保护朕到达。现在就与你们分别了，你们可把这些丝绸分掉作为资费。如果你们回去，见到自己的父母与长安城中的父老们，请代朕向他们问好，让他们多多保重！" 说着泪流沾襟。将士们听完玄宗的话后，都哭着说："我们生死在所不惜，愿意永远跟随陛下，不敢有二心！" 玄宗等了一会儿说："去留听从你们自愿。" 从此，那些不恭敬的言语才平息了下来。

【原文】

太子既留，莫知所适。广平王俶曰："日渐晏，此不可驻，众欲何之？" 皆莫对。建宁王倓曰："殿下昔尝为朔方节度大使，将吏岁时致启，倓略识其姓名。今河西、陇右之众皆败降贼，父兄子弟多在贼中，或生异图。朔方道近，士马全盛，裴冕衣冠名族，必无贰心。贼入长安方虏掠，未暇徇地，乘此速往就之，徐图大举，此上策也。" 众皆曰："善！" 至渭滨，遇潼关败卒，误与之战，死伤甚众。已，乃收余卒，择渭水浅处，乘马涉渡，无马者涕泣而返。太子自奉天北上，比至新平，通夜驰三百余里，士卒、器械失亡过半，所存之众不过数百。新平太守薛羽弃郡走，太子斩之。是日，至安定，太守徐毂亦走，又斩之。

太子至乌氏，彭原太守李遵出迎，献衣及糗粮。至彭原，募士，得数百人。是日，至平凉，阅监牧马，得数万匹，又募士，得五百余人，军势稍振。

【译文】

太子留下来以后，不知道该往哪里去。广平王李俶说："天已经快黑了，此地不宜久留，大家觉得到哪里去好呢？" 众人都不说话。这时建宁王李倓说："殿下过去曾经做过朔方节度大使，朔方镇的将领官吏每年送来问安书，我大略记得他们的姓名。现在河西与陇右的兵士都因战败投降了叛军，父兄子弟多在叛军中，到那里去恐怕有危险。而朔方距离较近，军队完好，兵马强盛，再说河西行军司马裴冕出自世家大族，一定不会有二心。叛军进入长安正在大肆抢掠财物，还顾不上向外攻城略地，趁此机会应该立刻前往朔方，到那里以后再图谋大计，这是最好的战略。" 大家听后都说："好！" 到了渭河岸边，遇上了潼关战败后退下来的士卒，误以为是叛军而与之交战，死伤了许多人。不久弄清楚后，就又收罗散兵，选择了一处水浅的地方，乘马渡过渭水，没有马匹的只好流泪而返回。太子从奉天县向北，到达新平，一夜行进了三百里，士卒和武器装备已丢失大半，留下来的人也不过数百。新平太守薛羽弃郡逃跑，被太子杀掉。当天到了安定郡，太守徐毂也要逃跑，太子又把他杀了。

太子到了乌氏县，彭原太守李遵出来迎接，并献上衣服和干粮。到了彭原，招募了数百名士卒。当天到了平凉郡，太子察看监牧所养的马，得到数万匹，又招募士卒五百余人，军势稍微得到加强。

【原文】

安禄山不意上遽西幸，遣使止崔乾祐兵留潼关，凡十日，乃遣孙孝哲将兵入长安，以张通儒为西京留守，崔光远为京兆尹；使安忠顺将兵屯苑中，以镇关中。孝哲为禄山所宠任，尤用事，常与严庄争权。禄山使监关中诸将，通儒等皆受制于孝哲。孝哲豪侈，果于杀戮，贼党畏之。禄山命搜捕百官、宦者、宫女等，每获数百人，辄以兵卫送洛阳。王、侯、将、相扈从车驾、家留长安者，诛及婴孩。陈希烈以晚节失恩，怨上，与张均、张垍等皆降于贼。禄山以希烈、垍为相，自余朝士皆授以官。于是贼势大炽，西胁汧、陇，南侵江、汉，北割河东之半。然贼将皆粗猛无远略，既克长安，以为得志，日夜纵酒，专以声色宝贿为事，无复西出之意，故上得安行入蜀，太子北行亦无追迫之患。

【译文】

安禄山没料到玄宗那么快就会西去避难，就派人让崔乾祐留兵潼关，十天后才派孙孝哲率兵进入长安，任命张通儒为西京留守，崔光远为京兆尹。派安忠顺率重兵驻守在禁苑中，以镇抚关中地区。孙孝哲是安禄山最宠信的心腹，喜欢专权用事，常常与严庄争权。安禄山派孙孝哲监督关中诸将帅的军队，张通儒等人都受他的节制。孙孝哲豪爽奢侈，处事果断，用刑严厉，叛军将领都十分害怕他。安禄山命令搜捕朝臣、宦官和宫女等，每抓到数百人时，就派兵护送到洛阳。对于跟随玄宗避难而家还留在长安的王侯将相，连婴儿也杀死。陈希烈因为晚年失去玄宗的信任，所以心中怨恨，就与张均、张垍兄弟等人投降了叛军。安禄山任命陈希烈、张垍为宰相，其余投降的朝臣都授以官职。因此叛军的势力大盛，向西威胁汧阳、陇州，向南侵扰长江与汉水流域，向北占领了河东道的一半。但是叛军将领勇猛有余，而智谋不足，既已攻陷长安，志骄意满，日夜纵酒取乐，沉湎于声色、珍宝、财物之中，再也没有向西进攻的意图，所以玄宗得以安全地避入蜀中，而太子北上也不必担心敌军的追赶逼迫。

【原文】

李光弼围博陵未下，闻潼关不守，解围而南。史思明踵其后，光弼击却之，与郭子仪皆引兵入井陉，留常山太守王俌将景城、河间团练兵守常山。平卢节度使刘正臣将袭范阳，未至，史思明引兵逆击之，正臣大败，弃妻子走，士卒死者七千余人。初，颜真卿闻河北节度使李光弼出井陉，即敛军还平原，以待光弼之命。闻郭、李西入井陉，真卿始复区处河北军事。

【译文】

李光弼率兵攻打博陵，没有攻克，得知潼关失守，便撤兵向南退去。史思明率兵追击,被李光弼击退,李光弼与郭子仪都率兵入井陉关,留下常山太守王俌率领景城与河间郡的团练兵守卫常山。平卢节度使刘正臣将要袭击范阳,军队还未到,史思明就率兵来阻击,刘正臣大败,丢弃妻子和儿子而逃,部下士卒七千余人战死。当初颜真卿听说河北节度使李光弼率兵出井陉关,就收兵回平原,等待李光弼的命令。此时得知郭子仪与李光弼又率兵西入井陉关,颜真卿就重新暂时指挥河北地区反抗叛军的军事行动。

【原文】

太子至平凉数日,朔方留后杜鸿渐、六城水陆运使魏少游、节度判官崔漪、支度判官卢简金、盐池判官李涵相与谋曰:"平凉散地,非屯兵之所,灵武兵食完富,若迎太子至此,北收诸城兵,西发河、陇劲骑,南向以定中原,此万世一时也。"乃使涵奉笺于太子,且籍朔方士马、甲兵、谷帛、军须之数以献之。涵至平凉,太子大悦。会河西司马裴冕入为御史中丞,至平凉见太子,亦劝太子之朔方,太子从之。鸿渐,暹之族子;涵,道之曾孙也。鸿渐、漪使少游居后,葺次舍,庀资储,自迎太子于平凉北境,说太子曰:"朔方,天下劲兵处也。今吐蕃请和,回纥内附,四方郡县大抵坚守拒贼以俟兴复。殿下今理兵灵武,按辔长驱,移檄四方,收揽忠义,则逆贼不足屠也。"少游盛治宫室,帷帐皆仿禁中,饮膳备水陆。秋,七月,辛酉,太子至灵武,悉命撤之。

【译文】

太子李亨到达平凉数天以后,朔方留后杜鸿渐、六城水陆运使魏少游、节度判官崔漪、支度判官卢简金与盐池判官李涵等人商议说:"平凉地势平坦,不是屯驻军队之地,而灵武兵强粮足,如果把太子迎接到该地,向北召集诸郡之兵,向西征发河西、陇右的精锐骑兵,然后挥师南下,平定中原,这实在是千载难逢的大好时机。"于是就派李涵持笺表上于太子,并且把朔方镇的士卒、马匹、武器、粮食、布帛以及其他军用物资的账籍一同奉献给太子。李涵到平凉见太子后,太子非常高兴。这时河西司马裴冕入朝为御史中丞,路过平凉见到太子,也奉劝太子去朔方,太子同意了。杜鸿渐是杜暹同族的侄子。李涵是李道的曾孙。杜鸿渐与崔漪让魏少游留下来修葺房舍,准备食物用具,自己去平凉的北面去迎接太子,并对太子说:"朔方镇是天下精兵强将所聚之地。现在境外吐蕃求和,回纥归附,境内的郡县大都坚守城池,抵御叛军,等待大唐王朝的复兴。殿下如果能够集兵于灵武,然后挥师长驱,南下平叛,向四方郡县发布檄文,收揽忠义之士,则反叛的逆贼就不难平定。"魏少游留下来后,大力修治宫室,就连所用的帐幕都模仿皇宫中的样子,所备的饮食水陆之物俱备。秋季,七月辛酉(初九),太子到达灵武,命令把这些奢侈品全部撤去。

【原文】

裴冕、杜鸿渐等上太子笺,请遵马嵬之命,即皇帝位,太子不许。冕等言曰:"将士皆关中人,日夜思归,所以崎岖从殿下远涉沙塞者,冀尺寸之功。若一朝离散,不可复集。愿殿下勉徇众心,为社稷计!"笺五上,太子乃许之。是日,肃宗即位于灵武城南楼,群臣舞蹈,上流涕歔欷。尊玄宗为上皇天帝,赦天下,改元。以杜鸿渐、崔漪并知中书舍人事,裴冕为中书侍郎、同平章事。改关内采访使为节度使,徙治安化,以前蒲关防御使吕崇贲为之。以陈仓令薛景仙为扶风太守,兼防御使;陇右节度使郭英乂为天水太守,兼防御使。时塞上精兵皆选入讨贼,惟余老弱守边,文武官不满三十人,披草莱,立朝廷,制度草创,武人骄慢。大将管崇嗣在朝堂,背阙而坐,言笑自若,监察御史李勉奏弹之,系于有司。上特原之,叹曰:"吾有李勉,朝廷始尊!"勉,元懿之曾孙也。旬日间,归附者渐众。

【译文】

裴冕、杜鸿渐等人向太子上笺表,请求他遵照玄宗在马嵬驿的命令即皇帝位,太子不同意。裴冕等人对太子说:"殿下所率领的将士都是关中人,日夜思念着家乡,他们所以经历艰险跟随殿下到这种荒漠僻城中来,就是希望能够建功立业。这些人一旦离散,就难以再聚集到一起。希望殿下能够顺应人心,也为国家着想!"一连五次上笺奏,太子才同意。当天,肃宗于灵武城南楼即帝位,群臣拜舞,肃宗也流涕歔欷。尊称玄宗为上皇天帝,大赦天下,改天宝十五载为至德元载。肃宗任命杜鸿渐、崔漪为中书舍人,裴冕为中书侍郎、同平章事。改关内采访使为节度使,把治所迁到安化郡,任命前蒲关防御使吕崇贲为节度使。又任命陈仓县令薛景仙为扶风太守,兼防御使;陇右节度使郭英乂为天水太守,兼防御使。当时塞外的精兵都回内地讨伐叛军,只剩下老弱残兵防守边疆,文武官吏不到三十人,他们披荆斩棘,建立朝廷,制度草创,武人骄横傲慢。大将管崇嗣在朝堂中背着宫阙而坐,言笑自若,监察御史李勉上奏弹劾他,并把他关了起来。肃宗特下令赦免了管崇嗣,并感叹说:"我只是因为有李勉这样的人,朝廷才开始有尊严!"李勉是李元懿的曾孙。肃宗即帝位后十天内,归附的人越来越多。

【原文】

安禄山使孙孝哲杀霍国长公主及王妃、驸马等于崇仁坊,剔其心,以祭安庆宗。凡杨国忠、高力士之党及禄山素所恶者皆杀之,凡八十三人。或以铁棓揭其脑盖,流血满街。己巳,又杀皇孙及郡、县主二十余人。

初,京兆李泌,幼以才敏著闻,玄宗使与忠王游。忠王为太子,泌已长,上书言事。玄宗欲官之,不可;使与太子为布衣交,太子常谓之先生。杨国忠恶之,奏徙蕲春,后得归隐,居颍阳。上自马嵬北行,遣使召之,谒见于灵武,上大喜。出则联辔,寝则对榻,如为太子时,事无大小皆咨之,言无不从,至于进退将相亦与之议。上欲以泌为右相,泌固辞,曰:"陛下待以宾友,则贵于宰相矣,何必屈其志!"上乃止。

【译文】

安禄山让孙孝哲于长安崇仁坊杀了霍国长公主以及王妃、驸马等人,挖下他们的心肝,用来祭奠安庆宗。凡是杨国忠、高力士的亲信党羽以及安禄山平时憎恨的人都被杀掉，总共八十三人。有的被叛军用铁棒揭去脑盖，以至血流满街。已巳（十七日），叛军又杀死皇孙及郡主、县主二十余人。

当初，京兆人李泌年幼时因才思敏捷而著名，玄宗就让他与忠王一起游玩。忠王被册封为太子时，李泌年岁已大，曾上书议论政事。玄宗想要授予他官职，被他拒绝了；玄宗只好让他以平民的身份与太子为友，太子常常称他为先生。李泌的所作所为遭到杨国忠的憎恨，杨国忠上奏把他迁移到蕲春郡。后来李泌回到家乡，做了隐士，居住在颍阳县。肃宗从马嵬驿北上后，派人去召李泌，李泌在灵武晋见肃宗。肃宗十分高兴，与李泌出则并马而行，寝则对榻而眠，仍然像自己做太子时那样，事无大小都要先征求李泌的意见，而且言听计从，甚至将相的任免都与他商议。肃宗想要任命李泌为右相，李泌坚辞不受，并说："陛下像对待宾客朋友那样对待我，比任命我为宰相还要高贵，何必要违背我的意愿呢？"肃宗这才作罢。

【原文】

令狐潮围张巡于雍丘，相守四十余日，朝廷声问不通。潮闻玄宗已幸蜀，复以书招巡。有大将六人，官皆开府、特进，白巡以兵势不敌，且上存亡不可知，不如降贼。巡阳许诺。明日，堂上设天子画像，帅将士朝之，人人皆泣。巡引六将于前，责以大义，斩之。士心益劝。

城中矢尽，巡缚藁为人千余，被以黑衣，夜缒城下，潮兵争射之，久乃知其藁人；得矢数十万。其后复夜缒人，贼笑不设备，乃以死士五百斫潮营；潮军大乱，焚垒而遁，追奔十余里。潮惭，益兵围之。

【译文】

令狐潮率兵在雍丘包围张巡，张巡坚守了四十余天，与朝廷的联系断绝。令狐潮得知玄宗已逃往蜀中，就又写信招降张巡。张巡有大将六人，官职都是开府、特进，他们劝张巡说，我们兵力弱小，难以抵御叛军，而且皇上的生死不得而知，不如投降。张巡假装许诺。第二天，在堂上悬挂皇上的画像，率领将士朝拜，大家都泣不成声。然后张巡把六位部将带到前面，责备他们不忠不义，并杀了他们。从此军心更加坚定。

城中的箭已经用尽，张巡就命令士卒用稻草扎成一千多个草人，给他们穿上黑衣服，夜晚用绳子放到城下，令狐潮的军队争相射击，很久以后才知道是草人。这样智取利箭数十万支。后来又用绳子把人放下城头，叛军大笑，还以为是草人，不加防备，于是张巡用五百名敢死之士袭击叛军的大营。令狐潮的军队顿时大乱，烧掉营垒而逃，张巡率兵追击了十余里才返回。令狐潮兵败，又气又恨，就又增兵把雍丘紧紧包围。

【原文】

巡使郎将雷万春于城上与潮相闻，语未绝，贼弩射之，面中六矢而不动。潮疑其木人，使谍问之，乃大惊，遥谓巡曰："向见雷将军，方知足下军令矣，然其如天道何！"巡谓之曰："君未识人伦，焉知天道！"未几，出战，擒贼将十四人，斩首百余级。贼乃夜遁，收兵入陈留，不敢复出。

顷之，贼步骑七千余众屯白沙涡，巡夜袭击，大破之。还，至桃陵，遇贼救兵四百余人，悉擒之。分别其众，妫、檀及胡兵，悉斩之；荥阳、陈留胁从兵，皆散令归业。旬日间，民去贼来归者万余户。

【译文】

张巡让郎将雷万春在城头上与令狐潮对话，叛军乘机用弩机射雷万春，雷万春脸上被射中了六处，仍旧巍然挺立不动。令狐潮怀疑是木头人，就派兵去侦察，得知确实是雷万春，十分惊异，远远地对张巡说："刚才看见雷将军，才知道您的军令是多么森严了，然而这对于天道又能怎样呢？"张巡回答说："你已丧尽人伦，还有什么资格来谈论天道！"不久张巡又率兵出战，擒获叛将十四人，杀死一百余人。于是叛军乘夜而逃，收兵入保陈留，不敢再出来交战。

不久，叛军步、骑兵七千余人进驻白沙涡，张巡夜间率兵袭击，大败叛军。张巡回军到桃陵，又与四百余名叛军救兵相遇，全部将其俘虏。张巡把这些叛军分开，将其中的妫州、檀州兵以及胡兵全部杀掉；荥阳、陈留的胁从兵则予以遣散，令他们各归旧业。十日之间，民众脱离叛军来归附张巡的达一万余户。

【原文】

颜真卿以蜡丸达表于灵武。以真卿为工部尚书兼御史大夫，依前河北招讨、采访、处置使，并致赦书，亦以蜡丸达之。真卿颁下河北诸郡，又遣人颁于河南、江、淮。由是诸道始知上即位于灵武，徇国之心益坚矣。

郭子仪等将兵五万自河北至灵武，灵武军威始盛，人有兴复之望矣。八月，壬午朔，以子仪为武部尚书、灵武长史，以李光弼为户部尚书、北都留守，并同平章事，余如故。光弼以景城、河间兵五千赴太原。

【译文】

颜真卿派使者把蜡丸密封表送到灵武。肃宗任命颜真卿为工部尚书兼御史大夫，仍为河北招讨、采访、处置使，并致赦书，也用蜡丸密封送达颜真卿。颜真卿把赦书颁下河北地区的各郡，同时又派人颁下河南与江、淮地区的各郡。因此各地才知道肃宗已于灵武即帝位，为国坚守抗击叛军的信心更加坚决了。

郭子仪等率兵五万从河北到达灵武，灵武的军势开始强盛，人们才觉得大唐的复兴有了希望。八月壬午朔（初一），肃宗任命郭子仪为武部尚书、灵武长史，李光弼为户部尚书、北都留守，二人并同平章事，其他所任的职务仍如旧。李光弼率领景城、河间兵五千赴太原。

【原文】

先是，河东节度使王承业军政不修，朝廷遣侍御史崔众交其兵，寻遣中使诛之。众侮易承业，光弼素不平。至是，敕交兵于光弼，众见光弼，不为礼，又不时交兵，光弼怒，收斩之，军中股栗。

癸巳，灵武使者至蜀，上皇喜曰："吾儿应天顺人，吾复何忧！"丁酉，制："自今改制敕为诰，表疏称太上皇。四海军国事，皆先取皇帝进止，仍奏朕知；俟克复上京，朕不复预事。"己亥，上皇临轩，命韦见素、房琯、崔涣奉传国宝玉册诣灵武传位。

【译文】

先前，河东节度使王承业不理军务，朝廷派侍御史崔众收缴了他的兵权，不久又派宦官杀了他。崔众曾经侮辱王承业，李光弼早就心中不平。这时，肃宗下敕书命令崔众把兵权交给李光弼，而崔众见到李光弼后，既不行礼，也不按时交出兵权，李光弼十分愤怒，就把崔众抓起来杀了，因此军中都十分畏惧李光弼。

癸巳（十二日），灵武派出的使者到了蜀中，玄宗高兴地说："我的儿子顺应天命人心，即皇帝位，我还有什么可忧愁的呢？"丁酉（十六日），玄宗下制书说："从今以后改制敕为诰，所上的表疏称太上皇。国家的军政大事都先听候皇帝的处置，然后再奏报朕知即可。等收复京城后，朕就不再参与政事。"己亥（十八日），玄宗亲临殿前的台阶，命令韦见素、房琯与崔涣奉送传国玉玺与玉册往灵武传皇帝位。

【原文】

初，上皇每酺宴，先设太常雅乐坐部、立部，继以鼓吹、胡乐、教坊、府县散乐、杂戏；又以山车、陆船载乐往来；又出宫人舞《霓裳羽衣》；又教舞马百匹，衔杯上寿；又引犀、象入场，或拜，或舞。安禄山见而悦之，既克长安，命搜捕乐工，运载乐器、舞衣，驱舞马、犀、象皆诣洛阳。

禄山宴其群臣于凝碧池，盛奏众乐；梨园弟子往往歔欷泣下，贼皆露刃眈之。乐工雷海清不胜悲愤，掷乐器于地，西向恸哭。禄山怒，缚于试马殿前，支解之。

禄山闻向日百姓乘乱多盗库物，既得长安，命大索三日，并其私财尽掠之。又令府县推按，铢两之物无不穷治，连引搜捕，枝蔓无穷，民间骚然，益思唐室。

【译文】

当初，玄宗每当聚会设宴时，先让太常雅乐的坐部和立部演奏，继后的是鼓吹曲、胡人乐、教坊、京兆府长安与万年两县的散乐以及杂戏；又让做成山状的山车和旱船载着乐队来来往往演奏；又让宫女表演"霓裳羽衣"舞；又让一百匹舞马嘴里衔杯跳舞祝寿；又让犀牛和大象入场跳舞、礼拜。安禄山观看后很喜欢，攻克长安，就命令部下搜捕乐工，运送乐器、舞衣，驱赶舞马、犀牛和大象，全部到洛阳。

安禄山于凝碧池宴请他的臣下，盛奏各种乐曲，梨园弟子往往歔欷哭泣，叛军都露出刀，斜着眼看。乐工雷海清不胜悲痛，把乐器扔在地上，向西痛哭。安禄山大为愤怒，命令把雷海清捆在试马殿前，肢解了他的身体。

安禄山听说长安城陷时老百姓多趁乱盗窃府库中的财物，攻克长安后，命令部下大肆搜索三天，连百姓的私有财物都被掠夺一空。又命令府县官审讯逼供，一点财物都要追究，并大肆搜捕，株连极多，以致民不安生，更加思念大唐王朝。

颜公忠节

【原文】

肃宗文明武德大圣大宣孝皇帝中之下乾元元年（戊戌，758年）

春，正月，戊寅，上皇御宣政殿，授册，加上尊号。上固辞"大圣"之号，上皇不许。上尊上皇曰太上至道圣皇天帝。

赠故常山太守颜杲卿太子太保，谥曰忠节，以其子威明为太仆丞。杲卿之死也，杨国忠用张通幽之谮，竟无褒赠。上在凤翔，颜真卿为御史大夫，泣诉于上。上乃出通幽为普安太守，具奏其状于上皇，上皇杖杀通幽。杲卿子泉明为王承业所留，因寓居寿阳，为史思明所虏，裹以牛革，送于范阳。会安庆绪初立，有赦，得免。思明降，乃得归，求其父尸于东京，得之，遂并袁履谦尸棺敛以归。杲卿姊妹女及泉明之子皆流落河北。真卿时为蒲州刺史，使泉明求之，泉明号泣求访，哀感路人，久乃得之。泉明诣亲故乞索，随所得多少赎之，先姑姊妹而后其子。姑女为贼所掠，泉明钱有二百缗，欲赎己女，闵其姑愁悴，先赎姑女。比更得钱，求其女，已失所在。遇群从姊妹及父时将吏袁履谦等妻子流落者，皆与之归，凡五十余家，三百余口，均减资粮，一如亲戚。至蒲州，直卿悉加赡给，久之，随其所适而资送之。袁履谦妻疑履谦衣衾俭薄，发棺视之，与杲卿无异，乃始惭服。

【译文】

唐肃宗乾元元年（戊戌，公元758年）

春季，正月戊寅（初五），玄宗登临宣政殿，授肃宗玉册，并加肃宗尊号。肃宗坚决不接受"大圣"的称号，玄宗不答应。肃宗尊玄宗为太上至道圣皇天帝。

追赠故常山太守颜杲卿太子太保，谥号为"忠节"，任命其子颜威明为太仆丞。颜杲卿殉难时，因杨国忠听信张通幽的谗言，竟没有追赠官衔。肃宗在凤翔时，颜真卿为御史大夫，曾向肃宗哭诉此事。于是肃宗将张通幽外放为普安郡太守，然后把此事上奏玄宗，玄宗下令杖死张通幽。颜杲卿之子颜泉明被王承业收留，因此寓居寿阳，后来被史思明俘虏，裹以牛皮，送往范阳。适逢安庆绪即位，下赦免令，颜泉明免于一死。史思明归顺朝廷后，颜泉明才得以归来，在东京找到他父亲的尸体，就同袁履谦的尸体一起装入棺材，送归长安。颜杲卿姊妹的女儿与颜泉明的儿子都流落在河北，颜真卿时任蒲州刺史，让颜泉明去找，颜泉明号泣求访，感动了过路的行人，过了很久才找到。然后他又向亲戚故友借钱，依借得的数目赎人，先是姑母姊妹，而后才赎回自己的儿子。当时姑母的女儿被叛军掠去，颜泉明有钱二百缗，想赎回自己的女儿，但他怜悯姑母的愁苦，就先赎回了姑母的女儿。等再借来钱赎自己的女儿时，已找不到了。颜泉明遇到流落在河北地区的堂姊妹以及父亲的将吏袁履谦等人的妻子，都带他们一起回来，共收罗了五十多家，三百多人，一路上有资粮则均分，一如对待自己的亲戚。到了蒲州，颜真卿对他们都加以接济，住了一段时间以后，按照他们的意愿，资送他们回去。袁履谦的妻子曾经怀疑袁履谦入殓时衣被比颜杲卿俭薄，等打开棺材检视，与颜杲卿没有区别，心中才惭愧信服。

刘晏理财

【原文】

代宗睿文孝武皇帝建中元年（庚申，780年）

初，安、史之乱，数年间，天下户口什亡八九，州县多为藩镇所据，贡赋不入，朝廷府库耗竭。中国多故，戎狄每岁犯边，所在宿重兵，仰给县官，所费不赀，皆倚办于晏。晏初为转运使，独领陕东诸道，陕西皆度支领之。末年兼领，未几而罢。

晏有精力，多机智，变通有无，曲尽其妙。常以厚直募善走者，置递相望，觇报四方物价。虽远方，不数日皆达使司。食货轻重之权，悉制在掌握，国家获利，而天下无甚贵甚贱之忧。常以为："办集众务，在于得人。故必择通敏、精悍、廉勤之士而用之。至于句检簿书、出纳钱谷，事虽至细，必委之士类；吏惟书符牒，不得轻出一言。"常言："士陷赃贿，则沦弃于时，名重于利，故士多清修；吏虽洁廉，终无显荣，利重于名，故吏多贪污。"然惟晏能行之，他人效者终莫能逮。其属官虽居数千里外，奉教令如在目前，起居语言，无敢欺绐。当时权贵，或以亲故属之者，晏亦应之，使俸给多少，迁次缓速，皆如其志，然无得亲职事。其场院要剧之官，必尽一时之选。故晏没之后，掌财赋有声者，多晏之故吏也。

【译文】

唐代宗建中元年（庚申，公元780年）

当初，安禄山、史思明发动叛乱，数年之间，全国户口丧失了十之八九，州县多被藩镇占据，赋税不再上缴朝廷，朝廷库存消耗殆尽。唐朝变故频仍，戎狄每年侵犯边境，战事所到之处，驻扎重兵，依靠政府给养，所消耗费用多得不可估量，全靠刘晏办理。刘晏最初担任转运使时，只主管陕东各道，陕西各道全由度支主管。后来，刘晏兼管度支，但不久被罢官。

刘晏精力充沛，机智过人，善于灵活地处理多变的事情，办得恰到好处。他常以优厚的待遇招募善于奔走的人，并设置了前后相望的驿站，以探测和上报各地物价。虽是偏远之地，不出几天，也都能报到转运使司来。他把钱粮方面孰轻孰重的权变，全部控制在手中，朝廷因此获利，而民间也没有物价暴涨暴跌的忧虑。他主张："要想办理好各项事务，关键在于用人得当。所以，必须选择通达敏捷、精明强干、廉洁勤勉的人，对他们加以任用。至于考核簿籍文书、支付钱粮等项工作，是一定要委派读书人去做的；而吏人只能书写公文，不应随便讲话。"他又常说："读书人陷于贪赃受贿，就会被时世所抛弃，因此看待名声重于财利，大多清廉自修；吏人即使廉洁自守，最终还是不能显贵荣华，因此看待财利重于名声，大多贪污受贿。"然而，只有刘晏才能实行这些主张，别人效法刘晏，最终还是赶不上刘晏。刘晏的属官即使身在数千里以外，奉行刘晏的教令和在刘晏面前一样，讲话办事都不敢欺骗说谎。当时，有些权贵人物将亲朋故旧嘱托给刘晏，刘晏也应承他们，领取薪俸的多少，升迁官阶的快慢，都符合他们的意愿，但是刘晏从不让他们亲理职事。他所管辖的交场、船场、巡院等处，凡是担任要职、处理繁难事务的官员，必定是当时选拔出来的得力人员。所以，在刘晏去世之后，掌管财赋的有名人物，多数是刘晏旧日的属下。

【原文】

晏又以为户口滋多，则赋税自广，故其理财常以养民为先。诸道各置知院官，每旬月，具州县雨雪丰歉之状白使司。丰则贵籴，歉则贱粜。或以谷易杂货供官用，及于丰处卖之。知院官始见不稔之端，先申，至某月须如干蠲免，某月须如干救助，及期，晏不俟州县申请，即奏行之，应民之急，未尝失时。不待其困弊、流亡、饿殍，然后赈之也。由是民得安其居业，户口蕃息。晏始为转运使，时天下见户不过二百万，其季年乃三百余万。在晏所统则增，非晏所统则不增也。其初财赋岁入不过四百万缗，季年乃千余万缗。

晏专用榷盐法充军国之用。时自许、汝、郑、邓之西，皆食河东池盐，度支主之；汴、滑、唐、蔡之东，皆食海盐，晏主之。晏以为官多则民扰，故但于出盐之乡置盐官，收盐户所煮之盐转鬻于商人，任其所之，自余州县不复置官。其江岭间去盐乡远者，转官盐于彼贮之。或商绝盐贵，则减价鬻之，谓之常平盐，官获其利而民不乏盐。其始江、淮盐利不过四十万缗，季年乃六百余万缗，由是国用充足而民不困弊。其河东盐利，不过八十万缗，而价复贵于海盐。

【译文】

刘晏还认为：户口增加，征税范围就会拓宽。所以刘晏掌理财务，以关心民间疾苦为先务。各道分别设置了巡院的知院官，每过十天、一月，必须陈述所在州县的雨雪丰歉状况，上报转运使司。如果丰收，就以高价买入；如果歉收，就以低价卖出。有时还将谷物换成杂货，供给官用，或者在丰收之地出卖。知院官开始见到年景不丰，就要先行申明到某月需要蠲免若干赋税，到某月需要救济资助若干物资，到了预定之期，刘晏不待州县申请，便上奏实施，解决百姓的急难，从来不曾错过时机。他并不等到百姓疲困流亡、饥饿而死以后才去赈济百姓。由此，百姓得以安居乐业，户口繁衍起来。刘晏开始担任转运使时，全国的户口不过二百万，到他任职的后期，全国的户口发展到三百余万。属于刘晏统辖的范围，户口便增加；不是刘晏统辖的范围，户口就不增加。在刘晏任职的初期，财赋每年收入不过四百万缗，到他任职的后期，每年收入达到一千余万缗。

刘晏专门采用盐产专营法来充实军需国用。当时，自许、汝、郑、邓一带的西面，都食用河东的池盐，由度支主管其事；自汴、滑、唐、蔡一带的东面，都是食用海盐，由刘晏主管其事。刘晏认为，官吏多了，百姓就会受到骚扰，所以他只在产盐地设置盐官，收购盐户所煮成的食盐，转卖给商人，听凭商人自行买卖，在产盐地以外的州县不再设置盐官。对于长江五岭间距离产盐地遥远的地方，便将官盐转运到那里贮存。有时盐商断绝，盐价上涨，便降低盐价出卖，号称常平盐，官方得到了盐产专营的利益,而百姓也不缺少食盐。在刘晏任职的初期,长江、淮河地区的盐利不过四十万缗,到他任职的后期,却达到了六百余万缗,由此,国家的经费充足起来,而百姓也不疲困不堪。至于河东的盐利,不过只有八十万缗,而价格也比海盐高。

【原文】

先是,运关东谷入长安者,以河流湍悍,率一斛得八斗至者,则为成劳,受优赏。晏以为江、汴、河、渭,水力不同,各随便宜,造运船,教漕卒,江船达扬州,汴船达河阴,河船达渭口,渭船达太仓,其间缘水置仓,转相受给。自是每岁运谷或至百余万斛,无斗升沉覆者。船十艘为一纲,使军将领之,十运无失,授优劳,官其人。数运之后,无不斑白者。晏于扬子置十场造船,每艘给钱千缗。或言:"所用实不及半,虚费太多。"晏曰:"不然,论大计者固不可惜小费,凡事必为永久之虑。今始置船场,执事者至多,当先使之私用无窘,则官物坚牢矣。若遽与之屑屑校计锱铢,安能久行乎!异日必有患吾所给多而减之者,减半以下犹可也,过此则不能运矣。"其后五十年,有司果减其半。及咸通中,有司计费以给之,无复羡余,船益脆薄易坏,漕运遂废矣。

晏为人勤力,事无闲剧,必于一日中决之,不使留宿,后来言财利者皆莫能及之。

【译文】

在刘晏任职之前,将关东的谷物运送到长安,因为河水湍急凶险,大抵一斛谷物能运到八斗,便算成功,会受到优厚的奖赏。刘晏认为长江、汴水、黄河、渭水的水流缓急各不相同,应依据各处的不同特点,因利乘便,分别制造运送谷物的船只,训练漕运的士卒,长江的船只运抵扬州,汴水的船只运抵河阴,黄河的船只运抵渭水流入黄河的河口,渭水的船只运抵太仓,各地段之间都在水边设置粮仓,由上一段转送给下一段。自此,每年运送谷物有时能够达到一百多万斛,没有一斗一升在水中沉没。刘晏将十艘船编为一组,叫一纲,让军将带领,运送十次未发生闪失,便给予优厚的慰劳,让此人做官。屡次运送以后,运送者便没有不是头发花白的了。刘晏在扬子设置十处船场造船,每制船一艘,给钱一千缗。有人说:"造一艘船的费用实际还用不了一半,白白浪费的钱财太多了。"刘晏说:"不是这样。做大事不可吝惜小费,办一切事情都要有长远的考虑。现在船场才开始设置,办事的人很多,应该首先让这些人的私人用度不困窘,他们为官家制造的物件就会坚固牢靠。如果急于同这些人不厌烦细地计较分文,怎么能够长久地办下去呢?他日一定会有嫌我付的工钱多便减少工钱的人,减少费用在半数以下还是可以的,超过此数,漕运就不能维持了。"此后五十年,有关部门果然将工钱减去一半。到咸通年间,有关部门计算费用支给工钱,造船者不再有余利,造出的船只愈发单薄脆弱,容易毁坏,漕运便废止了。

刘晏是个勤勉力行的人,无论事务清闲抑或繁剧,都一定要在当天决断完毕,不让事情过夜,后来讲论财利的官员没有能够赶得上他的。

讨伐淮西

【原文】

宪宗昭文章武大至神孝皇帝中之上元和十年（乙未，815年）

吴元济纵兵侵掠，及于东畿。己亥，制削元济官爵，命宣武等十六道进军讨之。严绶击淮西兵，小胜，不设备，淮西兵夜还袭之。二月，甲辰，绶败于磁丘，却五十余里，驰入唐州而守之。寿州团练使令狐通为淮西兵所败，走保州城，境上诸栅尽为淮西所屠。癸丑，以左金吾大将军李文通代之，贬通昭州司户。

诏鄂岳观察使柳公绰以兵五千授安州刺史李听，使讨吴元济。公绰曰："朝廷以吾书生不知兵邪！"即奏请自行，许之。公绰至安州，李听属橐鞬迎之。公绰以鄂岳都知兵马使、先锋行营兵马都虞侯二牒授之，选卒六千以属听，戒其部校曰："行营之事，一决都将。"听感恩畏威，如出麾下。公绰号令整肃，区处军事，诸将无不服。士卒在行营者，其家疾病死丧，厚给之；妻淫泆者，沉之于江。士卒皆喜曰："中丞为我治家，我何得不前死！"故每战皆捷。公绰所乘马，蹑杀圉人，公绰命杀马以祭之。或曰："圉人自不备耳。此良马，可惜！"公绰曰："材良性驽，何足惜也！"竟杀之。

【译文】

唐宪宗元和十年（乙未，公元815年）

吴元济放纵兵马侵扰劫掠，到了东都洛阳周围的地区。己亥（正月二十七日），宪宗颁制削夺吴元济的官职与爵位，命令宣武等十六道进军讨伐吴元济。严绶进击淮西兵马，略微取得了一些胜利，便不再设防，淮西兵马在夜间返回袭击严绶。二月，甲辰（初二），严绶在磁丘战败，后退了五十多里，急速奔入唐州，据城防守。寿州团练使令狐通被淮西兵马打败，逃奔寿州城自保，州境上各处栅垒的士兵全部遭到淮西军的屠杀。癸丑（十一日），宪宗使左金吾大将军李文通代替令狐通，将令狐通贬为昭州司户。

宪宗颁诏命令鄂岳观察使柳公绰将五千兵马拨给安州刺史李听，让李听讨伐吴元济。柳公绰说："朝廷认为我是一个书生，不懂得用兵之道吗？"当即上奏请求让他自己前去，宪宗答应了他。柳公绰来到安州，李听让全副武装的将领前去迎接他。柳公绰将鄂岳都知兵马使、先锋行营兵马都虞侯两种文书交给他们，选出士兵六千人归属给李听，告诫他的部队说："有关行营的事务，一切由都将决定。"李听感激他的恩德，畏惧他的威严，就像他的部下一般。柳公绰发号施令，整齐严肃，他处置军旅事务，各位将领无不悦服。身在行营的士兵们，凡是家中人有患病或死亡的，都发给他们丰厚的物品；他们的妻子纵欲放荡的，便沉入长江淹死。将士们都高兴地说："柳中丞替我们整治家务，我们怎么能够不至死向前呢？"所以，柳公绰每次出战，都取得胜利。柳公绰所骑的马，将养马人踢死了，柳公绰便命令将马匹杀死来祭奠养马人。有人说："那是由于养马人不加防备造成的。这是一匹好马，杀死它太可惜了！"柳公绰说："这匹马能奔善跑，但生性顽劣，有什么值得可惜的呢？"他终于将这匹马杀掉了。

【原文】

吴元济遣使求救于恒、郓。王承宗、李师道数上表请赦元济，上不从。是时发诸道兵讨元济而不及淄青，师道使大将将二千人趣寿春，声言助官军讨元济，实欲为元济之援也。

师道素养刺客奸人数十人，厚资给之，其徒说师道曰："用兵所急，莫先粮储。今河阴院积江、淮租赋，请潜往焚之。募东都恶少年数百，劫都市，焚宫阙，则朝廷未暇讨蔡，先自救腹心。此亦救蔡一奇也。"师道从之。自是所在盗贼窃发。辛亥暮，盗数十人攻河阴转运院，杀伤十余人，烧钱帛三十余万缗匹、谷三万余斛。于是人情恟惧。群臣多请罢兵，上不许。

诸军讨淮西久未有功。五月，上遣中丞裴度诣行营宣慰，察用兵形势。度还，言淮西必可取之状，且曰："观诸将，惟李光颜勇而知义，必能立功。"上悦。

考功郎中、知制诰韩愈上言，以为："淮西三小州，残弊困剧之余，而当天下之全力，其破败可立而待。然所未可知者，在陛下断与不断耳。"因条陈用兵利害，以为："今诸道发兵各二三千人，势力单弱，羁旅异乡，与贼不相谙委，望风慑惧。将帅以其客兵，待之既薄，使之又苦；或分割队伍，兵将相失，心孤意怯，难以有功。又其本军各须资遣，道路辽远，劳费倍多。闻陈、许、安、唐、汝、寿等州与贼连接处，村落百姓悉有兵器，习于战斗，识贼深浅，比来未有处分，犹愿自备衣粮，保护乡里。若令召募，立可成军。贼平之后，易使归农。乞悉罢诸道军，募土人以代之。"又言："蔡州士卒皆国家百姓，若势力穷不能为恶者，不须过有杀戮。"

丙申，李光颜奏败淮西兵于时曲。淮西晨压其垒而陈，光颜不得出，乃自毁其栅之左右，出骑以击之。光颜自将数骑冲其陈，出入数四，贼皆识之，矢集其身如猬毛。其子揽辔止之，光颜举刀叱去。于是人争致死，淮西兵大溃，杀数千人。上以裴度为知人。

【译文】

吴元济派遣使者向恒州与郓州请求援救，王承宗和李师道屡次上表请求赦免吴元济，宪宗不肯听从。当时，朝廷征调各道兵马讨伐吴元济，还没有讨伐淄青，李师道便让大将率领两千人奔赴寿春，声称帮助官军讨伐吴元济，实际却是打算去援助吴元济。

李师道平时豢养着刺客和奸人数十人，以丰厚的资财供给他们，有人劝李师道说："用兵打仗急切需要的，没有比粮食储备更为重要的了。现在，河阴转运院积存着江淮地区的赋税，请暗中前去焚烧河阴转运院。可以募集几百个洛阳的顽劣少年，抢劫城市，焚烧宫廷，使朝廷没有讨伐蔡州的余暇，却要首先去援救自己的核心地区。这也可以算作救助蔡州的一个奇计了。"李师道听从了此人的建议。从此，各处都有贼暗中活动。三月辛亥傍晚，有强盗数十人攻打河阴转运院，杀伤了十多个人，烧掉钱财布帛三十多万缗匹，谷物三万多斛。由此，人们感到恐慌不安，群臣多数请求停止用兵，宪宗不肯答应。

各军长时间讨伐淮西，毫无建树。五月，宪宗派遣御史中丞裴度前往行营抚慰将士，察看采取军事行动的情况。裴度回朝后，陈述了淮西肯定能够攻取的情况，而且说："臣观察各位将领，只有李光颜骁勇善战，深明大义，一定能够建立功勋。"宪宗听了很高兴。

考功郎中、知制诰韩愈进言，他认为："淮西只有申、光、蔡三个小州，正当残灭破败、困顿艰难的末路，而且面临着天下的全部兵力，他们的毁灭是指日可待的。然而，现在还不清楚的因素，就是陛下有没有作出决断。"于是他逐条陈述使用兵力的好处与害处，他认为："现在，各道派出的兵马分别有两三千人，声势微弱，力量单薄，客居外乡，不熟悉敌军的实情，以致一看到敌军的势头，就恐惧了。将帅们认为他们都是外来的兵马，既刻薄地对待他们，又极力使唤他们。有些士兵的队伍被拆散重编，士兵与将领被分隔开来，使将士们感到孤单，怀有怯意，这是很难获得成功的。再者，将士们所在本军分别需要发运给养，道路遥远，人力与财力消耗加倍繁多。听说陈州、许州、安州、唐州、汝州、寿州等与敌军连接着的地方，村庄中的百姓都有武器，已经习惯当兵打仗，晓得敌军的虚实。虽然近来对这些百姓没有做出安排，但他们仍然愿意由自己备办衣服与口粮，保护自己的家乡。如果让人招募这些百姓，立即就能够组成军队。将敌人平定后，也容易打发他们回乡务农。请陛下将各道军队全部撤走，募集当地百姓来取代各道军队。"他还说："蔡州将士都是国家的百姓，倘若到了吴元济势穷力竭，不再能够作恶时，不须过多地杀害他们。"

丙申（二十六日），李光颜奏称在陈州的时曲打败淮西兵马。早晨，淮西兵马紧紧逼迫着李光颜的营垒结成阵列，李光颜无法出兵，便自行毁除本军周围的栅栏，派出骑兵，向淮西军进击。李光颜亲自率领几个骑兵向淮西阵中冲锋，多次冲进去，又杀出来，敌人都认识他，箭像刺猬毛一般密集地向他身上射去。他的儿子抓住缰绳，请他停止冲锋，李光颜举起兵器，呵斥他走开。于是，人们争着拼死力战，淮西兵马大败，被杀死了数千人。宪宗认为裴度善于识别人才。

【原文】

上自李吉甫薨，悉以用兵事委武元衡。李师道所养客说李师道曰："天子所以锐意诛蔡者，元衡赞之也，请密往刺之。元衡死，则他相不敢主其谋，争劝天子罢兵矣。"师道以为然，即资给遣之。

六月，癸卯，天未明，元衡入朝，出所居靖安坊东门。有贼自暗中突出射之，从者皆散走。贼执元衡马行十余步而杀之，取其颅骨而去。又入通化坊击裴度，伤其首，附沟中，度毡帽厚，得不死；傔人王义自后抱贼大呼，贼断义臂而去。京城大骇，于是诏宰相出入，加金吾骑士张弦露刃以卫之，所过坊门呵索甚严。朝士未晓不敢出门。上或御殿久之，班犹未齐。

贼遗纸于金吾及府、县，曰："毋急捕我，我先杀汝。"故捕贼者不敢甚急。兵部侍郎许孟容见上言："自古未有宰相横尸路隅而盗不获者，此朝廷之辱也！"因涕泣。又诣中书挥涕言："请奏起裴中丞为相，大索贼党，穷其奸源。"戊申，诏中外所在搜捕，获贼者赏钱万缗，官五品；敢庇匿者，举族诛之。于是京城大索，公卿家有复壁、重橑者皆索之。

【译文】

自从李吉甫去世以后，宪宗将采取军事行动的事情全部委托给武元衡。李师道豢养的宾客规劝李师道说："天子专心一意地声讨蔡州的根由，是由于有武元衡辅佐他，请让我秘密前去刺杀他。如果武元衡死了，其他宰相不敢主持讨伐蔡州，就会争着劝说天子停止用兵了。"李师道认为此言有理，当即发给盘资，打发他前去。

六月，癸卯（初三），天色尚未大亮，武元衡前往朝廷，从他居住的靖安坊东门出来。突然，有一个贼人从暗地里出来用箭射他，随从人员纷纷逃散。贼人牵着武元衡的马匹走出十多步以后，将他杀死，砍下他的头颅便离开了。贼人又进入通化坊，前去刺杀裴度，使他头部受伤，跌落到水沟中。由于裴度戴的毡帽很厚实，因而得以不死。随从王义从背后抱住贼人大声呼叫，贼人砍断他的胳膊，得以走脱。京城的人们都非常惊骇。于是，宪宗颁诏命令，宰相外出时，加派金吾骑士护卫。金吾骑士张满弓弦，亮出兵器，在需要经过的坊市门前喝呼搜索，很是严密。朝中百官在天未亮时不敢走出家门。有时皇上登殿，等了许久，朝班中的官员仍然不能到齐。

贼人在金吾卫与京兆府万年、长安两县留下纸条说："不要忙着捉拿我，否则，我先将你杀死。"所以，捉拿贼人的人们不敢操之过急。兵部侍郎许孟容进见宪宗说："自古以来，没有发生过宰相被人在路旁杀害，盗贼却不能捉获的事情，这是朝廷的耻辱！"说着便哭泣起来。许孟容又前往中书省流着眼泪说："请求中书省申奏起用裴中丞为宰相，全面搜索贼人的同伙，查清他们为恶的根源。"戊申（初八），宪宗颁诏命令在朝廷内外四处搜查捉拿贼人，对将贼人拿获的人，奖赏钱一万缗，赐给五品官位；如有胆敢包庇隐藏贼人的，诛杀其整个家族。于是，京城的大搜索开始，对家中筑有夹壁、复屋的公卿都进行了搜索。

【原文】

成德军进奏院有恒州卒张晏等数人，行止无状，众多疑之。庚戌，神策将军王士则等告王承宗遣晏等杀武元衡。吏捕得晏等八人，命京兆尹裴武、监察御史陈中师鞫之。癸亥，诏以王承宗前后三表出示百僚，议其罪。

裴度病疮，卧二旬，诏以卫兵宿其第，中使问讯不绝。或请罢度官以安恒、郓之心，上怒曰："若罢度官，是奸谋得成，朝廷无复纲纪。吾用度一人，足破二贼。"甲子，上召度入对。乙丑，以度为中书侍郎、同平章事。度上言："淮西，腹心之疾，不得不除。且朝廷业已讨之，两河藩镇跋扈者，将视此为高下，不可中止。"上以为然，悉以用兵事委度，讨贼愈急。初，德宗多猜忌，朝士有相过从者，金吾皆伺察以闻，宰相不敢私第见客。度奏："今寇盗未平，宰相宜招延四方贤才与参谋议"。始请于私第见客，许之。

陈中师按张晏等，具服杀武元衡。张弘靖疑其不实，屡言于上，上不听。戊辰，斩晏等五人，杀其党十四人，李师道客竟潜匿亡去。

李师道置留后院于东都，本道人杂沓往来，吏不敢诘。时淮西兵犯东畿，防御兵悉屯伊阙。师道潜内兵于院中，至数十百人。谋焚宫阙，纵兵杀掠，已烹牛飨士。明日，将发，其小卒诣留守吕元膺告变，元膺亟追伊阙兵围之。贼众突出，防御兵踵其后，不敢迫。贼出长夏门，望山而遁。是时都城震骇，留守兵寡弱。元膺坐皇城门，指使部分，意气自若，都人赖以安。

东都西南接邓、虢，皆高山深林，民不耕种，专以射猎为生，人皆勇，谓之山棚。元膺设重购以捕贼。数日，有山棚鬻鹿，贼遇而夺之，山棚走召其侪类，且引官军共围之谷中，尽获之。按验，得其魁，乃中岳寺僧圆净；故尝为史思明将，勇悍过人，为师道谋，多买田于伊阙、陆浑之间，以舍山棚而衣食之。有訾嘉珍、门察者，潜部分以属圆净，圆净以师道钱千万，阳为治佛光寺，结党定谋，约令嘉珍等窃发城中，圆净举火于山中，集二县山棚入城助之。圆净时年八十余，捕者既得之，奋锤击其胫，不能折。圆净骂曰："鼠子，折人胫且不能，敢称健儿！"乃自置其胫，教使折之。临刑，叹曰："误我事，不得使洛城流血！"党与死者凡数千人。留守、防御将二人及驿卒八人皆受其职名，为之耳目。

元膺鞫訾嘉珍、门察，始知杀武元衡者乃师道也，元膺密以闻；以槛车送二人诣京师。上业已讨王承宗，不复穷治。元膺上言："近日藩镇跋扈不臣，有可容贷者。至于师道谋屠都城，烧宫阙，悖逆尤甚，不可不诛。"上以为然；而方讨吴元济，绝王承宗，故未暇治师道也。

【译文】

成德军进奏院中有恒州士卒张晏等几个人，行为无礼，众人多怀疑他们就是贼人。庚戌（初十），神策军的将军王士则等人告发王承宗派遣张晏等人杀害武元衡。吏人捉拿住张晏等八人，宪宗命令京兆尹裴武与监察御史陈中师审讯他们。癸亥（二十三日），宪宗颁诏将王承宗先后三次所上表章出示百官，商议他应受的罪罚。

裴度创口不愈，卧病二十天，宪宗颁诏命令卫兵住在他的府第中，前去问候的中使接连不断。有人请求免除裴度的官职，以便使恒州王承宗、郓州李师道放下心来，宪宗生气地说："倘若免除裴度的官职，那就是邪恶的阴谋得逞，朝廷不再有法度可言。朕任用裴度一个人，就足够打败王承宗和李师道两个人。"甲子（二十四日），宪宗传召裴度入朝奏对。乙丑（二十五日），宪宗任命裴度为中书侍郎、同平章事。裴度进言说："淮西地区是腹心之患，不能不予根除。而且，朝廷已经讨伐淮西，河南、河北骄横强暴的藩镇，都打算比照这一战事，来决定对朝廷的态度，因此，讨伐吴元济不能够半途而止。"宪宗认为言之有理，便将采取军事行动的事务全部交托给裴度，对吴元济的讨伐更为急切。当初，德宗往往猜疑妒忌臣下，对于相互往来的朝中百官，金吾卫一概侦察情报，上报德宗，宰相也不敢在私人宅第中会见客人。裴度奏称："如今敌人还没有平定，宰相应当招揽延引各地德才兼备的人才参与谋划计议。"于是，他初次请求在私人宅第中会见宾客，宪宗答应了他的请求。

陈中师审讯张晏等人，他们都承认杀害了武元衡。张弘靖怀疑他们的话不属实，屡次进言，宪宗不肯听从。戊辰（二十八日），朝廷斩杀张晏等五人，杀掉他们的同伙十四人，李师道的宾客终于躲在暗中，逃亡而去了。

李师道在洛阳设置了留后院，本道的人们杂乱地往来于此处，官吏们不敢责问。当时，淮西兵马侵犯东都周围地区，防御他们的兵马全部在伊阙屯驻。李师道暗中将兵马安置到留后院中，多达数十上百人。他策划火烧宫廷，放纵兵马连杀带抢，用事先烹煮好的牛肉对将士们进行了犒赏。第二天就要发动时，有一个小兵前往留守吕元膺处告发了这一事变，吕元膺连忙追回屯驻伊阙的兵马，前来包围李师道的留后院。敌军冲了出来，吕元膺的防御使兵马跟随在他们后边，不敢迫近。敌人出了长夏门，向山上逃去。这时候，东都的人们震惊恐骇，留守的兵马单薄微弱。吕元膺坐在皇城门前，指挥部署，态度镇静自如，东都的人们仰赖着他才得以放下心来。

东都洛阳西南面与邓州和虢州接壤，都是高山深林，山民不从事农业，专门靠打猎维持生计，人人矫捷勇猛，被称为山棚。吕元膺悬出重赏，捉拿贼人。过了几天，有一个山棚正在卖鹿，贼人遇到了他，便将鹿夺走了。山棚跑回去召集同伴，而且领着官军共同将贼人包围在山谷中，将他们全部捉获。经过审讯核实，找出了他们的首领，却是中岳寺的僧人圆净。圆净过去曾经担任史思明的将领，勇猛强悍，超过常人。他向李师道献计，在伊阙、陆浑两地之间多多购买田地，使山棚居住下来，而且供给他们衣服与食品。有名叫訾嘉珍与门察的两个人，暗中部署带领山棚归属圆净。圆净用李师道拨发的一千万钱，装作修治佛光寺，集结同党，制定计谋，邀结并命令訾嘉珍等人在洛阳城里暗中起事，圆净在山上点起火来，集合伊阙、陆浑两县的山棚前往洛阳城中援助他们。当时，圆净已经有八十多岁，捉拿敌人的官兵得到圆净后，用锤子猛打他的小腿，但并不能将他的小腿打断。圆净骂着说："鼠辈小子，连人的小腿都打不断，还敢称作强健的男儿吗？"于是他自己将小腿安放好，教那位官兵打断了它。到受刑时，圆净叹息着说："你们耽误了我的大事，不能血染洛阳城了！"被处死的圆净的党羽共有数千人。留守、防御使的将领二人以及驿站的士兵八人，都接受了李师道的职名，为圆净刺探消息。

吕元膺审讯了訾嘉珍和门察后，才知道杀害武元衡的主谋是李师道。吕元膺将此事秘密上报宪宗，用囚车将二人送往京城。宪宗已经讨伐王承宗，不再彻底处治。吕元膺进言说："近来藩镇骄横强暴，未尽臣下的礼数，还有能够宽宥的地方。至于李师道图谋屠杀东都，焚烧宫殿，悖乱忤逆，格外严重，不能不诛讨。"宪宗认为言之有理。然而，朝廷正在讨伐吴元济，又与王承宗破裂，所以没有余暇处治李师道。

甘露之变

【原文】

唐文宗太和九年（乙卯，835年）

十一月壬戌，上御紫宸殿。百官班定，韩约不报平安，奏称："左金吾听事后石榴夜有甘露，卧遣门奏讫。"因蹈舞再拜，宰相亦帅百官称贺。训、元舆劝上亲往观之，以承天贶，上许之。百官退，班于含元殿。日加辰，上乘软舆出紫宸门，升含元殿。先命宰相及两省官诣左仗视之，良久而还。训奏："臣与众人验之，殆非真甘露，未可遽宣布，恐天下称贺。"上曰："岂有是邪！"顾左、右中尉仇士良、鱼志弘帅诸宦者往视之。宦者既去，训遽召郭行余、王璠曰："来受敕旨！"璠股栗不敢前，独行余拜殿下。时二人部曲数百，皆执兵立丹凤门外，训已先使人召之，令入受敕。独东兵入，邠宁兵竟不至。

仇士良等至左仗视甘露，韩约变色流汗，士良怪之曰："将军何为如是？"俄风吹幕起，见执兵者甚众，又闻兵仗声。士良等惊骇走出，门者欲闭之，士良叱之，关不得上。士良等奔诣上告变。训见之，遽呼金吾卫士曰："来上殿卫乘舆者，人赏钱百缗！"宦者曰："事急矣，请陛下还宫！"即举软舆，迎上扶升舆，决殿后罘，疾趋北出。训攀舆呼曰："臣奏事未竟，陛下不可入宫！"金吾兵已登殿；罗立言帅京兆逻卒三百余自东来，李孝本帅御史台从人二百余自西来，皆登殿纵击，宦官流血呼冤，死伤者十余人。乘舆迤逦入宣政门，训攀舆呼益急，上叱之，宦者郗志荣奋拳殴其胸，偃于地。乘舆既入，门随阖，宦者皆呼万岁，百官骇愕散出。训知事不济，脱从吏绿衫衣之，走马而出，扬言于道曰："我何罪而窜谪！"人不之疑。王涯、贾餗、舒元舆还中书，相谓曰："上且开延英，召吾属议之。"两省官诣宰相请其故，皆曰："不知何事，诸公各自便！"士良等知上豫其谋，怨愤，出不逊语，上惭惧不复言。

【译文】

唐文宗太和九年（乙卯，公元835年）

十一月壬戌（二十一日），唐文宗御临紫宸殿。百官列班站定后，左金吾卫大将军韩约不按规定报告平安，奏称："左金吾衙门后院的石榴树上，昨晚发现有甘露降临，这是祥瑞的征兆，昨晚我已通过守卫宫门的宦官向皇上报告。"于是，行舞蹈礼，再次下拜称贺，宰相也率领百官向文宗祝贺。李训、舒元舆乘机劝文宗亲自前往观看，以便承受上天赐予的祥瑞。文宗表示同意。接着，百官退下，列班于含元殿。辰时刚过，文宗乘软轿出紫宸门，到含元殿升朝，先命宰相和中书、门下两省的官员到左金吾后院察看甘露，过了很久才回来。李训奏报说："我和众人去检查过了，不像是真正的甘露，不可匆忙向全国宣布，否则，全国各地就会向陛下祝贺。"文宗说："难道还有这种事！"随即命左、右神策军护军中尉仇士良、鱼弘志率领诸位宦

白话资治通鉴

隋唐盛世

甘露之变

李训大声喊道："快来保护皇上，来者有重赏！"宦官对文宗说："情况紧急，请陛下赶紧回宫，不可再作停留！"

官再次前往左金吾后院察看。宦官走后，李训急忙召集郭行余、王璠，说："快来接受皇上的圣旨！"王璠紧张得两腿发抖，不敢前去，只有郭行余一人拜倒在含元殿下接旨。这时，二人招募的私兵几百人都手执兵器，立在丹凤门外等待命令。李训已经先派人去叫他们来含元殿前，接受文宗下达的诛除宦官的命令。结果，只有郭行余率领的河东兵来了，邠宁兵竟没有来。

仇士良率领宦官到左金吾后院去察看甘露，韩约紧张得浑身流汗，脸色十分难看。仇士良觉得很奇怪，问："将军为什么这样？"过了一会儿，一阵风把院中的帐幕吹起来，仇士良发现很多手执兵器的士卒，又听到兵器碰撞的声音。仇士良等人大惊，急忙往外跑，守门的士卒正想关门，被仇士良大声呼叱，门闩没有关上。仇士良等人急奔含元殿，向文宗报告发生兵变，被李训看见。李训急呼金吾士卒说："快来上殿保护皇上，每人赏钱百缗！"宦官对文宗说："事情紧急，请陛下赶快回宫！"随即抬来软轿，迎上前去搀扶文宗上轿，冲断殿后面的丝网，向北急奔而去。李训拉住文宗的软轿大声说："我奏请朝政还没有完，陛下不可回宫！"这时，金吾兵已经登上含元殿。同时，罗立言率领京兆府担负巡逻任务的士卒三百多人从东边冲来，李孝本率领御史台随从二百多人从西边冲来，一齐登上含元殿，击杀宦官。宦官血流如注，大声喊冤，死伤十几个人。文宗的软轿一路向北进入宣政门，李训拉住软轿不放，呼喊更加急迫。文宗呵斥李训，宦官郗志荣乘机挥拳奋击李训的胸部，李训被打倒在地。文宗的软轿进入宣政门后，大门随即关上，宦官都大呼万岁。这时，正在含元殿上朝的百官都大吃一惊，四散而走。李训见文宗已入后宫，知道大事不好，于是换上随从官吏的绿色官服，骑马而逃。一路上大声扬言说："我有什么罪而被贬逐！"因而，人们也不怀疑。宰相王涯、贾𫗧、舒元舆回到政事堂，相互商议说："皇上过一会儿就会开延英殿，召集我们商议朝政。"中书、门下两省的官员来问王涯三人，到底发生了什么事？三人都说："我们也不知怎么回事，诸位各自随便先去吧！"仇士良等宦官知道文宗参与了李训的密谋，十分愤恨，在文宗面前出语不逊。文宗羞愧惧怕，不再作声。

【原文】

士良等命左、右神策副使刘泰伦、魏仲卿等各帅禁兵五百人，露刃出阁讨贼。王涯等将会食，吏白："有兵自内出，逢人辄杀！"涯等狼狈步走，两省及金吾吏卒千余人填门争出；门寻阖，其不得出者六百余人皆死。士良等分兵闭宫门，索诸司，捕贼党。诸司吏卒及民酤贩在中者皆死，死者又千余人，横尸流血，狼藉涂地，诸司印及图籍、帷幕、器皿俱尽。又遣骑各千余出城追亡者，又遣兵大索城中。舒元舆易服单骑出安化门，禁兵追擒之。王涯徒步至永昌里茶肆，禁兵擒入左军。涯时年七十余，被以桎梏，掠治不胜苦，自诬服，称与李训谋行大逆，尊立郑注。王璠归长兴里私第，闭门，以其兵自防。神策将至门，呼曰："王涯等谋反，欲起尚书为相，鱼护军令致意！"璠喜，出见之。将趋贺再三，璠知见绐，涕泣而行；至左军，见王涯曰："二十兄自反，胡为见引？"涯曰："五弟昔为京兆尹，不漏言于王守澄，岂有今日邪！"璠俯首不言。又收罗立言于太平里，及涯等亲属奴婢，皆入两军系之。户部员外郎李元皋，训之再从弟也，训实与之无恩，亦执而杀之。故岭南节度使胡证，家钜富，禁兵利其财，托以搜贾入其家，执其子，杀之。又入左常侍罗让、詹事浑鐬、翰林学士黎埴等家，掠其赀财，扫地无遗。鐬，瑊之子也。坊市恶少年因之报私仇，杀人，剽掠百货，互相攻劫，尘埃蔽天。

【译文】

　　仇士良等人命令左、右神策军副使刘泰伦、魏仲卿等各率禁兵五百人，持刀露刃从紫宸殿冲出讨伐贼党。这时，王涯等宰相在政事堂正要吃饭，忽然有官吏报告说："有一大群士兵从宫中冲出，逢人就杀！"王涯等人狼狈逃奔。中书、门下两省和金吾卫的士卒和官吏一千多人争着向门外逃跑。不一会儿，大门被关上，尚未逃出的六百多人全被杀死。仇士良下令分兵关闭各个宫门，搜查南衙各司衙门，逮捕贼党。各司的官吏和担负警卫的士卒，以及正在里面卖酒的百姓和商人一千多人全部被杀，尸体狼藉，流血遍地。各司的大印、地图和户籍档案、衙门的帷幕和办公用具被捣毁、抄掠一空。仇士良等人又命左、右神策军各出动骑兵一千多人出城追击逃亡的贼党，同时派兵在京城大搜捕。舒元舆换上民服后，一人骑马从安化门逃出，被骑兵追上逮捕。王涯步行到永昌里的一个茶馆，被禁兵逮捕，押送到左神策军中。王涯这时年迈已七十多岁，被戴上脚镣手铐，遭受毒打，无法忍受，因而违心地承认和李训一起谋反，企图拥立郑注为皇帝。王璠回到长兴里家中后，闭门不出，用招募的私兵防卫。神策将前来搜捕，到他的门口时，大声喊道："王涯等人谋反，朝廷打算任命您为宰相，护军中尉鱼弘志派我们来向您致意！"王璠大喜，马上出来相见。神策将再三祝贺他升迁，王璠发现被骗，流着眼泪跟随神策将而去。到了左神策军中，见到王涯，王璠说："你参与谋反，为什么要牵连我？"王涯说："你过去担任京兆尹时，如果不把宋申锡诛除宦官的计划透露给王守澄，哪里会发生今天的事！"王璠自知理亏，低头不语。神策军又在太平里逮捕了罗立言，以及王涯的亲属奴婢，都关押在左、右神策军中。户部员外郎李元皋是李训的远房表弟，其实李训并没有提拔重用他，也被逮捕杀死。前岭南节度使胡证是京城的巨富，禁军士卒想掠夺他的财物，借口说贾藏在他家，进行搜查，把他的儿子胡抓住杀死。禁军又到左常侍罗让、詹事浑鐬、翰林学士黎埴等人的家中掠夺财产，扫地无遗。鐬是中唐名将浑瑊的儿子。这时，京城的恶少年也乘机报平日的私仇，随意杀人，剽掠商人和百姓的财物，甚至相互攻打，以致尘埃四起，漫天蔽日。

黄巢兵败

【原文】

僖宗惠圣恭定孝皇帝下之上中和四年（甲辰，884年）

甲辰，武宁将李师悦与尚让追黄巢至瑕丘，败之。巢众殆尽，走至狼虎谷，丙午，巢甥林言斩巢兄弟妻子首，将诣时溥，遇沙陀博野军，夺之，并斩言首以献于溥。

蔡州节度使秦宗权纵兵四出，侵噬邻道。天平节度使朱瑄，有众三万，从父弟瑾，勇冠军中。宣武节度使朱全忠为宗权所攻，势甚窘，求救于瑄，瑄遣瑾将兵救之，败宗权于合乡。全忠德之，与瑄约为兄弟。

【译文】

唐僖宗中和四年（甲辰，公元884年）

甲辰（六月十五日），武宁将军李师悦与尚让追击黄巢到瑕丘，打败黄巢。黄巢的人马几乎没剩下多少，逃到泰山东南部的狼虎谷。丙午（十七日），黄巢的外甥林言斩下黄巢和黄巢的兄弟、妻子的头颅，正要拿着送到时溥那里，遇上了沙陀人博野军，将黄巢等人的头颅夺去，并且砍下林言的脑袋，一同献给了时溥。

蔡州节度使秦宗权放纵士兵四处骚扰，侵犯邻近各道。天平节度使朱瑄，有人马三万，堂弟朱瑾勇猛过人，在军营中称为第一。宣武节度使朱全忠受到秦宗权的进攻，处境十分紧迫，向朱瑄求救，朱瑄派遣朱瑾带领军队前往救援，在合乡打败了秦宗权。朱全忠很感激他，与朱瑄结为兄弟。

【原文】

秋，七月，壬午，时溥遣使献黄巢及家人首并姬妾，上御大玄楼受之。宣问姬妾："汝曹皆勋贵子女，世受国恩，何为从贼？"其居首者对曰："狂贼凶逆，国家以百万之众，失守宗祧，播迁巴、蜀。今陛下以不能拒贼责一女子，置公卿将帅于何地乎！"上不复问，皆戮之于市。人争与之酒。其余皆悲怖昏醉，居首者独不饮不泣，至于就刑，神色肃然。

【译文】

秋季，七月，壬午（二十四日），时溥派遣使臣进献黄巢和他家人的头颅以及他的姬妾，唐僖宗亲临成都大玄楼接受进献。僖宗向黄巢的众姬问话："你们都是显贵人家的子女，世代接受国家的恩惠，为什么要跟随贼寇呀？"站在前面的一位回答说："贼寇逞凶作乱，大唐王朝有百万军队，却不能固守祖庙，流落到巴蜀一带。今天陛下责备一个女子不能抗拒贼寇，那么朝中的王公大臣将军统帅们又怎么说呢？"僖宗不再问话，下令全部将她们在集市杀掉。人们争着给黄巢的姬妾送酒。其余的人都悲痛恐惧，昏昏沉沉地喝醉了，唯独站在前面的那位既不饮酒也不哭泣，到了就刑的时候，神情肃穆坦然。

举国混战

【原文】

昭宗圣穆景文孝皇帝中之中天复元年（辛酉，901年）

春，正月，乙酉朔，王仲先入朝，至安福门，孙德昭擒斩之，驰诣少阳院，叩门呼曰："逆贼已诛，请陛下出劳将士。"何后不信，曰："果尔，以其首来！"德昭献其首，上乃与后毁扉而出。崔胤迎上御长乐门楼，帅百官称贺。周承诲擒刘季述、王彦范继至，方诘责，已为乱梃所毙。薛齐偓赴井死，出而斩之。灭四人之族，并诛其党二十余人。宦官奉太子匿于左军，献传国宝。上曰："裕幼弱，为凶竖所立，非其罪也。"命还东宫，黜为德王，复名裕。丙戌，以孙德昭同平章事，充静海节度使，赐姓名李继昭。

丁亥，崔胤进位司徒，胤固辞。上宠待胤益厚。

己丑，朱全忠闻刘季述等诛，折程岩足，械送京师，并刘希度、李奉本等皆斩于都市，由是益重李振。

【译文】

唐昭宗天复元年（辛酉，公元901年）

春季，正月初一，右军中尉王仲先入宫朝见，行至安福门，孙德昭将他捉住杀死，随即快马奔赴少阳院，敲门高喊道："逆贼王仲先已被杀死，请陛下出来慰劳将士。"何皇后听了不相信，说："果然这样，将他的首级拿来！"孙德昭献上王仲先的首级，昭宗才与何皇后毁坏门扇走出来。崔胤迎接昭宗登上长乐门楼，率领文武百官称颂庆贺。这时，周承诲捉获了刘季述、王彦范接着到达，昭宗刚责问他们的谋逆罪行，这二人就已被乱棍打死了。薛齐偓投井自杀，被捞出来斩了首级。诛灭王仲先、刘季述、王彦范、薛齐偓四人全家，并把他们的党羽二十余人处死。宦官侍奉太子藏在左军之中，把传国宝玺献了出来。昭宗说："李裕年幼懦弱，被凶恶小人立为皇帝，不是他的罪过。"命令他回东宫被废黜为德王，并恢复旧名李裕。丙戌（初二），唐昭宗任命孙德昭为同平章事，担任静海节度使，赐姓名为李继昭。

初三，朝廷晋升崔胤为司徒，崔胤坚决推辞。从此，昭宗更加宠信崔胤。

初五，朱全忠听说刘季述等人被杀，就把程岩的双脚折断，戴上刑具解送到京师长安，连同刘希度、李奉本等，都在闹市上处死，朱全忠因此越发看重李振。

【原文】

刘季述、王仲先既死，崔胤、陆扆上言："祸乱之兴，皆由中官典兵。乞令胤主左军，扆主右军，则诸侯不敢侵陵，王室尊矣。"上犹豫两日未决。李茂贞闻之，怒曰："崔胤夺军权未得，已欲翦灭诸侯！"上召李继昭、李继诲、李彦弼谋之，皆曰："臣等累世在军中，未闻书生为军主。若属南司，必多所变更，不若归之北司为便。"上乃谓胤、扆曰："将士意不欲属文臣，卿曹勿坚求。"于是以枢密使韩全诲、凤翔监军使张彦弘为左、右中尉。全诲，亦前凤翔监军也。又征前枢密使致仕严遵美为两军中尉、观军容处置使。遵美曰："一军犹不可为，况两军乎！"固辞不起。以袁易简、周敬容为枢密使。

【译文】

　　刘季述、王仲先已死，崔胤、陆扆向昭宗进言说："祸乱的发生都是由于宦官主管军队。请皇上让崔胤主管左军，陆扆主管右军，这样，诸侯就不敢侵犯，朝廷就尊贵了。"昭宗犹豫了两天，没有决断。李茂贞听说了这件事，勃然大怒："崔胤军权没有得到，已经想要消灭诸侯了！"昭宗召集李继昭、李继诲、李彦弼商量，都说："我等数世在军队中任职，没有听说过书生担任军队的主帅的。如果把军队隶属于南司，一定会有很多变易更张，不如把军队归北司掌管较为方便。"昭宗便对崔胤、陆扆说："将士们不愿隶属于文臣，卿等不要再坚决要求了。"于是，昭宗任命枢密使韩全诲为左军中尉，凤翔监军使张彦弘为右军中尉。韩全诲从前也是凤翔监军。朝廷又征召告老在家的前枢密使严遵美为左、右两军中尉、观军容处置使。严遵美说："一军况且不能掌管，何况两军呢！"坚决辞谢不出。朝廷任命袁易简、周敬容为枢密使。

【原文】

　　朱全忠既服河北，欲先取河中以制河东。己亥，召诸将谓曰："王珂驽材，恃太原自骄汰。吾今断长蛇之腰，诸君为我以一绳缚之！"庚子，遣张存敬将兵三万自汜水渡河出含山路以袭之，全忠以中军继其后。戊申，存敬至绛州。晋、绛不意其至，皆无守备，庚戌，绛州刺史陶建钊降之；壬子，晋州刺史张汉瑜降之。全忠遣其将侯言守晋州，何絪守绛州，屯兵二万以扼河东援兵之路。朝廷恐全忠西入关，急赐诏和解之，全忠不从。

　　珂遣间使告急于李克用，道路相继。克用以汴兵先据晋、绛，兵不得进。珂妻遗克用书曰："儿旦暮为俘虏，大人何忍不救！"克用报曰："今贼兵塞晋、绛，众寡不敌，进则与汝两亡，不若与王郎举族归朝。"珂又遗李茂贞书，言："天子新返正，诏藩镇无得相攻，同奖王室。今朱公不顾诏命，首兴兵相加，其心可见。河中若亡，则同华、邠、岐俱不自保。天子神器拱手授人，其势必然矣。公宜亟帅关中诸镇兵，固守潼关，赴救河中。仆自知不武，愿于公西偏授一小镇，此地请公有之。关中安危，国祚修短，系公此举，愿审思之！"茂贞素无远图，不报。

【译文】

　　朱全忠已经降服河北，想要先夺取河中来控制河东。己亥（十五日），召集属下诸将说道："王珂是个庸才，仗恃太原李克用是他的岳丈，骄横奢侈。我现在要攻取河中，砍断长蛇的腰，诸位替我用一根绳索把它捆起来！"庚子（十六日），朱全忠派遣张存敬率领三万大军，从汜水渡过黄河，从含山路进发袭击河中，朱全忠统率中军跟在后面。戊申（二十四日），张存敬抵达绛州。绛州刺史陶建钊、晋州刺史张汉瑜都没有防守戒备,遂于庚戌(二十六日)、壬子(二十八日)相继投降。朱全忠派遣部将侯言留守晋州,何绢留守绛州,驻军二万,用来把守李克用援军的通行道路。朝廷恐怕朱全忠的军队向西攻入潼关,急忙颁赐诏书调解,朱全忠不从。

王珂连续派遣密使向李克用告急,使者在路上接连不断。李克用由于朱全忠的汴州军队先已占据了晋州、绛州,援兵不能前进。王珂的妻子李氏送信给李克用说:"女儿马上就成为俘虏了,父亲怎么忍心不来援救?"李克用回信说:"现在贼兵已经堵塞晋州、绛州,我军寡不敌众,前进就要与你同归于尽,不如与王郎带领全族回朝廷。"王珂又送信给李茂贞,说:"天子重登君位,诏命藩镇不得互相攻杀,共同辅助朝廷。现在朱公不顾天子的命令,首先发兵攻击在下,其心思可以想见。河中如果沦亡,同华、邠宁、岐州就都保不住了。天子的政权会拱手送给朱全忠,就势所必然了。您应赶快统帅关中各藩镇的军队,坚决守卫潼关,前去援救河中。在下自知不勇武,请在您的西边给予一个小镇,让我安身,此地就归您所有。关中的安危,国运的长短,全赖您此举了,希望详慎考虑!"李茂贞向来没有大志,因此没有答复。

【原文】

乙卯,张存敬引兵发晋州。己未,至河中,遂围之。王珂势穷,将奔京师,而人心离贰,会浮梁坏,流澌塞河,舟行甚难。珂挈其族数百欲夜登舟,亲谕守城者,皆不应。牙将刘训曰:"今人情扰扰,若夜出涉河,必争舟纷乱,一夫作难,事不可知。不若且送款存敬,徐图向背。"珂从之。壬戌,珂植白幡于城隅,遣使以牌印请降于存敬。存敬请开城,珂曰:"吾于朱公有家世事分,请公退舍,俟朱公至,吾自以城授之。"存敬从之,且使走白全忠。

乙丑,全忠至洛阳,闻之喜,驰往赴之。戊辰,至虞乡,先哭于重荣之墓,尽哀;河中人皆悦。珂欲面缚牵羊出迎,全忠遽使止之曰:"太师舅之恩何可忘!若郎君如此,使仆异日何以见舅于九泉!"乃以常礼出迎,握手歔欷,联辔入城。全忠表张存敬为护国军留后,王珂举族迁于大梁。其后全忠遣珂入朝,遣人杀之于华州。全忠闻张夫人疾亟,遽自河中东归。

李克用遣使以重币请修好于全忠。全忠虽遣使报,而忿其书辞蹇傲,决欲攻之。

【译文】

乙卯(二月初二),张存敬率领大军从晋州出发,己未(初六)到达河中,就把城池包围了起来。王珂处境危急,将要逃奔京师,但人心离散,恰巧浮桥坏了,流水堵塞了黄河,船行非常困难。王珂携带全族数百人,想要乘夜上船渡河逃走,亲自告诉守城将士,都不答应。牙将刘训说:"现在人情纷扰骚动,如果夜里出城渡河,一定争抢上船,出现混乱,一人作乱,事情就难以预料了。不如暂且向张存敬表示投诚,慢慢考虑归顺还是反抗。"王珂听从了刘训的主意。壬戌(初九),王珂在城角竖起白旗,派遣使者拿着牌印向张存敬请求投降。张存敬请王珂打开城门,王珂说:"我对于朱公有家世亲谊情分,请您退却,等候朱公到了,我自然把城池给予他。"

张存敬依从了王珂，并且派人前去禀告朱全忠。

乙丑（十二日），朱全忠到达洛阳，听说王珂等他前去受降后非常欢喜，就驰往河中赴王珂之约。戊辰（十五日），朱全忠到了虞乡，先到王珂之父王重荣的墓前哭奠，竭尽悲恸，河中人都很喜悦。王珂想要反绑双手牵羊出城迎接，朱全忠急忙派人阻止他，说："太师舅的恩情怎能忘记？公子您这样做，使我日后在九泉之下怎么见舅父？"于是，王珂以常礼出城迎接朱全忠，二人握手叹息，然后并驾进城。朱全忠上表请以张存敬为护国军留后，并将王珂全族迁往大梁。其后，朱全忠派遣王珂进京入朝，又派人在华州将他杀死。朱全忠听说妻子张夫人病危，急忙从河中向东返回。

李克用派遣使者给朱全忠送去厚礼，请求重归和好。朱全忠虽然派遣使者前去答复，但是愤恨李克用的书信词语傲慢，决定派兵去攻打他。

【原文】

三月，癸未朔，朱全忠至大梁。癸卯，遣氏叔琮等将兵五万攻李克用，入自太行，魏博都将张文恭入自磁州新口，葛从周以兖、郓兵会成德兵入自土门，洺州刺史张归厚入自马岭，义武节度使王处直入自飞狐，权知晋州侯言以慈、隰、晋、绛兵入自阴地。叔琮入天井关，进军昂车。辛亥，沁州刺史蔡训以城降。河东都将盖璋诣侯言降，即令权知沁州。壬子，叔琮拔泽州，刺史李存璋弃城走。叔琮进攻潞州，昭义节度使孟迁降之。河东屯将李审建、王周将步军一万、骑二千诣叔琮降。叔琮进趣晋阳。夏，四月，乙卯，叔琮出石会关，营于洞涡驿。张归厚引兵至辽州，丁巳，辽州刺史张鄂降。别将白奉国会成德兵自井陉入，己未，拔承天军，与叔琮烽火相应。

氏叔琮等引兵抵晋阳城下，数挑战，城中大恐。李克用登城备御，不遑饮食。时大雨积旬，城多颓坏，随加完补。河东将李嗣昭、李嗣源凿暗门，夜出攻汴垒，屡有杀获。李存进败汴军于洞涡。时汴军既众，刍粮不给，久雨，士卒疟痢，全忠乃召兵还。五月，叔琮等自石会关归，诸道军亦退。河东将周德威、李嗣昭以精骑五千蹑之，杀获甚众。先是，汾州刺史李瑭举州附于汴军，克用遣其将李存审攻之，三日而拔，执瑭，斩之。氏叔琮过上党，孟迁挈族随之南徙。朱全忠遣丁会代守潞州。

朱全忠奏乞除河中节度使，而讽吏民请己为帅；癸卯，以全忠为宣武、宣义、天平、护国四镇节度使。

【译文】

三月，癸未朔（初一），朱全忠从河中回到大梁。癸卯（二十一日），朱全忠派遣氏叔琮率兵五万前去攻打李克用，从太行山进军，魏博都将张文恭从磁州新口进军，葛从周率领兖州、郓州军队会同成德军队从土门进军，洺州刺史张归厚率军从马岭进军，义武节度使王处直率军从飞狐进军，暂为晋州刺史的侯言率领慈州、隰州、晋州、绛州军队从阴地关进军。氏叔琮入天井关，向泽州昂车关进军。辛亥（二十九日），沁州刺史蔡训献城投降。河东都将盖璋向侯言投降，就令他暂为沁州刺史。壬子（三十日），氏叔琮攻克泽州，刺史李存璋弃城逃走。氏叔琮进攻潞州，昭义节度使孟迁投降。河东驻军将领李审建、王周率领步军一万、骑兵一千向氏叔琮投降。氏叔琮率领大军进赴晋阳。夏季，四月乙卯（初三），氏叔琮率军出石会关，在洞涡驿扎营。洺州刺史张归厚率领军队到达辽州，丁巳（初五），辽州刺史张鄂归降。别将白奉国会同成德军队自井陉攻入，己未（初七）攻克承天军，与氏叔琮的军队烽火相呼应。

氏叔琮等率领大军抵达晋阳城下，多次叫阵挑战，城内军民非常恐慌。李克用登城戒备守御，来不及喝水吃饭。当时连续下了十来天大雨，城墙多处坍塌毁坏，李克用命令随时垒砌修补。河东将领李嗣昭、李嗣源从城内挖凿暗门密道，乘夜冲击攻袭氏叔琮军队的营垒，屡次袭击都有杀伤俘获。同时，李存进也在洞涡驿打败汴州军队。当时，攻打晋阳的汴州军队众多，粮草供给不足，又长时间下雨，兵士患疟疾拉痢，朱全忠便把军队召回。五月，氏叔琮等率军由石会关返回，其他各道军队也都退师。河东将领周德威、李嗣昭率领五千精锐骑兵跟踪追击，杀伤俘获很多汴州官兵。原先，汾州刺史李瑭以全州归附汴州军队，这时，李克用派遣他的部将李存审率兵攻打李瑭，三天攻克汾州，逮住李瑭，把他斩首。氏叔琮经过上党，带领全族人口跟随南迁。于是，朱全忠派遣丁会代守潞州。

朱全忠奏请任命河中节度使，同时暗示官吏、百姓让自己为主帅。癸卯（二十二日），朝廷任命朱全忠为宣武、宣义、天平、护国四镇节度使。

【原文】

上之返正也，中书舍人令狐涣、给事中韩偓皆预其谋，故擢为翰林学士，数召对，访以机密。涣，绹之子也。时上悉以军国事委崔胤，每奏事，上与之从容，或至然烛。宦官畏之侧目，事无大小，皆咨胤而后行。胤志欲尽除之，韩偓屡谏曰："事禁太甚。此辈亦不可全无，恐其党迫切，更生他变。"胤不从。丁卯，上独召偓，问曰："敕使中为恶者如林，何以处之？"对曰："东内之变，敕使谁非同恶！处之当在正旦，今已失其时矣。"上曰："当是时，卿何不为崔胤言之？"对曰："臣见陛下诏书云：'自刘季述等四家之外，其余一无所问。'夫人主所重，莫大于信，既下此诏，则守之宜坚；若复戮一人，则人人惧死矣。然后来所去者已为不少，此其所以悒悒不安也。陛下不若择其尤无良者数人，明示其罪，置之于法，然后抚谕其余曰：'吾恐尔曹谓吾心有所贮，自今可无疑矣。'乃择其忠厚者使为之长，其徒有善则奖之，有罪则惩之，咸自安矣。今此曹在公私者以万数，岂可尽诛邪！夫帝王之道，当以重厚镇之，公正御之，至于琐细机巧，此机生则彼机应矣，终不能成大功，所谓理丝而棼之者也。况今朝廷之权，散在四方。苟能先收此权，则事无不可为者矣。"上深以为然，曰："此事终以属卿。"

【译文】

唐昭宗归复君位，中书舍人令狐涣、给事中韩偓都参与谋密，所以都被擢升为翰林学士，并多次召见问答，咨询机密大事。令狐涣是唐宣宗时宰相令狐绹的儿子。当时，昭宗把军国政务全都委任给崔胤办理，每次奏陈事情，唐昭宗都与他从容商量，有时直到天黑点燃蜡烛的时候。宦官害怕崔胤，不敢正视他，凡事先询问崔胤以后，再去办理。崔胤立志要把宦官全部除掉，韩偓屡次直言规劝，说："事情禁忌做得太过分。宦官也不可能完全没有，恐怕他们的同党被迫过深，再生出其他变故。"崔胤不听韩偓的劝告。丁卯（六月十七日），唐昭宗单独召见韩偓，问道："宦官敕使之中做坏事的像林木一样多，用什么办法处置他们？"韩偓答道："东宫之变，这些人中哪一个不是罪犯的同党？处置他们应当在元旦诛杀刘季述等人的时候，现在已经失去惩治他们的时机了。"昭宗说："当时，爱卿为什么不向崔胤说呢？"韩偓答道："臣见陛下的诏书说：'自刘季述等四家之外，其余的人一个也不问罪。'对皇上来说，最重要的莫大于信誉，既然已经颁布这样的诏书，就应该坚决遵守。如果再杀一人，就人人自危了。可是后来除去的人已经不少了，这就是他们所以吵嚷不安的原因。陛下不如挑选他们之中尤为不善的几个人，明白宣示他们的罪行，依法惩治，然后安抚晓谕其余的人说：'我担心你们说我怀恨在心，从今天开始可以不必有什么疑虑了。'然后选择那些忠厚老实的人担任他们的头领，其余的人有善行的就奖励，有罪过的就惩罚，这样就全都各自相安无事了。现在宦官在官府和私家的有数万人，哪里能够全部杀死呢？陛下处置的办法，应当是用优厚的待遇安定他们，用公正无私驾驭他们，至于琐细机巧之举，此生彼应，终究不能成就大功业，这就是所谓的理丝反而更加纷乱啊。况且现在朝廷的权力，分散在四方藩镇手中。如果能够先收回这些权力，那么，事情就没有不可以办的了。"昭宗很赞同韩偓所讲的，说："这件事终究要交付你来办理。"

【原文】

崔胤请上尽诛宦官，但以宫人掌内诸司事。宦官属耳，颇闻之，韩全海等涕泣求哀于上。上乃令胤："有事封疏以闻，勿口奏。"宦官求美女知书者数人，内之宫中，阴令伺察其事，尽得胤密谋，上不之觉也。全海等大惧，每宴聚，流涕相诀别，日夜谋所以去胤之术。胤时领三司使，全海等教禁军对上喧噪，诉胤减损冬衣。上不得已，解胤盐铁使。

时朱全忠、李茂贞各有挟天子令诸侯之意，全忠欲上幸东都，茂贞欲上幸凤翔。胤知谋泄，事急，遗朱全忠书，称被密诏，令全忠以兵迎车驾，且言："昨者返正，皆令公良图，而凤翔先入朝抄取其功。今不速来，必成罪人，岂惟功为他人所有，且见征讨矣！"全忠得书，秋，七月，甲寅，遽归大梁发兵。

八月，甲申，上问韩偓曰："闻陆扆不乐吾返正，正旦易服，乘小马出启夏门，有诸？"对曰："返正之谋，独臣与崔胤辈数人知之，扆不知也。一旦忽闻宫中有变，人情能不惊骇！易服逃避，何妨有之！陛下责其为宰相无死难之志则可也，至于不乐返正，恐出逸人之口，愿陛下察之。"上乃止。

韩全海等惧诛，谋以兵制上，乃与李继昭、李继海、李彦弼、李继筠深相结，继昭独不肯从。他日，上问韩偓："外间何所闻？"对曰："惟闻敕使忧惧，与功臣及继筠交结，将致不安，亦未知其果然不耳。"上曰："是不虚矣。比日继海、彦弼辈语渐倔强，令人难耐。令狐涣欲令朕召崔胤及全诲等于内殿，置酒和解之，何如？"对曰："如此则彼凶悖益甚。"上曰："为之奈何？"对曰："独有显罪数人，速加窜逐，余者许其自新，庶几可息。若一无所问，彼必知陛下心有所贮，益不自安，事终未了耳。"上曰："善！"既而宦官自恃党援已成，稍不遵敕旨。上或出之使监军，或黜守诸陵，皆不行，上无如之何。

冬，十月，戊戌，朱全忠大举兵发大梁。

【译文】

崔胤奏请昭宗把宦官全部处死，只用官人掌管内廷各司的事务。宦官偷听，听到了一些，韩全诲等哭泣着向昭宗乞求哀怜。昭宗便指示崔胤："有事要密封奏疏报告，不要口奏。"宦官寻找识字的美女数人送进内宫，暗中叫她们侦察刺探这件事，全部掌握了崔胤的秘密计划，昭宗却没有觉察到。韩全诲等知道崔胤的计划后非常害怕，每次宴饮聚会，都流着眼泪相互诀别，日夜谋划能够破除崔胤的办法。崔胤当时兼任户部、度支、盐铁三司使，韩全诲等教唆警卫宫禁的军队向唐昭宗喧哗叫嚷、申诉崔胤减少将士的冬季衣服。唐昭宗无可奈何，只得解去崔胤的盐铁使职务。

其时，朱全忠、李茂贞各有挟制天子以号令诸侯的意图，朱全忠想要唐昭宗驾临东都洛阳，李茂贞想要唐昭宗驾临凤翔。崔胤知道谋杀宦官的计划已经泄露，事情急迫，就送信给朱全忠，假称奉有秘密诏书，令朱全忠派遣军队迎接皇上的车驾，并且说："前次皇上恢复君位都是朱公您的妙计，可是李茂贞先进京入朝夺取其功。这次您再不立即来京，必定成为有罪之人，岂止功劳为他人所有，并且要被征讨了！"朱全忠收到书信，秋季，七月，甲寅（初五），急忙回大梁发兵。

八月，甲申（初五），昭宗问韩偓："听说陆扆不乐意朕恢复君位，在元旦那天换了衣服，骑着小马出了启夏门，有这件事吗？"韩偓回答说："恢复君位的计划，只有臣与崔胤等几个人知道，陆扆不知道。一旦忽然听说宫中有变故，人之常情岂能不惊吓害怕？换了衣服逃跑躲避，有什么妨碍呢？陛下责备他身为宰相遇难时没有挺身而死的志气是可以的，至于说他不乐意皇上恢复君位，恐怕出自谗佞小人之口，希望陛下明察！"昭宗这才停止了查究。

韩全诲等害怕被杀，密谋用武力挟制昭宗，于是与李继昭、李继诲、李彦弼、李继筠深相交结，只有李继昭不肯依从。一天，昭宗问韩偓："外边听到了什么吗？"韩偓答道："只听说宦官们担忧害怕，与功臣李继昭、李继诲、李彦弼及李继筠交结，将要招致不安，也不知道他们是否果真这样。"昭宗说："这事不假！近日李继诲、李彦弼等说话逐渐固执强硬，令人难以忍耐。令狐涣想要朕在内殿召见崔胤及韩全诲等人，摆酒使他们和解，怎么样？"韩偓答道："这样做，韩全诲他们就会更加凶恶狂悖了。"昭宗说："那该拿他们怎么办呢？"韩偓答道："只有公开治几个人的罪，迅速将他们放逐，其余的人允许他们改过自新，也许还可以平息。如果一个也不问罪，韩全诲他们一定知道陛下怀恨在心，更加不能自己相安，事情终究没有了结。"昭宗说："好！"过了不久，宦官自恃党援已经结成，逐渐不遵诏令。昭宗或者把谁派出去做监军，或者把谁贬斥去守陵寝，他们都不去，昭宗也无可奈何。

冬季，十月，戊戌（二十日），朱全忠率领大军从大梁出发，前往京师长安。

【原文】

韩全诲闻朱全忠将至，丁酉，令李继筠、李彦弼等勒兵劫上，请幸凤翔，宫禁诸门皆增兵防守，人及文书出入搜阅甚严。上遣人密赐崔胤御札，言皆凄怆，末云："我为宗社大计，势须西行，卿等但东行也。惆怅，惆怅！"

戊申，朱全忠至河中，表请车驾幸东都，京城大骇，士民亡窜山谷。是日，百官皆不入朝，阙前寂无人。

十一月，己酉朔，李继筠等勒兵阙下，禁人出入，诸军大掠。士民衣纸及布襦者，满街极目。韩建以幕僚司马鄴知匡国留后。朱全忠引四镇兵七万趣同州，鄴迎降。

韩全诲等以李继昭不与之同，遏绝不令见上。时崔胤居第在开化坊，继昭帅所部六十余人及关东诸道兵在京师者共守卫之。百官及士民避乱者，皆往依之。庚戌，上遣供奉官张绍孙召百官，崔胤等皆表辞不至。

壬子，韩全诲等陈兵殿前，言于上曰："全忠以大兵逼京师，欲劫天子幸洛阳，求传禅。臣等请奉陛下幸凤翔，收兵拒之。"上不许，杖剑登乞巧楼。全诲等逼上下楼，上行才及寿春殿，李彦弼已于御院纵火。是日冬至，上独坐思政殿，翘一足，一足踏栏干，庭无群臣，旁无侍者。顷之，不得已，与皇后、妃嫔、诸王百余人皆上马，恸哭声不绝，出门，回顾禁中，火已赫然。是夕，宿鄠县。

【译文】

韩全诲听说朱全忠将要到达，丁酉（十九日）命令李继筠、李彦弼等率领卫兵劫持唐昭宗，强请昭宗驾临凤翔，并增兵防守皇宫各门，人员及文书出入搜查检阅非常严格。昭宗派人秘密地给崔胤送去亲笔书信，言语都很凄凉，末尾说："我为宗庙社稷计，势必西去凤翔，卿等只管东行。惆怅！惆怅！"

戊申（三十日），朱全忠到达河中，上表章请昭宗大驾去东都洛阳，京城大恐，士民逃往山谷之中。这天，文武百官都不入朝，宫门前寂静无人。

十一月，己酉朔（初一），李继筠等领兵在宫门之下，禁止人出入，诸军大肆掳掠。士民穿纸及短布衣的，满街都是，望不到边。韩建以幕僚司马鄴主持匡国留后。朱全忠带领四镇的七万军队奔赴同州，司马鄴开城迎降。

韩全诲等因李继昭不与他们共同行事，就阻止他不准见唐昭宗。当时，崔胤的府第在开化坊，李继昭率领属下六十余人及关东各道的京师的军队共同守卫着。百官及士民中避乱的人都前往依附。庚戌（初二），唐昭宗派遣供奉官张绍孙召集文武百官，崔胤等都上表推辞不来。

壬子（初四），韩全诲等在殿前布置军队，向唐昭宗说："朱全忠率大军进逼京师，想要劫持天子前往洛阳，要求把帝位禅让给他。臣等请求陛下驾临凤翔，收集军队进行抵抗。"唐昭宗不允许，持剑登乞巧楼。韩全诲等逼迫唐昭宗下楼，唐昭宗刚走到寿春殿，李彦弼已经在后院放火。这天是冬至，唐昭宗独自坐在思政殿，翘着一只脚，另一只脚踏着栏杆，院里没有文武官员，旁边没有侍奉之人。过了一会儿，万不得已，唐昭宗只有与皇后、妃嫔、诸王等百余人全都上马，恸哭之声不停，出门回顾宫中，已是大火熊熊燃烧。这天晚上，他们在鄠县住宿。

【原文】

朱全忠遣司马邺入华州，谓韩建曰："公不早知过自归，又烦此军少留城下矣。"是日，全忠自故市引兵南渡渭，韩建遣节度副使李巨川请降，献银三万两助军；全忠乃西南趣赤水。

癸丑，李茂贞迎车驾于田家硇，上下马慰接之。甲寅，车驾至盩厔。乙卯，留一日。

朱全忠至零口西，闻车驾西幸，与僚佐议，复引兵还赤水。左仆射致仕张浚说全忠曰："韩建，茂贞之党，不先取之，必为后患。"全忠闻建有表劝天子幸凤翔，乃引兵逼其城。建单骑迎谒，全忠责之，对曰："建目不知书，凡表章书檄，皆李巨川所为。"全忠以巨川常为建画策，斩之军门。谓建曰："公许人，可即往衣锦。"丁巳，以建为忠武节度使，理陈州，以兵援送之。以前商州刺史李存权知华州，徙忠武节度使赵珝为匡国节度使。车驾之在华州也，商贾辐凑，韩建重征之，二年，得钱九百万缗。至是，全忠尽取之。

【译文】

朱全忠派遣司马邺进入华州，对韩建说："您不能早知过错自己归降，又要烦劳这支军队稍稍滞留城下了。"这一天，朱全忠从故市领兵南渡渭河，韩建派遣节度副使李巨川请求归降，进献白银三万两资助军需，朱全忠便率领军队向西南奔赴赤水。

癸丑（初五），李茂贞在田家硇迎接圣驾，唐昭宗下马慰问接待。甲寅（初六），唐昭宗的车驾到盩厔。乙卯（初七），留住一日。

朱全忠到达零口西边，听说唐昭宗西行，与僚佐商议，又率兵退回赤水。退休家居的左仆射张浚劝告朱全忠说："韩建是李茂贞的同党，不先攻取他，必为后患。"朱全忠听说韩建有表章劝说唐昭宗驾临凤翔，便率军逼近华州。韩建单骑迎接拜谒，朱全忠责问他，韩建回答说："韩建目不识丁，凡表章书檄，都是李巨川所为。"因为李巨川常为韩建运筹策划，朱全忠将他在军门斩首。朱全忠又对韩建说："公是许州人，可以立即衣锦还乡了。"丁巳（初九），朱全忠以韩建担任忠武节度使，驻守陈州，并派兵护送赴任。以前商州刺史李存权为华州刺史，调任忠武节度使赵珝为匡国节度使。乾宁三年、四年唐昭宗在华州的时候，商贾集聚，韩建重征税额，二年得钱九百万缗。到这个时候，朱全忠将之全部取为己有。

【原文】

是时京师无天子，行在无宰相。崔胤使太子太师卢渥等二百余人列状请朱全忠西迎车驾，又使王溥至赤水见全忠计事。全忠复书曰："进则惧胁君之谤，退则怀负国之惭。然不敢不勉。"戊午，全忠发赤水。

朱全忠至长安，宰相帅百官班迎于长乐坡。明日行，复班辞于临皋驿。全忠赏李继昭之功，初令权知匡国留后，复留为两街制置使，赐与其厚。继昭尽献其兵八千人。

全忠使判官李择、裴铸入奏事，称："奉密诏及得崔胤书，令臣将兵入朝。"韩全诲等矫诏答以："朕避灾至此，非宦官所劫。密诏皆崔胤诈为之，卿宜敛兵归保土宇。"茂贞遣其将符道昭屯武功以拒全忠。癸亥，全忠将康怀贞击破之。

【译文】

这时候，京城里没有皇帝，皇帝所到之处没有宰相。崔胤让太子太师卢渥等二百余人列状请朱全忠西迎昭宗，又派遣王溥到赤水见朱全忠商议迎驾事宜。朱全忠复信说："前进害怕落得胁迫君王之谤毁，后退又怀辜负国家之羞愧。然而不敢不努力。"戊午（初十），朱全忠从赤水出发。

朱全忠到达长安，宰相带领文武百官列队在长乐坡迎接。第二天，朱全忠西行，崔胤率文武百官又到临皋驿列队送别。朱全忠赏识李继昭保卫崔胤及文武百官之功，起初让他暂时主持匡国留后，然后又留为两街制置使，赏赐很多。李继昭全部献出他属下的将士八千人。

朱全忠派遣判官李择、裴铸入凤翔奏事，称："奉密诏及接崔胤书信，命我带领军队进京。"韩全诲等假传诏令回答说："朕避灾到这里，不是被宦官劫持。密诏都是崔胤假托的，卿应该收兵回师，保卫属地的田宅领土。"李茂贞派遣他的部将符道昭驻守武功，抗拒朱全忠。癸亥（十五日），朱全忠的部将康怀贞率军攻破武功。

【原文】

戊辰，朱全忠至凤翔，军于城东。李茂贞登城谓曰："天子避灾，非臣下无礼。谗人误公至此。"全忠报曰："韩全诲劫迁天子，今来问罪，迎扈还宫。岐王苟不预谋，何烦陈谕！"上屡诏全忠还镇，全忠乃拜表奉辞。辛未，移兵北趣邠州。

乙亥，全忠发邠州。戊寅，次三原。十二月，癸未，崔胤至三原见全忠，趣之迎驾。乙丑，全忠遣朱友宁攻盩厔，不下。戊戌，全忠自往督战，盩厔降，屠之。全忠令崔胤帅百官及京城居民悉迁于华州。

【译文】

戊辰（二十日），朱全忠率兵抵达凤翔，在城东驻扎。李茂贞登上城楼，对城外的朱全忠说："天子避灾来到这里，并非臣下无礼劫持来的。说坏话的人误你前来。"朱全忠答复说："韩全诲劫迁天子，我现在来问罪，迎接并扈从天子回宫。岐王如果没有参与策划，何烦陈说清白？"昭宗屡次诏令朱全忠返回镇所，朱全忠便上表受命。辛未（二十三日），朱全忠率领军队转移，向北奔赴邠州。

乙亥（二十七日），朱全忠从邠州出发。戊寅（三十日），在三原安营驻扎。十二月，癸未（初五），崔胤到三原会见朱全忠，催促他迎驾。己丑（十一日），朱全忠遣朱友宁进攻盩厔，没有攻下。戊戌（二十日），朱全忠亲自前去督战，盩厔的军队投降，被全部屠杀。朱全忠让崔胤带领文武百官及京城的居民全部迁往华州。

五代十国

梁晋之争

【原文】

后梁均王贞明五年（己卯，919年）

晋王如魏州，发徒数万，广德胜北城，日与梁人争，大小百余战，互有胜负。左射军使石敬瑭与梁人战于河壖，梁人击敬瑭，断其马甲，横冲兵马使刘知远以所乘马授之，自乘断甲者徐行为殿。梁人疑有伏，不敢迫，俱得免。敬瑭以是亲爱之。敬瑭、知远，其先皆沙陀人。敬瑭，李嗣源之婿也。

梁筑垒贮粮于潘张，距杨村五十里。十二月，晋王自将骑兵自河南岸西上，邀其饷者，俘获而还。梁人伏兵于要路，晋兵大败。晋王以数骑走，梁数百骑围之。李绍荣识其旗，单骑奋击救之，仅免。戊戌，晋王复与王瓒战于河南，瓒先胜，获晋将石君立等。既而大败，乘小舟渡河，走保北城，失亡万计。帝闻石君立勇，欲将之，系于狱而厚饷之，使人诱之。君立曰："我晋之败将，而为用于梁，虽竭诚效死，谁则信之！人各有君，何忍反为仇人用哉！"帝犹惜之，尽杀所获晋将，独置君立。晋王乘胜遂拔濮阳。帝召王瓒还，以天平节度使戴思远代为北面招讨使，屯河上以拒晋人。

【译文】

后梁均王贞明五年（己卯，公元919年）

晋王到魏州，派数万名士卒扩建德胜北城，每天都和后梁争战，大小战斗百余次，互有胜负。左射军使石敬瑭和后梁军在黄河边上交战，后梁军攻打石敬瑭，击断了石敬瑭战马的铠甲，横冲兵马使刘知远把自己的乘马给了石敬瑭，自己骑着断了甲的马在军队的后面慢慢走。后梁军怀疑晋军有伏兵，不敢靠近，因此他们都幸免于难。因此，石敬瑭更加宠爱刘知远。石敬瑭、刘知远的先人都是沙陀人。石敬瑭是李嗣源的女婿。

后梁军在潘张修筑营垒，储蓄粮食，潘张离杨村五十里。十二月，晋王率领骑兵从黄河南岸向西行进，阻截后梁军的送粮人，俘虏了送粮人而返。后梁在要害路段埋伏了士兵，晋军大败。晋王领着几个骑兵逃走，后梁军用几百名骑兵包围了他们。晋将李绍荣认出是自己军队的旗帜，就一个人骑马去奋力解救晋王，仅使晋王免于一死。戊戌（初五），晋王又和王瓒在黄河南岸交战，王瓒先取得胜利，俘获了晋将石君立等。过了一阵，王瓒的军队被晋军打败，王瓒乘小船渡过黄河，跑回北城坚守。这次战败，有一万多士卒逃跑或被杀。后梁帝听说石君立非常勇敢，打算让他做自己的将领，把他关在监狱里，给他丰厚的待遇，并派人去劝诱他。石君立说："我是晋军的败将，如果在梁国被起用，虽竭诚效死，有谁能相信我呢？每个人都有自己的君主，怎么能忍心被仇人所用呢？"梁王还是很爱惜他，把俘获的其他晋将全部杀掉，只留下了石君立。晋王乘胜前进，一举攻下了濮阳。后梁帝把王瓒召回，任命天平节度使戴思远代理北面招讨使，驻扎在黄河抵御晋军。

后唐当立

【原文】

后唐庄宗光圣神闵孝皇帝上同光元年（癸未，923年）

晋王筑坛于魏州牙城之南，夏，四月，己巳，升坛，祭告上帝，遂即皇帝位，国号大唐，大赦，改元。尊母晋国太夫人曹氏为皇太后，嫡母秦国夫人刘氏为皇太妃。以豆卢革为门下侍郎，卢程为中书侍郎，并同平章事；郭崇韬、张居翰为枢密使，卢质、冯道为翰林学士，张宪为工部侍郎、租庸使，又以义武掌书记李德休为御史中丞。德休，绛之孙也。

【译文】

后唐庄宗同光元年（癸未，公元923年）

晋王在魏州牙城的南面修筑祭天用的坛宇，夏季，四月，己巳（二十五日），晋王登上祭坛，祭告上帝，随即登皇帝之位，国号为大唐，实行大赦，改年号。尊其母晋国太夫人曹氏为皇太后，尊其父的正妻秦国夫人刘氏为皇太妃。任命豆卢革为门下侍郎，卢程为中书侍郎，同时都为同平章事；任命郭崇韬、张居翰为枢密使，卢质、冯道为翰林学士，张宪为工部侍郎、租庸使，又任命义武节度掌书记李德休为御史中丞。李德休是李绛的孙子。

【原文】

时契丹屡入寇，钞掠馈运，幽州食不支半年。卫州为梁所取，潞州内叛，人情岌岌，以为梁未可取，帝患之。会郓州将卢顺密来奔。先是，梁天平节度使戴思远屯杨村，留顺密与巡检使刘遂严、都指挥使燕颙守郓州。顺密言于帝曰："郓州守兵不满千人，遂严、颙皆失众心，可袭取也。"郭崇韬等皆以为："悬军远袭，万一不利，虚弃数千人，顺密不可从。"帝密召李嗣源于帐中谋之曰："梁人志在吞泽潞，不备东方，若得东平，则溃其心腹。东平果可取乎？"嗣源自胡柳有渡河之惭，常欲立奇功以补过，对曰："今用兵岁久，生民疲弊，苟非出奇取胜，大功何由可成！臣愿独当此役，必有以报。"帝悦。壬寅，遣嗣源将所部精兵五千自德胜趣郓州。比及杨刘，日已暮，阴雨道黑，将士皆不欲进。高行周曰："此天赞我也，彼必无备。"夜，渡河至城下，郓人不知，李从珂先登，杀守卒，启关纳外兵，进攻牙城，城中大扰。癸卯旦，嗣源兵尽入，遂拔牙城。刘遂严、燕颙奔大梁。嗣源禁焚掠，抚吏民，执知州事节度副使崔笃、判官赵凤送兴唐。帝大喜曰："总管真奇才，吾事集矣。"即以嗣源为天平节度使。

【译文】

这时契丹人经常入侵后唐，强夺他们的粮食，幽州一年的粮食不够半年用，卫州被后梁夺取，潞州内部也发生叛乱，人们都感到危机，认为未必能消灭后梁，后唐帝也为此担忧。这时正好后梁郓州将领卢顺密来投降。在此之前，后梁天平节度使戴思远驻扎在杨村,留下卢顺密和巡检使刘遂严、都指挥使燕颙驻守郓州。卢顺密告诉后唐帝说:"驻守郓州的士兵不足一千人,刘遂严和燕颙都失掉了民心,可以攻取郓州。"郭崇韬等都认为:"孤军远征,万一不利,白白丢掉数千人,卢顺密的话不可听从。"后唐帝秘密召见李嗣源,在帷帐中谋划说:"梁人的计划是吞并泽州、潞州,东边没有什么防备,如果能取得东平,就击败了后梁的心腹之地。东平可以夺取吗?"李嗣源自从在胡柳战役中因为没有跟从晋王率兵北渡黄河,一直感到惭愧,经常打算建立奇功来弥补过去的过错,于是他回答后唐帝说:"现在打了多年仗,百姓们都很疲惫,如果不出奇制胜,怎能成就大的功业!臣希望一个人挑起此战重担,一定会有好消息报告陛下。"后唐帝很高兴。壬寅(闰四月二十八日),派遣李嗣源率领他部下的五千精锐士卒从德胜直取郓州。到达杨刘时,太阳已经落山,阴雨绵绵,道路漆黑,将士们都不想继续前进了。高行周说:"这是天助我也,他们一定毫无准备。"黑夜,渡过黄河到了城下,郓州人根本不知道,李从珂首先登上城门,杀死守卒,打开城门让队伍进去,接着进攻牙城,城中大乱。癸卯(二十九日)早晨,李嗣源的部队全部进入城内,攻取了牙城。刘遂严、燕颙逃奔到大梁。李嗣源禁止士卒在城内焚烧抢掠,安抚百姓,只把知州事节度副使崔笃、判官赵凤押送到兴唐。后唐帝十分高兴地说:"总管你真是奇才,我们的事情成功了。"马上任命李嗣源为天平节度使。

【原文】

　　梁主闻郓州失守,大惧,斩刘遂严、燕颙于市,罢戴思远招讨使,降授宣化留后,遣使诘让北面诸将段凝、王彦章等,趣令进战。敬翔知梁室已危,以绳内靴中,入见梁主曰:"先帝取天下,不以臣为不肖,所谋无不用。今敌势益强,而陛下弃忽臣言。臣身无用,不如死。"引绳将自缢。梁主止之,问所欲言,翔曰:"事急矣,非用王彦章为大将,不可救也。"梁主从之,以彦章代思远为北面招讨使,仍以段凝为副。

　　帝闻之,自将亲军屯澶州,命蕃汉马步都虞侯朱守殷守德胜,戒之曰:"王铁枪勇决,乘愤激之气,必来唐突,宜谨备之!"守殷,王幼时所役苍头也。梁主召问王彦章以破敌之期,彦章对曰:"三日。"左右皆失笑。彦章出,两日,驰至滑州。辛酉,置酒大会,阴遣人具舟于杨村。夜,命甲士六百,皆持巨斧,载冶者,具鞴炭,乘流而下。会饮尚未散,彦章阳起更衣,引精兵数千循河南岸趋德胜。天微雨,朱守殷不为备,舟中兵举锁烧断之,因以巨斧斩浮桥,而彦章引兵急击南城。浮桥断,南城遂破,斩首数千级。时受命适三日矣。守殷以小舟载甲士济河救之,不及。彦章进攻潘张、麻家口、景店诸寨,皆拔之。声势大振。

【译文】

　　后梁主听说郓州失守,十分害怕,在大街上把刘遂严、燕颙处斩,罢免了戴思远的招讨使官职,降为宣化留后。后梁主派遣使者去责问驻守在北面的段凝、王彦章等将领,让他们前进作战。敬翔知道后梁王室已经很危险了,便把绳子装在靴子里进宫内求见后梁主，说："先帝夺取天下的时候，不认为臣没有才能，无论什么谋划都让臣参与。现在敌人的势力更加强大，而陛下不听或忽视臣的话，臣已经没有什么用了，不如死去。"他把绳子从靴子里取出来就要上吊自缢。后梁主赶快劝阻，并问他有什么话想说。敬翔说："现在事情十分紧急，不用王彦章为大将，不能挽救王室的危亡。"后梁主听从了他的建议，让王彦章代替戴思远为北面招讨使，仍然用段凝为副招讨使。

后唐帝听说后，亲自率领亲军驻守在澶州，命令蕃汉马步都虞侯朱守殷坚守德胜，并告诫他说："王铁枪勇敢果断，他们乘士卒愤怒激动的气势，一定会突然到来，应当谨慎小心地防备他们。"朱守殷是后唐帝小时候所用的奴仆。后梁主召见王彦章，问他多久可击败敌人，王彦章回答："三天。"左右大臣都哑然失笑。王彦章率兵出发，用了两天，飞速到达滑州。辛酉（五月十八日），王彦章大办宴会，暗中派人在杨村准备舟船。晚上，命令六百名士卒拿着大斧，船上载着冶炼的工匠，准备了吹火用的皮囊和炭，顺流而下。这时宴会还没结束，王彦章表面上去换衣服，然后偷偷率领数千精兵沿着黄河南岸直奔德胜。这时天下着小雨，朱守殷没有一点防备。王彦章船上的士兵将城门的锁用火烧断，用大斧把浮桥砍断。王彦章率兵迅速向南城进攻。浮桥被砍断，南城就被攻破，杀死数千人。此时正好是接受命令后的第三天。朱守殷用小船载着士卒渡过黄河来援救，但已来不及了。王彦章又向潘张、麻家口、景店诸寨进攻，都攻克了。王彦章的声势大振。

【原文】

帝遣宦者焦彦宾急趣杨刘，与镇使李周固守，命守殷弃德胜北城，撤屋为筏，载兵械浮河东下，助杨刘守备，徙其刍粮薪炭于澶州，所耗失殆半。王彦章亦撤南城屋材浮河而下，各行一岸，每遇湾曲，辄于中流交斗，飞矢雨集，或全舟覆没，一日百战，互有胜负。比及杨刘，殆亡士卒之半。己巳，王彦章、段凝以十万之众攻杨刘，百道俱进，昼夜不息。连巨舰九艘，横亘河津以绝援兵。城垂陷者数四，赖李周悉力拒之，与士卒同甘苦，彦章不能克，退屯城南，为连营以守之。

【译文】

后唐帝派遣宦官焦彦宾迅速赶到杨刘，与杨刘镇使李周在那里坚守。命令朱守殷放弃德胜北城，把房屋拆掉做成木筏，载着士兵和武器从黄河向东漂下，帮助杨刘坚守把德胜的粮草薪炭运往澶州，损失近一半。王彦章也把德胜南城的房屋拆掉，做成木筏，顺着黄河漂下去。王彦章和朱守殷各走一岸，每遇上黄河弯曲的地方，就在河中战斗，箭像雨一般密集，有时整船覆没，一日交战百余次，两军互有胜负。到达杨刘时，朱守殷的士卒有一半伤亡。己巳（二十六日），王彦章、段凝率领十万大军向杨刘发起进攻，四面八方一起推进，昼夜不停。九艘大船连在一起，横放在黄河的渡口上，来阻挡朱守殷的援兵。杨刘城几次都差一点被攻陷，全靠李周与士卒同甘共苦，全力抵御，王彦章才没攻下，于是率兵退到城南驻扎，连起营寨坚守。

【原文】

　　杨刘告急于帝，请日行百里以赴之。帝引兵救之，曰："李周在内，何忧！"日行六十里，不废畋猎。六月，乙亥，至杨刘。梁兵堑垒重复，严不可入。帝患之，问计于郭崇韬，对曰："今彦章据守津要，意谓可以坐取东平。苟大军不南，则东平不守矣。臣请筑垒于博州东岸以固河津，既得以应接东平，又可以分贼兵势。但虑彦章诇知，径来薄我，城不能就。愿陛下募敢死之士，日令挑战以缀之，苟彦章旬日不东，则城成矣。"时李嗣源守郓州，河北声问不通，人心渐离，不保朝夕。会梁右先锋指挥使康延孝密请降于嗣源，延孝者，太原胡人，有罪，亡奔梁，时隶段凝麾下。嗣源遣押牙临漳范延光送延孝蜡书诣帝，延光因言于帝曰："杨刘控扼已固，梁人必不能取，请筑垒马家口以通郓州之路。"帝从之，遣崇韬将万人夜发，倍道趣博州，至马家口渡河，筑城昼夜不息。帝在杨刘，与梁人昼夜苦战。崇韬筑新城凡六日，王彦章闻之，将兵数万人驰至，戊子，急攻新城，连巨舰十余艘于中流以绝援路。时板筑仅毕，城犹卑下，沙土疏恶，未有楼橹及守备；崇韬慰劳士卒，以身先之，四面拒战，遣间使告急于帝。帝自杨刘引大军救之，陈于新城西岸。城中望之增气，大呼叱梁军，梁人断缆敛舰。帝舣舟将渡，彦章解围，退保邹家口。郓州奏报始通。

【译文】

　　杨刘方面向后唐帝告急，请求皇帝日行百里赶快到达杨刘。后唐帝率兵前往，说："李周在那，有什么忧虑的？"于是日行六十里，路上照常打猎。六月，乙亥（初二），到达杨刘。后梁军修筑了重重营垒，防守十分严密，很难深入。后唐帝十分担忧，就问郭崇韬怎么办，郭崇韬回答："现在王彦章据守重要渡口，意思是想坐取东平。如果大军不向南开进，东平就难以坚守。我请求在博州东岸修筑营垒，巩固黄河渡口，既可以接应东平，又可以分散敌人的兵力。只是忧虑王彦章侦察到我们的情况，直接逼近我们，到那时我们的城还修不好。希望陛下招募敢死的士卒，每天让他们挑动敌人出营来牵制他们，如果王彦章十几天不向东去，城垒就可以修好。"这时李嗣源在郓州坚守，黄河以北的消息一点也不通，人心离散，朝不保夕。正好后梁军右先锋指挥使康延孝秘密请求投降李嗣源，康延孝是太原地区的胡人，因为有罪，逃奔到后梁，当时属段凝的部下。李嗣源派押牙临漳人范延光把康延孝请求投降的信用蜡封好送到后唐皇帝那里，范延光因此对后唐帝说："杨刘把守很坚固，梁军一定攻不下来，请在马家口修筑城堡，打通通往郓州的道路。"后唐帝听从了他的意见，派郭崇韬率领万人连夜出发，兼程直奔博州，到马家口渡过黄河，昼夜不停地在那里修筑城堡。后唐帝则在杨刘与后梁军昼夜苦战。郭崇韬修筑新城共用了六天时间。王彦章听到此事，便率领数万大军直奔新城，戊子（十五日），对新城发起紧急攻击，把十余艘战船连起来放到河的中间，断绝郭崇韬的援兵。当时马家口城堡的板墙刚刚修好，但城墙很低小，修墙用的沙土质量也不好，还没有修建瞭望台和守备设施。郭崇韬慰劳士卒，以身率先，四面抗战，同时也派出密使向后唐军告急。后唐帝从杨刘率领大军前来援救，在新城西岸摆开阵势。城里的士卒望见援兵来到，斗志倍增，大声斥骂后梁军。

后梁军砍断了连接战船的绳子收回了战船。后唐帝的船刚要渡河,王彦章撤除了包围,退到邹家口坚守。郓州向后唐帝奏报的道路才打通。

【原文】

戊午,帝遣骑将李绍荣直抵梁营,擒其斥候,梁人益恐,又以火筏焚其连舰。王彦章等闻帝引兵已至邹家口,己未,解杨刘围,走保杨村。唐兵追击之,复屯德胜。梁兵前后急攻诸城,士卒遭矢石、溺水、暍死者且万人,委弃资粮、铠仗、锅幕,动以千计。杨刘比至围解,城中无食已三日矣。

王彦章疾赵、张乱政,及为招讨使,谓所亲曰:"待我成功还,当尽诛奸臣以谢天下!"赵、张闻之,私相谓曰:"我辈宁死于沙陀,不可为彦章所杀。"相与协力倾之。段凝素疾彦章之能而谄附赵、张,在军中与彦章动相违戾,百方阻挠之,惟恐其有功,潜伺彦章过失以闻于梁主。每捷奏至,赵、张悉归功于凝,由是彦章功竟无成。及归杨村,梁主信谗,犹恐彦章旦夕成功难制,征还大梁,使将兵会董璋攻泽州。

初,梁主遣段凝监大军于河上,敬翔、李振屡请罢之,梁主曰:"凝未有过。"振曰:"俟其有过,则社稷危矣。"至是,凝厚赂赵、张求为招讨使,翔、振力争以为不可。赵、张主之,竟代王彦章为北面招讨使,于是宿将愤怒,士卒亦不服。天下兵马副元帅张宗奭言于梁主曰:"臣为副元帅,虽衰朽,犹足为陛下捍御北方。段凝晚进,功名未能服人,众议讻讻,恐贻国家深忧。"敬翔曰:"将帅系国安危,今国势已尔,陛下岂可尚不留意邪!"梁主皆不听。

戊子,凝将全军五万营于王村,自高陵津济河,剽掠澶州诸县,至于顿丘。梁主命王彦章将保銮骑士及他兵合万人,屯充、郓之境,谋复郓州,以张汉杰监其军。

【译文】

七月戊午(十六日),后唐帝派骑将李绍荣直抵后梁营,抓获后梁军的哨兵,后梁军更加恐惧,李绍荣又用火点着木筏焚烧了后梁军连在一起的战船。王彦章等听说后唐帝率兵已经到达邹家口,己未(十七日),便撤去了杨刘的包围,逃到杨村去坚守。后唐军追击后梁军,驻扎在德胜。后梁军先后紧急攻打后唐的几座城,士卒们遭受到箭石射击的、被河水淹死的、中暑而死的将近一万人,丢弃的物资、粮食、铠甲、武器、军锅、幕帐等,数以千计。等到杨刘解除包围时,城中已经三天没有粮食吃了。

王彦章憎恨赵岩、张汉杰干扰国政,当了招讨使后,对亲信说:"等我成功返回,将杀掉全部奸臣,以此来答谢天下百姓。"赵岩、张汉杰听到这些话,私下议论说:"我们宁愿被沙陀族杀死,也不能被王彦章所杀。"他们相互协力合作,准备扳倒王彦章。段凝平素就很嫉妒王彦章的才能,因而献媚依附赵、张,在军中动不动就和王彦章作对,千方百计地败坏损伤王彦章的声誉,生怕他建立战功,经常偷偷地监视王彦章的过失,报告梁王。每次送来捷报,赵、张都把功劳说成是段凝的,因此王彦章竟没有建立功业。他回到杨村后,后梁王相信了谗言,又怕王彦章一旦取得成功难以控制，便把他调回大梁，让他率兵和董璋一起攻打泽州。

当初，后梁主曾派遣段凝在黄河上监督大军作战，敬翔、李振多次请求罢免他，后梁主说："段凝没有过错。"李振说："等到他有了过错时，国家就危险了。"这时，段凝用厚礼贿赂赵岩、张汉杰，请求出任招讨使，敬翔、李振据理力争，认为不可任命段凝。最后由赵、张做主，竟用段凝代替了王彦章北面招讨使的职务，于是老将们很愤怒，士卒们也不服气。天下兵马副元帅张宗奭对后梁主说："臣做天下兵马副元帅，虽然已经老了，但足以为陛下抵御北方侵略者。段凝是个晚辈，他的功名不能服人，大家对此议论纷纷，恐怕要给国家带来深深的忧患。"敬翔也说："军队的将帅关系到国家的安危，现在国家的形势已经危急，陛下怎么还不留意呢？"后梁主都没有听从。

戊子（八月十七日），段凝率领五万大军驻扎在王村，从高陵津渡过黄河，掠夺抢劫了澶州各县，然后到了顿丘。后梁主命令王彦章率领保銮骑士和其他兵力共一万余人驻扎在兖州、郓州境内，打算夺回郓州，并派张汉杰监督他的军队。

【原文】

戊戌，康延孝帅百余骑来奔，帝解所御锦袍玉带赐之，以为南面招讨都指挥使，领博州刺史。帝屏人问延孝以梁事，对曰："梁朝地不为狭，兵不为少；然迹其行事，终必败亡。何则？主既暗懦，赵、张兄弟擅权，内结宫掖，外纳货赂，官之高下唯视赂之多少，不择才德，不校勋劳。段凝智勇俱无，一旦居王彦章、霍彦威之右，自将兵以来，专率敛行伍以奉权贵。梁主每出一军，不能专任将帅，常以近臣监之，进止可否动为所制。近又闻欲数道出兵，令董璋引陕虢、泽潞之兵自石会关趣太原，霍彦威以汝、洛之兵自相卫、邢洺寇镇定，王彦章、张汉杰以禁军攻郓州，段凝、杜晏球以大军当陛下，决以十月大举。"

【译文】

戊戌（二十七日），康延孝率领一百多骑兵来投奔后唐，后唐帝脱下身上的锦袍玉带赏赐给他，并任命他为南面招讨都指挥使，兼任博州刺史。后唐帝让周围的人退下，然后向康延孝询问后梁的事情。康延孝回答说："梁朝的地盘不算小，兵力也不算少；然而看他过去所干的事情，最后必然会灭亡。为什么呢？梁主愚昧软弱，赵、张兄弟独揽大权，里面勾结皇宫的人员，外面接受贿赂，官职的高低只看贿赂的多少而定，对才能和品德不加选择，也不管有无功劳。段凝全然没有智勇，一夜之间竟升到王彦章、霍彦威的上面，自从段凝统兵以来，他任意约束士卒，以此来讨好权贵。梁王每次出兵，不能把军权交给将帅，经常用亲信来监督军队，军队前进与否，常受这些人制约。最近又听说梁主打算四面出击，命令董璋率领陕州、虢州、泽州、潞州的军队从石会关直驱太原，命令霍彦威率领汝州、洛州的军队从相州、卫州、邢州、洺州侵犯镇定，命令王彦章、张汉杰率领禁卫军攻打郓州，命令段凝、杜晏球率领大军抵挡陛下，决定在十月大举进攻。"

【原文】

帝在朝城，梁段凝进至临河之南，澶西、相南，日有寇掠。自德胜失利以来，丧亡粮数百万，租庸副使孔谦暴敛以供军，民多流亡，租税益少，仓廪之积不支半岁。泽潞未下。卢文进、王郁引契丹屡过瀛、涿之南，传闻俟草枯冰合，深入为寇。又闻梁人欲大举数道入寇，帝深以为忧，召诸将会议。宣徽使李绍宏等皆以为郓州城门之外皆为寇境，孤远难守，有之不如无之，请以易卫州及黎阳于梁，与之约和，以河为境，休兵息民，俟财力稍集，更图后举。帝不悦，曰："如此吾无葬地矣。"乃罢诸将，独召郭崇韬问之。对曰："陛下不栉沐，不解甲，十五余年，其志欲以雪家国之仇耻也。今已正尊号，河北士庶日望升平，始得郓州尺寸之地，不能守而弃之，安能尽有中原乎! 臣恐将士解体，将来食尽众散，虽画河为境，谁为陛下守之! 臣尝细询康延孝以河南之事，度己料彼，日夜思之，成败之机决在今岁。梁今悉以精兵授段凝，据我南鄙，又决河自固，谓我猝不能渡，恃此不复为备。使王彦章侵逼郓州，其意冀有奸人动摇，变生于内耳。段凝本非将才，不能临机决策，无足可畏。降者皆言大梁无兵，陛下若留兵守魏，固保杨刘，自以精兵与郓州合势，长驱入汴，彼城中既空虚，必望风自溃。苟伪主授首，则诸将自降矣。不然，今秋谷不登，军粮将尽，若非陛下决志，大功何由可成! 谚曰：'当道筑室，三年不成。'帝王应运，必有天命，在陛下勿疑耳。"帝曰："此正合朕志。丈夫得则为王，失则为虏，吾行决矣! "司天奏："今岁天道不利，深入必无功。"帝不听。

【译文】

后唐帝在朝城，后梁将段凝率兵进军到临河县南面，澶州西面、相州南面每天都有敌人来侵犯。自从在德胜失利以来，损失粮草数百万，租庸副使孔谦凶暴地收取赋税来供应军需，很多百姓逃跑了，收上来的租税越来越少，仓库里的积蓄支持不了半年。泽州、潞州尚未攻下。卢文进、王郁率领契丹人曾多次经过瀛州、涿州的南面，据说等到草枯结冰时就进一步深入后唐境内。又听说后梁主准备从四面八方大举进攻后唐，后唐帝为此深深忧患，于是召集诸将领商议对策。宣徽使李绍宏等都认为郓州城门之外都是敌人的占领区，孤立遥远，难以坚守，占有不如放弃，请求用这些地方换取后梁的卫州和黎阳，和后梁定约和好，以黄河为界，停止战争，让百姓得到休息，等到财力稍有积蓄时，再进一步计划以后的行动。后唐帝听后很不高兴，说："这样下去，我就没有葬身之地了。"于是停止与诸位将领商议，单独召见郭崇韬。郭崇韬回答说："陛下不梳头洗脸、不解甲已经十五年多了，您的志向是想雪洗国家的深仇大恨。现在已经名正言顺地做了皇帝，黄河以北的士卒百姓们天天盼望天下太平，现在刚刚得到郓州这块很小的地方，不能坚守而要放弃它，这样怎么能将中原大地全部占有呢? 臣所担心的是将士们灰心丧气，将来粮食吃完了，大家都离散，虽然划河为界，又有谁来为陛下坚守阵地呢? 臣曾详细地向康延孝询问过黄河以南的情况，揣度自己，估计敌人，日夜思考这些事情，臣认为成败的机会就在今年。梁国现在将全部精锐部队交给了段凝，占领我们的南边，又把河堤决开，以此来保护自己，说我们不能马上渡过黄河,他依靠这些有利条件就没有再设防。他们派王彦章逼近郓州,目的是希望有奸人动摇,在我们内部发生变化。段凝本来不是什么将才,他不能临阵决策,没有什么可畏惧的。投降过来的人都说大梁没有什么军队,如果陛下留下部分兵力坚守魏州,保卫杨刘,亲自率领精锐部队与郓州会合起来,长驱直入汴梁,城中本来就很空虚,一定会望风自溃。如果伪主投降或者被杀,那么他们的各个将领自然也会投降。不然的话,今年秋天五谷不丰收,军粮将要吃完,如果陛下不下定决心,大的功业怎么可以成就?俗话说:'当道筑室,三年不成。'帝王顺应天运,一定会有天命,关键是陛下不能再迟疑了。"后唐帝说:"这些正合乎我的想法。大丈夫成则为王,败则为虏,我已经决定行动了。"司天上奏说:"今年天道不利,深入敌境一定不会成功。"后唐帝没有听信。

【原文】

　　王彦章引兵逾汶水,将攻郓州,李嗣源遣李从珂将骑兵逆战,败其前锋于递坊镇,获将士三百人,斩首二百级,彦章退保中都。戊辰,捷奏至朝城,帝大喜,谓郭崇韬曰:"郓州告捷,足壮吾气。"己巳,命将士悉遣其家归兴唐。彦章尝谓人曰:"李亚子斗鸡小儿,何足畏!"至是,帝谓彦章曰:"尔常谓我小儿,今日服未?"又问:"尔名善将,何不守兖州?中都无壁垒,何以自固?"彦章对曰:"天命已去,无足言者。"帝惜彦章之材,欲用之,赐药傅其创,屡遣人诱谕之。彦章曰:"余本匹夫,蒙梁恩,位至上将,与皇帝交战十五年。今兵败力穷,死自其分,纵皇帝怜而生我,我何面目见天下之人乎!岂有朝为梁将,暮为唐臣! 此我所不为也。"帝复遣李嗣源自往谕之,彦章卧谓嗣源曰:"汝非邈佶烈乎?"彦章素轻嗣源,故以小名呼之。于是诸将称贺,帝举酒属李嗣源曰:"今日之功,公与崇韬之力也。向从绍宏辈语,大事去矣。"

【译文】

　　王彦章率兵过了汶水,将向郓州发起进攻,李嗣源派遣李从珂率领骑兵迎战,并在递坊镇打败了王彦章的前锋部队,抓获了三百多名将士,斩杀了二百多人,王彦章退守中都。戊辰(九月二十七日),捷报上奏到朝城,后唐帝十分高兴,对郭崇韬说:"郓州首战告捷,这足以壮大我们的士气。"己巳(二十八日),命令将士们把全部家属送回兴唐府。王彦章曾经对人说:"李存勖是个斗鸡小儿,没有什么可怕的。"到现在,后唐帝李存勖对王彦章说:"你常说我是小儿,今天服不服?"又问王彦章说:"你名为善战将领,为什么不坚守兖州?中都没有修筑防御工事,怎能保卫住?"王彦章回答说:"天命已去,没有什么好说的。"后唐帝很珍惜王彦章的才华,打算起用他,赐药让他治疗伤口,曾多次派人去诱导他。王彦章说:"我本是一个平民,承蒙梁国的恩爱,把我提拔成上将,与皇帝交战了十五年。今天兵败力穷,死是预料之中的事,纵使皇帝可怜我让我活着,我拿什么面目去见天下的人呢?哪里有早晨还是梁国的将领,晚上就变成唐朝的大臣的道理的?这些我是不能干的。"后唐帝又派李嗣源亲自去说服他,王彦章躺着对李嗣源说:"你不是邈佶烈吗?"王彦章平素很轻视李嗣源，所以用小名来叫他。这时，各位将领都在举杯庆贺胜利，后唐帝也举杯对李嗣源说："今日之功，全靠你和郭崇韬的力量。如果听了李绍宏等人的话，就耽误了我的大事了。"

【原文】

帝又谓诸将曰："向所患惟王彦章，今已就擒，是天意灭梁也。段凝犹在河上，进退之计，宜何向而可？"诸将以为："传者虽云大梁无备，未知虚实。今东方诸镇兵皆在段凝麾下，所余空城耳，以陛下天威临之，无不下者。若先广地，东傅于海，然后观衅而动，可以万全。"康延孝固请亟取大梁。李嗣源曰："兵贵神速。今彦章就擒，段凝必未之知，就使有人走告，疑信之间尚须三日。设若知吾所向，即发救兵，直路则阻决河，须自白马南渡，数万之众，舟楫亦难猝办。此去大梁至近，前无山险，方陈横行，昼夜兼程，信宿可至。段凝未离河上，友贞已为吾擒矣。延孝之言是也，请陛下以大军徐进，臣愿以千骑前驱。"帝从之。令下，诸军皆踊跃愿行。

是夕，嗣源帅前军倍道趣大梁。乙亥，帝发中都，舁王彦章自随。遣中使问彦章曰："吾此行克乎？"对曰："段凝有精兵六万，虽主将非材，亦未肯遽尔倒戈，殆难克也。"帝知其终不为用，遂斩之。

丁丑，至曹州，梁守将降。

【译文】

后唐帝又对各位将领说："原来我所忧患的只有王彦章，今天他已被抓获，这是天意要消灭梁国。段凝目前还在黄河边上，是进是退，应该向哪个方向去才好呢？"各位将领认为："传说梁国没有什么防备，但不知道是虚是实。现在东方各镇的兵力都集中到段凝的军队里，所剩下的全是空城，用陛下的天威去攻打这些城池，没有攻不下的。如果先扩大我们占据的地方，东面靠近海边，然后乘机行动，这样可以万无一失。"康延孝则坚决请求急速攻取大梁。李嗣源说："兵贵神速。现在王彦章已被抓获，段凝一定还不知道，即使有人跑去告诉他，段凝是信是疑也需要三天时间来决定。假如他知道了我军所向，就会发兵援救。如果我们从直路去，有决口的黄河阻挡，需要从白马以南渡过黄河，几万军队，船只难以很快地办到。从这里去大梁最近，前面也没有高山险要的地方，把部队排成方阵，所向无阻，这样昼夜兼程，过两个晚上就能到达。段凝还没有离开黄河边，朱友贞就会被我们抓获。康延孝所讲是对的，请求陛下率领大军慢慢推进，臣愿率领一千骑兵作为前锋。"后唐帝听从了他的意见。命令下达后，各路军队都踊跃要求出发。

这天晚上，李嗣源率领前锋部队快速直奔大梁。乙亥（初五），后唐帝从中都出发，抬着王彦章跟随在后面。后唐帝派中使问王彦章说："我们此行能取得胜利吗？"王彦章回答说："段凝率领有精锐部队六万人，虽然主将没有才能，但也不会马上投降，几乎很难击败他们。"后唐帝知道他最终也不会被利用，便把他杀掉了。

丁丑（初七），后唐军到达曹州，后梁军驻军在那里的将领投降了后唐军。

石郎造反

【原文】

后晋高祖圣文章武明德孝皇帝上之上天福元年（丙申，936年）

春，正月，吴徐知诰始建大元帅府，以幕职分判吏、户、礼、兵、刑、工部及盐铁。

丁未，唐主立子重美为雍王。

癸丑，唐主以千春节置酒，晋国长公主上寿毕，辞归晋阳。帝醉，曰："何不且留，遽归，欲与石郎反邪！"石敬瑭闻之，益惧。

三月，丙午，以翰林学士、礼部侍郎马胤孙为中书侍郎、同平章事。胤孙性谨懦，中书事多凝滞，又罕接宾客，时人目为"三不开"，谓口、印、门也。石敬瑭尽收其货之在洛阳及诸道者归晋阳，托言以助军费，人皆知其有异志。唐主夜与近臣从容语曰："石郎于朕至亲，无可疑者；但流言不息，万一失欢，何以解之？"皆不对。

端明殿学士、给事中李崧退谓同僚吕琦曰："吾辈受恩深厚，岂得自同众人，一概观望邪！计将安出？"琦曰："河东若有异谋，必结契丹为援。契丹母以赞华在中国，屡求和亲，但求蓟刺等未获，故和未成耳。今诚归蓟刺等与之和，岁以礼币约直十余万缗遗之，彼必欢然承命。如此，则河东虽欲陆梁，无能为矣。"崧曰："此吾志也。然钱谷皆出三司，宜更与张相谋之。"遂告张延朗，延朗曰："如学士计，不惟可以制河东，亦省边费之什九，计无便于此者。若主上听从，但责办于老夫，请于军财之外捃拾以供之。"他夕，二人密言于帝，帝大喜，称其忠，二人私草《遗契丹书》以俟命。

【译文】

后晋高祖天福元年（丙申，公元936年）

春季，正月，吴国徐知诰开始建立大元帅府，用他的幕僚分别执掌吏、户、礼、兵、刑、工六部及盐铁。

丁未（十七日），后唐末帝李从珂册立他的儿子李重美为雍王。

癸丑（正月二十三日），后唐末帝在自己的生日千春节摆宴，晋国长公主祝寿完毕，告辞回晋阳。当时末帝已经醉了，说道："为什么不多留些时候？忙着赶回去想帮助石郎造反吗？"石敬瑭听说后，更加害怕。

三月，丙午（十七日），末帝任用翰林学士、礼部侍郎马胤孙为中书侍郎、同平章事。马胤孙性格谨慎懦弱，中书省办事往往凝滞不能畅达，又很少接待宾客，时人说他们是口、印、门"三不开"。石敬瑭把他在洛阳及诸道的财货全部收拢送回到晋阳，说是帮助军费，人们都知道他心怀异志。唐主在夜间同近臣平淡地说："石郎是朕的至亲，没有什么可猜疑的；但是流言不断，万一与他失和，该怎么办？"众臣都不回答。

端明殿学士、给事中李崧退下来对同僚吕琦说："我们受恩深厚，怎能把自己等同于众人，一概观望呢？想想怎么办？"吕琦说："河东如果有其他打算，必然要勾结契丹作援助。契丹太后因为长子李赞华降归中国，屡求和亲，但是，他们要求释放荝剌回去没有获得结果，所以和议未成功。现在，如果真能把荝剌等放归与其议和，每年用大约价值十多万缗的礼物、钱财送给他们，他们必定会欢欣地答应。这样，河东虽然想动，也无能为力了。"李崧说："你说的与我想的一样。然而钱、粮都要从三司支出，需要再同张丞相商量。"便告诉了张延朗，张延朗说："按此策划，不但可以制约河东，也可以节省戍边费用十分之九，没有比这更好的了。如果主上听此意见，只要责成老夫去办理就行了，可以在国库之外去搜集，以供其用。"又一个晚间，二人秘密地把此事陈述给末帝，末帝大喜，称道二人的忠心，二人私下草拟《遗契丹书》来等待命令。

【原文】

久之，帝以其谋告枢密直学士薛文遇，文遇对曰："以天子之尊，屈身奉夷狄，不亦辱乎！又，虏若循故事求尚公主，何以拒之？"因诵戎昱《昭君诗》曰："安危托妇人。"帝意遂变。一日，急召崧、琦至后楼，盛怒，责之曰："卿辈皆知古今，欲佐人主致太平，今乃为谋如是！朕一女尚乳臭，卿欲弃之沙漠邪？且欲以养士之财输之虏庭，其意安在？"二人惧，汗流浃背，曰："臣等志在竭愚以报国，非为虏计也，愿陛下察之。"拜谢无数，帝诟责不已。吕琦气竭，拜少止，帝曰："吕琦强项，肯视朕为人主邪！"琦曰："臣等为谋不臧，愿陛下治其罪，多拜可为！"帝怒稍解，止其拜，各赐卮酒罢之，自是群臣不敢复言和亲之策。丁巳，以琦为御史中丞，盖疏之也。

初，石敬瑭欲尝唐主之意，累表自陈羸疾，乞解兵柄，移他镇。帝与执政议从其请，移镇郓州。房暠、李崧、吕琦等皆力谏，以为不可，帝犹豫久之。

五月，庚寅夜，李崧请急在外，薛文遇独直，帝与之议河东事，文遇曰："谚有之：'当道筑室，三年不成。'兹事断自圣志。群臣各为身谋，安肯尽言！以臣观之，河东移亦反，不移亦反，在旦暮耳，不若先事图之。"先是，术者言国家今年应得贤佐，出奇谋，定天下。帝意文遇当之，闻其言，大喜，曰："卿言殊豁吾意，成败吾决行之。"即为除目，付学士院使草制。辛卯，以敬瑭为天平节度使，以马军都指挥使、河阳节度使宋审虔为河东节度使。制出，两班闻呼敬瑭名，相顾失色。

【译文】

过了些时候，末帝把他们的谋略告诉了枢密直学士薛文遇，薛文遇说："以天子的尊崇，屈身侍奉夷狄野人，不是太耻辱了吗？再者，如果那胡虏按照过去的做法来谋求迎娶公主去和亲，如何拒绝？"接着就诵读唐人戎昱的《昭君诗》说："安危托妇人。"末帝的思想便改变了。一天，紧急招来李崧和吕琦到后楼，很恼火，责备他们："你们都懂历史，是想要辅佐人主获得天下太平的，怎么竟然想出了这么个馊主意？朕有一个女儿年龄尚小，你们想把她抛到大沙漠吗？还要把国家养兵的财力送给胡虏，是什么居心？"李崧和吕琦很惶恐，吓得汗流浃背，说道："臣等本想竭尽拙力报效国家，不是在替胡虏作打算，望陛下明察。"二人无数次叩拜求恕，末帝指责不停。吕琦气力不继，叩拜稍有停顿，末帝说："吕琦倔强，你还把朕看作人主吗？"吕琦说："我们谋事不善，愿请陛下治罪，多拜有何用？"末帝的恼怒稍有缓解，制止叩拜，每人赐给一杯酒，让他们出宫了，从此群臣不敢再提和亲。丁巳（二十八日），末帝任用吕琦为御史中丞，以示疏远。

过去，石敬瑭想试探末帝意图，多次上表陈诉身体羸弱，请求解除兵权，调迁别处。末帝与执政大臣商议后答应了，把他移镇郓州。房暠、李崧、吕琦等人都极力谏劝，认为不能这样做，末帝犹疑了很长时间。

五月，庚寅（初二）夜间，李崧因有急事请假在外，薛文遇独自承值夜班，末帝同他议论河东的事情，薛文遇说："俗话说：'在道路当中盖房，三年也盖不成。'这种事情只能由主上自行决断。群臣各为自身打算，怎肯多说？以臣看来，河东的事，移镇也反，不移也要反，只是时间早晚，不如走在前头，先把他解决了。"以前，术士说国家今年应该得到贤人辅佐，提出奇谋，安定天下。末帝以为这个人当由薛文遇来应验，听到他的话，大为高兴，说道："爱卿的话，使我心意豁然开朗，不论成功还是失败，我都决心施行。"立即命薛文遇写出封授官职的拟议，交付学士院草拟任命制书。辛卯（初三），任命石敬瑭为天平节度使，任用马军为都指挥使、河阳节度使宋审虔为河东节度使。制令一出，文武两班听到呼叫石敬瑭的名字，相顾失色。

【原文】

甲午，以建雄节度使张敬达为西北蕃汉马步都部署，趣敬瑭之郓州。敬瑭疑惧，谋于将佐曰："吾之再来河东也，主上面许终身不除代；今忽有是命，得非如今年千春节与公主所言乎？我不兴乱，朝廷发之，安能束手死于道路乎？今且发表称疾以观其意，若其宽我，我当事之；若加兵于我，我则改图耳。"幕僚段希尧极言拒之，敬瑭以其朴直，不责也。节度使判官华阴赵莹劝敬瑭赴郓州；观察判官平遥薛融曰："融书生，不习军旅。"都押牙刘知远曰："明公久将兵，得士卒心；今据形胜之地，士马精强，若称兵传檄，帝业可成，奈何以一纸制书自投虎口乎？"掌书记洛阳桑维翰曰："主上初即位，明公入朝，主上岂不知蛟龙不可纵之深渊邪？然卒以河东复授公，此乃天意假公以利器。明宗遗爱在人，主上以庶孽代之，群情不附。公明宗之爱婿，今主上以反逆见待，此非首谢可免，但力为自全之计。契丹主素与明宗约为兄弟，今部落近在云、应，公诚能推心屈节事之，万一有急，朝呼夕至，何患无成？"敬瑭意遂决。

先是，朝廷疑敬瑭，以羽林将军宝鼎杨彦询为北京副留守，敬瑭将举事，亦以情告之。彦询曰："不知河东兵粮几何，能敌朝廷乎？"左右请杀彦询，敬瑭曰："惟副使一人我自保之，汝辈勿言也。"

【译文】

甲午（初六），末帝任用建雄节度使张敬达为西北蕃汉马步都部署，催促石敬瑭速赴郓州。石敬瑭很是疑惧，便和他的将佐计议说："我第二次来河东时，主上曾当面答应我终身不再派别人来替换我；现在又忽然有了这样的命令，莫不是像今年过千春节时，主上同公主所讲的那样吗？我如果不造反，朝廷要先发制人，怎么能束手被擒，死在路上呢？今天我要上表说有病，来观察朝廷对我的意向，如果他对我宽容，我就臣事他；如果他对我用兵，那我就要另作打算了。"幕僚段希尧极力反对，石敬瑭因为他为人直率，并不责怪他。节度使判官华阴人赵莹劝石敬瑭去郓州赴任；观察判官平遥人薛融说："我是个书生，不懂得用兵作战的事。"都押牙刘知远说："明公您长期统率兵将，很受士兵的拥护；现在正占据着有利的地势，将士和马步军队都很精锐强悍，如果起兵，传发檄文宣示各道，可以完成统一国家的帝王大业，怎么能只为一道朝廷制令便自投虎口呢？"掌书记洛阳人桑维翰说："主上当初即位时，明公您入京朝贺，主上岂能不懂得蛟龙不可纵之归深渊的道理？然而到底还是把河东再次交给您，这正是天意要借一把快刀给您。先帝明宗的遗爱留给了后人，主上却用旁支的庶子取代大位，群情是不依从于他的。您是明宗的爱婿，可是现在主上却把您当作叛逆之徒看待，这就不是仅仅靠表示低头服从所能取得宽免的了，只能努力为保全自己想办法了。契丹向来同明宗协约做兄弟之邦，现在，他们的部落近在云州、应州，您如果真能推心置腹地曲意讨好他们，万一有了急变之事，早上叫他晚上就能来到，还担心什么事不能办成吗？"石敬瑭便下了造反的决心。

过去，朝廷猜疑石敬瑭，任用羽林将军宝鼎人杨彦询为北京太原的副留守，石敬瑭将要起兵造反，也把情况告诉了他。杨彦询说："不知道河东现在有多少兵士和粮秣，能够敌得过朝廷吗？"石敬瑭左右的人请求杀了杨彦询，石敬瑭说："只有副使一个人我可以亲自保证他没有事，你们大家就不必再说了。"

【原文】

戊戌，昭义节度使皇甫立奏敬瑭反。敬瑭表："帝，养子，不应承祀，请传位许王。"帝手裂其表抵地，以诏答之曰："卿于鄂王固非疏远，卫州之事，天下皆知；许王之言，何人肯信？"壬寅，制削夺敬瑭官爵。乙巳，以张敬达兼太原四面排陈使，河阳节度使张彦琪为马步军都指挥使，以安国节度使安审琦为马军都指挥使，以保义节度使相里金为步军都指挥使，以右监门上将军武廷翰为壕寨使。丙午，以张敬达为太原四面兵马都部署，以义武节度使杨光远为副部署。丁未，又以张敬达知太原行府事，以前彰武节度使高行周为太原四面招抚、排陈等使。光远既行，定州军乱，牙将千乘方太讨平之。

【译文】

戊戌（初十），昭义节度使皇甫立奏报石敬瑭叛乱。石敬瑭上表称："皇帝是养子，不应该继位，请把皇位传给许王李从益。"末帝把石敬瑭的表章撕碎扔在地上，用诏书回答他说："你同鄂王李从厚本来就并不疏远，卫州的事情，天下人都知道；许王的话，谁肯听？"壬寅（十四日），末帝下制令，削夺了石敬瑭的官爵。乙巳（十七日），末帝任用张敬达兼太原四面排陈使，河阳节度使张彦琪为马步军都指挥使，任用安国节度使安审琦为马军都指挥使，任用保义节度使相里金为步军都指挥使，任用右监门上将军武廷翰为壕寨使。丙午（十八日），任命张敬达为太原四面兵马都部署，任命义武节度使杨光远为副部署。丁未（十九日），又任命张敬达主持太原行府事，任命前彰武节度使高行周为太原四面招抚、排陈等使。杨光远离任后，定州军作乱，牙将千乘县人方太讨伐平定了叛乱。

【原文】

张敬达将兵三万营于晋安乡。戊申，敬达奏西北先锋马军都指挥使安审信叛奔晋阳。审信，金全之弟子也，敬瑭与之有旧。先是，雄义都指挥使马邑安元信将所部六百余人戍代州，代州刺史张朗善遇之。元信密说朗曰："吾观石令公长者，举事必成；公何不潜遣人通意，可以自全。"朗不从，由是互相猜忌。元信谋杀朗，不克，帅其众奔审信，审信遂帅麾下数百骑与元信掠百井奔晋阳。敬瑭谓元信曰："汝见何利害，舍强而归弱？"对曰："元信非知星识气，顾以人事决之耳。夫帝王所以御天下，莫重于信。今主上失大信于令公，亲而贵者且不自保，况疏贱乎？其亡可翘足而待，何强之有？"敬瑭悦，委以军事。振武西北巡检使安重荣戍代北，帅步骑五百奔晋阳。重荣，朔州人也。以宋审虔为宁国节度使、充侍卫马军都指挥使。

【译文】

张敬瑭统兵三万在晋安乡安营扎寨。戊申（二十日），张敬达奏报西北先锋马军都指挥使安审信叛奔晋阳。安审信是安金全的侄子，与石敬瑭旧有往来。过去，雄义都指挥使马邑人安元信带领所部六百余人戍守代州，代州刺史张朗待他很好。安元信暗中劝说张朗道："我看石令公是个长者，他举兵造反，必能成功；您何不暗地派人去表达心意，可以保全自己。"张朗不听，从此二人互相猜忌。安元信企图杀了张朗，没有成功，便带领自己的部下兵众投奔安审信，安审信便率领他指挥下的几百骑兵与安元信会合，抢掠百姓后，投奔晋阳。石敬瑭对安元信说："你看出什么利害，竟然舍强而归弱？"安元信回答说："我并不会观星识气，只是用人事的判断来作决定而已。谈起帝王之所以能够临御天下，没有比信誉更重要的了。现在，主上对令公您失去大信，至亲而且尊贵的人尚且不能自保，何况疏远而卑微的人呢？他的灭亡之日很快就会来到了，他算什么强啊？"石敬瑭听了很高兴，让他掌管军事。振武西北巡检使安重荣戍守代北，也率领步兵和骑兵五百人投奔晋阳。安重荣是朔州人。朝廷任命宋审虔为宁国节度使、充当侍卫马军都指挥使。

【原文】

癸亥，唐主以张令昭为右千牛卫将军，权知天雄军府事。令昭以调发未集，且受新命。寻有诏徙齐州防御使，令昭托以士卒所留，实俟河东之成败。唐主遣使谕之，令昭杀使者。甲戌，以宣武节度使兼中书令范延光为天雄四面行营招讨使，知魏博行府事，以张敬达充太原四面招讨使，以杨光远为副使。丙子，以西京留守李周为天雄军四面行营副招讨使。

石敬瑭遣间使求救于契丹，令桑维翰草表称臣于契丹主，且请以父礼事之，约事捷之日，割卢龙一道及雁门关以北诸州与之。刘知远谏曰："称臣可矣，以父事之太过。厚以金帛赂之，自足致其兵，不必许以土田，恐异日大为中国之患，悔之无及。"敬瑭不从。表至契丹，契丹主大喜，白其母曰："儿比梦石郎遣使来，今果然，此天意也。"乃为复书，许俟仲秋倾国赴援。

【译文】

六月癸亥（初六），后唐末帝任用张令昭为右千牛卫将军，暂时主持天雄军府事。张令昭因为调发人马没有会集，暂且接受新的任命。不久，又有诏书命令他调任齐州防御使，张令昭托词说被士兵所留滞，实际上是等待观察河东起兵之成败。后唐末帝派遣使者告谕他，张令昭把使者杀了。甲戌（十七日），末帝任命宣武节度使兼中书令范延光为天雄四面行营招讨使，主持魏博行府事，任命张敬达充当太原四面招讨使，任用杨光远为副使。丙子（十九日），任命西京留守李周为天雄军四面行营副招讨使。

石敬瑭派使者从小路求救于契丹，令桑维翰草写表章向契丹主称臣，并且请求用对待父亲的礼节来侍奉他，约定事情成功之日，划割卢龙一道及雁门关以北诸州给契丹。刘知远劝谏他说："称臣就可以了，用父亲的礼节对待他就太过分了。用丰厚的金银财宝贿赂他，自然足以促使他发兵，不必许诺割给他土田，恐怕那样以后要成为中国的大患，后悔就来不及了。"石敬瑭不听。表章送到契丹，契丹国主耶律德光非常高兴，告诉他的母亲述律太后说："孩儿最近梦见石郎派遣使者来，现在果然来了，这真是天意。"便向石敬瑭写了回信，答应等到仲秋时节，发动全国人马来支援他。

【原文】

张敬达筑长围以攻晋阳。石敬瑭以刘知远为马步都指挥使，安重荣、张万迪降兵皆隶焉。知远用法无私，抚之如一，由是人无贰心。敬瑭亲乘城，坐卧矢石下。知远曰："观敬达辈高垒深堑，欲为持久之计，无他奇策，不足虑也。愿明公四出间使，经略外事。守城至易，知远独能办之。"敬瑭执知远手，抚其背而赏之。

唐主使端明殿学士吕琦至河东行营犒军，杨光远谓琦曰："愿附奏陛下，幸宽宵旰。贼若无援，旦夕当平；若引契丹，当纵之令入，可一战破也。"帝甚悦。帝闻契丹许石敬瑭以仲秋赴援，屡督张敬达急攻晋阳，不能下。每有营构，多值风雨，长围复为水潦所坏，竟不能合。晋阳城中日窘，粮储浸乏。

【译文】

张敬达设置了很长的包围工事来攻打晋阳。石敬瑭任用刘知远为马步都指挥使，把安重荣、张万迪的降兵都隶属于他。刘知远依法办事，没有私弊，对军民抚恤一视同仁，因此人们都没有二心。石敬瑭亲自登城视察部属兵卒，坐卧在敌人的矢石投射之下。刘知远说："察看张敬达这些人筑设高垒深沟，想作持久打算，他们没有其他好的办法，是不足为虑的。请您向各方派出走小路的使者，经办对外事务。守城的事很容易，我一个人就能办理。"石敬瑭拉着刘知远的手，抚拍他的肩背称赞他。

后唐主派出端明殿学士吕琦到河东行营犒劳军队，杨光远对吕琦说："请您附带奏告陛下，请主上稍微减少昼夜操劳。贼兵如果没有援兵，用不了多少天就可以平定；如果他勾结契丹来犯，自当放他进来，一次战斗就能把他打败。"末帝闻奏很是高兴。末帝听说契丹答应石敬瑭在仲秋时节发兵来支援他，几次督促张敬达紧急攻打晋阳，但不能攻下。每当有营建构筑工事，往往遇到风雨天气，很长的包围工事又被水浸所破坏，竟然接合不拢。晋阳城中日益窘迫，粮食储备因浸泡而缺乏。

【原文】

九月，契丹主将五万骑，号三十万，自扬武谷而南，旌旗不绝五十余里。代州刺史张朗、忻州刺史丁审琦婴城自守，虏骑过城下，亦不诱胁。审琦，洺州人也。

辛丑，契丹主至晋阳，陈于汾北之虎北口。先遣人谓敬瑭曰："吾欲今日即破贼可乎？"敬瑭遣人驰告曰："南军甚厚，不可轻，请俟明日议战未晚也。"使者未至，契丹已与唐骑将高行周、符彦卿合战，敬瑭乃遣刘知远出兵助之。张敬达、杨光远、安审琦以步兵陈于城西北山下，契丹遣轻骑三千，不被甲，直犯其陈。唐兵见其羸，争逐之，至汾曲，契丹涉水而去。唐兵循岸而进，契丹伏兵自东北起，冲唐兵断而为二，涉兵在北者多为契丹所杀，骑兵在南者引归晋陷寨。契丹纵兵乘之，唐兵大败，步兵死者近万人，骑兵独全。敬达等收余众保晋安，契丹亦引兵归虎北口。敬瑭得唐降兵千余人，刘知远劝敬瑭尽杀之。

【译文】

九月，契丹主耶律德光统领五万骑兵，号称三十万，从代州扬武谷向南进发，旌旗连绵不断达五十余里。代州刺史张朗、忻州刺史丁审琦绕城自守，敌人骑兵经过城下时，也不诱降挟胁他。丁审琦是洺州人。

辛丑（十五日），契丹主到达晋阳，把兵马布列在汾北的虎北口。先派人对石敬瑭说："我打算今天攻打贼兵，行不行？"石敬瑭派人驰奔告诉他们说："南军力量很雄厚，不可以轻视，请等到明天再议论如何开战也不晚。"使者还未到达契丹军营，契丹兵已经同后唐骑将高行周、符彦卿打了起来，石敬瑭便派刘知远出兵帮助他们。张敬达、杨光远、安审琦用步兵列阵在城西北山下，契丹派轻骑兵三千人，不披铠甲，直奔唐兵阵列。唐兵看到契丹兵单薄，争相驱赶，到了汾水之曲，契丹兵涉水而去。唐兵沿着河岸向北进取，契丹伏兵从东北涌起，冲击唐兵，把唐兵截为两段，在北面的步兵大多被契丹军所杀，在南面的骑兵引退回到晋安营寨。契丹放开兵马乘乱攻击，唐兵大败，步兵死亡近万人，骑兵却保全了。张敬达等收集余众退保晋安，契丹也率领其兵返回虎北口。石敬瑭俘获后唐降兵一千余人，刘知远劝石敬瑭把他们都杀了。

【原文】

是夕，敬瑭出北门，见契丹主。契丹主执敬瑭手，恨相见之晚。敬瑭问曰："皇帝远来，士马疲倦，遽与唐战而大胜，何也？"契丹主曰："始吾自北来，谓唐必断雁门诸路，伏兵险要，则吾不可得进矣。使人侦视，皆无之。吾是以长驱深入，知大事必济也。兵既相接，我气方锐，彼气方沮，若不乘此急击之，旷日持久，则胜负未可知矣。此吾所以亟战而胜，不可以劳逸常理论也。"敬瑭甚叹伏。

壬寅，敬瑭引兵会契丹围晋安寨，置营于晋安之南，长百余里，厚五十里，多设铃索吠犬，人跬步不能过。敬达等士卒犹五万人，马万匹，四顾无所之。甲辰，敬达遣使告败于唐，自是声问不复通。唐主大惧，遣彰圣都指挥使符彦饶将洛阳步骑兵屯河阳，诏天雄节度使兼中书令范延光将魏州兵二万由青山趣榆次，卢龙节度使、东北面招讨使兼中书令北平王赵德钧将幽州兵由飞狐出契丹军后，耀州防御使潘环纠合西路戍兵，由晋、绛两乳岭出慈、隰，共救晋安寨。契丹主移帐于柳林，游骑过石会关，不见唐兵。

【译文】

这天晚上，石敬瑭出北门，会见契丹主。契丹主握住石敬瑭的手，只恨相见之晚。石敬瑭问道："皇帝远道而来，兵马疲倦，仓促之间同唐兵作战却取得大胜，这是什么原因？"契丹主说："开始我从北面过来，以为唐兵必然要切断雁门的各条道路，埋伏兵众在险要之地，那样我就不能顺利前进了。我派人侦察，发现断路和伏险都没有。这样，我才得以长驱深入，知道大事必然成功了。兵马相接以后，我方气势正锐盛，彼方气势正沮丧，如果不乘此时急速攻击他，旷日持久，那谁胜谁负就不可预料了。这就是我之所以速战而胜的道理，不能用谁劳谁逸的通常的道理来衡量了。"石敬瑭听了很是叹服。

壬寅（十六日），石敬瑭率领兵马会合契丹军包围了晋安寨，在晋安的南面设置营地，长一百多里，宽五十里，密布带铃索的吠犬，人们连半步也过不去。此时张敬达等的士兵尚有五万人，马有万匹，四面张望，不知往哪里去好。甲辰（十八日），张敬达派出使者向后唐朝廷报告打了败仗，此后便没有再通音讯了。唐主极为恐惧，派遣彰圣都指挥使符彦饶统领洛阳步兵、骑兵屯扎在河阳，末帝下诏命令天雄节度使兼中书令范延光统领魏州兵两万从邢州青山奔赴榆次，卢龙节度使、东北面招讨使兼中书令北平王赵德钧统领幽州兵从契丹军阵之后出击，耀州防御使潘环纠合西路守戍的兵士从晋州、绛州间的两乳岭出兵向慈州、隰州共同营救晋安寨。契丹主把军帐移到柳林，流动的骑兵过了石会关，还没有遇到唐兵。

【原文】

丁未，唐主下诏亲征。雍王重美曰："陛下目疾未平，未可远涉风沙。臣虽童稚，愿代陛下北行。"帝意本不欲行，闻之，颇悦。张延朗、刘延皓及宣徽南院使刘延朗皆劝帝行，帝不得已，戊申，发洛阳，谓卢文纪曰："朕雅闻卿有相业，故排众议首用卿，今祸难如此，卿嘉谋皆安在乎？"文纪但拜谢，不能对。己酉，遣刘延朗监侍卫步军都指挥使符彦饶军赴潞州，为大军后援。诸军自凤翔推戴以来，骄悍不为用，彦饶恐其为乱，不敢束之以法。

【译文】

丁未（二十一日），后唐主下诏书，宣布亲征。雍王李重美说："陛下眼疾还没有好，不能远路跋涉到风沙之地。为臣虽然尚在童稚之年，愿意代替陛下向北方征讨。"末帝本来就不想北行，听了这些话，很是高兴。但是张延朗、刘延皓和宣徽南院使刘延朗却劝末帝亲征，末帝不得已，戊申（二十二日），从洛阳出发，对卢文纪说："朕向来听说你有宰相才干，所以排除众议首先任用你，现在遭到如此祸难，你的好谋略都在哪里呢？"卢文纪只是拜谢，但拿不出对策。己酉（二十三日），遣派刘延朗监督侍卫步军都指挥使符彦饶的部队开赴潞州，为前线晋安寨的大军去做后援。诸路军队自从凤翔推戴李从珂以来，日益骄悍不听指挥，符彦饶害怕他们作乱，不敢用法纪约束他们。

【原文】

帝至河阳，心惮北行，召宰相、枢密使议进取方略，卢文纪希帝旨，言："国家根本，太半在河南。胡兵倏来忽往，不能久留；晋安大寨甚固，况已发三道兵救之。河阳天下津要，车驾宜留此镇抚南北。且遣近臣往督战，苟不能解围，进亦未晚。"张延朗欲因事令赵延寿得解枢务，因曰："文纪言是也。"帝访于余人，无敢异言者。泽州刺史刘遂凝，鄩之子也，潜自通于石敬瑭，表称车驾不可逾太行。帝议近臣可使北行者，张延朗与翰林学士须昌和凝等皆曰："赵延寿父德钧以卢龙兵来赴难，宜遣延寿会之。"庚戌，遣枢密使、忠武节度使、随驾诸军都部署、兼侍中赵延寿将兵二万如潞州。辛亥，帝如怀州。以右神武统军康思立为北面行营马军都指挥使，帅扈从骑兵赴团柏谷。思立，晋阳胡人也。

帝以晋安为忧，问策于群臣，吏部侍郎永清龙敏请立李赞华为契丹主，令天雄、卢龙二镇分兵送之，自幽州趣西楼，朝廷露檄言之，契丹主必有内顾之忧，然后选募军中精锐以击之，此亦解围之一策也。帝深以为然，而执政恐其无成，议竟不决。帝忧沮形于神色，但日夕酣饮悲歌。群臣或劝其北行，则曰："卿勿言，石郎使我心胆堕地！"

【译文】

末帝到了河阳，心里害怕北行，召集宰相、枢密使讨论进取的方略，卢文纪迎合末帝的意旨，说："国家的根本，大半在黄河之南。契丹胡兵忽来忽走，不能久留；晋安的大寨非常坚固，况且已经派出范延光、赵德钧、潘环三路兵马去救援。河阳是天下的津渡要路，主上的车驾应该留在这里镇守，安抚南方和北方。可以暂且遣派近臣前去督战，如果不能解围，再向前进发也不晚。"张延朗想借个理由来使赵延寿解除枢要职务，便说："文纪的意见是对的。"末帝询访其余的人，没有人敢讲别的意见。泽州刺史刘遂凝是刘鄩的儿子，暗中和石敬瑭有来往，上表言称："车驾不可越过太行山。"于是，末帝便同他们商议近臣中可以派去北边的人。张延朗与翰林学士须昌人和凝等人都说："赵延寿的父亲赵德钧带着卢龙兵马来勤王赴难，应该派赵延寿去与他会合。"庚戌（二十四日），派遣枢密使、忠武节度使、随驾诸军都部署兼侍中赵延寿统兵两万人开赴潞州。辛亥（二十五日），末帝去怀州。任命右神武统军康思立为北面行营马军都指挥使，率领扈从骑兵开赴团柏谷。康思立是晋阳的胡人。

末帝忧虑晋安的军事形势，向群臣询问对策，吏部侍郎永清人龙敏建议立李赞华为契丹国主，命令天雄、卢龙二镇分兵送他归国，从幽州趋向西楼，朝廷透露檄文的内容，讲出这件事情，契丹主必有内顾不安的忧虑，然后选拔募集军中的精锐之兵去攻击他，这也是解围的一种办法。末帝认为这个意见很对，而执政诸人担心不能成功，议论之中竟然作不出决定。末帝的忧愁沮丧表现在神色之上，从早到晚只是酣饮悲歌，群臣有人劝他北行赴阵，便说："你不要谈这个了，石郎已经使我的心胆掉落到地上了！"

【原文】

契丹主谓石敬瑭曰："吾三千里赴难，必有成功。观汝器貌识量，真中原之主也。吾欲立汝为天子。"敬瑭辞让数四，将吏复劝进，乃许之。契丹主作册书，命敬瑭为大晋皇帝，自解衣冠授之，筑坛于柳林。是日，即皇帝位。割幽、蓟、瀛、莫、涿、檀、顺、新、妫、儒、武、云、应、寰、朔、蔚十六州以与契丹，仍许岁输帛三十万匹。己亥，制改长兴七年为天福元年，大赦；敕命法制，皆遵明宗之旧。以节度判官赵莹为翰林学士承旨、户部侍郎、知河东军府事，掌书记桑维翰为翰林学士、礼部侍郎、权知枢密使事，观察判官薛融为侍御史知杂事，节度推官白水窦贞固为翰林学士，军城都巡检使刘知远为侍卫马军都指挥使，客将景延广为步军都指挥使。延广，陕州人也。立晋国长公主为皇后。

契丹主虽军柳林，其辎重老弱皆在虎北口，每日暝辄结束，以备仓猝遁逃。而赵德钧欲倚契丹取中国，至团柏逾月，按兵不战，去晋安才百里，声问不能相通。德钧累表为延寿求成德节度使，曰："臣今远征，幽州势孤，欲使延寿在镇州，左右便于应接。"唐主曰："延寿方击贼，何暇往镇州！俟贼平，当如所请。"德钧求之不已，唐主怒曰："赵氏父子坚欲得镇州，何意也？苟能却胡寇，虽欲代吾位，吾亦甘心，若玩寇邀君，但恐犬兔俱毙耳。"德钧闻之，不悦。

闰月，赵延寿献契丹主所赐诏及甲马弓剑，诈云德钧遣使致书于契丹主，为唐结好，说令引兵归国；其实别为密书，厚以金帛赂契丹主，云："若立己为帝，请即以见兵南平洛阳，与契丹为兄弟之国；仍许石氏常镇河东。"契丹主自以深入敌境，晋安未下，德钧兵尚强，范延光在其东，又恐山北诸州邀其归路，欲许德钧之请。

【译文】

契丹主对石敬瑭说："我从三千里以外来帮助你解决危难，必然会成功。观察你的器宇容貌和见识气量，真的是个中原的国主。我想扶立你做天子。"石敬瑭推辞逊让了好几次，使者又反复劝他进大位，于是便答应了。契丹主制作册封的文书，命令石敬瑭为大晋皇帝，自己解下衣服冠冕亲授给他，在柳林搭筑坛台。就在这一天，石敬瑭即了皇帝之位。他割让了幽、蓟、瀛、莫、涿、檀、顺、新、妫、儒、武、云、应、寰、朔、蔚十六个州给予契丹，仍然答应每年运输三十万匹帛给他们。己亥（十一月十四日），后晋高祖皇帝石敬瑭下制令，改长兴七年为天福元年，实行大赦；敕命各种法制都遵守明宗的旧规。任用节度判官赵莹为翰林学士承旨、户部侍郎、知河东军府事，掌书记桑维翰为翰林学士、礼部侍郎、权知枢密使事，观察判官薛融为侍御史知杂事，节度推官白水人窦贞固为翰林学士，军城都巡检使刘知远为侍卫马军都指挥使，客将景延广为步军都指挥使。景延广是陕州人。立晋国长公主为皇后。

契丹主虽然把军队屯扎在柳林，他们的辎重和老弱士兵都在虎北口，每当太阳西落便结扎停当，以便于仓促之间逃遁。而赵德钧想要倚赖契丹夺取中国，到达团柏一个多月，按兵不动，距离晋安才百里，但消息不能相通。赵德钧屡次上表为他的儿子赵延寿祈求委任为成德节度使，他说："臣现在远征在外，幽州形势孤弱，想要让延寿镇守在镇州，向左向右都便于接应。"后唐末帝说："延寿正在与贼兵争斗，哪有空暇去往镇州！等待贼兵平定后，可以按所请求的办理。"赵德钧没完没了地请求，后唐主发怒说："赵氏父子坚持要得到镇州，是什么意思？如果能够打退胡寇，即使要取代我的位置，我也甘心愿意；若是玩弄寇兵以胁求君主，只怕要落得犬兔都毙命了。"赵德钧听说了，很不高兴。

闰十一月，赵延寿献出契丹主所赐的诏书以及铠甲、马匹、弓矢、刀剑，诈称赵德钧遣派的使者致信给契丹主，为后唐求结和好，劝说契丹让他们引兵归国；暗中又另具秘密书信，用丰厚的金宝财帛贿赂契丹主，并说："如果立我为中国皇帝，请求就用现有兵马向南平定洛阳，与契丹约为兄弟之国；仍然允许石敬瑭常镇河东。"契丹主自以为深入敌境，晋安没有攻下，赵德钧兵力尚强，范延光在他的东面，又怕太行山以北诸州遮断他的归路，想要答应赵德钧的请求。

死战契丹

【原文】

后晋齐王开运二年（乙巳，945年）

壬子，张从恩、马全节、安审琦悉以行营兵数万，陈于相州安阳水之南。皇甫遇与濮州刺史慕容彦超将数千骑前觇契丹，至邺县，将渡漳水，遇契丹数万，遇等且战且却。至榆林店，契丹大至，二将谋曰："吾属今走，死无遗矣！"乃止，布陈，自午至未，力战百余合，相杀伤甚众。遇马毙，因步战；其仆杜知敏以所乘马授之，遇乘马复战。久之，稍解；顾知敏已为契丹所擒，遇曰："知敏义士，不可弃也。"与彦超跃马入契丹陈，取知敏而还。俄而契丹继出新兵来战，二将曰："吾属势不可走，以死报国耳。"

【译文】

后晋齐王开运二年（乙巳，公元945年）

壬子（十五日），张从恩、马全节、安审琦将全部行营兵数万列阵在相州安阳水之南。皇甫遇与濮州刺史慕容彦超率领数千骑兵往前方窥测契丹情况，到了邺县，将要渡过漳水，遇上数万契丹兵，皇甫遇等边战边退。到了榆林店后，契丹大队人马来到，皇甫遇与慕容彦超二将谋议说："我们现在退走，将会尽死无遗了！"便停止退却，布设军阵，从午时到未时，力战百余回合，相互杀伤很多人。皇甫遇的马战死，便舍马进行步战；他的仆人杜知敏把自己骑的马给了他，皇甫遇乘上马再次进行战斗。很长时间之后，危困稍见缓解；去寻找杜知敏，已经被契丹擒去，皇甫遇说："杜知敏是个义士，不能丢弃他。"便与慕容彦超跃马杀入契丹军阵，夺取了杜知敏才回来。不一会儿，契丹又派出新兵来战。二位将领说："我们这些人已经不能退走，只能以死报国了。"

【原文】

日且暮，安阳诸将怪觇兵不还，安审琦曰："皇甫太师寂无音问，必为虏所困。"语未卒，有一骑白遇等为虏数万所围。审琦即引骑兵出，将救之。张从恩曰："此言未足信。必若虏众猥至，尽吾军，恐未足以当之，公往何益？"审琦曰："成败，天也。万一不济，当共受之。借使虏不南来，坐失皇甫太师，吾属何颜以见天下？"遂逾水而进。契丹望见尘起，即解去。遇等乃得还，与诸将俱归相州，军中皆服二将之勇。彦超本吐谷浑也，与刘知远同母。

【译文】

太阳将要落山，扼守在安阳的诸将奇怪前去探测的兵马不见回来，安审琦说："皇甫太师一点消息也没有，必定是被北虏所围困。"话还未说完，有一人骑马来报，说皇甫遇等人被北兵数万人包围。安审琦立即引领骑兵出来，将要去救援。张从恩说："此话未必可信。假如虏兵真的蜂拥而至，即使把我军全部派出，恐怕也不足以迎战，您去了能有什么用？"安审琦说："成功或者失败是天意。万一不济事，理当共同承受其后果。假如胡虏不继续向南来侵犯，而把皇甫太师白白失了，我们这些人有何面目去见天子？"便渡过安阳水而向北进军。契丹兵看到烟尘扬起，便马上解围逃跑。皇甫遇等才得以回来，与诸将一起返归相州，军中都叹服皇甫遇与慕容彦超二将的勇武。慕容彦超本是吐谷浑人，与刘知远同母。

【原文】

契丹亦引军退，其众自相惊曰："晋军悉至矣！"时契丹主在邯郸，闻之，即时北遁，不再宿，至鼓城。

是夕，张从恩等议曰："契丹倾国而来，吾兵不多，城中粮不支一旬，万一奸人往告吾虚实，虏悉众围我，死无日矣。不若引军就黎阳仓，南倚大河以拒之，可以万全。"议未决，从恩引兵先发，诸军继之；扰乱失亡，复如发邢州之时。

从恩留步兵五百守安阳桥，夜四鼓，知相州事符彦伦谓将佐曰："此夕纷纭，人无固志，五百弊卒，安能守桥！"即召入，乘城为备。至曙，望之，契丹数万骑已陈于安阳水北，彦伦命城上扬旌鼓噪约束，契丹不测。日加辰，赵延寿与契丹惕隐帅众逾水，环相州而南，诏右神武统军张彦泽将兵趣相州。延寿等至汤阴，闻之，甲寅，引还；马全节等拥大军在黎阳，不敢追。延寿悉陈甲骑于相州城下，若将攻城状，符彦伦曰："此虏将走耳。"出甲卒五百，陈于城北以待之；契丹果引去。

【译文】

契丹也引兵退归，其兵众自相惊恐地说："晋军全部过来了！"当时契丹主正在邯郸，听说后立即向北遁走，不敢过夜，一直到了鼓城。

当晚，张从恩等议论说："契丹把全国人马都调发而来，我们的兵不多，城中粮食不足十天之用，万一有奸人到契丹那里去报告我军的虚实，虏兵全部调发来包围我们，没多久我们就会死去。不如引兵去就食黎阳仓，南面依靠黄河来抗拒他，方可以得到万全。"议论未决，张从恩带着兵先出发，诸军跟随着也出发；扰乱丢失，又乱得像从邢州出发时那样。

张从恩留下步兵五百人守护安阳桥，夜间四更时，主持相州事务的符彦伦对将佐说："今晚乱哄哄的，人们没有坚强的意志，五百个疲惫兵卒怎能守住桥梁！"便把人招进城来，依靠城池做防备。到天亮一看，契丹数万骑兵已经列阵在安阳水之北，符彦伦命令城上摇动旌旗鼓噪，兵卒都遵守号令，契丹不能测知城中实情。到了辰时，赵延寿与契丹将领惕隐率领兵众渡水，环绕相州而向南前进，后晋朝廷诏令右神武统军张彦泽率兵趋赴相州。赵延寿等到达汤阴后，得到消息，甲寅（十七日），又引兵撤退；马全节等拥有大军在黎阳，不敢追赶。赵延寿把武装着的骑兵全部列阵于相州城下，好像要攻城的样子，符彦伦说："这是胡虏将要退走了。"派出五百全副武装的士卒，列阵在城北来等待他们；契丹兵果然退走。

【原文】

戊午，契丹至泰州。己未，晋军南行，契丹蹑之。晋军至阳城，庚申，契丹大至。晋军与战，逐北十余里，契丹逾白沟而去。

壬戌，晋军结陈而南，胡骑四合如山，诸军力战拒之。是日，才行十余里，人马饥乏。

【译文】

戊午（三月二十二日），契丹兵到达泰州。己未（二十三日），晋军向南撤退，契丹兵跟踪而来。晋军到达阳城，庚申（二十四日），契丹兵大举攻来。晋军与之交战，向北驱逐他们十余里，契丹跨过白沟而去。

壬戌（二十六日），晋军结成阵列向南行进，契丹兵从四面合围像山岳一样，后晋诸军极力抗拒。这一天，只行军十余里，人马饥乏疲惫。

【原文】

癸亥，晋军至白团卫村，埋鹿角为行寨。契丹围之数重，奇兵出寨后断粮道。是夕，东北风大起，破屋折树；营中掘井，方及水辄崩，士卒取其泥，帛绞而饮之，人马俱渴。至曙，风尤甚。契丹主坐大奚车中，令其众曰："晋军止此耳，当尽擒之，然后南取大梁！"命铁鹞四面下马，拔鹿角而入，奋短兵以击晋军，又顺风纵火扬尘以助其势。

军士皆愤怒，大呼曰："都招讨使何不用兵？令士卒待死！"诸将请出战，杜威曰："俟风稍缓，徐观可否。"马步都监李守贞曰："彼众我寡，风沙之内，莫测多少，惟力斗者胜，此风乃助我也；若俟风止，吾属无类矣。"即呼曰："诸军齐击贼！"又谓威曰："令公善守御，守贞以中军决死矣！"马军左厢都排陈使张彦泽召诸将问计，皆曰："虏得风势，宜俟风回与战。"彦泽亦以为然。诸将退，马军右厢副排陈使太原药元福独留，谓彦泽曰："今军中饥渴已甚，若俟风回，吾属已为虏矣。敌谓我不能逆风以战，宜出其不意急击之，此兵之诡道也。"马步左右厢都排陈使符彦卿曰："与其束手就擒，曷若以身徇国！"乃与彦泽、元福及左厢都排陈使皇甫遇引精骑出西门击之，诸将继至。契丹却数百步。彦卿等谓守贞曰："且曳队往来乎？直前奋击，以胜为度乎？"守贞曰："事势如此，安可回鞚？宜长驱取胜耳！"彦卿等跃马而去，风势益甚，昏晦如夜。彦卿等拥万余骑横击契丹，呼声动天地，契丹大败而走，势如崩山。李守贞亦令步兵尽拔鹿角出斗，步骑俱进，逐北二十余里。铁鹞既下马，苍皇不能复上，皆委弃马及铠仗蔽地。

【译文】

癸亥（二十七日），晋军到达白团卫村，埋下鹿角柴障安营为行寨。契丹兵把它包围了好几层，并派奇兵绕到寨后断绝晋军粮道。当天傍晚，东北风大起，刮坏房屋，摧折树木；晋营中掘井，刚出水便往往崩坍，士兵只好取带水的泥，用布拧绞出水来饮用，人和马都很干渴。到天亮时，风刮得更厉害。契丹主坐在从奚地取材做的大车中，对其兵下令说："晋军已经没有退路，一定要把他们全部擒获，然后向南直取大梁！"命令铁鹞军四面下马，拔除鹿角柴障而进入营寨，用短兵器袭击晋军，又顺风纵火扬尘以助其声势。

晋军军士都很愤怒，大呼说："都招讨使为什么不出兵？让士兵们白白送死！"诸将请求出战，杜威说："等待风势稍微转缓后慢慢再看可不可以出战。"马步都监李守贞说："敌兵人多我们人少，风沙之内，看不清谁多谁少，只有奋力作战的人才可以取胜，这个风正好帮我们的忙；如果等到风停，我们这些人就剩不下了。"当即大呼："诸军齐发向贼兵进击！"又对威说："令公您擅长守卫，我李守贞用中路军与敌人决一死战了！"马军左厢都排阵使张彦泽召集诸将问怎么办好，大家都说："胡虏现在正得到顺风，应该等到风往回吹时再同他交战。"张彦泽也认为可以。诸将退出，马军右厢副排阵使太原人药元福独自留下，对张彦泽说："现在军中饥渴已到极点，如果等到风回，我们这些人已经成了俘虏。敌人认为我们不能逆风出战，应该出其不意抓紧攻击他，这是用兵的诡诈之道啊。"马步左右厢都排阵使符彦卿说："与其束手就擒，不如以身殉国！"便与张彦泽、药元福及左厢都排阵使皇甫遇带领精锐骑兵出西门进击契丹，诸将接着也跟了上来。契丹兵退却几百步。符彦卿等对李守贞说："是拉着队伍往来游弋呢，还是一直向前进击，直到打胜为止呢？"李守贞说："事情已经到了这个地步，怎么能够掉转马头？应该长驱直进取得胜利才作罢。"符彦卿等跃马而进，风势更加厉害，昏暗得像黑夜。符彦卿等率领一万多骑兵横冲契丹军阵，呼声震动天地，契丹兵大败而走，势如山倒。李守贞命令步兵把鹿角都拔去，出阵战斗，步兵和骑兵同时进击，把契丹兵向北驱逐二十余里。契丹的铁鹞军下马之后，仓皇之间来不及再上马，把马和铠甲兵杖丢弃得遍地都是。

【原文】

契丹散卒至阳城东南水上，稍复布列。杜威曰："贼已破胆，不宜更令成列！"遣精骑击之，皆渡水去。契丹主乘奚车走十余里，追兵急，获一橐驼，乘之而走。诸将请急追之。杜威扬言曰："逢贼幸不死，更索衣囊邪？"李守贞曰："两日人马渴甚，今得水饮之，皆足重，难以追寇，不若全军而还。"乃退保定州。

契丹主至幽州，散兵稍集；以军失利，杖其酋长各数百，唯赵延寿得免。

【译文】

契丹溃散的兵卒到了阳城东南的河岸上，稍微整复了阵列。杜威说："贼兵已经破胆，不能再让他布成阵列！"便派出精锐骑兵追击他们，契丹兵都渡水逃去。契丹主乘坐奚车奔逃十余里，追兵紧急，捉获一匹骆驼，骑上它逃走。晋军诸将请求急速追赶他们，杜威扬言说："遇上敌人幸而没有死掉，还想进一步索求衣囊吗？"李守贞说："两天来人和马都渴极了，现在喝上了水，都饱足了而且身子加重，难以追奔，不如保全军队还师。"便退守定州。

契丹主到达幽州，逃散的兵众稍见集聚。因为打仗失利，把酋长们各打军杖数百，只有赵延寿得以免打。

朝中内讧

【原文】

后汉隐帝乾祐三年（庚戌，950年）

杨邠求解枢密使，帝遣中使谕止之。宣徽北院使吴虔裕在旁曰："枢密重地，难以久居，当使后来者迭为之，相公辞之是也。"帝闻之，不悦，辛巳，以虔裕为郑州防御使。

朝廷以契丹近入寇，横行河北，诸藩镇各自守，无捍御之者，议以郭威镇邺都，使督诸将以备契丹。史弘肇欲威仍领枢密使，苏逢吉以为故事无之，弘肇曰："领枢密使则可以便宜从事，诸军畏服，号令行矣。"帝卒从弘肇议。弘肇怨逢吉异议，逢吉曰："以内制外，顺也；今反以外制内，其可乎！"壬午，制以威为邺都留守、天雄节度使，枢密使如故。仍诏河北，兵甲钱谷，但见郭威文书立皆禀应。明日，朝贵会饮于窦贞固之第，弘肇举大觞属威，厉声曰："昨日廷议，一何同异！今日为弟饮之。"逢吉、杨邠亦举觞曰："是国家之事，何足介意！"弘肇又厉声曰："安定国家，在长枪大剑，安用毛锥！"王章曰："无毛锥，则财赋何从可出？"自是，将相始有隙。

癸未，罢永安军。

【译文】

后汉隐帝乾祐三年（庚戌，公元950年）

杨邠请求解除自己枢密使的职务，后汉隐帝派遣宫中使者告谕阻止他。宣徽北院使吴虔裕在杨身旁说："枢密院为政务重地，难以长久停留，应当让后来的人轮流担任，相公辞去枢密使的要求是对的。"隐帝听说此话，很不高兴，辛巳（十四日），任命吴虔裕为郑州防御使。

后汉朝廷因为契丹军队近来入侵，横行黄河以北地区，诸位藩镇长官各保自身，没有出来抵抗的，便商议任命郭威出镇邺都，让他督率诸将来防备契丹军队。史弘肇想要郭威仍旧兼任枢密使之职，苏逢吉认为无此先例，史弘肇说："郭威兼领枢密使就可以在外根据情况机断行事，各路军队因此畏惧服从，号令便畅行无阻了。"隐帝最终听从了史弘肇的建议。史弘肇怨恨苏逢吉的异议，苏逢吉便说："用内朝官节制外朝官，是名正言顺的；如今反过来用外朝官来制约内朝官，难道可以吗？"壬午（四月十五日），隐帝下制书任命郭威为邺都留守、天雄节度使，枢密使之职照旧。同时颁布诏书到黄河以北地区，所有军队、武器、钱财、粮草，只要见到郭威签署的文书立即都应接受命令负责提供。第二天，朝廷权贵在窦贞固的宅第聚会宴饮，史弘肇举起大杯向郭威劝酒，厉声说："昨日朝廷的议论，竟是何等的不同！今日我与贤弟痛饮此杯。"苏逢吉、杨邠也举杯说："这都是为国家之事，何必介意！"史弘肇又厉声说："安定国家，靠的是长枪大剑，哪里用得着毛笔！"王章说："没有毛笔，那钱财军赋又从何而来呢？"从此文臣武将之间开始有了矛盾。

癸未（十六日），后汉撤销永安军。

【原文】

壬辰，以左监门卫将军郭荣为贵州刺史、天雄牙内都指挥使。荣本姓柴，父守礼，郭威之妻兄也，威未有子时养以为子。

五月，己亥，以府州蕃汉马步都指挥使折德为本州围练使。德，从阮之子也。

庚子，郭威辞行，言于帝曰："太后从先帝久，多历天下事，陛下富于春秋，有事宜禀其教而行之。亲近忠直，放远谗邪，善恶之间，所宜明审。苏逢吉、杨邠、史弘肇皆先帝旧臣，尽忠徇国，愿陛下推心任之，必无败失。至于疆场之事，臣愿竭其愚驽，庶不负驱策。"

帝自即位以来，枢密使、右仆射、同平章事杨邠总机政，枢密使兼侍中郭威主征伐，归德节度使、侍卫亲军都指挥使兼中书令史弘肇典宿卫，三司使、同平章事王章掌财赋。邠颇公忠，退朝，门无私谒，虽不却四方馈遗，有余辄献之。弘肇督察京城，道不拾遗。是时承契丹荡覆之余，公私困竭，章捃摭遗利，吝于出纳，以实府库。属三叛连衡，宿兵累年而供馈不乏。及事平，赐予之外，尚有余积，以是国家粗安。

【译文】

壬辰（二十五日），后汉隐帝任命左监门卫将军郭荣为贵州刺史、天雄牙内都指挥使。郭荣本姓柴，其父柴守礼是郭威妻子的哥哥，郭威没有儿子时收养郭荣为子。

五月，己亥（初二），后汉隐帝任命府州蕃汉马步都指挥使折德为府州团练使。折德是折从阮的儿子。

庚子（五月初三），郭威辞别出行，向隐帝进言说："太后随从先帝很久，经历许多天下之事，陛下年纪尚轻，有大事应当接受太后教导再行动。亲近忠诚正直的君子，远离谄谀邪恶的小人，善恶的界线，应当仔细分清楚。苏逢吉、杨邠、史弘肇都是先帝的元老旧臣，尽忠报国，希望陛下放心任用他们，必定不会坏事。至于边疆征战之事，臣下愿竭尽绵薄之力，或许可以不辜负陛下的委托。"

后汉隐帝从即位以来，枢密使、右仆射、同平章事杨邠总理机要政务，枢密使兼侍中郭威主持征战，归德节度使、侍卫亲军都指挥使兼中书令史弘肇典领京城警卫，三司使、同平章事王章掌管财政赋税。杨邠十分秉公忠心，退朝回家，门下没有私人拜会，虽然不拒绝四方的馈赠，但有多余的就进献皇上。史弘肇负责京城治安，路上丢了东西没有人捡。这时正好是契丹大乱中原之后，官府、百姓的财力困难拮据。王章搜集点滴余利，节约开支，以此充实国库。虽然跟着就有李守贞、王景崇、赵思绾的三镇叛乱互相勾结，却用兵多年而供应没有短缺。到了事态平息，除赏赐之外，还有积余，因此国家基本安定。

【原文】

　　章聚敛刻急。旧制，田税每斛更输二升，谓之"雀鼠耗"，章始令更输二斗，谓之"省耗"；旧钱出入皆以八十为陌，章始令入者八十，出者七十七，谓之"省陌"；有犯盐、麹、酒麹之禁者，锱铢涓滴，罪皆死；由是百姓愁怨。章尤不喜文臣，尝曰："此辈授之握算，不知纵横，何益于用！"俸禄皆以不堪资军者给之，吏已高其估，章更增之。

　　帝左右嬖幸浸用事，太后亲戚亦干预朝政，邠等屡裁抑之。太后有故人子求补军职，弘肇怒而斩之。武德使李业，太后之弟也，高祖使掌内帑，帝即位，尤蒙宠任。会宣徽使阙，业意欲之，帝及太后亦讽执政；邠、弘肇以为内使迁补有次，不可以外戚超居，乃止。内客省使阎晋卿次当为宣徽使，久而不补。枢密承旨聂文进、飞龙使后匡赞、翰林茶酒使郭允明皆有宠于帝，久不迁官，共怨执政。文进，并州人也。刘铢罢青州归，久奉朝请，未除官，常戟手于执政。

【译文】

　　王章征集赋税苛刻严厉。以前规定，田税每斛之外再交二升，叫作"雀鼠耗"，王章开始下令再交二斗，称作"省耗"；以前钱币的付出、收入都以八十文为"陌"，王章开始下令收入的以八十文为"陌"，付出的以七十七文为"陌"，称作"省陌"；有违反盐、矾、酒曲禁令的，即使只有一两一钱、一点一滴，也都定为死罪；百姓因此忧愁怨恨。王章特别不喜欢文官，曾经说："这帮人交给他一把筹码，也不知道如何摆弄，有什么用处？"文官的俸禄都以不能用于军事的残次品供给，有关官吏已对文官俸禄超值估算，王章再加值。

　　后汉隐帝的左右宠臣逐渐被任用，太后的亲戚也干预朝政，杨邠等屡次加以裁减抑制。太后有个旧友的儿子要求补个军职，史弘肇发怒斩了他。武德使李业，是太后弟弟，后汉高祖让他掌管宫内财物，到了后汉隐帝即位，他特别受到宠幸信任。适逢宣徽使空缺，李业想补缺，后汉隐帝和太后也给执政官打了招呼；杨邠、史弘肇认为内朝使职的升迁递补有规定次序，不能因为外戚而越级担任，于是作罢。内朝客省使阎晋卿按次序应当担任宣徽使，但迟迟没有递补。枢密承旨聂文进、飞龙使后匡赞、翰林茶酒使郭允明都得到后汉隐帝的宠爱，却长时间没有升官，因此共同怨恨执政官。聂文进是并州人。刘铢免职从青州归来，长期闲散无事，没有委派职务，故此经常用手对执政官指指戳戳怨恨他。

【原文】

　　帝初除三年丧，听乐，赐伶人锦袍、玉带。伶人诣弘肇谢，弘肇怒曰："士卒守边苦战，犹未有以赐之，汝曹何功而得此！"皆夺以还官。帝欲立所幸耿夫人为后，邠以为太速。夫人卒，帝欲以后礼葬之，邠复以为不可。帝年益壮，厌为大臣所制。邠、肇尝议事于帝前，帝曰："审图之，勿令人有言！"邠曰："陛下但禁声，有臣等在。"帝积不能平，左右因乘间谮之于帝云："邠等专恣，终当为乱。"帝信之。尝夜闻作坊锻声，疑有急兵，达旦不寐。司空、同平章事苏逢吉既与弘肇有隙，知李业等怨弘肇，屡以言激之。帝遂与业、文进、匡赞、允明谋诛邠等，议既定，入白太后。太后曰："兹事何可轻发！更宜与宰相议之。"业时在旁，曰："先帝尝言，朝廷大事不可谋及书生，懦怯误人。"太后复以为言，帝忿曰："国家之事，非闺门所知！"拂衣而出。乙亥，业等以其谋告阎晋卿，晋卿恐事不成，诣弘肇第欲告之，弘肇以他故辞不见。

【译文】

隐帝刚解除高祖的三年之丧，就听音乐，赏赐优伶锦袍、玉带。优伶到史弘肇处告谢，史弘肇大怒道："将士守卫边疆殊死苦战尚且没有赏赐这些，你们这等人有什么功劳得到锦袍、玉带？"随即全部没收还归官府。后汉隐帝想立所宠爱的耿夫人为皇后，杨邠认为太快。耿夫人去世，隐帝想用皇后之礼安葬，杨邠又认为不可。后汉隐帝年龄渐渐增大，讨厌被大臣所制约。杨邠、史弘肇曾在隐帝面前议论政事，隐帝说："仔细考虑，不要让人有闲话！"杨邠说："陛下只管闭口不出声，有我们在。"隐帝的积怨久不能平，左右宠臣就乘机向隐帝进谗言说："杨邠等人专横跋扈，肆无忌惮，最终一定犯上作乱。"隐帝听信了这话。隐帝曾经夜里听到手工作坊打铁声响，怀疑有人在紧急赶制兵器，到天亮都没入睡。司空、同平章事苏逢吉已与史弘肇有了隔阂，知道李业等人怨恨史弘肇，就多次用言语激他们。隐帝便和李业、聂文进、后匡赞、郭允明谋划诛杀杨邠等人，商议已定，入内禀告太后。太后说："这事怎么可轻举妄动！应该再同宰相商议。"李业当时在旁边，说："先帝曾经说过，朝廷大事不可同书生谋划，书生胆小怕事会误事害人。"太后又重复她刚才所说的话，隐帝于是生气地说："国家大事，不是闺门女人所能知晓的！"拂袖而出。乙亥（十一月十二日），李业等将他们的密谋告诉阎晋卿，阎晋卿恐怕事情不成，到史弘肇宅第想报告他，史弘肇因为别的事推辞不见。

【原文】

丙子旦，邠等入朝，有甲士数十自广政殿出，杀邠、弘肇、章于东庑下。文进亟召宰相、朝臣班于崇元殿，宣云："邠等谋反，已伏诛，与卿等同庆。"又召诸军将校至万岁殿庭，帝亲谕之，且曰："邠等以稚子视朕，朕今始得为汝主，汝辈免横忧矣！"皆拜谢而退。又召前节度使、刺史等升殿谕之，分遣使者帅骑收捕邠等亲戚、党羽、媵从，尽杀之。

弘肇待侍卫步军都指挥使王殷尤厚，邠等死，帝遣供奉官孟业赍密诏诣澶州及邺都，令镇宁节度使李洪义杀殷，又令邺都行营马军都指挥使郭崇威、步军都指挥使真定曹威杀郭威及监军、宣徽使王峻。洪义，太后之弟也。又急诏征天平军节度使高行周、平卢节度使符彦卿、永兴节度使郭从义、泰宁节度使慕容彦超、匡国节度使薛怀让、郑州防御使吴虔裕、陈州刺史李穀入朝。以苏逢吉权知枢密院事，前平卢节度使刘铢权知开封府，侍卫马军都指挥使李洪建权判侍卫同事，内侍省使阎晋卿权侍卫马军都指挥使。洪建，业之兄也。

【译文】

丙子（十三日）早晨，杨邠等上朝，有几十名全副武装的武士从广政殿出来，在东面廊屋下杀死杨邠、史弘肇、王章。聂文进立刻召集宰相、朝臣在崇元殿按朝班排列，宣旨说："杨邠等人谋划造反，已经服罪处决，与诸位共同庆贺。"又召集各军将校到万岁殿庭中，隐帝亲自向他们宣布了这事，并且说："杨邠等人把朕当作小孩子来看待，朕今日开始为你们的君主，你们从此免除权臣专横的忧患了。"众人全都拜谢退下。隐帝又召集在京前节度使、刺史等上殿宣布此事，分头派遣使者率领骑兵逮捕杨邠等人的亲属、党羽、随从，全部杀死。

史弘肇特别厚待侍卫步军都指挥使王殷，杨邠等死后，隐帝派遣供奉官孟业携带绝密诏书到澶州以及邺都，命令镇宁节度使李洪义杀死王殷，又命令邺都行营马军都指挥使郭崇威、步军都指挥使真定人曹威杀死郭威以及监军、宣徽使王峻。李洪义是太后的弟弟。又紧急下诏征调天平节度使高行周、平卢节度使符彦卿、永兴节度使郭从义、泰宁节度使慕容彦超、匡国节度使薛怀让、郑州防御使吴虔裕、陈州刺史李穀进京入朝。任命苏逢吉临时主持枢密院事务，前平卢节度使刘铢临时主持开封府事务，侍卫马军都指挥使李洪建临时兼管侍卫司事务，内侍省使阎晋卿代理侍卫马军都指挥使。李洪建是李业的哥哥。

【原文】

时中外人情忧骇，苏逢吉虽恶弘肇，而不预李业等谋，闻变惊愕，私谓人曰："事太匆匆，主上倘以一言见问，不至于此！"业等命刘铢诛郭威、王峻之家，铢极其惨毒，婴孺无免者。命李洪建诛王殷之家，洪建但使人守视，仍饮食之。

丁丑，使者至澶州，李洪义畏懦，虑王殷已知其事，不敢发，乃引孟业见殷。殷囚业，遣副使陈光穗以密诏示郭威。威召枢密吏魏仁浦，示以诏书曰："奈何？"仁浦曰："公，国之大臣，功名素著，加之握强兵，据重镇，一旦为群小所构，祸出非意，此非辞说所能解。时事如此，不可坐而待之。"威乃召郭崇威、曹威及诸将，告以杨邠等冤死及有密诏之状，且曰："吾与诸公，披荆棘，从先帝取天下，受托孤之任，竭力以卫国家，今诸公已死，吾何心独生！君辈当奉行诏书，取吾首以报天子，庶不相累。"郭崇威等皆泣曰："天子幼冲，此必左右群小所为，若使此辈得志，国家其得安乎？崇愿从公入朝自诉，荡涤鼠辈以清朝廷，不可为单使所杀，受千载恶名。"翰林天文赵修己谓郭威曰："公徒死何益？不若顺众心，拥兵而南，此天启也。"郭威乃留其养子荣镇邺都，命郭崇威将骑兵前驱，戊寅，自将大军继之。

【译文】

当时朝廷内外人心惶惶，苏逢吉虽然厌恶史弘肇，但没有参与李业等人的密谋，闻悉事变，陡然一惊，私下里对人说："事情干得太草率，皇上倘若有一语问我，绝不会到这个地步!"李业等命令刘铢诛杀郭威、王峻的家属,刘铢极其残忍,连婴儿小孩都没有幸免于难。命令李洪建诛杀王殷的家属,李洪建只派人守卫监视,仍旧供应饮食。

丁丑(十四日),使者到达澶州,李洪义畏缩胆怯,顾虑王殷已经知道此事,不敢动手,便带着孟业去见王殷。王殷囚禁孟业,派遣副使陈光穗把绝密诏书拿给郭威看。郭威召见枢密吏魏仁浦,把诏书拿给他看,说:"怎么办?"魏仁浦说:"您是国家的大臣,功勋名声素来卓著,加上掌握强兵,据守重镇,一旦被小人们所诬陷,灾祸出于不测,这不是用言词所能排解的。事态已经如此,不可坐着等待。"郭威便召集郭崇威、曹威以及众将,告知杨邠等人冤死的情况及王殷派人送来的诏书,又说道:"我与大家披荆斩棘,跟随先帝夺取天下,接受托孤的重任,尽心竭力保卫国家,如今他们已死,我还有什么心思独自活着?各位应当执行诏书指令,斩我的脑袋来禀报天子,大概能不受牵累。"郭崇威等都流着泪说:"天子年少,这必定是天子身边小人们所干的,倘若让这帮小人得志,国家岂能得到安宁?我郭崇威情愿跟从您进京入朝亲自申诉,扫除无能鼠辈来肃清朝廷的污浊,切不可被一个使者所杀,蒙受千古恶名。"翰林天文赵修已对郭威说:"您白白送死有什么好处?不如顺应众人之心,领兵南行,这是天赐良机啊。"郭威便留下他的养子郭荣镇守邺都,命令郭崇威率骑兵前面开路,戊寅(十五日),自己带领大部队接着进发。

【原文】

慕容彦超方食,得诏,舍匕箸入朝。帝悉以军事委之。己卯,吴虔裕入朝。

帝闻郭威举兵南向,议发兵拒之。前开封尹侯益曰:"邺都戍兵家属皆在京师,官军不可轻出,不若闭城以挫其锋,使其母妻登城招之,可不战而下也。"慕容彦超曰:"侯益衰老,为懦夫计耳。"帝乃遣益及阎晋卿、吴虔裕、前保大节度使张彦超将禁军趣澶州。

是日,郭威已至澶州,李洪义纳之。王殷迎谒恸哭,以所部兵从郭威涉河。帝遣内养鸒脱觇郭威,威获之,以表置鸒脱衣领中,使归白帝曰:"臣昨得诏书,延颈俟死。郭崇威等不忍杀臣,云此皆陛下左右贪权无厌者潜臣耳,逼臣南行,诣阙请罪。臣求死不获,力不能制。臣数日当至阙庭。陛下若以臣为有罪,安敢逃刑!若实有潜臣者,愿执付军前以快众心,臣敢不抚谕诸军,退归邺都!"

【译文】

慕容彦超正在吃饭,得到诏书,放下汤勺筷子就进京入朝。后汉隐帝把军事全都委托给了他。己卯(十六日),吴虔裕进京入朝。

隐帝闻知郭威领兵向南,商议发兵抵抗。前开封尹侯益说:"戍守邺都士兵的家属都在京师,官府军队不可轻易出去,不如紧闭城门来挫伤他们的锐气,让他们的父母妻子登上城楼招呼他们回来,可以不战而胜。"慕容彦超说:"侯益已经衰老,只会出胆小鬼的计策。"隐帝便派遣侯益以及阎晋卿、吴虔裕、前保大节度使张彦超带领禁军奔赴澶州。

这天，郭威已经到达澶州，李洪义迎纳郭威；王殷迎接拜见时痛哭流涕，率领所统辖的军队跟随郭威过黄河。隐帝派遣宫中杂役鸾脱暗中监视郭威，郭威抓获了他，把上奏的文表放在鸾脱的衣领里，让他回去告诉隐帝说："臣下昨日得到诏书，伸着脖子等死。郭崇威等不忍心杀我，说这都是陛下身边贪图权势不知满足的人进谗言陷害我，便逼着我向南行进，到宫阙下请罪。我求死不得，又无力量能控制他们。我数日之内必当到达宫阙大庭。陛下如果认为我有罪，岂敢逃避惩处！如果确实有进谗言的小人，希望抓交军前以大快人心，那么，我又岂敢不安抚晓谕各部，撤退回归邺都！"

【原文】

庚辰，郭威趣滑州。辛巳，义成节度使宋延渥迎降。延渥，洛阳人，其妻晋高祖女永宁公主也。郭威取滑州库物以劳将士，且谕之曰："闻侯令公已督诸军自南来，今遇之，交战则非入朝之义，不战则为其所屠。吾欲全汝曹功名，不若奉行前诏，吾死不恨！"皆曰："国家负公，公不负国，所以万人争奋，如报私仇，侯益辈何能为乎？"王峻徇于众曰："我得公处分，俟克京城，听旬日剽掠。"众皆踊跃。

辛巳，鸾脱至大梁。前此帝议自往澶州，闻郭威已至河上而止。帝甚有悔惧之色，私谓窦贞固曰："属者亦太草草。"李业等请空府库以赐诸军，苏禹珪以为未可，业拜禹珪于帝前，曰："相公且为天子勿惜府库！"乃赐禁军人二十缗，下军半之，将士在北者给其家，使通家信以诱之。

【译文】

庚辰（十七日），郭威赶赴滑州。辛巳（十八日），义成节度使宋延渥出迎并投降了郭威。宋延渥是洛阳人，他的妻子是后晋高祖女儿永宁公主。郭威取出滑州仓库的财物来慰劳将士，并且告诉他们说："听说侯令公已经督率各军从南面而来，如今遇上他们，交战就违背进京入朝的本意，不战就将被他们所屠杀。我想成全你们的功名，不如执行日前诏书，我死了也没有遗恨！"众将士都说："朝廷辜负了您，您没有辜负朝廷，因此万众奋勇争先，如同各报私仇一样。侯益一伙能有什么作为呢？"王峻向部众宣布说："我已得郭公的决定，等到攻克京城时，准许抢劫十天。"大家都欢腾雀跃。

辛巳（十八日），鸾脱到达京城大梁。在此之前，隐帝提议准备亲自前往澶州，听说郭威已到黄河边上而作罢。隐帝颇有后悔恐惧的神色，私下对窦贞固说："以前也太草率了。"李业等人请求将仓库中所有财物用来赏赐各军，苏禹珪认为不可以，李业在隐帝面前叩拜苏禹珪，说："相公暂且为天子考虑而不要吝惜仓库财物。"于是赏赐禁军每人二十缗钱，其他军队减半，将士在北面郭威军队中的给他们的家，让眷属通家信来引诱他们。

后周太祖

【原文】

后周太祖圣神恭肃文孝皇帝上广顺元年（辛亥，951年）

春，正月，丁卯，汉太后下诰，授监国符宝，即皇帝位。监国自皋门入宫，即位于崇元殿，制曰："朕周室之裔，虢叔之后，国号宜曰周。"改元，大赦。杨邠、史弘肇、王章等皆赠官，官为敛葬，仍访其子孙叙用之。凡仓场、库务掌纳官吏，无得收斗余、称耗；旧所羡余物，悉罢之。犯窃盗及奸者，并依晋天福元年以前刑名，罪人非反逆，无得诛及亲族，籍没家赀。唐庄宗、明宗、晋高祖各置守陵十房，汉高祖陵职员、宫人，时月荐享及守陵户并如故。初，唐衰，多盗，不用律文，更定峻法，窃盗赃三匹者死。晋天福中，加至五匹。奸有夫妇人，无问强、和，男女并死。汉法，窃盗一钱以上皆死。又罪非反逆，往往族诛、籍没。故帝即位，首革其弊。

【译文】

后周太祖广顺元年（辛亥，公元951年）

春季，正月，丁卯（初五），后汉太后颁下诰令，授予监国郭威传国玺印，正式即皇帝位。郭威从皋门进入皇宫，在崇元殿即位，下制书说："朕是周代宗室的子孙，虢叔的后裔，国号应该叫周。"改年号，实行大赦。杨邠、史弘肇、王章等人都追赠官职，官府将他们收敛安葬，并且寻访他们的子孙依次任用。所有粮食仓库、场院掌管交纳的官吏，不得收取额外的"斗余"、"称耗"。从前以赋税盈余名义进贡物品，全部取消。犯有盗窃罪和强奸罪的，一律按照后晋天福元年以前的刑法条文处理；罪人不犯谋反罪的，不得株连亲戚家族和登记没收家产。后唐庄宗、后唐明宗、后晋高祖安葬处分别设置守陵的人家十户，后汉高祖陵园的官吏、宫人，一年四季供奉祭祀以及守陵户数一律照旧。当初，唐朝衰败，盗贼很多，便不用原来的刑律条文，另外制订严刑酷法，规定盗窃赃物够三匹绢帛的处死。后晋天福年间将处死标准加到五匹绢帛。奸淫有夫之妇，不论强奸、通奸，男女一律处死。后汉刑法规定，盗窃钱一文以上的都处死。罪行并不属于谋反的，往往满门抄斩、没收家产。所以后周太祖郭威一即位，首先革除这些弊端。

【原文】

北汉主谓李存瑰、张元徽曰："朕以高祖之业，一朝坠地，今日位号，不得已而称之。顾我是何天子，汝曹是何节度使邪！"由是不建宗庙，祭祀如家人，宰相月俸止百缗，节度使止三十缗，自余薄有资给而已，故其国中少廉吏。

帝谓王峻曰："朕起于寒微，备尝艰苦，遭时丧乱，一旦为帝王，岂敢厚自奉养以病下民乎！"命峻疏四方贡献珍美食物，庚辰，下诏悉罢之。其诏略曰："所奉止于朕躬，所损被于甿庶。"又曰："积于有司之中，甚为无用之物。"又诏曰：

"朕生长军旅，不亲学问，未知治天下之道，文武官有益国利民之术，各具封事以闻，咸宜直书其事，勿事辞藻。"帝以苏逢吉之第赐王峻，峻曰："是逢吉所以族李崧也！"辞而不处。

帝悉出汉宫中宝玉器数十，碎之于庭，曰："凡为帝王，安用此物？闻汉隐帝日与嬖宠于禁中嬉戏，珍玩不离侧，兹事不远，宜以为鉴！"仍戒左右，自今珍华悦目之物，无得入宫。

【译文】

北汉主刘崇对李存瑰、张元徽说："朕只因为高祖的大业一朝断送，所以今日的帝位年号，是不得已才称的。但我算是什么天子，你们又算是什么节度使啊！"因此不建立宗庙，祭祀祖宗如同普通百姓，宰相每月俸禄只有一百缗钱，节度使只有三十缗钱，其余官员也都只有微薄的供养而已，所以北汉国中很少有廉洁的官吏。

后周太祖对王峻说："朕出身贫寒，饱尝艰辛困苦，遭遇时世沉沦动乱，如今一朝成为帝王，岂敢优厚自己的供养而让下面的百姓吃苦呢！"命令王峻清理四方贡献的珍美食物，庚辰（十八日），下诏令全部停止进贡。诏书大致说："所供养的只给朕一人，而受损害的却遍及黎民百姓。"又说："贡品贮存在官府之中，大多成为无用之物。"又下诏书说："朕生长在军队，没有亲自从师学习，不懂得治理天下的道理，文武官员有利国利民的办法，各自上书奏报让我知道，都应直陈其事，不要讲究辞藻。"后周太祖将苏逢吉的宅第赏赐给王峻，王峻说："这是苏逢吉诛灭李崧家族的起因啊！"推辞而不住。

后周太祖将后汉宫中数十件珠宝玉器全部清理出来，在厅堂上砸碎，说："所有当帝王的，哪里用得着这些东西！听说汉隐帝整日与亲信宠臣在宫禁中游戏玩耍，珍宝古玩不离身边，此事不远，应该引为鉴戒。"并告诫左右的人，从今以后珍贵华丽、赏心悦目的物品，不得进入宫廷。

【原文】

诏加泰宁节度使慕容彦超中书令，遣翰林学士鱼崇谅诣兖州谕指。崇谅，即崇远也。彦超上表谢。三月，壬戌朔，诏报之曰："向以前朝失德，少主用逸，仓促之间，召卿赴阙。卿即奔驰应命，信宿至京，救国难而不顾身，闻君召而不俟驾。以至天亡汉祚，兵散梁郊，降将败军，相继而至，卿即便回马首，径返龟阴。为主为时，有终有始。所谓危乱见忠臣之节，疾风知劲草之心。若使为臣者皆能如兹，则有国者谁不欲用？所言朕潜龙河朔之际，平难浚郊之时，缘不奉示喻之言，亦不得差人至行阙。且事主之道，何必如斯！若或二三于汉朝，又安肯忠信于周室？以此为惧，不亦过乎？卿但悉力推心，安民体国，事朕之节，如事故君，不惟黎庶获安，抑亦社稷是赖。但坚表率，未议替移。由衷之诚，言尽于此。"

【译文】

后周太祖下诏泰宁节度使慕容彦超加官中书令，派遣翰林学士鱼崇谅到兖州宣旨。鱼崇谅就是鱼崇远。慕容彦超进表书道谢。三月，壬戌朔（初一），诏书回复说："昔日因为前代汉朝丧失德政，年少君主听用谗言，危急关头，征召爱卿奔赴宫阙。爱卿立即飞奔疾驰接受命令，只过了两夜便赶到京城，这真是拯救国家危难而不顾自身，听到君主召唤而不等驾车。等到上天结束汉朝国运，军队在大梁郊外溃散，投降的将领、溃败的军队接踵而至，爱卿却立刻就掉转马头，直接返回龟山之阴。对于国君，对于时势，做到有始有终。真所谓危乱关头才看见忠臣的节操，狂风时节才知道劲草的骨气。倘若做臣子的都能如此，那么有国家的君主谁不想任用？表中所说朕到黄河北岸回避退让的关头，在浚水郊外平定乱难的时候，因为没有接到告示，所以也没能派人到朕的行在。但臣子侍奉君主的道理，何必如此！如若对汉朝有三心二意，又怎么肯对周室忠信不二呢？由此产生恐惧，不也过分了吗？爱卿只管尽心竭力，安民利国，侍奉朕的节操，如同侍奉从前的君主一样，不但黎民获得平安，而且国家也依赖于此。朕只想坚定爱卿的表率作用，从未议论过撤换。一片肺腑之言，话全说到这里。"

【原文】

六月，辛亥，以枢密使、同平章事王峻为左仆射兼门下侍郎，枢密副使、兵部侍郎范质、户部侍郎判三司李穀为中书侍郎，并同平章事，穀仍判三司。癸丑，范质参知枢密院事。丁巳，以宣徽北院使翟光邺兼枢密副使。

初，帝讨河中，已为人望所属；李穀时为转运使，帝数以微言动之，穀但以人臣尽节为对，帝以是贤之。即位，首用为相。时国家新造，四方多故，王峻夙夜尽心，知无不为，军旅之谋，多所裨益。范质明敏强记，谨守法度。李穀沉毅有器略，在帝前议论，辞气慷慨，善譬谕以开主意。

【译文】

六月，辛亥（二十一日），后周太祖任命枢密使、同平章事王峻为左仆射兼门下侍郎，枢密副使及兵部侍郎范质与户部侍郎、判三司李穀为中书侍郎，都为同平章事，而李穀保留原来的职务。癸丑（二十三日），范质参与主持枢密院事务。丁巳（二十七日），任命宣徽北院使翟光邺兼枢密副使。

当初，后周太祖征讨河中，已为众望所归。李穀当时任转运使，后周太祖多次用委婉的言语打动他，李穀只用为人臣子应该尽守臣节作为回答，后周太祖因此认为他有贤德。即皇帝位后，便首先任用他为宰相。当时国家新建，四方多事，王峻日夜绞尽脑汁，知道的事没有不去做的，军事谋划，常出良策补益。范质精明敏锐，博闻强记，严守法律制度。李穀沉静坚毅，有才气胆略，在后周太祖面前议论朝政，言辞慷慨激昂，善于运用譬喻来启发皇帝的意向。

【原文】

帝以北汉、契丹之兵犹在晋州，甲子，以王峻为行营都部署，将兵救之。诏诸军皆受峻节度,听以便宜从事,得自选择将吏。乙丑,峻行,帝自至城西饯之。

王峻留陕州旬日,帝以北汉攻晋州急,忧其不守,议自将由泽州路与峻会兵救之,且遣使谕峻。十二月,戊子朔,下诏以三日西征。使者至陕,峻因使者言于帝曰:"晋州城坚,未易可拔,刘崇兵锋方锐,不可力争。所以驻兵,待其气衰耳,非臣怯也。陛下新即位,不宜轻动。若车驾出氾水,则慕容彦超引兵入汴,大事去矣!"帝闻之,自以手提耳曰:"几败吾事!"庚寅,敕罢亲征。

【译文】

后周太祖因为北汉、契丹的军队仍在晋州,甲子(十一月初六),任命王峻为行营都部署,领兵援救晋州。颁诏令各路军队都接受王峻的调度指挥,授权王峻根据情况需要便宜从事,可以自己选择任命将领官吏。乙丑(初七),王峻出征,后周太祖亲自到城西为他饯行。

王峻在陕州停留十日,后周太祖因北汉军队攻打晋州紧急,担心晋州不能坚守,商议亲自统军从泽州路与王峻会师救援晋州,并且派遣使者告知王峻。十二月,戊子朔(初一),后周太祖下诏令于三日出发西征。使者到达陕州,王峻通过使者转告后周太祖说:"晋州城池坚固,不易攻破;刘崇军队前锋正锐气十足,不可力争。臣之所以屯兵不进,只为等待他们士气低落罢了,不是臣下心虚胆怯。陛下新近即位,不宜轻举妄动。倘若陛下大驾从氾水出来,慕容彦超领兵进入汴京的话,大事就完了。"后周太祖听到这话,不觉自己用手拉耳朵说:"差点坏了我的大事!"庚寅(初三),敕命取消原定的亲征计划。

【原文】

初,泰宁节度使兼中书令慕容彦超闻徐州平,疑惧愈甚,乃招纳亡命,畜聚薪粮,潜以书结北汉,吏获其书以闻。又遣人诈为商人求援于唐。帝遣通事舍人郑好谦就申慰谕,与之为誓。彦超益不自安,屡遣都押牙郑麟诣阙,伪输诚款,实觇机事;又献天平节度使高行周书,其言皆谤毁朝廷与彦超相结之意。帝笑曰:"此彦超之诈也!"以书示行周,行周上表谢恩。既而彦超反迹益露。丙申,遣阁门使张凝将兵赴郓州巡检以备之。

庚子,王峻至绛州;乙巳,引兵趣晋州。晋州南有蒙坑,最为险要,峻忧北汉兵据之。是日,闻前锋已度蒙坑,喜曰:"吾事济矣!"

【译文】

当初,泰宁节度使兼中书令慕容彦超听说徐州平定,疑虑恐惧愈发加重,便招纳亡命之徒,积聚粮草,暗中写书信勾结北汉,官吏截获书信而奏报。慕容彦超又派人装作商人向南唐寻求援助。后周太祖派遣通事舍人郑好谦前去申明劝慰之意,与他立下誓约。慕容彦超更加不安,屡次派遣都押牙郑麟到朝廷,表面上假表忠心,实际上刺探机密;又献上天平节度使高行周的书信,信中讲的都是诽谤朝廷与慕容彦超私相勾结的话。后周太祖笑道:"这是慕容彦超的诡计啊!"将书信拿给高行周看,高行周上表感谢皇恩。不久慕容彦超谋反的迹象日益显露。丙申（初九），后周太祖派遣阁门使张凝领兵赶赴郓州巡行检查来防备他。

庚子（十三日），王峻到达绛州；乙巳（十八日），领兵奔赴晋州。晋州南面有个蒙坑，地形最为险要，王峻担心北汉军队占据它。当天，听说前锋部队已过蒙坑，欣喜地说："我的大事成功了！"

【原文】

慕容彦超奏请入朝，帝知其诈，即许之。既而复称境内多盗，未敢离镇。

北汉主攻晋州，久不克。会大雪，民相聚保山寨，野无所掠，军乏食。契丹思归，闻王峻至蒙坑，烧营夜遁。峻入晋州，诸将请亟追之，峻犹豫未决。明日，乃遣行营马军都指挥使仇弘超、都排陈使药元福、左厢排除使陈思让、康延沼将骑兵追之，及于霍邑，纵兵奋击，北汉兵坠崖谷死者甚众。霍邑道隘，延沼畏懦不急追，由是北汉兵得渡。药元福曰："刘崇悉发其众，挟明骑而来，志吞晋、绛。今气衰力惫，狼狈而遁，不乘此蕲扑，必为后患。"诸将不欲进，王峻复遣使止之，遂还。契丹比至晋阳，士马什丧三四。萧禹厥耻于无功，钉大酋长一人于市，旬余而斩之。北汉主始息意于进取。北汉土瘠民贫，内供军国，外奉契丹，赋繁役重，民不聊生，逃入周境者甚众。

【译文】

慕容彦超上表奏请进京入朝，后周太祖明知他有诈，但也立即应许他。不久彦超又说境内强盗太多，不敢离开镇所。

北汉主攻打晋州，久攻不下。碰上天下大雪，百姓互相聚集保守山寨，野外没有可抢掠的，军队缺乏食物。契丹军队想返回，听说王峻到达蒙坑，便焚烧营帐连夜逃跑。王峻进入晋州，众将请命立即追赶，王峻犹豫没做决定。第二天，才派遣行营马军都指挥使仇弘超、都排阵使药元福、左厢排除使陈思让、康延沼率领骑兵追击，赶到霍邑，放任士兵奋勇击杀，北汉士兵坠落山崖深谷摔死的非常多。霍邑道路狭窄，康延沼畏缩害怕不敢紧追，因此北汉军队得以渡河。药元福说："刘崇调动他的全部军队，挟持胡人骑兵一起前来，志在吞并晋州、绛州。如今对方士气衰落疲惫不堪，狼狈逃窜。不乘此时歼灭，必定留为后患。"众将不想继续挺进，王峻又派人制止，于是返回。等到契丹军队到达晋阳，士卒马匹损失十分之三四。萧禹厥因无功败归感到耻辱，将一名大酋长钉在街市上，十几天以后才斩杀。北汉主开始打消南下进取的念头。北汉土地贫瘠、人民穷困，官府的费用内要供给军队、外要向契丹贡献钱财，赋税繁多，徭役沉重，民不聊生，逃入后周地界的人很多。

王峻狂躁

【原文】

后周太祖圣神恭肃文武皇帝中广顺三年（癸丑，953年）

枢密使、平卢节度使、同平章事王峻，晚节益狂躁，奏请以端明殿学士颜衎、枢密直学士陈观代范质、李谷为相，帝曰："进退宰辅，不可仓猝，俟朕更思之。"峻力论列，语浸不逊，日向中，帝尚未食，峻争之不已。帝曰："今方寒食，俟假开，如卿所奏。"峻乃退。

癸亥，帝亟召宰相、枢密使入，幽峻于别所。帝见冯道等，泣曰："王峻陵朕太甚，欲尽逐大臣，翦朕羽翼。朕惟一子，专务间阻，暂令诣阙，已怀怨望。岂有身典枢机，复兼宰相，又求重镇！观其志趣，殊未盈厌。无君如此，谁则堪之！"甲子，贬峻商州司马，制辞略曰："肉视群后，孩抚朕躬。"帝虑邺都留守王殷不自安，命殷子尚食使承诲诣殷，谕以峻得罪之状。峻至商州，得腹疾，帝犹愍之，命其妻往视之，未几而卒。

【译文】

后周太祖广顺三年（癸丑，公元953年）

枢密使、平卢节度使、同平章事王峻晚年越发狂妄骄躁，上奏要求任命端明殿学士颜衎、枢密直学士陈观为宰相，代替范质、李谷。太祖说："任用和罢免宰相不能匆忙决定，等我再仔细想想。"王峻极力争辩，说话越来越不恭敬。到了晌午，太祖还没有进食，王峻仍然在没完没了地争论。太祖说："今天是寒食节，等放完假就按你说的办吧。"王峻这才告退。

癸亥，太祖紧急召见宰相、枢密使，将王峻囚禁在别的地方。太祖见了冯道等人，哭着说："王峻太不把我放在眼里，想把大臣都赶走，让我没了左膀右臂。我只有一个儿子，王峻却百般阻止我们见面，让他进宫一次，王峻知道就满怀怨恨。再说哪里有主持枢密院又兼任宰相，还想领导重要藩镇的道理。看他的行事作风，一定没有满足的时候。如此目无君主，谁能忍受！"次日便将王峻贬为商州司马，诏书大概说："王峻把众臣看作案板上的肉，把君主当作几岁的孩童。"太祖考虑邺都留守王殷会不安，便令王殷的儿子尚食使王承诲去王殷处，告知他王峻获罪的情由。王峻到商州后得了腹泻，太祖仍然体恤他，让他的妻子前去探视，没多久王峻就去世了。

太祖说："任用和罢免宰相不能匆忙决定，等我再仔细想想。"王峻极力争辩，说话越来越不恭敬。到了晌午，太祖还没有进食，王峻仍然在没完没了地争论。

北抗契丹

【原文】

后周太祖圣神恭肃文武孝皇帝下显德元年（甲寅，954年）

丙子，帝至晋阳城下，旗帜环城四十里。杨衮疑北汉代州防御使郑处谦贰于周，召与计事，欲图之。处谦知之，不往。衮使胡骑数十守其城门，处谦杀之，因闭门拒衮。衮奔归契丹。契丹主怒其无功，囚之。处谦举城来降。丁丑，置静塞军于代州，以郑处谦为节度使。

契丹数千骑屯忻、代之间，为北汉之援。庚辰，遣符彦卿等将步骑万余击之。彦卿入忻州，契丹退保忻口。

符彦卿奏请益兵，癸巳，遣李筠、张永德将兵三千赴之。契丹游骑时至忻州城下，丙申，彦卿与诸将陈以待之。史彦超将二十骑为前锋，遇契丹，与战，李筠引兵继之，杀契丹两千人。彦超恃勇轻进，去大军浸远，众寡不敌，为契丹所杀，筠仅以身免，周兵死伤甚众。彦卿退保忻州，寻引兵还晋阳。

时大发兵夫，东自怀、孟，西及蒲、陕，以攻晋阳，不克。会久雨，士卒疲病，及史彦超死，乃议引还。

初，王得中返自契丹，值周兵围晋阳，留止代州。及桑珪杀郑处谦，囚得中，送于周军。帝释之，赐以带、马，问："虏兵何时当至？"得中曰："臣受命送杨衮，他无所求。"或谓得中曰："契丹许公发兵，公不以实告，契丹兵即至，公得无危乎？"得中太息曰："吾食刘氏禄，有老母在围中，若以实告，周人必发兵据险以拒之。如此，家国两亡，吾独生何益？不若杀身以全家国，所得多矣！"甲辰，帝以得中欺罔，缢杀之。

乙巳，帝发晋阳。匡国节度使药元福言于帝曰："进军易，退军难。"帝曰："朕一以委卿。"元福乃勒兵成列而殿。北汉果出兵追蹑，元福击走之。然军还匆遽，刍粮数十万在城下，悉焚弃之。军中讹言相惊，或相剽掠，军需失亡不可胜计。所得北汉州县，周所置刺史等皆弃城走，惟代州桑珪既叛北汉，又不敢归周，婴城自守，北汉遣兵攻拔之。

帝违众议破北汉，自是政事无大小皆亲决，百官受成于上而已。河南府推官高锡上书谏，以为："四海之广，万机之众，虽尧、舜不能独治，必择人而任之。今陛下一以身亲之，天下不谓陛下聪明睿智足以兼百官之任，皆言陛下褊迫疑忌举不信群臣也。不若选能知人公正者以为宰相，能爱民听讼者以为守令，能丰财足食者使掌金谷，能原情守法者使掌刑狱，陛下但垂拱明堂，视其功过而赏罚之，天下何忧不治？何必降君尊而代臣职，屈贵位而亲贱事，无乃失为政之本乎？"帝不从。

【译文】

后周太祖显德元年（甲寅，公元954年）

丙子（五月初三），后周世宗到达晋阳城下，军队旗帜环绕晋阳城长达四十里。

杨衮怀疑北汉代州防御使郑处谦要投降，便召他商计军事，准备借机处置他。郑处谦知此情况，不肯前往。杨衮派胡人骑兵数十名把守代州城门，郑处谦杀死他们，关上城门拒绝杨衮进来。杨衮逃回契丹。契丹主恼怒杨衮没有立功，囚禁了他。郑处谦率领全城前来投降。丁丑（初四），后周在代州设置静塞军，任命郑处谦为节度使。

契丹数千骑兵屯驻在忻州、代州之间，作为北汉的援军。庚辰（初七），后周派遣符彦卿等人率领步兵、骑兵一万多出击。符彦卿进入忻州，契丹军队后退保守忻口。

符彦卿上奏请求增加兵力，癸巳（二十日），后周派遣李筠、张永德领兵三千赶赴前线。契丹流动骑兵时常到达忻州城下，丙申（二十三日），符彦卿和众将列阵等待契丹军队。史彦超带领二十骑兵作为前锋，遇到契丹军队，进行战斗，李筠领兵增援，杀死契丹二千人。史彦超恃仗勇敢，轻易冒进，离开大部队越来越远，寡不敌众，被契丹军队杀死，李筠仅仅只身逃免，后周士兵死伤很多。符彦卿后退保守忻州，不久领兵返回晋阳。

当时大量征发军队民夫，东起怀州、孟州，西至蒲州、陕州，用以进攻晋阳，还是没有攻克。后遇上长时间下雨，士兵疲劳生病，以及史彦超又战死，于是商议退兵回还。

起初，王得中从契丹返回，正值后周军队围困晋阳，便停留住在代州。等桑珪杀死了郑处谦，便囚禁王得中，将他送到后周军中。世宗释放王得中，赐给玉带、马匹，问："契丹军队什么时候会到？"王得中说："我只受命送杨衮，没有别的使命。"有人对王得中说："契丹答应您发兵，您不将实情禀告，倘若契丹军队立即到达，您不就危在旦夕了吗？"王得中叹息说："我吃刘氏的俸禄，又有老母在围城之中，倘若将实情禀告，周人必定发兵占据险要来抵抗。这样一来，家庭、国家双亡，我独自活着又有何用？不如杀身来保全家国，所得到的就多了！"六月甲辰（初二），世宗因为王得中进行欺骗，便勒死了他。

乙巳（初三），世宗从晋阳出发。匡国节度使药元福向世宗进言说："进军容易，退军困难。"世宗说："朕就全部委托给你了。"药元福便整顿军队排成行列断后。北汉果然派出军队追踪，药元福打跑追兵。然而军队返回匆忙仓促，数十万粮草还在晋阳城下，只好全部焚烧丢弃。军人中谣言流传相互惊扰，有的互相抢劫，军用物资损失无法计算。所得到的北汉州、县，后周所设置的刺史等都弃城逃跑，只有代州桑珪已经背叛北汉，但又不敢归顺后周，只好环城自守，北汉派兵攻占代州。

后周世宗违背朝臣众议击败北汉，从此政事无论大小全都由他亲自决定，文武百官只是从皇上那里接受成命罢了。河南府推官高锡上书劝谏，认为："天下之大，日常政务的繁多，即使是唐尧、虞舜也不能独自治理，必定要选择贤人来任用他们。如今陛下全部亲自处理，但天下人并不认为陛下聪明智慧足以兼任百官的职责，却都说陛下狭隘多疑，全不相信朝廷群臣！不如选择能够知人善任、公正无私的人作为宰相，委派能够爱护百姓、善理诉讼的人作为州守县令，委派能够增加财富、丰衣足食的人掌管金银粮食，委派能够推究实情、遵守法制的人掌管刑法监狱，那么陛下只需在朝廷垂衣拱手，根据他们的功过而进行赏罚，天下何愁不治？何必降低国君的尊严而代替臣子的职责，枉屈高贵的地位而亲理低贱的事务，这不是丢失了为政的根本了吗？"世宗不听从。

南征淮水

【原文】

后周世宗太祖圣神恭肃文武孝皇帝下显德三年（丙辰，956年）

庚子，帝下诏亲征淮南，以宣徽南院使、镇安节度使向训权东京留守，端明殿学士王朴副之，彰信节度使韩通权点检侍卫司及在京内外都巡检。命侍卫都指挥使、归德节度使李重进将兵先赴正阳，河阳节度使白重赞将亲兵三千屯颍上。壬寅，帝发大梁。

李穀攻寿州，久不克。唐刘彦贞引兵救之，至来远镇，距寿州二百里，又以战舰数百艘趣正阳，为攻浮梁之势。李穀畏之，召将佐谋曰："我军不能水战，若贼断浮梁，则腹背受敌，皆不归矣！不如退守浮梁以待车驾。"上至围镇，闻其谋，亟遣中使乘驿止之。比至，已焚刍粮，退保正阳。丁未，帝至陈州，亟遣李重进引兵趣淮上。

【译文】

后周世宗显德三年（丙辰，公元956年）

庚子（正月初六），后周世宗颁下诏书亲自出征淮南，任命宣徽南院使、镇安节度使向训为代理东京留守，端明殿学士王朴为副留守，彰信节度使韩通代理点检侍卫司以及在京内外都巡检。命令侍卫都指挥使、归德节度使李重进领兵先赶赴正阳，河阳节度使白重赞带领亲兵三千屯驻颍上。壬寅（初八），世宗从大梁出发。

李穀进攻寿州，许久没攻下。南唐刘彦贞领兵救援，到达来远镇，距离寿州二百里，又派战舰数百艘赶赴正阳，造成攻击浮桥的态势。李穀畏惧南唐水军，召集将领僚佐商量说："我军不善于水战，倘若贼寇截断浮桥，我们就会腹背受敌，全都不能返回了。不如退守浮桥来等待皇上。"世宗到达围镇，听说李穀的计谋，立即派遣官中使者乘着驿站车马去制止。等使者到达，李穀已焚烧粮草，退守正阳。丁未（十三日），世宗到达陈州，立即派遣李重进领兵赶赴淮上。

【原文】

辛亥，李穀奏："贼舰中淮而进，弩炮所不能及，若浮梁不守，则众心动摇，须至退军。今贼舰日进，淮水日涨，若车驾亲临，万一粮道阻绝，其危不测。愿陛下且驻跸陈、颍，俟李重进至，臣与之共度贼舰可御，浮梁可完，立具奏闻。但若厉兵秣马，春去冬来，足使贼中疲弊，取之未晚。"帝览奏，不悦。

【译文】

辛亥（十七日），李穀上奏："贼寇战舰在淮水中央前进，弓弩石炮的射程不能到达，倘若浮桥失守，就会人心动摇，必定退兵。如今贼寇战舰每日前进，淮水日益上涨，倘若皇上大驾亲临，万一粮道断绝，那危险就难以预测。希望陛下暂且驻在陈州、颍州，等待李重进到达，臣与他共同商量如何阻止贼寇战舰，如何保全浮桥，立即陈奏。倘若我军厉兵秣马做好准备，春去冬来等待时机，足以使贼寇疲惫不堪，到那时取之未晚。"世宗阅览奏报，很不高兴。

【原文】

刘彦贞素骄贵，无才略，不习兵，所历藩镇，专为贪暴，积财巨亿，以赂权要，由是魏岑等争誉之，以为治民如龚、黄，用兵如韩、彭，故周师至，唐主首用之。其裨将咸师朗等皆勇而无谋，闻李穀退，喜，引兵直抵正阳，旌旗辎重数百里，刘仁赡及池州刺史张全约固止之。仁赡曰："公军未至而敌人先遁，是畏公之威声也，安用速战？万一失利，则大事去矣！"彦贞不从。既行，仁赡曰："果遇，必败。"乃益兵乘城为备。李重进度淮，逆战于正阳东，大破之，斩彦贞，生擒咸师朗等，斩首万余级，伏尸三十里，收军资器械三十余万。是时江、淮久安，民不习战，彦贞既败，唐人大恐，张全约收余众奔寿州，刘仁赡表全约为马步左厢都指挥使。皇甫晖、姚凤退保清流关。滁州刺史王绍颜委城走。

【译文】

刘彦贞素来骄横宠贵，既无才能谋略，又不熟悉军事，历次任职藩镇，专行贪婪暴虐，积累财产达万万，用来贿赂当权要人，因此魏岑等权臣争相称誉他，认为他治理百姓如同西汉的龚遂、黄霸，用兵打仗如同西汉的韩信、彭越，所以后周军队来到，南唐主首先起用他。刘彦贞的副将咸师朗等人都有勇无谋，听说李穀退兵，大喜，领兵直达正阳，各色旗帜、军需运输前后长达数百里，刘仁赡和池州刺史张全约再三劝阻刘彦贞。刘仁赡说："您的军队未到而敌人先跑，这是畏惧您的声威啊！何必用速战速决的办法？万一失利的话，大事就完了。"刘彦贞不听。已经出行，刘仁赡说："果真遇上敌人，必定失败。"便增加士兵登上城楼做好战备。李重进渡过淮河，在正阳东面迎战，大败南唐军队，斩杀刘彦贞，活捉咸师朗等，斩得首级一万多，躺伏在地上的尸体长达三十里，收缴军用物资器材三十多万件。此时长江、淮河一带长久平安无事，百姓不懂得打仗，刘彦贞既已战败，南唐人大为恐慌，张全约收集残余的部众投奔寿州，刘仁赡上表荐举张全约为马步左厢都指挥使。皇甫晖、姚凤后退保守清流关。滁州刺史王绍颜弃城逃跑。

【原文】

壬子，帝至永宁镇，谓侍臣曰："闻寿州围解，农民多归村落，今闻大军至，必复入城。怜其聚为饿殍，宜先遣使存抚，各令安业。"甲寅，帝至正阳，以李重进代李穀为淮南道行营都招讨使，以穀判寿州行府事。丙辰，帝至寿州城下，营于淝水之阳，命诸军围寿州，徙正阳浮梁于下蔡镇。丁巳，征宋、亳、陈、颍、徐、宿、许、蔡等州丁夫数十万以攻城，昼夜不息。唐兵万余人维舟于淮，营于涂山之下。

庚申，帝命太祖皇帝击之，太祖皇帝遣百余骑薄其营而伪遁，伏兵邀之，大败唐兵于涡口，斩其都监何延锡等，夺战舰五十余艘。

二月，丙寅，下蔡浮梁成，上自往视之。

【译文】

壬子（十八日），世宗到达永宁镇，对侍从诸臣说："听说寿州围困解除，农民大多回归村落，如今听说大部队到达，必定再次入城。可怜他们聚集起来都会被饿死，应先派遣使者安抚，让他们各自安心务农。"甲寅（二十日），世宗到达正阳，任命李重进代替李穀为淮南道行营都招讨使，任命李穀兼理寿州行府事务。丙辰（二十二日），世宗到达寿州城下，在淝水北岸立营，命令各军包围寿州，将正阳浮桥移到下蔡镇。丁巳（二十三日），征发宋州、亳州、陈州、颖州、徐州、宿州、许州、蔡州等地壮丁数十万来攻城，昼夜不停。南唐一万多人将船只停靠在淮河上，在涂山脚下立营。庚申（二十六日），世宗命令宋太祖皇帝赵匡胤出击，宋太祖皇帝派遣一百多骑兵进逼南唐军营而又假装逃跑，埋伏的部队乘机拦击南唐追兵，在涡口大败南唐军队，斩杀南唐都监何延锡等人，夺取战舰五十多艘。

二月，丙寅（初二），下蔡浮桥架成，后周世宗亲自前往视察。

【原文】

戊辰，庐、寿、光、黄巡检使元城司超奏败唐兵三千余人于盛唐，擒都监高弼等，获战舰四十余艘。

上命太祖皇帝倍道袭清流关。皇甫晖等陈于山下，方与前锋战，太祖皇帝引兵出山后，晖等大惊，走入滁州，欲断桥自守。太祖皇帝跃马麾兵涉水，直抵城下。晖曰："人各为其主，愿容成列而战。"太祖皇帝笑而许之。晖整众而出，太祖皇帝拥马颈突陈而入，大呼曰："吾止取皇甫晖，他人非吾敌也！"手剑击晖，中脑，生擒之，并擒姚凤，遂克滁州。后数日，宣祖皇帝为马军副都指挥使，引兵夜半至滁州城下，传呼开门。太祖皇帝曰："父子虽至亲，城门王事也，不敢奉命。"明旦，乃得入。

【译文】

戊辰（初五），庐、寿、光、黄巡检使元城人司超奏报在盛唐县击败南唐军队三千多人，擒获都监高弼等人，缴获战舰四十多艘。

后周世宗命令宋太祖皇帝兼程而行袭击清流关。皇甫晖等在山下列阵，正与后周前锋部队交战，宋太祖皇帝领兵从山后出来，皇甫晖等大吃一惊，逃入滁州城中，打算毁断护城河桥坚守。宋太祖皇帝跃马指挥军队涉水而过，直抵城下。皇甫晖说："人都各为自己的主子效力，希望容我排好队列再战。"宋太祖皇帝笑着答应了他。皇甫晖整顿部众出城，宋太祖皇帝抱住马脖子突破敌阵冲进去，大喊道："我只取皇甫晖，别人都不是我的敌人！"手持长剑攻击皇甫晖，刺中脑袋，生擒活捉，并擒获了姚凤，随即攻克滁州。数日以后，宋太祖皇帝的父亲宋宣祖皇帝为马军副都指挥使,半夜领兵到达滁州城下,传令呼喊开门。宋太祖皇帝说:"父子虽然最亲,但城门开启是王朝大事,不敢随便从命。"第二天早上才进去。

【原文】

上遣翰林学士窦仪籍滁州帑藏,太祖皇帝遣亲吏取藏中绢。仪曰:"公初克城时,虽倾藏取之,无伤也。今既籍为官物,非有诏书,不可得也。"太祖皇帝由是重仪。诏左金吾卫将军马崇祚知滁州。

初,永兴节度使刘词遗表荐其幕僚蓟人赵普有才可用。会滁州平,范质荐普为滁州军事判官,太祖皇帝与语,悦之。时获盗百余人,皆应死,普请先讯鞫然后决,所活十七八。太祖皇帝益奇之。

【译文】

后周世宗派遣翰林学士窦仪清点登记滁州库存的物资,宋太祖皇帝派心腹官吏提取库藏绢帛。窦仪说:"您在攻克州城之初时,即使把库中东西取光,也无妨碍;如今已经登录为官府物资,没有诏书命令,是不可取得的。"宋太祖皇帝因此器重窦仪。世宗诏令左金吾卫将军马崇祚为知滁州。

起初,永兴节度使刘词在死前遗表荐举他的幕僚蓟州人赵普,说他有才能可以重用。适逢滁州平定,范质推荐赵普为滁州军事判官,宋太祖皇帝和他交谈,很喜欢他。当时捕获强盗一百余人,都应处死,赵普请求先审讯然后处决,结果活下来的占十分之七八。宋太祖皇帝更加认为他是个奇才。

【原文】

太祖皇帝威名日盛,每临陈,必以繁缨饰马,铠仗鲜明。或曰:"如此,为敌所识。"太祖皇帝曰:"吾固欲其识之耳!"

唐主遣泗州牙将王知朗赍书抵徐州,称:"唐皇帝奉书大周皇帝,请息兵修好,愿以兄事帝,岁输货财以助军费。"甲戌,徐州以闻,帝不答。戊寅,命前武胜节度使侯章等攻寿州水寨,决其壕之西北隅,导壕水入于淝。

太祖皇帝遣使献皇甫晖等,晖伤甚,见上,卧而言曰:"臣非不忠于所事,但士卒勇怯不同耳。臣向日屡与契丹战,未尝见兵精如此。"因盛称太祖皇帝之勇。上释之,后数日卒。

【译文】

宋太祖皇帝的威名日益盛大,每当亲临军阵,必定用精美的璎珞装饰坐骑,铠甲兵器锃亮耀眼。有人说:"像这样,会被敌人认出。"宋太祖皇帝说:"我本来就是想让敌人认识我!"

南唐主派遣泗州牙将王知朗携带书信抵达徐州,称:"南唐皇帝奉书信于大周皇帝,请求休战讲和,情愿把皇帝当作兄长来侍奉,每年贡献货物财宝来襄助军费。"甲戌(十一日),徐州将书信奏报;后周世宗不作回答。戊寅(十五日),后周世宗命令前武胜节度使侯章等人进攻寿州水寨，在护城河的西北角打开决口，将护城河水引入淝水。

宋太祖皇帝派遣使者献上皇甫晖等战俘，皇甫晖伤势很重，见到世宗，卧着说道："臣下不是不忠于所侍奉的主人，只是士兵有勇敢胆怯的区别罢了。臣下往日屡次与契丹交战，未曾见到过像您这样精锐的军队。"因而盛赞宋太祖皇帝的勇敢。世宗释放了他，数日之后去世。

【原文】

唐主兵屡败，惧亡，乃遣翰林学士、户部侍郎钟谟、工部侍郎、文理院学士李德明奉表称臣，来请平，献御服、茶药及金器千两，银器五千两，缯锦二千匹，犒军牛五百头，酒二千斛，壬午，至寿州城下。谟、德明素辩口，上知其欲游说，盛陈甲兵而见之，曰："尔主自谓唐室苗裔，宜知礼义，异于他国。与朕止隔一水，未尝遣一介修好，惟泛海通契丹，舍华事夷，礼义安在？且汝欲说我令罢兵邪？我非六国愚主，岂汝口舌所能移邪！可归语汝主：亟来见朕，再拜谢过，则无事矣。不然，朕欲观金陵城，借府库以劳军，汝君臣得无悔乎！"谟、德明战栗不敢言。

【译文】

南唐主因军队屡遭败绩，惧怕灭亡，便派遣翰林学士、户部侍郎钟谟和工部侍郎、文理院学士李德明奉上表书称臣，前来请求讲和，进献皇帝专用的服装、汤药以及金器一千两，银器五千两，缯帛织锦两千匹，犒劳军队的牛五百头，酒二千斛，壬午（十九日），到达寿州城下。钟谟、李德明一向能说善辩，世宗知道他们打算游说，命令副武装的士兵严整列队而接见，说："你们的君主自称是唐皇室的后裔，应该懂得礼仪，同别的国家不一样。与朕只有一水之隔，却未曾派遣过一位使者来建立友好关系，反而漂洋过海去勾结契丹，舍弃华夏而臣事蛮夷，礼仪在哪里呢？再说你们准备向我游说让我休战？我不是战国时代六国那样的愚蠢君主，岂是你们用口舌就能令我改变主意？你们可以回去告诉你们的君主：马上来见朕，下跪再拜认罪谢过，那就没有事了。不然的话，朕打算亲自到金陵城观看，借用金陵国库来慰劳军队，你们君臣可不要后悔啊！"钟谟、李德明全身发抖，不敢说话。

【原文】

乙酉，韩令坤奄至扬州。平旦，先遣白延遇以数百骑驰入城，城中不之觉，令坤继至。唐东都营屯使贾崇焚官府民舍，弃城南走，副留守工部侍郎冯延鲁髡发被僧服，匿于佛寺，军士执之。令坤慰抚其民，使皆安堵。

【译文】

乙酉（二十二日），韩令坤突然到达扬州。天大亮时，先派遣白延遇率数百骑兵奔驰入城，城中没有觉察，韩令坤接着到达。南唐东都营屯使贾崇焚毁政府官邸、百姓房屋，弃城往南逃奔，副留守工部侍郎冯延鲁剃发披上僧服，躲藏进佛寺，军士抓获了他。韩令坤慰问安抚扬州百姓，让他们都安居如常。

世宗归天

【原文】

后周世宗睿武孝文皇帝下显德六年（己未，959年）

二月，丙子朔，命王朴如河阴按行河堤，立斗门于汴口。壬午，命侍卫都指挥使韩通、宣徽南院使吴廷祚，发徐、宿、宋、单等州丁夫数万浚汴水。甲申，命马军都指挥使韩令坤自大梁城东导汴水入于蔡水，以通陈、颍之漕，命步军都指挥使袁彦浚五丈渠东过曹、济、梁山泊，以通青、郓之漕，发畿内及滑、亳丁夫数千以供其役。

丁亥，开封府奏田税旧一十万二千余顷，今按行得羡田四万二千余顷，敕减三万八千顷。诸州行苗使还，所奏羡田，减之仿此。

淮南饥，上命以米贷之。或曰："民贫，恐不能偿。"上曰："民吾子也，安有子倒悬而父不为之解哉！安在责其必偿也！"

【译文】

后周世宗睿显德六年（己未，公元959年）

二月，丙子朔（初一），后周世宗命令王朴前往河阴巡视黄河堤防，在汴水入河口建立放水闸门。壬午（初七），命令侍卫都指挥使韩通、宣徽南院使吴廷祚，征发徐州、宿州、宋州、单州等地壮丁民夫数万人疏通汴水。甲申（初九），命令马军都指挥使韩令坤从大梁城东面引汴水流入蔡水，来打通陈州、颍州的运粮水道，命令步军都指挥使袁彦疏通五丈渠，向东经过曹州、济州、梁山泊，以打通青州、郓州的运粮水道，征发京城所辖地区之内和滑州、亳州壮丁民夫数千人来提供给这些工程。

丁亥（十二日），开封府奏报征取租税的田地原为十万二千多顷，如今核查得到多出的田地有四万二千多顷，后周世宗敕令减免租税三万八千顷。各州巡视苗田使者回来，所奏报多出的田地，减免租税的比例仿照开封府。

淮南闹饥荒，后周世宗命令把粮食借贷给百姓。有人说："百姓贫穷，恐怕不能偿还。"世宗说："百姓是我的子女，哪有子女倒悬在那里而父亲不为他解脱的道理呢？哪会要求百姓必定偿还呢？"

【原文】

立皇子宗训为梁王，领左卫上将军；宗让为燕王，领左骁卫上将军。

上欲相枢密使魏仁浦，议者以仁浦不由科第，不可为相。上曰："自古用文武才略者为辅佐，岂尽由科第邪！"己丑，加王溥门下侍郎，与范质皆参知枢密院事。以仁浦为中书侍郎、同平章事，枢密使如故。仁浦虽处权要而能谦谨，上性严急，近职有忤旨者，仁浦多引罪归己以救之，所全活什七八。故虽起刀笔吏，致位宰相，时人不以为忝。又以宣徽南院使吴延祚为左骁卫上将军，充枢密使；加归德节度使、侍卫亲军都虞侯韩通、镇宁节度使兼殿前都点检张永德并同平章事，仍以通充侍卫亲军副都指挥使；以太祖皇帝兼殿前都点检。

【译文】
　　后周世宗立皇子柴宗训为梁王，兼领左卫上将军；柴宗让为燕公，兼领左骁卫上将军。
　　后周世宗打算任用枢密使魏仁浦为宰相，参与商议的人认为魏仁浦不从科举及第，不可以担任宰相。世宗说："自古以来任用有文才武略的人作为辅佐，哪里全是从科举及第的呢？"己丑（六月十五日），王溥加官门下侍郎，与范质都参与主持枢密使院事务。任命魏仁浦为中书侍郎、同平章事，枢密使之职照旧。魏仁浦虽然身处权力要津而能谦虚谨慎，世宗性格严厉急躁，周围官员有违反旨意的，魏仁浦大多将罪过归于自身来拯救他们，所保全救活的占十分之七八。所以虽然他出身于办理文书的小吏，官至宰相，但当时人们并不认为耻辱。又任命宣徽南院使吴延祚为左骁卫上将军，充任枢密使；归德节度使、侍卫亲军都虞侯韩通和镇宁节度使兼殿前都点检张永德都加官同平章事，并任命韩通充任侍卫亲军副都指挥使；任命宋太祖皇帝兼任殿前都点检。

【原文】
　　上尝问大臣可为相者于兵部尚书张昭，昭荐李涛。上愕然曰："涛轻薄无大臣体，朕问相而卿首荐之，何也？"对曰："陛下所责者细行也，臣所举者大节也。昔晋高祖之世，张彦泽虐杀不辜，涛累疏请诛之，以为不杀必为国患；汉隐帝之世，涛亦上疏请解先帝兵权。夫国家安危未形而能见之，此真宰相器也，臣是以荐之。"上曰："卿言甚善且至公，然如涛者，终不可置之中书。"涛喜诙谐，不修边幅，与弟浣俱以文学著名，虽甚友爱，而多谑浪，无长幼体，上以是薄之。
　　上以翰林学士单父王著幕府旧僚，屡欲相之，以其嗜酒无检而罢。
　　癸巳，大渐，召范质等入受顾命。上曰："王著藩邸故人，朕若不起，当相之。"质等出，相谓曰："著终日游醉乡，岂堪为相！慎毋泄此言。"是日，上殂。

【译文】
　　世宗曾经问兵部尚书张昭，大臣中何人可为宰相，张昭举荐李涛。世宗惊愕地说："李涛为人轻薄而没有大臣的风度，朕问宰相人选而爱卿首先荐举他，为什么？"回答说："陛下所指责的是小事，臣下所荐举的是他的大节。从前晋高祖之世，张彦泽滥杀无辜，李涛屡次上疏请求杀他，认为不杀必定成为国家祸患；到汉隐帝之世，李涛又上书请求解除先帝太祖的兵权。国家的安危还没有形成便能预见，这才是真宰相的人才，臣下因此荐举他。"世宗："爱卿之言很好而且极为公正，然而像李涛这样的人，终究无法安置在中书省。"李涛喜欢说笑逗乐，不拘小节，与弟弟李浣都以文章博学而著名，虽然互相很友爱，却常常调笑放浪，没有长幼的规矩，世宗因此轻视他。
　　世宗因为翰林学士单父人王著是从前幕府的僚属，多次想用他为相，但又因他嗜好喝酒不检点而作罢。

癸巳（十九日），世宗病情加剧恶化，召见范质等人入宫接受遗嘱。世宗说："王著是我在藩镇府第的老人，朕若一病不起，应当起用他为宰相。"范质等人出宫，相互说："王著终日醉生梦死，哪配当宰相！千万不要泄露这话。"当天，世宗去世。

【原文】

上在藩，多务韬晦，及即位，破高平之寇，人始服其英武。其御军，号令严明，人莫敢犯，攻城对敌，矢石落其左右，人皆失色，而上略不动容。应机决策，出人意表。又勤于为治，百司簿籍，过目无所忘。发奸摘伏，聪察如神。闲暇则召儒者读前史，商榷大义。性不好丝竹珍玩之物。常言太祖养成王峻、王殷之恶，致君臣之分不终，故群臣有过则面质责之，服则赦之，有功则厚赏之。文武参用，各尽其能，人无不畏其明而怀其惠，故能破敌广地，所向无前。然用法太严，群臣职事小有不举，往往置之极刑，虽素有才干声名，无所开宥，寻亦悔之，末年浸宽。登遐之日，远迩哀慕焉。

甲午，宣遗诏，命梁王宗训即皇帝位，生七年矣。

秋，七月，壬戌，以侍卫亲军都指挥使李重进领淮南节度使，副都指挥使韩通领天平节度使，太祖皇帝领归德节度使。以山南东道节度使、同平章事向拱为西京留守；庚申，加拱兼侍中。拱，即向训也，避恭帝名改焉。

【译文】

世宗在藩镇时，很注意韬晦，等即皇帝之位，在高平大破北汉入侵之敌，人们开始佩服他的英勇神武。他统率军队，纪律严明，没有人敢违反，攻打城市面对敌寇，飞石流矢落在身边，别人都惊慌失色，而世宗面不改色、镇定自若。应付机变决定策略，出乎人们意料之外。又勤勉治国，各个部门的簿籍，过目不忘。发现奸人，粉碎隐患，洞察秋毫，犹如神明。闲暇之时便召见儒生文人诵读前代史书，商榷其中主旨大义。生性不喜好乐器、珍宝一类东西。经常说先帝太祖姑息惯养酿成王峻、王殷的大恶，致使君臣的情分有始无终，所以百官群臣有过失就当面对质斥责，服罪改过就赦免他，有功就重赏他。文武人才一齐任用，各人发挥自己的才能，大家无不畏服他的严明而又怀念他的恩惠，所以能攻破敌国拓宽领土，所向披靡，一往无前。然而使用刑法过于严厉，百官群臣奉职办事做得稍有不好的，往往处以极刑，即使平素再有才干名望，也没有一点宽容，不久自己也觉后悔，最后几年逐渐放宽。去世之日，四方远近都哀悼仰慕他。

甲午（二十日），宣布遗诏，诏令梁王柴宗训即皇帝之位，柴宗训当时七岁。

秋季，七月，壬戌（十九日），后周恭帝任命侍卫亲军都指挥使李重进兼领淮南节度使，副都指挥使韩通兼领天平节度使，宋太祖皇帝兼领归德节度使。任命山南东道节度使、同平章事向拱为西京留守；庚申（十七日），向拱加官兼任侍中。向拱就是向训，避恭帝名讳而改名。